U0721833

正道人生

刘宗启 著

中国文史出版社

图书在版编目（CIP）数据

正道人生 ：我的人生三部曲 / 刘宗启著. -- 北京 ：
中国文史出版社, 2024.3

ISBN 978-7-5205-4667-6

Ⅰ．①正… Ⅱ．①刘… Ⅲ．①刘宗启－自传 Ⅳ.
① K820.852.3

中国国家版本馆 CIP 数据核字(2024)第 089319 号

责任编辑：刘华夏

出版发行：中国文史出版社
社　　址：北京市海淀区西八里庄路 69 号　　邮编：100142
电　　话：010-81136606　　81136602　　81136603（发行部）
传　　真：010-81136655
印　　装：济南精致印务有限公司
经　　销：全国新华书店
开　　本：1/16
印　　张：29　　　　　字数：490 千字
版　　次：2024 年 10 月第 1 版
印　　次：2024 年 10 月第 1 次印刷
定　　价：98.00 元

文史版图书，版权所有，侵权必究。

正 道 人 生

我的人生三部曲

物竞天择

顺其自然

寻找足迹

自言实语

叙说历史

提振正气

释放能量

益于他人

追溯时光

得其安逸

开 篇 语

    这本书，不是什么理论著作，也不是文学创作，只是我对已走过的人生经历及做人做事的一点认知和感悟。目的是回忆往事，梳理自己，把有益的东西留给亲朋好友，特别是我刘家的后代，给家族有一个传承。人生在世不能敷衍，更不能马虎，不论做人还是做事都要认真、规范、到位。宇宙无限，人生有限，日月轮回，乾坤依旧。在这历史的长河中，每一个人都有不同的经历。我认为，应该把自己一生的所知、所悟，还原人类、奉献社会。一个人在这个浩瀚的自然界，极为渺小，不可能人人都做出惊天动地的大事，更不可能像古代四大神话中的女娲补天、共工触山、后羿射日、嫦娥奔月一样，流传千古。也不可能像推动中华民族前进的伟人们做出非凡的业绩，也不会像科学家们对人类的进步做出不朽的贡献。我只是想把我在做人做事中认为是正确的东西写出来，汇聚成册，留传后人，使年轻人看了，知道如何做人；在岗位工作的人看了，知道如何做事，退休后的人看了，知道如何养生。

    这本书，我认为充满着正能量，书名定为"正道人生"。由中国书法家协会副主席、中国书协草书委员会主任胡抗美大师题写。副标题定为"我的人生三部曲"，由中国书协前监委、中国狂草大师马世晓先生题写。"我的人生三部曲"，第一部曲"向往美好"，主要回忆从小学到大学时期。第二部曲"承担使命"，主要回忆从政经历。第三部曲"岁月留情"，书写退休后如何养生。书名之所以定为"正道人生"，是因为我走了这样的人生路。在书中把所作所为写出来，自己讲自己的故事，自己说自己的人生。在书中，遵循了客观、求实、忆事、说理的方式去叙写历史，采用理性论述，系统论点，以实为据，依据说理，依理说事，翻了我所有的生活日记、工作笔记，之所以时间节点能讲明白，是因为我从考入专科学校到毕业后国家分配成为一名国家干部开始写日记，到了每一个工作岗位上，特别是做领导工作，所有的讲话文稿都得到完善保存。因此，查阅起来非常方便，写好这本回忆录就有了可靠资料。为这本书定名，我思考了很久，又争取了好友的意见才确定的，之所以叫"正道人生"，是因为自己做人做事，有生以来行得正、站得直，取名"正道人生"比较合适。并且我还查阅了一些资料，如孔子《论语》中讲道，大道直行，正道也。意思是做人要正道，正直守道，正道直行，不歪不斜，立人立言，走好人生路。人的一生要守规矩，走正道，为社会释放正能量，做厚德之人，正派之人，仁义之人，永远不做小人，不做坏人，做有益于国家、有益于社会、有益于他人的人。我还在孔子的书中找到了"政者正也"的论述。还从老子的《道德经》中找到了"以正治国"的论点。意思是说做官的人要有正心，不要有邪意，要把立德、立言、立业、立身作为遵循，为百姓做事，为人民当官。我的理解是无论做人还是做官都要正道、正义、正直，做一名无邪念之人、清廉之人，终生成为一名正道之人。同时，我还想通过这本书，追溯自己的历史，回味自己的人生，传承美德，推进文明；说点实事，讲点真情，把家庭文化、个人情感汇集到中华民族文化之中，为发扬、传承美德尽点心意，也为推动与提升人们的道德水准、道德情操、道德意识当一名使者，倡导每一个人都能走正道、干正事。人生活在这个世界上不容易，早晚会在岁月中消失。但是岁月带不走记忆，也带不走情感，只会留下念想。凡是高尚的东西，有用的知识，必定会在人们的心里生根发芽。让回忆永存，让岁月留情，让人生正道直行。

（瞬间一甲子　岁月知人生）
开笔时间　2014 年 10 月 6 日

目　录

第三部曲　　岁月留情

第一部曲　向往美好

童年的心是纯洁的、美好的，对未来充满着期待，有好多好多的梦想；那幼小的心灵，面对这个广袤而又深邃的世界，又有很多的好奇。怎样认识这个世界、适应这个世界、闯荡这个世界，我一无所知，于是带着一大堆问号、梦想、追求走入了这个世界。

　　我出生在一个不起眼的小山村，远离城市，交通不便，经济贫困，文化落后。处在一个接近两省、三市的交界处，就是山东省枣庄市峄城区峨山镇袁山村。这个边远的小村，村名称为袁山村，是因为村里袁姓人比较多，其次是刘姓、赵姓、姚姓、杨姓等。我的曾祖父是一个逃荒户，兄弟两人来到这个小山村。后来两人成家立业、繁衍生息。我的祖父膝下有兄弟五人，我爷爷排行老大，膝下有兄弟二人，我的父亲排行老二。我的父亲就出生在这个小山村。到我上初中时才知道，曾祖父是从沂蒙山区讨饭来到这里定居的。听父亲讲，他的爷爷兄弟二人来到这里，地无一垄，钱无分文，房无一间。靠给大户人家打长工谋生，后来做豆腐卖，赚回来几个钱，买了两亩荒地生存，日子过得非常贫寒。就这样到我这辈，已传了四代人。我的爷爷是一位性格直率，刚正不阿，冻死迎风站、饿死不做贼的人。宁可断、不可弯，处事为人灵活性不足。我小的时候听奶奶讲，爷爷做事不愿求人，甘愿受穷，所以日子过得不太好。新中国成立后，我家分得了几亩山岭薄地，解决了田地的问题。1951年我父亲成家立业，从我爷爷那里得了两亩薄地，分家时没有房产，只搭了两间草棚过日子。父亲是一位坚强、勤劳、善良、正派、智慧之人，上不起学便自学识字，能读报纸，还能看一些古书，担任过多年的村干部。母亲出生在一个革命家庭，她的父亲（我外祖父）杨玉法是抗日战争早期参加工作的，在八路军鲁南军区工作，参加过抗日战争、解放战争的无数次战斗，击毙过不少日本鬼子，受过伤，后期在军区后勤部专做军需工作，还参加了渡江战役。又转到沂蒙山区，专做粮食供需工作。后又转业到地方，直到离休。姥姥是一位大方、善良、勇敢、进步的女性，抗日战争时期入党，做过妇救会会长，被敌人多次追杀，曾在我的村住过。新中国成立后在地方做妇女工作。出于对我父亲的了解，经人介绍，母亲与父亲结婚，生下我们姐弟妹九人。我母亲是一位厚道、宽宏、善良、理智之人。她对事反应灵敏，对人非常热情，能吃苦耐劳，在生活非常困难的状况下，辛苦地坚守着这个家庭，养活了我们姐弟、姊妹。我的童年就是生长在这样一个贫困家庭。当时按成分，称为贫农。父亲还做过贫农代表。我们这样的家庭赶上了好时代。没有共产党就没有新中国，没有伟大领袖毛主席也没有我们全家。我生在新社会，长在红旗下，对共产党、对社会主义、对毛主席有着深厚的感情。在我的记忆里，是听着一首歌曲走过了童年时代。那首歌是"社会主义好，社会主义好，社会主义国家人民地位高。……共产党好，共产党好，共产党是人民的好领导"。所以从小就受影响，对社会主义很有感情。我经常从父亲那里听到旧社会的一些故事。在旧社会，我们老辈都是受剥削的。为期盼好的时代，我的爷爷起名叫刘如好，盼望今后儿孙都好。对他的两个儿子，一个是我的大伯，起名叫刘思明，寓有盼望天明之意；我的父亲起名叫刘思亮，意为盼到天亮、等到天明，天亮了我家就有希望了。那时，老人都盼自己的家族兴旺，所以对后代的族系班辈都取一些"吉利"的字当"辈分"。我从父亲那里知道了从我的孩子这辈开始，老祖已起好十五个班辈的字。这十五个"辈字"是：富、瑞、春、贵、有、兴、金、泰、宝、昌、兆、开、新、士、业。从我家的祖宗们对"班辈"认真斟酌可以看出他们对下一代成长的期望和对美好生活的企盼。我出生在这个家庭是知足的，我也非常感谢祖宗们，留下了这些宝贵的文化传承。我的童年就是受到这些良好家风的影响，盼望美好未来，在渴望中度过。我出生时，是中华人民共和国成立不久，正值国家百废待兴，国民经济极度困难，人民群众的生活非常艰辛。但是，党和人民同甘苦、共患难，掀起社会主义建设高潮，新的社会形态开始转换，广大人民群众对新中国、新时代、新天地充满期待。我就是在这充满希望的时代开始有记忆的。

在我的记忆中，儿时听大人讲，新社会是社会主义，每家农民必须"入社"，以生产大队、生产小队的形式，组织农民集体种地，统一耕种，统一按工分分配粮食。全村人还要到集体食堂吃饭。我那村是个自然村，不到300人，把它作为一个生产小队对待。生产大队是三个自然村组成的，一个是信山村，一个是郭山村，还有我们袁山村，叫三山生产大队。后来自然形成了一个行政村——三山村。在儿童时期记忆最深的是，跟着父母到村集体食堂吃饭。食堂办得很差，稀饭是用一些豆面或者其他粗面粉做成的，很稀，可以代为镜子用。早晨烧一次，可以用一天。当时的形容是，早晨汤、中午凉、晚上的糊糊照月亮。稀饭做成这样是为了节约粮食。主食是煮地瓜，地瓜粥，用各种菜叶或野菜做的窝窝头。小时候的我，吃不下去，不愿去集体食堂吃饭。父母还批评："你不吃，命就保不住。"我只好听父母的话，强吃一点。就是这样，也不是随便吃，是按人口定量分配的。父母为照顾自己的孩子，还尽量少吃，给自己的孩子留一点。这样大人就得受委屈。连续吃了三年食堂，人吃瘦了，经常听到村里死人，多数是饿死的。那时是"三年困难"时期，农村是农业不收，自然灾害严重。我的父亲去了枣庄炼钢厂，做了几年的炼铁工人，直到1962年才返回农村。三年的农村食堂，把人民群众的心吃散了，身体吃垮了，吃得没有了盼头，国民经济到了崩溃的边缘。在那几年的困难中，我记忆中，不知道什么是吃饱，从未见过水果。吃得最多的是地瓜及地瓜干。记得还有个顺口溜"拿地瓜当主粮，喂母鸡当银行"，养几只鸡生蛋不舍得吃，卖了换盐。后来，鸡也不让喂了，说是搞资本主义，走资本主义道路。对我来说，记忆最深刻的是没有粮食吃，吃树叶及野菜，各种树叶我都吃过，后来树叶也被吃光。我吃树叶后，全身水肿，脸肿得脱了皮。那年我五岁，由于父亲去枣庄炼钢铁了，家里只有母亲照顾我。记得母亲向生产队要了二两黑豆，叫我的大伯到外村找来了一种叫秋秸花的叶子，与黑豆一起做成浆吃下去，可以消水肿。吃后有些效果。但是，我的脸开始脱皮，脱皮后泛红，后又变黑，从小爱美的我，觉着很不好看，一起玩的儿童，称我红大麻子，我心里特别难受。这是我儿童时期记忆最深刻的。那时困难是普遍的。但是，革命家庭国家有点照顾。我姥姥家就是这样一个家庭。我外祖父在外地做粮食工作，姥姥家人口少，尽管也不富裕，比我家生活相对好些。姥姥看到我家的困难，就把我叫到她家住了一段时间。姥姥家住在峄城区底阁镇望夫台村，那也是一个半平原半山区的村。姥姥是抗日战争时期入党的老党员，她对党忠诚、对老百姓特别好，同时给了我家不少的关心，特别是对我的成长给予了关照。那时我只要到她家，她尽量让我吃饱，回我家的时候，还给带上干饭。就这样，我艰难地度过了童年。

随着国家经济形势的发展，中央对国民经济高度关注，整顿经济秩序，搞活农村经济，撤销集体食堂，分给农民少量的自留地，养猪的还可以分给少量的猪饲料地，农民的生活开始有些好转。两年多的集体食堂在我儿时的记忆最深。因为吃集体食堂，家里没有一粒粮食，零食是没有的，想吃饭只好等到集体食堂开饭才能吃，因为食堂发放的饭是定量的，根本吃不饱，天天饿得难受。直到1961年，根据《农业六十条》，解散村集体食堂，重新恢复一家一户吃住。在这个阶段，尽管生活艰难，大人想点办法，挖点野菜，再节约点，留给孩子吃，这才保住了性命。我的童年就是在这种困境中度过的。随着时间的推移，我已到上学的年龄，1962年开始了我的小学生涯，同年8月，父亲送我到三山大队（信山村）小学上学。这所小学是原来地主家的房子，解放时收为公有的，是一个四合院，北有三间，东有三间，西有三间，西边的是老师办公室及住的地方。学校只有一名公派教师，姓蒋，其他的是民办教师。在这所小学里，我连读了三年，到了四年级时，公社重新划分年级学区，我四年级就到了村西部两公里外的圪塔埠村小学，直到1966年完成小学学业。1967年峨山公社中学统招新生，我被录取。我的班主任及语文老师是窦占勤，我对他很敬仰。在这所初中学校，我接触到来自全公社的同学和老师，对这个社会有了新的了解。进入中学时代，正值"文革"时期，学校秩序被打乱，经常停课闹革命。学校的课开开停停，我到1969年才艰难上完初中。当时家里很困难，我曾产生不再上高中的念头，父亲还是让我去上学，说"天下所有事，唯有读书高，没有文化，以后咋办"。1970年，我考入枣庄第十中学。当时学校的秩序仍然不好，还是断断续续读完高中。不管什么样的环境，我认为自己是个勤学、向上、进取、拼搏的孩子，还是凭自己的坚韧考上了国家统招分配生。我是这个三山大队唯一的大学生，也是第一个当国家干部的人。

从小学到大学时代，这是我人生成长的重要阶段。回忆这个阶段，有三个方面是我的成功之处：学做人、学做事、学知识。

学做人

　　儿童时期，对如何做人，做一个什么样的人，是很模糊的。做一个好人，需要父母的教育、社会的影响、个人的努力。我在学做人方面主要是家庭的影响、父母的教育。因为从小生长在父母身边，听到父母讲如何做人的话最多，所以受影响最深。父母的言行，已给自己指路树标。记得在吃饭时，在火炉旁，都听到父母讲做人。有一次听父亲讲，人字好写，一撇一捺，但是真正把人做好是不容易的。做人难，做一名好人更难，难的是一辈子要做好人，不做坏人。要想做好人，就要从小开始自立、自强，从修身开始。只要把身修好，把德养好，好人也是好做的。父亲还讲，做好人，要从小学着做，人要有骨气，一生走正道，不偷不抢，不干坏事，学会"冻死迎风站，饿死不当贼"。父亲还讲，不要占便宜、站高岗、得一望二，要学会知足。吃亏人常在，爱占便宜亡得快。不要出风头，枪打出头鸟。不要看别人的东西好，更不要看别人吃豆腐牙快。不要违背良心做事。把方便让给别人，把难点留给自己。要诚实有信，人无信不立。要言行一致，规矩在先。要多做善事，行则正、站则直，做正义之人。父亲的这些话，时常在耳边响起，因为我从小一直跟着父亲干家务，在我的兄弟姐妹中，我听到的这些话最多，父母不知讲了多少遍。我就是在这些话语中汲取了学做人的营养。记忆学做人有以下几件事。

第一件事：一次课外活动

　　除了父母的教育外，还有学校的教育。记得在小学二年级的时候，学校开展"讲卫生，防疫病"活动（防疟疾）。搞完这个活动，学校开始评比"三好学生"（爱国家，爱集体，爱劳动），要把"讲卫生，防疫病"活动表现作为评先条件。老师讲：做人，从小就要爱国家，爱集体，爱劳动，要做好人，做对社会有用的人。因此，每位同学都不能落后。在这次活动中，要自带工具搞卫生，自带草药（竹叶、桑叶、石膏、专金草、婆婆丁）防疫病，看谁带得全、带得多。回家后，我让母亲去找这些草药。第二天到校，开始做汤药，用大锅煮草药，同学们共同喝。那次学校活动，我干得最好，所以被评为"三好学生"。从那知道，干这些事就是做好事，要多为别人做好事，不做坏事。

第二件事：一次割草

　　放学回家的第一件事，是割草卖给生产队挣工分。由于家庭人口多，我排行兄弟老大，在家承担的家务活最多。每天放学回家都要背上草篮子去割草。村庄附近的草都割光了，就到离村庄较远的地方或到外村庄的地里割。由于年龄较小，村与村的地界搞不清楚，恰逢雨季，地瓜地里的草长得特多特好，还有牛爱吃的糁草、谷草、抓地草等。看到这么好的草，就慌忙到地里去割。由于接连下了几天的雨，地瓜地里已有积水，蹚进去就留下脚印，孩时思想单纯，只顾割草不顾庄稼，草割了不少，但也把种的地瓜给搞坏了。外村生产队看庄稼的人见到了我，走上跟前狠狠训了我一顿，并踢了一脚。我坐到了有水的地瓜地里，开始流下眼泪。我觉得很委屈，有一个星期都不高兴，上学也没有精神。父母看到后，便问情况，我将实情讲了一遍。父母讲，割草是为换点工分，挣点粮食吃，但是损坏了别人地里的庄稼也是不对。这是我儿童时期第一次辨别是与非。父亲的话使我知道，做人不能只顾自己，不顾别人，不管做什么事情，都要想到是否会影响别人的利益。只有这样，做人才能走得更远。

第三件事：一条棉裤

　　因冬天到了，母亲做的棉裤我没有看上，坚持不穿。记得当时非常困难，吃不饱，更穿不暖，父母是用节约下的地瓜干换取花条格子棉布做面，裤里是用旧衣服改的，因上四年级已到外村学校就读，需走两公里路才能到学校。这个时期开始知道爱美，母亲做的棉裤保暖性再好，但感觉外表不好看，自己坚持不穿，上学时穿着一条单裤去学校，刚冷的初冬开始飘起雪花，走在路上，确实感到寒冷得厉害，手冻肿了，脸冻得发红。过了段时间，手脚形成了冻疮、化脓。母亲看在眼里，疼在心里，训在面上。父母训斥加引导，讲道，人不要只顾外表的美，更重要的是心里的美，不要讲吃好穿好，要讲为人好、学习好，吃好穿好要靠真本事，要靠自己双手去劳动，不劳而获是没有的事情，天上不会掉馅饼。你有条棉裤就不错了，其他的孩子还有穿不上棉裤的，要知足，不要比吃比穿，要比学习，要做到学而不厌、诲人不倦，靠知识改变自己。通过这些道理，感到自己有些不对。过了半个多月，才穿上这条棉裤。从这里得到的是受益一生的做人道理：人生要走得正、站得直，再穷不能穷志气，再贫不能贫品德，人穷志不穷，不与别人比吃穿，心存骨气走人生。

第四件事：一个烧饼

适逢星期天，上小学的我跟着父亲赶兰陵集卖席，集市上，刚出炉的烧饼散发出小麦的馨香，十分诱人，想让父亲买个烧饼吃，考虑到家庭的困难，还是不吃为好。但是，父亲看出我想吃烧饼的心思，就买了一个，父亲没有吃，把这一个烧饼给了我。我接过烧饼，心想父亲只买了一个，我不能独吃，想着想着，身边来了一位要饭的老太太，把手伸过来，说给口饭吃吧。我看看老太太，又看看烧饼，再看看父亲，儿童时期的我，一个烧饼使我不好处理。父亲看到这种情况说："分给她点吧，人不到万难不会伸手，一米可以渡三关"，"咱们少吃一口，可以救人一命"。这些话在我一生中起着教育的作用，人要有善心，不因善小而不为，不因恶小而为之，心存善念，多行善举，崇仁尚德，积德行善，这才是做人的根本。做人，从小就要善良，养成助人为乐的好习惯。因此，一个善字成了我做人的标准，直到从政时，我把善字始终挂在心上，提出从政要"善民、善学、善政、善廉、善法"，用善要求自己，培养后代，教育他人。

第五件事：一盏油灯

我出生在一个边远的丘陵山村，自然条件差，直到20世纪80年代后期才用上电，夜晚的照明，就靠煤油灯。我出生的这个村，100多户人家都会编席。成年人白天在生产队挣工分，晚上加班搞手工业，用编好的席能换回吃盐的钱。我从九岁跟着父亲学编席，通过三年的苦学，各种类型的席，包括带花纹图案的席，我都会编。特别是已经失传的、结婚用的圈席，有二十四种文字图案，要靠好的记忆才行，有一根编错了，最后汇集的时候就对不上头，编织的花纹出现错位，出售价格就下跌。我这个村，能编织出好圈席的，只有赵家、袁家。我家是后来才学会编的，那是我偷学别人家的手艺。在当时的年代，会了这个手艺，会增加知名度，说明这家编席的工艺好，也好销售。学会编这种席，虽然有了一技之长，但是也给自己增加了劳动量。在那个年龄段，是贪玩的时候，既要把学上好，还要晚上编席，说实话有点吃不消。有时候为赶数量，奔集市，会加时编织到凌晨。由于没有电，靠点一盏煤油灯，屋子里的光是昏暗的，容易编错。有时编不好，父亲还要训斥。在这种情况下，有时我对加班编席产生了厌恶感，有时对父母使性子。父亲说，编席虽然累，但多学点东西对你长大了是有好处的，古语"艺不压身，技能保身""学会各种手艺，能吃满天下"。父亲的话，使我受到启迪，人的生存要靠自己，不能靠别人，世上没有救世主，只有自己救自己，人生的路是自己走出来的。人生存在世上，要自强、自立、自尊、自重、自爱，用自己的技术能力去养活自己，活出质量，活出尊严。

第六件事：一本古书

我自幼爱读书，书能给人带来知识，带来光明。由于我那村是近几代外地逃荒户来定居的，文化积淀不厚，有文化的人很少，所以谈不上读书。因离县城较远，买本书很难，想读书也没有这个条件。父亲也喜欢看书（没有上学，自修文化），赶兰陵集的时候，买了一本古书，是《三国演义》老款本，繁体字，用蓝布制作的书皮，有些字我还不认识。这是我刚上初中的时候，接触到的第一本课外读物，翻读了两遍，因那时年纪小，有些情节、书中的内涵还不懂。记忆比较深的是刘备三顾茅庐请诸葛亮出山和诸葛亮借东风烧战船的故事。看后不解的我认为，一是借智，二是借势。刘备平庸，有用人之道，可借脑帮助自己想问题、出谋划策。诸葛亮再聪明，但自身力量是有限的，达到目的需借势才行。书中的两个情节，从另一方面折射出另一个问题，刘备的宽宏、豁达、气度，是他成功的根本，诸葛亮的精明、智慧、坚定，是取胜的保证。书中的这些东西也给我的人生带来了影响，做人要光明磊落，有情有义，海纳百川，厚德载物；做事要找准位置，确定目标，抓住时机，借势而上，方可成功。

第七件事：一条红领巾

小学时期最喜欢老师表扬。记得教室里有老师办的学习园地，有一期是制定的"三好"学生的标准，对学生计分考核，主要对学生的学习、劳动、团结、卫生、纪律方面考核，设有挑战栏、应战栏。每学期要进行总结，排在前十名的可以加入少先队，学校发给红领巾一条，然后搞入队宣誓。少先队员必须做到"五好"，学习优良，热爱劳动，团结同学，讲究卫生，遵守纪律。在这些方面，小学时期的同年级当中，我一直排前面，作业做得好，字写得方正，推荐全校展览。在儿童时期当少先队员是个光荣的事，精神抖擞，满面春风，感到很自豪。通过一条红领巾，感受到不少东西，入队后，严格要求自己，与同学比学习、比劳动等，荣誉感慢慢在这时形成。人要脸，树要皮，凡事干好，有先必争，追求完美。这在儿童时期形成的品格，一直体现在我的整个人生中。凡事干在前，决策想在前，同时也养成了无事则深忧，有事则不惧，不怕事、不多事、要干事，把人生的追求目标建立在国家至上、人民为先、社会为根上。一条红领巾可影响人的一生。红领巾是少年时的精神旗帜，红领巾引导我走向光明，走向未来，不怕苦，不怕累，不怕难，勤奋、执着、节俭、灵活、坚定。这些品格，都是少年时期养成的。没有少先队员，也没有以后的入团、入党。

第八件事：一次纪念活动

记得上中学时，到了 3 月 5 日，是学雷锋纪念日，学校会开展各种活动，在校外要做件好事。老师开始在班上动员，讲雷锋事迹，讲毛主席、周总理、朱德总司令的题词。老师讲："雷锋同志是一名解放军战士，做了很多很多好事，从不留名，当无名英雄，我们要沿着雷锋同志走过的路走，跟着雷锋同志的足迹前进，以雷锋同志为榜样，当好活雷锋。"动员会后，同学们都采取不同的方式开展学习活动。自己根据老师的要求制订了一个小计划，准备向雷锋同志学习。一个人做一件好事并不难，难的是一辈子做好事，做好事从点滴做起，从身边小事做起。自己暗定每个学期做三件好事（身边的事，外面的事，学校的事）。身边的事，帮助有困难的同学。记得有一位同学，家庭特别困难，父母身体欠佳，我主动到他家帮助干活，我的手巧，各种农活及家务活都能干，如推磨、编筐等都可以。帮助别人做点事感到特别快乐，帮助别人就是帮助自己。外面的事，中学时，峨山镇每月初五、初十逢集，学校靠着公路，那个路段有一个慢坡，当时峨山东部及苍山县运煤的比较多，上崖时就帮人推一把，使拉地排车的煤车能顺利过路。学校的事，因我住校（家离学校16里），每天晚上我都到教室看看，摆好书桌、凳子，把黑板擦干净，减少老师吸粉尘。就这样，我成了学雷锋标兵。

第九件事：一堂忆苦思甜课

在那个年代，以成分划分社会阶层，新中国成立时间又不长，党的工作指导思想是，坚持"以阶级斗争为纲"，经常开展新旧社会对比教育，学校请贫农代表及残废军人作忆苦思甜报告。那时，峨山公社中学规模大，学生多，集中上报告课，要到公社驻地西侧的大礼堂去。那个礼堂是公社开大会、搞活动的地方，南北长，东侧有两个门，南头有个主门。一般开会，人都从南边的门进入。会堂可坐300多人，没有凳子，都是圆木棍子，开会的人就坐这上面，后面还有一些砖头、石块，也可以坐。我是跟着老师在前面坐下。台上有一张桌子，过了一会儿，学校的校长走向桌子，敲了一下话筒讲：同学们、老师们，今天是全校的忆苦思甜报告会，我们有幸请到了我们公社宴庄村的张英雄，他是残废军人，是在一场战争中负伤的。他身残志坚，仍然为公社的发展做贡献，今天我们请他来给我们作报告，大家欢迎。这时，会堂里响起了雷鸣般的掌声。这位张英雄走向报告桌，他还拄着双拐，因为只有一条腿。他坐到椅子上开始作报告。记得他开始讲，他是贫农出身，从小给地主打长工放牛，没有衣穿，没有饭吃，到了冬天，脚指头都被冻坏了，因为穷，没钱去治，小脚趾头给烂掉了，因欠地主家的债，成了地主的长工，干活抵债，所以没有上过学。他又讲，你们这些孩子，是幸福的，生在新社会，长在红旗下，有吃的、穿的，还能上学，多么好啊！现在是社会主义，很快就到共产主义，那时候更好啊。因那时候小，还没有什么政治概念，什么是社会主义，什么是共产主义，还搞不懂。记得他讲，社会主义时期，就是耕地不用牛，点灯不用油，楼上楼下，电灯电话。到了共产主义时期，大家什么都不用愁，有吃、有喝、有房，实行供需制。记得他还讲，他抗日战争时期参军，解放战争中受了伤，并且讲参加抗日战争的战斗情景，还讲了解放战争的情况。他讲，日本人很坏，在中国实行"三光"政策，烧光、杀光、抢光。他还讲，解放战争时，蒋介石与人民为敌，专打八路军、新四军，因为这两支军队是人民的军队。人民的军队为人民，所以这两支军队得到人民拥护，在中国共产党的领导下，打败了蒋介石，建立了新中国。他讲，人民军队是毛主席领导的。毛主席用兵真如神。这时他站起来高呼"毛主席万岁"。他还讲到了打过长江去，赶走蒋介石。人民军队真英雄，宜将胜勇追穷寇，不可沽名学霸王。所以打过了长江，解放了全中国，我们才有今天。他讲，同学们，不要怕吃苦，不要怕受累，养成良好习惯，长大了才能报效国家。你们要记住，苦不苦想想长征两万五，累不累想想革命老前辈。他又讲，爬雪山，过草地，啃树皮，吃草根，革命老前辈从来不叫苦。你们是生在了好时代，是在糖水里泡大的。这次忆苦思甜大会，我受教育很深。因为那时刚上初中，这个年龄段，是大脑的高度发育期，对一些事物有特殊的记忆，可以影响一生。所以对这次忆苦思甜报告会的内容，仍然记忆非常清晰。我还感到，这种教育能入脑、入耳、入心。如学会吃苦，以苦为荣，以苦为乐，不管遇到什么困难、贫穷、苦累，都能坦然面对。从小受到的这些教育，我认为影响了我的一生，在工作和生活中，从不怕苦怕累，不论什么环境，都是吃苦在前，不攀富贵，把钱物看得很淡，把老百姓的事情看得很重。钱和物是身外之物，德和义是立身之本。所以，我养成了不爱钱、不借钱、不欠钱的习惯，从不接受他人的钱物，做到正正派派干事，清清白白做人。在行为上做到"智慧而不轻佻，优雅而不炫耀，严谨而不呆板，成功而不居功"。一定记住，贫穷时志不能短，逆境时气不能泄。正视人生会遇到各种困难，要视困难为机遇，视困难为激励，视困难为历练，视困难为起点。贫穷可以成为成功的动力，贫穷是一本教科书，贫穷并不可怕、不可耻，只要不因贫穷而放弃学习、放弃尊严，就一定会走出贫穷，成为一个有骨气、有尊严的人。我在这里回忆这些，不是美化自己，而是我的亲身经历和我的感受。人一生，特别是年轻时期，应该多经点风雨，多吃点苦，多受点累，多受点难，这样是有好处的。有句话叫作"穷人的孩子早当家，历练多的孩子早成熟"。对孩子绝不能娇生惯养，严之有益，娇之必害。

第十件事：一次办年货

1969年春节，适逢多年不遇的寒冻雨雪，雨雪天气长达一个月，树上挂满了冰块，地冻出了裂口，-17℃ ~-19℃。这在鲁南地区是少有的。那年，庄稼收成一般，农村的日子过得很艰苦，东借一顿，西找一顿，到了春节，要想法吃上水饺。春节对农民来说是大节，除了年的内容外，还盼望新春的到来，春天温暖，万木吐翠，野菜也开始生出，如小蓟、树苗秧、榆谷菜、婆婆丁等，都可以食用。农村的春节，过了腊八就开始忙活，把平时不舍得吃的细粮（小麦）集中在过年食用。当时的农村，生活条件极差，生产力很落后，没有机械加工小麦，得用石磨来磨，用磨一圈一圈地推。第一遍过罗网以后，再上磨推第二遍，直到麦麸上没有面为止。我家人口多，母亲除了搞点细面外，还用杂粮磨点面，用来做丸子，也做杂粮面条。面搞好后，开始做煎饼，备足春节之用。农村一般正月十五前不做煎饼，所以春节前得多准备。忙完这些就到小年了。小年是腊月二十三。我们那里是过腊月二十四，打扫卫生，送灶神上天过年。后来我长大了，查阅书籍才知道，从唐朝开始，就形成了过小年的习惯，还有一些规矩，一般腊月二十三是当官的过小年的时间，取得功名如秀才才准过二十三，与百姓分开过，显耀其地位。平民百姓要过二十四。唐代的教徒等，腊月二十五过小年。所以过小年的习惯和风俗一直延续到现在。为了过好这个年，除母亲办好吃的以外，父亲就到集市上去购买年货。我们那里的集市，临近过年逢集的地方有不少，最远的八九公里，靠得最近的是兰陵集。兰陵是苍山县的一个大镇（现改为兰陵县），也是古镇，因酿酒出名。唐代诗人李白就到过此地，喝过兰陵酒，诗曰："兰陵美酒郁金香，玉碗盛来琥珀光。但使主人能醉客，不知何处是他乡。"兰陵集人气很旺，四面八方前来赶集的多到十多万人。特别年集，人拥得水泄不通，摆的摊位有时被拥倒。我家除办年货外，还带着编织的各类草席去卖，卖完席以后换回年货。采购年货是有讲究的，首要的是买点祭祀的东西，如敬天地，保来年五谷丰登；敬庙神，保全家平安；敬祖宗，保全家幸福。完成采购后，就买些菜类、糖果类等。办年货对我来说，就是到爆竹市去买最好的鞭炮，100响的买两挂，小鞭炮也买上两挂。除夕晚上吃饭时要放上一挂，大年初一敬天地时放一挂，其余的上坟、贴对联时各放一挂。过年是少年时期最盼望的事情。所以说大人去办年货都要想细一点，尽量一次采购齐全。办年货中最重要的是买点猪肉做馅子、包水饺。水饺平时很难吃到，只有过年时才能吃到一顿猪肉馅水饺。在市场上很难买到肉，需要到公社食品站排队购买。买肉时想买有油的，把猪油炼出来，炸丸子用，剩下的做馅，把少量的瘦肉留下用于待客。这一年尽管收成不好，由于我家编织业搞得可以，挣了点钱用于过节，年货办得还可以，与其他家庭相比还算好的。这一年过年，通过办年货，使我体会到几点：一是劳动创造财富，勤奋丰衣足食。在那种经济状态下，如果不是父母的勤劳，不用说过年，就是平时也很难生存下去。二是过年传承文化，邻里促进和谐。过年互相走访、拜年，一年积存的矛盾、邻里之间的恩怨全部化解。有的专门到闹过矛盾的户拜年，跪下头一磕，所有的气和怨都烟消云散。三是梳理家庭之事，说教培育子女。过年老少坐在一起，从老到小，家长里短，全部说上一遍，老人健康如何，是否过年后做些健康调理，当家人都要做出安排。儿女大了，到了谈婚论嫁的时候，是否找亲戚朋友托人介绍婚姻等。这些都是过年时要说的事情。因此，过年时只要留心，能收获很多，等于一次全面的文化、社会、家庭的交流会。再回头说办年货，等到父亲采购完年货时，我自己还去买两棵青竹带回家，买青竹有讲究，要买一棵大的、长些的，修理好用来放鞭炮。小一点的插在磨眼里，等母亲用小麦麸铺好磨盘后，贴上过年磨贴，叫"日磨千担"，将青竹插入磨眼，这标志着"万年长青，层出不穷"，家庭有"麸"，麸代表福的意思。就这样，年货才算办完，全家集中精力过大年。通过过年，也学到了做人的道理，增长了知识。

学做事

在潍坊上学

随着年龄的增长，进入初中阶段，不仅要把学习搞好，而且父母又给增加一些家务劳动内容，开始学着干活，为家里分担忧愁。学做事要有做事的本领，一个人要把事做好，基本功是要有的，就这样跟着父母学了起来。记忆中最深的有几点。

一条扁担

我家常年搞编织业，各类席子都编。我家的席编得细致，质量好，边角、直线完美，很少破开，特别是结婚用的红席，称为套席，有套三、套四、套五，也就是一套为几领，套五的为五领，包括铺席、圈席、顶席、拌席、磕头席。这些席都有讲究，编织图案不一样，最难编的是圈席，有二十四种文字图案，沿边有古汉文字，里边有双喜、满天星、福字、上、下、左、右、吉、蝴蝶等。到了秋季农作物收获的季节，各类粮食收下来需入仓，这时就根据市场需要编折子、篓子等。编织好这些东西，需要到集市上去卖。当时，生产力不发达，主要靠肩挑人抬。家里需要一条好扁担，尽量减少人的辛劳。

好扁担有讲究，做扁担料必须有韧性、光泽好，担起来有起伏感，减轻对肩的重量。我家的扁担来历是这样的，我记得赶了几个集没有买到，正好赶上走村串巷卖扁担的商人，带了很多的扁担来到我村，父亲精挑细选了一条，用三块钱买下来的。当时，三块钱是很管用的，鸡蛋才卖三分钱一个。有了这条扁担，等于家里增添了生产资料，不光自己家用，有乡亲也来借用，总之使用率很高，我家赶集卖席是必用的。这条扁担对我来说是赶集、生产队劳动必带的工具。因这条扁担好用，干活谁都愿意和我合作。那时候，参加劳动都是自带工具，这条扁担使我在做事上有好的收获。

一是知道担担子有重量，也有技巧，更要付出艰辛劳动。担担子累了不能放下，放下再举更要费时费力，还误了赶集，有可能丧失了商机。因此，担子需用换肩技术，从一个肩上转到另一个肩上，用扁担的技巧不可小觑。

二是知道有了扁担如何与人合作。做人需要与人和睦相处，自己有了好的工具，与人合作时要谦让，尽量照顾体力弱、没有工具的人，让别人感到自己不自以为是，会平等待人，也不因为自己有了好东西，去显摆、炫耀自己。这里也告诉了我一个道理，扁担上有品行。

三是知道扁担上有坚韧。担担子是个全体力付出的事，有多少重量，它的总负荷都靠一个人身体来支撑，开始挑着席赶集的时候，刚出家门时感到轻松可以，后来越走越累，担子越重，压力会大，时间长了肩出现红肿，疼痛难忍。累了换肩，这是技巧，弄不好在换肩时，担子就落了下来。

我最怕赶远集，记得有一次给邻居嫁女送嫁妆，需把柜子送到女方婆家，那村离我那个村有15公里，两个人用扁担抬柜子，需要配合肩的统一、脚步、均衡等。那次真的累得够呛，但是也有动力，因第一次给出嫁女送嫁妆，同去的青年男女在一起，开始有说有笑，后来累得都不想说话了。离新娘的婆家还有一半的路程，确实累得不行了，有一个同去的女青年说，你们把柜子放到马车上吧（因马车是新娘坐的，还不好意思往上放），缓解一下劳累，到了村子附近你们再抬着，就这样把柜子放到了马车上。这时立刻感到特别轻松，快到新娘的村子了，我们又把柜子抬下来。那时得到别人的这份关心，感到很温暖。人在特别困难时扶一把，确实需要关心的时候有人给点关照，这会永远记在心间。体会到从扁担上不只是给你带来劳累，也能带来情谊，更能带来一生的坚韧。我家的这条扁担，在我学做事上起了很重要的作用，我非常珍惜它，每到过年都要给它贴上一个福字，希望能给全家带来幸福安康。

一把锄头

家在农村的我，不仅要把学上好，还要把学做事搞好。农村的活无序杂乱，一天到头都有事做，除了苦干还要巧干。常说的"农村活不用学，别人咋做你咋做"，其实不是你想象的那样。农活分三、六、九等，实干、苦干加巧干，庄稼长得就不一样。如施肥问题，有的说"庄稼一枝花，全靠肥当家"。小麦的施肥就很讲究，既要施足底肥，还要追肥，追肥也有时间，年外不如年里、三追不如一底等。我们那时种的庄稼比较杂，高粱、谷子、大豆、地瓜、玉米等，特别是老高粱种得比较多，高粱虽然不高产，但收入还可以，秆可以编席，高粱卖给兰陵酒厂。种高粱也是技术活，它是春种秋收的作物，有"立秋三天镰刀响"之说，但是春季管理需要用功，特别是播种后，10天左右出苗，半月左右就要分棵间苗，因春天雨水少，间苗不能用手，必须用锄头去锄地，而且必须扒窝晒根，高粱才壮。可是用锄间苗、锄地是个技术活，不会留苗、间苗，高粱就白种。很多年轻人最怕锄高粱头遍苗。高粱扒窝间距，老人们教给你怎样做，说"头遍苗，过头挖，一边一耳光"，"间距要二郎担山，鳌子腿"，这样锄出来的高粱苗，才合乎棵数、技术要求。但是工具非常重要。为了学着干活，父亲专门为我买了一把锄头，既不轻也不重，适合我用。锄头也是有讲究的，把、杆、头尤其是弯曲的部位更是有技术要求，买不好就很麻烦，用同样的力气有的锄不下地，有的锄能拉起长距，有的不深就浅，所以父亲为我买的锄比较好用，感觉就是自己的武器，我也非常爱惜，干完活都把它擦得光亮。这把锄直到我上了大学后才结束使命。有时回家还要再看一看，那把锄后来成了我家兄弟几个的传家宝了。这把锄给我带来了学做事的基本功，凡事要从基础做起，农活要从锄地开始，所以这把锄给了我好的人生启迪。

一是在锄地时想起了农民的辛苦，粮食来得多么不容易，真的是"锄禾日当午，汗滴禾下土。谁知盘中餐，粒粒皆辛苦"。要珍惜劳动果实，珍惜每一粒粮食。所以后来在"三夏"、"三秋"（秋收、秋种、秋管）工作时提出了"寸草归垛，颗粒归仓"的要求。

二是当农民也要想着国家，没有国哪有家，新社会农民有地种了，这是共产党给的，农民有了种地的权利，当农民只要勤劳，一样可以过上好日子。所以夏秋两季收获的粮食，要首先选好的交爱国粮，差一点的留给自己吃。

三是锄头有很多的乐趣，村民在一起劳动，有苦也有乐，有的会讲故事，有的带着扑克牌等休息时围在一起各找伙伴玩。

有一次在村东锄地时，一位岁数较大的人讲了这样一段故事，说人活在这个世上不光要会干活，也要会说话，不然一句话就得罪了别人，特别外出办事更要把话说得恰到好处。他讲，历史上有这样一个典故，有三位青年学子，家境比较贫穷，上学后在家劳动，给地主家锄地、放牛，后来三位青年人各自找了自己的出路，老大经商，老二做官，老三在家务农。老三在家过得比较艰难，找到大哥去经商，过了段时间，商没经营好，老大说你不适合经商，还是找找你二哥给你个事做。老三真的去找老二，因老二官做得很大，平民百姓难进门，到了门口向门卫讲明来历说，我来找我二哥，我们是结拜的弟兄，当年给财主锄地是非常艰苦的，干了活还不给饭吃，有一次只给了一罐子糊糊，里面还有豆子，一不小心把罐子打破，汤洒了一地，我们还把豆子捡起来吃了。门卫向里面通报，做官的二哥听了大怒，说没有这个兄弟，也没有这回事。在旧官吏时期，当官的最怕说家底贫穷，不体面，就这样老三无奈地又回到老大这里。老三说，不行啊大哥，人家当了官，就不认兄弟了，就一五一十地说了一遍。老大哥听过后，就笑了起来，说三弟不是二哥不给你办事，而是你揭了他的底，他不光彩。不如再去一次，你这样说，上次来找我二哥，是做试探的，真实情况是这样的，当年我兄弟三人一起参军，打了好多胜仗，最主要的一次是围城之战，叫作手持钩镰枪，攻打灌粥城，跑了汤元帅，逮到豆家兵，最后大获全胜。门卫听后，急忙通报说，官爷又有一位兄弟来找你，如此一般说了一遍。他这位二哥讲有此事，也有此人，快快把我兄弟接进来。我听到这个故事，感到这把锄头也大有文章，凡事谋事在人，成事在天，关键是人怎么做。当然这个故事对我来说，只是作为故事对待，做人还是要真诚，实事求是，表里如一，不图虚名，要有真情。

一辆独轮车

20世纪六七十年代，这辆独轮车是我家唯一的运输工具，承担各类农活和赶集上店采购的运输任务。独轮车不好驾驭，推起来需要技术、力气，有句话叫"推小车不用学，只要屁股摇得活"。在我上高中阶段，赶上放秋假，父亲在家里种了不少黄姜，当地市场不好卖，也就一角五分左右，种了春、夏、秋三个季节的黄姜，不光费时费力，还要投不少的肥料钱，这是全家人穿衣、吃盐、买火、过年等的指望，卖不到好价钱，全家生活就很艰难。1971年我已17周岁，能顶起家里的好多事。那年父亲身体不好，种植的姜没人去卖，堆在家里就要烂掉。看到这些，我心里很难受。我提出要跟随别人去卖姜，父母有些不肯，担心年龄小，要走很远的路，怕吃不消。我毅然决然提出，正值秋假，又没有假期作业，就跟着母亲那边的亲戚去卖姜。这次卖姜路程远，时间长。从家里出发，途经山东、江苏、河南、安徽四省的部分地区、县、乡、村，长达一个多月的时间，卖完返程。那时候通信条件差，出去就没有音信，父母在家很担心，不管怎样这次任务完成得还算不错，确实吃了不少苦，受了不少气，第一次出这样远的门，自己有想闯荡一番的心理，也有因没有做买卖的经验担心做不好的思想包袱。在这种矛盾的心理中，自己想越是没干过的事情越要干，越是没有尝试过的东西越要去尝试，这样才能锻炼自己，提高自己，无论放在哪里，都能成为做事的人。这次推着独轮车做事有以下体会。

一是做事要不畏艰难。无论工作生活中遇到什么困难，都要想法克服。记得在卖姜的过程中，到了河南永城县一带，上午赶完了一个集市，下午再到乡村去卖，因一起去的伙计不能在一起，要分散到不同的村，事前说好的晚上到某一个乡镇集市集合，第二天再一起赶集。我因走村串巷很晚了，到达集合点最晚，主要是在赶路时，乡村的路不好走，地形又不熟悉，车子翻到了沟里。晚上8点多钟，还有半车子姜没有卖完，加上带的煎饼、菜、被子等一个整体车子，有好几百斤重，就这样连人带车一起翻到了沟里。沟3米多深，好在没有水，但因是外乡，既害怕又紧张。17岁的我，第一次流下泪水，心里很难过，心想能否遇见好人帮一下忙，又想时间这么晚了，且处在荒郊野外，谁来帮你？还是靠自己解决。这时用袖子擦了擦眼泪，把货包解开，把车子拉上路面整理好，用褂子一包一包地兜姜，从沟底往车上装。全部装好时，不知时间，但是听到村里的鸡已叫了，算是折腾了一夜，才把车子重新整好，用力艰难地推着车子，寻找同伙的人。这次的小麻烦给了我坚韧和力量，也相信没有过不去的坎，人在困难时要看到光明，要有勇气，要有敢于战胜困难的决心和信心。

二是做事要谦和。记得在一个农村卖姜，停下车子，吆喝几声："卖黄姜了。"不一会儿，围了一群妇女，有的问多少钱一斤，姜的质量怎样，七嘴八舌，乱成一团。我说，各位大婶、大姐，姜是6角钱一斤。开始有妇女往秤盘子里放，我只顾得秤姜、收钱，而有的妇女往裤子兜里放，这使我非常为难。我说你们不能往兜里放，拣好的要放在秤盘里称，她们不听，有的抱着孩子，装进裤兜就拿走了。在这个村，姜卖得不多，让她们拿走的不少。当时我抓到一个妇女，我说你怎么拿我的姜，这位妇女怀一敞说，你看看我拿你的姜了吗？我一看这是个泼妇，只好让她拿走。在这种情况下，我意识到，如果不让她拿走，我还得吃亏，所以做事要谦和，包容一点，让一让，退一退，海阔天空。温和一点，谦让一下，风平浪静，吃点小亏，换来了平安吉祥。

三是做事要谋划在前。不论做大小事，都要有计划，筹谋全程。预则立，不预则废。我第一次出远门做买卖，没有经验，边干边学，边总结经验教训，花了一个多月的时间卖完姜后，获得了在书本上、课堂上学不到的东西，这次推了满满一车子姜，总共卖了300多元钱，一路开销，余293元，回家交给了父亲。这是我第一次担承的一项特殊任务，完成了，给父亲及全家有了一个好的交代，但是自己总觉得不满意，走前谋划不足，选线不好，对不同地域人的生活习性分析不透，对姜这种调味的特殊农产品来说，有的地方吃得多，有的地方吃得少，姜既是青菜类，又是调味品，还是中药材。黄姜具有温辛、解表、散寒、祛风的作用，在菜中可以调味，在中药中可调引，就是说引药上行或下行，发挥整服药的作用。姜带皮吃为冷性，去掉皮为热性，有"冬吃萝卜夏吃姜，不用大夫开药方"之说。卖完了这次姜才知道很多姜的功效。当时如果谋划好，获取准确信息，还能卖更好价钱，时间也能缩短。后来听说江苏、河南、安徽等地，供销社也收购，一次就能卖完，所以走了弯路。还有，如靠水地方的人爱吃姜，因为要祛湿，胃口重的地方也喜欢吃姜。所以这次外出经商得到的经验教训不少，凡事谋划不周，容易乱阵脚，付出得多，收获得少，甚至有可能损兵折将，一无所获。

一个药箱

我在上高中后期，学校秩序有些乱，上课少，社会实践多。峄山公社是东五乡镇的中心，所以区里把峄山作为东部中心点，区人民医院在峄山设置了分院，区卫生部门按照上级的要求，开展血吸虫病及传染性的大普查。峄山公社抽调有文化的高中生，到卫生院集中学习一个月，开展一年的普查任务。我作为在校高中生，又是公社团委干部，也被抽调参加此项任务，并给配备了一只药箱。那时响应毛主席的号召，要把医疗工作的重点放到农村去。因此各级党委政府非常重视，把传染病的普查作为为人民服务的硬任务来抓。峄城区东部五个公社，面积大，人口多，普查任务重，此项工作必须在夜间进行，因为夜间血吸虫在血液中比较活跃，抽血检查效果好。我们这个医疗小队 7 人，每天晚上集中到一个村，开展一夜的普查，天明回到医院休息一天，第二天在显微镜下看片子，谁采的血样由谁自己看，我看完，还要完成学校的学习任务。那段时间虽然紧张一点，可是自己觉得能为老百姓做点事，并能接触到卫生事业学点医术，感觉很充实。但是普查任务又要求必须在夜间进行，有时累了就冒出不想干的念头。顿时又想起老父亲的话，人活在世上，要靠本事吃饭，年轻时要多学点，要知道"艺不压身"的道理。所以跟着医院的大夫在完成传染病普查后，开始学习疾病的防治、常规检查、药理配方、中医诊断等，有时回到家里，本村的村民也找我打针，备些常规的药，为老百姓做点好事，一直到考上大学后，才丢掉了这只药箱。回想这段历史，感到梦想无限，对未来前景充满信心，感到有学头，有干头，有奔头；没有忧愁，没有奢望，想到的是刻苦学习，拼命干事。那个年代，也有几件值得记忆的东西。

一是党群干群关系紧密。各级党员干部是老百姓的贴心人，老百姓有什么困难问题，只要找他们就能得到解决。解决不好、解决不了的，老百姓也能理解，并且认为自己给党和政府添了麻烦。互敬互爱，互相体贴，生活再艰难，没有叫苦、叫穷的，没有一点怨恨，因老百姓相信共产党，共产党一心为人民。干部群众心连心，同吃、同住、同劳动，干部吃苦在前，享受在后，把群众当亲人，不管什么工作，只要发动群众，没有克服不了的困难。党爱民、民爱党，共产党把老百姓看成天、当成地，老百姓把党的干部看成是大救星、主心骨。想起那个时候的情景，仍感到无穷的力量。

二是农村缺医少药严重。一个县级分院，没有一名大学生，来了两个中专生，老百姓把他们当作医神。我的右腿因体育活动，血液没流通开，后来长了一个疖子，需要到医院治疗，父亲用独轮车推着我找到这位刚来的中专生医师，感觉我的腿有救了。当时的农村看病很难，有了病就硬撑，该死该活听天由命，所以那时人的寿命很短，也就是 60 多岁，活到 70 多岁算高寿。寿命短的原因，主要是生活质量差，有病无法治，各种传染病没有消除，如疟疾、丝虫病、结核、流感、流脑，小孩的天花、疹子、出血热等，由于没有疫苗防治，病死的大人小孩很多。后来，随着党和国家的重视，这种状况逐渐好转，特别是改革开放后，农村缺医少药的问题基本得到解决。

三是自我加压求提升。一个人学点技术不难，学精很难。这个药箱对我来说是一个加压箱、加油泵。怎样才能成为技高一筹、治病救人、立德尚善的人，心里非常着急，看到别的医生对病人手到病除，满腹经纶，医技高明，很羡慕，常常睡不好觉，吃不好饭，觉着自己的知识太少，无能。从那时开始确立了终身学习的信念，努力成为一个有知识、有文化、有技术、能帮助别人的人。尽管药箱没有成为一生的工具，但给我提供了学知识的动力。

一条古路

我对峄城至兰陵的公路印象最深，这是一条抗日战争时期日本鬼子为了军车的通行，强行让老百姓修的路，解放后为省道叫峄兰公路。抗日战争时期沿路还修筑了不少碉堡，特别是靠我们村地界处的碉堡还有明显的堡基。这里留下了日本鬼子杀害中国人的铁证。当地老百姓走这条路，说起来时还有恐惧感。这条路对我来说很重要，从初中到高中以及参加工作，都经常走这条路，在高中毕业后有机会参加了两次复修道路的任务，第一次道路加宽，第二次复面整理。每次参加都很高兴，因为修路是行善积德的事情。路修好了，人们出行就方便。这两次修路也是学着做事的重要内容，因为时间一个多月，劳动量大，那时全靠肩挑人担，用铁锨从沟底往上翻土。刚学干活，手打起了水泡，破了流水后非常疼。心想这就是人生的磨炼吗？不能想得太多，还是认真干活。由于父母给了我天生的伶俐，眼里有事，手上出活，不管放在哪里，我干得都很好。一些技术活，如包路肩、打路边线等，大队书记、生产队长都安排我干，有时感到很自豪。我对这条路很有感情，它不光是一条古道，还是一条省道，也是我们村老百姓生活、出行必走的一条路。我走得最多，从初中、高中直到大学毕业参加工作，一直走着，确实是漫漫人生路，走得很艰辛。这条路给我带来好多学做事的东西，静心想来有以下五点。

1. 路上的思考。在我上初中时，因学校到我家有 8 公里，虽然住校，但每周要回家拿饭，有时赶上阴雨天也不得不回家，况且多数是放学后天晚时才回去。上初中的我，还处在少年时期，回家没有交通工具，都是步行，由于我那个村只有我自己出来上学，多数孩子在家玩，所以没有伙伴。走在路上的我思绪万千，背着书包，踢着石头，沿着路边往前走。那时在这条路上思考最多的，是这个学是否能坚持上下去，因生活特别困难，地瓜干也吃不到年头，有的年份还靠吃救济粮。就这样父母还是靠节约，自己少吃点，省下来供我上学。上学时没有菜吃，咸菜也没有，学校只有开水，用母亲炒的煳盐冲水喝，由于缺油水，经常出现水肿，放学走在路上，无精打采，全身困乏，没有心情，感到人生路艰难，什么时候才走到头。有几次想辍学，在家里帮大人干点活，又想不上学没有文化，怎样去做事。老师讲："学海无涯苦作舟，梅花香自苦寒来，没有苦中苦，哪有甜中甜。古人匡衡自幼家穷，没有油点灯，凿开墙壁借光读书，后来成为汉丞相。你们不能怕苦，只有读书，才有光明。书中自有黄金屋，书中自有颜如玉"，等等。老师的这些话，走在路上回想，在大脑里翻腾。老师的教育，父母的养育，使我坚定了上学的信心，上学的路我要走下去，再苦也不能退学，退学的念头要彻底消除，坚决走一条求学之路。

2. 路上的疑问。峨山到三山这段路，过了前山头就没有了村庄，全是荒山野坡，靠路北3公里的地方是麻风病医院，这里很少有人来，周边的老百姓都很害怕，特别是阴天下雨更是看不到人，大小坟头很多，是圪塔埠大队的几个自然村埋葬死人的地方。现在是峄城区化工园。那时晚上走在这条路上，没有灯光，只有猫头鹰的叫声。每走到这段路，我就精神紧张，身上起鸡皮疙瘩。有一次放学很晚，天又下雨，到了宿舍打开煎饼包袱一看，已没有饭了，不回家晚上就没有饭吃。我在宿舍里走来走去，看看天有所害怕不想走，摸摸已经咕咕叫的肚子，为了吃饭我毅然决然地走。由于没有钟表，估计时间是晚上8点多钟。走到麻风病院那段路，天已很黑，加上下雨，路又不好走，踏着泥泞的路，只听到脚步声，有时脚踩的声音，好像有人跟在后面，不时地往后看一看。走了一段，突然从路北不远的地方，一道火球在跳动，有红的，也有蓝的，我不知道是什么东西，心想是不是老人讲的鬼火啊。越想越害怕，这时我加快了脚步，走得全身是汗，衣服外面是雨水，衣服里面是汗水。那天这段路走得特别艰难，到家大约已10点钟，父母问怎么这么晚才回来，我把路上的经过讲了一遍。父亲说，那是鬼火，有坟墓的地方经常有，但是你要知道，鬼火见不得太阳，不用害怕。第二天早晨回学校，带着这个疑问想来想去，到学校请教老师，老师做了科学的解答。说是磷火而不是什么鬼火，有的墓地久了，棺材上的铁钉处在潮湿的环境中，有的暴露在外面，铁钉逐步锈蚀，再加上阳光的反复暴晒，棺材封闭性越来越差，人体的遗骨腐朽释放出一种化学物质——磷，遇到春天的雷雨、大风，磷外溢，晚上磷开始发光、漂移，是这样形成的。尽管老师做了解释，我还是半信半疑。过了一段时间，我又找来《十万个为什么》这本书查找，才知道是什么原因，不再恐惧。

3.路上的互助。在那个年代，不光吃粮困难，烧柴也困难，经常没有吃的，也没有烧的。烧柴主要靠到枣庄买煤，用地排车、独轮车和生产队用人拉的马车去拉。这是当时的运输工具。把煤炭运回来再分到各家各户，有的自家去运。有一次，我和本村的几个人，各自推着独轮车，到了枣庄东田屯煤矿买煤，早晨走得很早，大约凌晨1点钟从家里出发，到达煤矿时天才刚刚亮，把车子推到煤堆跟前，用心拣些好的煤块装车，装好车子过秤，付完款，推到能吃早饭的地方吃早餐。那时的早餐很简单，自带煎饼，买一碗羊肉汤泡煎饼，每碗羊肉汤两角钱，只有四五片肉，主要是喝汤，每次要添汤，要把几片羊肉留下，作为证明，如吃完羊肉，就不给添汤了，等于吃饭结束。我们这伙人，由于走了近一夜，又没有喝水，确实要了不少的汤，每人都喝了四五碗。稍停会儿，开始推车返回。一辆车的载重几百斤，推起爬坡非常困难，赶巧又是迎风，这次的买煤真是一趟苦差。重车返回时除顶风外，还要翻越几道岭，都是漫长的上坡，有很长的一段还是土路，推着几百斤的车子，只要不用力，车子就停下，推起车子就汗流浃背，颈部要围上一条毛巾，用来不停地擦汗，不然汗水就流到眼里，看不清路。我们同行的有一位岁数较大的，姓袁，体质比较弱，他推了约有400斤煤，一路上是上气不接下气，艰难地推着，我虽然累，看到他那样，心里酸酸的。记得走到峨山东部过桥时，他走不动了，那桥很凹，两头坡很陡，在桥头停了下来，把车子放好，他说我很想休息一下，你们先走，说着从车子上的布兜里掏东西，那是在路上买了几个西红柿，没舍得吃，是给家里孩子们买的，他不情愿地拿出来一个，往身上的衣角擦了擦，吃了。吃后开始推车过桥。这时我们已过了一座桥，当时这段路，接着有两座桥。我看到这种情况，就停了下来，看他是否能推过来。他推到桥下就推不上去了，这时我抓紧回去，帮他把车子推过了两座桥，我再去推我的车子。这一举动，他很受感动，说大兄弟，我一直给别人说你人好，有前途，有出息，年轻心眼好。他这样说，其实我没有感到什么，只知道一伙来的，要互相帮助，人在最困难时帮一把，比任何时候都好。有句话我记得："雪中送炭是君子，趁人之危是小人。"

4.路上的梦想。走在这条路上，到了高中时期，梦想就多了些，加上学校里的教学不太正规，高中两年就结束了学习生活。这个阶段是年轻人思想最活跃的时期，人生的坐标在哪里，应该往哪里去，是留在农村，还是谋求新的生活，这是我不断想的问题。在这个时期，虽然还上着高中，但已走进了社会，我在三山大队已任团支部书记。峨山公社第一届团代表大会召开，我被推选为公社团委常委、副书记，有了这个职务，虽然身份还是农民，但是参与公社的社会活动较多，给自己走向社会提供了条件，公社党委了解自己的机会就多了。这个时期，好多领导对我有好感，评价也不错，公社及大队一些团的活动搞得有声有色，推出了好多经验，成为公社团委的一面旗帜。如公社团委搞"雷锋在我身边"活动，全公社共青团员每人做两件好事。我在的大队团支部带头搞"农业科学试验田"，大队党支部批准在我村东靠水渠的地方给了50亩地，推广杂交高粱，多头玉米，地瓜种植采用技术改良实行窝瓜下蛋，提高亩产值等，先种先试，好了再推广。这个试验田，我主要是在公社农技部门学习完再回队指导，有时也参加试验田的劳动。记得有一次栽杂交高粱，休息时间，一位同事拿了一本小说看，说刚搞到手，这本书是《野火春风斗古城》，反映金环、银环在抗战中的英雄事迹。这个伙伴有文化，按当时贫下中农论，他是地主的孙子，人很好，手也很巧。对这种人，当时他搞个书看，我认为他是思想进步，拥护共产党，拥护社会主义，就建议让大队党支部表扬。我们搞的那个试验田，经常有外公社和本公社的人来参观，当时感到很有光彩。由于做出点成绩，每次在公社开会，领导都高看一眼，所以我的人生目标有了很多路径。当时有留在公社当"三不脱"干部的机会，也有当兵的机会，还有考学的机会。总之，一有机会公社党委就会提供。特别是初中、高中时候的一位老师，已是公社教育组长的李明玺，对我很关心，经常给我指导，后来我去上大学他起了很大的作用。这也是我一生中需要感谢的人之一。后来重视教育、尊敬老师成为我做人的基本要求。处在学生时期又夹杂着社会上的一些临时性工作，使我梦想很多，想做一名医生，为人看病，解除别人的痛苦；想当一名农技师，研究农业科技，提高农业产量；想做一名干部，为人民服务，为老百姓办事；想当一名解放军战士，保卫祖国，捍卫和平等；最后还是选定了继续上学。这条路上的梦想，为以后的人生提供了导向和定位。

5. 路上的征程。在这条路上，有过忧愁，有过梦想，有过拼搏，一直到考上大学后走在这条路上，才感到轻松。在那个时候，考上了大学，"一步登天"当上了国家干部，吃国库粮食，是周围的人所羡慕的。20世纪70年代初国家对高考进行了改革，毛主席做出指示，大学要向工、农、兵开放，选择工人、农民身边的人上大学。当时的制度是，考语文、数学、物理、政治四门课，成绩占录取分数的50%，还有50%的分，由公社党委推荐，所在村党支部同意，逐级申报、批准，最后录取。我接到入学通知书是一个秋天的下午，在村东地里收豆子，听说通知书来了，家人很高兴，自己没有高兴起来，原因是被山东省一个专科学校录取（校址在潍坊），学的是牧业微生物专业，当时对这个边缘学科（现在叫生命科学）不了解。父亲讲，不管什么专业，上了大学就是国家干部，走出一步天地宽，值得去。这样拿着通知书，从地里回家，开始做上学的准备。这个小山村没有大学生和国家干部，我是当时唯一走出这个小山村的人，在四邻八村产生了影响。父母为了把我送去上学，还专门办了两桌酒席，把亲戚、朋友请来热闹一番。按入学通知的报到时间，前一天父亲用自行车把我送到枣庄火车站，一路上我抱着被子和行李，感到又乏又累，走到枣庄三角花园已是中午1点多了，中午饭应该吃了。当时的枣庄三角花园没有楼房，还是一片荒野，只有在路口的东南角有几个卖大碗茶的，也卖熟鸡蛋。家里带的煎饼，三分钱一个的鸡蛋买了两个，父亲都让我吃了，我说我只吃一个，那一个您吃了吧，还得回去，路又这么远，就这样午饭结束，去枣庄火车站等候晚上的火车。到车站，父亲骑着自行车回家了。在当时我是第一次坐火车，还感到很新鲜。晚6点多钟，上了枣庄开往徐州的火车，到薛城站需换乘到青岛方向去的火车。那时交通不发达，去目的地只有靠火车。我记得换乘晚上9点多的火车没有座位，一直到济南才有空位，到达学校的时间已是第二天的下午2点多钟。在火车站，学校设有新生接待站，用的是解放牌卡车，接站的老师帮着把行李放到车上，我也和同学们一起上了车，就这样入学了。走惯了家乡的那条路，突然离开还有些怀念，心想那条路今后走得少了，只有放假回家再看看那条路。那条路是我走得最多的一条路，我也是我那村在这条路上走得最成功的一位。人生的路怎样走，要靠自己，不走偏，不走邪，要走正，要走直，走向正道人生的目的地。回想起参加修复这条路，是学着干事的开始。人要修好两条路，一条是方便群众走的有形路，一条是修好人生正确思想的无形路，一条靠物质，一条靠精神，物质、精神互相作用，才能通往你所梦想的路。正是这条路，开启了我人生的征程，扬起了前进的风帆。

一次修水库

在那个年代，每到秋收后，各级党委政府开始布置冬季农田水利基本建设任务。当时搞水利建设工程，一些干部全凭拍脑袋想事，用感情做事，对当地的水利资源不做科学的考察论证，仅靠个人想象，搞了一些不符合客观实际、劳民伤财的事情。用"一平二调"的手段，实行全区、全社大会战，全公社社员出工，记工分，凭人头摊派。那时搞的水利工程，尤其是公社以下搞的水利工程，经过历史的验证，仅有部分是有用的，有些就是乱搞的。生产队是靠工分吃饭，不去上工就没有工分，到了分配季节论工分分配，工分少，一年家里分得的粮食就少。分不到粮食就要受穷挨饿。记得1972年的一个深秋，听说公社已开会布置，到本公社的后山头村挖水库，分给我村的工程，需近两个月才能干完。那时有些口号喊得很响，如"不到腊月二十五，不对工程作评估""吃了大年饭，还得拼命干""天当被地当床，地冻三尺不上炕，做到冬闲变冬忙"。在这种形势下，社员没有怨言，有的手划破了，脚受伤了，一样继续干，做到轻伤不下火线。大队书记、生产队长只要一声令下，立马干起活来，社员们非常听话。参加挖这个水库，也是我高中毕业后第一次以大队团支书和生产队一员的身份参加的。水库是沿河扩充，拦蓄容水，实际作用不大，水库本身容量小，即使丰年雨水，也只能解决一两个村的春天种植。可是动用全社的力量修水库，代价很大，修了两年才基本完成，我只参加了一年。在修这个水库时，通过参加劳动，与全公社的社员在一起，认识了不少新的朋友，也有很多的收获，有印象的有以下三点。

1. 水利是农业的命脉。作为峨山公社，纯属一个丘陵山区，中部土质稍好，东西部土地瘠薄，水系很少，每年春秋两个季节，种植非常困难，种地瓜、花生都要到很远的地方去找水，采用肩担、人抬以及用车拉水、推水等，逢旱年，该种的时期没法种，只好等老天下雨。看到这种情况，认为当时集中兴修水利是对的，不管怎样，蓄点水，能保住几亩苗，解决好口粮问题。但是，由于基层干部知识少，缺乏设备，缺少兴修水利的经验，确实走了不少弯路。

2. 只有干才有变。农村、农业、农民问题是国家的根本问题，在当时全国八九亿人，农民占了7亿多，怎样改变农村面貌，提高农民收入，根本问题在于提高农业的产出率，而要提高产出率，还是要解决水的问题。所以说兴修水利成了党和政府工作的重中之重。记得当时我很崇拜公社书记，我们公社的书记，推着自行车，手拎蓝布包，到工地现场，看进度、看质量、提要求，说话很严厉，干部和农民都很怕他。他走到人们的面前说："我们要改变这一穷二白的面貌，就得干，不干哪有变，不能年复一年还是老样子，不能光盼好，今年盼着明年好，明年裤子改了袄，老这样穷下去，怎么能行。"所以说农村的生活是干出来的。

3. 团结就是力量。大型的水利工程，在没有机械化的时候，就要靠人的力量。

分给我们村的工程，有时组织青年突击队，动员村里的所有年轻人上阵，把重点土方、险方、难方包下来，让岁数大的人干一些容易干的工程，因此，我们村的工程完得最快，质量验收也合格，比其他村早完工一个星期。这里面也有苦干、巧干、实干的问题。如挖到水层，需要先排水，当时没有抽水泵，只好挖深渠把水引出去，水渗出后再开挖，免得增加运量、拖延时间。有的村干得不好，协调性差，人力聚不到一起，散散漫漫，拖拖拉拉，有的看到工程拖工就没有了精神。从这里看到，不论干什么事情，有一个能干事、会干事的问题，特别这土方工程是累人的活，一锹不挖一锹不少，只有团结一致齐心干，才能把工程提早干完，走在前面。

一次挖新河

这次工程是区里确定的，在峄城东部新规划了一条河，目的是解决排涝问题。农业生产讲的是旱能浇、涝能排。峄城东部横跨峨山、甘沟、左庄、底阁、罗藤等五个乡镇，排涝的水要泄到台儿庄泥沟、邳庄一带，参加挖这条河，也是我上大学前最后的一次农村集体劳动。这条河的开挖，区里动用全区的劳力上阵，工期两个月，集中吃住，搭建了临时窝棚和烧饭的大锅灶。开工后沿着这条新规划的河流看去，人山人海，红旗招展，出现了万杆红旗万张锹、千军万马战河滩的壮观局面。峨山公社的工地是底阁的西部，这里是黑土，土层较浅，挖下去半米就到了黄沙礓石，这种黑土和砂岩很难干，典型的黑土性质，农民称干如狼牙湿如胶，不干不湿拽不掉，也称英雄坷垃孬种泥，黄沙礓石更难办。用镐刨上去，只能掀起一点点泥花，只有动炮才行。在年轻的时候，进入这热火朝天的局面，确实能振奋精神，初学做事的我，还是想多学、多接触一些事情。因此除参加挖土方工程外，积极要求跟随工程进度小组去验收工程，虽然多干了一些会辛苦，但却有收获，因为验收时间必须在工地人员基本撤离时验收，否则工程不好计算，每天我需要多干一个多小时才休息。从工地回到住的窝棚，由于没有电，用的是蜡烛，在那灰暗的灯光下吃点东西，这是民工已吃完剩下来的，做饭的人员再给温一下，就这样坚持到工程结束。在这次挖河中，也有记忆很深的四件事。

1. 拉滑车。大型水利开挖工程，由于当时没有机械，河底的土方需运到河堰上，加上坡度很大，必须解决动力牵引问题。怎样解决这个问题，民工还是有办法的，竖起一个木架，中间安个滑轮，用大绳子系在独轮车上，人从河堰的上面往上拉，推土方的车就爬上去了。这一个小小的动作，说明了我们的劳动人民有创造性，有智慧力，这不就是苦干加巧干吗？

2. 挖月河。为了加快工程进度，河底面平挖不行，平挖河里的水没法排，只有在河的中间挖月河，先把水排出，一边一边地干。挖月河有讲究，技术要求很高，下挖深度是上面土层的两倍，挖深了容易存水，挖浅了土层的水又渗不出，就没法干活。所以必须掌控好基本标准才行。

3. 整河尖。河道开挖基本完备，从河堰、护堤到河坡，再到河底，都要按照上线标准整出河尖等待验收。有的河段整理标准差，几次验收都不过关，组织民工再返工，直至达到标准。对这些技术，我接受得很快，工程指挥部都叫我参加验收。验收主要看直线、看坡度、看紧密度、是否虚方变成实方等。

4. 净河基。工程完成后，整理河底要求很严，也叫净基，要求必须平整，落差顺畅，不能阻水，也不能窝水。因为这条河基本是在黑土地上开挖的，河底全是沙礓石，整平河底难度很大，刨下不深就浅，有的地方，放炮时药加大了，炮窝炸得很深，必须再用泥石回填，所以快到河底时，放炮要求也有标准，炮眼不能打得太深，药也不能装得很多，不然就会劳而无功，给工程增加工作量。在做净基时，横放一根线，两个人在两边看是否平整，然后组织劳力排成一个横队用锨赶着往前整平。

从这次挖河，我学到了不少知识，干什么事情都有学问，所以学做事，要在干中学、学中干，处处留心皆学问。有了一技之长，有了做事的本领，就能驾轻就熟，干起来心中有数，成功的把握比较大。

一盘石磨

我在家中排行老大，父母对我的要求也高，小时候顶事干活的只有我，所以无论什么活，父母先找我。在家务活中，我最怕的是推磨。我家里这盘磨是太爷太母他们留下的，在那时他们以做豆腐为生，听说豆腐做得非常好，十里八乡都买他们的豆腐吃，有时还到集市上去卖热豆腐。豆腐做得好，除了大豆的选择，还有技术，特别要做好浆，用锅烧开，加石膏点豆腐。这里面有学问，加少了不成块，加多了豆腐发苦，所以在点豆腐时，老人不让小孩多说话，不让多说话的含义，一是有些迷信，二是怕影响精力，我想大人还是怕影响精力吧。

做好豆腐除了以上说的这些外，关键还是石磨的质量。石磨分三六九等，有的磨石料不好，磨起豆子来容易掉沙，这样豆腐会牙碜，吃起来没有口味，还不好卖，所以磨豆腐对磨的要求很高。

我家这盘磨，一到过春节，邻居们都到我家磨豆腐，知道是盘老磨，既好用，又长期使用出来了，磨的豆腐好。新磨磨豆腐是不行的。这盘磨使用率很高，除过年过节磨豆腐外，平时主要用来磨煎饼糊，也磨面。这盘石磨伴随我上了大学，我对它是很有感情的，从儿童时就围着这磨台转，有时吃饭也在磨台上吃。那时奶奶还教了一些儿歌，"鸭子呱呱上磨台，啥时熬到媳妇来，好媳妇来了吃白面，好媳妇来了穿好衣"。小的时候（2~5岁时），每天都围着磨台唱，直到上小学了，才不唱奶奶教的儿歌。农村庄稼人对磨很爱惜，过年还有敬磨神的说法，春节贴门联时，也要给磨贴上一个"日磨千担"的春联。贴磨联有讲究，要倾斜贴，在上下两层的中间，不让过年磨张口，否则不吉利。在贴磨贴之前，要填磨堂，不让磨空着，用磨面下来的麸皮填充，象征着来年有福，同时磨眼也要充填麦麸，插上青竹，含义是福星高照、节节升高、万古长青。这样装点后才感到有过年的氛围。

对于磨，我既有感情又很害怕，有感情是因家里吃饭都靠它，怕的是推磨没完没了，一圈一圈走不到头，转得头昏脑涨。特别是早晨推磨，有时起得很早，睡得正香的时候，母亲把我叫起来，真不情愿，但是还得起，不推磨就没有什么吃的，我只好硬撑着起来和母亲一起推磨。父亲起得更早，主要搞编席的材料和地里的活。说实话那时最烦母亲叫我推磨，我是生气的，后来想，我不干谁干，不能让母亲一个人推磨。母亲更辛苦，不光推磨，还要烙煎饼，一烙一天。由于家中人口多，烙一次煎饼只能吃两三天。所以推磨是经常的事。这盘磨记录了我儿童时期的人生，也给我的成长提供了磨炼，大体有这样三点。

一是推磨给我提供了思考人生的机会。一次推磨大约需要三个小时，手执磨棍，只要跟上母亲的脚步，用劲去推即可，大脑可以思考别的问题。在那青少年时代，大脑非常活跃，想入非非，有时也胡思乱想，但是有一个问题是不断想的，就是人活着干什么，是为了求生，还是为了做事。经常听一些老人讲，人活着是为了吃好、穿好，南北做官为吃穿。听到这话后，总觉着不对劲，想一个人一生能吃多少，又能穿多少，如果说人活着只是为了吃好穿好，那这样不是太自私了吗？人不能为自己活着，为自己活着与畜生没有什么区别，活着只是为了吃和穿，那人就没有价值，那活得太简单，没意义。人生先要找到坐标，要有追求的目标，要活出人的样子。为什么有的人活着已经死了，而有的人死了还活着。因为自私自利地活着就是死了，只有胸怀天下、公而忘私、做出一番事业的人死了还活着，因为他的精神在，精神是无价的。那时的思考，为我找到人生坐标，提供了素质准备。人不能只为自己活着，要为他人活着，活着要为社会做点事，这种考量，一直要求自己做事先做人，把人做好了，事就能做好。

二是推磨给我做事提供了坚韧。推磨需要一圈一圈地转，推起来感到没有尽头，走不完的人生路。但是确实磨炼人的意志和做事的坚韧，凡事都有困难，做起来也没有一帆风顺的，人常说好事多磨，一事九折。做任何事情，都需要坚韧，不能遇到困难挫折就回头，在做事的过程中，不管遇到什么困难，坚韧是重要的，因为坚韧需要忍耐，坚韧需要时间，坚韧需要等待，坚韧需要智慧，坚韧需要经受考验，在这个过程，不管风吹浪打，胜似闲庭信步。向前走，往前看，就像推磨一样，开始一圈一圈地转，好像走不完的路。但是在转圈的过程中，只要看到磨的粮食，就能看到完成的希望，这是因为推几圈就需要添上一勺，每往磨眼里放一勺，盆里的粮食就少一点，一勺一勺地往磨里添，一步一步地往前走，靠着坚韧、毅力，每次推磨的任务就完成了。

三是推磨给我带来做事与别人的配合。推磨一般情况是两人推，两个人有一个人用劲不够，磨的转速就会不协调，同时另一个人用一点劲，磨棍会掉下来，推磨只有两个人均衡用力，才能保持磨的转速。所以学会与别人配合，磨转得才顺畅，磨出的面粉或糊糊才不会有粗有细。从推磨开始，我知道做事仅靠一个人是不行的，需要与别人配合。与别人配合也不是一件容易的事，要靠自己去感悟，主动配合，才能找到结合点。人在做事的过程中，与别人配合，不能耍小聪明，要真诚合作，人与人智慧不一，能力有强有弱，水平有高有低，这就要求强者对弱者谦和、礼让，弱者需争气、给力，达到一种运动中的平衡。

一块菜园地

记得在 20 世纪 60 年代的末期，也是我上初中的时候，父亲为能让全家吃上点蔬菜，在房子的后面开始开地种园。屋的后面有一块空闲地，也是我家的杏树林，有 9~10 棵杏树，有麦黄杏、甘壳杏、红星甜等，特别是一棵老杏树，枝繁叶茂，村里的小孩都在树下玩，初春杏花开时，引来很多蜜蜂，我们在树下听蜜蜂嗡嗡叫，感受春天的到来。到了小麦收割的时期，有的杏开始黄了，就爬到树上摘，有时也用竿子打，大人发现还要批评，因为杏熟透了才能吃，不熟透，杏发涩，吃了对人身体不好。这棵大杏树每年都收获好几筐杏，收获的杏除了分给村邻吃外，还要拿到集市上去卖，换的钱买其他的东西。这棵大杏树，后来遇到不幸，1959年吃集体食堂被生产队收为公有，砍掉后树干用来做马车的轴，树枝用来烧地瓜炕。砍这棵树，我很伤心，这么好的一棵树被砍了。可是年龄小，也没办法阻止，直到我长大了，对砍树的这些人还记恨，栽一棵树不容易，需十年、几十年甚至上百年才能成树。在这棵大杏树被砍后，其他的几棵也被生产队的人给砍光了，这个地方成了一块空地。父亲看到这块地闲置，就扎起小篱笆墙圈起来，深翻、上肥，种起园来。圈的这块地有半亩多，种一些家常菜，如萝卜、白菜、辣椒等。由于父亲的勤劳，这块菜园种得特别好，邻居们都很羡慕，对我家生活是个很好的改善，青菜基本不用到集市上去买。这块菜园对我来说很重要，学到了做事的一些知识，什么时候种什么菜，怎样管理等。如种萝卜、白菜的时间，叫作"头暑萝卜二暑菜，春分时节种韭菜"。因那时没有塑料薄膜，不能搞反季节种植，所有蔬菜必须按二十四节气种植。粮食作物也是如此。种地瓜，有春地瓜、夏地瓜（麦茬地瓜），种植时间是两瓜不过两夏，春地瓜不过立夏，夏地瓜不过夏至，再晚就不能种植。再如种小麦，白露早，寒露迟，秋分时节正当时。这些农业的知识，在这块小菜园里，父亲向我传授了不少，在我以后的做事中起了很大的作用。在这块小的菜园里不光得到了种植的知识，更重要的是收获了做事的一些本领。小菜园给我的启示是：

1. 人只有勤劳，才有收获。常言说，春种、夏长、秋收、冬藏，春不种则秋不收。没有勤劳，哪有成果，不劳而获是没有的事，天上没有掉馅饼的好事。这块菜园使我家的生活水平有了很大改善，解决了全家人的吃菜问题，除了自家吃外，也摘一些送给邻居，让邻居分享种园带来的好处，同时对于处好邻里关系，和睦共事，很有帮助，也显得父母很有人缘。我那个村是个山村，土质较差，种菜园的很少，如要种好，还得把菜园地养好，所以到了冬天，水洼、河沟干涸时，就到里面去挖淤泥，运到菜园地里当肥料。因为通过一年的冲刷到沟河里的淤泥，经过夏天的发酵，是一种上等的农家肥。有时放学回家，也背着粪篓去背上几趟。那时的菜园不打农药，不施化肥，全是有机肥，纯天然，所以蔬菜很好吃。我家的菜园种得好，左邻右舍很羡慕。这里得到的，体现了一分耕耘一分收获，一分奉献一分成果。所以母亲常说："人不能懒，不能闲着，闲着就没有饭吃，不干活就没有改变，干活没累死的，死的多数是气死的。"这话使我受益一生，一直到参加工作后，母亲的话还时常在耳边萦绕。

2. 只有劳动，才能得到锻炼。一个人的劳动，不光是一种推进物质变化的过程，也是一个学习、锻炼、成长的过程。我不管在什么岗位上，还是在家里，在有空的时候都会参加一些劳动。在青少年时学会了各种农活，编织业及铁、木、石匠活都可以干。后来在工作岗位上，通过劳动也被山东省总工会授予齐鲁劳动奖章，经市委认定被枣庄市人大常委会授予枣庄市人民功臣称号。在我的工作生活中，也特别关注劳动对人产生的影响。一次因公出国到日本去，搭乘出租汽车，上车后发现这位司机岁数很大，看上去也有 80 岁左右，心里一愣，心想这么大岁数还在开出租车，又不好意思问，通过翻译，换了个角度聊天，最后得知已 79 周岁，还坚持每天 8 个小时地开车。拉上话题，我说你为什么不好好休养却还在劳动？他说："劳动能促使生命延长，生命不息，劳动不止，劳动停止，生命就息。"这些话对我原来对待劳动的态度是个验证，更是对今后再如何对待劳动是个激励。所以劳动对我来说，不管是从生命科学的角度，还是从一种责任的角度，都是一种不可忽视、不能停止而且永远保持的心态。

3. 人只有劳动，才能获取智慧。中国是个劳动大国，劳动人民最光荣，劳动人民最智慧。从中国的历史可以看出，无论是农业、水利，还是工业、科技，无不是劳动人民所创造。如中国的四大发明、大运河、长城、石油的开发、两弹一星、卫星太空的开发等，数不完的劳动创造、劳动成果。一个国家尊重劳动，就等于开发智慧、开发财富。一个人勤于劳动，就能找到生存途径、生命本钱。一个国家什么时候尊重劳动，这个国家的创造力就迸发，人们的智慧就层出不穷。一个地方如果把人民的劳动积极性调动起来，这个地方的生产力就会大发展，财富会大提升，人民的收入就会大增加。一个家庭如果热爱劳动，勤俭持家，一个好的家风就会出现。所以劳动增长才干，勤奋走向成功，勤劳改善生活。劳动是伟大的、光荣的，通过劳动会获取更多的智慧和财富。

一套草房

一个人一生中做不了多少事情，但是无论对国家、对家庭，都要认真负责，凭自己的良心做事，不要做对不起国家、对不起人民和自己家庭的事情。一个不能对家庭负责的人，何谈对国家、对人民负责。记得那是 1978 年，党的十一届三中全会刚开过，提出了解放思想、实事求是、团结一致向前看，改革开放的春潮刚刚涌动，计划经济与市场经济发生着变革，人心思富，人心思变，盼望生活改善。在计划经济时期，特别是"文化大革命"期间，只搞政治，不搞经济，生产力落后，经济到了崩溃的边缘，国家贫穷，家庭困难，生不饱食，没有钱盖房子。那时刚毕业分配的我，每月的工资42元，只能够吃饭的，那么盖房子如何盖，钱从哪里来，是一个大难题。我家兄弟姐妹9人，按兄弟排我是老大，父母确实没有钱，老宅子有盖好的三间草房，我就是在老宅子的三间草房里结的婚。但是这里不能久住，兄弟多，如果我住了不搬走，下面的弟弟们结婚就没有地方。因此在完婚后，自己必须想办法搬走，这就面临盖房子的问题。对此，我与父母商量盖房子的事。父母说哪有钱盖房子，你们先住着，到哪时算哪时吧。父母的这些话是发愁的话，确实无能为力，父母对孩子都是关爱的，但是面临的问题，是解决弟弟们需要成家的住房问题，没有房子就不能结婚。我也随着自身家庭人口的增多，举家过日子，没有住房怎么能行，再困难也得有个住处。对此与夫人商定，不让父母为难，也不要父母一分钱，自力更生，自己想法盖房子。那时手里没有钱，把夫人养的猪、鸡全部卖掉，把托人买的一辆大金鹿自行车也推到兰陵集上卖掉，东筹西借，总算有了300多块钱，就这样开始盖房子。那时瓦房是不敢想的，只盖三间草房先住着。就这样父亲也开始忙活。自己上山挖石，筹备够60厘米高的地基石，我开始用独轮车往家运，全部运完，放线、挖基槽，夫人还正怀孕，给我搬石头，我砌垒。三间房的基石砌完后，开始筹备土，打土墙，草房墙需要三米六高，墙体需分三次打完。准备好房子框架后，再研究上盖的材料，需解决棒、脊梁、过梁、叉梁，还要准备盖房子的笼把子，笼把子是用高粱秸等做的，6~8根一把，用坚韧的稻草或麦秆，放在水里浸透，拉碌碡压几遍，用作扎把子。高粱秸需购买好的，秆直不发霉的，盖上房子不光漂亮而且坚固耐用。我记得在筹备这些房料时，确实一筹莫展，不知道到哪里搞材料。那时睡不好，也吃不好，人瘦得皮包骨头，夫人看到我这样既感到心酸，又感到无奈。我只好迎着困难上，心想车到山前必有路，办法总比困难多。遇难而退，房子就盖不成，迎难而上事情就能办到。俗话说"有病乱投医，有难找朋友"。为了筹备盖房的木棒，向单位请了10天假期，找到了左庄乡我的一位学生，通过他找到了一个村的干部，到那里购买盖房子的木棒。因这村山多，山上栽种了好多的刺槐树，树生长得很好、很直、光润，适合盖房子，能用的很多。村干部开价每棵10元，随便杀。就这样，我与学生一起，在山上杀了16棵树。

还在峨山镇周官庄搞了几棵。按每间 7 根垄条，三间房需要 21 根，再加上过梁、又梁 3 根，共需 24 根。在这个村购买了 16 棵树，我用地板车分两次运回家。杀树、运棒，花了十几个小时，再加上拉地板车，自己身体吃不消了，搞得咳出血来。盖房子的木料备好了，开始筹备盖房子的草。最好的草是山上的黄草，承受雨水长，坚韧耐用，盖上外表好看。但黄草价格贵，没有那么多的钱，只好少搞黄草用作房的两头和房檐，中间用小麦秸。因为房的两头招风，房檐流水易坏。按照这个计划，就少买了点黄草，又到岳父家要了点麦秸草，这盖房的草就备齐了。再着手准备购买高粱秸。高粱秸平时不好买，只有到集市上去买，适逢兰陵集，我和夫人一起到了兰陵集市，花费了一天的时间，总算把盖房的高粱秸买上了。接着又开始准备门窗。门窗是我通过朋友，在枣庄木材公司购买的红松，找到会做木工的亲戚给做的。盖房的材料先后筹备半年多。到了 1980 年开始盖我的草房，直到夏天才算把房子盖完。那时女儿还不到一周岁。1981 年儿子就出生在这新盖的房子里。那时没有院墙，只有三间独房。我在外地工作，夫人就住在这里。过了一年，又筹备垒院墙，总算有了个院落，看上去像一户人家。随着经济形势的好转，全社会的生活水平逐渐提高，我的工资也由每月 42 元提高到了 57 元，生活开始有了好转。由于工作岗位离家太远，回家骑自行车需要大半天，生活极为不便。1983 年将夫人和两个孩子的户口迁移到市中区北龙头村，并按规定转为非农业。就这样，一家人离开了这套茅草房。这套茅草房虽然是草房，但是在我的心中是很重的。它在我的人生中最有记忆，也是最有成就感、最能感受人间酸甜苦辣回味无穷的东西，现在回想起来有这样三点。

一是男人敢担当。一个男人无论做任何事情，都要敢于负责，勇于担当，不回避矛盾，不推脱责任。在我开始盖这套草房的时候，可以说当时的条件是不具备的，如果依赖父母，推脱不做，凑合过下去，只能给全家带来负担，给别人带来麻烦，甚至造成全家的不和。一个男人担当与不担当结果是不一样的。一个人苦一点、累一点算不了什么。只要家庭和睦，苦点也是福。如何去做一个真正的男人，需要一身正气，释放一种正能量，做到胸怀宽阔，有情有义，富有爱心，把方便让给别人，把困难留给自己。一个男人的"男"字，是一个"田"字加一个"力"，古人造字时男人就出力种田。假如一个男人不顶天立地，做什么前怕狼后怕虎，无所事事，游手好闲，等吃坐穿，这样的男人不是男人，只能是社会或家庭的累赘。所以说无论在家庭，还是在社会，都要保持高尚节操，浩然正气，做一个敢于担当的男人，做一名富贵不淫、贫贱不移、威武不屈的男人。

二是家和万事兴。一个男人在家是主心骨，立地是棵树，不是一根葱，要学会上敬老、下养小，协调好家庭的各种关系，避免出现一些矛盾，产生家不和的问题。我这个家，人口多，兄弟姊妹九人，其中兄弟六人，应当说是个大家庭，要想协调好这个家庭的关系，不是一件容易的事。在家里兄弟们中我是老大，如何做，小弟们全看着，老大领不正，不做榜样，下面就很麻烦。一个家与一个单位一样，当老大的必须严格要求自己，多做少说，带着他们干，做给他们看，要学会吃亏，多付出、少获取，这样你说话他们才听。我这个家，由于我的以身作则，兄弟们从来不给父母添心思，不给老人添堵，这是一种大孝。如果家庭矛盾不断，家不和，情不浓，怎么能幸福。所以弟弟们都很争气，无论学业，还是创业，小家庭都很成功，都成长为对家庭、对社会负责任的男人。在这方面，由于我从小受父亲的教育影响，也承担起对家庭的责任，虽然兄弟们在一起的时间少，只要聚在一起，还是说教的话多，让他们做有责任、有出息、靠自己走路的男人。我自己的家庭也很幸福。夫人是位性格直爽、管家有道、通情达理的人，能维护家的大局，从不干涉我的工作，承担着全家的事务，对孩子们管教很严格，所以孩子们都考入大学，受到高等教育，又靠自己的能力考入了工作岗位，成家立业。我对家庭的管理是严格的，秉承厚德载物、天道酬勤、行善积德、上善若水的道理，制定了自家的家训、家风、家规。我的家训是：明理诚信，善良仁爱；家风是：学习增长才干，知识改变命运，勤奋走向成功，能力成就事业；家规是：不做对不起别人的事，不做对不起国家的事，不做对不起家庭的事。要求孩子们宁负自己，不负别人，为人处世正派、正义、正道，不伤害别人，但是要防范小人，学会避开小人。要知道祸从口出、病从口入的道理，为人谨言慎行，做到言之有信，言之有理，言之有度，言之有物。不言不语、寡言少语不行，胡言乱语、口无遮拦也不行。看事看物要讲究个真，对事对人要讲究个诚，不能水中看月、雾里看花，没有调查研究就没有发言权。对家庭的这些教育内容，不光教育弟弟、妹妹要做，对孩子们也是如此，我自己首先做到。在这个大家庭里，就像一个小社会，除用规范的教育外，为了家庭的和谐，也要采用一些好的技巧和方法。一个人不可能完美无缺，尺有所短、寸有所长，对一个人要一分为二地去看，多看别人的长处，达到和谐统一。

三是给家庭一点爱。家和万事兴，家和才是福。1992年1月27日，邓小平视察珠海江海电子有限公司，在谈到人才和创新问题的同时，出人意料地谈到了家庭问题。他说，欧洲发达国家的经验证明，没有家庭不行，家庭是个好东西。

我们还要维持家庭。曾子讲：修身齐家治国平天下。家庭是社会的一个单元，修身齐家才能平天下。我是一个公而忘私、拼命做事的工作狂，我工作过的地方，干部群众称我是拼命三郎，对此也受到上级的多次表彰。但是，对家庭我是有愧的，想起来很内疚。应当说再忙，在不影响工作的基础上，也要找一点时间，找点空闲，陪陪老人，陪陪妻子儿女，这一点我做得很不够。我是一个仁爱之人，也是个大爱者，没把小家放在首要位置。我担任乡镇、区（市）主要领导长达30多年，从来没有在家过一次节（中秋、春节），都是在岗位上与煤矿工人、敬老院老人等一起过节，让他们感受到党和政府的温暖，同时也考虑到节日期间的安全生产，让老百姓过一个祥和、愉悦的节日，把爱留给大家。

记得在滕州市任市长期间，2001年的中秋节，中午我给夫人打电话说晚上回家吃饭。那是八月十五的晚上，过中秋节应该说是每一个家庭都很在意的事情，讲究家人团聚、圆满的同时，中秋节也是思念亲人的节日，千里迢迢都回家过节，何况我就在本市，路程不过百里。我很少给家里打电话说吃饭的事，因忙于工作，自己当不了自己的家，说有事就有事，那是没办法。这次打电话说回家吃饭，也是过节，女儿上大学也回来了，应该在中秋节晚上团聚吃饭，考虑到工作上已安排就绪。到了中秋节晚6点时，叫司机开车回家。由于职业的原因，在车里还是看一看外面，在出滕州市政府大门时，我看到大门口贴了一张红色的通知，就安排司机停车，下来看一看。看到的内容是市煤气公司的通知，通知说"因焦化厂缺煤停产，煤气公司没有气源，节日期间无气可供，敬请谅解"，就这样一个通知了事。我心想这么多的部门，这么多的副市长，竟没有一个看到？或者看到了没有过问，也没有人汇报过此事。对此，越想越严重。那时滕州市城市人口已达50多万，城市多数人口靠煤气烧饭，如节日期间无气可供，这是一个很大的问题。为此我立即车掉头返回办公室，打电话安排秘书长下通知，召开市长办公会紧急会议，同时打电话找常务副市长和分管工业的副市长详问情况，做好开会的准备。在这次会议上，我的态度很严肃，在听完情况后，首先批评了政府成员部门，讲为什么把问题推到现在，把会议开成追究责任的会、解决问题的会。记得先从焦化厂、煤气公司检讨，再到部门、副市长，我也从全市大局的角度反思，找出产生问题的原因和从根本上解决问题的办法。那时由于处于计划经济与市场经济体制碰撞时期，国有企业改革进入深水区，难题很多，不是一朝一夕就能解决的，体制的改革有个过程。不管什么原因，先解决煤气供给问题。解决煤气供给问题必须先解决焦化厂的供煤问题，解决供煤问题先解决资金问题，一系列问题摆到了我这个市长面前。这些问题有体制带来的问题，主要是人的问题，有少数部门及领导干部对群众的事情关心不够、平时应及时解决而没有解决好的问题，把小事积成大事，最后推到市长面前。所以这个会我开得很长，抓住矛盾从根本上解决问题。整个事情安排完后，已到深夜12点钟，工作上的生气和身体的疲倦，只想躺下休息。但又一想，老百姓的事办完了，家里的事怎样交代？还是忍着劳累叫司机开车回家。回到家已是凌晨1点钟了，看到放在桌上的饭菜家人都没有动，心里不是滋味，感到对不起家人。因为没有吃晚饭，就吃一块月饼了事休息。这真是十五的月亮十六圆。就那天的情况，作为领导干部，特别是主要负责人，如果不妥善处理，哪先哪后，其结果是不一样的。对老百姓的事处理不好，这就是失职。我常想，也常讲，老百姓的事无小事，老百姓的小事是大事，老百姓是天，老百姓是地，何况一个小家，小家的事情可以找补，老百姓的事是无法补的。但是在处理好大家的事情，小家的事处理不好，做起事来也不顺心，也会影响到工作。所以对家人的爱，也是对社会的爱，每个家庭充满爱意，整个社会就变得和谐。给家庭一点爱是必需的。在应对事业与家庭矛盾时，男人要有宽阔的胸怀，能听事、能装事、能理事，不狭隘、不冲动、不古板，大事明白，小事放下，站高一点，看远一点，就能把事业与家庭处理好。

上述十个方面，只是我在学做事中的点滴，学做事还要做到眼勤、嘴勤、手勤、脑子勤，用心体会，用力去干。特别是建的这套茅草房，给我人生提供了很多珍贵的东西，回味起来，值得传承，值得珍藏，为我以后的做事，搭建了阶梯。

学知识

在青少年时期，学做人是立身，学做事是立志，学知识是立本。一个人要想把人做好，把事做好，必须具备渊博的知识，以适应未来的各种挑战，或者是主动挑战这个世界。"知识"二字很好理解，但是达到知多识广是不容易的，因为这个世界纷繁复杂，知识无穷无尽，没有对知识的孜孜追求和坚韧持续的学习探讨，是求不到多少知识的。知识是先知后识，不知不识。要想求得知识，就要去经多识广，经风雨见世面，到复杂的环境中去锻炼。见多为广，识多为宽，知识多了路好走，知识是人们认识世界的法宝，知识可以改变这个世界，也可以改变自己的命运。历史上的文人墨客、志士仁人，为了探求治国，为了改变自己的命运，漂洋过海，走出国门，求知得识，获得了成功，成为救国救世的功臣。我是一个自幼渴求知识，学而不厌，终身善学的人。要真正掌握一定的知识，须做到"五要"。

要博览群书

要学好文化基础课，攻好专业课，兼学其他课。我这个人一生从未把钱看在眼里，而把书看得很重，从初中开始读了不少课外书。记得有一次在上自习时，我没有读课本，而是看了课外书，被老师检查时没收了，那是我向别人借的书。后来我找到老师，写了检讨书，才把这本书要回来。到了大学时期，我学的是

毕业分配与班级同学合影（第二排左四为笔者）

微生物专业兼顾畜牧专业，在完成这些课程的时候，借助大学的学习条件，只要有空我就到学校图书馆借书，到学校阅览室阅读其他资料。在这几年的学习生活中，我自修了地质学、力学、土肥学、中医药学等专业。

大学毕业后，第一方案被分配到青岛商检局，由于家庭困难要求回枣庄，学校最后做了调整，暂时安排到省委办公厅驻农村工作队，到了德州地区齐河县三王城大队驻村，推广山东省的"北三区"（德州、惠民、聊城）棉花种植改良技术，改直播为提前育苗。在这里工作一年的时间，跟随省委工作队的领导和同志们学了不少知识。这是我走向社会学习知识的开始。为了指导好农民种棉花，我又开始学种棉知识以及棉花的加工等。

一年结束，省委工作队的领导建议我留在省里工作，我还是回绝了。主要是家庭的原因，父母要求回乡，这也是父母之命，最终执意回到家乡枣庄，被分配到枣庄共产主义劳动大学、市委党校、省五七干校"三位一体"的一所大学。在这期间，尽管离家还很远，毕竟我到了一个知识文化比较集中的地方。这对于我多学点知识是一件好事。在这里我系统地读了很多书籍，如文秘学、逻辑学、育种学、气象学，特别是马克思主义政治经济学等。

当时的年代没有电视，文艺生活几乎没有，我把晚上的时间全部用来读书。单位为节约用电，后勤科长不让用大灯泡，只能用 25 瓦的灯泡，到了晚 9 点就要全部熄灯。我就想办法买了三节电池的手电筒（大无畏牌电池），在被窝里看书，一直看到深夜才结束。记得我搞了一个学习小计划，从历史书籍开始，按照分类，基本能读的全部读完。由于把精力放在读书上，直到现在我都不会打扑克、下象棋等。读的书越多，越感到知识太少，还不够用，在我的工作、生活中也确实尝到了读书的好处，读书会给人带来智慧，也会带来幸福。

要谦学善学

知识的收获除了书籍上的，还要从社会上去学。孔子曰："三人行，必有我师焉。"社会是个大课堂，有些知识是被历史和实践证明了的，如果知识全部从书籍上获取是不行的，因为读书还有活学活用的问题，书本的知识要与社会实践结合，不结合实际，照抄照搬，照本宣科，就会成为"书呆子"。在社会上也能看到少数人读的书不多，但很智慧聪明，事情做得也很好。我认为这毕竟是少数。不读书做点小生意谋生可以，但要想做大事，没有文化做支撑是不行的。但是社会知识的获取，也不是一件容易的事，需要个人的天赋、心智和观察社会的能力，用心去捕捉知识源、知识点，做到谦虚好学、不耻下问，拜别人为师，不要不懂装懂，不要自觉明白，不要有了点知识就显摆。在社会上，学习知识是一件辛苦的事，还要靠平时勤奋，用勤劳换知识。

我记得向社会学知识时，1979年在共大任教师时，有一次与果树专业的教师交流，对果树类栽后几年能结果提出请教。各类果树的习性是什么？栽后什么时间开花结果？这位老师说，采用不同的技术，有不同的时间效果。常规讲，移栽的果树有"桃三、杏四、梨五年"之说，白果是爷爷栽树孙子才可卖钱。这么简短的一句话就说明了各类果树的结果时间。如果单从书本上去学是不够的，书本没有这样形象的语言介绍。又如，动物生育问题，动物的怀孕时间如何计算。记得我们在当时的烟台地区（现在威海）乳山县夏村公社实习，因为是毕业实习，要把大学的理论知识拿到实践中去验证，如海洋生物种类、微生物生存方式等，还要研究陆地上的动物种类、性别，它的繁衍、繁殖时间。有位同学问，动物怀孕多长时间下崽，如狗等。老师说有计算方式，你们可以去查一查书。有位长者老农插话说，你们查什么，很简单，有句俗语，一下就记住了，叫作"狗三、猫四、猪五、羊六、牛十月、驴一年"。这一句俗语，我这个实习班同学都感觉好记。所以社会知识无穷无尽，它是一个知识的海洋，只要你留心学，留心问，知识到处都是。

要注意观察

很多知识不光从书本学，从社会学，还要注重观察事物，从中获取知识。知识在不断地更新，地球的运动，物体的变化，大自然在演变历史、在更新重叠知识，只要你留心，就可从自然界获取知识。墨子学知识，从观察事物的特性获取光学原理就是这样得来的。如小孔成像，通过暗室、灯光，利用小孔点找到了成像原理，从小孔去看，人呈倒影，墨子的这个观察，后来成为照相机原理。有一次我在日本访问，与众多的日本人讲到，现在你们日本的照相机搞得不错，可你们要知道照相机发明原理的老祖宗是中国人——墨子。在这个场合下，日本人点头认可。又如，墨子力学，他是在实践中发现的，并运用到军事上，把力学用到极致。就力学而言，墨子是从辘轳打水发现了力学。瓦特发现壶盖跳动找到了动力，蒸汽机就出现了。后来对力学的研究发展，也是在观察物体变化中得到的。如铁路为什么用石子而不用块石，也是从力学的分动力观察到的，力量集中在一个中心点时，这个物体就会变形，如果把重量分开到若干的支点，物体就不会变形。我们上学时，有一节课做实验，把几双筷子捆起来，就不易折断，而分开很容易折断，这体现了分力与聚力的关系。这些都是通过观察事物得到的知识。再如，动植物方面，动物有相伴性，植物有共生性，通过观察也获得一些知识。动物群生群长，因为动物有相伴灵感，它有喜、怒、哀、乐，如果把群养的动物单独摘开，它就生长得慢，有的甚至死亡。生物链也是这样出现的。如鸿雁、鸳鸯、白鹭等很多动物是相伴而生的。人也如此，不能孤单，人的相伴性更强。又如植物，有依存性，共生共长，攀爬植物多数要依靠阔叶灌木植物而生。玉米与大豆同种，能相互促产，如果把玉米、大豆种在一个窝里，能提高各自产量，因为大豆生长过程中，它的根部能生长一种根瘤菌，这种根瘤菌是玉米生长需要的物质。所以，观察动植物特性获取知识，对人类就可以做出大的贡献。

要知难而进

学知识是一件辛苦的事，要想求深求高，就要下苦功夫，不能平平坦坦、舒舒服服，不劳而获是不可能的。获取知识成就伟业的人，都是忘我学习、忘我工作的人。在当代，如孙中山、毛泽东一生求知救中国，华罗庚、陈景润在数学领域达到了顶峰，钱学森、钱三强等刻苦钻研为国研制"两弹一星"。这些都是在知识的海洋中苦苦求索，付出了一般人难以承受的辛苦，才获得了一般人很难达到的顶点。一分耕耘一分收获，没有耕耘就没有收获，有收获就要付出。探索知识是个钻研过程，需要长期的坚持。求得知识也不可能一帆风顺，前进中有急流、有险滩，学习中有障碍、有困难，需要持之以恒，坚毅向前，才能达到预定目标。回忆我在学习知识、求得进取时，遇到这样四点难处：

1. 资金不足的难处。刚参加工作时工资低，家庭又困难，拿出一部分钱买书就影响了生活，怎样处理这个矛盾，对我是个挑战。解决这个矛盾，在这方面，我是采取节衣缩食的办法，每月领完工资，留出买书的钱，积少成多，保障学习需要。

2. 时间有限的难处。由于工作责任心强，凡事追求完美，学习起来总觉得时间不够用，看别人都把时间花在人际交往上，我把时间用在学习知识上，别人拉我去玩我不去，他们认为我看不起人，是一个不好相处的人，实际上我不想浪费时间去搞一些无用的事情。

3. 虚心求人的难处。我的性格不愿求人，但是为学知识就得虚心请教，特别是在一种学习氛围不浓的环境里，求知确实是一件难事，往往不被人理解。如果对求教的人不了解，盲目求教有时带来不快，被请教的人，有可能对你请教的问题不懂不知，这就给人家一个难堪，人家认为你有意显摆。所以请教问题要看人，在有把握的情况下再请教。自己要有正确的心态，搞不懂的事情，要做到不耻下问，树立一种勇气和强烈的求知欲望，打破砂锅问到底，直到把求知疑问解决。

记得在大学工作时，有一次向气象老师请教一个问题。这位老师刚从外地调入，对我也不太了解，我就盲目地向人家请教。我问道，强对流天气是怎样形成的？在什么条件下才能形成？这位老师很不耐烦地回答，"你问这个干什么，你想当气象专家啊，你要想知道，就去好好学学气象理论，在这不是一两句能说清的，就是说了你也搞不明白"。就这样回绝了我的请教。后来为了搞清这个问题，我又请教别的教师，记得还查阅了一些资料，才粗略地搞清楚这个问题。强对流天气是一个区域特殊气候条件造成的，强对流天气无常，很难预测，目前世界发达国家预报准确率也不高，随着气象卫星的发展，精准度才有所提高。还有一些如长时间降雪、下雨、干旱、寒冷、极热等，都是极端天气造成的，这种天气称"厄尔尼诺"现象。所以学点知识不是一件容易的事，要知难而进，不能知难而退。只有不甘落后、不耻下问，才能攀登知识的高峰。

4.终身学习的难处。人要活到老学到老，把学习知识作为一种追求、乐趣、爱好，不要把学习知识当成包袱。要知道，有知才有识，到知识的海洋中去寻找快乐，寻找那些不被人知的深奥世界。学习知识应从青少年开始，那是人生的黄金阶段，见识快，记忆牢，对事物的敏锐度高，在这个时期学的东西可以记忆一生。要想把知识学好，就要打好基础。到了中老年时期，理解能力强，记忆力差，所以在青少年时期不能荒废光阴，虚度人生。常言说：一寸光阴一寸金，寸金难买寸光阴。光阴似箭，日月如梭，在这个世上，不能复生的有三样东西：生命、时间、青春，失去不会再回来。所以珍惜人生中不能忽视而又不能丢掉的东西——这就是知识。知识能给人带来幸福、自信、智慧、力量和勇气，让这个短暂的人生能释放出人的最大能动性和创造力。如果在这个世上获得的知识太少，那么人生的价值就很难体现，什么都不知，什么都不懂，只知吃喝玩乐，历史的脚步就会后退，这个世界也会变得愚蠢无知。我在学习知识的过程中，既下苦功夫学，又注重掌握学习技巧，用也学，不用也学。因为你不知什么时候用，但要宁可学而不用，不可用而不备，做到有备无患。学习知识还要做到普遍学、重点学，对所有学科类有概念性了解、系统性把握，抓住重点用心学，对一些专业知识求细，社会知识求新，既要宏观又要微观。如学习自然科学中的生物学，就不能表面化，仅用我们的肉眼看待世间万物，可能只看到百分之一，看不到它的全部，因为微生物只有在显微镜下才能看见，地球上的微生物有几万种，我们很难全部搞清楚。但是最基本的、对人类有直接影响的要知道，哪些是有害生物，哪些是有益生物，搞清了，就能防止有害生物，保护有益生物，变害为利，使有害的东西再为人类服务，达到生物自连、生态自修。终身学习是个坚韧持续的过程，不可能一蹴而就，也不可能一劳永逸，要树立永不满足的思想，努力攀登知识的高峰，做到人活着就要有追求、有价值，多学知识，多去钻研人类未知的东西，为社会进步做出更大的贡献。

要温故知新

学习知识不能像熊掰棒子抓一个丢一个，最后都未抓着。要切实做到常读常新、温故知新，对过去已学的知识不断地去温习，反复学习，增强记忆，达到巩固、熟知的程度。我体会有以下三点。

1. 按门类整理积累。如自然学科、社会学科、历史学科等，分类整理出常用知识、急用知识，笔记和心记结合起来，这样就容易记忆，用起来方便，不存在知识沉大海，用起来无记忆的问题。

2. 形象记忆储存。对一些常用知识，与人的生活有直接关系的，编上口的句子（顺口溜）来完成记忆。如学习中医诊断学中的望、闻、问、切，以望眼膜、望嘴唇的颜色来判断疾病，因五脏六腑与眼、嘴、耳、鼻、喉有关。什么样的颜色五脏六腑才没病呢？这个上口的句子是"春似桃花夏似莲五脏安然"，就是说春天气温适宜人体，人的眼膜、嘴唇应是桃花的颜色——淡红。夏天天气炎热，人的身体为适应季节，自我调整，眼膜、嘴唇应似莲花一样，颜色较深。人体的机能是随季节的变化而变化的，春生、夏长、秋收、冬藏，金、木、水、火、土，阴阳五行，都与人的五脏六腑有关。所以，按照季节的变化去诊断疾病是有道理的。

3. 互联形象归纳。学习知识，对一些相近相连、相生相克的东西，要梳理归纳，便于学、便于记。如中医的脉络学，西医的神经学，武术中的气功学，老子的八卦学、易经学，都有相近相连的东西，只要你善于去研究，就会发现很多有用的知识。相同相通的可并联起来，如在学习中医学、经络学、辨证施治学的基础上，可以兼学易经学。

如达尔文的进化论与遗传学，从中就能找到相近相连的东西。如学习武学可兼学脉络学和西医的神经学。这样学习知识，就能达到举一反三、事半功倍的效果。又如，自然科学与社会科学也有相通的东西，物理与气象、政治与经济、历史与地理、药理与生化等，这些学科除了自有体系外，相通的东西很多。如在学习经济知识，怎样把经济搞上去，就不要单纯去研究经济，要全面地系统地把经济与政治联系起来学，取得的效果会不一样。我在学习这方面知识时，怎样把经济搞上去，怎样把企业做好，有一个形象说法，叫作读好一本书（政治经济学，主要是历史的和现在的），用好两只手（用好政府的手，用好市场的手），向政府手里要政策、要服务，向市场手里要机遇、要效益，握住"三个轮子"（体制、机制、创新）。体制问题是经济单位的根本问题，是资本、资金、资源、资产所有企业构成的核心内容，不管什么样的管理模式。机制问题是管理的根本问题，有好机制就能建立起好企业制度，好企业是管出来的。创新问题是一个单位不竭的动力源泉，一个单位没有创新就没有生命。把握五个字：志、信、仁、和、道。志——一个领导人（企业家）要有志向、志气。意志坚定，宁静致远，与员工志同道合，协调一致。信——诚信、信用、信心。从气象学的角度看"信"字，是赤道两边底层大气中，北半球吹东北风，南半球吹东南风，这种风很少改变，叫作信风。因这种风轻易不改变，被经济界称为"贸易风"。仁——就是要做仁义之人、仁爱之人、仁慈之人。正人君子永远交也，对下属、对员工要用仁爱之心去管理。和——和气生财，和为贵，和为福，和为畅，和为解，和为平。和是数学中的一个定数，几加几的结果称和，所以在搞经济方面要学会加、减、乘、除，该用什么法就用什么法。道——从字意讲，康庄大道，能说会道，志同道合，道理、道德、道道（泛指办法、主意、门道）。对道要留心研究，走错了道是不好改的。把握住了这五个字，加上天时、地利、人和，没有干不好的企业，没有搞不成的事业。所以学习知识，通过创新归纳，相联相承，看事才能开明，干事方能精明，做事少走弯路。因此，学知识要温故知新，巩固已学的，获取新学的。

学习知识，在我上述回忆的"五要"之外，还有影响我一生的十句话。

1. 艺不压身，多学没有坏处。这句话，当时我理解是父亲逼着我多干活，后来长大了才理解父亲的良苦用心，他想的是让自己的孩子有本事，多学点东西有吃饭的资本，是引导我多学知识，也是为我好。确实这句话对我学习知识起到敦促作用，父亲的话听起来没有深奥的理论，但是朴实中蕴含着精华。一个人的知识除了从书本中来，很大程度来自实践。知识从实践中来，到实践中去，人要在实践中学，在实践中掌握知识。有句俗话叫：艺高人胆大。遇见难题就胆小的人，多数是知识偏少的人。一个人不可能万知万能，但是一定的智慧还是要有的，有了知识就可避免上当受骗。如市场上的假货，当你有了识别假货的知识，你就不会购买假货。但也不可能所有的假货都能识别清，有一定的识别力总比没有好。一个人的能力有限，拥有的知识也有限，要懂得"我知道我有所不知"的道理，一定要在平常的工作生活里去多学一些知识，多长一些见识，为自己人生道路排忧解难。家有万贯，不如一技傍身。对"艺不压身，多学没坏处"这句话，在我人生中得到验证。记得那还是高中的后期阶段，有一位姓王的乡村医生到我村给人看病，我父亲请他到家中喝茶，在喝茶时给这位乡医讲，让我跟他学医，将来好有一个饭碗，这位乡医就答应了。当时因为年轻，有贪玩之心不想学。因为父亲是个能工巧匠，铁、木、石匠都会，他认为一个人在世上要多学点知识就多一个饭碗。成人了，有点本事就不受难。父亲反复做我的工作，也反复讲这句话，我就勉强跟他学习。那时，学习是作为生产队的卫生员，学习还要经上级批准（大队同意，公社医院批准），不光学习技术，还能挣到生产队的工分，工分可是社员的命根，直接参与村集体粮食的分配。因学医到公社的时间就多了，"除四害"卫生运动等，公社要开大会，见识的人也就多了。熟人多了路好走。从业的门路也宽了，再加上那时我已是峄山公社的团委成员，公社医院领导对我很好，也很关心我的工作。这为我从农村走出来开拓了一条路子。所以多学知识没坏处，压不着身，用时可以拿出来。

2. 处处留心皆学问。知识的学习有很多途径，只要留心就可学到，世上无难事，只怕有心人。世上的格言有很多，但延伸到一个人的心里能起作用的不多，有些格言听完也就随风而过，有些则留在心里，印到脑子里。对一些格言的认识，我认为是有它的特定环境。"处处留心皆学问"这句话在很多场合都能听到。我印象最深的是到峄城区工作期间，区委安排我到金陵寺乡任党委副书记、乡长，由于夫人、孩子刚搬到峄城，一家人好不容易团聚，所以我找理由给组织说对乡镇工作不熟，缺乏农业知识等，我不去乡镇工作。区委主要领导知道后，专门找我谈话，说"不懂可以学，只要认真干事，处处留心皆学问"。这句话我听得最清，很打动我，主要领导把话说到这种程度，我无话可说，只能服从组织安排。"处处留心皆学问"，对我从政起到了很好的作用。后来，我也在不同场合讲这句话，并且，我又很好地实践了这句话，在工作和生活中留心学到的知识不少。我记忆有这样几件留心的事。一是在听别人讲话时学知识。各级领导干部都有较高的文化素养，不管是即席讲话或者文稿，都要经过反复加工、提炼，并借用历史典故旁征博引，阐明政策、讲明观点，达到讲话的目的。我在这方面的体会是："别人在讲我在想，如果我讲怎样讲。"从中提高应对能力，培养自己的演讲才能，达到鼓舞士气、推动工作的目的。二是与朋友交谈学知识。很多的知识不一定能在正规场合学到，在和朋友交谈时，朋友谈得无意，自己听得有心，也叫暗学知识。记得那是在潍坊上学时，在潍北农场搞发酵生物实习，生物发酵从理论上听起来好懂，但操作起来很难。如菌团发酵，水分的掌握就有学问，多了不行，少了也不行，依照课本说是按百分比做，实际做起来就不是那回事。学生们都在发愁，正好一个晚上我与农场的技术员散步聊天，聊到这个实验，他说"很好掌握，用手去感应，把拌好的料用手抓起能成团，放下可散开，这样水分正好，不多不少"。果然实验成功。学习知识，有时"有意栽花花不发，无意插柳柳成荫"。平时留心是可以学到知识的。后来这个知识，我还用到指导农业生产中，农耕播种把握墒情就用这个办法。三是空闲无意学知识。有时不是朋友交谈，而自己闲在一边是局外人时，也容易学到知识。如在旅途中，火车上、汽车上、酒店大堂、饭店等，只要有人聚集的地方，就是知识汇集的地方，别人在说，自己一边无言，这是学习知识的好机会。记得刚改革开放不久的1988年，有一次我出差到深圳，在候机时，有人聊天，说现在生活好了，接触的事也多了，确实要学些知识，如果不掌握就难堪。如饮用红酒有学问，要把红酒先倒进器具（醒酒器）里，稍醒醒，再往杯子里倒，喝的时候有讲究，也有规则，叫端起来"一闻、一摇、一品、一喝"。这样的小知识，虽然不是什么大事，但是如果不按程序做，就有失大雅。自己后来在公共场合特别是有外宾或在国外时，尤其注意此事。

3. 积累知识就是积累财富。我常讲钱是身外之物，知识是一生的财富。人不可能整天睡在钱堆里，开银行的人也做不到这一点，唯有有知识的人，才能把知识放在大脑及心中。历史上很多的例证说明了这点。1976年上半年，我在省委农业学大寨工作组驻德州地区齐河县，省委办公厅的一位领导晚上讲故事，讲到了人活着是积累知识还是积累钱财的问题。说"古时候有两家大户人家，一位姓杨叫杨员外，一位姓李叫李员外。杨员外是一位知书达理之人，一生酷爱知识，他把所有的钱财用在寻求知识和读书上，家里从不存钱，教育孩子也从不讲长大去赚钱的事，要求孩子要有知识，知识可以改变命运，直到老了给儿女说，我是一个穷人，也是富人，说穷人我身无分文，说富人我有吃不完的饭碗，我这个饭碗平时已给你们。儿女一时没有缓过神来，哪有什么饭碗？老人说就是知识，平时传授给你们的知识，不要小看知识，如果时间发生变化，有钱财的人不一定吃上饭，你们有了知识凭本事可以吃饭，儿女们这才明白。这位杨家大户兴旺之家延续了几百年。另一家大户李员外，这一家不明事理，贪财如命，平时又很吝啬，把钱看得比爹重，教育孩子如何去敛钱财，不授知识，不学文化，儿女们都游手好闲、吃喝玩乐、欺男霸女、唯利是图，成了无知无用之人。李员外已到暮年，看到自己的儿女这样，又与杨员外的子女去比，遗憾地说，我虽钱财万贯但很失败，都是我的错，真是富不过三代。钱财全是过眼云烟，只有知识才能传万年"。工作组领导讲的这个故事，对我的教育很大，当时在听故事时，心想我要做"杨员外"，不做"李员外"。所以积累知识就是积累财富这句话，成就了我的家庭，成就了我的事业，我也养成了酷爱知识、不积钱财的人。我在不同的场合讲，你们要钱不如要知识，我没有钱，你们有钱，到了一定的环境，你有钱不一定有饭吃，因到那时你的钱不一定管用，我没有钱可以靠知识赚到现钱。如卖大碗茶，我知道，搞好质量，需要水与氨茶碱的对比度，什么浓度对人体最好，茶的味道最适口，这也是知识。所以知识完全可以改变命运。

4. 信心是力量的源泉。信心来自知识，力量来自信心。有句俗话叫"识多见广之人，是信心力量之人"。这是自信的表现。人生中如何树立自信，那就要寻找力量的源泉，没有自信就是底气不足，底气靠的是真才实学。有了真才实学，做起事来才能应对自如，不管前进中遇到什么困难、什么坎坷，都有办法去破解，都有能力越过这道坎。信心是力量的源泉这句话，是我在大学期间读了吴晗的小说《让生命之星闪闪发光》受益的，小说中讲到了生命的力量从哪里来的，让生命发出光芒，怎样才能做到，那就要为生命注入力量。我回忆自己，我就是一个自信心很强的人，不管在工作上还是生活中都是一样。一个人做事情首先要有信心，没有信心什么事也做不成。信心要体现在良好的精神状态上，面对压力和困难，我从不抱怨别人，总是迎着困难上，敢于挑战各种险阻。精神上当强者，不能遇到事就垮下来。如垮下来，我认为不是垮在客观压力上，而是垮在自己的意志上。社会上极少数的人不是这样，自己的能力极差，只想要好，又没有能力干事，总把问题推给别人，抱怨别人，这是没有信心、没有力量的表现，也是意志差、品德差的表现。这种人只能干一点投机取巧的事，把他索取的东西建立在别人的付出基础上。人在世上，有顺境，有逆境，人在逆境时需要去拼搏，靠自己的知识力量树立信心。信心是力量的源泉，我体会最深的有三点。

（1）为老百姓找水。前面说过，我自学过地质学，对水略有研究。20世纪80年代初，我在峄城区金陵寺乡任党委书记期间，这个乡有一个叫乐山口的山村，500多口人，吃水靠一个小土井，每年春秋遇到干旱少雨，老百姓就没水吃，要到几里路以外的村运水，给群众生活带来极大的不便，女青年外嫁，男青年找不到对象，主要原因是山村吃不上水。我到这里工作，看在眼里，也想在心里，历届班子也为这个村吃水想了很多办法，市、区水利部门专家也到过这村，就是找不到水，干部群众都很无奈，认为没有指望了，提出搬村的要求。在那个时候，刚刚改革开放，经济还很困难，搬村不是一件容易的事。对此，我骑着自行车，围绕乐山口村所有的地方以及连村的地，全部普查，连跑了三天，对地质结构、山势走向状况等进行综合分析。从我的分析认为，村东南离村500~600米的地方，是一块独特地形，用折复式理论进行分析，此处可能有水。

对此又找了仪器物探分析，根据仪器反映有两种可能，一种可能是矿藏，有可能是兰韩煤田分布区（兰陵—韩庄），另一种可能是水。根据我的判断水的可能性更大，决定要打井。拿到党委会上研究此事，多数成员不同意，有的不表态，还说：刘书记你不要坚持，多少专家都判定无水，你何必去找麻烦，再打干眼怎么交代，打一眼井需花很多的钱。在这种情况下，作为单位的"一把手"怎样摆布、如何决策，就要看知识、能力、信心。对此，我还说凭着对地质的了解和对老百姓的感情，这井打定了，对这件事情，领导成员思想认识不一致，我决定干，错了我承担责任。研究后第二天就行动起来，到上级水利部门找来了打井队，因时节正处冬季，天寒地冻，施工的难度很大，为了调动打井队的积极性，我穿着黄军大衣，晚上或夜间有时我也靠在那里，带上几瓶兰陵大曲，与打井队员喝酒取暖，歇人不歇机，白天黑夜连续施工，用了两个月的时间，这眼井终于成功。记得晚上10点多钟，我还在开党委会研究工作，村支部书记来报告，说：刘书记，成功了。这位支部书记有点口吃，越急越说不出来，我跟他开玩笑说你不用说，唱出来，有口痴的人唱可以。好不容易说明情况，党委、政府全体成员非常高兴。有一位成员说，刘书记，值得庆贺，你有酒吗，我们想喝庆功酒。我说可以，留一位成员搞菜，其他的全部到打井队那里看一看，一是表示感谢，二是再验证一下。我们到了打井的地方，一看正在抽水，打井队长告诉我说，这是奇迹，是一块独有窝水，但是水量很大，打到170米，钻头差点掉下去。根据情况分析，这眼井可安装六寸的泵，不光能解决全村人畜吃水，还能浇灌300多亩地。这时村民也来了，拿着鞭炮放了很长时间，放出了他们的企盼心情和多年的渴望。区里听说了，不少区级领导来祝贺。特别要提到的区人大的孙主任，那时区级领导帮包乡镇，金陵寺乡是他帮包的。他看完特别高兴，还专门写了打油诗，赞我有远见卓识。他安排水利部门和村支部书记给我树碑，我反复拒绝，我说我还年轻树碑不好，以此理由推掉。我认为，这件事是一位党委书记应该做的，为百姓掌权，就应该为百姓服务。自己有这方面知识，就要用于老百姓的事业。后来体会到，这种决策全是来自知识，有了知识就有了自信，没有知识谈不上自信，仅凭热情盲目去干是不行的。

（2）王庄乡煤矿的关闭。根据组织的安排，我又到峄城区王庄乡工作，任乡党委书记。记得那是1989年的冬天，经委主任向我汇报工作，讲到乡煤矿透水的问题，我问经委主任煤矿的地质状况、煤炭储量、经济效益等，他说不明白，我说你不要在这里汇报，我们一起到煤矿直接听矿长汇报。到了煤矿，我换上衣服要求下井，矿长不让，我说你不让下井，我怎么能给你解决问题。我坚持下了井，看到的实际情况与矿长汇报的不一样。他有他的"小算盘"，他维护的是自己的利益，根本不考虑全乡人民的利益。这个煤矿实际是市煤炭局转交给乡镇的，主要煤区已采完，余下的是边角下料，开采成本很高，在现场我细算一下，当时煤的市价也就每吨 70 元，开采成本近 100 元，不采少赔，多采多赔，煤矿处在城市郊区，塌陷不可避免，继续开采对峄城区的城区威胁很大。加上地下水势大，地质流沙严重，煤矿位于峄城区大沙河西，也是峄城水源地棠阴盆地东口，每天地下排水用电费近万元。管理非常差，从管理层看，已是一个家族式企业，每年都有伤亡，因为靠城区，人际关系错综复杂。这个煤矿从市里交给乡镇一直没有赚钱，乡里还帮着贷款，造成的损失政府担责，煤矿死了人政府发丧。就这样的企业，怎么能干下去。所以我思考很多，在现场任何意见没讲。到了中午 12 点多返回乡里吃过饭，召集有关人员座谈研究，听取意见，我先抛题关于乡煤矿的去与留问题。由于这个乡镇历史原因复杂，乡机关人员与该企业关系交织，座谈的情况与我想的意见差距很大，甚至部分党委政府成员谈的意见与我想的正相反。有的讲这个企业是乡镇的支柱，不能关闭等，找了不少理由。为了慎重起见，我又邀请了市煤炭局专业技术人员和有关领导，听取他们的意见。为了统一党委政府一班人的思想，我采用外出考察乡镇企业之名，带着相关人员出去学习，要求大家算好大局账，算好企业自身账。最后形成的意见是，这个煤矿早就该关闭，早关早好，晚关弊多。从上海、江苏考察回来后，不仅形成了关闭乡煤矿的意见，而且通过认真思考，提出了全乡整体发展思路，即王庄乡的经济发展"三转战略"：地下转到地上，有污染的五小企业转到外贸工业企业，传统农业转到生态农业。回来先召开党委扩大会统一思想，后召开全乡经济工作会议，把煤矿的关闭纳入全乡经济发展的大局去考虑，形成关闭意见。这个煤矿的关闭，确实是为党和人民的事业做了一件大好事。但是，因关系复杂，经历了四届党委政府没人去碰，都知道是个"马蜂窝"，不好惹，碰了就要找麻烦。在这种情况下，我还是凭着对党对人民负责的态度，更凭着我对地质知识的了解，所以敢于大胆决策，我有这份自信，也有这个能力解决好这个多年的"烂摊子"。对解决这个难题、历届不愿碰的"马蜂窝"，我有充分的思想准备。因煤矿关闭而失去利益的个别人，采取各种手段对我进行攻击和诬陷，我都坦然面对，一笑了之，因为此事的选择保护了绝大多数人民群众的利益。相信自己行得正，走得直，做得对。

（3）在日本的一次交锋。2001 年 5 月 19 日是我终生难忘的日子，我任滕州市市长期间，应邀赴日考察，我带领滕州市经贸考察团一行 19 人赴日招商引资。在日程安排上，考察日本最大的食品商伊藤中株式会社、东京大田商贸食品批发市场以及日本的工业企业等。几天的考察比较顺利，收获也颇多，但是不愉快的事情也有发生。记得考察日本东京大田商贸食品批发市场时，开始参观得很好，日本市场的货流量、管理模式，日本人的敬业，都打动了考察团成员，感到有学头、有看头，因考察这个市场主要的目的是借鉴发展滕州市的批发市场。所以考察完市场后，我们要求到他们的会议厅座谈，详细了解市场发展情况，市场株式会社的课长欣然答应。到了那里，聚集了好多日本商人，大约 300 人，因为是拍卖厅，没有座位，只有拍卖台，台下的人全部站着，台上有几把椅子，我和副团长及课长上台就座，其余的都在台下。在主持人的安排下，先由日本大田株式会社社长介绍情况，接着由我介绍滕州市的情况。在介绍结束后，有两位台下的日本人夺过台下的话筒抢先发言。第一位发言的给我的印象特别深，他发言的内容是在挑逗，对中国很不友好。他问道，"你们中国的食品安全吗？据说蔬菜和肉类食品含有残留毒，如果进口你们的蔬菜和肉类食品，会影响到国家安全和国民健康"。当场的人有所躁动。这种状况，我看如收不好场，中国人会很没面子，也影响国家利益和滕州市盈泰食品的出口（因盈泰的鸡、兔肉多数供给日本）。我在台上又把话筒要过来，详细介绍中国政府对防止蔬菜和肉类食品残留毒的做法以及中国政府对消除蔬菜和肉类食品残留毒采取的三条措施。

　　一是严格控制农药的使用。各级政府特别是农业部门制定了无毒害使用农药的方法和措施，规定种类、范围、时间、责任人等。哪些可使用，什么时间使用，哪个范围使用，哪些人管理，都形成了制度，并得到有效施行。

　　二是采用有机物方法发展蔬菜和肉类的生产。采用土壤有机物改良、秸秆还田、农户土杂肥追施、养殖肥料肥田，减少化肥的使用量，对养殖业采用科学规范养殖，除了防病使用药物外，在饲料中不使用任何添加剂，并从制度、道德、法律上予以约束和保障，我不能保证百分之百地不使用药物，但是保证即使使用药物，也是按照国际食品标准要求和确保人身安全范围内的使用。

　　三是采用生物工程来推进蔬菜和肉类食品生产。近年来中国大力发展生物工程，利用微生物（有益菌）方法改良土壤和防害治虫，减少农药在粮食、蔬菜、家畜家禽方面的使用。建立生态保护区，利用害虫的天敌防虫治害。建立田园保护区，隔离农药使用的蔓延，减少空气污染。建立生物工程示范区，扩大无公害蔬菜的种植和家畜家禽的养殖。

我说："各位朋友，只要你们抱着友好的心态对待中国，相信中国的蔬菜和肉类是安全的，保你们健康。"话音刚落，全场响起隆隆的掌声，有的交头接耳，开始议论。我问翻译孔健和王京英，他们又说什么。他们说，你讲得太好了，有理、有据、有节，也批评了日本右翼小人，没有想到中国的市长有这样高的水平，这位市长可能是生物专家。

5. 精神状态决定胜负。上大学时一位体育老师姓谭，他上课常讲一句话，"精神状态决定胜负"，说人活着要有精、气、神。每天我们学生早操半小时，以班为单位，跑步十分钟，做操十分钟，集训十分钟。这位老师讲，"同学们，有句俗话叫：树活一张皮，人活精气神，一份精神一份才，精神状态决定胜负。有的少数班级、少数同学，无精打采，懒懒洋洋，这个状态，如果在战场上，敌人攻上来，你就完蛋了"。那时因为年轻，每天早上集训基本上都有这句话，对老师的话多少有些反感，有时和同学开玩笑也拿老师的话说"精神状态决定胜负，不然你就完蛋了"。后来走向社会，看书也多了，对"精神"二字的理解也逐步深刻。特别是参加工作后，在自己的工作生活中，对老师的这句话理解越来越深，觉得很有道理。人无论是干什么，都要具备良好的精神状态，有了好的精神状态，就能在工作生活中战胜各种艰难险阻。对精神状态有很多理解。从词义讲精神，表现的是活力、生机，更是人的意识的坚定性，好的心理状态。邓小平同志讲："人就是要有那么一种精神，一口气啊，一股劲啊，没有一口气、一股劲，什么事情都干不成。"从小住姥姥家的时候，早晨不愿起床，姥姥叫醒的时候也说"小孩你要抓紧起床，人要有点精神，一分精神一份福，睡懒觉的人以后没饭吃"。这些话对我一直保持良好的精神状态起到了很好的作用。在这方面有五点永不忘怀的事情，如果没有好的精神状态支撑自己，就很难爬过去人生遇到的坎。

（1）大学毕业后参加工作遇到的第一道坎。改变门庭，用非所学。在大学学的生物检疫专业没有用上，被组织人事部门安排到省五七干校、市党校、共产主义劳动大学"三位一体"的学校搞教育，担任马克思主义政治经济学教员。这门学科，对我虽然不是专业，是大学政治课的必学内容，但作为政治教员，没有受专业教育就去担任教师，这是"赶鸭子上架"。作为一门课程，我只是接触一点浅显的知识。如果代大学的课，必须是政治系专业毕业才能胜任。因为学习这样的专业，能够全面系统地学习马克思主义哲学、政治经济学，系统掌握辩证法、唯物论方面的知识。当教员面对学生，要给学生一碗水，自己必须有两碗水才行。面对这份工作，感觉有些困难，给领导反映，我不是学这个专业的，不能胜任。领导说：你先代着吧，学校没有人，不管学什么专业，找找资料备课，上台讲就是了。我如果坚持推掉，就叫不服从组织安排，年轻人今后的前途会受影响。就这样被迫加班加点，苦学真钻马克思主义政治经济学，向同行求教，向书本求教，翻阅大量马克思、恩格斯、列宁、毛泽东原著，引原著，找论点，抛观点，联实际，力争把这门课教好。这对于我来说很辛苦、很艰难，由于刚毕业，没有工作经验，课讲起来很空洞，就理论讲理论，讲起来干巴巴的。为了一堂课苦思冥想，找论点论据，为了给学生们讲解更多的知识，自己的头发脱了不少。我是自尊心比较强的一个人，不想让别人说自己无能，但是确实很吃力，当时觉得领导对我有些不公，是给我出难题。静下心又想，也未必是坏事，领导逼着干，自己也能学点东西，有什么坏处。虽然是人生的一道坎，但爬过去就有收获。

（2）不当教员调做秘书，是我人生的第二道坎。做秘书，必须有好的文字功底，这与我的专业也对不上。领导谈话时说，当教员干得不错，不是科班而胜似科班，现在办公室需要人，经研究把你调到办公室工作。刚当教员的我，又开始走入新行业，这不又是人生的一个爬坡。说实话我不愿干秘书，因为学校办公室是一个公共服务单位，不仅要写材料，还要为领导服务，是鞍前马后听招呼的角色，没白没黑，没完没了，需要长时间守着，连星期天都没有，是很辛苦的工作。我是不情愿地接受了这份工作。上班一个星期就碰壁了，一位领导安排我给他写讲话稿，到办公室一个星期，我还未进入角色，怎么写材料？既然领导安排了，要认真去写，下午安排的，第二天上午就要用，我加班一个通宵，打完草稿又抄写了一遍，共七页纸。第二天早晨吃饭的时候，我一手端着打好的稀饭，一手拿着稿子送给领导。我说，稿子已写好，请指导。这位领导接过稿子看了看，没说一声，把稿子撕得粉碎，扔到地上，转脸走了。这样的当头一棒，把我打晕了。我觉得自己很委屈，一夜未睡，领导连一句安慰的话都没有，却得到这个结果。我打好的稀饭、馒头一口都没吃，全部掉到了地上，洒出的稀饭也溅到了这位领导的身上。回到办公室，我坐在椅子上反复思考问题所在。有一个办公室的老同志上班来了，他看到我一脸不高兴的样子，问怎么了小刘？我把刚才发生的事情，简单告诉了他，把这个苦味述说一下。他讲，不能与领导对着干，还是多找稿子方面的原因。他又说这位领导刚生完气，也不一定是对你的。过了一个星期，这位领导对那天发生的事情做了解释，并指出了文稿存在的问题。我这才把气消了。后来为了写好材料，我又从文秘专业学起，采取边干边学、干中学习，订阅了很多的杂志，包括文秘学、逻辑学、报告文学专辑、新华文摘专刊、时事政治等，并学会了剪裁报纸的好文章、评论文章等，反复学，又购买了不少与文秘有关的书籍。经过一年的锻炼，写作能力与水平有了明显的提高，领导也给予了好的评价。我后来回想此事，如果说我的文字材料还可以的话，完全得益于这位领导撕毁了我的文稿。没有那一次就不能爬过这个坎，也不可能有今天的收获。我很感谢那位领导，我是一个强者，不想让别人看不起，只要做了就要把它做好。

（3）为维护老百姓的利益，遇到了人生的又一道坎。那是20世纪80年代中期，接连几年干旱少雨，不是秋旱就是春旱，1987年那年冬旱，本来秋种时墒情不好的小麦，更是雪上加霜，为了夏季农民有个好收成，保口粮，保公粮，乡党委政府有责任把抗旱保苗这件事情做好。乡党委政府研究决定，在全区还未行动之前，先打好抗旱保苗这一仗，决定通过胜利渠从微山湖调水。为了确保水能调得来，浇得好，研究一个整体方案，在全乡贯彻落实。那时处在水电都比较紧张的时期，需提前报计划，电要用徐州电网的，需要协调，水需要到微山协调。记得晚上我带着分管农业的副乡长、派出所所长一起，买了四条石林烟开展协调工作，到了韩庄渠首闸，为了把花钱买来的水能保证数量调入，盼望开大闸门多放一些，与看闸的人进行协调，同意多放一点。从那返回，再到坊上南部一个变电所找到所长，让他们能确保供上电。又到胜利渠沿线的乡镇协调要不要调水，如果要，几个乡镇可以共同出钱，都表示不要。因金陵寺乡在下游，需多级提水才能到达，就这样我协调到凌晨还未吃晚饭。回到乡里，在广播站烤了一个馒头，喝点开水了事。早晨8点，召开抗旱保苗动员大会，村两委主要负责人、乡机关全体人员参加会议，村两委包地块，机关人员包胜利渠沿线。因为从韩庄渠首闸到达金寺乡高庙村，沿途40多公里，多处闸口，而且水到了古邵乡地段需向北引入另一个道渠，再调入金寺乡境内。为了减少调入的水出现跑、冒、滴、漏现象，需要在胜利渠上把水全堵住，防止水流向台儿庄区。初春的天气还很凉，要想把水堵好，必须用编织袋装上土，放到渠底一层层把水拦住。为了打好抗旱保苗这一仗，把机关工作人员全部分配到沿渠各个节点，乡里统一送饭，夜间不准回家，严防死守，确保成功，哪个节点跑了水，扣发全额工资，并通报批评。我也和有关工作人员夜里住在指挥部。指挥部安在金寺乡与古邵乡交界处的中段闸地段。开着吉普车夜间巡查，确保水能顺利到达所浇区域。开始几天非常顺利，全乡3万多亩小麦已浇一半。好事难成，其他乡镇的老百姓看在眼、急在心，去找各自的乡镇政府。因为水是金寺乡花钱买来的，全乡齐上阵才搞到这个样子。他们好多人认为是区里出资调的水，矛盾开始出现。古邵乡的同志去找区里，区里的主要负责人给他们说，水是金寺乡与各方协调、自行购买的，他们浇完你们再协调。有的乡镇还不放弃，又找分管的领导，一位分管的领导不调查、不研究，在实情不明的情况下，找到我这个乡的副乡长，下命令停止浇水，让给古邵乡先浇，因古邵乡处在上游。古邵乡既没有拿钱，也没有协调，这样金寺乡的老百姓是不答应的，处理不好有可能出现争水事件。副乡长找我汇报此事，我说这个命令不能听，我们按部就班，该怎样浇还怎样浇，沿线人一个不撤。区里这位领导下命令的第二天，枣庄市政府抗旱保苗现场会在金寺乡召开，现场参观了金寺乡的浇麦现场，市里让我介绍了情况。市领导讲"抓得早，抓得好，在全市带了好头"，对全市及峄城区提出了抗旱保苗的要求。会议结束已是中午的11点半，就在这时，这位副区长要求金寺乡停止用水，让给古邵乡。我当场表示不同意，理由有三：一是水不是区政府统一调配的，二是金寺乡单独拿钱买的水，三是金寺全乡小麦面积浇了一半，未浇的村民工作不好做，请求区长撤回指示，再有三天全乡就浇完，一定给其他乡镇留个好基础。这位副区长不知哪来的气，像发疯一样，开始骂人，"妈的，你们没有党性觉悟，连区政府的话都不听，必须停下来，让给古邵浇"。金寺乡的机关工作人员及部分村支部书记听到这话，有些不安，并围上去找这位副区长理论。这位领导看到他的决策群众不答应时，就把怒气全部使向了我。说了一些作为区级领导干部不应该说的话，以及不应该做的失态行为。在这种情况下，我确实不好摆布。听这位副区长的话，把浇地水停下来，让给古邵乡，既有风格，又有大局，还听领导的话，对个人是件好事。那么老百姓怎么办，又如何给金寺乡全乡人民交代，我这个党委书记是给谁当的，领导干部不唯书，不唯上，要唯实。实事求是，是我们的优良传统，我必须做到这一点，不能只对领导负责，不问老百姓的死活。想到这里我表态，金寺乡花钱买的水，任何人、任何领导不准停水，如果区委区政府已经决定，我可以辞职。这位领导仍然不让步。我又说，谁敢停水我揍扁他，先辞职后揍人。区委书记看到这种情况不好处理，说："宗启同志，我罚你去吃饭，今天的早饭还没吃吧。"

事情发展到这种情况，确实不是我的错。因为那天我的心情也不好，为了让全乡老百姓的小麦长得好，农民有饭吃，我一个多星期没有回家，吃住在浇地的现场，前两天家里让邻居打来了电话，说夫人上班时（因送孩子到幼儿园晚点）被江苏的一辆大车撞到了公路沟底，腿伤了，我还让夫人用食盐、老石灰、活筋条树熬水，用毛巾外热敷，一直都没有回家。干到这种程度，骂我们没有党性、没有大局，什么样的干部才有大局、有党性？我百思不得其解。现场开会时我还赤着脚，与机关干部一起抬土打堰，脚划破了直流血，自己都全然不顾，没有一句怨言，我得到了这种结果。一气之下，我骑上自行车回家了，到家一看，夫人的脚部被大车撞得粉碎性骨折。我用自行车带到医院，外科主任看后，认为整骨的时间已过，怎么现在才来，我还不让这位外科医生给夫人说实话，说没大碍，打上石膏躺几天就好，这一躺就是近一年。其间，区委的几位主要负责同志到家看望，给予安慰，并做我的工作，不要生气，区委常委会研究不批准我的辞职，批评了区政府的那位副区长，并让他给我道歉。我这个人有句话就知足了，工作从来不讲条件，不想图名，更不想图利，想的是把老百姓的事情办好。领导看望夫人的第二天，安排好家里的事，我又骑着自行车到乡里去上班。这时，区人大一位姓孙的副主任已到乡里等我，因他包这个乡镇的工作。叫我开党委（扩大）会议，他传达了区委常委会的精神，继续抗旱保苗，直至浇完小麦返青水。到了夏收时，全区小麦长势、收成最好的是金寺乡，老百姓在大旱之年小麦获得丰收，公粮在全区第一个交上。这次抗旱争水的矛盾，虽然我有理，但是得罪了领导，过了几年后才听说，在我的个人升迁上，已经吃亏了，讲我这个人谁都用不了。不管怎样，人生遇到的坎总算艰难地爬过来了。

（4）为了老百姓的利益得罪了领导。那是1989年的春天，我已调到峄城区王庄乡任党委书记。这个乡地处棠阴盆地的东部，是枣庄市的重要水源地。十里泉电厂的用水井就安在这里，几眼井每天抽水到一个汇集管，源源不断地送到十里泉电厂。在计划经济时期，国有大企业的地位非常高，没有人"敢惹"。驻枣国企头牌，一是枣庄矿务局，二是十里泉发电厂，那时候一切"高帽"都给他们戴着，什么全国人大代表啊、全国劳动模范啊！他们在市委、市政府那里说话相当有影响力，但工农关系处理得不太好，用地、用水、山石资源都是无偿占有，在那以农养工的年代，农民的事情他们不管。王庄乡就是一个以农补工的典型例子，老百姓吃了不少苦头。十里泉电厂用水量50%是王庄乡地下水，产生的煤渣全部排到王庄乡石榴园内。全乡有三分之一的村庄，因抽水而导致房屋斑裂，有的成为危房，农民使用的浅水井几乎全部干枯，人畜吃水成为大问题。到了这种状态，乡党委政府多次反映，没人过问。80年代末期，连续几年干旱少雨，地下水位下降，王庄乡的部分村庄因十里泉电厂长期抽水，地下水位下降更为严重。为了此事，我多次找过上级及十里泉电厂。每次到厂，厂领导不见面，他们的"架子"很大，最多派一个工农关系办主任接待一下，对反映的问题不了了之。由于工农关系处理得不好，房屋裂口、土地下沉没有补偿，老百姓怨声载道，怨气上升。为了保障十里泉电厂供水，地方党委政府做了大量工作，乡财政从不宽裕的财政中拿出部分钱，用于抽水下沉严重的村庄重新打井，修整房屋，可是杯水车薪，解决不了大问题。1989年的春天，由于十里泉电厂大量抽水，积压的矛盾开始爆发。我记得是我外出考察乡办工业回来的那个下午，王庄乡206国道东部几个村，人山人海，来回的警车叫个不停，不知道发生了什么，那时通信不好，没有手机，出发后在路上无法与家里联系，不管什么事情只能见到再说。我回到乡里，机关只有一个通讯员在办公室，我问豪沟村、林桥村那儿发生了什么，通讯员说不清楚。我只好叫着跟随出差的副乡长、经委主任一同前去看看。到了现场，我被那种场面惊呆了，乡里唯一的上海牌轿车被老百姓推翻，通往十里泉电厂的总水管被老百姓砸破取水，因水压大，水柱冲到了天上，有的人头在流血，还听说有一位村民的腿也断了。这时天已黑，几个村的村民正在聚集，准备与十里泉电厂"决一死战"。看到这种情况，我立即召集在家的党委成员、乡长副乡长开会，安排了三件事。一是立即疏散群众，因为天黑，村民聚集多了，什么事情都可能发生；二是做好与电厂打官司的准备；三是分头安抚双方被打伤人员。记得那时没有扩音器，用了一个用铁皮做的广播筒，我站在被推翻的汽车上，向群众喊话，亮明身份，承担责任，要求群众立即回家，大家的要求，只要符合法律、政策，我尽到最大努力去找上级，但大家不能胡来。我不怕丢官，只要能解决你们的事，我可以承担。就在这时，市、区公安机关以及武警全副武装来了几卡车人，准备抓参与砸破水管的所有村民，那时不让乡村干部说话，在他们眼里，乡、村干部不算什么。把群众安顿好，我与公安机关交涉，我认为在这个时候不能抓人，抓人就等于火上浇油，容易使事态扩大。等问题搞清楚，老百姓的吃水问题解决了，再依法处理也不迟。我还讲，处理群体事件，我们应把握住三点：宜散不宜聚，宜解不宜结，宜缓不宜急，否则可能把事情越搞越乱，最后无法收场。你们如果非抓不可，那么，就先抓我们乡党委政府成员吧。市公安局的一位领导很明白，表态说我们先回去，待问题查清再说。这时聚集的人开始散去。我又回到乡里，连夜准备材料（下沉房屋斑裂情况、照片、经济损失情况、缺水状况等），加上给市委、市政府和区委、区政府的报告形成了一本材料，我要求乡长亲自送到市委市政府领导手里，领导成员每人一份，让领导了解真相。第二天的下午，在枣庄市政府二楼会议室，由市政府领导召开处理王庄乡与十里泉电厂争执事件会议。那时乡镇处于弱势，我到会还未坐下，领导就开始批评，说你们王庄乡党委政府胆不小，带人搞坏送往十里泉电厂的水管，可以按照破坏公物罪处罚你们。这位领导还说，听说你在金寺乡就与区里争水，是你服从上级，还是上级服从你？我说，请领导不要扣帽子，听我汇报完你再处置。会议按照程序，十里泉电厂带的所谓专家、律师等近20人到会，看上去好像准备一场批斗会。我只带着乡长、副乡长3人到会。会议开始，领导安排十里泉电厂的副厂长汇报情况以及水利专家、律师谈观点，他们汇报了一个多小时，把责任全推到王庄乡党委政府、村干部身上。有些领导往往听汇报时先入为主，把谎言、假话、不正确的东西当真，有位市政府的副秘书长还添油加醋，恐怕事小。就在这时，我站起来说，请问领导，你们还让不让我们说话，如果你们只听一面之词，我可以走了吗？这位领导不耐烦地说，你说吧。我记得我汇报了三个问题：一是王庄乡地下水源状况，二是这次争水所产生的原因，三是处理好这次事件需要把握的问题：①长期抽水造成的地表塌陷、粮食补偿问题。②地下水下沉拦蓄回补水源问题。③关于抓捕砸破水管人员严把法律问题。这一点需说明一下，他们是砸管取水吃，不是蓄意破坏。④抓紧解决目前人畜吃水问题。我在发言时，对方采用了多部录音机录音，对峙了一个多小时，这才平息。最后，领导只好说一点公道话，决定每年从水利专项资金拿出60万元，十里泉电厂拿出60万元，共计120万元，作为王庄乡群众吃水、修缮房屋等补偿资金，双方被打伤人员自行处理，对砸坏水管人员行政拘留15天，此事算作了结。为了老百姓的事，我冲撞了领导，后来一位领导说，这个人有能力，但是不好用，管不了他。我自己知道，我不是"小绵羊"，我也不是"好斗者"。

（5）人生的第五道坎，异地交流。1993年初，市委决定在枣庄市范围内区（市）级领导班子成员推行异地交流。我被交流到滕州市任市委常委、宣传部部长。很快人到中年的我，上有老、下有小，那时去滕州的道路不畅，交通条件差，开车需要两个多小时，给工作和生活带来极大的不便。刚刚在峄城安家的我，打乱了生活秩序。当时组织上谈话，我有些想不开，适合去滕州工作的人多的是，为什么找到我。当时区里主要领导也向上级反映此事，说家庭有困难，在峄城干得很好，且对外经贸工作很熟，峄城区级领导班子需要这样的人。反映的情况没有答应，市里的决定不能改变。就这样我被调任为滕州市委常委、宣传部长。报到的当月，滕州市委换届，参加换届选举。滕县原属于济宁地区管辖，1978年中央批准划归枣庄市管辖，划归枣庄市后，工作和感情方面的问题一直没有理顺，因为滕县在济宁一直是经济社会发展的"排头兵"，济宁地区高看一眼。归枣庄后，枣庄市人口少，面积小，滕州人口、经济总量占枣庄市的40%稍多，所以对枣庄市的融合度相对差一些。滕州的干部不愿到枣庄这边工作，这边派过去的干部，滕州也不愿接受，成为枣庄市干部工作的一个难题，有的硬性调出来，他们又要求调回去。这种局面到21世纪初期才相对好一些。我调入滕州时，是干部调入的困难时期，凡是调入参与换届选举的，只能让你得票过半数，在我之前调入的还不过半数，又回到枣庄这边。我是比当选的人一票之差下来的，但是我要求回来就没有那么容易，枣庄市委不同意我回来，因为这，我从原来的市委常委变成一般的副县级干部。我有一个月没有回去上班，要求调回枣庄，后未成功。市委领导找我谈话，说了一些冠冕堂皇的话，说"你是有潜力、有前途的干部，你必须回去上班，这是对滕州负责，也是对枣庄干部大局负责"等。我这个人只要组织有句话，再难爬的坎也要爬过去。就这样我又回到了滕州上班。说实话，我的心情很不好，对这次我要过的坎没有思想准备，如何应对是对我的一次很大的考验，因为落选不是件好事，怎样理解是我能否爬过这道坎的关键。思绪万千，我还是选择了重新振作精神，不管是谁的错，都不要拿这个错误来惩罚自己，一定要有好的精神状态去面对一切。在这次选举中，违背组织原则和选举规则的事情不少。一是新提的候选人不是上届常委，却安排当大会执行主席。二是上级要求确保异地交流的干部当选的通知没有传达。三是大摆筵席请客拉票的检举信送到大会主席团没有做处理。四是有意安排摆座次的桌牌，其他同志是用四通打字机打印的，我的名字是用毛笔写的，暗示代表要把我选下来。在他们的精心安排下，达到了他们的目的。选举结束后，我与市委主要负责同志交流了意见。我说把我选下来我没有意见，请你向上级组织汇报把我调回。不过我要告诉你这次市委换届选举中存在的问题，选举过程违背了党的原则，作为市委的主要负责人，你有责任，我们都是党员，不能坏良心，官可以不当，而人不能不做。为了顾全大局，我振作精神，忍辱负重，开始了我在滕州的人生爬坡。

6. 从未有路的地方，要走出一条新路。人出生在这个世界上，要走两条路，一是别人已开好的路——有形的路，二是自己为了人生要闯出一条路——无形的路。怎样识别这两条路，不走别人走过的路，踏出一条属于自己的路，这不是一件容易的事。这条路必须是符合规律、符合实际的路，不是空想的路，是凭着自己善于思考、敢于创新、敢为人先的胆量和意志走出来的。关于路的问题，巴金、鲁迅等都有好多论述。足下千条路，走什么样的路，要靠自己去选择。路的客观性、途中的变化性、路上的实践性，从它的起点到终点都存在着变化和不确定性。就像邓小平同志说的"没有一种敢冒、敢试的精神是走不出一条好路的"。如果只走别人走过的路，走起来比较平坦，但那没有什么新意，也创造不出奇迹。如果自己去走从未有人走的路，走起来可能曲折、艰辛，但是取得的成果却是不一样的。它是属于自己的创造成果。要走好自己的路，就要注重对未来道路的研究，对别人已走的路所得的经验教训的吸收，对自己做出客观评估，是否适合走这条路。回忆我的人生，也有三个方面值得珍惜。

（1）认识自己，超越自我，走出农村谋生路。开始已讲到了，我是一位从小山村走出来的国家统分生。在我上小学、中学时，只是有一些人生梦想，不可能对人生看得很远、认识得到位。到了高中阶段，考虑得越来越多的是今后的人生路，我往哪里去，又往哪里行，是在这个小山村待下去，还是走出去，是我人生的一大选择。待下去也要做一个有知识、有文化、有特长的农民，靠诚实劳动养家糊口。走出去，就要有一个远大的理想和志向。那时我自己考虑最多的设定，是做一个有文化、有专业特长的工程技术人员，最想做的是当一名外科大夫，为人解除病痛，或做一名设计人员，为他人规划蓝图，为社会建设贡献力量，没想着去做官。上了大学后才知道自己已经是国家干部了，要走的就是从政的路。走好从政的路，需要认识自己，需要客观地看待自己，准确地把握自己，有多大的能耐自己知道，人要有自知之明，要有超越自我的能力，跳出自己看自己，把自己的最大能动性释放出来，去寻找适合自己走的路。我最终选择了走出来，离开农村谋人生的路，特别是到高中阶段，为了自己的梦想之路，奋发学习，努力拼搏，就像国歌的词一样，"起来，不愿做奴隶的人们，把我们的血肉，筑成我们新的长城！……起来，冒着敌人的炮火，前进、前进、前进进！"我也相信，路是自己选的，要靠自己走，没有人代替你走。就像国际歌的词，"从来就没有什么救世主，不靠神仙皇帝，全靠我们自己"。从寻路到走路，敢走别人没走过的路，走出一条属于自己的路。记得我的人生路，确实吃了不少苦头。在青少年时期，我每天除了学知识，就是学一些手艺，把自己安排得满满的，很少出去玩，别人家的孩子在外面玩耍，自己待在家学习。为了学习，多花了不少煤油钱。那时没有电，取亮靠煤油，农村叫"洋油"。为了节约用油，母亲还说，算了吧，时间不早了，休息好明天再学。就这样不知熬了多少日日夜夜，为走好今后人生路做好素质储备，就像学武术一样，先把马步蹲好。漫漫人生路，实际人生很短暂，年轻时不把路选好，有可能走向邪路。为了走好今后的人生路，就必须付出，做到欲取先予，就像梅花一样，没有经过冬天的雪霜，不可能傲显群芳、凛风开放。我记得在参加生产队劳动期间，有一天，大队的民兵连长召集干活，我还在那里看书，他有些不耐烦，说你不用再看了，别人在那干活，你在那看书，影响大家情绪。我说你不是分好工了吗？分给我的我会认真干完。他又说，你看也没用，你和我一样，两条腿插到了墒沟里，哪里也去不了，还是老老实实在农村干点活吧。这句话对我的打击很大。我说，不一定，你的腿在墒沟里是拔不出来了，我的一定要拔出来，不信我们走着瞧。一直到我考上大学，拿到通知书时，家里请人吃饭让他参加，他还说，你这个孩子是争气的，刺激一下没刺激倒，反而越打击越有劲，这样能经得起考验。我也同意他说的这个观点。人在途中，什么事情都能遇到，为了自己选的路，要百折不挠地走下去，不管发生了什么，要像一棵松柏沐浴寒风、傲雪挺立。自己既立言，也要立身，一定做到"得意不忘行，成功不骄傲，失败不气馁，贫穷不吝啬"，堂堂正正做人，认认真真做事，走好属于自己的路，离开农村谋人生。

（2）赤胆忠心，报效国家，选一条为老百姓做事的路。人从青年时就要树立远大的理想，不能只为自己活着，没有国家就没有小家，一定报效国家。从小经常听姥姥讲故事，她讲岳母刺字的故事，说岳母为让岳飞报效国家，终生不忘国家，把"精忠报国"四个大字刺到了岳飞的背上。我的姥姥是抗日战争时期入党的老党员，为了卫国她参加了抗日战争和解放战争，长期做军粮、军衣的补给工作，新中国成立后一直在地方做妇女工作。她对我的一生起到了影响作用。所以，报效国家成为我离开农村谋生存的主要志向。大学毕业分配到工作岗位后，基本离开所学专业，那时生物科学是边缘学科（现在称为生命科学），很少有人重视此专业。所以自己需要谋求为国家、为人民做事的新空间。从那开始我所谋划的从政之路，说实话自己没有什么野心，就是想干点事。从1978年入党后，就把国家至上、人民为本作为心中的大事，把个人交给组织、交给人民。我在农村长大，亲眼看到并饱尝了农村的贫穷落后给老百姓带来的苦难。那时想如果我当上了乡镇书记，一定要全身心地投入到改变农村面貌上来，使农村广大群众尽快脱贫致富，解决百姓之困苦，不要去做大官，要去做大事。从政这条路，除了自己设定路线图努力争取外，还有天时、地利、人和诸多因素，内因是变化的根据，外因是变化的条件，主要是内因起作用。从政除了自己有选择外，关键要明确从政的动机目的，从政干什么，是做官捞好处，还是无私无畏为老百姓干事，没有为老百姓干事的正确目的，是不能从政的。这是我从政一贯的想法，也是这样做的。为自己设定路线，动机一定要纯，不管干什么，都要有一个良好的心态，通往理想的路有千条，选择了哪一条，都要无怨无悔地走下去。我常说"夜间做梦千条路，白天仍然卖豆腐"，豆腐能做好了，也能做出名堂。人生之路也不能像画眉鸟一样，什么鸟歌都学，最后什么歌都没学会。人非同鸟类，选好的路要百折不回地走下去，一定会干出色彩。

（3）学海无涯，知识无穷，走向一条求学之路。我高中毕业后是个幸运者，有不少的就业机会。一是参军。那年部队征收小兵，我体检合格，部队一个带兵的领导做我的动员工作，讲"你当兵一定是个好兵，今年征收小兵，是部队重点培养的军队苗子"。在我没有拿定主意的时候，母亲不让我去当兵，因我是家里的老大，母亲说你们兄弟多，以后你弟弟都可去，你在家里要把这个家带起来。母亲总有母亲的打算。就这样，当兵的事吹了。二是留公社工作。小兵没当成，公社领导也想把我留下，当时有"三不脱"的干部（后来全部转正），因为我高中时，已是公社团委班子成员，由于我处事比较妥当，公社领导对我很看重，做我的工作，说留在公社以后有转正的机会，还是安心留下吧。对留在公社我不是很感兴趣，我认为在公社工作仍然没有走出去，弄不好又回到农村。三是我选择国家统分考学走出去。那年正好招考工农兵大学生，招考对象必须是高中毕业，有两年的社会实践，文化课考试四门占总分的50%，基层单位推荐、公社批准占50%，两项合起来是100分标准。由于平时的苦学，我的考分还可以，加上社会认可，公社领导对我都很好，所以我就被正式录取为国家统一分配生。这样从农村走了出去，当上了国家干部，实现了我的上学梦。回想这些，感到人生之路是有选择的空间，有时也没有空间，往往不以个人的意志为转移。但是人处在逆境时，一定不要灰心，更不能丧失机遇，一旦错过了机遇，就要想法找回来，"车到山前必有路，柳暗花明又一村"的事情也是有的。如果丧失一次机遇，就一蹶不振，那就是自己毁掉自己，也叫自暴自弃。我的人生路，不管顺境逆境，都是坚强地走下去。有一位知己的领导兄长说我："认准的事情，刀压脖子，不会回头。"我真的是这样，不管什么事情，遇山开路，遇河架桥，迎着困难上，从不后悔做过的事，既然做了为什么要后悔，如果后悔，事前就不应该去做。我喜欢创新，善于去找适合自己、符合客观的东西为我所用。要敢问路在何方，路就在自己的脚下，这样走路才舒心愉悦，才能走出一条好路。

7.学会用辩证法看问题。这句话是我在大学时，一位讲政治的老师常用的一句话。他是湖南人，他对毛主席很有感情。他讲，毛主席《湖南农民运动考察报告》一文写得最好，在我们这封建帝制几千年的国家里，如果没有毛泽东同志，肯定没有新中国。毛主席之所以能破除封建帝制，推翻"三座大山"，是他运用了唯物史观看待中国问题，他掌握了马克思主义的精髓，结合中国的实际，运用认识论、方法论、实践论来解决中国的问题。那时我刚刚开始接触马克思主义理论，开始听讲时，感到很吃力，后来通过认真地思考学习，有明显的提高，并且感到马克思主义理论博大精深，弄通弄懂应该成为自己的一大任务，学会用辩证观点看问题。老师的话，对我学习马克思主义哲学、政治经济学产生了重大影响。因为要想用辩证法看问题，必须懂得唯物史观和唯心史观的区别在哪里。世界是物质的，物质是运动的，物质是不以人的意识而存在的，坚持物质第一、意识第二，这就是唯物主义的观点，因此，要正确认识世界，认识事物发展的客观规律。唯物史观要求一切从实际出发，理论和实际结合，并在实践中检验。唯心主义与客观相分裂，理论与实践相脱离。中国共产党是唯物史观的倡导者和实践者，所以马克思主义理论成为中国共产党的思想理论基础。学会用辩证法看问题，实际上就是用"一分为二"的观点看待事物，把握事物的特点及其规律，因任何一种事物都有它的个性、属性，既对立又统一。所以在解决问题、处理问题时，要用发展的观点、辩证的方法去解决，就从容、客观。否则就走向问题的反面。我在回忆"用辩证法看问题"时，有以下三个方面值得记取。

（1）学会认识论。常说的有句话叫："认识问题是清醒，分析问题是水平，解决问题是能力。"但是解决问题的关键是认识问题，认识上去了，问题就好解决了，认识是意识、行为存在的基础，我们怎样来认识这个世界，又如何改造这个世界，那就必须了解和掌握这个世界的形态。古代唯物史观认为，世界不是被神或某种精神创造，而是由一种或若干种"原初物质"演变而来。例如，古希腊哲学家泰勒斯认为，水是万物的本原。赫拉克利特认为，火是万物的本原。中国古代荀子认为，气是万物的本原，等等。他们都肯定世界的物质统一性，认为世界是一个万事万物相联系、相互作用的整体，一切皆流、皆变、皆生、皆灭。古代思想家的观点，我认为是一种朴素、直观、猜测的物质观，缺乏科学的论证。但它是对唯心主义，以及形而上学观点的一种批判，为唯物论奠定了基础。随着人类文明的进步，对物质世界的认识逐渐提高，相继出现了唯物主义的新观点。如达尔文进化论，黑格尔的辩证法"合理内核"，费尔巴哈"基本内核"，把唯物主义与辩证法统一起来，到了19世纪40年代，自然科学推出的"三大发现"（细胞学说、能量守恒、转化定律），对提升人们唯物思想观有了很大促进。后来，社会科学、自然科学不断出现新的思想观点，帮助人们认识事物、改造世界。马克思主义就是这样的一门科学，它用辩证思维方法，继承和发扬了历史唯物史观，形成了人类优秀的思想文化成果。在中国这个封建帝制几千年的国度，如果没有马克思主义做指导，仍然是一个封建迷信、唯心盛行的国家。中国共产党把马克思主义作为理论基础，这个党由小到大、由弱到强，成为伟大、光荣、正确的执政党。这个党不断把马克思主义中国化、大众化、时代化，指导中国社会进步和改善人民福祉，走向伟大复兴中国梦的目标，这些都得益于对唯物主义和认识论的学用。所以在我的工作和生活中体会到，不管办什么事情，首先抓认识，没有认识，一切无从谈起。社会在发展，人类在进步，万事万物在运动，事物的复杂性、多变性告诉人们认识必须要上去。如果我们不提高认识水平，不用发展的观点看待问题，就可能犯唯心主义、形而上学、脱离实际的错误，也可能片面、孤立、静止地看待事情、处理问题，给社会、人类造成不可逆转的损失。在我的人生中，唯物主义、辩证法成为从事工作的指南。记得没有犯过唯心主义错误，从不片面、静止地看问题，常用两分法、两点论，统一思想，提高认识，解决问题。有人讲，我是一个很有能力的干部，不管做什么事情，处理再困难的问题，都有办法解决。其实没有什么，我的能力来源于辩证法、唯物论，得益于对问题的深度认识。就像医生给人治病，对病人要望、闻、问、切，认真查找病因，高度重视病人对生命的珍惜，只要有了对生命的足够认识，就会对病因加深分析判断，治疗就会有好的方案，这样才能把病治好。又如，公职人员在处理工作方面的问题时，对所处理的问题认识未上去，重要而复杂的问题用简单的方法去处理，效果就不好。人世间的大事小事，只有认识到位，用心去解决，再难办的事情也能办好，世上没有解决不了的问题。因为马克思主义哲学把实践引入认识，科学地阐明了认识和实践的关系，把认识看作是对物质世界的反映。所以多学、学好唯物主义的认识论，对客观地看待事物，按规律办事，会起到良好的效果。因为唯物主义的认识论是可知论，马克思主义的认识论是从实践出发的。有的人在工作生活中缺乏实践，所以他也得不到认识，因为认识是从实践中来，是对事物直接的观感，先有观感才能把握事物的基础特征，所以对问题的认识就快、高、准，否则就迟、低、偏。我体会到多学点认识论，对自己、对他人、对社会都有好处，只有认识事物，才能了解事物，只有认识世界，才能改造世界。因此，唯物主义的认识论是各项行动的先导。

（2）研究方法论。方法决定处事成败。一个人做事的方法不当，就可能把事情搞砸。治国、齐家都有一个方法问题。方指方案，法指办法。一个家庭、一个国家，如果不用妥当的方法去摆布处理事务，家就会遭难，国就会遭殃。国家公职人员特别是共产党员，应该把马克思主义的世界观、方法论当作必修课，认真研究，重视实践。当前，国家进入重要发展期，改革进入深水区，面临国内、国际各种新挑战，要实现中华民族伟大复兴的中国梦，就必须认真研究马克思主义的方法论。有了马克思主义的世界观、方法论，在任何时候、任何情况下，都能保持清醒头脑，不被困难所吓倒，不因曲折而动摇。相信只要掌握了方法论，你就能应对自如。同时，也要相信只有坚持方法论，大胆、细心、科学地使用方法论，处理事物就会得心应手。人生存在这个世界上，就离不开与世界的联系，世界事物之间和事物内部诸要素之间相互影响，相互作用，相互制约。把握住、解决好，必须有好的方法来解决这些纷繁复杂的问题。事物的普遍性、客观性、多样性，决定了方法论的必然性。在我多年的工作生活中，研究方法已成为一种良好习惯。比如，工作中的六个字：白天走、看、讲，晚上读、写、想，就是认识论、方法论、实践论的集中体现。领导干部要把工作做好，首要的是认识，关键的是方法，真正的是实践。白天坐在办公室发号施令是不能解决问题的，没有调查研究就没有发言权。很多复杂的难题只有走到现场，吃透情况，难题才会迎刃而解。所以我体会到，领导干部白天走下去，深入基层，到群众中去，到问题多、困难大的地方去看看、讲讲，提提要求，把集体的决策和你个人的想法一道贯彻下去，比坐在办公室里谈好得多。空谈误国，实干兴邦，高高在上，脱离群众，脱离实际，你所作出的决策肯定是一些假、大、空的东西。所以领导干部走下去就是方法，就找到了解决问题的办法。晚上读、写、想，是对自我的要求，也是工作责任心的体现。一名领导干部不思考问题，不用脑子想事，盘子喝水平推，瞎子过河摸着走，想起初一就是年，缺少清晰的思路和有效的办法，那是做不好工作的。当今的领导干部，不仅要有实干的本事，还要有渊博的知识。实干型、智慧型、正派型干部是得人心的。有些干部不学习、不实践，对自然科学、社会科学一知半解，每天说一些套话，讲一些空话，就是讲不出管用的话。这样会贻误老百姓的事业。在我的工作生活中，我把晚上的时间全部利用起来。记得从任乡镇党委书记，到滕州市市长，再到枣庄市市级领导干部，近40年大部分晚上的时间我都能利用起来。因为我很少回家，在乡镇工作就住在乡镇，到滕州更是如此，办公室空间再小，我仍然住在办公室，这样研究工作、看书学习方便。晚上对我来说是一个宝贵的时间，白天会议多，加之下去调研检查等，晚上难得清静，可以用心学习，读读书，想想工作，写写有价值的笔记。我还有剪报的习惯，特别是人民日报的一些评论、社论、杂谈、长篇通讯等，都剪裁下来，装订成册，有空就反复学习，所以在一些工作方面得心应手，再多的事情、再大的困难，我都能找到办法解决。这些都得益于长期对方法论的研究。研究方法论，需要有耐心、细心、热心，勤于思考，善于梳理，留心观察，重于实践。这样就能把方法论学到手。研究方法论，还要有正确的思想去指导，不断地改进方法。因为马克思主义的世界观不是教条而是方法，看待事物有一个一分为二的问题，要把握事物的规律性东西。新中国成立以后，我们党制定了《工作方法六十条》《党委会的工作方法》，毛主席还写了《人的正确思想是哪里来的？》，提出了一切从实际出发，实事求是，两分法、重点论，从群众中来到群众中去，独立自主、自力更生，理论与实践相结合、一般号召与个别指导相结合，一切经过试验和试点再办，区别对待、分类指导，抓好典型、带好一般，统筹兼顾、学会弹钢琴，政策和策略是党的生命，胸中有数、定量分析等，这些都是我们党的科学方法论。掌握好的方法，对于治理一个单位、一个地区、一个国家，都有重大意义。方法论是马克思主义的基本观点，也是做事必须掌握的一门科学。

（3）注重实践论。实践是认识的基础，是方法的源泉，用辩证法看问题，要从实践开始。我体会到，实践是认识的来源，认识来源于实践，同时来源于书本和他人的经验，把前人及他人的认识作为自己认识的基础，再把自己在实践中得到的新知识运用到实践中去，就能取得好的效果。所以实践、认识是获得知识的重要途径，实践能给人提出新的课题，也能找出你需要的答案，更能使认识得以向深度、广度推进。我在大学（党校、干校、共大）代课时，讲《实践论》，只是就理论讲理论，讲起来感到空洞，心里没有底气，自己感悟不多。经过实践，现在回忆起《实践论》，特别对一些事物的认识，就感到清楚、有底。尤其是对实践、认识、再实践、再认识这个基本规律，有了更深刻的理解。对这个问题，我有三个方面的体会。

一是实践从求实开始。在我们的工作事业中，同样的时间，同样的条件，有的发展得慢，有的发展得快，这不仅是一个人的方法、能力上的差异问题，而是个人世界观、方法论的问题，更是有没有从实践开始解决问题。有的少数人主观臆断，靠个人好恶搞项目，拿老百姓的利益开玩笑，对所投资的项目，不论证、不商讨，搞所谓的政绩工程，导致经济恶性运作、财政空转推进等，实体经济萎缩，工业经济倒退，科技工业搞砸。实践证明，没有实践的行为是违背客观规律的行为。因此，做决策、办事情，必须从实际出发，依据成功的实践经验和未经实践的事情开始先试，这才符合实践的基本原则，符合从求是开始的要求。回忆我在重大事项的决策中，从不离开实践，并提出"决策讲依据，办事按程序，执行讲纪律，规范讲法律"。凡是实践已证明的事情，要大胆决策（要符合客观规律，符合经济规律），没有实践的要反复论证，选择部分先行先试，实现决策的科学性、有效性。这些做法，我认为是在大学时期接受马克思主义教育的结果，也是自己到大学担任政治教员的结果，更是长期在基层向群众学习、向实践学习的结果。

二是大事从实践开始。实践是检验真理的唯一标准，因为真理是通过实践来形成的，真理的本性和实践的特点都在如此。列宁说"实践高于（理论的）认识"，因为实践有普遍性的优点，并有现实性的特点，实践它能成为检验真理的标准。实践的直接现实性，表明实践是自觉的、有目的的活动，实践的过程也是认识提高的过程。大的事情，关系全局及长远的事情，都要经过实践来提高认识，检验成果。实践是理论的基础，反过来又指导实践，任何实践都离不开理论的指导，脱离了理论的指导也会犯错误，脱离了理论的指导，将是短视、盲目的实践，必须坚持理论和实践的统一，才能达到好的效果。譬如，有的人夸夸其谈，只说不做，言行不一，浮在表面，深不下去，既不研究理论，也不注重实践，做起事来没有根基，走向极端，好事办坏，贻误时机，损坏公众利益。不注重实践，没有理论指导，在中国的历史上有例证，李自成进京失败就是个典型。在我国革命和建设中也有，如新中国成立初期的"大跃进""文革"运动等。一些地方的发展也有不少这样的例子，靠拍屁股、敲脑袋办事，缺少实践的观点，缺乏吸纳群众的智慧。因为人民群众是历史的创造者，群众的观点是马克思主义的根本观点，共产党的成长靠群众，社会的发展靠实践，大事要经过实践，问计于民，找出符合规律和实际的东西加以运用。这样才能把事情办好。德国哲学家费尔巴哈说过："理论不能解决的那些疑难，实践会给你解决。"费尔巴哈讲出了实践的重要性。试想，不注重实践，不注重实践与理论的统一，会给事业带来多大的损失。我之所以在工作事业中，从没有给党和人民的事业造成损失，就是平时把握住了认识论、方法论和实践论，把实践放到了重要位置。同时也注意到实践与创新的结合，使我的工作与人生感到非常扎实，没有虚度光阴，并取得了丰厚成果。

三是做实践的勇者。勇于实践，敢于创新，是一个人大胆工作、扎实干事的体现，也是理论随着实践的发展和时代的推进而发展。实践与创新都是力量和智慧的源泉，也是用马克思主义的立场、观点、方法去研究新情况、解决新问题的具体体现。做实践的勇者，要积极面对，敢于担当，走下基层，到人民群众中间去，到事物复杂的地方去，践行理论，实践自己的想法，去感应自己的正确与否，把空想的东西变为现实。勇于实践，还要善于总结经验教训，从中汲取教训、发扬成绩。一个人只要善于总结经验，接受教训，就能聪明起来，把事物的发展提高到一个新水平。注重实践论，就要勇于实践，善于实践，认真实践，从实践中来，再到实践中去，获取实际的东西。我的"三心""三事"就说明了问题。"三心"是：对工作事业讲真心，对朋友家人讲爱心，对社会处事讲诚心。"三事"是：在工作中不怕事，个人不多事（不给组织、他人找麻烦），要干事。实实在在做人，认认真真干事，践行对组织的承诺，践行对老百姓的诺言，践行自己做一个高尚的人，一个纯粹的人，一个有道德的人，一个脱离了低级趣味的人，一个有益于人民的人的诺言。回忆我已走过的路程，用辩证法看问题，用辩证法解决问题，成为我的行为准则。确实我也是这样做的。自认为我是理论与实践结合的践行者，一直坚持从实践中来，到实践中去，用实践验证一切。

8. 文化的力量是无穷的。文化是民族的灵魂，是经济社会发展的动力。没有文化的民族是愚蠢的民族，没有文化的军队也是愚蠢的军队。一个国家必须打造好文化软实力，形成民族文化魂，国家就会长治久安。记得我任金陵寺乡党委书记时，有幸接触到一位高层的教育专家。那是到北京清华大学考察负离子发生器项目，晚上请这位教授吃饭，他讲，"国家要有文化，民族要有文化，一个人更要有文化。没有文化的国家要受欺，个人要受穷，民族没希望"。他还讲道，我们这个国家是有文化的国家，是世界四大文明古国之一，口传文化、文字文化、声播文化、科技文化，四库全书、四大发明，等等，都代表了先人们对文化的重视和渴求。再如教文化：儒家文化，佛教文化，道教文化，也推进了中国民族文化宝库的丰富，特别是儒家文化，对于中华民族文化的提升起到了至关重要的作用"。我从与他的交谈中，受益匪浅，从那开始知道了文化力量是无穷的。后来在工作生活中也体会到这点。文化的力量是无穷的，有三点体会。

（1）文能立身齐家。从"文化"二字的含义上去讲，文能释疑解惑，化解不知。这个世界因为有了文化，促进了人类的不断进步。文化已成为人们的精神家园，书成为人类进步的阶梯，做文化人，用文化提高人的素质，是立身齐家的基本保证。那么，构成国家民族文化支撑的是人，人是推进文化发展的决定因素。我国历朝历代的人们渴求文化、发展文化，才成为今天的文化大国，特别是以儒家文化为代表的东方文化，为中国的育人、齐家、治国、平天下起到了基础性作用。我这里回忆文能立身齐家的作用，是我在工作与生活中体会的真谛。我的父亲非常重视文化，可惜那个时代太穷，他没有能力去上学，但自学文化达到了书信能看、报纸能读的水平。他对下一代人的学文化看作是自己生命的一部分，家里生活再困难，也一定供孩子们上学读书。没有父亲重视文化，我们的全家不会有今天。兄弟姊妹都完成了初中及大学的教育，每个人都事业顺利，家庭幸福，团结和睦。所以没有文化的家是不会长久的。一个人也是，人的立身是靠文化，有了文化素养，加上自身的勤奋，就有立身之本，也能活出人生的尊严。过去有一句话叫：有了文化可以吃天下。我在上高中时，老师讲：学好数理化，走遍天下都不怕。又如，我们党在解放战争时，开始重视老百姓的文化教育，为了提高农民的文化素质，还专门编歌曲《识字歌》：妇女们为什么要识字，识字是为了不受欺，不识字糊里糊涂受人欺。简单的歌词给人以深刻启迪，说明了共产党对文化的重视。没有文化哪能立身齐家。立身之本靠文化，齐家之要靠文化。在中国的历史上，家庭文化已提出两千多年，家风、家规、家训的形成就是如此。如交友文化，"在家靠父母，出门靠朋友"，教育孩子出门多交友，慎交友，真交友。再如成长文化，"小成靠智慧，大成靠德行"。只有强化文化素养，不断历练，才能成为文化之人。文化的提升，需要长期修行，苦学真练。"宝剑锋从磨砺出，梅花香自苦寒来"，有了坚毅的品格，打造一个有文化之人是可以做到的。还有处事文化，长辈要交代小孩大胆做事、慎重处事，小心驶得万年船，粗心断掉人生路。还如做事文化，青少年时期思维好，见事快，但是易冲动，家人要求既不要逞强，又必须坚强，才能把事做好。再如教子门联文化，安徽黄山市黟县农村西递村多数门联与教子有关，如"欲高门第须为善，要好儿孙必读书""世事洞明皆学问，人情练达即文章""人生处世需谦言，事无不可对人言""行仁义事致远经方，读圣贤书明体达用"。这些门联对子女文化的修行起到了至关重要的作用，这些家庭成为文化立身齐家的典范。还有教子的处世文化，"不出风头，不赶潮流，顺其自然，身心安详"，等等。所以家庭文化是民族文化的基础，凡是重视家庭文化的人，大多数都是名门望族，人才辈出。我这个家庭虽然不是什么名门，但是由于父亲的影响，把文化作为立身齐家的法宝来看待，我对自己的小家更是把家庭文化看得更重。自己为子女树立榜样，教育子女多学文化，多读书。我常对儿女们讲，书是我的希望，书是我的生活，书是我的老师，书是我的伙伴，书为我进步搭阶梯，书为我困惑找答案。没有书就没有乐趣，也没有我的整个人生。我是靠文化立身到今天，也是靠文化齐家，成为一个和睦家庭的。但是，文化的学习，对于一个家庭来说，需要传承，需要提升，不可能一蹴而就、一劳永逸，需要长流水、不断线。文化博大精深，宽泛广袤，需要一个家庭特别是家长树立文化立身齐家意识，"居庙堂之高，还看江湖之远"，学海无边仍需努力，才能形成一个文化家庭。

（2）文能安邦定国。一个国家的强大，民族的繁荣，需要文化来支撑。中国是个文明古国，有万年的文化史，五千多年的文明史，支撑了中华民族的繁衍生息。在我国的历史上，有"文能治国，武能安邦"之说，但武也是有文化的，武有武道，行有行规，古代的《孙子兵法》就是一个古代武的文化。现在的武注入了科技文化，没有文化也谈不上武之说。各行各业、各个领域，包括历史上的"三教""九流"等都有各自的文化内涵。没有文化的行当，就没有生命力。国家文化与家庭文化不同，它要从国家的长治久安、全民族的利益大局去发展文化，制定文化发展方向，树立文化自信。如新中国成立以来，我国在不同的时期将文化的发展都提到了重要位置。因新中国是在半封建半殖民地的基础上成立的，百废待兴，外国颓废文化的渗透达到不可容忍的地步，国内优秀文化被践踏，民族文化得不到正常发展，人口的识字率低，多数人成了文盲，于是开展了全民族的文化扫盲建设。作为一个国家的文化是为国家和大众服务的，如中国的抗日战争和解放战争，没有属于中国实际的大众文化做指导，一切胜利是不可能的。新中国成立后，党和国家在继承优秀传统文化的基础上，发展了新的文化，用文化推动着国家的建设与发展。改革开放后，又把文化的发展提高到一个新的阶段，那就是中国特色社会主义的文化，这个文化是适应中国的改革开放、经济发展、强国富民的要求。现在把社会主义核心价值观提到人民的面前：富强、民主、文明、和谐；自由、平等、公正、法制；爱国、敬业、诚信、友善。这些国家文化，对于实现中华民族伟大复兴的中国梦起着重要作用。所以在国家层面、社会层面、个人层面提出了要求。作为一个世界级大国，必须有好的文化来引领国家，塑造人民，形成国家文化力、家庭文化力、个人文化力，为绵延不断的东方文化起着助推作用。我在这方面的体会，可能与我做宣传思想工作有关，在青少年时代不知道把国家文化看得这么重，只是在家庭文化上，感到比较实际。到了参加工作的时候，感到国家更需要文化来做支撑，用文化来凝聚中华民族的思想，用文化来推动国家经济、社会、科技等方面的建设。文化的作用不可忽视，"文能治国安邦"这个道理千真万确。世界上的一些侵略者们，霸占一个国家首先对一个国家实施文化渗透。日本就是典型的一个。入侵到我国后，实行全面的融合政策，改编教科书，把日本的一套文化搬到中国，还搞什么所谓"东亚共荣"，文化侵略比武力侵略还要严重，武力征服是一时，文化征服是长期的，也是最可怕的。作为一个国家，必须形成强大的文化力，文化力一旦形成，是不可战胜的，也是很难改变的一种文化意志，它对一个国家、一个民族有着非常重要的作用。我在回忆从青少年时代到参加工作后，对文化的渴求一直是我的精神追求，也是我能够坚持永远跟党走、奉献国家的原因。

（3）文能延续生命。一个国家、一个民族、一个家庭、一个动物体的传承延续，都有一个文脉在里面。我在这里回忆文能延续生命，主要是回忆文化的生命力。就拿一个动物体来说，一种语言文化在维系它们的生存，如动物的音感、鸟语等，它们之间在用语言维系着生命，传递着生命的信息，乳牛听了音乐可多产奶，鸡听了音乐可多产蛋，驯兽师与动物的沟通等，都是用文化语系调整情绪，促使它完成一项活动或推进生命的延续。作为一个国家、民族的延续更要靠文化。中华民族，在几千年的历史长河中，创造了灿烂的文化，形成了优良的文化传统，不仅成为中华民族的精神纽带，而且对世界也做出了重大贡献。中华民族几千年繁衍不息，是文化力在起作用。所以文化是激励各民族团结奋斗的精神支柱，更是维系社会的精神纽带，也是延续国家和民族的根系。在我的观察中，从国家层面看，哪一个国家注重国家文化力的培养，哪一个国家会政治稳定、经济发展、社会繁荣。如新加坡，发展融合文化，把东西方文化融为一体，形成自己独特的文化，国家的历史不长，但是它善于吸收外国优秀文化为其所用，打造出适合新加坡的文化力。我多次到新加坡，参观过它的南洋大学、理工大学、精英大学，听过国家文教部部长讲新加坡重视文化教育的情况，也参观过它的裕廊工业园，听过国家外经部长讲述新加坡的经济社会发展情况。不管是管教育的，还是管经济的，无不显露出对文化的重视。他们提出教育优先、文化为根、国家至上、人民为本的理念，来维系这个弹丸国家的生命与繁荣。从企业层面上看，我到德国参观过一个世界500强企业"哈尼尔公司"，发展历史248年（到2007年），企业分公司布满全球，产品销到世界，它的管理方式是靠文化，建立了一套企业文化体制机制等。有自己的博物馆，主要展现企业的发展过程；有事迹堂，展现企业职工对企业的贡献，提出"股东拥有企业，职工创造企业"。我开始刚到这个企业时，听说这个企业248岁了，我就想它靠什么？我们国内有的企业生命很短，特别是有些民营企业，生命周期更短。听完老总的介绍，看完这个大企业集团后，才得出结论，是文化力在起作用，确实像这个企业老总讲到的"文化延续了这个企业的生命"。参观和听完他们的企业情况，联想到我国的企业，不管是国有还是民营，注重文化是不够的。民营企业更欠缺文化软实力，没有文化支撑，所以产生了企业短命的现象。有的企业上马快，下马也快，主要原因是没有重视文化造成的。企业失去了文化，产品没有文化，生存不会长久。世界上的大企业集团、名牌产品，无一不是文化在支撑。所以，一些企业在生命力上缺少文化、产品创新上缺少文化，说到底是企业的法人没有重视文化。从李嘉诚的家族创业看，确实是文化在延续生命。当然像这样以文化延续生命的家庭不少。如滕州闫玉清，也是文化延续族系的人。一生行善积德，重文传医，用文化传承着这个家庭。他创办的滕州骨伤医院，目前已发展到200多张床位，260名医务工作人员，病号来自鲁南、苏北地区，影响到整个淮海经济圈。以闫玉清为代表的闫家骨伤医学传承，已流传近300年。为什么声誉远扬又传承到现在，被治疗的病人不计其数，被病人称为厚德之家、和善之家。医传数代，至今充满生机，这是文化在起作用。据我了解，闫玉清的曾祖父闫法鲁，系道光年间的拔贡，祖父是民国时期滕县的治疗瘟疫的专家，从那开始，闫家的医道走到今天。所以，有文化传承的家庭，无论做什么，都有着长期或无限的生命力。我的家庭虽然不能与上述家庭相比，但毕竟是以文来延续生命的，没有文化来支撑这个家，也不会发展到今天。我兄弟们在父亲重视文化的影响下，都受到良好的教育，我的下一代们，有10名大学生，其中6名研究生，都是通过自己的努力考入国家机关及事业单位。我的这个家庭尝到了文化的好处，靠文端起饭碗，靠文推进家庭命运的延续和传承。为了文化的传承，我不只是对我的家庭，在其他文化方面我也会用心去做。所以，文能延续一个国家、一个民族、一个企业、一个家庭的生命。因此，一个家庭有了文化，这个家庭有希望，一个民族有了文化，这个民族有希望。中华民族之所以生生不息，屹立在世界的东方，就是中华民族文化力的作用，中国的历史就是一部文化史，五千年的灿烂文明，润育了中华儿女，为这个国家、民族去奋斗、去奉献，推动着中华民族不断前进，提供了力量源泉。一个家庭也是如此，它的延续需要文化，对个人成长，家庭幸福，社会和谐，国家建设，起到了启智润志、培根铸魂的作用。做任何事情，如果没有文化做支撑，不管是国家还是个人，都不会得到健康发展。我们要看到，物质贫穷不是社会主义，精神空虚更不是社会主义。作为中华民族的每个人，都要重视中华民族文化的发展，用社会主义核心价值观，去践行各自的行为，外规于形、内化于心，成为一个有文化、有道德的人。

9.经常反思能使人进步。孔子曰：吾日三省吾身。一个人处在纷繁复杂的世界中，要想保持清醒的头脑，需自省，不断地反思自己。回顾每一天，哪些事情做得对，哪些做得不对，就可避免犯错误，少走弯路，永立不倒。人的反思是对事物消化的过程，有些事情来得突然，不可能细思量，需要经过一点时间思考掂量是否正确，没有反思就没有进步。"经常反思能使人进步"这句话，我在大学时期，我的班主任讲，"人不反思要得病，牛不反刍要得病""睡前反思三分钟，不怕邪恶往身冲"。他要求，每日反思，每周小结，每月清理，每年总结，要周而复始做下去，一直终身。我这个班主任姓姜，个头不高，口才很好，开口就有成语，学生们都很服气，他带的班在学校各项考核中都是第一。班主任的"经常反思能使人进步"这句话，对我的人生起了很大作用。值得回忆的有四个方面。

（1）事前与事后的反思。某一种事情出现时，要在事发前反复思考，一旦事情成形，思考就来不及了。往往事发之前，每一种事物都有它的前兆，要及时捕捉信息，反馈于脑，思于内心，想一想，分析分析，接触一下这个事物或者去处理这个事情，是否妥当合适，如何应对，怎样拿出措施等。之后的反思主要是，对事物的定性总结，再看一看，再想一想，有没有什么不妥当的地方，有什么经验，有什么错误，哪些作为经验汲取，哪些作为错误抛弃。无论事前事后的反思，都要用平静的心理和谦虚谨慎的态度反思问题，不能认为一切都好就不用反思，也不能由于出事而不闻不问由它去。任何时候的反思，都是有作用的，正确的东西得到巩固，错误的东西以后纠正，避免再犯错误。东方文化叫作"吾日三省吾身"，西方文化叫作"反思角"，设立一个僻静的地方去反思，就能获得正确处理事物的真经。所以事前事后的反思是有作用的。

（2）大事与小事的反思。人这一生，要经过很多大事、小事，必须认真反思，不能简单处事。国有国事，家有家事，如遇事不慎重，盲目决断，就会造成难以挽回的损失。我的习惯是睡前反思三分钟，不伤脑筋会有益，大事不盲目，小事不糊涂，做到大事认真处，小事不马虎。有时小事也可能引发大事，往往细节决定成败，点滴关乎成功，凡事一定在决策之前，多设几个问号，假设几个问题，事前斟酌，事后完善，不吃"后悔药"，做了不后悔。我对大事的处理，都是认真反思的，有的进行过程思考，有的需要反复思考，从未盲目决策任何事情。工作的事情、家庭的事情都是如此。我在工作决策时有一套程序："决策讲依据（为什么这样决策），办事按程序（按工作流程办），执行讲纪律（定下来的事情必须干下去，不能说了不干，要有结果），规范讲法律（办任何事情都要用法律来规范、约束）"。这样做就减少了盲目，不犯错误，所以反思是有好处的。反思这件事好像只是事后反思，对过去的事项再反思一下，其实不然。反思也有事前、事后的问题，往往在一些事情未过去之前反思一下，更能不走弯路、不犯错误。所以大事前的反思更重要。有的人不反思，做事时拍脑袋，事后拍屁股，钻过了头就不顾腚，容易出现虎头蛇尾、有开头没有下文的现象。生活的事情也是如此，大事小事前思后想，不会出乱子。行动缜密，作风严谨，能给自己带来一生的安详，所以大事小事要多思量、常反思，才能走好人生路。

（3）顺利与烦恼的反思。人的反思多数是遇到烦恼时才反思，顺利的时候反思少，通过我的体会和观察，认为这是人的本性。多数人顺利时思考问题少，烦恼时想得多，也就是说反思是在被动时出现的，所以有些人得意忘形时，从不反思问题，更不反思自己，人犯错误就是这样造成的。有一个叫"反躬自省"的典故，讲的就是经常回过头来检查自己，形成自我修正、存养自固，正身励志、厚积致远，言有所规、行有所遵，做到谨慎于内、规则于行。人生活在这个大千世界，无奇不有，每天要与是是非非打交道，不可避免地会惹到什么事情。反思就是清醒，反思就是预防。所以顺利时反思、烦恼时反思都会受益，达到修复不足、拯救自己、防患未然的目的。我体会顺利反思、烦恼反思要把握以下三点。一是顺利时做到得意不忘形，强迫反思。一个人往往在顺利时看自己什么都好，看别人什么都不顺眼，很少反思自己。这时会吾独为大、坐井观天，随之把自己搞成了井底之蛙，处理问题会出现偏差。所以要强迫自己反思，不陶醉于顺利之中，居安思危，宁静致远，不做井底之蛙，要做大悟之人，时刻觉悟，长期清醒。事业的事，生活的事，没有前思后虑是不行的，没有静心反思也是不行的，顺时看上去安然无恙，其实已有麻烦在潜聚。所以顺利时反思是一事受益，一生受益。二是烦恼时要做到失意不后悔，深度反思。人出现烦恼，肯定是遇上了不顺心的事，特别是遇到了大的麻烦或者是过错。这时不要过多地责怪自己，也许你遇到的麻烦是你不细心、考虑问题不慎重造成的，也可能这个麻烦给你一生或者给他人一生带来无法挽回的损失。既然出现了，要面对现实，从深度反思自己，是意识方面的问题造成的，还是方式方法方面的问题造成的，或是外作用力你无法抗拒的问题所致。要从头到尾理清原因，找出问题的症结在哪里，对出现的一切麻烦做到心中有数，采取综合措施，能挽回的挽回，不能挽回的要作为教训吸取。如何反思，我认为反思时，可以一人静思，将出现的问题，前前后后完整地、系统地进行全盘反思。也可把自己的所思所想与亲友交谈，实行群思，帮你分析，查寻根源，理出头绪，找出解决问题的办法。深度反思是一件痛苦的事，是自我检查的过程，也是自我修复的过程，这时要听得进别人的意见，吸纳良言，改造自己，良言往往不好听，你必须听进去、善于融通。俗话说："良药苦口利于病，忠言逆耳利于行。"只有这样深度的反思才有效果。三是平常时要做到主动反思。顺利反思，烦恼反思，平时反思、常反思、长受益，平常的反思是对自己反思的基本要求，平常时做到了，不管顺利和烦恼时都能够及时反思。我是一个平常习惯反思的人，每天晚上睡前三分钟反思已成习惯。对反思不走极端，因为平时的反思已对烦恼做好了准备，不能等到有了好事再反思，出了烦恼再反思，那样为时有点太晚。所以孔子曰"吾日三省吾身"的道理就在于此。

（4）正确与错误的反思。正确的事反思能得到经验，错误的事反思能接受教训。在正确与错误的反思上，中国共产党的历史就是一部不断反思、不断总结自己的辉煌反思史。从我党发展初期，道路非常曲折，正确与错误交织在一起，如果没有不断地反思和检查自己的正确与错误，成为一个长期执政的大党是不可能的。中国共产党的伟大，就是能够自我检查、修正错误，实事求是、砥砺前行、壮大自我。特别是在革命和建设阶段，都在不断反思、不断修正自己。在我们党的历史上，特别是革命时期，对所走过的历程就进行了反思，形成了《关于若干历史问题的决议》。进入新时代党中央做出的《中共中央关于党的百年奋斗重大成就和历史经验的决议》，对于坚持和发扬党的历史成就、吸取历史经验有重大意义。党为了党要管党、全面从严治党，始终在不断地反思修正自己。一个国家、一个政党，在推进伟大的事业中，只要不断反思，推正纠偏，才会成为一个伟大的国家，一个伟大的党。国家、政党要这样，一个人更要这样。对自己的正确与错误进行反思，发扬正确的东西，纠正错误的东西，就能永远立于不败之地。

①一个人正确与错误的反思需要有勇气和谦虚的态度。学会跳出自己看自己，用别人的眼光审视自己。一个人没有100%的正确，对自己要合理地、恰当地开比例，既肯定好的，又要认定错的。这样反思才有效果。不然，反思没有什么好的效果。有可能反思不正确，走入歧途。我在反思时，首先去反思自己的不足，自己有没有过错，事情为什么是这样，应该是什么样，做到早反思，早纠偏，防止犯错误，始终保持清醒头脑，不盲目干事。

②一个人正确与错误的反思需要有坚持和信守。反思需长期坚持，要形成一种自觉行动。好的习惯需要坚持和信守，坚持是一个人的意志，做什么事情不坚持是不行的，只撑顺风船，不开逆风车，遇到困难和坎坷就放弃，没有一颗恒心去坚持，再好的事也是半途而废。所以反思也要坚持。同时，一定要信守。对反思的问题，不管有什么难处，相信自己的能力会做好。守住所反思问题的落实，不能反而不思、思而不做。反思后对正确的东西要继续发扬，好上添好，错误的东西纠正过来更要坚持做，贵在改过自新。常反思，找准对策，信守诺言，就会取得反思的效果。

③一个人正确与错误的反思需要平心静气。正确的事和错误的事，反思时有兴奋，有烦恼，所以反思时，要平心静气地去反思。如反思好的一面，就会兴奋不已，想的都是阳光、春风，得意扬扬，这样处在兴奋时，心态不静，怎么能反思问题，即使反思也都是好的方面，忽视了另一面，所以反思时需要平心。烦恼时需要静心，气不顺、心不静，容易心烦意乱。反思时只有消去怨气，

才能静心去反思错的东西。反思错误的东西，自身要扶正气、泄怨气，理顺情绪，反思出正确的东西，达到纠正错误的目的。人要积极向上，养浩然之气，树远大志向，培养良好的道德品格。

10. 未来掌握在自己手里。常说成就人生靠的是天时、地利、人和。记得我的一位政治课老师在烟台搞毕业实习时讲，"一个人的前途命运有80%是在自己手里掌握"。当时年轻没有体会，也是半信半疑。参加工作后，对这方面的感悟就多了。一个人能不能把未来的路走好，决定的因素是自己不是别人，外因是变化的条件，内因是变化的根据，外因通过内因起作用，其他的条件再好，自己不争气也是不行的。未来掌握在自己手里这句话，我是入耳、入脑、入心的，自己的事就是靠自己，不能靠别人。回忆这句话有以下五点体会。

（1）练好内功，掌握生存本领。一个人不能内空外干、头重脚轻，内要有真"东西"，需要时随时拿出。所谓内空，就是一个人腹中没有知识，什么都不懂，什么都不会做，没有应对外界的能力，即使外部条件再好，也没有办法对接。所谓"外干"（外部生存环境太差、空虚、枯竭），是指一个人不能培育自己的生存条件，自己感觉是个好苗子。但是再好的苗子也离不开土壤环境，自己不去创造生存环境，反而破坏生存条件，自己把自己的路堵死。头重脚轻，我是说一个人不能四肢发达、头脑简单，头重是头脑简单、遇事不清醒，大脑不会思考问题，飘飘然、昏昏然、浮躁、肤浅，做任何事情不用心，考虑问题不周到。脚轻是指做事基本功不扎实、蹲不下去，马步没练好就想跷腿，这是不行的。做任何事情，首先把基础打好，有坚实的功底，不会因外作用力把自己打倒。一个人特别是在年轻时更应练好内功，多学知识，多练技能，牢牢把握生存本领，有了一技之长，不怕没有用武之地。在这方面，我也看到了一些人怨天尤人、无所事事、满腹牢骚，从不从自己身上找原因，这怎么能行呢？人在社会上都有自己的生存空间，就看有没有这个能力去开拓这个空间。如果游手好闲、不学无术、知识缺乏、能力太弱，肯定把握不好自己未来的前途命运，未来的路有千条，因无知而被堵死，就丧失了自己掌握自己未来的主动权。一个人对未来必须树立信心，不断克服前进中的艰难险阻。只有努力未来才是属于自己的。

（2）抓住外因，不能丧失机遇。人的未来80%是属于自己掌握的，这是内因，20%是属于外因条件。但是外因还是要通过内因起作用。机遇对每个人都是公平的，需要你自身这个内因作用于外因，去敏锐地观察，把握时机。《易经》中有这样六句话值得深思借鉴。①识时之义——就是要善于察觉时机的来临。

②知时之行——就是要拿出办法去抓住机遇。③用时之机——就是对来到的机会不要错过。④待时而动——就是一旦时机已到立即作为。⑤观时之变——就是时刻看到机遇的变化。⑥时行时止——就是恰当的时候开始，恰当的时候停止。这样才能抓住机遇而不丧失机遇。抓住机遇需要自身过硬，机遇往往擦肩而过，随时失去，只有勤奋之人、用心之人才能抓到。机遇的到来靠人的察觉与感悟，勤于动脑、善于思考的人碰见的机遇就多。一个好吃懒做、贪图安逸、不求上进的人，是遇不见机遇的。要想抓住机遇，就必须自己争气，有抓住机遇的能力，能力越强，机遇就越多，丧失机会就越少。我体会到，一个人不可能把所有的机遇都抓住，一生中上学、立业、婚姻等大的事情必须抓住，往往失去的东西不会回来。所以抓住机遇而不丧失机遇，是必须时刻把握好的事情，机遇不会找人，机遇是给有心人准备的，只要你留心用情，机遇会向你走近。

（3）珍惜时间，不虚度光阴。人的一生很短暂，转眼就是百年，"一寸光阴一寸金，寸金难买寸光阴"，这是古人的体会。在现代社会，随着科技的不断发展，技术与科技，时间与空间，劳动与效率，变得流速加快，有时让人缓不过神来，新的东西又出现。在这人的生活节奏加快的时代，必须珍惜时间，时间就是生命，时间就是效率，时间就是生存的待遇。有人讲，一生中"最浪费不起的是时间"。也有人讲"时间是无私的，也是无情的，它不为快乐的人、任务繁重的人有所延长，也不为痛苦的人、焦虑等待的人略为缩短"。我记得在《刘吉答学生700问》中，对时间讲得很好："聪明者，利用时间；愚蠢者，等待时间；劳动者，创造时间；懒惰者，丧失时间；有志者，赢得时间；无为者，放弃时间；求知者，抓紧时间；闲聊者，消磨时间；勤奋者，珍惜时间；自满者，糟蹋时间。"珍惜时间，不虚度光阴，才能科学利用时间，在有限的时间内去多学东西，掌握住未来走向，把握住开拓未来的武器。

（4）希望帮助，不要依赖帮助。人对自己的未来，都希望美好、顺利、幸福。美好的未来是自己创造出来的，不是他人赠送的，天上也不会掉下来。人在未来的道路上，只有辛勤耕耘，洒下汗水，未来才能真正属于你。当然，一个人的能力是有限的，在创造未来的过程中，都希望有人扶助一把，这确实是件好事。但是，如果依靠在别人身上，自己永远走不好未来的路，就像一个腿脚不好的病号，再好的医生只能起到看病治病的作用，在医生的帮助下，真正健康还是要靠自己，坚持锻炼，强健筋骨，提升走路的能力。在我的人生中，我也希望得到别人帮助，也认为不管顺境还是逆境，总是有人帮比没人帮要好。

但是如果把所有的希望全部寄托在别人身上，推一推就动一动，缺少主观能动性，这是不行的。譬如说，一个很穷的人，主要靠别人的施舍讨点饭吃，不去考虑怎样靠自己能力去挣饭吃，坐着等靠要，这样下去，别人不会永远帮助。又如，一个人身体缺血，光靠体外的输血只是暂时的，不可长久，也不可能做到，还要靠自己的体内造血满足肌体的需要。人在世上总要有自己内在的东西，靠内功打破外界束缚自己的屏障，让自己绽放出人生的色彩。回忆到这里，我想自己走过的路，有两件事对我未来产生了重大影响。一件是走出农村，我出生在一个远离城市、非常偏僻的小山村，在前面回忆中我也提到，今后的人生路如何走，是在农村干一辈子，还是拼命苦学知识走出去，这是当时思考最多的问题。我没有什么外部条件，只有选择后者，靠的是父母给了一个智慧的头脑，再加上自己的勤奋，未来的机遇就这样掌握在自己的手里了。第二件事是我在大学任教时，是干一辈子教师，还是走向社会干一番事业，那时刚刚改革开放，干事的机遇很多，政界需要人，经济界缺人，自己创业的机会更多。在我走向社会的“十”字路口时，如何走，向哪个方向走，这需要自己把握。我想找人帮助把握一下，都没有这个外部条件，只有靠自己。大约有半年的时间反复思考这个问题，有时睡不好觉、吃不下饭，在预测分析和对社会发展的感悟认定后，确定还是走入政界，为老百姓干点事。初心不想去做什么官，只想找个稳定的职业，带着这个理想踏入了政界，直到从政界退休。由于自己把握住了机遇，按照自己设定的路线，从教育界步入政界。总之，我的人生还算顺利，虽然在从政的过程中，有过不少的艰辛曲折，但因自己正面直对，不回避矛盾，勇毅克服困难，正己守道，坚韧前行，人生之路是成功的，未来是属于自己的。

（5）路在何方，路就在自己脚下。人要光明磊落、大大方方地走路，要敢于走新路，不要走邪路，更不要为了省力，超道走捷径。凡是投机取巧赚便宜的人，是走不出一条好路的，是注定要失败的。即使暂时得到一点小便宜，迟早还是要跌跤。寻找未来的路，我认为，“千里之行，始于足下”，不管多么艰难，路途多么遥远，都要坚持走下去。找到了正确的路，要勇敢地走出第一步，清醒冷静地用心看路往前走，即使路上有点坑坑洼洼，也影响不了你选定到达的目标。人在这个世上，总会遇到这样那样的问题，因为这个世界充满了矛盾，前进的路上一定会有困难，这就需要自己的坚强、努力、拼搏，克服一切阻碍，把未来的路走好。寻找人生路，要看自己的脚，买鞋子时要不大不小，合适为宜，这样走起路来，就能减少对自己的麻烦。走好人生路，不要随心所欲，要有基本遵循，要在道德、法规范围内活动，不能为了自己的私利，不顾一切去损害别人，也不能逞一时之勇、一时之快，冲动盲干，断了自己未来的路。未来的路是自己在把握方向，选好了路就认认真真、扎扎实实地走下去。"明知山有虎，偏向虎山行。"要像唐僧一样，为了取到真经，跋山涉水，跨越壑垒，越过艰险，吃尽人间苦头，不获胜利，绝不回头。人在路上，不要信邪，不管别人怎样说，坚持走自己的路，排除干扰，稳心定神，不听路边的话，不听人云亦云的话。不能别人信口开河，你就信以为真。这样做，实际上是把自己的命运交给别人去把握。人要有主见，不能东说东倒，西说西歪，不管什么谣言，要稳住自己的脚跟，走自己的路，让他们去说吧。任何时候，保持自己的思维定式不被打乱，这样未来才能真正掌握在自己手里。

回忆到这里，我青少年时代的"向往美好"这部曲就基本结束了。但是，还觉得有很多意犹未尽的事想忆、想说，又想不可能把所有的事情都回忆起来。所以"向往美好"这部曲，只能回忆从小学到大学时代记忆较为深刻的事情，加上成长时期的一些感悟和思考，再加上工作时期的体会等。在回忆这段往事的时候，也就是记录一下人生的历练。人来到这个世上，应学的东西很多，我认为最重要的是做人，因为做人是人生的最大课题，需要跟随历史的脚印去不断地磨炼自己。在这个广袤、深奥、多变的世界里去适应自己、锻炼自己，使自己成为一个好人、对社会有用的人。要想达到这个目的就要学习。吾生有涯而知无涯，我认为对这个世界的认识，只是一个圆圈，圈内有限，圈外无限，如果只满足其里，而忽视外界，就会忘乎所以，自高自大。所以学做人、学做事、学知识，这是我人生的一点感悟。还有做一个什么样的人，需要一生去修养、去磨炼。在这里我想起了春秋时期思想家管仲的名言："一年之计，莫如树谷；十年之计，莫如树木；终身之计，莫如树人。一树一获者，谷也；一树十获者，木也；一树百获者，人也。"管仲的名言，意思是做人要有计划，一年打算可种谷，十年打算可种木，若终身打算，最好育人。所以有"十年树木，百年树人"之说。学做人就要有百年打算。一个人的成长需要环境，需要营养，要学会从各方面吸取做人的营养，为做好人，努力创造好的环境。要从小立大志、做好人、干正事，把向往美好的梦想变成现实，培养好的道德情操，修身养性，不管顺境、逆境，走好自己的人生路，不虚度、不轻飘、不示弱，坚毅、坚强、坚守，坚定，成为一个堂堂正正的好人。

第二部曲　承担使命

随着人生年轮的转换，到了该为社会承担使命的时候。在完成小学、高中、大学的学业后，根据国家对大中专生的毕业分配，学校初定分配方案，我被分到了青岛商品检疫部门。由于家庭原因，请求学校党委另行分配自己，找到学校政治处姜主任，讲明情况后，得到了学校党委及政治处的理解。但是调整方案有个过程，我临时被安排到德州地区齐河县城关公社三王城大队农村驻点。这是省委工作队驻点的地方，就这样跟随农业学大寨工作团开始了近一年的工作。因个人表现不错，工作团的领导同志建议我留在省里工作。那时回枣庄的心已定，任何地方都不去，就这样回到枣庄。按照报到时间，到枣庄市人事局学生毕业分配科报到。姓徐的一位科长对我说："根据你在学校的表现，组织上认为你到市委党校、干校、共大'三位一体'的大学去工作，比较适合。"我说我不适合搞教育，还是回峄城吧。这位领导没有认可，说必须服从分配。就这样我带着一种使命到了这个单位上班。我从毕业分配工作开始到正式退休，为党和人民工作了近40年，这不算上学前参加地方工作的时间。如果加上在地方那段（非正式人员），整整工作42个年头。在这个人生最有朝气、活力、梦想、出彩的阶段，记忆深刻的有十个方面。

教书育人

当时的枣庄没有大学，为了把成人教育搞好，枣庄市委、市政府决定，组建一个"三位一体"的大学（共产主义劳动大学，省五七干校，枣庄市委党校），三所学校合为一所大学。学校的规格比较高，由市委的一名副书记任学校的党委书记，由一名市委常委任校长。当时的这个单位，充满着时代特色，管理上基本是半军事化，教职员工在校人数达 1 万多人。这里有市里安排的知青点，市直部门的知青多数下乡在这里。再加上胜利渠的开挖（韩庄—台儿庄）指挥部，枣南稻改指挥部，都在这里。这在当时是枣庄人气最旺的地方，到处能看到标语口号："万杆红旗万杆锨，千军万马战枣南""为有牺牲多壮志，敢叫枣南变江南"等。这个时期正处在改革开放前夕，是一个火热的年代，做事的风格仍有"文化大革命"的特点，人容易头脑发胀，不按客观规律和经济规律办事，劳民伤财的事时有发生。作为刚刚毕业分配的学生，对所有的一切都感到新鲜，也感到不解。那时的思想很单纯，充满朝气，无私无畏，工作干劲十足。当时心中有两句话：听毛主席的话，跟党走；党有所指，我有所向，定有所果。就这样开始了我的人生旅途。

"三校"热身

共产主义劳动大学，省五七干校，枣庄市委党校，这所"三位一体"的新

与农校培训班的干部合影（前排右二为笔者）

型大学，带着历史的脚印，承担着时代任务，向社会展现着它的雄姿。作为一名刚刚毕业分配到工作岗位的学生，有些不知所为，如何去应对面前的一切，而且还要把它做好，思索万千。说实话我既不知其然，又不知其所以然，只有面对现实，听之任之。到单位报到时，是舅舅的一位同事用自行车载着我去的。我要去的单位级别高，所在地是峄城区坊上乡，地方的同志一般接触不到这个单位的领导。在报到的时候，好不容易找到政工科，一位同志说，你在这里等会儿，科长一会儿就到。等了一个多小时，这位科长才到。见面后说，你先休息三天再来上班，这是过去刚到岗的同志上班不成文的规定。因离家100多里地，交通不便，我只好到我舅的单位等了两天，再回到单位上班。那时候对毕业的学生是高看一眼的。到单位后，办公室、宿舍全部安排好，那年毕业分配到这个单位的学生很少，只有两名，我们被分配到教务处，另一名同志是学政治经济学的，我是学微生物学的。当然，我的课程涉及的内容较多，都是自然科学类，可是这位领导讲，你们都去教务处，由那里的领导分配工作。到了教务处，教务处主任说，我们这个学校，是一篮子挎的学校，什么都得干，什么都得懂，什么都不可能很精，你们俩准备准备，先熟悉一下环境，一个月后代课。另一位同志侧重党校课程，我侧重干校课程以及共大教育，我的课程讲马克思主义政治经济学。这样分配工作，我有点头晕，这不是我所学专业。给教务处主任说明情况，他说，你让我不好办，到这里都是教学的。我听他话的意思"出摊都是卖的"，干不干是你的事。就这样，硬着头皮，改行教了一年的马克思主义政治经济学（前面已经回忆过）。在这段工作生活中，有几件事情记忆深刻。

一是时代风潮，人可狂热。当时的那个年代，不论章法规则，只凭某一个人的一句话就可以决定事情。如每一个系的党支部书记，都是农村选上的学生任职，教师只管教学，管理学生由选上的任职学生承担，多数连高中学历都没有，怎么能去管理教学。但是在这个时代就是如此，在管理上胡敲梆子乱敲磬，不懂教学，不懂学生的思想工作，用的是军事方法管理学生，各教学班不断出现这样那样的问题，这种教学管理很难讲教学质量，老师们看到这种现象也只好听之任之。

二是保持理想，韬光养晦。在这里的教师们，有的精神不振，有的加紧对知识的学习。我因为刚刚毕业，还是一位不愿意荒废光阴、浪费时间的人。在这个杂乱的阶段，对一个人的成长是坏事也是好事，坏事就是对自己的成长不利，好事就是有很多的时间可以读书。不管怎样，它是一所大学，配备的教学资源还是有的，特别是图书资料很多，对于想学知识的人确是个好的地方，因为那时爱学者不多，受知识越多越反动的影响，没有文化不以为耻，反以为荣。我因是从学校走出来的，把学习知识作为一种追求。在这个阶段，我成系统地读了不少自然科学的书，如农学、水利学、地质学、气象学、农经学、文学、逻辑学等，对于后来承担各项工作奠定了知识基础。也有不少人员打扑克、钓鱼、听广播剧等，自我寻乐打发时间。学校没有什么文化生活，每周放一次电影，为了看场电影，我多数星期天不回家。放电影是在学校的操场上，无论春夏秋冬都是如此。看电影的心情很迫切，不怕冻，不怕热，坚守阵地，看完为止。那时候的电影多数是战斗片，少量的戏剧片，如《南征北战》《狼牙山五壮士》《闪闪的红星》等。因那时的习惯，我现在看电视也喜欢看战斗片。文化生活的枯燥，给年轻人带来了很多空闲，在这样的生活中，也有不少的人在学习，韬光养晦，提升自己。时间不长（两年多），到了党的十一届三中全会，全国整个形势发生了变化，对内改革，对外开放，凡是韬光养晦学知识的人、有一技之长的人，都大有作为；无所事事、混天了日的，有的走向邪路，其中也不乏学生和知青。

三是三尺讲台，提升自己。五年的教师生活，丰富了自己的人生。我做梦也没想到会做一名大学教师，因为所学专业与教育极不相干，是时代原因，把我推到了这个教师的讲台。做教师需要有深厚的文化功底，给学生一碗水，自己必须有两碗水。刚毕业参加工作，还缺乏社会实践经验，感到做教师很吃力，所以迫使自己拼命学习。天文地理都要知道一点，不然学生问你，你说不知，这个老师就不称职。下课后，学生提的问题很广泛，带大学生课和基础教育不一样，中小学阶段学生的提问，只是就课本说课本。大学生就不一样，社会科学、自然科学、人际关系、生活知识等都会涉猎。要想在学生中有威望，除了有科学的方法管理学生外，首要的是知识的广泛。我当教师的五年，就等于自己重上了五年大学。在这段时间，有了教学的压力，也就有了学习新知识的动力，我把很多时间用于学习，丰富自己的知识。我所教的马克思主义政治经济学和微生物学课，学校对老师的考核、学生对我的评价还是可以的。因为我的教案是认真写的，我讲课时是把教案全部背下来，不用再看教案，这样讲就比较生动。但是自己付出的心血是别人的一倍或者两倍。尽管很累，还是值得的。我做事非常认真，一丝不苟，追求完美，不欠学生的账，不能误人子弟，更不能贻误教育事业，因此我的教学质量得到了领导和老师、学生们的好评。

四是组织关怀，接受考验。1978年是我在政治前途中走得最顺的一年，在众多的教师中，组织选定我作为入党积极分子。那年全校只有三人入党，一名教师，一名后勤人员，还有一名知青。1978年10月，根据校党委的意见，教育支部讨论我的入党问题，教务处杨主任、李副主任作为我的入党介绍人，加入中国共产党非常严格，政治上必须合格，组织上需要派人外调，写成外调报告材料。我的出身是贫农，历史清白，个人表现良好，无论在校学生，还是刚参加工作，都受到多次表彰，所以入党非常顺利。这使我在政治仕途中迈开了第一步。随之领导安排我兼任校团委副书记，从事政工、人事方面的工作。这在"三位一体"上万人的大学里，是很多人极为羡慕的位置。这个阶段，我不光把课带好，还参与了学校里的一些大型活动。一些文秘方面的工作也开始转向我。记得一次根据市委褚建华书记的安排，一行五人利用两周的时间，考察了德州地区的部分校办工厂、校办农场，并向市委写出考察报告。我执笔校办农场部分，市委办公室的一位同志负责综合整个考察报告，这次考察报告的形成，对于市委决策学校上马工厂、开办农场起到了积极的推动作用。这个决策也是根据当时的形势和上级的部署而定的，因为要求学生不仅学工，还要学农，这样学校必须有自己的工厂，还要有农场，再加上还有知青，也需要有劳动的场所，必须有一个承载体。这次活动结束后，我的工作从教师岗位转为文秘。这个阶段感到特别忙，领导交办的事情多，上传下达的任务也多了起来，本来就很少回家的我，这个忙法，一个月才能回家一次，家里的事情全部由夫人承担起来。由于事情多，确实受到了锻炼，提高了自己的办事能力。回想起来，"三位一体"的大学，确实是一个火热的熔炉，是充满激情的校园，也是岁月燃烧的战场。

这种工作环境，给了我不少动力，再加上有组织的关心，我得到了很好的锻炼。岗位不断变动，任务不断增加，我也不断成长。直到党的十一届三中全会后，这所学校解体，撤销省五七干校，共大改为农校，市委党校搬往薛城。

筹建农校

"三位一体"学校解体后，组织上安排我到市委党校工作，搬往薛城，听说后，在调整方案未公布前，我找到领导，说明家庭情况，想到峄城区工作。从毕业分配，就有很好的地方都没去，就是因为家庭原因，夫人是农村户口、供销社亦工亦农的职工，没法调动。搬到薛城，到我家（峄城区最东边的一个村）200多里，这给家庭生活带来极大的困难，让组织考虑我的实际情况。组织上给我提出了一个要求，你不去市委党校可以理解，必须暂留共大，筹建农校。我说为什么？峄城区已联系好了，组织部、人事局、办公室几个单位都要我，让我尽快办理调动手续。市委组织部的领导说，是市委领导定的，让你到省里争取农校，把农校批回来，市委、市政府全力支持。我说我是一个小兵，市委领导怎么能找到我，这不是开玩笑吧？这位组织部的领导讲，希望你服从组织安排，领导这样定，肯定有他的道理。就这样我就暂留共大留守处，等待新的任务。过了一个星期，有一位叫朱本健的同志，是当时留守学校的校长，他叫我去他的办公室。这位领导和蔼可亲，很有思想。见面后，他非常热情，说刘老师，你坐下，咱们聊聊。我说，朱校长您找我聊天，肯定有什么事情安排吧？他说是的，根据市委的安排，共大留守处协助市里有关部门，到省政府争取枣庄农校审批事项，市里准备建一所高级中等专业学校——农校，原来共大的部分教职员工转到农校。我讲这与我没有关系啊。他说，市里已上报了，教育部、农业部批准山东省再上一处高中中专农校，初步意见是给惠民地区的，需要我们去争取。过去惠民、德州、聊城为"北三区"，也是山东比较贫困的地方，土地多，种植落后，省里将这所学校初步定在惠民地区是有道理的。但是枣庄市虽然是以煤炭为主的工业城市，也有它的现实情况，因为省五七干校在枣庄，有土地，共大有教师，不需要国家、省里拿多少钱就能办成。与其他地区相比，枣庄市争取这所农校也是有条件的。这是枣庄市争取农校的主要理由，无论按区域面积、人口，枣庄市与他们不好比，但是市领导想的是枣庄的大局。那么争取农校为什么找到我了，不知情的会想，从哪个方面讲都不会找我去争取农校。情况是这样的。20 世纪 70 年代后期，也是毕业分配时，为了把毕业生培养成真正的革命事业接班人，选派了一批政治上过硬、思想作风好、业务精的同志，到省委农业学大寨工作团，去农村蹲点。我是因为第一次分配被调整暂派到省委工作团的，驻德州地区齐河县城关公社。这里是省委工作团的住处，多数同志是省委机关选派的，还有南郊宾馆的同志。一年的蹲点，与省工作团的同志较熟悉，关系处得也很好，工作团结束后，各自都又回到省各个部门。在这期间，其中就有省委领导的秘书，也有项目审批部门的同志。市里领导了解这个情况，才决定派我去协调农校审批有关事项。根据领导同志的安排，我只好答应此事，与市里的有关同志去济南。为了办好此事，我在济南住了一个多月，找到省委书记高启云同志（当时省委设第一书记）及省计委的领导同志，还有当时的省委秘书处处长于峰同志、省吕剧团党委书记钟伟高同志。他们都为枣庄农校的争取做了大量工作，因为钟伟高同志曾与高启云书记一起在省五七干校劳动改造，为此他们对枣庄的教育事业非常关心，想方设法协调，争取让这个劳动改造干部的地方，变为一所专为枣庄农业培养人才的高级中专学校。我记得，省政府分管教育的领导会同省计委、省教育厅、省农业厅、省财政厅的同志，安排学校落在枣庄的事项，在人、财、物方面给予了支持。

一是定为县级单位，公章直径标准都给予确定，暂定三个专业：土肥、农学、气象。随着学校的发展，再增加其他专业。学校的招生时间确定为 1980 年 7~8 月，9 月份新生进校，也就是农校正式招生，先招两个班级，等验收合格再扩招。

二是学校编制按照山东省中等专业学校的设置要求和教师学生比安排，教师来源由枣庄市内调选解决。

三是校址落在枣庄市峄城区坊上公社，省五七干校原址。

四是开办费用，省政府支持开办费 72 万元，还支持三辆北京吉普车指标。三辆吉普车指标到枣庄后，给农校留了一辆，其他两辆被市里分配到其他单位。

在争取工作全部结束后，我们又找到省委书记、山东省书法协会主席高启云同志，请他给枣庄农校题校名，他欣然答应。这次对枣庄农校的争取工作，对当时的枣庄市来说是个大事，市委领导同志非常满意，并讲："你们给枣庄教育立了一功，也为这片校址找到了归宿，更为枣庄市的农业发展奠定了人才基础。"

农校开张

学校争取回来后，领导很高兴，说任务完成得很好。我借机问我回峄城工作的事情怎样。学校领导讲，现在正是用人之际，你把农校争取下来，怎么能撒手走呢？还是帮着把学校办起来再说吧。就这样我和共大留守处的其他同志一起转入农校，又开始办起教育。当时农校党委宣布，我的工作岗位安排在政工科兼任农校团委书记，还承担一些办公室的事项。初建农校真的很忙，千头万绪，农校领导安排给我的事情比较多。我记忆深的有以下三项。

一是教师队伍的选配工作。那时的工作也很难，农校归口领导为市农委，业务指导为市农业局，有时市有关部门也直接插手，所以办起事来很难，婆婆多了就要受气，往往指点的多，用心支持的少，只要有责任的事找谁都推诿。我记得教师选配问题就是一大难题，因为学校离城区远，近 100 里，交通不便，生活困难，在全市农口选调教师，有职级的不让去，不具备教师条件的不能要。那时农口农业技术人才匮乏，就是有也不一定能教学。农校政工科提出意见，教师选配方案也是我拿的意见，叫用好一批，选调一批，放开视野、敞开校门招选一批人才。用好一批，将原共大转过来人员适合做教师的，送出去到其他农业大学深造，实行快速提高。选调一批，就是在全省范围内选调教师，有的也面向全国选调，如气象学专业的一位教师就来自甘肃兰州。那时人才缺乏，选调教师很难，有的还得要求对调，特别是我国西部的人才，想往东部调动更难，但是西部要求调走一名，必须调入一名。不管有什么困难，学校的招生已确定，学生进校必须有教师。那段时间，我一直在外出差，选调教师。记得在省内外选了 7 名从事农业科研的人员当教师，又从当年大学毕业生中选配了一批，还从社来社去毕业生选了一批（后被转为正式教师），到农校任教。

二是校舍改建工作。枣庄农校的校舍，是省五七干校、枣庄共产主义劳动大学、枣庄市委党校的旧校舍。当时教室、会堂、实验室很不正规，由于多年失修，已破烂不堪，很难承担中等专业学校的教学任务。为了不影响新生入校，组织动员全校力量，能教师自己干的就自己干，不能干的交给建筑工程队。全校教职员工整整干了两个月，地面工程全部由教职员工干，从整修操场开始，到礼堂的地面、校内花坛、道路建设等。这项校舍改建工作，学校党委让我负责，整个改建任务到招生前才算完成。并还安排我做好三件事：一到市计划及物资部门调拨购买木材和钢筋，做门窗和学校大门建设使用；二当好建设过程中的施工技术员，因我对建筑略知一二，"瘸子里面拔将军"，只好把任务安排给我；三做好思想政治工作，把学校的广播站办好。那时交通不便，到枣庄办事需要一整天，有时事未办完，还要在枣庄住上一夜。校舍的改建，虽然存在很多困难，但是办法总比困难多，还是能找到解决的办法。当时由于农校争取下来很不容易，学校教职员工受到很大鼓舞，办好学校的情绪特别高涨。很多同志干劲十足，在筹备过程中从不叫苦、不喊累、一身汗、一身泥，全然不顾，一心扑在学校的建设上。这些信念、力量、干劲、热情，回忆起来仍感到激情的存在、热血的奔腾。

三是正式招生工作。中等专业学校对外招生，按照国家教育部及有关部门颁布的统一招生大纲，以及山东省对大中专学校的招生规定进行。为此，学校成立招生领导小组，有分管教育的副校长、教务主任以及政工部的同志参加，具体负责招生工作。我具体负责新生的政治方面的把关，与市招生办一起，审查学生档案，确定招生对象。学校招生非常严格，首届招高中中专，只限枣庄市境内，生源在大学招完后，开始在高中、中专招生，一切按照国家大中专生招收要求办理。在选择生源上，从政审到分数，都把了上线，应该说学生非常优秀，特别是一二届。记得那时学校主要领导被调换，由郑继顺同志任书记、校长。他是从峄城区委常委、宣传部长调来学校任职的，工作抓得很紧，对教师、学生非常关心，特别重视教学质量。因为是新学校，在教学质量上时刻不敢放松，上级教育部门及管理部门考核也很严格，学生学习不达标，就不能毕业，还要在全省内通报学校。所以这些学生在学校学得很扎实，学成毕业到工作岗位后，很受地方欢迎，在枣庄农业科技战线做出了重要贡献。有的几年后被提拔为科级干部、乡镇长、乡党委书记，有的到了县级这个层面。枣庄农校正常运作后，完成了几届的招生，我还是要求回到峄城区工作。毕业分配时的想法得到落实，由于工作原因，以后与农校联系较少。据有关熟悉情况的老师讲，农校从开办到并入枣庄职业学院，共招生23届，国家统分生18届，培养了5000多名农校毕业生，县级干部近100人，科级干部600多人。这些学生多数活跃在枣庄市的农业战线，为枣庄市的农业持续发展起到了积极作用。

尊师重教

农校能否办好，教师是关键。学校必须做好用待遇留人、环境留人的工作。

留人必须留心，需解决好各位教师的切身利益。枣庄农校远离城市，交通不便，处在一个偏僻的乡镇，生活待遇、工作环境极差。在干校、共大时，靠强有力的思想政治工作，教育教职员工要无私奉献，喊着"苦不苦想想红军两万五，累不累想想革命老前辈"口号，这些思想工作，在那个年代还可以。到了改革开放后，只靠政治口号已不能解决问题。教职员工讲实际的多了起来，必须既抓思想，又抓生活，不然选调的教师也要求调离。在那不讲条件、不计待遇阶段已经过去的情况下，必须从实际出发。我记得选配教师暂告一段落后，对如何留住教师，我从政工处角度，向学校党委提出三点建议：一是解决好学校双职工住房问题，改造一批旧校舍，用于家属宿舍；二是为教职员工无偿配备五件套家具；三是解决教师的孩子就业问题。这三点建议得到学校党委的充分认可，尤其是当时的党委书记郑继顺同志，特别支持，对此相当重视。但是这三点建议有两点落到了我的身上。我接受的两项任务，即为老师配备家具问题、老师孩子就业问题。这两件事解决起来都很难，需要做大量的对外协调工作。为了干好这两件事，我费尽了心血，厚着脸皮，硬着头皮，磨破嘴皮，找领导，拜同志，总算完成了任务。记得为把教师们的家具搞好，我六次到枣庄去找计划、物资、市木材公司的领导同志，这些部门的领导给了关心支持，同意为枣庄农校解决红松 10 方、东北硬杂木 10 方。这在当时计划统分、物资缺乏的年代，是何等的不容易。计划拿到后，我非常高兴，但是谁来做又是个难题。经与校领导商定，选调一名高级正式木工，因学校也需一名木工，平时修修补补。就这样，从枣庄木材加工厂，选调了一位家是台儿庄涧头集镇，姓张的高级木工。这位木工手很巧，在当时的年代，做的家具式样、手工的精细是上等的。学校党委确定，给每位教师分配一个五斗橱、一个书橱、一个高方桌、一个餐桌、两把椅子。校正式工只配一个高方桌、一个餐桌、两把椅子。在这个分配方案确定后，开始组织生产制造工作，时间长达近一年才完成任务。全部完成后，对所有家具按类别编号，再按顺序进行抓号。这次解决教师家具一事，增强了老师们的自豪感，认为只有在农校才能得到，所以教职员工的积极性非常高涨。我在教职员工中也成了办好事的人。第二件事是教师的孩子就业，就不像第一件事那样顺利。教师们对孩子就业非常渴望，标准也很高。有的想安排在枣庄市里，这是非常难办的事情。有的教师家属还是农业户口，有的按照政策刚刚转了非农业，子女们学历有差别，自身条件不一样。有时为安排一个人，我需到枣庄市直部门跑多遍。有一次，为给一名老师安排子女，坐公共汽车去枣庄，刚发的工资和一辆自行车票都被小偷盗走。没有了工资，这一个月怎样生活，回到单位还不能讲，为了给别人办事，自己还得吃亏。就这样给老师们办事，少数教师仍不满意。后来采取了"两条腿走路"，自身条件好的，尽量协调在校外安排，自身条件较差的，再向上争取学校办农场，自行招收安排正式农场工。这需上级劳动部门给安置指标，逐级审核批准。但总比全部到外面去协调安排好得多。我在农校的那几年，凡是进入农校的教师，只要够安置条件的子女，基本都得到安置。所以当时的农校，确实实现了待遇留人、环境留人，那时没有提出调走的老师，主动要求到农校工作的反而多了起来。在为老师们办这两件事后，我感受到，领导干部一定要有人情味，做官先做人，万事民为先，你把职工当回事，职工才把你当回事，要懂他们的事，要温他们的心，他们的心才能向往组织，才能佩服你、认可你，才能最大限度地调动他们的积极性，全身心地投入教学中去。

团的风采

在农校这段时间，除了参与学校的重大事项外，我还有团委的工作，并兼带学生的政治课。作为共青团工作，我还是有基础的，在上大学前的高中时期，我曾是公社团委班子成员。对于做好农校团委的工作，我充满信心。共青团是党的助手、后备军，如何围绕党的中心开展适合共青团特点的工作，需要团委书记认真思考，恰当地把握。共青团在学校有基础，有影响力，有号召力。大中专学校的学生多数是共青团员，他们把团委看作自己的组织，特点相同，情感相通，只要团委按照校党委的意图，抓住学生的心理，广泛开展各具特色的活动，就能把团的工作搞得有声有色。回忆这段工作，大体有以下两件事。

1. 参加了全省大中专院校团委书记讲习班。为期一个月的学习时间，收获很大。这次讲习班由省团委主办，枣庄的几所大中专学校团委书记都参加了培训。团市委的主要负责同志为我们参加这次培训班的同志送行，并提出要求。我作为带队负责人，表了决心："在学习上争一流，在生活上严要求"，为枣庄争光。这次培训，是针对大学、中专团的工作特点和共青团目前的任务要求开办的，课程紧，内容多，要求严，晚上还有集体活动，如研讨会、座谈会、汇报会等，几乎每个晚上都要加班。记得有一个星期六的晚上，安排集体到省团校对面的一个部队礼堂看电影，这才好不容易放松一回。这次电影晚会是专

农校团委书记兼政治教师（前排左四为笔者）

为省团校这个班次举行的，共放两个片子（一个是《闪闪的红星》，一个是《红岩》），看完第一个片子之后，电影院里突然起了火，窗户、大幕帘都被烧光了。这时影院内一片混乱，我放声喊着枣庄的同志以及其他地市的同志往外跑。由于电被停，影院内一片漆黑，同志们手牵手往外跑。看电影的人员，也有部队官兵及家属，小孩被烟呛得直哭。由于人多，我们是破窗而出的。那时消防还不够完备，部队影院位于济南东部，消防车一时还来不到，只好看着影院被烧。这场有惊无险的文化生活，代价有点大，险些丢了性命。从火海里跑出，我开始清点枣庄和临沂的同志，因这两个地市是一个学习组，我是学习组的组长，出现这样的事，必须把人搞清楚，是否有伤亡。等了一会儿，还不错，十三位学员（枣庄六位，临沂七位）全部到齐。大家七嘴八舌议论一番，回到了省团校。团校领导开始到各班进行清点人数，后来得知，其他地市有三位同志脚扭伤，有的手被玻璃划破，整体上没有大碍。从这之后，没再组织外出看电影。那时电视尚未普及，团校会议室有一台电视，还不清晰，文化生活就谈不上了。学员们把晚上的时间用作自学来打发时间。在这次讲习班中，学员收获很大，系统地学习了青年运动史、中国近代史、中共党史以及当代共青团的任务等。学员们除了听课外，还轮番登台演讲，结业时交出一篇合格论文，算考试结束。在这次培训班中，还要评选优秀学员，全省参加培训的团干中只评十名。我也不甘落后，被评为优秀学员之一。这次学习我的收获很大，无论知识面、理论水平还是团的工作能力，都大大提升，对于干好农校的团委书记起到了基础性作用。

2. 开展适合大学生特点的工作。作为大中专学校团委，要对青年学生产生出磁铁效应，吸引青年团员紧紧围绕团组织开展活动。几年学校团的工作大体有这样三项。一是开展向雷锋同志学习，每人每月做一件好事活动，按照各班开展的情况，评出雷锋班级。这项活动，团委每年召开一次总结表彰大会，激励共青团员要像雷锋一样生活和工作，做一名合格的共青团员大学生。记得这项活动，因为有部署，有检查，有结果，形成长项工作，在学校产生了重大影响。好人好事层出不穷，无名事迹到处可见，学生的精、气、神被大大提升。学生参与学雷锋活动的情况，每年都要写出评语，形成材料，装入档案。学校党委及校委会给予了充分肯定，全市团的思想工作现场会在农校召开。二是围绕全国开展的"五讲、四美、三热爱"活动开展工作。学校是一个文化之地，文化之地要有文化，文化之地要文明。"五讲、四美、三热爱"在学校开展更有意义。校团委把全国开展的主体内容与学校的实际相结合，抓住"五讲"中的讲道德，"四美"中的心灵美，"三热爱"中的爱祖国几项内容，实行全面部署、突出重点、抓出特色的思路开展工作。农校的这项活动，学校党委安排后，全部的任务由团委来承担。那时开展活动困难很大，没有物质条件，全靠团委自己想办法，领导只要结果、不问过程。学校资金紧张，学校班级的经费很少，有时还需要抓班级的勤工俭学，搞点资金用于活动的开展。三是开展"团徽在闪光"活动。为了使团的工作更实际，形式与内容相结合，学校团委把团徽在闪光作为抓手，办理几件事，开展了枣庄青年科技园、共青团实验室、文艺在班级等活动。

（1）枣庄青年科技园。当时农校土地多，几千亩的农场需要开发种植，农校有一个很好的土地平台。由于那时机械化很差，只有一辆东方红轧链拖拉机，土地耕种得一般，没有很好发挥土地资源的作用。团委就利用这个土地优势，开创了一块青年科技园，土地面积大约150亩，实行统一规划种植、试验，分班级管理。每个班建有农科小组，班长任农科小组组长，具体开展小麦育种试验、玉米杂交试验、蔬菜种植试验等。我记得引进了多个品种蔬菜、粮食种植试验，试验粮食品种30多个，国内蔬菜达20多种。青年科技园不仅为学生上实验课提供了载体，也为教师开展科研创造了条件。这是教师们要干、想干而不敢想的事，只有团委把它干成了。这块科技园，也为改善学生、老师们的伙食提供了物质基础，定期向学校食堂提供粮食、蔬菜，也低价卖给教师家属，收费是象征性的。

（2）团委实验室。为了把大田科普试验与具体研究相结合，团委建议教务处与校团委一起抓，把学生学科技的积极性与老师的科研课题统一起来。这个共青团实验室，由团委具体管理，由教研室具体业务指导。实验室办得很有特点，开展农业类课题研究达 300 多项，有的为农业科技创新提供了技术支撑，实验的研究成果不断涌现，为大田种植提供技术指导，特别是土地质量取样化验获得重大成果，学校所有土地的氮、磷、钾以及微量元素，全部化验清楚，实行科学配方施肥，按地力状况，分类施肥，成为农业种植的新典型。为了搞好共青团实验室，很多实验器具都是学生们捐赠的。有从自家带来的，如土壤元素化验需要用秤来称，500 克或 1000 克为单位，多少刻度微量元素配多少亩地。有的把家里开中药铺用的秤，带到了实验室。利用这个平台，把学生搞实验的积极性调动起来，为学校团委配合教学工作、服务大局起到了很好的作用。

（3）文艺在班级。农校文化生活很枯燥，除了每周放一次电影外，再没有其他文化生活。为了活跃校园文化，开展了文艺在班级活动，一月一次班级活动，每季度搞一次全校文艺会演，每年元旦搞一次大型文艺活动，学校各科室也要出节目，采取自编、自演、自乐，小品、话剧、民乐、相声、快板等齐上，丰富多彩的文艺节目，活跃了学校文化生活。有的班级组织得非常好，节目的档次也很高，从节目的内容到表演形式，学生的认真态度，都给全校教职员工留下了很深的印象，并且培养了一批文艺人才。

（4）党在心中。共青团是党的助手，团的工作要时刻围绕党的中心工作去开展，始终把党的主张、意图贯彻落实到青年当中去。学校团委提出办好"一站两报"（广播站、校报、黑板报），利用三大阵地开展各种形式的活动。学校广播站，主要是学生投稿，有诗朗诵、漫谈、党的辉煌、党啊母亲等，利用广播宣传党的主张、路线方针政策，开展爱党、爱国、爱人民的教育。学校校报由校团委主办，每两周编发一期，发到各科室、班级、小组。校报的吸引力很大，很多学生主动要求当编辑，加班加点刻版印刷，尽管很累，同学们干得都很有劲。每当校报发刊，学生们都很有自豪感，特别是见到了自己的稿子在校报发表，觉着很有面子。校报除了在学生中产生共鸣外，青年教师也要求加入其中。记得版面做了修改，在第一版增添了"教师的话""校园新生活"等栏目，用以报道教职员工的好人好事。班级的黑板报办得更有特色。我利用学校校园的主干道两侧制作了大型黑板，每个班级一块，每周一期，开展评"好黑板报"活动，好的在校报刊登。各班级的黑板报各具特色，各种字体、各类漫画在黑板报上都能看到。有些学生的粉笔字写得非常好，老师也甘拜下风。党在心中的主体活动，利用"一站两报"长期开展，党有号召，团有行动，成为共青团的自觉。

人事回眸

　　根据自己的计划，决定离开农校，原来决定到峄城区工作的决心没有变，按照筹建农校前夕的想法，调往峄城区工作。由于在"三位一体"的学校和农校从事的工作，与市直部门和峄城区委联系得较多，所以他们对我的工作能力和为人很了解，多个单位让我到那里工作。特别是峄城区委的领导，多次与我联系，要求到峄城区委办公室或组织人事部门工作。这个时候，农校已全部进入常态，运转良好，连续招收了几届学生，我离开不会受到大的影响。对此，我就与时任农校党委书记的郑继顺讲明此事，开始他不愿意让我离开，因我是他的得力助手，好多事情都安排我来办理。在做通他的工作的同时，我说你在峄城区任过峄城区委常委、宣传部长，领导你都熟悉，就麻烦你联系吧。这时我坐在校长办公室，他与峄城区的负责同志打了电话，说宗启同志同意调入你们峄城区工作，请予接洽，并给予关心。峄城区给了三个单位选择：区委办公室、组织部、人事局。我经过思考决定，调到人事局工作。就这样，开始办理调动手续。峄城区委的领导讲，调动现在可以办理，但是在农校的团委书记职务不能带，调令按一般干部办理调动手续，职务问题以后再说。峄城区的这个答复，我并没有后悔，毅然决定调离农校。从决定调动，一个星期手续全部办完，到峄城区人事局上班。我又开始新的工作生活。峄城区人事局工作人员不多，任务很重，一位张局长岁数接近退休年龄，人品很好，对局里同志的生活很关心，工作上放手，每天早上到各科室转转，说说事情就走了。峄城区人事局内设机构为编制、奖惩、调配、工资、办公室等科室，实际一个科室只有两个人。我调入后，局长把科室人员进行了调整，把调配科、奖惩科让我来负责。这两个科室工作多，责任重，也是得罪人的位置，这是局领导对我的信任。原来的同志干调配的时间长，我作为局里的新人，局长也是有意安排的。不管分配什么工作岗位，都得听从安排。对此，这位局长对我做了专门安排，讲到这两个岗位的重要，要坚持原则，不徇私情，秉公办事，做一名好人事干部。在峄城区人事局工作这段时间虽然不长，但是工作仍是加班加点。回忆一下有这样四项工作。

做好日常调配工作

人事调配岗位是守摊、守时的活，全区一般干部、事业单位人员都由区人事局管理，调进调出成了常事。但是这项工作原则性特别强，对全区各单位编制情况必须熟知，单位没有编制是不能调入的，调出也要经领导批准。那个年代，特别缺人才，大学生、中专生都很抢手，各单位都需要人才，机构、事业单位严重缺编，人事调配原则上是按照编制开口放入，出口关闭，只进不出。每年到大、中专毕业生分配时，除了分配好本区的生源外，还要到市里协调特殊岗位的专业人才调入。我在做这项工作时，记忆比较清楚的有三件事。

一是对全区干部岗位人才状况进行了全面摸底。按照各单位编制数量，搞清干部缺位情况，为领导决策提供依据。我加班加点干了两个月，才把干部应配总数和缺职情况以及事业单位缺职情况搞清楚。记得大体尚缺270多名。当然不可能一次配齐，干部队伍建设及人才培养有个过程，需要循序渐进，逐步配强配好。

二是建立人才库。将全区机关、教育、事业、企业人才情况进行分类登记，建档立卡，实行一库清、一口明，随时知道哪里需要人才。

三是完善干部人事档案。对全区人事档案重新整理，特别是对企事业单位的干部档案规范整顿，这类档案当时比较乱，有的缺页少内容，有的只有一张登记表，对此召开会议，做出专门安排，要求一个月规范完善。

这次全区干部人事档案完善整理，取得了明显效果，也清出了一批混入干部档案的人和事，起到了严格严管人事的作用。

做好军转干部安置工作

那几年，军转干部转业到地方比较多，正赶上国家确定的军队大裁军，大批的军转干部转业到地方需安置，安置政策是高职低配。比如，讲团职干部到地方只能安排科级。这样一来，军转干部安置过程中，有大量的思想工作要做。有的在军队多年，长官作风明显。转到地方高职低就，想不开，有情绪。我根据上级军转干部安置要求和峄城区实际情况，反复做工作。区委、区政府对军转干部的安置非常重视，副团以上职务的，全部安排到区党政机关任职。营、连、排级也都安排到事业单位。由于安置工作做得好，峄城区的军转安置工作得到了上级的表彰。记得有的军转干部特意要求到国有企业去工作，因为那时国有企业的工资比党政机关高，另外孩子就业可以顶替，像这种情况还不少。后来随着改革开放的不断深入，企业改制力度越来越大，有些军转干部又有些后悔，要求重新安排到机关去工作。这种事情不可能推倒重来，哪里好就往哪里调。所以一批军转干部仍在企业工作。军转干部毕竟在部队受教育多年，他们的组织观念、纪律性非常强。这些干部安置到地方后，为地方经济社会事业发展起到了积极的作用。

做好非正式转干工作

按照中央的统一部署，对将在干部岗位的工人身份、农民身份"三不脱干部"，转为国家正式干部。我国的干部队伍建设，由于各种原因，干部缺乏状况很严重，人才稀少，结构失调，老龄化凸显。各行各业干部缺员很大，只好从工人、农民中先选拔干部。有的当上了公社书记、社管委会主任、科局长，已在干部岗位上工作多年，身份依然是工人、农民身份。这与党的十一届三中全会要求不相符。所以将在干部岗位上工作多年，政治上合格，工作表现好，干部群众认可的，转为国家正式干部，建立完备的档案管理制度，使干部队伍的管理规范化、制度化、法治化。乡镇以上政府建立人大选举制度，实行国家权力归人民代表大会和它的常委会。这次转干规模大，人数多，涉及广，政策强，难度大，要求严，工作急。文件指出，从1983年7月到年底必须全部完成任务。半年的时间，需摸底调查，核实本人情况，还必须把好转干入口关，不合格的绝不准进入干部队伍。这次转干，各级召开动员会，区委区政府由一名分管人事工作的领导牵头，人事、组织抽人集中办公。我作为转干领导小组办公室的负责人，具体协调有关部门抽调人员，加班加点办理。当时上级给峄城区的转干指标300名，通过各级排查摸底人数达800多人。转干领导小组研究，将300名指标按照各单位的编制情况、干部现实状况以及符合转干条件的实际名额分配下去。300名指标全部分光，一个不留，根据各单位研究的意见、上报同意转干情况，进行研究。区委、区政府多次听取情况汇报，这些汇报情况都由我来完成，一是情况熟悉，二是我在农校之前有做人事工作的经验，这项工作我是完全可以胜任的。但是转干涉及很多人的利益，搞不好给上级交代不过去，给符合转干条件的人也没法说。加之峄城区的指标只有300名，摸底接近条件的人就达800多人。如何做这项工作，从区领导到办事人员都感到难办。符合条件的人员要求迫切，呼声很高，给谁转，不给谁转，都不好确定。几次会议研究提出了一些解决的办法，一是按到岗年限，二是职务高低，三是先解决党政机关岗位上的人员。这些办法是可以减下不少人来，但是矛盾仍未解决，300∶800，剩下的人还是太多，如果矛盾真的发生，就会成为大的社会问题。在这种情况下，我作为具体办事人员，必须积极为领导当好参谋，化解矛盾，为急需转干的人员办点好事。所以在一次会议上，我提出，如实向上级汇报，争取再给指标，这是解决问题的根本。机关做事有一个潜规则，谁出的题目，谁做答案，谁出的主意，谁去解决问题。就这样把解决问题的任务交给了我。领导小组负责人，让我以区政府的名义，向市转干领导小组写个申请上报，然后由我到市转干办公室具体汇报协调（转干办公室设在市人事局）。通过协调，效果还算不错，市里也往省里反映此情况。后来追加了200人的指标，这是对峄城区规范干部管理的支持，也是对在干部岗位上而不是干部身份同志们的关心。有了这些支持，加上原来的300名，可以解决500人的转干问题，最后实际解决了近600人。按照摸底的800多人，虽然还有差距，但是根据严格把关、认真审查的要求，否决了不能转为正式干部的100多人。峄城区这一次转干工作，长达近一年，抽调的人员加班加点，应该说圆满完成了这次任务，达到了上级满意，社会认可，被转对象高兴。我在这次转干中，既受到了锻炼，又提高了对人事工作重要性的认识，市、区对我给予表彰。这次被转的干部，有的在干部岗位多年，虽然已到科级干部，但是由于工人身份、农民身份，对今后的使用和个人的发展都受到限制。同时，随着对干部的管理越来越严格，身份与职务必须匹配，干部队伍建设开始走向规范化。据了解，被转干部在峄城区各行各业中发挥了很好的作用。当时峄城区乡镇书记、镇长、区直部门的负责人，还有副县级干部，占到被转干部的 40%，在现有干部中占比 60%，有的转成干部后，当上了更高层的干部。

做好干部奖惩工作

干部奖惩是人事工作中非常重要的一项，按照干部人事奖惩规定，对干部每年考核一次。当时人事局对干部的管理权限较大，一是对所有党政机关干部的考核，二是对区直部门、乡镇七站八所的正股级干部的任命，三是对事业单位的考核，四是对所有干部违反规章制度的人事处理。这项工作难度很大，在干好这项工作时，既要有人事部门的敢于担当责任态度，又要有善于协调的科学方法，这样才能做好这项工作。人事奖惩工作是一项长期性工作，特别是到年底、年初，需要把全区干部考核一遍，仅考核材料、装好档案就是一件麻烦的事情。同时，需准备区委区政府召开的表彰会议，时间紧迫，大量的工作需要在晚上完成。人事奖惩工作，需要严谨细致，公平合理，遵规守纪，注意保密，又要奖勤罚懒，惩处违规干部，做到是非分明，激励后进，充分调动广大干部的积极性，使奖惩工作在人事工作中发挥应有的作用。

走进人大

　　党的十一届三中全会以后，各项改革的力度逐步加大，特别是我国政治体制的改革被提上日程，国家的治理由人治逐渐转向法治，被"文化大革命"破坏的政体机构要全部恢复，有的重新开始。县级人大、政协就是如此。按照宪法、组织法、选举法，开始设立区县人大常委会，内设办事机构。我被任命为峄城区人大常委会办公室副主任兼人大机关党支部书记，开始了新岗位、新职务、新任务的履行。那时人大刚组建，对人大常委会的认识不足，讲是政权的最高机构，县级人大有三项权力：任命权、监督权、决定权。但是干部不习惯，

在峄城人大工作（右三为笔者）

群众不认识。认为县级人大是"空架子",聋子的耳朵——是个摆设,没有用。有的在党政机关工作多年,调到人大想不通,讲道:人大是没有用的人,无权无事,靠边站,举举手,喊喊好,大事小事都了了。又说,党委是点戏的,政府是唱戏的,人大是挑戏的等。总的说,初建人大,有各种想法是正常的。但是工作必须正常开展。我到人大办公室工作,也有一个熟悉新环境、接受新任务的过程。人大办公室刚刚组建,人手不多,有7名同志,还包括司机,工作任务很重。办公室的工作职责,就是办文、办会、办事。甚至有人认为办公室的工作就是"打黄旗,背包袱,鞍前马后听招呼"。大事做不了,小事天天有,上传下达,中间协调,还得嘴勤、眼勤、手勤,有事往前跑,事完最后走,就是大家常说的:"领导不讲我先讲,听听话筒响不响,领导不吃我先尝,品品饭菜凉不凉,领导不走我先行,看看道路平不平",等等。同时办公室也是领导的议事地、撒气桶。办公室的同志还要嘴严,不随便议事,更不随便说人,不信谣,不传谣,用心搞好服务。在办公室工作,履行好自己的职责,是一件不容易的事情。回忆这段工作历程,感到收获很大,受到不少锻炼。到人大去的领导同志,都是在重要岗位担任过领导职务,正县、副县多年,还有的在军队多年享受副师级待遇,他们有丰富的工作经验,只要留心好学,能得到很多做人做事的经验,对于丰富自己很有好处。回忆在人大工作的这段时间,有以下四项工作值得回忆。

服务人大

人大的老同志多,很多从党委、政府重要岗位上退下来,这对刚到人大的同志有一个思想调整过程,他们思想上需转变,工作上需调整,解决其适应问题。作为人大办公室,是人大工作的重要办事机构,这里不存在一线、二线问题。对此,我对办公室的同志讲,我们既要办文,又要办会,还要办事,办事就是保证人大工作运转良好的情况下,用心做好各方面的工作。特别是对老干部的服务工作,是一项非常重要的工作,也是党的工作重要内容,服务好他们,让他们到人大仍然感受到党的温暖,让他们更好地为全区发展大局服务。为此我制定了"一问、二看、三登记"的工作法。一问,就是每周六访问一次服务对象(那时周六上班),下周有什么事情需办公室办理。二看,就是安排人到家中去,看看生活上有哪些需要,那时主要是购煤、买面。三登记,就是对每位服务对象有一个备忘录,办公室有专人负责,以免问了、看了、不办了,细节决定成败,一件小事办不好，会带来矛盾，也会影响同志之间的团结，这个备忘录是专门制作的，共 30 页，对每周办完、每月办完的事情，要有结论。我对备忘录，每周都要检查，每月召开为老干部服务的小结会，哪些事办得好，哪些事办得不好，都要有一个说明。记得为老干部家里备冬用烤火煤，每户 2 吨，服务 20 多户，需要 50 吨煤。每年我提前到峄城区寨子煤矿联系，搞点便宜的煤炭（批发价格），还需要在煤炭堆上选好煤。有一年，我和办公室的一位秘书、通讯员三人，在煤炭堆上待了整整一夜，才挑选好认为比较满意的煤炭，找了三辆解放牌汽车，折腾了一天才运回去。为了把事办好，三位同志一天没吃没喝，感到全身难受。为了搞好服务，再累也得认真去做。煤运回去，事并没有办完，还需要对每家每户用磅秤分开。分煤时，还要注意，炭块和粉炭的均衡。分成堆后，通知各家运回去。这时需编号抓阄，按阄号领取。这次任务折腾了两天，累得疲惫不堪。有的还不满意，说他们领的煤都是粉煤、没有块煤等。服务是一项很难的工作，一事难称百人意。但是，这是工作，不管满意如何，只要大多数满意就可，还必须做好。除了为老干部服务外，还要把办文、办会抓好。人民代表大会开过后，每两个月一次常委会，还要写材料、搞汇编等，人大工作对领导来说是没有在一线忙，但是办公室与一线一样忙，几乎每个晚上我都加班，秘书写好的初稿，我要加班审改，把好关，再送领导审定，整天忙碌不停。这项工作对我来说已成习惯，因有做过这项工作的基础，只要文字过关，正派正道，用心服务，一定能够做好。

人大党建

我在人大办公室工作，还有一项重要任务，那就是做好人大机关党支部的工作。我是党支部书记，机关党支部包括领导干部在内几十名党员，按照党的组织工作要求，需要把党的思想、组织、作风建设抓好，将党的意图贯彻到人大机关中去。如何发挥人大机关党支部的作用，作为支部书记是关键。在这段工作中，我始终把党的建设摆到重要日程。人大机关党支部，按照科室划分了五个党的活动小组，便于支部开展活动，每个党的活动小组全部建活动园地，实行支部制度"三上墙"，即支部工作计划、"三会一课"制度、本年度工作目标全部上墙，让支部工作做起来有规则、有目标，全体党员活动起来有方向、有奔头。通过规范党建活动，人大机关党的工作有声有色，党员的积极性被调动起来。原来一些同志来人大工作，认为这个单位是二线，混混玩玩就可以了事。自党支部活动开展起来后，很少有人这样想了。主动干事的多了，被动应付的少了，团结的气氛浓了，互相诋毁的少了。人大的领导同志也都积极参加机关支部的活动，有的领导说，"没想到宗启同志把大家协同起来了"。人大从此不沉闷了，开始活跃了，人大很有干头，还很有人情味。把人大工作做好，不要把人大看成二线，只是职责的分工不同，人大要把"三权"用好，把思想统一到党的工作大局上来，统一到党委决策上来，共同推动峄城区大改革、大开放、大发展。我任人大机关党支部书记这段时间，有三个方面值得回忆。

一是机关支部成为人大领导班子成员交心的平台。人大主任之间有思想需要沟通，他们之间不好直接面对面，心里有事找我说，这也是对我的信任，我会与其他领导同志沟通，缩小人与人之间的空隙，增进他们的友谊。人常在一起，不可能没有磕磕碰碰，有一个人在中间稍加协调，什么矛盾都化解了。

二是支部成为中层干部的"磁铁"。人大中层干部多，做好这部分人的工作，也是党支部的一项任务。通过科室建立党的活动小组，把党员管理起来，同时加强非党人员的管理，按照入党条件，加强对他们的培养。人大中层干部党员对支部有亲近感，作为支部在不违背组织原则的前提下，积极为他们办好事、办实事，中层干部有了一种依靠，有事就找支部，支部成了中层干部的主心骨。因此党支部的号召力增强。

三是人大机关党支部成为互联中心。刚刚组建的县级人大办公室如何工作，怎样才能把工作做好，办公室的协调是一项重要内容。县级习惯称"四大班子"（区委、政府、人大、政协）。就人大自身而言，还有"一府两院"（区政府、法院、检察院）的协调，人大办公室与他们的沟通是必然的。协调好工作就顺畅，领导也高兴，协调不好，会出毛病，给工作带来麻烦。我对这块的协调，除了以办公室名义沟通外，很大程度上采用了人大机关党支部搞活动时机，增强联络，搞好关系，几大班子办公室和人大办公室成了沟通感情的平台，人大办公室的吸引力增强，所以人大的事情好办。几大班子领导对人大办公室的工作也给予了高度评价。

上海使命

刚刚组建的区人大，办公条件较差，特别是交通工具更缺，正县、副县级干部七职，当时只有一辆旧吉普车，三天两头坏，一个星期不修是大空，副职很难安排车用，有时因为车的问题也会产生一些矛盾，我为安排车发愁。实在没有办法，工作还得干，也到外单位协调车，配备车辆成了人大领导的心事。那时购车很难，购车需计划，计划内的车很少，一个地市一年只能分到少量的北京吉普指标，县级单位很难拿到，上海轿车也只能配到省、市。所以搞车很难。那时刚改革开放，上海大众刚刚与德国大众合资生产上海普桑，能搞到一辆上海普桑那算你有能力。由于峄城区人大严重缺车，人大主要领导找我商量买车一事。我说这是难题，不好办。主要领导讲，不好办也得想法办，我给商业局长说了，他们可能有办法，你得去上海一起跑跑，想法办成，商业局已有人在上海，说需要花点"羊蛋钱"，你想办法搞点钱带上，晚上到薛城坐火车去上海。这次上海之行，确实是一次苦差，我与办公室的王秘书晚上去上海，与商业局的同志会面。那时交通极不方便，多数是站票，车内拥挤，所以带的钱只能分别装在内裤上，怕在火车上被小偷盗走。我们在火车上整整站了一夜，腿站麻了，累得肚子疼。这班列车不到上海站，只到上海真如（上海北站），在那里下了车，转坐公共市郊车，去上海四川北路的一家小饭店，找到了商业局的同志。见面后我问了问情况，就住下了。第二天，我让王秘书将带的现金暂时存入银行，搞不实不能把钱给他。这一天，所谓能够买到上海普桑轿车的人，也来接头，问钱是否带来，我讲钱没问题，只要车到手，商业局同志给你们定的多少，我就给多少，现在我什么都未见到，怎么能把钱给你们。当时在上海买车的还有市直部门的同志，买车的心特切，有的不问花多少钱，只要把车买到就可以。区商业局联络的渠道，一是上海五交化公司，他们讲有两辆车的计划，每台必须加6万块钱。那时的钱很硬，币值很高，我觉着多花这么多的钱不值。同时，通过认真分析，事情有假，弄不好就上当受骗。商业局的同志给我讲，没假，多花的钱商业局拿。我说那也不行，你们愿意买是你们的事，我代表人大来买车，人大的经费本来就很少，如果被骗，不好交代。我是"不见兔子不撒鹰"。二是他们又通过南京一家公司购车，这位联系人家住句容县，我和秘书跟随他们到了南京。见到这个人，见面就说好处费4万元，交上钱保证一个星期提车。我看到情况也半信半疑。我说人大不直接在他们手里拿车，你们愿意搞，你们商业局自己搞，购回去再卖给人大，需要加钱，也没问题。现在，人大什么费用都不拿。就这样折腾了两个星期，也未买着车。据听说，市直部门和有关单位买车上了当，有的把钱付了，车子未买到。我在上海买车的情况，电话向区人大主要负责同志汇报，领导买车的心很迫切，讲买车是个难事，你还得再想办法，在上海找关系好找，回到家里不就更没有办法了，再住上一段时间找找关系，争取办成。领导的决策，我只好服从。这个时间，已接近阴历年底，南方都开始办年货了。为了不影响人大的工作，我先让秘书回去，我在上海想办法。为了节约资金，我住在上海四川北路的一个浴池性质的宾馆，大通间，好多人住在一起，每个人只有一张钢丝床，晚上放下白天拿走，在这种环境下住，吃也很简单，每顿除了面条，也就是一碗馄饨或汤圆了事，白天四处找关系买车。正巧区政府一位常务副区长到上海，搞石膏开发新闻发布会，会议在新亚饭店召开。由于政府办公室未去主任，这位领导得知我在上海买车，就想法通知我帮助政府办公室筹备这个会，会议从报到、开会、结束，约 5 天的时间。在这个会议上，有来自全国建材行业的代表，也有来自化工企业的代表。作为筹备会议的我，认识了不少人，其中就有齐鲁石化的，他们与上海大众有关系，我就将买车之意向他们讲了，他们愿意帮忙，答应我能搞到车。这对我来说，是件大好事，前段时间踏破铁鞋无觅处，现在得来不用费工夫，临时抱佛脚的任务，竟有了好事，真是有心栽花花不发，无意插柳柳成荫。记得会议结束的那个晚上，我邀请有关的朋友吃饭，具体商定购车事宜，就这样一辆新普桑轿车就搞定了，也没有花别的费用，车价是出厂多少钱就多少钱。车子搞定后回到住处，激动得一夜未睡。想了想，我出来买车，时间过去一个月多了，已到阴历腊月二十六了，那时通信不好，一个多月没与家里联系，确实有想家的感觉，心想该回家过年了。不管怎样，事情办得还可以，回去给领导有个好的交代。但是，因为那时拿到普桑轿车的计划指标到接车需要再等一段时间，其实车子真的到了春节后阴历二月底才提到。回想这次"上海使命"，真是不容易，除了吃苦之外，还真的有些经验值得记住。一是凡事只要认真想办法，难事也能办成，办法还是比困难多。二是无论办什么事情，特别是商贸活动，要多动脑筋，防止上当受骗。三是办事不要急于求成，抓住机遇，待时而动，才能成功。

榴园始初

人大刚刚组建，除了行使好正常的"三权"外，区委对人大、政协还是想多安排一些实际工作。当时市委书记褚建华同志对峄城区的石榴开发很感兴趣，要求峄城区委区政府抓好开发。区委书记李仲孚同志对此非常重视，从全区大局考虑，把此项任务交给了峄城区人大，成立了开发建设领导小组，刘焕文同志任组长，冯玉岐、何威任副组长，我和区建委的主任乔登义、棠阴乡、王庄乡的各一名副书记为成员，办公室设在区人大。那时，区财政没有钱，区委也只能压任务，开发建设由领导小组自己想办法。建设初期，一没有经验，二没有资金，是从一张白纸开始的。记得领导小组建设初期，制定了五项任务：一要把全国的石榴种植情况考察清楚；二要制订一个符合实际的开发方案；三要着眼基础设施建设；四要保护现有石榴，特别是树龄长久的石榴；五是建议区委区政府扩大种植面积，向峄城驻地左右发展，目标任务15万亩。这在当时是一个宏大的计划，但是困难很大。记得刘焕文主任在领导小组会上讲："这是枣庄市委交给我们的一项光荣任务，有条件要干，没有条件也要干，靠自力更生，艰苦奋斗，坚决把石榴园建设好。"就这样，开始了石榴园的开发建设。石榴园的建设初期，经过了这样几件事。

1. 外力作用。峄城石榴历史悠久，地域特色明显，连片面积大，在国内是少有的。由于中国地域辽阔，温度、水质、季节、光照等有差异，所以生产出来的水果是不一样的。据考证，峄城的石榴有40多个品种，面积是当时全国最大，号称世界之最。石榴种植喜欢砂石混合岩，靠山阳面，地下水质好的地方。峄城的石榴就是在这样一块土地上种植的。当时实有面积东起青檀寺，西至薛城的小张庄，95%的面积在峄城区境内，约10万亩。除了石榴，还有一些文化古迹，如青檀寺、匡衡墓、三近书屋等，特别是青檀寺周围的青檀树，是稀有树种，生长在石头缝里，称为"檀石一家"。明朝兵部右侍郎贾三近，作过对青檀的赞美诗句："秋风古木前朝寺，僧屋如巢自在栖。黄叶拍天丹灶冷，青檀绕殿碧云齐。幽人到处鸟鸣谷，樵子归时鹿饮溪。尽日烟霞看不足，买田结舍此山西。"由于这些文化古迹，石榴的开发为社会所关注。那时，改革开放刚刚开始，峄城区接待了来自朝鲜的林业专家金明哲。记得有市委书记褚建华同志亲自安排到青檀寺看一看。那时这个区域是市里的国有林场，树木保护得还算可以。根据领导安排，我与其他同志一起陪同到了青檀寺。看完之后，他对青檀寺不感兴趣，因那时破坏的庙还没有恢复建设。但是他对石榴树极感兴趣，他向陪同人员说，没想到中国还有这么大面积的石榴，这是世界奇迹，应该好好保护发展。市、区领导听后，进一步增强了开发石榴的决心和信心。记得当时他还想带走几棵，北京来陪同的领导不同意，说：要通过出口检疫等很多手续，太麻烦了，不能带，这位朝鲜林业专家的想法就放弃了。这次朝鲜林业专家的到来，对石榴园的开发建设应该说是第一个外力作用，当时有些区领导意见也不统一，有的认为开发建设有价值，有的认为没有价值。这个外国专家都认为极有价值，对于想开发的决策者，提供了决策依据。第二个外力作用是来自日本山口县的书法家，他们是受山东省书协的邀请，来研究山东各地书法、石刻等，石榴园里有贾三近读书时刻下的诗句。这帮日本人除了考察石刻外，对石榴也产生了浓厚兴趣。因为日本是个岛国，海洋性气候，不适宜栽植石榴，他们见到了面积大、树龄长的石榴，有的树几百年，他们很留恋这片石榴园。他们的建议，要好好保护，搞好开发，他们称赞是"世界宝贝"。在半年内接待了两个国家的专家和文人，确实对形成共识、达成一致的开发建设意见，起到了积极的促进作用。

2. 外地取经。开发建设石榴园没有现成的路子可走，是一张"白纸"，如何绘出好的蓝图，建设成一个有经济价值、有社会价值的石榴园，需要把全国的情况搞清。我跟随刘焕文主任，对全国只要有石榴的地方就要去考察，弄清面积，搞清品种，主要考察了安徽、新疆等地，同时考察名胜古迹，找有参考价值的东西，从建筑上一是考察承德等北方名胜古迹建筑特点，二是考察青岛、大连沿海的公园，三是考察南京、苏州园林特点，广泛吸收外地的经验。途中还发生了不少趣事。记得一次去青岛考察，并与青岛人大联系，请他们代为安排食宿等，那时外出住宿、车子用油，不找熟人是不好办的。按照我们出发的计划，早6点准时出发，下午5点多到青岛，没想到我们开的吉普车，因泵供不上油，在莒南县境内停下。那是1984年的春天，也是万木吐翠的好时节，农民正在种植花生，车子停在路上不能动，种花生的农民围过来看。领导批评司机误事："提前安排叫你把车调理好，结果是这样，你不要在人大开车了。"其实我已多次安排司机，一定把车修好，在路上不能误事。司机答应得很好，没有做好，出了这个事，我还得主动揽责任。我说，我没安排到位，你不要生气了，我们再想办法。这时，主任一言不发，自己沿着去青岛的路步行前进。看到这个情况，司机有点害怕，也很紧张。我还得安慰司机，总会有办法的。司机修车，我就在一旁站着看，到底是哪个地方出现了问题。司机急得一头汗。那时车辆很少，附近也没有修车的，只好自己想法。我问司机，静静心想想，到底机器哪个部位出的问题。他也说不清。我劝导他说，主要原因是上不来油，油泵不发挥作用，你看看油泵有没有问题。他说没看出油泵有问题。我说，油泵的提动杆部位间隙过大，有些松动，怎么能泵油呢？我说我想办法。那时，时兴戴套袖，需用曲别针别住。我把套袖上的曲别针取下，让司机用钳子剪断，放在油泵的间隙缝砸下去，固定好，这样发动机果然开动了，油泵工作也正常了。我们开着车追赶领导，这种无奈的追赶，大家心情都不好，他已走了十几里路，看他的决心，车子修不好，他要步行去青岛。从这里看出领导干部做事的决心。我们赶上他，请他上车，司机更是小心翼翼地开车，再加上那时的路不好，我们到青岛已是深夜12点了。到了青岛，必须先到青岛市人大，找联络人。那时没有移动电话，在青岛人大，负责接待的一位青岛人大副秘书长已回家休息，安排门卫："如枣庄来人，请到黄海饭店，已安排好。"我们找到黄海饭店，已是凌晨1点多钟。我安排好领导住下，又去火车站给买吃的，就这样折腾了一夜才算安定。还有一次，去南京方向考察，刘主任在车里问我，宗启同志知识面很宽，今天我有两个问题考考你，一个是建筑方面的，一个是吃的文化。他问的是，我国的高层建筑是从哪个年代开始的；今天中午我们吃全鸡，你怎样安排。我思考了一下，一一回答。我说，刘主任，你问我的第一个问题，你真的问对人了，我自修过建筑学，对中国的建筑历史有所了解。我说中国的高层建筑应该是从宋朝开始的，建筑物高层标志是宋塔，那个朝代有建塔的惯例，一般有县衙设置的区域或者历史文化的传说，如镇河塔、镇妖塔、镇城塔，也有望星塔等。滕州的龙泉塔，就是一个宋塔例证。他听后点点头说，还是你有知识。这时我又回答了他提出的第二个问题。我说这个问题在车上不能回答，须用实物回答。那时还未到中午，我在车上寻找答案。记得我们到江苏六合县境内，那时时兴开路边饭店，在车上我突然发现了两家路边饭店，店门口拴着几只红公鸡。我叫司机停车，我们就在这里吃饭。下了车，我去问饭店老板，活鸡多少钱一斤。老板讲1.2元一斤。我说你给我称两只。老板以为我带走。称完鸡，我让老板加工，按照我对炒辣子鸡的要求，鸡身上去掉不能吃的，全部放进锅里炒，两只鸡炒好，用了一个大菜盘端到桌上，另外加两个小凉菜，再烧一碗榨菜汤，每人二两小酒，真是美餐一顿。吃过饭后，我给刘主任说，你在车上问的第二个问题，答案已做完，您应该打分了吧。刘主任讲，完全正确，聪明莫过宗启啊！回忆为了石榴园开发建设，有很多有意义的事情。我陪同人大主要领导外出学习考察，担负着两大任务，一是服务领导，二是承担学习考察材料的撰写。搞好服务比较好做，承担的考察经验的总结，需要加班完成。那时没有别的工具，手中只有一支笔、一架135的黑白照相机，白天取经，晚上写材料，尽管很累，但是很愉快，精神状态一直很好。为了石榴园的开发建设，用了两年的时间外出取经，其他也是边干边学，把外地的经验与本地实际结合，创造性地开展建设。

3. 外经变现。通过外出取经，确定了三个事项。一是确定了峄城石榴面积可称为世界少有，中国第一。这个结论是通过对全国所有地区石榴实有面积考察后确定的。世界少有，不少国家也有石榴，中东、拉美较多，特别是以色列国家。这个结论还经过国家专业部门认定过。二是确定了"五点一线两片"的开发建设格局。五点：青檀寺、一望亭、园中园、贾泉、娘娘坟。一线：从青檀寺到娘娘坟。我提出了"路从林中过，绕山观园景，修旧要见新，景文同兼顾，远近相结合，百年不遗憾"六句的建设意见，得到了领导小组的认可。两片：以峄城区驻地为中心，向东西两侧发展石榴，计划栽植 15 万亩，实现大鹏展翅之势，打造石榴之乡。三是建设详规得到北京园林处、苏州园林处的支持，请他们现场指导规划。那时规划不像现在有各种图表，只有一张蓝纸图，标好景点、落位即可。为了节约资金，本着少花钱干成事、不花钱也干事的精神，能省则省，有些建筑是我用 135 照相机拍来的。如树王亭是从青岛崂山望海亭拍照而来。园中园的观天亭是从曲阜孔庙的鹭响亭取相而来。一望亭是从苏州拍照的一个亭子。楚汉亭取于北京，按照照片形状，由区建委设计人员绘制图纸。也有的景点是在当地随机而想的。青檀寺东北角的一个桥，是我和施工人员规划山路时，在那个地方休息，往北看还有很多山谷，我说这个桥就叫"别有洞天"吧，几个人听后同意。峄城区石榴园当初的规划就是这样做的。

4. 借力发展。为了把石榴园开发建设好，领导小组召开会议，确定了六个事项。一是由王庄乡、棠阴乡承担园区道路建设任务。二是区建筑公司、棠阴乡建筑公司承担景点建设任务。三是要求两乡镇落实石榴栽植承包，保护现有大棵石榴，扩种新的面积。四是加快石榴园东大门建设。五是修复青檀寺水库及青檀寺主殿。在建设主殿时，还发现了清朝峄县最后一位张县令在青檀寺立的碑。我当场建议要保护好，建好寺庙后再给安好。六是注入文化内容。既要继承优秀的历史文化，也要进行文化包装，形成榴园特色文化。找名人书写景点字，如青檀寺找舒同写，一望亭、树王亭找当时的省委书记、山东书协主席高启云同志写。这些都如愿以偿。我到省里找高启云书记写景点名，是通过省吕剧团党委书记仲伟高同志，我们一起去的。因仲伟高与高启云书记有特殊的感情，一起在山东省"五七干校"劳动过三年。作为峄城区这个地方，他们有很深的印象。因此，办起事来比较顺利。在注入文化上，主要研究石榴是怎样引到峄城的，把来龙去脉要搞清。有的说是汉丞相匡衡引来这里的，有的讲石榴是外来品种，是张骞出使西域带到中国的；还有的说，我们打造文化榴园，还得往名人身上靠，七言八语，没有一致的意见。会后的第二天，我们又去建园中园的地方看观天亭如何建，具体研究亭子建设问题。领导说，这个亭子叫"坐井观天"亭吧。领导讲，我在想，今天得把名字定下来，想了一会儿，就编了一段顺口溜。这段顺口溜是：乾隆下江南，路过石榴园，食过石榴籽，饮过恩赐泉。在场的领导听后说，太好了，以后就这样说，亭子底下的泉就叫"恩赐泉"。就这样包装了石榴园的一段文化。石榴园缺乏厚重的历史文化，需要注入新的文化，借智、借资、借力发展。我为了石榴园的建设，多次赴北京、济南寻求支持。特别是省政府的仲伟高、于峰同志，为石榴园的题字做了大量工作，并且帮着找有关部门，协调给予资金支持。那时没有旅游部门，省里也只能去建委，我去了几趟，省建委的领导讲，开发建设是好，但是省里没有一次性资金，还是找找你们市里吧。记得开初建设，市里安排了少量资金，作为项目建设奖励给予了支持。当时领导小组办公室不管钱物，争取来资金按项目归口管理。我的工作是上传下达，协调参与，积极作为。在人大工作的这段时间，为石榴园建设投入了不少精力。

5. 助推发展。石榴园当初开发时，多数人不看好，刚刚改革开放不久，经济发展比较缓慢，农村、农业、农民问题仍有不少困难，石榴卖不上价钱，一斤只卖几分钱，有的农民找人剥石榴皮，晒干后卖给中药店当中药。由于对石榴的认识不足，开发不够，再加上人们生活水平低，且没有保鲜条件，供电能力不足，多数乡村没有通电，农民生产的石榴眼看着烂掉，收入很少，出现了退林（石榴）还耕（种粮食）问题。怎样才能开发建设这个园子，保护好这块资源，也是当初想得最多的问题。记得采取了以下措施。一是大力宣传好石榴的价值。专门给广大农民写一封信，我代为开发小组起草公开信，提出了怎样看、如何管的问题。怎样看，一看石榴是个宝，经济价值很大。叶可做茶，石榴皮可做药，石榴籽可提取抗氧化剂，老化的树可做盆景，枝条可压苗出售。二看石榴是风景，文化价值在其中。春天看芽，万亩吐翠，一片生机；夏天看花，五月榴花红似火；秋天看果，中秋、国庆节来临时，石榴像灯笼挂满树梢；冬天看干，树木中唯独石榴的年轮是逆时针方向长的，所以它的干枝拧劲向上长，吸引了很多的画家到此写生。三看石榴价值高，小康路上离不了。石榴开发建设成为旅游景点，可提高经济收入，提升文化含量，是实现小康的自然资源。

此信定稿印刷，发放到农民手里，确实起到了很好的作用。记得还做了石榴园宣传专题片，复制录像带，加大对外宣传的力度，下农村办石榴保护种植学习班。领导小组组织了林业部门的技术员，也邀请市里的专业人员，到有石榴的乡镇现场指导。通过这些措施，群众对石榴的认识明显提高。二是切实保护大树、古树。这是石榴园的魂，也是石榴园的看点。集中时间对石榴园里的所有大树进行清点，特别是旅游线两侧的，严禁砍伐，对园中园内的进行登记造册，对有400余年树龄的石榴王树建亭纪念，达到保护的目的。同时对生产队的所有石榴，实行大户承包。记得我到王庄、棠阴两个乡镇调研，那时的农民习惯了生产队方式的集体耕作和生活，对大包干不少农民不认识，认为自己没有能力承包，再加上生产的石榴又不好卖，多数是通过乡镇做工作才包下去。只有把石榴包到个人，才能管理好，避免砍伐的现象发生。三是加快重点景区的建设。当时以青檀寺、一望亭、园中园为重点，全面开工建设。记得青檀寺这个景点，主要包括寺庙、楚汉两亭等。青檀寺是在原址重新建设的。楚汉两亭定位，是我和建委规划人员及施工队的负责人，多次爬山选点确定的，在建设过程中又多次查看质量。这几项工程建设的速度、质量，都得到了上级有关部门的认可。但青檀水库防渗是难题，多次修整，才得到了解决。一望亭起初叫"登高一望"，是我去找省委书记高启云同志题字，他说"登高一望"有点不顺，我写就叫"一望亭"吧，就这样确定了下来。在建设一望亭、园中园的过程中，领导小组的同志多次去检查指导，特别是刘焕文主任，工作热情高，指导力度大，景点的初期建设，他起了重要作用。那时条件差，生活水平低，我每次到石榴园规划施工，都是自带干粮、咸菜，有时渴了就喝山泉水，还需要背着背包，装着黑漆、红漆、毛笔、卷尺等，为景点、道路画标记，从不叫苦、不说累，心里只装着石榴园，把石榴园建设好是我的心愿。现在回想起来，规划、施工的场面历历在目，当时的心思、热情、干劲全部注入到石榴园建设上。我这个榴园情怀，已成为历史的记忆。

6. 被树典型。到人大工作后，由于领导的关心和个人的努力，人大机关、区直部门特别是人大办公室的同志们，对我的认可度很高，领导也非常赏识，对我的工作能力和人品充分肯定，因此得到了重用，成为在全省人大机关工作的青年人中，交流到乡镇任职的第一人。省人大专门来枣庄市调研总结峄城区重用人大干部的经验。那时，为什么对人大机关干部使用这么重视，不是个人问题，是当时县、区级刚刚组建人大，各级对人大的地位、作用认识不足。在党委、政府口工作的干部，不愿到人大去工作，认为那里是二线，无职无权，服务的对象都是老干部，是即将被政界淘汰的人，前途没奔头、工作没干头，到人大就永远待住了，直至退休。这是当时社会的普遍认识。各级党委、人大非常重视这个问题。我在区人大办公室任职，又调任乡镇要职，所以引起了社会的关注。上级党委、人大认为，峄城区委、区人大对地方人大的地位、作用认识高，对人大机关干部非常关心。年轻人到人大只要认真干，不光有奔头，还有干头，干好了再交流到党政口去任要职，既是党的工作的需要，也是法治建设的需要。对此，山东省委、省人大召开人大干部队伍建设工作会议，刘焕文主任到会作典型发言，题目是"人大要成为培养年轻干部的摇篮"。我被作为全省唯一从党政机关进入人大，又从人大机关调任乡镇要职的典型。后来，我到乡镇的工作情况，省市非常关心，了解干得如何。回忆此事，有三点感悟：一是跳舞要有一个好舞台。我到人大工作，尽管很累，但是舞台很好。人大聚集了一批老领导，他们对党忠诚，对事业负责，对同志们关心，这在其他单位是没有的。他们做事、做人，有成功的经验，也有在仕途中遇到的挫折和教训，平时只要留心向他们学习，都会汲取好多营养，为自己做事、做人提供有价值的东西。我走进人大，应该说也是人生幸事。二是个人要有跳舞的能力。一个人给你的舞台再好，你没有跳出优美舞姿的能力，观众不能只看舞台，关键是看跳舞者。也就是说，要适应工作对你的要求，不能靠工作适应你，人在工作仕途中，什么工作都可能遇到，自身必须有几把刷子来应对工作的要求。我常讲："一个人要认识自己，才能超越自我"，才能把你要做又想做的事做好。三是要认真跳好每一支舞。做人要诚实，工作要认真，无论领导分配你什么工作，都要认认真真、扎扎实实地做，做到干好每一天，做好每一件，不能只打雷不下雨，做表面文章，要把说和做统一起来。要想让别人认可你，首先是把人和事做好，要想叫别人尊重你，你就得先尊敬别人。也就是好的舞台，要有好的舞姿，还要用心用情认真去跳。

乡镇风采

离开人大，带着组织的信任，人民的重托，来到我国行政机构的最基层一级政府，任金陵寺乡党委副书记、乡长。这个职务，从儿童时期就想，这是一个很大的"官"。我这个人，没有想当官之心，儿童时期的梦想，就是学点技术，能吃饱穿暖即可。没想到来到乡镇做了个"九品官"。

任金陵寺乡党委书记

金陵寻梦

第一个乡镇任职是金陵寺乡，这个乡离峄城区驻地有 13 公里，紧靠 206 国道，在峄城区是个中等乡镇，人口不多，但是人杰地灵，参加抗战的人员较多，有的当上了师长、司令等，也有在省、市工作的领导。解放战争后期，去台湾的人比较多。当时峄县是国民党的模范县，文化、教育较发达。金陵寺乡有不少的地主、大户，把孩子送到峄县城里上学，当时有 40 多人。因蒋介石逃往台湾，将这批学生从青岛全部带到了台湾，有的从教，有的当兵，这部分人在改革开放后才有联系。金陵寺乡还是个建筑之乡，十几个建筑公司，能工巧匠很多。改革开放后，也出了不少文人、新闻工作者，这些人对地方经济社会的发展起了积极的推动作用。到这里工作，近30岁的我，感到责任重大。由于出生在农村，担当一个乡镇的主要领导，真的怕干不好。带着一种压力、一种责任、一种情感，开始了我的乡镇之旅。在金陵寺乡四年多的时间，担任过近一年的副书记、乡长，近四年的乡党委书记。乡镇工作是上面千条线，下面一根针，麻雀虽小，五脏俱全，只要是老百姓的事没有不管的事。回忆这段时光，主要有以下八点记忆。

1. 以法治乡。1985年，我已在这里任乡党委书记。刚刚改革开放的农村，社会治安特别乱，偷盗成风，殴斗盛行，拦路抢劫时有发生，与外区接壤地方矛盾四起。社会上喊出的带有黑社会性质的团伙，有七只狼、八只豹、九只虎之说。党的路线方针政策在这里难贯彻，老百姓晚上不敢出门，小小的一个乡镇社会治安到了如此程度。作为乡党委政府应该高度重视，政法部门也应该担当好这个打击治理责任。刚担任乡党委书记的我，带着很多问题，开始走村串户大调访，几十个村，我用两个月的时间，骑自行车全部跑了一遍。在一个蒋庄村调研时，听说村支部房子被炸，支部书记蒋士福险些丢命。206国道大南庄段经常出现拦路抢劫问题。这样下去，怎么能行？如不进行打击治理，乡党委政府的公信力还有吗？老百姓还拿你当主心骨吗？作为最基层的一级党委政府，如果不作为，就是失职。如何治理这个乡镇，成为我一大心事。在调查研究的基础上，我已有了一个基本的治理设想，准备召开党委扩大会议研究此事。这个设想就是走法治道路，普法开路，打击并举，全面整治农村社会治安。提出了以法治乡的方案，采用"两手抓"，一手抓普法，一手抓打击。那时正是全国第一个普法教育时期。作为金陵寺乡，普法搞得有声有色，村村建立一个普法教育宣传栏，一条普法街，每周一次普法会，还开展法律进家庭，法律进课堂，法律进企业，法律进机关活动。同时，重拳打击"三强五霸"，攻破了所谓的七狼、八豹、九虎。对充当"保护伞"的村干部，采取免职措施，触犯法律的追究法律责任。通过这些措施，全乡的社会治安明显好转。在这期间，有人写黑信、告恶状，采取威胁手段向我施压，这些我都全然不顾，我有这个责任和义务把这个乡的社会治安搞好。不信邪，不躲避，彻底解决社会治安混乱问题，让老百姓放心，有安全感。严打持续了一年，普法坚持常年，干部群众的法治观念有了显著增强，乡党委政府的威信在老百姓中有显著提高。老百姓自发地到乡党委政府送感谢信，我作为这个乡的党委书记，也感到欣慰。这个乡由于以法治乡及普法教育抓得早、抓得好，成为全国、全省以法治乡、以法治县、以法治市的典型。开展以法治乡，也与全国提出的第一个五年普法和依法治国相一致。因为普法搞得好，我在全省普法会议上做了典型发言。那时，国家层面上制定的法律法规较少，普法主要是以宪法为核心，以各种法规条例为内容，当时叫"九法一条例"，现在国家层面的大法已有 400 多部。由于普法任务实施得好，在全乡广大农村起到了很好的作用，上级有关部门纷纷到这里总结经验。有的领导专程到金陵寺乡指导工作，来参观学习的外省市的乡镇也不少。当时的山东省省长李昌安同志到金陵寺乡专题调研，给予了高度评价。这个以法治乡的成果，还要归功于区委的正确领导，时任区委书记的李仲孚，对此高度重视，分管的同志也多次到乡指导。还有乡派出所、司法所、普法办的同志，也做了大量工作。他们在依法打击、以法治乡、普法教育上，奉献了智慧和心血。回忆这段经历，仍然热血沸腾，也很自豪，感到领导干部是老百姓的主心骨，我做到了。

2. 村村通电。我到这个乡镇工作时，只有乡驻地及附近的几个村通上了电。由于主电源是从江苏贾汪电厂到济宁韩庄变电所输出的，输的量很小，用电的这几个村也经常停电。没有电，怎样发展经济，农民的生产力和生活水平怎样提高。新中国成立多年了，老百姓仍然点着煤油灯，住着黑屋子。新中国成立初期讲给农民听的，点灯不用油，耕地不用牛，住的是楼上楼下，用的是电灯电话，这些当时的梦想到现在仍然是空想，晚上走到农村，一股寒酸涌上心头。普法教育时，我晚上到过几个村子，用的还是煤油灯，条件好的用的是煤油汽灯。屋子里黑洞洞的看不清字，也看不见脸。看到这种情况，深感压力，心想一定千方百计解决好农村用电问题。那年，把村村通电作为一项民心工程，拓宽路径，攻关转源，两年实现村村通电工程。这里讲的拓宽路径，是指"多条腿走路"，向市区供电部门争取支持，电线杆由市区供电部门提供，电线由乡办煤矿出资购买，挖坑出动农民义务工，多途径筹措资金。攻关转源是指由贾汪、韩庄电网供电转向枣庄电网供电。为了调整电网供电，我不知跑上级供电部门和电厂多少趟，最后得以实现。当时枣庄供电局局长朱宝玉同志给予了大力支持，峄城区供电局全力施工。拼搏了两年，终于实现了村村通电，这在峄城区是第一个村村通电的乡。有了电，极大地提高了劳动生产率，农民的生产生活条件得到了根本性改善。在村村通电的过程中，有几件记忆犹新的事情。一是领导干部必须干在前。这项村村通电工程，是举全乡之力干起来的，要求乡机关干部全部参加劳动，由我带队全部到施工现场，运送电线杆子。水泥电线杆又重又长，需八人抬，用绳系好，用杠子抬着走，送到已挖好的线杆窝。有一天，往毛山窝村送电线杆子的时候，有的同志把脚崴伤了，仍然坚持劳动。大家的精神状态特别好，乡机关和村级的干部群众干得都很好。确实是领导干部带了头，人民群众有劲头，与群众同吃、同干，老百姓有心里话敢给你说，也能及时了解下情。在这次共同劳动时，有一个黄庄的农民跟我说："刘书记，你解决用电问题，为咱老百姓办了好事，你还得给我们解决吃水问题。"因金陵寺乡处在山区丘陵地带，地下浅层水量少，多数村天旱时就没水吃，需到几里外的地方找水。没有电还能熬几天，没有水喝一天也不行。我说你说得很对，解决吃水问题确实很重要，但是不解决电的问题，水也不好解决啊。我还说，请你放心，乡党委政府一定会解决全乡老百姓的吃水问题，不解决吃水问题，我不会离开这个乡。二是老百姓要求迫切的问题不能拖。凡是关系老百姓生产生活的事情，要不等不靠，克服困难，创造条件抓紧干。金陵寺乡在解决电的问题上，就是主动拼搏干上去的。据市供电部门讲，实现全乡镇村村通电，在当时全市 85 处乡镇中走在前列，比一般乡镇提前了 3~5 年用上了电。按照常规去干，还得等几年，这在改革开放的初期，发展时不我待，争分夺秒，别说提前了 3~5 年，就是提前半年，经济社会事业的发展就无法估量。所以，主动与被动，干与不干，老百姓心里是有数的。经济发展电力先行，没有电，发展一切无从谈起。三是有了群众的支持，再大的困难都能克服。在解决全乡村村通电过程中，确实受了不少累，吃了不少苦，也有一些无奈和难过，超出了乡党委政府所承受的承建能力，如果背后没有群众的支持，是干不成的。通过这件事，证明有了群众的支持，没有克服不了的困难。

3. 开发水源。金陵寺乡是一个半山区、半平原的地方，从金陵寺乡到泥沟镇的路为界，东西辖长近 20 公里。路北是山区，路南是平原。从地质结构看，地下水虽然不是富水区，但是只要合理开发，搞好补源，解决群众吃水和浇地是没有问题的。我是自学地质的，对地下水源略知一二，做好开发水源这篇文章还是可以的。因此我对全乡地下水、地表水拦蓄情况进行了专题调研。在党委扩大会议上，提出了"三管齐下"解决老百姓吃水和灌溉问题的方案，即拦好地表水，开发地下水，引好微湖水，利用两年的时间打好开发水源这一仗。一是拦好地表水。把老天下在金陵寺乡的雨水蓄好，流到金陵寺乡的客水留住，实行了对河流的拦蓄。把山区的小水库修好，把两条河流拦好，把引湖灌渠建好。这三项工程，原来有些基础，20世纪六七十年代搞过建设，但是由于失修，利用率不高，微山湖水只提到古邵乡的潘庄站，向北没有开挖。要想用上湖水，需开挖引渠，从古邵乡到金陵寺乡的种庄，有5~6公里的距离需要开发建设。用湖水灌溉，需把引渠、斗渠、毛渠全部修好，才能有效用水，达到灌溉目的。这三项工程整整干了两年，才把拦蓄、截流、引水这些工程搞完。记得赶上了1987年秋旱，几万亩小麦等待种植，那已到秋分。按照山区种麦的时间，叫作白露早，寒露迟，秋分种麦正当时。这个时间农民已有些不安了，小麦种不好，来年没饭吃。对此党委政府决定，不能只靠天吃饭，老天不下雨，我们还得想办法。我在会议上讲，我们的引湖灌渠已建好，到了应该发挥作用的时候了，我们要早动手，争主动，快行动，坚决引好水，种好麦，保口粮。为此，成立了抗旱指挥部，我任总指挥，党委政府成员包段，机关人员包地块，统一吃住在沿渠各段，保证引来的水能用好，使几万亩小麦能种好。记得我在会上要求，大干半个月，确保全乡有麦面积50%得到浇地种植，剩余的利用机井、小水库的水抗旱种植。那一年，金陵寺乡的小麦种得最好，第二年小麦获得大丰收。百姓的饭碗保住了，国家公粮保住了，达到了上级满意、农民高兴。在解决好地表水利用的同时，开发地下水。我对全乡的地下水进行了全面普查，看地形，查资料，认为地下水是可以开发的。我安排水利站的同志到市、区请专家，来金陵寺乡一起会诊地下水。有的专家说，过去也来过这里，地下水不充足，打井成功率不高。也有的专家同意我的意见。他说刘书记讲得有道理，地下水在地质岩石结构不同，存在的形态也不一样，得拓宽思路来找水。在论证的基础上，我讲地下水的开发决心已定，除了用肉眼观察去找井位外，还要用仪表测量，确保成功。就这样，开发地下水，实行机井化，让全乡村村吃上自来水。这项工程，也是发动全乡的力量搞的。乡财政包打机井配套，村里负责水管主干道，每户负责自家的配套。我在会议上提出水利"三化"乡的目标，机房标准化（全乡机井房高度、色调统一），配套统一化（一村一户一表），管理一体化（全乡水价统一，管理机制统一）。这项工程是与其他水利工程同时进行的。仅两年的时间，全乡打机井122眼，不光解决了村村吃自来水问题，也解决了远水不解近渴的问题，基本实现了水利化灌溉，达到了旱能浇、涝能排，实现土地治理田园化种植。由于水利条件的改善，市农委、农业局将金陵寺乡定为种子基地，生产的小麦在当时比别的地方多卖一倍的钱（因卖的是种子），农民的收入明显增加。通过开发水源，金陵寺乡的生产条件得到明显改善，成为种子之乡、药材之乡、水果之乡。农业的发展，引起了市、区领导的关注，市农委领导吴茂彬、吴身修、张俊常等，市农业局专家刘汉章，多次到乡指导。金陵寺乡还成为全市水利建设先进乡、农业增效农民增收先进乡。

4. 大办工业。在改革开放初期，经济刚刚起步，物质短缺比较严重，市场是一个卖方市场，各级提出了大力发展乡村工业的要求。无工不富，无商不活，无农不稳，成为人们的共识。作为金陵寺乡如何发展经济，增加农民收入，是摆在乡党委政府面前的中心课题。所以，我提出了上工、活商、促农的工作思路。作为乡办工业，金陵寺乡有些基础，我接任的时候已有一个小煤井、建筑公司、农机站。如何在这个基础上加快发展，是我自己给自己加压的一个问题。为此，着手北上南下找项目，我带着经委主任赵长绪及煤矿矿长等，赴浙江、江苏、上海考察。那时候科技还不发达，上的工业项目都是粗老笨重的项目，对环保的要求也不高，不管什么项目，只要增加乡财政收入、增加农民收入就可上。记得抓了这样五个项目。

（1）再上一个煤井。在原来有一个煤井的基础上，形成两个煤井，达到生产 10 万吨煤炭的能力。在上这个新煤井时，困难不少，需要在资金、设备等方面用心筹划。那时开办煤矿的设备条件很差，安全系数小，开挖主井约需 120 米深，我每次去煤矿检查工作，都要到井下看一看。那时还没有提升罐笼，是坐着柳条编的筐下去的，坐这个东西，一筐需坐三人，一条腿在筐里，一条腿在筐外，在筐外的这条腿是三个人为了稳定筐子不转圈，形成三角稳定。这个井仅用半年时间开挖成功，巷道打开，煤质很好，热能大卡达到国家炼钢的要求。煤矿的上马，成了乡财政的"摇钱树"，除了完成税收外，每年上交乡财政工业利润达 300 万元，最高达 400 多万元，对提升乡的财力起到了很好的作用。

（2）扩大建筑公司。过去是独立的小公司，单打独斗，大工程不敢接，只是干点小工程，几个小公司都分布在枣庄城里，所有制也不很清楚，有点半公半私的现象。针对这种状况，我在党委扩大会上提出，清产核资，全面整顿，组建乡建筑总公司，设立分公司，建立一级法人管资产，二级法人管经营，向总公司上交"三费"（国有资产经营费，总公司的管理费，安全保障费）。重新组合后，充分调动了建筑公司上下干部职工的积极性，国有资产经营得到保值，总公司活动费用得到保证，建筑公司的利益及职工的工资得到落实。公司组建后，在枣庄市市立医院东侧，建了一座二层办公楼，一个大院，占地 26 亩，作为乡建筑公司的办公地。这样一来，找上门来的工程干不了，每年上交乡财政利润近100万元，金陵寺乡成为名副其实的建筑之乡。乡建筑公司总经理徐大伦、副总经理李荣庆同志发挥了很好的作用。

（3）利用荒山上砖厂。金陵寺乡206国道西侧有一块特殊的山体，上面是石灰岩山体，山根是红黏土，既不能种庄稼，也不能植树。山上光秃秃，山下无植被。市区领导也提出要求，要解决山上无树木、山下无项目问题。对此，决定山上栽植松柏树，山下搞机械制砖。这个项目我直接牵头抓，提出了项目、绿化一起上。记得为了上好砖厂项目，在人选上认真做了思考，将乡建筑公司的副总经理调任砖厂厂长。从盘窑到投产只用10个月的时间。此砖厂既不毁坏农田，又能整平造地，是一举多得的项目。这个项目每年上交乡财政利润11万元。荒山绿化，抓住了两季造林，用五年以上生长的松柏树苗搞绿化，一年全部完成，得到了市区领导的赞赏，认为金陵寺乡无论做什么，干一件成一件。

（4）发展农副产品加工企业，新上酿造加工厂。为了上好项目，先期进行考察论证。在区委书记李仲孚同志的引导下，我找到了菏泽市曹县沙土镇酿造总厂，这个酿造厂，是当时全国很有名的企业，人民日报、大众日报以"沙土地崛起"为题，大篇幅报道其成功事迹。经营这个企业的是山东省政协常委、菏泽市政协副主席李凡聪，是一位20世纪50年代从台湾返回大陆的人士。他在特殊的岁月里，跟外国专家学到了酿造技术，最有名的是特鲜酱油以及食品加工业。找到他之后，说明来的目的，想与其合作上项目。李凡聪老总当场答应，不投资，可以给技术支持。这对我来说是一件高兴的事，签了一份不收费的技术支持协议就回来了。接着召开党委扩大会，研究新项目上马一事。此项目由经委主任赵长绪同志负责，将在机关工作的一位同志调任该项目法人代表（厂长）。经过一年的建设，正式投产，生产的酱油很好，生产的醋质量达标，在枣庄、苏北地区销售很好，并拓展酱菜的加工。该企业带动了地方的养殖业、种植业，实现了乡财政增收、农民增收的"双增"效果。

（5）提升改造机械制造项目。将原来的农机厂进行彻底改建扩建，达到能生产制造深耕犁、播种机以及农机配件等的综合性企业。此项目进展也很顺利，形成了自行设计、自行制造、自行翻砂原件的较为完善的产业链。记得还有两个项目，已经外出考察多次，计划尽快开工建设，一个是用玉米加工生产阴离子淀粉、阳离子淀粉、强基淀粉项目，这些产品可用于飞机玻璃、造纸、制药等。另一个是负离子发生项目，这是北京科技大学的专利项目。这两个项目，土地、资金已准备到位，当时财政计划投资500万元，已留下300万元，贷款准备500

万元，共1000万元，相当于现在的2个亿。那时完全可以建起来，因为乡办工业，土地不用花钱，所用的建筑材料乡里基本都有。在计划开工的时候，我被区委调到另外的一个乡镇任党委书记了。总之，在金陵寺乡，乡办工业项目已达到15个。在抓好乡办工业的同时，还注重抓了村办工业，采取因地制宜，工农联体，着眼加工，促进致富，快奔小康，规划了10个专业村。如东高庙的草席加工，丁庄的药材瓜蒌加工，种庄的粮食流通，白庙村的烟叶种植，赵村的建筑专业村，吴加坡的工艺编织，黄庄的羊毛加工等。10个专业村特色明显，发展迅速，成为省市发展农村经济的典型。在这方面，我记得很深的有三件事。

一是厂农挂钩，减少中间销售、运输环节，实行农产品直通车，厂、农签订合同，如生产的羊毛由村服务社收好，厂家直接运购。这样农民多收入，厂家也降低了成本，消除了工农"剪刀差"。这件事成了省市关注的典型，总结出了好经验。李昌安省长专程到金陵寺乡的黄庄村调研，专门听取我的汇报。他认为"经验可全省推广，也是省里想解决的农村生产销售不畅、工业企业购销受阻的问题，你们走在前面了"。他还讲道"你们农村经济抓得很好，听说你们的以法治乡也不错啊"。

二是粮食运销。在20世纪80年代后期，曾一度出现了卖粮难。由于全国流通环节不畅，地方加工跟不上，农民生产的小麦、玉米多数滞留在家，有的发霉变质。农产品销售难，农民找政府上访解决问题。那时因农产品销售不畅，各地发生了不少事件。如苍山县蒜农生产的蒜薹卖不出去，县政府被砸。针对存在的这个问题，我发过愁，感到难，有压力，心想你是一乡的党委书记，是农民的主心骨，解决不好就是失职。对此我带着乡机关有关人员（村级工业办公室的同志）到苏、浙、沪调研，得出的结论是，南方的加工企业缺粮，北方农户有余粮。到底是怎么一回事。通过调研分析，找到了解决的办法，搭建流通平台，敞开粮食收购，调剂余缺，把粮食运到南方。我在会上讲，解决农民卖粮难问题，我们要作为一场战役去打，"瞄准浙、苏、沪，打过长江去，解决卖粮难"，充分发挥种庄专业村的作用，组建大的收购运销大户。其结果很好，全乡除了口粮外的余粮全部销完，并解决了峄城区南部10个乡镇卖粮难问题。种庄村成为全国闻名的粮食运销村。当时国家级新闻媒体、山东等地方媒体，给予多次报道。种庄村户户都成了万元户（当时是非常可观的）。

三是金陵寺乡成为枣庄市的中药材、烟草种植基地。以丁庄为基地的周边村庄，种植各类中药材20多种，是省市药材公司的长期种植基地。烟草也是这里的一大特色，市烟草公司赵波同志对金陵寺乡的烟草种植，给予了很大的支持，经常到乡指导种植。药材的种植和烟草的栽植，成为农民收入的主要来源，在实现小康的道路上，步伐明显加快。

5. 发展林果。我在前面说过，金陵寺乡的地质状况，北部主要是山区，土地瘠薄，靠天吃饭，每年一季地瓜或芝麻、谷子。如何攻破山区经济落后的现状，首要的是改变种植结构，实施山区林果开发。在调查研究的情况下，我在农业结构调整会上说："要在保护山林、耕地的基础上，实施林果开发计划，总的布局是东山柿子西山梨，中部大桃红了皮。"具体做法是，入冬搞会战工程，按山区落差整平，由全乡出动义务工建设。乡财政出资买树苗，乡林果站把关，叫作一季开花（春天的桃花）、四季见果（有四月香，五月脆，六月红，七月鲜，八月嫩，还有秋桃、冬桃），整个种植面积达到2万余亩。记得为了搞好这项工作，做了不少的思想工作，有的认为山岭薄地，种果树不行，弄不好劳民伤财。我在与一些同志交谈时说，花盆里可以栽花，为什么地上不能种果树，关键是我们怎么种，是粗种，还是细种。我告诉你我的种植要求，标准是：树坑长、宽、深，保证1米，回填新土及杂肥半米，上覆盖原土。必须达到这个标准，我相信一定会结出丰硕成果。我这个人对事认真，确定的事一定要有个结果。那年工作点（总支）的书记、村支部书记和我一起，都在工地上，我拿着卷尺量标准，督看任务完成情况。一直干到腊月二十九才算收工。干不好、干不完的不许收工，等乡政府发验收合格证才能结束。过春节后，到了植树时间，在全国的果科所，采购优质苗，实行统一栽植，发放技术明白纸，推行大户承包，政府统一政策，有承包户租用其他农户的土地。由于栽植的是三年嫁接树苗，有的当年开花，部分结果，两年后形成了规模，成为远近闻名的桃乡，206国道的桃花廊。第三年全部结果，上海果品公司、江苏果品公司、安徽果品公司主动找上门来，签订收购合同，每斤平均价格在1.2~1.5元，一亩地收入达到6000元左右，比种粮食多收入好几倍。这个地方也成了桃花盛开的地方。我的女儿刘苹刚上初一，班主任的家是金陵寺乡的，有一次他组织学校的初中学生去看桃花。班主任向学生们讲了栽植桃树的经过，说到了我。女儿回来很激动，说爸爸，金陵寺乡的老百姓都说你好，没有你就没有桃花园。女儿为有这个爸爸而自豪。听到女儿说，我也很高兴。什么叫幸福，把一件事干好了，老百姓赞赏就好、满意就好。在发展果树的同时，还大面积栽植杜仲（中药材），杜仲既是用材林，又是中药材，性温、主肾经，补肝肾，强筋骨，有降压作用，市场用量较大。把平原内沟渠路旁能栽植的都种上杜仲，还有簸箕柳，用来编工艺品，而且是专供外贸出口的条编工艺品。昔日的荒山沟坡、山岭薄地，如今变成了花果山、生态林、山区群众的"钱袋子""摇钱树"。

6.学校改貌。新中国成立已多年，乡村的教育设施仍很落后，黑屋子、土台子，上面露着天，下面泥土黏，90%的学校濒于危房。看到这种情况，我睡不着觉、吃不下饭，教育面临的困难太大，乡财政又拿不出多少钱。我想困难确实不小，但是不想法去克服，孩子们蹲在黑屋子上课，与我上小学时没有多大变化，看到这些心里不安。心想再穷不能穷孩子，再难不能难教育，一定在其他方面省一点，压缩乡里的各项开支，乡财政拿大头，村、户拿小头，采取科学布点，适当集中，方便就学，整体推进的办法，两年去掉黑屋子、土台子，实现全乡教育彻底改貌。与此同时，乡政府重点抓好中学和中心小学，其他管区（总支）抓好所在辖区的小学、中学。通过1986年、1987年两年的学校改貌，金陵寺乡的教育发生了翻天覆地的变化，中、小学生全部搬进了新的教室上课，老师的积极性倍增，教学质量大大提高，在峄城区全区的统考成绩名列前茅。

7.乡村道路。为了加快农村经济发展，对全乡路网进行规划建设，提出"三纵三横"乡管主干道，东西的"三纵"是：以金、泥公路为中心，北部、南部再规划建设两条主干路，一条是种庄、小南庄至朱庄的主干道，另一条是黄庄、赵村至东白山村的主干道。"三横"是：以206国道为中心，东西再各修一条主干道，一条是种庄、卜乐庄至黄庄的主干道，另一条是白山西、章庄至蒋庄的主干道，在原来的基础上进行加宽、整平、上沙，实行专人常年护理。各村都要把出村的路修通到主干道，达到汽车开得进、开得出，方便群众发家致富。修路是行善积德之事，更是党和政府对老百姓该做之事。但是好事干起来也有不少麻烦。记得在出动义务工时，有的村上工不好，我非常严肃地批评这名支部书记，我说你讲了不少客观原因，就是不在主观上找原因，如果你村拖了工，我就免你的职。最后这个村奋起直追，全部按时完成了任务。金陵寺乡利用三年的时间，实现了村村通汽车的乡村道路建设要求，也得到了市区的好评。

8.卫生建网。那时，老百姓有很多难事，吃水难，上学难，行路难，卖粮难，照明难，就医难，这"六难"是老百姓最急盼解决的。也是乡党委政府压力最大的事情。记得在完成用电、吃水、行路、卖粮、上学难以后，老百姓反映最多的是就医难问题。那时没有医保，也没有村级医疗网。社改乡、队改村之前，还有赤脚医生，改革过程中，原有的赤脚医生也没有了，解决农村看病难问题成为广大人民群众的盼望。我在农村长大，深知缺医少药的困苦，所以解决乡村就医难问题，是我义不容辞的责任。记得任乡党委书记的第三年，下决心解决这个难题，召集分管卫生的副乡长和乡医院院长、部分村的支部书记，召开座谈会，会议主题是建立全乡医疗网，达到小病不出村，大病不出乡，特病能及时外送的格局。同志们在发言中认为这是好事，乡医院王院长说，"刘书记来金陵寺乡三年了，好多难事都办了，这个就医难也能办到"。也有的认为缺医少药困难很大，药好办，医生不好办。七言八语讨论得很热烈。但是怎么办，还得我来说。这个难事，我们还得办，我常讲办法总比困难多，只要想办还是有办法的。我真的拍板了几件事。一是对原来的赤脚医生和中医进行摸底，由乡卫生院统一考试、登记、发证，乡里适当给予误工补贴。二是小村与大村合并设立，设在两村方便群众的地方。三是由村两委落实卫生室房子，乡里统一验收，合格颁证。四是组建农村卫生网建设管理领导小组，由乡政府分管的副乡长负责。时间仅半年，全乡建立了 20 个村级医疗室，基本解决了老百姓看病难问题。回想这个问题，真的费了不少劲。在筹办的过程中，我们向上求援，没人问你的事。卫生就医网建好后，老百姓称赞、社会认可后，有关部门过来总结经验，他们开始揽功了。记得我很生气地接待了他们，我说金陵寺乡没有做什么，也没有经验可总结，你们回去吧，我们需要的是少说多做、只做不说，做了点事是我们应该做的。如果你们想关心支持，就做点实事吧。最后金陵寺乡还是成为全市卫生事业的典型。

榴园投情

结束了金陵寺乡四年多的乡党委书记工作之后，根据工作需要，区委安排我再到另一处乡镇任党委书记。我的乡镇党委书记生活是相对比较长的。尽管干的时间长，但是没有任何怨言，没有找过组织谈自己的升迁问题。那时也有的同志进步很

任王庄乡党委书记

快，有人给我说，你就知道干、干、干，一般化的都提升了，干了近五年的书记了，还是去别的乡镇干书记，你也得去找找。我说顺其自然，得其安然，这个"官"就不小了，可能他们干得比我好，我还是任劳任怨地干吧。就这样根据组织的安排，我来到了当年曾留下脚印的地方石榴之乡且有郊区乡之称的王庄乡。这个乡镇相对金陵寺乡而言，农村经济比较活跃，乡办工业名声在外，其实是困难重重，下退到濒临破产的地步。因为这个乡镇与金陵寺乡是邻乡，内部情况早就知道。就经济现状与金陵寺乡现实比，是有差距的。我离开金陵寺乡时，乡办工业运行良好，村办工业起步上路，乡级财政富足，工农业贷款一分不欠。区级领导和外乡镇说，金陵寺乡过的是"富农日子，现在是地主"。乡财政金库一般情况保持300万元的基数，少了这个数，我就要召开财政收入运行分析会，确保乡财政运作良好。那么王庄乡曾是名声在外，其实难矣。我到王庄乡时，王庄乡已是一个经济衰退、财政亏空、负债累累的乡镇。到了这个乡后，我向乡直各部门了解情况，经委报数欠债4700万元（不包括贷款），财政所上报外欠数近1000万元，实际财政没有钱，当天的现金余额仅2.40元，我问财政所会计，工资怎么发，财政所的会计讲，有时两三个月发一次，还需要贷款，有时拖欠再说。财政所会计还给我说，乡财政一言难尽。还有一个是经管站的小额贷款，说不定也是一件麻烦事。就在这个情况下，我就任乡党委书记职务，履职情况有十件记忆深刻的事情。

1. 正本清源。王庄乡（现在的榴园镇）是半城半乡的地方，乡镇机关人员构成复杂，企业法人的关系纵横交错，拜把兄弟成风，整个乡是正气不足、邪气有余，发工资时一大片，干事时看不见。要想扭转这种局面，把这个乡镇的事业干好，就必须全面整顿。对此，我采取先调研、后决策的办法对待这个乡镇。我抽调三位同志（分管政法的副乡长，党委组织委员，经委主任）随我调研，利用集体座谈、分别谈话等形式，深入细致地摸透乡情。调研了一个多月，形成向党委、政府的汇报材料。在乡党委扩大会上通报有关情况。有的感到愕然，有的感到不奇怪，有的麻木不仁。看到这种情况，我才知道作为一个郊区乡，为何经济滑到如此程度。在这个会上，我提出"正本清源，全面整顿"，彻底扭转经济社会发展下滑现状。提出了"三整顿"，即思想作风整顿、经济秩序整顿、社会治安整顿，分三条战线开展。不整顿，就无法实施新的发展战略。大约从社会调查，清产核资，打击违法，建章立制，制定发展措施等，搞了两个月的时间，完成建章立制，经济普查，平安乡建设任务，效果非常明显。

在此基础上，制定乡镇干部工作日志、机关人员守则、财务收支规定等，全乡干部禁酒。在这期间，清退了不合格党员，完成了我的工作部署。

2. 生态榴园。我可能与石榴有着不解之缘，在区人大办公室工作时，就参与了石榴园的规划建设，几年之后又来到这个乡任党委书记。石榴在这个乡占到石榴园的一半，主要景点青檀寺就在这个乡，也是石榴园的东大门。我参与规划建设石榴园的温度还没降下来，就又来到这个乡。那么，进一步发展石榴，配合区里搞好榴园建设，需要站在全区及王庄乡经济社会发展大局去考量。要从发展经济的速度，富一方百姓的角度，文化生态的力度去谋划。按照发展生态农业的思路，对王庄乡石榴进行了重新规划，提出所有山区："青松戴帽，枫树缠腰，石榴压山脚。"1989 年的冬天，开展了修路、挖坑，做好栽植及山上绿化的准备。望山而行修筑了六条路，发展网格石榴生态林。实行榴、粮间作，达到互相促生的目的。要求石榴园区域的村庄，必须按照乡里的统一规划，按时、按质、按量完成任务。采取全乡总动员，分线、分片作战。有石榴的村庄，按规划要求在村完成任务。没有石榴的村，上山挖鱼鳞坑，做好栽树的准备（松柏可春、夏两季栽植，但是冬天必须备好树坑）。大干了两个冬天，利用两年全部完成了生态石榴网格的建设。到目前，王庄乡的石榴仍然在发挥经济社会作用。记得在搞这项工程中，也有记忆很深的三件事。

（1）消除拦路虎。在修建六条上山路时，其中有一条路遇到了麻烦，有一个富户在规划的路上建起房子，五间房用石刻的风摆柳青石，砌到了屋顶，还没有上盖。村里的支部书记到乡政府反映，说工作做不通。那天，我正准备去江苏南京考察工业项目。为了把此事解决好，我把王乡长、人大张主席叫到了我的办公室，安排尽快解决此事，两位答应很好，保证完成任务。我出差一个星期回来，没回家直接到乡政府，已是下午 5 点多了，这两位看到我出差回来，满脸不高兴。我心想我安排的事情肯定没干好。两人不好意思地说，刘书记，几条路基本竣工，还有一条没有完，只是因为那座房子拆不动。听后我真的很生气，把他们狠批了一顿。岁数大的张主席感到委屈，说你出差，我们天天去做工作，没做好你不能发这么大火，如果好干，你去试试。他这样一说我更生气，我说你可以不干了，歇着去吧，再不愿意可到区委报到去，我自己去解决。我转脸就走了。第二天，我骑着自行车到了被拆现场，把自行车放下，从工作包里拿了一支烟点着，把鞋子脱下来当作垫子坐。过了会儿，盖房子的有两个人过来与我说话，那时我刚去这个乡时间不长，多数老百姓还不认识我。我问这两个人，这是谁盖的房子，用了不少钱吧？这两个人回答花了不少钱。这个房子全墙是刻石砌成的，这在当时，至少需要几万元才能盖上。这两个人又说，他家杀猪，有钱，所以才盖得这么好。我说房子盖得不错，可是选错了地方，从大的方面说，山势不利，处在楚、汉两山之间，属于争霸之地。另一方面地下岩层结构不好，处于石灰岩、紫叶岩裂隙带及页岩混合处，稍微有地震，房子容易斑裂。还有房前一条路，似箭射房屋，以后有不祥之事，还是找专门懂地质的看看。说完我骑上自行车就走了。第二天乡土地建房办同志给我反映，影响修路的那户想通了，说遇见大师了，叫乡里给想办法找地基，拆迁费也不要。我说遇到什么人了，我也装不懂，那你们就按乡村规划给予妥善安排。就这么简单把事处理了。后来乡里这位人大主席说，还是书记有办法，不费吹灰之力就办好了。我说不是我的事，还是你们做工作起了作用。但是我给他们说了一个办法，解决这样的问题，要因人而异，对症下药，只要不违法，什么都是法，解决问题要动脑子，多想办法才行。

（2）特殊学习活动。组织全乡党员、团员搞奉献周，过党团生活，实行全天候出勤，中午自带午饭，上山挖树坑，中午休息学习。以各点总支、村党支部为学习活动组，把任务分到各村支部，统一上工时间，统一挖坑标准，统一验收把关，实际干了10天才把上山挖树坑的任务完成。这次活动确实收获不小，完成了冬季党员干部培训，将石榴园王庄乡境内的山头，全部挖完树坑，夏季到来时可以全部栽植上松柏，实现了我讲的青松戴帽、枫树缠腰、石榴压山脚的目标，也锻炼了党员干部能打硬仗的能力。在这次活动中，我也受到不少教育，也很感动。桃花村有一名女党员已近80岁，每天她都按时来到工地。她说，党的活动，我必须参加，虽然干不动重活，我可以给你们烧水，中午听听组织的声音。全乡2000多名党员，除极个别身体不好的，全部参加了活动。通过这次活动，对我是启发，从全乡党员身上看到了力量、希望。目前王庄乡面临的各种困难，没有什么了不起，只要乡党委有决心、信心，带领全乡党员干部脚踏实地干，天大的困难都能克服。

（3）石榴进家庭。为了配合搞生态石榴网格林建设，狠抓了庭院经济，开展了石榴进家庭活动。安排群团组织搞倡议书，每家不少于3棵石榴，作为各村庭院经济的考核任务。峄城这个地方原来就有家庭种植石榴的习惯，通过乡党委政府号召，群团组织倡议，村级具体实施，这项工作搞得很成功，成为全市庭院经济搞得比较好的乡镇之一。

3. 三转战略。王庄乡作为峄城区的一个郊区乡，半城半农的特点明显。如何发挥近郊优势，因地制宜搞发展，这是作为一名乡镇党委书记应该认真考虑的问题。再加上一些特殊的原因，乡境内的八里屯煤矿地下储量已挖完，须尽快下马，乡里工业没有了工业支柱，如何去发展这个乡的经济，从发展战略上必须厘清，按照一个既符合经济规律，又符合客观规律的要求，提出了王庄乡经济发展"三转战略"。一是乡办工业从地下转向地上，大上地表工业；二是农副产品及加工业由内转向外，跟紧国际市场发展外经贸，搞出口加工业；三是传统农业转向生态农业，发展三片特色经济，近郊村庄发展大棚菜，石榴园区域发展生态石榴，南部村庄发展干果。按照这个战略谋划，开始了全面实施。在工业方面，实施技术改造一批，新上一批。技改钢窗厂，由生产空腹钢窗改为生产实腹钢窗，扩建塑窗。技改淀粉厂，由单一生产普通淀粉改为生产阴离子淀粉、阳离子淀粉、强基淀粉、酰胺淀粉等。技改的企业，加上管理到位，很快形成规模。新上一批，新上了酒厂，经过考察调研，白酒市场很好，那时，是卖方市场，只要产品合格，不愁销售。我是学生物的，对生物发酵工业略知一二。所以我决定上个酒厂。当时有个说法：有了酒厂，乐了县长（因为酒的税收高）。通过召开乡党委扩大会议决定此事。选了一位姓刘的同志任厂长，过去他搞过饮料，搞这个酒厂没问题。按照当时办酒厂的申报程序，一周就办完了各项手续。那时的手续简单，一个工商营业执照、一个卫生许可证即可。酒厂的名字是我起的，叫"鲁南匡衡酒厂"。经过半年的筹备，1990 年秋季正式生产出了曲酒，定名为匡衡大曲、二曲等系列白酒。记得生产出白酒的那天，厂长请我去看一看，品品是否合格。我去了后，看了、品了很高兴，要求除了酒厂自己化验外，抓紧取样去上级有关部门化验各种成分是否合格。经过化验，各项指标完全合格，是很好的地方曲酒。化验有了结果，我又去现场办公，随意在便笺上写了四句打油诗："匡衡大曲不上头，活血散瘀解忧愁，玉碗端来琥珀光，宽心壮胆益友邦。"后来被这位厂长印到了大曲的商标上。我发现后问他，你怎么将随便写的几句话印到商标上呢？他说印上去酒好卖。就这样酒厂办起来了，市场销售很好，对税收做了很大贡献。这个酒厂在我离开两年后，由于多种原因，就倒闭了。上一个工业项目不容易，企业生存环境不好，自身管理不严，毁掉下马很快，验证了我说的：上一个工业项目，发展需要十年之功，下马就在一夜之间。新上出口包装厂。为更好地发展外贸出口加工业，外包装成为一个重要产业。那时的出口包装项目，需要省、市外经贸委审批，否则不准上。为了争取这个项目，我多次去驻青岛的省外经贸委，找基地产业处，原则上同意后，需省外经贸委领导签字。记得当时分管这项工作的第一副主任姓米（回族），去找他还带着峄城区委书记杜学平同志的手信，因为他们是大学的同学。到办公室找不到，打听家庭地址。我早晨 4 点钟就到了他家门口，因为是冬天，我穿着黄大衣倚靠在他家的门上睡着了。他早晨 6 点多起床后开门，我仰到了门里，他大吃一惊，说你怎么睡在我的门口。我说米主任，白天你工作忙，我到单位找你没有找到，只好到你家找。我把杜书记写给他的信交给他。他看后说，你到单位去吧，在基地产业处等候。我又到了省外经贸委基地产业处，等到上午近 10 点钟，他把基地产业处处长找去做了安排。11 点钟就拿到了批复，同意枣庄市峄城区王庄乡建设出口包装企业，生产出口产品标准包装箱，供给枣庄地区产品出口包装。那时还处在计划经济与市场经济的过渡期，计划性较强。枣庄地区外贸出口产品包装，只能用这个企业的包装箱。没有上级外经贸部门批准，其他地方不能上马这样的企业。对上马这个企业，记忆最深的是，市外经贸局查局长也很支持，但是他说，"市里同意去争取也没希望，省里不会给批的，其他区、市找了多次未办成，你去跑这个项目，我看是浪费时间"。这次去青岛跑项目，正好是省外经贸委召开各市外经贸局长会议。查局长住在青岛湛山宾馆，我也到这个宾馆住下。我在省外经贸委已拿到批复后，找查局长汇报此事。我说查局长，出口包装企业有门了，他说不可能，如果是真的批准，我也给你一定的资金支持。我说，您说话算数。我把批复拿给他看，他真的很吃惊，说你怎么搞下来的。我说你不要问怎样搞下来的，你得落实你刚才说的话。查局长真的在批复上签了字：此项目争取不容易，上马后对枣庄地区出口产品的包装起到重要作用，同意给资金扶持。那次在青岛湛山宾馆吃饭非常高兴，叫司机买酒助兴，几天的疲倦全部消除。为了上马这个项目，我又到广东肇庆考察设备，用了 9 个月时间，平整下马的煤矿，把企业办起来。企业规模、经济效益非常好，并解决了枣庄市出口产品没有包装的问题。新上宏达体育器械厂。改革开放后，人们对锻炼身体开始重视，各类体育器材的市场旺盛。我在调研的基础上，决定上马制造成套体育器材。因为这个乡有一定的基础，有几家加工杠铃的作坊。上马这个企业，也能带动他们的加工能力，扩大产量，形成产业群体。为了搞好这个企业，我到了青岛外贸金属器械出口公司，与他们谈合作上项目，两次谈判取得了一定的效果。商定对方只提供长期订单，不投资金。这种方式合作，对一个外贸出口企业，应该说也是不错的，起码是解决了市场问题。从青岛回来，就召开有关会议研究，确定集中人、财、物力上马该企业。这个企业也利用煤矿下马的旧房子改造，半年的时间开工生产。企业名字也是我给起的：宏达体育器械出口有限公司。该企业发展很快，生产的各种小型体育器械，出口形势很好，利润可观。两年后，美国外商找上门来合作，我又到青岛接待美国这家进口公司。老板姓关，美籍华人，还有一位吴秘书。意向收购该企业或者控股该企业。我当场表示同意，只要是外资，怎么合作都行。记得还搞了一个谈判纪要，作为备忘录。正式合同等外商到枣庄签订。外商回美国后过了一段时间，派秘书吴女士来到峄城区王庄乡找我。那时我刚刚调任峄城区委宣传部长，由于通信条件差，没有手机，座机她也不知道号码，只好问乡里的负责同志，乡里的同志因接待方法不妥，她请乡里的同志帮忙找我，乡里的同志说不好找。有一个人说，合作的事情找我，他已调走了。由于外商认人，不了解、不熟悉的人是不会合作的。就这样一个外资项目，因我调走的原因告吹。这个事后来我才知道。我想法与美国的关老板联系，通话后他说，你不在那个地方工作了，现在的人不熟悉，就不在那里投资了。这个合作事情的告吹，当时，与王庄乡有关同志的心态不正有关，接待这位吴女士，既不热情，又说了一些八两半斤不靠天、不着地的话。这位吴女士非常要强，她出生在美国，那位美国大老板是她的舅舅。这个项目她来打前站，实地考察，非常重要。因为她有着决定权，此事成也萧何，败也萧何。这位吴女士回美国后，就告吹了此事。后来他们投资到浙江，发展成为一个大型企业，生产成套体育器械，每年出口额 1 亿多美元。从这件事感悟到，项目的合作实际是人的合作，人是发展的重要条件，环境是发展的根本。到现在我还感到是个遗憾。加快发展玩具出口产业。王庄乡发展外贸加工业比较早，但是规模小，分布零散，多数是村里的小作坊。由于没有统一管理，质量、效益较差。为了适应对外开放的要求，加快发展劳动密集型出口加工业，乡党委决定，组建大型玩具加工企业——王庄乡玩具厂，实行龙头带产业的一条龙加工、收购、出口基地。当时对农村零散加工小企业，由一名党委委员具体分管。成立大型龙头企业后，乡党委决定，这位同志原则脱离乡党委分管的工作，专职任乡办企业玩具有限公司的法人代表。该企业组建后，发展很快，外贸订单多到完不成任务。国外市场越来越好，开始主要是美国、加拿大市场，后来欧洲市场全部打开，外商登门订货，上门找合作的很多。在众多外商中，决定与新加坡商人叶永顺先生合作，通过在青岛多次谈判，决定让出三分之一的股权与其合作，并且由他负责欧洲市场的开发，按照销售总额的 3% 提取市场开发费用。就这样合作成功。王庄乡的玩具厂成为枣庄市第一家中外合资企业。这个企业在发展的过程中，个别人为了达到自己的目的，设置了不少障碍。真的是"世上本无事，庸人自扰之"。不干事而乱搅事的人还真是存在。有个别人通过乡政府的亲信设置障碍没有成功，又采取了以下措施，将该企业收归区里所有，直到区政府发文我才知道。我拿文件去找区委的主要领导同志，问为什么，王庄乡在困境中刚刚起步，把一个中外合资企业拿走。区委主要领导听后，也一惊，他说不会的。我拿出区政府下发的文件给他看。他很生气。打电话问区政府的一位领导同志，也说不出一个所以然。因为当时国务院有文件规定，不准以任何理由无偿划拨乡办企业资产。我又拿文件到区政府，找到了主要领导问这是怎么回事。这位领导讲是分管同志定的，我未过问此事。我不想再逼问下去，政府文件没有主要领导签字，怎么发下去啊？我说这个文件怎么办，他说那作废吧。我当面将文件撕毁就走了。由于个别人的搅局，这个企业虽然未收到区里，但是企业内部出现了矛盾，特别是外商也趁机多事，与企业负责人自行决定再提高 3% 的市场开发费。那时我对乡办企业的管理很严格，除了正常经营管理放权外，对财务开支、资产管理、资金收入等，实行严格管理。乡政府建立审计机构，对所有企业进行年终审计，同时建立党委书记信息员制度，凡是有乡财政投入的地方，有一名书记信息员，随时向我报告。就玩具厂外商自行决定提高 3% 市场开发费一事，就是信息员汇报的。信息员讲，请书记抓紧制止，钱准备从中行拨出，完备手续后带走。我知道此事后，立即找到他们，讲明诚信原则，讲明法规政策，多拨出的钱立即交乡财政，否则依法办理。这位叶老板还算明白，将钱交还乡财政。除此之外，外界插手该企业的人较多，把这个企业搅得有点办不下去。为了办好这个企业，我召开好几次座谈会，把产生企业上划区的原因、内部矛盾搞清楚了。经乡党委政府研究，采取分而治之。将与外商合资的股本压缩 3：1，改为 3：1，抽出两位数，组建新的乡玩具厂，合资企业仍为老企业，合资公司的班子不动，抽出一名原副厂长任乡新玩具厂厂长。这样王庄乡有了两个玩具企业，通过这两个企业带动了全乡玩具产业的发展。

4. 保税仓库。因为玩具生产两头在外（原料进口、产品出口），缴纳的关税较多，企业负担重。当时中央为了加快发展外经贸，实行"两来一补"政策，各省也都采取了发展外贸的新措施。对设立保税仓库是个新事，我三次去青岛海关争取来的。当然设立保税仓库是有条件的（外经贸企业具备一定的规模，出口在 2000 万美元以上）。那时王庄乡的玩具出口远远超过这个数。建立这个保税仓库，确实对加快发展外贸加工型企业有好处。所谓保税，实际是改变了过去缴纳两次关税，变为一次，海关税按照进库和出库核算减免。比如，当时购桑塔纳汽车，从保税仓库购买，价格只有 7.8 万元，在市场买需 20 万元左右，可节约大量资金。又如玩具成本明显下降，下降了 30%。所以王庄乡的玩具企业在峄城区遍地开花，各乡镇布点，生产加工的产品统一到保税仓库通过商检，验收合格，直发青岛出口，还减少了很多环节。记得此事引起了枣庄市委、市政府的高度关注。市委主要领导两次到王庄乡调研，一次是专题调研保税仓库问题，一次是调研农村、农民奔小康问题。就保税仓库而言，说实话那时领导还没有接触到此事，概念还很模糊，所以在调研时问得比较详细，有的地方反复问。创办保税仓库，我接触比较早。为上好这个保税仓库，我反复研究中央、省关于加快发展外经贸的政策，到青岛、枣庄海关、商检等部门求助，请他们到王庄乡指导工作，支持上马保税仓库一事。这个保税仓库是枣庄市唯一的一家，对推动峄城区玩具加工业，起到了积极的作用。王庄乡的玩具真的成为经济方面的一大支柱，农民致富的重要来源。对这个保税仓库感悟有两点。

（1）抓发展首先是抓机遇。什么是机遇，机遇就是人与自然、人与社会、人与自身的最广泛的联系。邓小平同志讲，机遇存在于事物的矛盾中，机遇存在于事物的联系中，机遇存在于事物的变化中。机遇对任何人都是公平的，也是给有心人准备的，机遇不能丢失，也不可能找回。这个保税仓库，随着其他产业的发展，有的地方也要求上保税仓库，后来青岛海关、商检没有再批这样的保税仓库。

（2）抓发展需要服务平台。保税仓库不光是减少关税，更重要的是给当地所有的加工企业提供了一个政府服务平台，减少了很多麻烦，能够使企业放心、放手、放胆去干，消除了一些后顾之忧。特别是政府性服务平台，是解放生产力、发展生产力的关键。王庄乡工业经济经过三年多的奋斗，从困境中崛起，各项经济指标、年增幅均排在全市、全区乡镇前面。记得用了一道公式表明当时的情况，困境＋压力＝动力，再＋实干＝效果。王庄乡通过三年多的苦干、实干，经济社会发展又走上了快车道。

5. 小康路径。当时实施农村、农民奔小康，是经济社会发展的主题，各级都在探讨奔小康的措施办法。作为王庄乡，又是个城郊型乡镇，实施奔小康必须走在前面。为了确保奔小康有目标，有方向，有办法，有路径，我在调查研究的基础上，根据小康标准"恩格尔系数"16项以及上级的要求，结合本地实际，选定了六条途径奔小康，形成了奔小康的调研报告及王庄乡的整体实施方案。这在当时，应该说是走在全市前面的。省委、省政府在平度市召开奔小康研讨会，我作为乡镇书记层面代表发言。发言的题目是《拓宽六条途径奔小康》。六条途径是：拓宽发展庭院经济途径；拓宽发展山区生态农业途径；拓宽近郊"白色农业"途径；拓宽农产品加工工业途径；拓宽外贸加工途径；拓宽乡办工业返补农业途径；达到农业增效、农民增收的目的。同时提升精神文明指数，实现全面奔小康。在组织农民奔小康的过程中，有三点记忆深的事情。

（1）奔小康问题成为政界的热门话题。有的乡镇为争取开一个会，到处奔波，争取市、区的会议。我从省里开会回来，并没有去宣传此事，等市里的部署精神。市里是农口抓的，当时在平度市开会时，有关领导向我打招呼，你回去准备一下，市里的会能否在你那里开。我说这个会还是拖拖再开，等我实施的六项奔小康的措施有了效果，到那时开也不迟。我又说奔小康不能只喊不做，小康是靠实干出来的，不是空洞研讨出来的。这位领导同意我的意见。回来后，没有去研究会议问题，全部精力集中到抓发展上。正好有一天，团市委在古邵乡挂职的一位同志去找我，说他在乡镇挂职党委副书记，没有乡镇工作经验，询问如何去干，怎么能快出成绩。我说，你就抓奔小康，这是当前的主题。有一个会市里想在我这个乡镇开，我觉得还不成熟，你是否与你们乡镇党委书记商量一下，到市里争取在你们那里开，市委领导肯定很感兴趣，还会参加你们的会议。他回去后真的这样做了，两个月后，全市奔小康研讨暨现场会在这个乡镇召开，枣庄市委主要领导出席。这位挂职的同志也得到了枣庄市委的褒奖，认为是一位有思路、有能力的干部。

（2）科学制定小康考核标准。实现小康，有一个综合指标，约16项，三分之一是经济指标，三分之二是精神文明方面的指标。科学制定小康标准，关系到实事求是的思想路线，马克思主义真理标准就是实事求是，小康标准是以恩格尔系数为标准的，所以奔小康必须结合当地实际情况制定各项指标。当时，在全省乡镇这个层面，率先制定奔小康考核标准的，只有我任职的这个乡。我认为，任何工作有了计划，更要有标准，而且不抓考核指标落实是不行的，否则只是纸上谈兵、空洞议论，最后一无所获。因此，对六条路径，进行指标分解，计划到村、到户、到人，每年对指标及乡机关实行双1000分考核，把奔小康的任务作为乡党委政府的总抓手，既考核村级干部，也考核乡机关有关部门的干部，把全乡机关、村干部捆在一起，一个目标，一个抓手，团结一致，一门心思奔小康。我组织制定的这个考核办法，得到了省、市的认可，并被推广到全省各地市、县、乡镇，来乡学习取经的不少。就如何考核小康目标的实施，我经过探讨，找到了可行的办法，实施的效果也非常明显。所以又到省里召开的会议上做大会发言。

（3）奔小康成为经济社会发展的主题。当时的局面是各级领导干部抓小康，农民齐心协力奔小康。我工作的王庄乡也是如此，成为省、市的好典型。王庄乡通过三年的努力，奔小康的效果非常明显，农村的面貌得到改观。对农村经济实行统一规划，统一治理，实现了北鲜果（石榴）、南干果（板栗）、东菜、西粮的格局，达到了林成网、田成方、蔬菜兴、道路畅、林茂粮丰、五业兴旺的可喜局面。农业设施得到很大改善，农村面貌发生了大的变化。按照小康要求，从治理脏、乱、差开始，每村一条文明街，家家争当十星级文明户，农村呈现出一派繁荣发展的生机，也荡漾着文明的春风。农民收入普遍提升，王庄乡在实施奔小康的过程中，连续三年经济社会发展指标排峄城区之首，拿下了三个第一的奖牌：农民增收第一，乡财政税收第一，工业利润增幅第一，成为远近闻名、从困境中崛起的乡镇。从奔小康使我体会到，天下事以实则活，不实则乱，实事求是才能成功。

6. 蓄水补源。王庄乡是地下水棠阴盆地的出水口，地下水比较丰富，十里泉电厂的用水井就坐落在这里。前面已提到因抽水引发的农工矛盾。由于十里泉电厂常年用水，这里的水位下降、地表下沉、房屋斑裂，已影响到王庄乡的经济社会发展，特别是"三农"问题。为了解决好用水与补源的矛盾，乡党委政府决定用三年的时间，解决好这个问题。采取南蓄、东引、中拦措施，补充地下水。南蓄，就是抓好南刘庄水库扩容，由原来的不足小二型扩到二型，保持常年有一定的库容量。东引，就是将峄城大河水实行二级提水，既解决了补源，又解决了近郊农业（蔬菜）的用水问题。中拦，就是将王庄以南的河，建闸蓄水，起到补源和中部村庄用水问题。三项补水源工程，干了三年，区、乡、村多方投资，达到了预期目的。地表下沉得到控制，房屋斑裂有所好转，水位下降得到遏制，且有明显回升。广大群众认为，乡党委政府干的是实事、好事。认为多年老百姓就有期盼、有要求，但是乡里没有行动，今天终于完成了。三项工程完成后，为了管理好、使用好，组织了村级干部、乡人大代表观看工程，让他们受鼓舞、提建议，还讨论制定了《水利工程管理意见》，这三项补源工程在王庄乡经济社会事业中，起到了基础性作用。我体会最深的有以下三点。

（1）水利需要上下重视。兴修水利是从古代就有的，历朝历代都是这样做的，从大禹治水到开挖运河，到人造天河（红旗渠），再到三峡大坝、南水北调等，都是利国利民的工程。但是，中国的"三农"问题，是我们党一直关心的根本问题，农业的发展水是根本问题，水的治理光靠"小打小闹"是不够的，必须明确省、市、县、乡镇的责任，统一规划，分步实施，常年抓，抓常年，把水利建设纳入国民经济总体规划，建立科学的投资体系，不断地改变农业基础薄弱问题。同时建立水利设施投入台账，严管资金投入，实行投入与施工分开，确保工程质量，使投入发挥更大效能。

（2）水利需要开源节流并重。水是生命之源，我国又是淡水缺乏的国家，必须高度重视水的管理，既要扩大水源，利用好天上的水、节约地下的水，又要科学开发，解决好浪费水资源问题，控制住大项的浪费和小项的跑、冒、滴、漏，同时进一步加大对国民的教育，做到节约用水、科学用水。

（3）水利需要管、用并举。要根据经济社会发展情况，制订科学的用水方案，要"管"字为先，用在其中，管而不死，活而不乱，充分发挥水的最大效能，更好为人类服务。任何事物都有它的两面性。水既是利，又是害。从宏观上看，要把水治好，变害为利。从微观上看，要把水用好，变害为宝。如污水的处理再利用等。要从节约用水的角度去管、去用，达到管、用结合，把水运用到经济社会发展中去，为人类进步做出更大的贡献。

7. 优先教育。按照邓小平同志提出的"教育要面向世界，面向未来，面向四个现代化"的要求，决定对全乡教育现状进行评估，并制定符合新时代要求的教育发展规划。因为王庄乡是个郊区乡，对教育有依赖思想，把孩子送到区直学校，所以对教育的投资欠账很大，小学分布不合理，改貌还没有完成任务，中学破烂不堪，成人教育落后。面对这种状况，王庄乡的教育不能等，不能靠，不能拖，要优先发展。所以我在一次会议上讲，教育必须放在优先位置去抓，我们不能欠教育的账，不能欠孩子们的账，更不能欠老百姓的账。大家要记住，我们在以经济建设为中心的前提下，坚持一手抓经济，一手抓教育，今天的普通教育是后十年的经济（实际培养生产力），今天的成人教育是明天的经济（成人教育随时见效），要牢牢抓住三项任务，即普通教育抓升级，成人教育抓普及，教育设施抓改造。我到这个乡镇后，骑着自行车跑遍了全乡的中小学校。小学需改建，中学需要新建，一次支出需要不少钱。面对这个问题，不干不行，干慢了也不行，只好背水一战，举全乡之力，要把中小学校建设好。采取乡财政拿大头，村级拿小头，部分建材（砖、门窗）由乡镇企业出（在税后利润中列支）的办法。就这样干了一年，才把中小学建设改造完。那时，我记得在会议上提出对教育要搞一次革命，使王庄乡教育彻底翻身。实行"三个同步"，要与先进地区同步，要与区直教育同步，要与中央的要求同步。把城郊型教育办出特色，吸引更多的志士仁人到王庄乡从业、从教、从学。三个同步的任务得到了很好的落实，全乡校舍得到彻底改造，中小学全部搬到了宽敞明亮、合乎标准的教室中。普通教育抓升级。按照国家标准，主要是完成教学设备、教师配备、教师待遇等，对没有达到国家要求的情况，全部达标。在中小学达标问题上，乡里是舍得投资的，我找到当时的乡教育组长王真云，问中小学教育达标共需投入多少钱才能完成。他说欠账很多，需要不少钱。我说无论多少钱，只要开支正确，用到实处，实现教育达标，这个钱花多少都拿。他精神一振，说过去我们都不敢想，你还亲自来找我们，王庄乡的教育有救了，孩子们有希望了。这项任务经过一年多的努力，全部完成，并邀请市、区教育部门检查验收。区教育局长李明玺看后非常高兴，讲没有想到，了不起，上得快，干得好。一些专业人员也都给了很高的评价。成人教育抓普及。为了更好地提高国民素质，适应改革开放新要求，与经济发展、社会进步相适应，把成人教育摆到了乡党委政府的议事日程，决定建立成人教育中心，将乡党校、普法学校合并。记得做了三件事。

（1）选址改造学校。由于土地、资金、时间等原因，先利用原来一家乡办工业的房子改造，作为成人教育中心，那里的房子、土地很宽敞，处在一个静地，比较适合搞教育。经过半年的改造，一个容纳六个班级的成人教育中心建成并投入使用。

（2）围绕三个方面开展教育。为乡办企业先期培养人才，时间三个月至半年；围绕农业科学种植培养人才，主要是针对性地开展农业方面的知识教育，时间7~10天；围绕党的路线方针政策的贯彻，培养全乡的党员干部、党支部成员、村委成员、乡人大代表、计生专干及工、青、妇群团干部，还有党员冬训等。按照时间，科学安排，常年开班。对这个成人教育中心，我非常看重，这里是思想政治工作的传播地，这里是农村农业农民精神文明的提升地，这里是乡办工业技术工人的培训地，这里是乡村干部自我教育的阵地，对建设社会主义新农村，特别是"三治工作"（治贫、治愚、治脏）起到了基础性作用。

（3）"逼着"乡党委政府成员当教师。领导干部就是要先学一步，前干一步，讲给别人听，带着别人干，实际逼着领导干部学政治、学技术、学法律，分管什么必须熟知什么。过去有的认为，乡镇没事干，忙的是主要领导，凡事都要叫主要领导干部讲。这样一来，谁分管谁讲、谁负责。由一人忙变为大家忙，都有事干，形成了共同干事业的局面。无事生非的少了，主动干事的多了。在我任乡镇党委书记时，尝到了成人教育的甜头，感受到了它的好处。

8. 户籍改革。王庄乡是一个半城半农的乡镇，人群住居结构复杂，在居住人口中，有三分之一的是外来户、空挂户，户与人不统一，给经济社会发展规划制定，以及乡党委政府决策造成影响，特别是计划生育、社会福利保障很难开展，也给社会治安带来麻烦，治安案件、刑事案件时有发生。针对这种户籍状况，我与公安的同志做了较长时间的研究和探讨。当时的户籍结构有非农业户口、地方非农业（山东地方）、农村户口、外来户口，多、乱、杂的现象特别突出。我在调研的基础上，提出了"农村户口城市化管理"的方案。当时农村没有完整的户籍档案，有的村级根本就没有户口档案，公安派出所还没有全部管理起来，形成了多头管理的局面。针对这种状况，召开党委扩大会统一思想认识，尽快实施改革。我记得召开了全乡户籍改革动员会议，我在会上提出"加快改革，全面整顿，订本立卡，完善档案，实行农村户口城市化管理"的要求，并组建专门领导小组，我任组长，有关部门的同志参加。经过半年的整顿，全乡户籍管理全部统一。这项工作的开展，成为全国的典型，来学习的人特别多，尤其是公安系统。枣庄市公安系统在王庄乡召开现场会，我在会上做了经验介绍，一时各地仿照去做。这项工作的开展，我记得起到了三个方面的作用。

（1）农民有了户口簿，农民自己感到比较踏实，是有户口的人，同时认为上级政府对他（她）的重视，政府的公信度提升。

（2）社会人群的现状清晰度透明了，管理起来比较容易。特别是社会治安、计划生育人员状况，一目了然。

（3）乡党委政府在制定五年规划、年度发展计划方面，有了可靠的数据，规划比较科学、真实，社会乱象得到了有效控制，建立了一个良好社会秩序。在这项工作开展的过程中，乡派出所发挥了很好作用，有的干警（特别是一位姓刘的干警）为完成乡党委政府交给的任务，加班加点，吃住在办公室，为农村户口城市化管理做出了积极贡献。

9. 政法开路。刚刚改革开放，社会治安出现了一些问题。王庄乡作为城郊型的乡镇，治安案件、刑事案件有所抬头。为了加大打击力度，保卫改革开放的新成果，必须把政法工作提到重要位置。那时政法队伍不健全，人数少，经费少，警械少，"三少"问题影响到政法队伍建设，也直接影响到社会稳定。面对这种状况，党委召开会议，听取政法几所（派出所、司法所、检察室）的汇报，认真研究政法工作面临的新形势、新任务。对此，党委必须加强对政法工作的领导。在这个会上，我还提出"三舍得"思路，就是对政法系统舍得拿人——对几所充实协警，公安20人，司法5人，检察室5人，由乡政府统一发放工资。舍得拿钱——对经费不足问题，乡财政追加预算，确保政法办公经费有保障。舍得拿物——对办公场所不好的进行改建，达到办公要求，对一些必备警械全部配齐，并把"三舍得"纳入每年的财政预算。这项工作得到了很好落实，政法队伍的精神面貌有了大的改观，广大政法干警的积极性被充分调动，社会治安明显好转，一个稳定的社会、和谐的社会呈现在人们面前。随之而来的，"三舍得"政法工作做法不胫而走，这项工作成为全区、全省、全国的好典型，被枣庄市公安局作为公安工作的抓手，在全市推广。后来枣庄的经验被省里认可，并推广到全国。那时，全国各地的人来王庄乡学习政法"三舍得"工作。说实话，好的典型也不易当，很多时间要花在迎来送往上。较集中接待来学习的人有一年时间，那一段时间，有三分之一的时间得去干这事。这项工作，对我印象最深的有以下三点。

一是开始决策政法"三舍得"，党委的同志意见不一致。有的认为，目前乡财政紧张，对政法投入太大，花钱太多，能否拖一拖或者少投点等。我说，我们要算大账，看全面，不投入是换不来稳定的，这个投入就是花钱买平安，社会不稳定出了事，有钱你也花不出去。最后同志们还是维护了这个大局。这里我想说的，不管什么工作，有不同的意见是好事，不是坏事，对自己拍板是个提醒，在会上说比在会下说好，这也是党性的体现。

二是政法干警的精、气、神是稳定社会的砝码。我非常重视社会稳定工作，我认为不稳定什么事情都干不成。谁来维护稳定，首要的是政法干警，干警的积极性调动不起来，何谈社会稳定，所以政法干警是稳定社会的基石。稳定压倒一切，这是一条真理。那么社会稳定需要政法干警的付出。作为党委政府必须关心政法队伍建设，充分调动政法干警的积极性。在这件事上，我的体会是，多一分关心，就少一分担心，党委政府就是要给他们创造环境当后盾，让他们放心、放手去做社会稳定工作。

三是老百姓认可就好。我在乡镇工作，到农村去从未坐过汽车，都是骑自行车，与老百姓说话没距离、好接近。乡里开过会后，我多数时间在农村，在企业。听到老百姓的声音多，他们所盼所求，我心里都知道。对政法工作"三舍得"的投入，老百姓也叫好，因为老百姓也需要一个稳定的社会。当时，离城近的几个村，社会治安非常混乱，把比较乱的村实行专项治理常态化，政法干警帮包，从根上解决治安问题，这几个村都由乱到治，后来成为社会稳定的好村。

10.党建保障。中国共产党是长期执政的政党，党的建设必须时刻抓在手上。一个地方能不能搞好，经济社会发展得快慢，老百姓的幸福指数能否提升，关键在党。党是开路先锋，党是老百姓的主心骨。所作所为老百姓看在眼里，记在心上。党的根在群众，血脉来自百姓。作为乡镇基层党委，更要把党的建设抓好，这是做好各项工作的保障。我从先后担任两个乡镇党委书记体会到，不抓党建就是失职或者说是不称职。我在抓党建方面有五点体会。

一是要抓教育。在我的工作中，占用很多时间来研究党建，每次制订教育方案，都是根据广大党员的思想状况，针对性地开展教育。由于通过摸底排查，了解党员的思想、工作、生活方面的所思所想，掌握的是第一手资料，做到了有的放矢，教育效果就显得特别好。着眼于理论灌输，把党的基本理论、基本路线、基本方略，灌输到广大党员中去，让他们晓知党性，了解政策，带动群众。要着眼对党员中存在倾向性问题的教育，根据排查情况，用党性对号问题，开办专题，把问题解决在萌芽状态。我记得当时有一种倾向，反映党员参加会议没报酬。就这个倾向性问题，我在乡党校冬季培训班上，专讲了一课。党员奉献是职责，我们党的宗旨是全心全意为人民服务。我在讲话中问道，早期参加革命的党员，有什么报酬？社会主义建设时期的英雄们要报酬了吗？入党为什么，在位干什么，身后留什么。就因这个问题，我在前面说到了，冬天上山挖树坑，搞党员奉献日，其目的就是加强党性锻炼。抓不抓党的教育是不一样的，对党员长期不教育，会出现思想滑坡、纪律松弛、作风涣散，干好各项工作就没有保障。

二是要抓班子。党的建设好不好，关键在领导。农村有句话："村看村，户看户，党员看支部。"党支部往哪领，群众往哪跟。农村党支部能否成为一个战斗堡垒，这是党建工作的重点。还有一句话："有落后的干部，没有落后的群众。"意思是干部带好头，群众有劲头。对此，我建议党委每年对各工作点总支、村干部，进行考核评价，评出一、二、三类班子。一类班子表彰奖励，二类班子敦促提升，三类班子批评调换。使基层党支部有干头、有压力，干好受褒奖，干差了就自动辞职，不能做太平官，干好、干差一个样。作为党委书记，一定要把抓班子带队伍放在心上。那时除了按照程序对工作点、村级班子考核外，每年我都会就村级班子建设问题，走到所有村进行调研，做到对村级班子成员有所了解。特别是对后备干部的培养做到心中有数，备而用之。需要调整使用时，与组织考核意见相对接，形成党委的调整意见。记得有一个村党支部书记，未完成乡党委部署的任务，受到批评闹情绪，辞职不干，其实是刁难党委，并不是不想干。本来对这个村的班子就有调整之意，这位同志不干正好，乡党委同意他辞职，并让一位后备干部（支部成员）担任村支部书记。辞职的这位同志后来找到我，痛哭流涕，说接受组织的批评，不想全退。我说还是支持年轻人干吧，早晚都得退休，大小官都不会干一辈子，你记住一句话："得一官不荣，失一官不辱"，请你用老百姓的心态对待一切，你不干了，党委也不会忘记你，党委已研究过，你的事情按照村级干部正式退休待遇执行。这位同志也愉快地退休了。

三是要抓活动。党的建设要把党内的各项活动抓在手上，特别是"三会一课"制度，要执行好、活动好。党员长期不参加活动，不参加学习，不过组织生活，不参加有关的会议，就不了解党的主张和意图，就没法去执行党的决议。不活动，党员感到离组织远了，甚至认为党组织忘了自己，容易产生党员与组织的距离感。根据王庄乡党建基本状况，我提出了开展党建活动方案的要求。

（1）村村建立党员活动室。为了建好党员活动室，对所有的行政村我到现场检查落实，必须按照要求去搞，规范活动室内的"三上墙、五要有"。三上墙是：党支部议事规则上墙，支部年度的工作任务上墙，党建活动内容及党员状况上墙。五要有：要有各类党刊党报，要有党员活动档案及档案橱柜，要有活动的桌椅板凳，要有"三会一课"活动记录，要有专人管理。村村办起党员活动室，广大党员感到有了自己的家，有的老党员说组织还想着咱们。为了办好这个活动室，我在大会上讲过，一定要把党员之家办好，党员没有活动的地方不行。通过党员活动室，村党支部的号召力、战斗力、团结的氛围大大提升，各项工作的开展非常顺畅。

（2）为全乡每位党员建立事迹登记簿。入党后为党做了些什么事情，要长期保存。这本事迹登记簿的建立，激发了广大党员为党、为人民做事的积极性。壕沟村有一位70多岁的老党员，党的活动从来不缺一次，每次活动他都参加。我问他，你这么大岁数了怎么还来？他说不来就没法填写事迹登记簿啊，不能写空吧。我听了很受感动。我想小小的一本事迹登记簿，广大党员这样关心，有些事情不能怨党员不做，是我们党组织没有组织引导好。广大农村党员对党是忠诚的，也愿意做事，关键是组织分配不分配任务。这本事迹登记簿，之所以引起广大党员的重视，还与年终开展的优秀党员评选有关。乡党委在年底开展优秀党员评比时，把党员事迹登记情况作为重要参考。因此，事迹登记簿促进了党员的自我修养、自我教育、自我觉悟。

（3）为全乡党员建信息卡。这项工作由乡党委组织科负责，一名副书记分管，一村一簿一员一卡，乡里统一建立档案室（那时没有微机、网络），乡党委随时掌握每位党员情况，党要管党就要把党员信息建立起来。开始有的认为这是小事，太麻烦。我说，"我问你，干什么不麻烦，吃饭不麻烦吗？这是党的工作，怕麻烦什么事都干不成。看起来是小事，其实是大事，往往小事做不好，怎么去做大事"。我还说，就如打扫卫生一样，欲扫全球，要先扫其屋啊。后来这些同志实际工作做得很好，在做这项工作的过程中受到了教育，看到了好处。

（4）一本意见簿。作为党的组织，不能只要求党员做什么，还要善于听取他们的意见，他们的所思、所想都要记在意见簿上，到了"三会一课"时，对广大党员的意见看后分级梳理，哪些是村级的，哪些是对乡党委政府的，实行下级意见上达，不设卡、不截留。他们有话敢向组织说，有事敢对组织讲，每年我都听到几百条意见和建议。记得有一条意见，来自乡东部靠峄城大沙河几个村的党员，反映乡里引水补源时把水引到了其他的村，这几个村没有水用，看着沙河的水却种的是旱田等。反映的意见属实，因为乡里投资把主干渠修好，村里没有引出毛渠，所以有水没法浇。针对反映的问题，我到现场又调研了一次。对反映的问题要解决。乡里采取补助方式，由村里负责修好毛渠，采取先由村里修建，乡水利站验收合格后，有乡财政拨款补助。这件事，峄城大沙河沿岸的几个村的群众反映很好，认为有建议和意见向本村的党员反映就可。他们有了个意见簿，打通了解决问题的途径，开展活动时，有事能够及时向乡党委反映，党委解决问题的时间和进程得到加快。群众把党员作为自己的代言人，这样一来进一步密切了党群关系，党员也认为，自己在群众中有威信，党员的作用也得到发挥。同时反映，意见簿比每村设意见箱要好，意见簿上可以写长，也可写短，各类意见都可写，在要求上主要写对本乡本村经济社会发展方面的意见。这本意见簿的设立，我看到了好处，不光能听到广大党员的意见和建议，给乡党委决策提供依据，还能培养广大党员的党性观念，确实是基层抓党建的好办法。

（5）每位党员一份报纸。为了加强党建的覆盖面，充分发挥广大党员参加党的活动的积极性，党委决定压缩其他非党报党刊，把有限的资金用于党报征订上。由乡财政出钱，给全乡所有党员订一份枣庄日报，把这份党报作为党组织联系广大党员的纽带。广大党员对这份报纸看得很重，认为这是一个政治待遇，有了这份党报，自己觉得自己是位党员，不能混成一般老百姓。我到村调研的时候，党员们主动找我表示感谢说，乡党委还想着我们，我们一定严格要求自己，入党时怎么说的，现在就怎么干。听后，我作为一名乡党委书记很感动，组织上的一点关心，党员们都感到很温暖。所以领导干部要有人情味，要用党心换民心。王庄乡的党建我提出"抓常、抓实、抓新"，也就对"五个一"要求，在时间上经常抓，在内容上抓落实，在工作抓法上不断创新。转变思维方式，找准发力点，促使各项工作取得实实在在的效果。到王庄乡任职的三年多，把党建工作作为推进各项工作的保障，从没有间断过。几年的时间，王庄乡经济在困境中崛起，社会事业在逆境中发展，各项指标的增幅都在30%~50%，快速增长，这些都得益于党建。同时王庄乡的党建也得到市、区及组织部门的认可，市委组织部跟踪调研，时任市委组织部常务副部长的王伟才同志，多次到王庄乡指导党建工作，并召开党建现场会。峄城区全面推广王庄乡的党建经验。

四是要抓制度。刚到王庄乡时，没有什么制度可言，各自为政，各行其是，谁都说了算，真有了事没有人说了算。当时，7点开会8点到，9点晚不了听报告。村支部书记开会，想来就来，想走就走。会开见见面，会中看不见，中午一顿酒，睡醒往家走。仁兄八弟，成群成伙，正气不足，邪气有余。机关干部牵狗上班，个别党委成员喝酒成性。是个工作无秩序，办事无规章，行为无纪律的单位。这怎么能带领群众奔小康。乡镇党委政府的威望在哪里。针对这种情况，在整顿的基础上，从制度入手，用制度管人、管事。我记得首先从党委政府开始建立制度，抓了党委的决策程序、议事规则制度，建立了党委政府成员守则，明确"六不准三要做"。"六不准"是按照党章和党员标准制定的，"三要做"即要做勤政为民的好干部，又要做无私奉献的好党员，还要做守法奉公的好公民，要求乡级领导干部必须维护改革发展大局，全心全意把精力投入到党和人民的事业中去。其次抓机关干部的管理制度、工作制度，确定了"三上墙"制度，即单位本年度的目标任务上墙，每位工作人员的职责上墙，工作人员守则上墙（机关统一制定），让单位主要负责人走进办公室，明白一年的任务目标是什么，每位工作人员走进办公室知道自己是干什么的，同时晓知哪些该干，哪些不该干，使领导干部及乡机关全体人员置于各项规章制度的管理之中。再次，抓了工作点及各村党支部、村委会的制度建设，全乡统一内容、统一制作匾牌、统一格式上墙。通过抓制度建设，从无秩序走向有规范，从各自为政走向民主集中制，从各行其是走向按程序办事。

五是要抓整顿。我记忆很深的有，搞"三个整顿"，整顿会风，整顿上下班秩序，整顿机关乱吃乱喝，党委办公室专门下发《三个整顿的意见》文件，提出统一要求。首先整顿会风。我安排办公室的同志在会场上设迟到席，放在会场第一排的位置，不像过去开会来晚到后面找个地方坐下就行，还想走就走。在这件事上，我要求党委政府成员要作表率，严肃会议纪律，按点开会。为什么要抓会风，因为过去开农村支部书记会，从来没有到齐过，有的想来就来、想走就走。并且还有一位特殊的支部书记，很少听招呼，工作作风散漫，上午8点开会，他10点以后到会，走进会场，给邻座打个招呼，坐几分钟就走，到乡机关单位去聊天，中午找点酒喝，有时还发酒疯。就这样的会风不整顿，怎么能谈得上干事创业。为整顿会风，搞了开会的"五禁止"：禁止晚到，禁止开会时交谈，禁止开会早退，禁止开会不记录，禁止会场吸烟。通过两次会议，会风大变。对个别村支部书记，我亲自找其谈话，提出要求。并设立了会风监督员。从此，大小会议开得很好。其次抓上下班秩序的整顿。按照机关统一规定，实行早晨上班到会议室统一点名，每天有一位党委政府成员主持，并安排当日工作。对上班下班做了统一要求，有事实行请假条制度，请假条是上下联，办公室统一保存登记，留有备案存根，自己拿下联找分管领导签字有效。在上下班问题上，也有一位特殊人物，学历很高，岁数较大，但纪律性很差，上班时有三分之二晚到，还要牵着狼狗，因为有关系背景，所以没有人敢管，自以为是，放任自流。我知道此事后，亲自找他谈话，"你为什么不好好上班，拿着工资不干事怎么能行。过去的就过去了，不再追究，从今以后一定严格要求自己，不准上班牵狗，不准晚到早走，再违背机关规章制度，一定要处理"。这位同志以后没有再犯毛病，而且工作也好了。再次是整顿乱吃乱喝。过去部门之间相互请吃，只要是乡里开会，所有小饭店，全部都是开会人员去吃喝。对这种现象不抓不行，直接关系到党在群众中的威信。有的支部书记开完会去吃喝，下午回村什么不干，还有的向群众发酒疯，群众意见很大。对此，开展了集中整顿，下发《通知》禁令等，安排乡纪委牵头，认真查处。乡里开会时重点查，平时选点查，发现一次通报批评，第二次予以免职处分。当时在王庄乡酒风彻底刹住，再没有乱吃乱喝的。同时要求乡领导干部工作时间不准参加社会上的酒场，不准到企业、村吃喝。下去到村工作，一律回乡机关吃饭。并对此项整顿实行常年抓，抓常年。这些工作看上去是抓了些工作生活上的小事，但是我看得很重，一些小事不抓，也会影响大事，往往细节决定成败。一个地方的风气不好，会损国害民，影响发展。抓与不抓不一样。王庄乡通过"三个整顿"，出现了很大的变化，会风明显好转，正气明显上升，耍酒疯得到根除。开会不到或晚到早走的现象没有了，纪律涣散表现差的同志变成了好同志。上班自由散漫的没有了，工作积极加班加点的人从此多了起来。乱吃乱喝得到有效控制，广大人民群众给予了高度评价。对此我体会到，一个地方的风气是抓出来的，更是领导干部带出来的，要求别人不做的事情，自己一定不要做，不能当手电筒，只照别人不照自己。领导干部一定严格要求自己，事事处处给人民群众做表率，才能把一个地方治理好、发展好。同时任何人都要在制度范围之内工作，在法规范围内活动，不能不遵守单位的工作制度，更不能使自己的行为超过了道德和法律的底线。我特别注重抓制度建设，从参加工作那天起，我也特别遵守法规制度，从来不做违规之事，使自己的行为在制度内活动。

部长放歌

　　在结束了两个乡镇党委书记的任职后，根据市、区组织的意见，调我到峄城区任区委宣传部长。我长期在基层工作，干一些实实在在的事还可以，去做宣传部长，一时感到有点转不过弯来，认为抓理论、抓思想、抓宣传，不太适应。但是作为一名党员干部，只有组织选择你，没有你选择岗位的权利。区委宣传部长的位置非常重要，怎样做好宣传部长，我静心思考了一段时间。当时我想，一名干部无论放在什么样的岗位，都要干出点名堂，干不好也不是自己的品格。

任宣传部部长（前排右五为笔者）

我在峄城区委宣传部长的位置上时间不长，但是宣传部的职责履行是到位的。回忆有以下五个方面的工作。

围绕中心大局，做好鼓呼工作

作为地方党委的宣传部长，首要的任务是，在认真学习、传达、贯彻中央的路线、方针、政策的同时，要把握时代脉搏，唱响时代最强音，用正确的舆论引导社会，围绕地方经济社会发展大局去宣传，放歌共产党好，中国特色社会主义好，形成爱党、爱国、爱人民、爱社会主义的浓厚氛围。凝聚人心，凝聚思想，凝聚力量，把主要精力投入到改革开放、经济社会发展的热潮中去。20世纪90年代，处在历史的重要转折时期，正值改革开放大潮刚刚兴起，阻碍改革开放的思想处处都在，对改革开放不理解、不支持的人不少。特别是在新中国成立前期参加革命工作的一些老同志，更不理解。各项经济改革难度也很大，有的思想僵化，工作保守，宁守穷饭碗，不去端金饭碗。争论的多，观望的多，实干的少。就在这时，迎来了一缕春风，1992年邓小平同志南方谈话，给全国的改革开放壮胆撑腰，要求要有敢闯、敢冒、敢试的精神，对改革开放不争论，看准的抓紧干等。邓小平同志南方谈话，开始发表在南方日报上，后来人民日报等党报转载。这个讲话，是对改革开放的再发动，极大地鼓舞了全党、全国人民。当时峄城区委及时组织全区干部学习传达。记得是在地下防空会议室，与会的同志是带着一种渴望、一种期盼参加会议的。听后倍感振奋，心潮澎湃，思绪万千，改革开放的春风真的到来了。区委安排宣传部抓好邓小平南方谈话精神的学习贯彻。记得区委这个会结束后，我就召开了部长办公会议，研究全区学习贯彻的具体意见。邓小平同志南方谈话的学习宣传贯彻，是对宣传部长的考验。作为宣传部长必须旗帜鲜明，先学一步，吃透精神，弄懂弄通。这项工作对我来说，还有些基础。在市委党校、共产主义劳动大学工作时，较系统地研究过马克思主义政治经济学，并代过一段课，从理论的角度看，做这项工作还是有条件的。因此，对全区学习贯彻邓小平同志南方谈话，宣传部必须拿出具体意见。记得在这次会上，我提出了一个总的学习方案，这个方案概括为"四个一"，即抓住一个"学"字，着眼一个"结"字，立足一个"好"字，体现一个"深"字。

1.抓住一个"学"字。就是在学上下功夫，首先抓好各级领导干部的学习，达到先学先知先会。开办了各类学习班，抓了骨干的培训。培养了十名宣讲员，到基层党员群众中宣讲，铺开面上的学习，把学习贯彻讲话扩大到职工农民群众。

2. 着眼一个"结"字。搞这次学习，不能空对空，必须把讲话精神与马列主义、毛泽东思想结合，讲明邓小平同志的南方谈话是发展的马克思主义，是毛泽东思想的延续，是一个体系。必须把讲话与国外国内的现实情况结合，讲不改革就死路一条。必须把讲话与全区经济社会发展现状结合，讲身边的人、身边的事，讲改革开放的重大意义，把学习与实际结合好，学习贯彻南方谈话就抓实了。

3. 立足一个"好"字。用好的形式、好的平台、好的方法去宣讲这个讲话。加大区电视台、广播电台的宣传力度，组织文化等单位，把讲话内容编排成喜闻乐见的节目，到工厂、学校、农村宣讲。各级党员领导干部带头讲，形成一个全区学习宣传邓小平同志南方谈话的热潮。

4. 体现一个"深"字。对邓小平同志南方谈话要深学，抓住精髓，反复学、重点讲。因为南方谈话博大精深，思想深邃，高屋建瓴，是对改革开放十年的重申，是对改革开放的再动员。如端正思想路线问题（解放思想，实事求是，团结一致向前看），高举中国特色社会主义旗帜问题（什么是社会主义，社会主义的本质就是解放生产力问题），以经济建设为中心（一心一意搞经济建设，搞中国现代化），改革开放（搞社会主义现代化，必须坚持改革开放，社会主义事业无止境，改革开放无止境），坚持四项基本原则问题（四项基本原则是立党之本，强国之基，执政之要，必须坚持"一个中心、两个基本点"。不坚持社会主义，不改革开放，不发展经济，不改善人民生活，只有死路一条。基本路线要管一百年，动摇不得），等等。对上述一些观点、内容，实行重点宣讲，重点引导，在求深上下功夫。这次峄城区开展大学习、大宣传的活动，收到良好效果。我在全市召开的相关会议上做了经验介绍。

关注思想舆情，开展社会教育

我向区委建议，在全区开展中国特色社会主义教育活动。为了搞好这次社教，我组织宣传系统的同志，对全区广大人民群众的所思、所盼及所疑等，进行了一次舆情问卷调查。着眼于四个层面：党政机关、企事业单位、学校、农村，共列举了30个问题，安排一个月时间大走访。全区汇集了九大类200多个问题，主要在以下单位。党政机关存在需要端正思想路线问题，企事业单位存在体制疑惑问题，学校存在教书育人的指导思想问题，农村主要存在对经济模式、经营方式迷惑问题等。就存在的问题，分成专题，安排专人，写好材料，在集中教育时宣讲。集中教育安排了三个月的时间，在全区开展了中国特色社会主义教育。各级领导干部作为主讲人，记得我讲的题目是《适应变革形势，转换思维方式》。我主要讲解了党的十一届三中全会以来，我国进入了一个新的历史发展时期，必须适应新形势、新任务的要求，转变自己的思维方式、思想观念，用新思路、新观念、新方法去认识问题、开展工作。我特别讲道，当前人民群众的思想观念发生了很大变化，已从守旧转向开放，在生活上已从过去的贫穷走向小康，社会结构、利益格局、价值观念、生活方式、行为规范等，都发生着新变化。广大党员干部必须赶上新时代，适应新要求，否则就会落伍。我还讲了解放思想无止境，万事万物都在发生变化，思想认识必须跟上变化，要学会跳出自己的圈子看问题，认识自己，超越自我。我又讲："我们处在重要历史转折时期，各级领导干部必须提高认识水平，树立决策观念，培养竞争意识，把党和人民的事业干好。广大人民群众必须提高思想觉悟，树立维护大局意识，努力干好'四个现代化'，把'三步走'的战略实施好。"峄城区这次社会主义思想教育，达到了教育广泛、引导深入、针对性强、解惑释疑、思想统一、步调一致，全力推进改革开放、发展社会经济的目的。峄城区由于先行了一步，受到省委宣传部的表彰。次年，全省开展社会主义教育活动，省委宣传部召开社教活动座谈会，我在会上汇报了搞社教的做法，受到好评。

统揽宣传系统，推进载体建设

峄城区宣传、文化、教育系统，统称意识形态口。有着职能相近、工作互联、互相作用的事业关系。这个系统的事情，一般都由宣传部牵头。峄城区的宣传、教育、文化是有基础的，因为1961年建枣庄市以前，是县的建制，教育事业发展较早。如峄县宏学（现在一中位置）、峄县师范学校，在鲁南、苏北地区都是一类学校。宏学是招收的初中及高级中学，因为这所学校从明朝、清朝时期就开始办学，培养了很多人才。据说贾三近也曾在这里读过书。到民国时期，峄县被国民党定为模范县，教育发展很好。蒋介石撤到台湾时，还在这所学校攫走了300多名中学生，当时这些学生只有十五六岁，到台湾后，有的当兵，有的当教师。峄县师范学校建校也比较早，特别是新中国成立初期，被国家教育部定为培养教师的重点学校，重点招收鲁南及苏北地区的学生，为国家培养了很多干部及人民教师。峄城区的文化有基础，由于建立枣庄市以后，原有的峄县文化基础被分到五区，县域文化的格局被打破。作为峄城区是峄县基础演变而来，仍有很多历史文化需要继承和弘扬。广播电视作为新发展的文化事业，也有扩大发展问题。我任峄城区委宣传部长，有责任把这些事做好，用心去挖掘历史文化，发展现代文化。对此，支持枣庄一中改扩建，形成名副其实的枣庄一中。支持广播电视，由插转台变成传输台。支持文化系统，保护历史文化，发展现代文化。如峄城区老县址，我多次呼吁要保护好，城市建设要把保护文化作为重要内容，特别是小方屋会堂，那里曾是陈毅元帅指挥鲁南战役使用过的地方。当时文化局做了大量工作，并且对小方屋会堂进行了修缮。同时对原有的峄县八大景，凡是在峄城区范围内的进行普查建档，能开发的开发，临时不能开发的实行严格保护。那时由于资金等条件的限制，只能暂时地维护管理。总之，我认为在那时的条件下，我尽到了责任。峄城区宣传系统形成了整体统一、团结协作、争先创优的趋势，开创了宣传思想工作的新局面。

建议恢复县制，促进县域发展

改革开放后，为了发展县域经济，中央制定了县域经济发展支持政策，全国各地有的市管区已改为县制，通过申报变成了市管县，给县域经济的发展提供了应有条件。在争取区委区政府主要领导意见的前提下，会同有关部门先到北京探路。北京的回答是，得有几个条件，形成地方报告，由省里上报。记得论当时的条件，恢复峄县县制是有可能的，后来由于区领导的工作变动，此事到此了结。我记得在北京找有关的部门汇报时，他们讲的条件我还有印象：一是人口要达到35万以上，峄城区那时近30万；二是有相对独立的文化区域特点；三是改革开放的成果显著；四是是不是革命老区、革命组织的所在地；五是省市的意见。我说，现在还没有形成正式意见，也没有往上汇报。就上述五个方面的条件，认真准备好申报材料，积极争取领导支持，通过努力还是有希望的。因为从人口上接近，从相对文化区域特点来讲，枣庄市的区域文化，实际有两个相对不同的文化特点，一个是滕县文化，一个是峄县文化，峄县在隋朝时这里就称为峄州，以后改为郡，明朝改为县，文化厚重，很有独立性。如《金瓶梅》这部书，记录的一些事情，基本反映的是峄县文化。是否革命老区，应该说峄县是革命老区，从八路军 115 师进驻，运河支队，到铁道游击队，到淮海战役指挥地等，这些革命文化都发生在当时的峄县。又如《车轮滚滚》这部电影，很多镜头是在峄县大沙河拍摄的，峄县城墙西大门有座大石桥，非常壮观，有着十五孔桥洞，每孔桥洞石上都镌刻着鲤鱼跳龙门的图案，"七下八上"（意味着这个地区集中雨季为 7 月下旬和 8 月上旬），是一座很有文化价值的石桥，"文化大革命"时期被破坏，城墙后来也被拆。峄城改革开放的成果也是明显的，外经贸发展很快，尤其是外贸加工出口，以玩具为代表的产业已成规模，也是全省县级少有的设立进出口"保税仓库"的县区。省、市的意见，因为那时才刚刚开始做这方面的工作，还不成熟，没有行文向上级汇报。现在想，假如不换届，区领导们不调整，再加上有当时的背景，主动地向上汇报争取，实事求是讲明情况，相信会有一个令人满意的结果。

注重人才培养，提升文化水平

宣传文教系统应该说是人才聚集的地方，但是改革开放初期，各部门人才缺乏现象非常明显，教育缺教师，文化缺创作人才，广播电视缺采编播音人员，文艺演出队伍也青黄不接。部长办公会研究决定，加大对宣传系统人才培养的力度。一是对现有人才采取业务素质提升措施，送出去到大学培养，时间为半年。二是与组织人事部门协调，选调一批。三是充实乡镇宣传文化人才，采用合同制方式选用文化人才。通过这些措施，宣传系统人的精神面貌发生了很大变化，文化事业得到大发展。在选用文化人才方面，采取了很多措施，效果很显著，有的现在已成为作家、艺术家、名记者。一批高素质的文化人才走上了重要岗位，对峄城的宣传文化事业做出了重要贡献。在人才培养方面，我的体会是：重视人才，尊重人才，敢于用人，公平用人，唯才是举，只要对事业有利，就要大胆地起用人才。在文化事业发展上，除了重视人才的培养外，我对农村文化看得很重，农村这块思想阵地不能丢，必须采用切合实际的思想教育方法去开展农村思想工作。我记得农村这块思想阵地抓了三队。

（1）电影放映队。每个乡镇要配齐配强电影放映员和电影器材，每个村每周要放一场电影。两个方面的电影片，即故事片和自制幻灯片。幻灯片的制作，主要是把文化的、科普的注入到幻灯片中去，对广大农村开展文化宣传教育。当时，我利用晚上的时间到乡镇农村现场检查。记得有一次在王庄乡检查，听听农村老百姓有什么反映。我所到的现场，老百姓都非常高兴，认为是党和政府对农村、农民文化的关心。回来后我专门召开了一次文化下乡座谈会，加大力度把这件事干好。

（2）文艺宣传队。采用多种方式组织好农村文化宣传队，对传统的文艺宣传队要保护，特色文化要支持，要求乡镇以文化站为载体，办好文艺宣传队，弘扬主旋律，歌颂社会主义，用先进的思想、优秀的文化去占领农村阵地。要求每村一个季度举办一场演出。

（3）理论宣传队。这支队伍长期活跃在乡镇、农村，与区委宣传部、区委党校合作，形成了10人队伍，分三个小组。那时峄城区有15个乡镇，分工是一个小组负责五个乡镇，宣传内容是党的十一届三中全会以来党的方针政策。10人准备的内容角度不同，一个月轮流一次，形成长期活跃在农村的一支理论宣讲队伍，对广大农村、农民的解惑释疑很有好处，凝聚了党心、民心，推动了峄城区两个文明建设。

我在峄城区工作的句号，是在宣传部长这个位置上划定的，在峄城工作十多年，体会不少。峄城区是生我养我的地方，青少年时期都在这里生活，有着很深的感情。在峄城没有干完的事情很多，有的只开了个头。正当我踌躇满志，还想为峄城区做点事情时，突然组织给我安排了新的岗位，而且必须服从。1993年初（阴历1992年底），市委组织部找我谈话，讲经枣庄市委研究决定，你任滕州市委常委、宣传部长，很快要去报到。这个决定对我来说，没有思想准备，一些小道的消息我也听到了，在峄城不动，可能到政府任职。我这个人对我自己的事从来不去找领导、问组织，怎么安排都可。但是去滕州工作出乎我的预料，那时因滕州刚从济宁划到枣庄市，时间很短，滕州与枣庄的融合还不好，干部的感情、工作上的习惯都觉着不顺手。枣庄市委为做好这方面的工作，已从峄城区选过一名干部去滕州，时间不长就调回，这次为什么选调我去，百思不得其解。就这样，带着疑问，带着压力，到了滕州。在滕州仍然是做党的宣传工作。记得市委组织部赵怀明部长与我谈话时

任滕州宣传部长

说，"这次市委选调你去滕州，是工作大局的需要，组织认为你素质高，适应能力强，去滕州工作合适，组织相信你能干好，到那里去还是干你的本行，继续做党的宣传思想工作，你是带着滕州市委常委职务去的，到了后要抓紧熟悉情况，尽快开展工作"。到滕州后，又做了几年的宣传思想工作。在这段时间里，除抓好常规工作外，有以下十个方面记忆最深。

（一）人权事权合一

根据党中央的文件精神，各级宣传部门须建立宣传系统党委，将党管宣传、党管干部，人事管理权与事业管理合一。这一改革也是总结了党的十一届三中全会以来，宣传系统管理较乱问题的教训所采取的一项措施。作为党的意识形态领域，必须在思想上同党中央保持高度一致，宣传思想阵地不能乱，也必须加强党对宣传系统的领导。按照中央文件的要求，我开始筹备宣传系统党委，记得这块工作首先从摸清宣传系统情况开始。滕州宣传系统是个大系统，面广、量大、人多、复杂，涉及教育、文化、广电、报刊、新华书店等单位。摸清人、才、物底数，工作量很大。这项工作用了一个月的时间，才将各类情况汇集成册。其次，弄清管理人权事权的原则。因为这个系统有政府管理的单位，如教育局、文化局、广电局，从政府序列上看，是政府成员单位。按照中央文件如何处理好这些关系，关乎事业的协调发展问题。在掌握上，我提出一个遵循的原则："抓党建，管干部，抓思想，管方向，抓统一，管大事"，不干涉政府的正常管理。按照这个想法，部长办公会先行研究具体意见。再次，对建党委的具体意见，建后的管理工作意见，一并向市委常委会汇报，由市委常委会研究决定。记得这次汇报得到了市委的认可，认为情况清晰，说理有据，定位准确，措施可行，市委将批转意见，下文公布宣传系统党委。这项工作得到了省委宣传部的好评，总结滕州市委宣传部抓宣传系统管人管事的经验，也是山东省县级层面较早建立宣传系统党委的单位。宣传系统党委成立后，按照党委工作原则，制定了各项制度，重新增加了两个科室：产业科、干部科，宣传部的科室达到了七个：理教科、新闻科、党建科、办公室、研究会，宣传系统党委书记由我兼任，常务副部长任副书记，其他副部长及大单位主要负责人为党委成员。党委工作的开展，极大地调动了宣传系统口的党员干部积极性，宣传部的凝聚力、号召力进一步增强，宣传系统过去散、懒、弱的现象得到了彻底改变。宣传系统几个单位的主要负责人，工作特别好，都积极推进党委工作的开展。同时，建立了几个党总支，使宣传系统基层党组织建立健全，更好地发挥了党的基层组织作用。宣传系统的科级干部管理，由宣传部考核，干部提拔会同组织部一起考察，原则上尊重宣传系统党委的意见。这个系统重大事项的处理，市委、市政府首先通知到市委宣传部，以便更好协调这个系统的工作。宣传系统党务工作的开展，实际是市委加强对这个系统的领导，一些事项进入了市委的决策，发展的步伐明显加快。党的建设列入了议事日程，过去几个政府序列局，党建工作弱化，归口宣传系统后，发生了积极的变化。干部成长得快，在宣传系统加大了交流，不断推出去一批干部，再培养一批干部，宣传部对干部产生了吸引力。各类文化设施推进的力度更大。后面我还会叙述几项文化设施建设。通过宣传系统党委的建立，感到中央文件的正确和滕州市委贯彻有力，显示了各级党委高度重视党的意识形态领域的工作。

（二）新建新华书店

滕州是个人杰地灵之地，有着丰厚的文化基础。书对滕州来说有着广泛的人群，宽阔的市场。我到滕州工作后，调研的第一个单位是滕州新华书店，那时几排平房，两层的门面房。这个书店与滕州经济社会发展极不相称。当时我提出要尽快新建或推倒原地重建。这个意见，得到了新华书店广大干部职工的称赞。为了干好这项工程，对宣传系统几个单位的负责人进行调整，将新华书店的经理调广电局任副局长，宣传部办公室主任刘凤同志提任新华书店总经理。在调任时，我找他谈话，提出到任后，第一个任务是重新建新华书店。刘凤同志到任后，不负众望，在抓好书店日常工作的同时，集中精力抓新华书店大厦的建设。为了建设这个工程，我多次到省新华书店协调资金，请求重点支持。多次现场办公督促进度，检查工程质量。滕州新华书店建成后，成为当时全省县级市、县的样板，将新华书店建成了一座集文化娱乐、图书阅览及销售、餐饮住宿、休闲健身于一身的综合性文化商务中心，图书销售排在全省第一，并为地方提供了就业、税收。在这件事上，争取省里的支持建书店很重要，我在峄城区工作时，就到省里争取过扩建峄城区新华书店。到滕州任职后，继续到省新华书店争取项目，省委宣传部、省出版局、省新华书店，被我争取项目的真诚打动。所以滕州新华书店建设文化商务中心，省里给了一大批资金支持。过了一年又到省新华书店，争取市新华书店乡镇分店，对已确定卫星镇的乡镇建设新华书店，如西岗等乡镇，都是那批争取的支持。滕州书店的网络分布密度，人民群众存有图书比，在全省均是最高的。书店的发展，给广大人民群众带来购买文化产品需求，同时带来精神食粮，极大地丰富了滕州城乡文化生活。

（三）上马《滕州日报》

为了适应党的工作要求，用正确的舆论占领思想阵地，建议市委上马《滕州日报》。宣传部在调研的基础上，向市委提出了筹建意见，并向市委常委会做了汇报。我记得这个筹备方案有这么几点。一是定为正科级事业单位。编制40多人，其中印刷厂工人、技术人员、记者、编辑若干人，设五个科室一厂，即要闻部、评论部、采访部、编辑室、办公室，印刷厂。二是新建报社办公楼。选址在市委院内东北角，建筑面积5000平方米，市财政拨款。三是先办滕州通讯。为了好争取统一刊号，先做基础性工作，办好滕州通讯，批报号后将滕州通讯改为滕州日报。四是确定主办机关。市委主办，市委宣传部主管，滕州日报社实行社长负责制。五是市委成立筹建领导小组。由我任组长，一名副部长兼任日报社社长。按照筹备方案，向市委做了汇报，经市委常委会研究，同意市委宣传部提出的意见。我作为筹备领导小组的组长，开始了紧张的工作。我的工作主要放在三个方面：首先，抓人员的招考选用，搞好班子配备。其次，搞好办公楼的规划建设。最后，赴京争取刊号。滕州日报的上马，是在全国整顿报纸杂志、削减地方报纸及非党报党刊的时期，在这个时期争取刊号谈何容易。但是为了党和人民的事业，还是硬着头皮、厚着脸皮、磨破嘴皮，想方设法去争取批文。地方报纸由省委宣传部、新闻出版局管理。作为省里，还是想为滕州办好此事。记得省委宣传部副部长兼省新闻出版局局长车吉心同志，对滕州上马滕州日报给了关心支持。不光省里行文上报，还专门疏通北京的关系。当时中央对各类报刊进行整顿，新闻出版署实行严控报刊号的审批，这个时候争取刊号是不可能的。如果不经过审批，即使办滕州通讯也是非法出版，必须停办。但是滕州市委已决定要办，这进入两难境地，进也不行，退也不行。凡事都不可能一帆风顺，不能有点困难，就不办事啊！我还是鼓起勇气赴京争取，相信没有克服不了的困难。我带着已备好的材料，有关同志跟随，到国家出版总署汇报争取。那时去北京的路还没有高速，不好走，早6点准时出发，晚6点才到北京，走十几个小时。记得我们住教育部招待所，简单吃了点东西，就休息了。其实有任务在肩，就有压力，有点睡不着，想天明去新闻出版署，摸一摸是什么情况。很早，我把跟随的几位同志叫起，吃了早点，上午8点前赶到新闻出版署。我们去汇报的单位是新闻出版署报纸司。记得上班时间一到，我们是第一位到报纸司办事的同志。到了报纸司，又找报业审批处。我们说明来意后，一位处长说，全国在整顿，你们这个时候还来要批号，有点开玩笑吧。我说，处长我没有给你开玩笑，我来汇报争取刊号审批是认真的。你不能以这种态度对我，基层的同志千里迢迢来京汇报工作不容易，你应做好解释，听听情况再说。我坐在那简易的沙发上不走，我要求见司长。通过工作，司长同意见面。见面后，这位司长低声长气地说，全国正在整顿报刊，这个时候不可能批报纸刊号，你们回去吧，等全国整顿以后再说。我一听，这是推辞。我说，司长，占用您一点时间，我简单把滕州办报的想法向你汇报下。我是代表滕州市委来汇报工作的，同时还带着山东省出版局的意见。我把材料给他看了下，他听了我的汇报。汇报讲了六条办报的理由。这位司长有点不愿听了，说现在就是不批报纸刊号，你说的理由再充分也不能给你批，什么时候"解冻"再说吧，你们回吧。司长已下逐客令了。就这样，一点希望都没有，我回到了住处。心想怎么办，报纸刊号真的没有希望吗？跟随我的同志说，部长，咱们走吧，待在这里没有意义。我很生气地说，想回去你们回去，我自己在这办。他们都不吭声了。记得中午饭也没吃好，满脑子想的是刊号。吃过午饭，我让随同的同志回去，我继续留下争取刊号。就这样我又在北京待了三天，想法去找署长。我到中宣部找到夏学平同志，让他联络有关同志，晚上一起坐坐，请他们想想办法、出出点子，如何去办。大家的意见是，再去找新闻出版署的司长没有意义，要办这个事不能走常规路，要走捷径，须找新闻出版署的主要领导。想找署长必须找个充分的理由才行，那就是搞活动，请他们参加。回到滕州后，开了个部长办公会，研究如何再去北京争取报纸刊号问题。我在部长办公会上提出，继续"两手抓"，家里抓各项工作的开展，外面想方设法争取报纸刊号。没有上级批号，就是违法，就是黑报纸，无论如何必须得到国家审批，拿到正式刊号。部长办公会拿了一个方案，在北京开展一次活动，搞 100 个家庭书画进京展。滕州是书画之乡，有基础，一定能办好。我找文化局的主要负责人商量此事，决定到北京搞一次活动，要求认真安排此事，从现在准备，到国庆节前夕赴京展览。文化局的负责同志说时间很紧张，还不到 100 天了。我说相信你能办好，我的要求是有时间性的，质量不能低，时间不能变，一定在国庆节的近日举行。质量要求，一个家庭要有老、中、少三代都会写书画。文化局长觉着有点难。我说你以文化局的名义下个通知，由基层各单位推荐、局里评选决定。其实一个月的时间就准备就绪，选了 120 家，最后确定 100 家。为了提高书画质量，还在火车站广场搞了书法表演。对这次赴京，我做了精心安排，要求去京的家庭必须统一服装，草、隶、篆、楷等各种字体都有，还要搞音乐书法表演，地点选在人民文化宫，提前去确定场所，并邀请中央各大新闻媒体、中宣口包括国家出版总署出席，特别邀请王学仲、贺敬之等一批著名书画名家到会，邀请滕州籍在北京的名人代表出席。文化局按照我的要求，用心准备了三个月，由我带队，邀请滕州四大班子的副职共同赴京。这次100个家庭书画进京展，震动了北京书画界，中央各大媒体全部到场。特别是中宣部、文化部、教育部等单位，被邀请的人全部到会。特别邀请了人民文学出版社编辑张慧琴到会指导，她是署长的夫人。在这次书画展演会上，收获很大。对滕州的对外宣传起到了很好作用，用文化宣传滕州，用文化品展现滕州，都是首创。在这次活动中，有更深层次内容，就是为争取《滕州日报》批号。这次活动一举两得，达到了我想要的效果。醉翁之意不在酒，戏中还有弦外之音的目的已实现。在会上，我认识了很多领导，对于下一步争取刊号会有好处。这次活动结束后，安排参会人员在注意安全的情况下，抓紧返滕。我继续留在北京，趁热打铁，找领导争取刊号，主要是走捷径的办事路线图已搞清，下一步就是怎样下好这盘棋。几天后，我也回到了滕州。那时，正值中央宣传口组织筹备党的十四届六中全会，出台《关于加强精神文明建设的决定》。文化市场曾一时出现混乱，市场呈现一种无序的状况。中央正积极采取措施扭转这种局面。当时滕州文化市场管理比较好，建立了一体化的文化市场管理制度，上级新闻部门曾多次报道过一些好的做法。在文化市场管理工作会议上，我讲道："文化市场的管理，必须用新机制、新制度、新办法解决问题，建立一套符合文化发展和精神文明建设要求的新管理办法。"当时在未批刊号前，已办起了滕州通讯。负责采编的人员，把我的讲话摘要放在了头版头条。我看到这个新闻后，突然一醒，有了主意。我还要到北京去争取刊号。这次去主要找署长汇报文化市场管理问题，以汇报文化市场管理为由，争取署长的支持。两周后，我去了北京，继续住在教育部招待所，那里费用低，卫生好。住下后，按照在书法展演会上了解的人脉关系，得知张慧琴主编就是于友先署长的夫人。我先找到了她，因为我到的那天晚上是一个星期五，联系上，约她出来喝早茶，开始她不愿出来，在我的再三邀请下，同意早晨见面。早点吃得很愉快。她说你这次有什么事情需要我给你帮忙。我说没有，主要想见见署长，汇报一下基层文化市场管理方面的问题，听一听指导意见。她说行，我给你约，她说中央正在搞精神文明建设意见，他们需要听听基层的声音。就这样定在晚上。我回到住处等到9点没来电话，心想此事可能告吹，又过了会，打来了电话，我接过电话一听，不是张慧琴，是位男同志，问："你是刘部长？

我是于友先，原约定见面一事，今天太晚了，你能等吗，明天晚上见。"我说："可以署长，太晚了，你休息吧。"第二天的晚上，我很早就到国务院新华公寓部级领导干部宿舍等候，第二天也是等到9点多，我主动与他夫人联系，先到家等候，直到晚10点半才等到。我迎上去寒暄了几句。他说让你久等了。我们坐在他家的小茶台上，喝茶聊天。他问到基层文化市场管理怎样。我简单地汇报滕州的情况，我说对文化市场管理，我们是这样做的，我把滕州通讯送给他看。他看了很高兴，说你的观点很好，对于全国文化市场管理有借鉴。他吸着三五牌烟，让我抽。我继续与他聊关于出版方面的问题。过了会，他发现这张报纸是滕州通讯。他说现在正在抓报刊市场整顿，你们这张报纸怎么办，搞通讯也不行，凡是没有国家统一刊号的报纸一律停刊。这就达到了我争取汇报的目的。那天晚上，他很高兴，我抓住机会向他汇报，能否批个刊号。我讲了很多理由，滕州是个文化相对独立的县级市，人口山东第一，全国第三位，新中国成立初期就办农村大众报纸，现在人、才、物、办公、印刷等都刚上去，怎么能停刊，他说你们省里什么意见。我说省里同意滕州上日报。他想了想说，这样吧，这个报纸你们先办着，作为文化市场管理联系点，可以保留一张报纸，等整顿结束，就给你们批这个刊号。他这一说，我高兴地给他鞠了个躬，谢谢署长。我一看时间已到11点多了，我说署长您休息，我得走啦。回到教育部招待所，我非常兴奋，睡不着，把跟随人员也叫起来，说晚饭还没吃，我们找个地方去吃饭。这时已经深夜12点了，饭店已关门，好不容易找了一家小卖部，买了零食还有花生米、两瓶二锅头小酒，回到住处开始我们的晚餐。到了凌晨2点多还是睡不着，与跟随的同志聊了一夜。这件事真的使我很高兴。回到滕州，时任市委书记林兆义同志问我有希望吗，我说不敢说百分之百，有希望，署长表态给我们批，目前还要等一个阶段。过了两个月，北京打来电话，让我去一趟。这一次真的拿到了刊号。我去报纸司办手续时，他们说你们滕州真有办法，整顿后全国只批了两份县级报纸，给你们批的是日报，另一家是周报，你们要按照日报的要求、党报的规则去办，不能出现问题。我说请领导放心，我们会珍惜国家出版总署给予的这份关心。拿到国家批文后，到省里汇报，他们认为很不容易，又讲你们的文化市场管理出了经验，这也是一种奖励。《滕州日报》于1994年1月1日正式创办。后来国家文化、出版部门把滕州作为一个基层联络点来对待，经常要一些调查数据，对于国家的文化发展起到了积极作用。

（四）广播电视扩容

我到滕州工作时，广播、电视急需扩容，广播的调频、调幅、波段、流量低，电视只有插转台，这种状况不能满足党的宣传工作及广大人民群众文化生活的需要。我到基层调研时，农村暂不说，就是城区的群众都看不好电视，要求办好电视的人民来信很多。我作为市委班子成员、宣传部长，有责任把这件事情办好。我找到广电局的主要负责人研究此事，计划用一年的时间，改变老百姓听不到广播、看不上电视问题。从广播上提高全市覆盖率为标准，从电视上改插转台实现一台多频道节目。关于投资问题，我找市长让财政拨一块，主要是广电局自筹，实行先贷后还，完成任务后，从广告费中还贷。这个意见得到了市委、市政府的同意，也得到了广电广大干部职工的支持。从计划到完工用了不到一年的时间，彻底改变了滕州老百姓听不到广播、看不上电视的局面。记得有一次检查广播收听频率，我很早起床，到党山乡农村用收音机收听，我顺便走访了几户。有的说过去听不到广播，也不知滕州的情况，最近收音机可以收到滕州广播电台；有的还说关键是电视，能看上电视就好了。听到这些，我想，广大人民群众的这点要求不过分，我们必须认真对待，让滕州广大老百姓听上广播、看上电视。为了解决这个问题，我安排宣传部下通知，召开乡镇党委宣传委员及广播电视站长会议。在巩固广播阵地的同时，积极发展有线电视，广电局负责城区，通往各乡镇的传输线路由乡镇负责。有线电视在滕州发展迅速，成了在全省走在前面的县（市）。省广播电视厅多次来滕州考察，并给予支持。我也两次去省厅协调支持，都取得了好的效果。在这件事上，我是主动干的，因为它是宣传系统的一个下属单位。在抓好党务工作的同时，有责任抓好事业发展。如不干也能说得过去，因为它还是政府部门，在事业上政府有责任去发展它。在工作问题上，我从不推脱责任，只要对广大人民群众是有利的，又符合政策要求，我都会主动去干。1994年7月8日，滕州电视台专用频道正式开播，从此由单频变为多频。

（五）一中新校建设

教育系统作为宣传系统党委管辖的重要单位，我时常牵挂在心上。滕州人口多，密集度高，每平方公里达到1200多人，是全国人口密集度较高的地区。滕州教育历史悠久，教育体系较为健全，特别是滕州一中，建校早，新中国成立初期就有影响，直到现在，为国家培养了很多各类高层人才。滕州广大人民群众看重一中，看好一中。但是随着人口快速增长，原有的一中校址，已不能满足高中教育的需要。刚刚组建宣传系统党委，一中校长吕宜坤同志找我说想建一所新校，原址空间狭窄，必须另选校址。我说这是好事，也是大事，必须按程序向市委市政府汇报，解决好土地、资金、师资问题，作为市委宣传部和系统党委会全力支持。吕宜坤同志是滕州一中发展的奠基人，为一中建设发展做出了贡献。为了解决好建新校问题，我协调政府分管教育的同志，为新校解决资金、土地、师资问题。多次找有关班子成员协调，有时一起吃饭，也与市委主要领导谈论此事。主要领导讲，具体事项由宣传系统党委会同教育局、人事局办理。经过努力，滕州一中东校于 1994 年 5 月很快开工建设，到 1995 年 9 月建成，并开始第一届招生。在当时，详细规划和建设规范是好的。新一中建好后，面对的是招生问题、新老学校师资调配问题。教育局、一中领导班子动了一番脑筋。记得当时找我汇报，我说具体工作由你们来做，我的意见是采用积极作为、合理调配、提升质量、稳健发展，成为老百姓放心的学校。他们不负众望，一中的升学率，一直在全省高考中排在前列。

（六）推进文化建设

滕州无论是讲历史文化的积淀，还是讲现代文化的发展，可以说在全国屈指可数，有着广泛的认可度。我到滕州工作后，厚重的文化对我的影响很大，觉着在滕州工作必须有较深的文化底子，更要有广泛的社会知识，否则难以胜任自己所承担的工作。作为宣传部长，有着传承优良传统文化和弘扬现代文化的责任。任职之初，我特别留意滕州文化特色。一是历史文化厚重。这里有 7300 多年的北辛文化，有滕文公时代的三国文化，有墨子和鲁班发明创造文化，有孟尝君文化，有积淀很久的汉文化。二是现代文化繁荣。有被文化部 1994 年命名的"中国书画之乡"文化，有农业先进种植文化，有微山湖水域文化等。三是民间文化灿烂。滕州过春节时，门联写得好，无论是文化深度，还是书法内涵，都给人以精神享受。另外，还有各类收藏，哪怕是一个烟盒、火柴盒、酒瓶、粮票、信卡、纪念章等，都有人收藏，而且很有水平。这样的一个县域文化，一个外区县的同志到滕州工作，深切感受到了一种优秀文化的色彩。作为宣传部长，有责任挖掘和发挥文化的作用，把传统文化因子和现代文化元素组合起来，推动滕州文化事业的发展。说实话从走进滕州的那天起，我就打算要好好吸收这块文化宝地的营养，进一步提升自己的文化素质，增强为老百姓做事的能力。在文化建设方面，我做了这么三件事。

1. 溯源强基，再现历史文化。筹建汉画像石馆，根据市委的意见，我牵头协调，责成文化局负责，普查分布在全市范围内的汉画像石，动用社会力量聚集像石。

记得普查时，有几块文化价值很高，被倒卖文物的人卖到香港，后通过多种渠道才买回，成为滕州汉画像石馆的镇馆之宝。在收集画像石的基础上，全力推进汉画像石馆的建设，约一年的时间建成，于1996年9月16日正式落成开馆。前期建设的还有墨子纪念馆，以龙泉塔为基点，建设成了滕州历史文化中心。

2. 挖掘创新，打造现代文化。主要围绕王学仲艺术馆的建设，开展书画研究和展览。王学仲先生是滕州走出去的一代艺术大师，也是徐悲鸿的学生，有诗、书、画"三杰"的美誉，他也是现代文化的代表，更是山东人的骄傲。我对王学仲先生很有感情。刚到滕州工作时，我去天津看望他，他不健谈，却与我很谈得来。每次来滕州见面，都聊到很晚。有一次，聊到弘扬现代文化这个话题，我叫文化局主要负责人找他问一问，是否建个艺术馆，将自己的墨宝收存展示，对推动滕州书画之乡的发展是有好处的，同时也能培养一批书画人才。王先生是个不愿张扬的人，当时没有明确的回答。过了一段时间，他回话说，同意搞个艺术馆。因为王学仲先生在俄罗斯、日本很有影响，在俄罗斯称为"活着的齐白石"，在日本久负盛名，在日本书画界评价颇高，日本也有他的艺术馆。作为滕州籍的艺术大师，在家乡没有艺术馆，是个缺失。所以决定在滕州多措并举，建王学仲艺术馆，馆址规划在龙泉塔附近，与墨子纪念馆、汉画像石馆相呼应，成为滕州文化设施集群。王学仲艺术馆设在这里，还有一层含义。据王先生讲，滕州是块文化风水宝地，出了很多的艺术名人，除了个人的智慧外，还受文化环境氛围影响。如滕州的龙泉塔，自宋代建成后，到晚上9点多钟有一颗星对着塔尖，称为文昌星，因此，这里的建筑起名有文昌阁、奎文街等，意味着这里会出文化艺术人才。当时王先生还有一条要求，如果艺术馆建好，他将收藏的名人字画全部放到艺术馆，归国家艺术品，由滕州管理，他百年之后也要安息在龙泉塔下。为了这个承诺，当时我安排文化局长到政府办理此事。在这种情况下，艺术馆建成开展。王先生也把他珍藏的王家历代赐卷、唐伯虎的宫廷画、李默然的牛、徐悲鸿的马、郑板桥的竹等近代、现代字画，特别是自己珍藏的文物、自己有特点的字画，都放到了艺术馆。这个艺术馆的建设，是对文化的一种保护，也是弘扬现代文化所采取的一项措施。

3. 去粗取精，弘扬民间文化。滕州是个人口大县，这里民间文化有阳春白雪，也有下里巴人，如何去伪存真，弘扬优秀的民间文化，我安排有关人员进行挖掘整理，建立了民间收藏博物馆，由文化局管理、颁证。如酒器博物馆，火柴盒、烟盒博物馆，毛主席像章博物馆等。重新组建民间器乐队，出版了《民间习俗》

一书和地方语等。拍制了善国寻梦、家庭文览、民间凡事、滕州故事四集电视纪录片。由宣传部牵头，文化、广电制作，在中央电视台及美国、加拿大电视台播出，把优秀的民间文化宣传到全国、世界，滕州的知名度大为提高，对民间文化弘扬、延续，起到了很好的作用。

（七）合办《星光50》

当时山东省电视台有一档特别文艺节目《星光50》，50分钟。1995年6月，在省委宣传部召开的一次庆祝建党七十四周年筹备工作座谈会上，省委宣传部决定，与滕州市委合办"七一"有关活动，有省委宣传部党教处、滕州市委宣传部具体操办。纪念活动共安排了这样三件事项。一是与山东电视台合办《星光50》特别节目，时间安排一个小50分钟，作为省委纪念"七一"活动的重头戏。二是开展向孔繁森学习活动座谈会，并邀请孔繁森夫人到会。三是召开党建理论研讨会。这三项活动都很重要，筹备工作必须严谨细致，因为代表省委筹办，这三项活动，前两项省委主要领导到会。那时省委书记是赵志浩，省委副书记是韩喜凯，省委宣传部长是董风基。我作为滕州市委常委、宣传部长，担负着这项活动的重大责任，特别是第一项文艺活动，近两个小时的节目。省委宣传部决定，节目采取中央文艺团体名人节目占20%，省文化团队的节目占40%，滕州市的节目占40%，滕州承担的节目，是柳琴戏《弹起我心爱的土琵琶》舞蹈和歌曲等。中央单位的名人由省委宣传部、滕州市委宣传部共同邀请。记得那次邀请了郁钧剑、李光曦（祝酒歌）、吴玉华等名家。郁钧剑因火车晚点，晚会已开始十几分钟才到。我迎到演出后台门口，我说你晚了时间，再晚就会误了大事。他也觉得不好意思，就抓紧上妆，还好没影响到活动，因为他的节目属于压台节目，是放在最后的。为了这台晚会，省委宣传部车吉心副部长没少操心，他与我共同审定节目，特别对青岛话剧团演出的话剧《孔繁森》，多次指导，对指导思想的定位、对孔繁森思想境界的把握等，安排得非常具体。我对滕州的节目，从编剧开始，到舞蹈人选，演出的服装、发型等，全过程把关指导。因滕州的节目占整台节目的40%，并且与国家级、省级演员同台演出，必须把思想性、艺术性提上去，不能悬殊太大。那时，山东电视台刚上星，收视率很高，必须一炮打响，不能丢滕州人的脸。对搞好这台节目，我真的是废寝忘食。演出的那天晚上，也就是1995年6月30日晚，还陪着孔繁森的夫人吃了一顿饭，并安排她一起参加活动，还有省领导同志接见等事宜。这次节目演出很成功，得到了省委领导的高度评价。第二项纪念活动，是庆祝中国共产党建党七十四周年党建理论研讨会。这个会议的主题是从理论的角度，研讨改革开放以来党建工作的新特点、新思想、新趋势，把党的好干部孔繁森同志作为党建研讨的新论点。来自全省党建系统的专家、教授以及党务工作者，到会上研讨。时任省委副书记韩喜凯、省委常委宣传部长董风基出席。我作为县级代表，也参加研讨。省委对这次研讨会很重视，由省委宣传部牵头负责，党教处具体抓。记得当时的处长吕德一、副处长杨瑛同志，自始至终参加操作准备。杨瑛是宣传孔繁森同志事迹到西藏挖掘整理素材的牵头人，对孔繁森的宣传起到了重要作用。所以学习孔繁森的活动，省委宣传部安排由党教处具体负责。因滕州市委宣传部与省委宣传部党教处是党建工作的合作单位，活动的衔接、配合、组织工作非常圆满。这次党建理论研讨会收获很大，对于探讨做好新形势下的党建工作，起到了积极的推进作用。

（八）精神文明进家庭

20世纪90年代，中央对改革开放后精神文明建设出现的新情况、新问题，高度重视，全面把握，提出两手都要抓、两手都要硬，经济发展决不能以牺牲精神文明为代价换取发展。党的十四届六中全会，制定通过了加强精神文明建设的决定，精神文明建设摆到了各级党委政府的面前。作为滕州市，也和全国一样，也有一手硬、一手软的问题，就是抓经济工作手硬，抓精神文明手软，一度一些不文明的现象开始萌发。如何在抓经济发展的同时又不丢掉精神文明建设，作为宣传部是应该认真考虑的问题。面对滕州的实际，依据中央对精神文明建设的基本要求，我牵头召开精神文明建设委员会成员工作会议，研究精神文明建设方案。由滕州文明办主要负责同志执笔，开始起草具体实施方案。我对工作方案提出了总的指导原则，对"坚持的维度、工作的重点、把握的方向"提出明确要求，强调要抓住"创文明城、建文明市、树文明风、做文明人"这个重点，在"创、建、树、做"四字上做文章。在全市抓好文明建设"八进"家庭，在农村抓住十星级文明户评选活动，要求抓细、抓常、抓实、抓好。建议市委、市政府列入各级党政工作目标考核，每年召开一次全市精神文明建设工作大会。抓好表彰，对差的单位通报批评。精神文明建设在全市呈现出良好的局面，社会风气大为改观，思想觉悟明显提升，好人好事层出不穷。我也受到省精神文明委的表彰。在这项工作中，我的体会是，抓精神文明建设与抓经济工作不同。必须软工实做，不能空喊口号，要有立足点、着眼点，让各级干部和老百姓感到精神文明建设不虚，而且很实。对精神文明建设，各级党政必须重视，不能一手软一手硬，两个文明建设要同抓、并推、共建，在抓经济工作的同时部署精神文明建设，在讲精神文明建设时要讲与经济建设的互联内涵，达到一体推进的目的。抓改革开放，不要忘记精神文明建设。

（九）思想工作出新招

20世纪90年代，党中央及各级党委对全民的思想教育很重视，特别对农村的思想政治工作更为重视。随着改革开放的进展，广大人民群众思想特别活跃，资产阶级自由化的问题也有所抬头，经济成分的多元化，带来思想的多元化，无政府主义现象时有发生，经济体制改革受阻，农村治安案件明显上升，爱国主义、社会主义、集体主义精神有所下降。针对存在的这些问题，对人的教育引起了各级党委的重视。中央发出通知，要求"加强农村社会主义思想教育"，除了利用冬季集中搞教育外，认为抓农村思想政治工作，不能一阵风，必须常抓常新，抓紧抓实。对此，针对农村特点，滕州市委宣传部首先成立了农村思想工作研究会，各乡镇成立分会，对全市农村、农民思想方面出现的新情况、新问题，进行研究分析，针对性地、有的放矢地去做农村思想政治工作。记得这段时间里，农村思想工作研究会发挥了很好的作用。因为这个思想工作研究会，由我任会长，市直有关部门的负责同志为常务理事，各乡镇分管的副书记为理事。各分会又发展到农村支部书记为分会理事。研究会成立了一个农村思想政治工作网，对广大农村、农民的思想状况，社会倾向性问题，热点、难点、焦点问题进行研究，从问题现象找根源，找到根源拿措施，拿出措施找责任，着眼责任查结果，从理论的角度建设一套反馈机制，研究出的事情要有人落实。我对这个研究会很重视，每年召开一次大型理论研讨会，每年我也写一篇农村思想工作调研文章，每年到乡镇农村调研十天，全市每年推出100多篇论文，作为思想教育内容，很有指导性、时效性。论文中反映的问题，我要选题调研，得到真实的情况，然后指导全市农村思想政治工作的开展。通过这些工作和不懈努力，滕州农村思想政治工作大为改观，农村、农民的精神面貌发生了很大变化。滕州农村思想工作研究得到了省里的表彰奖励，全国全省到滕州学习的很多，我也到省里召开的农村社会主义教育活动座谈会上做了典型发言。从这里我也体会到，农村思想政治工作的做法，必须贴近农村、着眼农民、抓住实际，着点要准，起点要高，落点要实，对农民要讲通俗话。不要说空话、套话、就理论说理论，这样不会收到好的效果。农村思想工作研究会就是先"号脉"，再"看病"，辨证施治，针对性地解决思想问题。这样做，从事农村思想工作的同志，也感到有抓手，起作用。广大农民感到是用自己身边的人和事、活生生的现实典型、社会存在的现象来说教，心服口服，愿意听，自觉做。农村思想政治工作，只要用心做，出新招，就有效果。

（十）党务工作立足实

作为市委的宣传部门，是党务工作的重要单位，担负着党的路线方针政策的宣传，把握着社会舆论导向，对党的建设起着重要作用。宣传口在抓党务方面，我记忆深的有三个方面。

一是承担起思想建党的任务。宣传部门掌握着舆论阵地，如何发挥这些阵地在党建中的作用，作为宣传部长是有责任的。在这方面，提出了办好一个会：党建研究会。抓好一个园地：要求一报两台，各办一个"党建园地"。抓好一校：乡镇党校和大企业党校。这三个阵地，主要发挥对党员的教育作用以及党建新情况、新问题的研究。如党建工作与思想政治工作同抓、与经济社会发展同行、与各级党委的决策部署同步。三个阵地我都亲自抓。党建研究会是我提出的，由宣传部牵头，组织、纪检、政法等单位参加，成员单位都承担党建理论研究的任务，选题、选点、选事，加强党建理论的研究。每年召开党建理论工作会议，总结党建理论成果，部署新的研究任务，指导全市党建工作。党建园地，滕州日报每周要有一版党建报道，指导面上的工作；电台、电视台开办专栏，主要对阵地建设、党建成果方面报道。这个园地对推动滕州党的建设起到了积极的作用。乡镇、企业党校主抓基层党员干部的培训，每年都要组织召开乡镇、企业党校工作经验交流会。这个阵地对基层党的建设发挥了很好的作用。省委宣传部办的基层党校刊物，经常性刊发滕州基层党的建设情况。省委宣传部党教处认为，滕州市委宣传部是出经验的地方，滕州的基层党建对全省有借鉴意义。因此，我也被省委宣传部评为全省优秀宣传部长。

二是协同其他部门一道抓党建。党的建设带有全局性、特殊性，也就是说，党建是市委的大局，党是执政党，党委必须把党的建设抓好。对此，需要把与党的建设有关的部门协同起来共同去抓。具体来讲，就是宣传、组织、纪检等协同去抓，非常必要。有些事情各抓各的，不仅没有效果，还会给基层带来麻烦。如召开各类会议，邀请有关部门参加，下去检查会同一道去做，同时印刷党建信息，互通情况，达到相知、相通、相做，围绕一个目标，共同把全市的党建抓好。我对工作从不推脱，只要是对大局、事业有利的，我都要积极去做。所以不管哪个部门在党建方面有事找，我都认真听取情况，并且拿出自己的意见，协同他们一道把工作做好。

三是树立典型带动党建。为了使党建工作具体化，体现在党员身上，我建议市委从党的大局出发，选择三个不同类型的单位党员，树立党员在经济社会中的好典型，推动党的建设。第一，选择国有企业的党员法人代表，树立企业界的党员形象。第二，选择一名农村党支部书记，树立农村党支部书记形象。第三，选择一位民营企业主，树立民营企业党员形象。对这三个不同类型单位的党员，我召开了几次座谈会才选定出来，报市委审定。第一位是国有企业党员法人姜繁茂同志，另一位是级索镇姚庄村党支部书记周凤先同志，再一位是民营企业法人高敬方同志。这三位是在众多的国有企业、1243个行政村党支部书记、2000多家民营企业中筛选出来的。记得当时筛选的标准是，政治上、思想上、作风上过硬。在改革开放、经济发展中做出了突出贡献。遵纪守法，品德高尚，爱岗敬业，有良好的群众威信。对这三位同志，我组织有关人员，挖掘材料，形成共识，向市委建议下发文件，开展向他们学习的活动。这三位同志不负众望，在各自的岗位上都做出了非凡的业绩。如姜繁茂同志，他在的单位是滕州市国有企业手帕厂，他任厂长前，手帕厂是一个名不见经传的小厂，市场受限，经营困难，有时工人工资发放都很艰难，自从他任厂长后，大胆改革，实行"走出去"战略，经营上倒逼成本，现场管理严、细、实，企业很快扭亏为盈，成为山东出口创汇的明星企业，小小手帕，做了大文章，成为当时国有企业中的榜样。后来由于对企业管理有方，被市委调任市经济委员会任职，直至任乡镇党委书记、市政府副市长、市人大副主任、党组副书记。周凤先同志也是如此，多年担任姚庄村党支部书记，一心为民，发展经济，带动群众致富，把一个贫穷落后的小村，变成了小康村、文明村，滕州的富裕村，本人也被选为两届全国人大代表。高敬方同志在世时，为人厚道，事业心强，从开始做食品到医药，成为民营企业的好典型，曾是枣庄市政协委员，省人大代表，企业发展持续兴旺。他的后人继承了他的优良人品和事业，当下发展良好。对这三位典型，我作为当时的市委常委、宣传部长，从发现典型到培养典型、宣传典型，起了重要作用。当时的目的只有一个，党建工作不能缺少典型，必须为抓好党建培养典型，因为榜样的力量是无穷的。着眼党建树立典型，党建工作由虚变实，让广大党员有看头、有学头，党建的成果就在身边。滕州市由于党建教育、先进典型抓得好，也成为全省党建工作的先进单位。因此，1997年6月，我受到中共山东省委的表彰，被评为山东省优秀党务工作者，那年枣庄市仅我一人，也是省委点名下达到枣庄市委的。枣庄市委组织部通知让我填写上报材料，我才知道此事。所以我体会到，无论干什么，只要用心干，都会出成绩。

副职重任

　　20世纪90年代后期，我被任命为滕州市委副书记。按照市委的分工，我肩负着重大任务，基本上是急、难、险、重的事项，这些工作皆是热点、难点问题，处理不好，出力不讨好，累死也无功。但是无论什么工作都得有人去做。作为一名领导干部怕这怕那，拈轻怕重，只做易事不做难事，那就不是真正

在全市政法工作会议上

的共产党的干部。所以我对分工，从没有怨言，我认为是组织的重托，更是市委主要领导的信任。只能认认真真、踏踏实实地干事，不能有半点的回避、推脱。回想这段历史，目前仍感到热血沸腾、心潮澎湃，向往那火热的战场。那种冲天的干劲，拼命的精神，用不了的力，干不完的事，始终保持良好状态，精、气、神充足饱满。关心我的同志经常对我说，对工作、事业我们需要提气，你需要放气、减压，你的热情太高，适当地留有余地，保重身体。这些同志说的也是心里话，我真的是五加二、白加黑。有时睡不着时，还想工作近期干得如何，远期如何规划。不管经过多少曲折，遭遇多少困难，义无反顾，一往无前，几乎把所有的精力全部投入到工作上。虽然是市委副书记，分管的工作都是急难险重的，

在注重履职不越位的情况下，凡是市委主要领导安排的事情，我都会全力做好。回忆这段工作，我认为有三个方面：三大战役、三个重点、三个主抓。

三大战役

所谓三大战役，主要是面对农村、农民、农业发展提出的战略目标，号称"三大战役"。时任市委书记高惠民同志从战略的高度，提出这个发展任务，是符合中央要求和滕州"三农"实际的。因为"三农"是县域经济发展的重头戏，怎么抓、如何抓，路子、方法对不对，效果是不一样的。根据中央对三农工作的要求，结合滕州实际，市委着眼大局，审时度势，提出了县域经济要打好三大战役的工作思路。按照市委的分工，三大战役都是我分管的方面。这三大战役的基本内容是，打好民营经济这个战役，打好小城镇建设这个战役，打好农业结构调整这个战役。三大战役必须齐头并进，利用三年的时间取得全胜。这三大战役，面广量大，任务艰巨，情况复杂，推进难度可想而知。为了打好这三大战役，我主持召开了大小会议100多次，调研不计其数，研究战略战术，到基层现场抓落实。这三大战役，在市委的坚强领导下，实现了全面胜利，收到良好效果。

1. 民营经济。滕州市民营经济是在乡镇企业改制后，由个体经济转为民营经济的，后来个体私营统称为民营经济。发展民营经济的指导思想，是按中央的基本方针和"三个有利于"的标准，在法律政策的范围内，放手、放胆、放宽准入，大力推进民营经济发展。记得在民营经济发展上，我提出了四条建议：着眼载体，强力推进，放宽政策，创新发展。

（1）在强力推进上下功夫。抓"三个一批"："新发展一批，改制转化一批，招商引资扩展一批"，重推民营工业企业大发展。无工不富，这是发展经济的硬道理，工业能够转化一产，带动三产，一举多得。

①新发展一批。从1998年开始，滕州全市每年新注册的民营工业企业达300多家。因为滕州有着快速发展民营经济的基础条件，群众有经济头脑，地域交通方便（有"九州通衢"之称），自然条件优越，社会基础较好。由于指导到位，路子对头，方法妥当，滕州市民营企业发展很快。

②改制转化一批。滕州市乡镇企业有一定的基础，原有的体制、管理机制已不适应市场经济的要求，必须通过改革向民营经济转变。我多次召开乡镇企

业改制会议，包括部署会、督查会、调度会、座谈会等，全面推动乡镇企业的改制。记得1998年8月25日，我召开了乡镇企业改制第四次调度会，强调了"三个不放过、三个不变"。三个不放过，即一是改制不触及产权的不放过，二是不规范改制的不放过，三是改制完不成任务的不放过。三个不变，即一是发展乡镇企业的决心不变，二是发展的目标不变，三是抓住企业管理这个关键不变。改制要依法去改，要按照企业实际去改，要联股、联心、联利。对小微企业，净资产少的，实行"四个一"：产权一次买断，资产一次变现，债务一次划转，改革一步到位。全市410家乡镇企业得到改制，民营企业如雨后春笋，充满生机活力，工业企业百舸争流、高歌猛进。实行资产整体租赁、不良资产剥离、合伙股东购买、个人独资收购、大企业兼并重组等形式，推进改制。改制主要在产权上做文章，改制不触动产权，改了也是白改。只要保持集体资产、国有资产保值增值，就要大胆地改，全面地改。因此，滕州市乡镇企业改制用了一年多时间，全面完成了任务。通过乡镇企业的改制，推动了民营经济的快速发展，每年各项经济指标和企业个数，都在60%、100%地增长。有的一年企业个数成倍增长，民营企业集群式爆发，呈现出勃勃生机。记得当时我在一次民营企业发展调度会上，说了一些感悟的话：没有乡镇企业的改制，就没有现在民营企业发展的良好局面；没有触动产权的乡镇企业改制，集体、国有资产将会流失殆尽；没有乡镇企业的改制，农村剩余劳动力就无法转移。乡镇企业改制后，乡镇党委政府从直接管理企业，转到为企业创造环境、为企业搞好服务上。

接待日本小松电器客商

同时能够集中精力抓民营经济的发展。

③招商引资扩展一批。滕州从 20 世纪 90 年代末开始抓招商引资，我在一次招商会上提出："要眼睛向外，滕州以外都是外，学会与外商打交道，引资发展，借智前进，借船出海，借梯上楼，借鸡繁蛋。"要搭建平台，筑巢引凤。领导干部要招商，要以企招商，要以商招商，要以个人魅力招商，做到大招商，大引资。要严把招商三个标准：五小企业、有污染的企业不招，科技含量低的不招，金融诚信度低、无业绩的不招；严把投资强度、建设工期、投产运营三个关口；严肃三个考核：对乡镇招商任务的完成情况严肃考核，实行一票否决。对乡镇投资环境情况严肃考核，外商只要正当投诉，一定跟踪问责，对投产的企业经营情况严肃考核。每年市通报到每一个企业，对守法、纳税、承担的社会责任进行公布。由于实施了大招商、大引资的措施，一大批外资民营企业进入滕州。当时，滕州民营企业的发展，走在了全省的前列。时任枣庄市委书记张传林同志，多次到滕州调研。在一次现场汇报时，张传林书记充分肯定了滕州发展民营经济的做法和取得的成果。

（2）在抓载体上做文章。民营经济这个战役除了强力推进外，应着重抓好载体建设。如何抓载体，我思考了很长时间，拿出了一个发展民营企业载体规划。向市委建议，建设市级民营工业园，将原来设在城北的经济开发区（空牌子，没项目）转到民营工业园，一个园区两个牌子。同时抓好十个乡镇民营经济园，并抓好十大专业批发市场，实行项目入园，改变随意发展为入园发展。解决乱上、乱建、不按规划发展的问题。对此，实行统一规划，集中搞基础设施建设，达到"七通一平"，既节约土地，又方便管理。这个方案，得到了时任市委书记高惠民同志的支持。他同意所提出的方案，并提出了要求。他讲："要按规划，快建设，快培育，快发展，保质量，要效益。"按照这个要求，我开始谋划实施建设问题。我这个人很少向领导汇报工作过程，要汇报的是这事可否干，另外汇报结果。记得在滕州市级民营工业园的建设上，那是 2000 年 5 月上旬，高惠民书记跟随枣庄市委书记张传林同志赴德州参观民营企业。我站在滕州民营工业园的位置，给高书记打电话，汇报我们曾议过的民营工业园是否开工建设，请给个态度。高书记讲，主要是搞好基础设施建设，投资问题市财政拿不出钱来。我说，资金我想办法，只要你表态干还是不干。他想了下说，你干吧。打这个电话时，我已将分管的副市长刘玉荣同志、城郊乡党委书记、交通局长、建委主任、财政局长，叫到了一个叫汉盟餐馆的大厅，利用这个地方开会。高书记的表态，使我有了市委的支持。就这样滕州市级民营工业园的筹备建设工作开始。在这个会上，大家提出了不少难题。第一个难题是规划问题，原来的经济开发区是在城北，这需要调整城市规划。第二个是土地问题，滕州城南直至南沙河镇，都是农田，不调成建设用地，就不能开工建设。第三个难题是资金问题，市财政没有钱投资基础设施。第四个难题是供热供电问题。第五个难题是这个区域空间涉及四个乡镇，协调难度大。针对"五难"问题，我与到会的同志，一项项研究对策。这个会议一直开到过午1点多钟才吃饭。对会上大家提出的"五难"，我最后提出了拍板方案，然后报市委、市政府认定，协调解决此事。关于第一个难题规划问题。会议决定规划区域为15平方公里（实际为14.7平方公里），统一规划，一次到位，分两期实施，由滕州建委负责，请有资质的大设计院设计，两个月内完成任务。第二个难题土地问题。解决土地规划由滕州市国土资源局负责，协调枣庄市国土资源局，请求省国土资源厅解决。那时对土地管理比较宽松，只要为了发展，理由充分，一般都能得到解决。要求滕州国土资源局积极争取，一个月完成任务，争取一次性把土地用途调到位，将农田改为建设用地。调整的结果不错，省国土资源厅同意分两批调整，第一批调了近10平方公里，其余的过一段时间全部调到位。第三个难题基础设施建设投入资金问题，市财政当时拿不出钱来，解决的方法是：水、电、气、讯等，由主管部门负责，谁的事谁办，作为奉献滕州的发展工程来搞。那时我讲得非常严肃，不听困难，不听过程，不听扯皮，只听好的结果。供热问题，采取对原来的热电厂改制的办法，搬迁到民营工业园。道路、雨和污水排泄问题，采取"三个一点"：市财政拿一点，乡镇出一点，各建筑公司贡献一点，进行解决。记得是2000年5月6日，开工基础设施建设。当时我安排市建委及建工局的同志，要集中精力、时间、资金抓建设。滕州是建筑之乡，大小建筑公司150多家，号称十万建筑大军。这些公司的资质正在年审，要选一批大的公司来干地下工程，作为年审的主要内容，建委安排了十几个公司。他们听说是年审工程、奉献发展工程，都很高兴参加，也算给建筑公司一个表现的机会，很多公司争着去干这个工程，不给钱还得拿钱，但是都很愉快地完成了任务。开始先扩建新建四条主干道：世纪大道（拍卖冠名权后改为益康大道）、园区中心路等。特别是世纪大道，要求红线规划120米，绿线50米，道路双向十车道，按一块板路面建设，要求特点是敞亮、通透。当时，路两旁的建筑物很多，有国有、集体、单位、个人、企业等，路边店也不少。按照当时的拆迁政策补偿，两周时间全部拆完。记得有一个农村信用社，他们行动最慢，我三次现场办公，把这个单位的主要负责人叫到现场，因是"双管"单位，需要协商解决，但是我还是要求时间限制，三天拆完。开始他们讲了不少困难，但还是很配合，按要求时间拆完。对这个大道的建设，规划建设当初，有些不同意见，有的认为搞得太宽，建设双向十车道，省城也没有这样宽的路，我们这里不是北京，等等。过了几天还是达成了共识，决定按设计方案干。记得轰轰烈烈干的时候，刚有看相，枣庄市委书记张传林同志到滕州看城市建设，我在现场向他汇报了建设情况。他很高兴，说，"这条路搞得很好，很大气，通透性好，作为滕州应该修这样的路"。有了上级领导的认可，加之滕州市委书记高惠民同志很重视，对园区工程建设提出要求，所以园区的基础设施建设比较顺利。第四个难题是供热、供电问题。解决的办法是，对供热、供电，采取政府提供政策、有关单位承办，责成煤炭局、供电局拿出落实办法，按期完成。热电厂的搬迁一年内完成，设立园区供热、供电服务站，随时解决能源供应问题。第五个难题关于区域协调问题。会议决定，建议市委组建市级民营工业园领导小组，并设园区管委会，我任组长，有一名副市长任副组长，领导小组下设园区管委会，五个办事机构：园区规划分局，土地分局，项目落地办公室，招商局分局，管委会办公室，实行统一办公，并将园区规划内涉及的村庄，暂由园区管委会管理。对上述反映的"五难"，我都一一给出了答案。我讲这些意见，需争得市委、市政府同意后，再作实施。说实话，开办这个园区，市里有些不同意见，有的不愿意多事，怕麻烦，平推干事就行了。但是，在那个竞争发展的年代，发展的办法、措施、步伐，一步赶不上，就要落后。不发展就是倒退。我对看准的事情，一定要干下去。为了园区的发展，在我的记录本上，记录着两年的时间我召开的38次调度会，这还不算我在市里大会上讲的次数。为了这个园区的发展，很多同志做出了很大贡献。如当时城郊乡、南沙河等乡镇，全力以赴投入建设，特别是城郊乡，当时几个主要负责人（书记、乡长、副书记），加班加点，排除困难，为园区建设创造环境。记忆犹新的一件事，是修建园区中心大路，需要清除城郊乡董村的果园，有些群众不让修建，那天是星期天，我到这个村看一看，到底存在什么问题。到了现场看到，时任乡党委副书记的霍媛媛同志，工作在现场，正在做一群村妇女的工作，有的大吵大闹，有的喊着要上访。她有礼有节地讲政策，最终做通了工作，同意清理地表附属物。我看到这幕，心里很高兴，我们的基层干部是多么有事业心和责任感啊！作为女干部，星期天不休息，还在无私无畏地工作，何愁民营工业干不好啊！当然还有其他同志，都为民营工业园的建设做出了贡献。特别是 2000 年夏季为园区引进了三个项目，安排统一时间开工奠基。一个是热电项目，尽快解决园区供热问题；另两个是春藤食品项目、机床项目，三个项目同时开工。预定的奠基时间那天是雨天，而且雨下得特别大。项目奠基的头天晚上，在市委机关食堂吃饭，我与高书记谈到此事，我说项目奠基已准备好，但明天预报有大雨，是否改日。高书记讲，"明天下刀子咱们也奠基，这更能表明我们建园区的决心"。第二天真的下雨了，我很早起来去了现场，安排有关人员，我说奠基的时间不变，一切按部就班，认真准备。那天，市几大班子，有关乡镇、部门全部参加奠基。尽管下雨，全市上下干事创业的劲头高涨。以后经常组织批次项目进区奠基。滕州市级民营工业园就这样轰轰烈烈地发展起来。2001 年初，为了更好更快地推进民营工业园建设，又采取了几项措施，将民营工业园对外称滕州经济开发区（对内仍称"民营工业园"），以便协调上级有关部门的工作，理顺工作关系，同时调整城市规划。那时我已任滕州市市长，我安排市政府常务会议，作为一项专题议程，听取建委及规划局关于目前城市的规划情况汇报。在这次会议上，我明确提出，原有的城市规划与当前经济社会的发展已不相适应，必须尽快修改。我先提出今后城市发展规划的大概念，北部为行政办公区，南部为经济开发区，东部为文化教育区，西部为物流仓储区，城市中心区为金融商业区。这次会议把大的城市规划概念意见提交有关部门去做，然后按程序召开会议确定。再就是撤销城郊乡、城关镇（2000 年 7 月撤销城关镇）、已设立两个街道办事处（荆河、龙泉）的基础上，再组建两个街道办事处，一个是北辛，一个是善南，将原来园区内其他乡镇管辖的村庄划归善南街道办事处，以便更好地协调工作。园区的建设措施再度加强，推进的力度明显加大，发展的速度更快。在抓好市级民营工业园的同时，按照乡镇企业特点，规划了十个乡镇民营经济园，推行差异化发展，各具自己的特色，实行产品相对集中，形成适度规模优势。如鲍沟镇，有玻璃销售特点，就规划了玻璃生产加工产业园。东沙河镇有销售木材的特点，就规划了木材加工产业园。又如木石镇，民营工业企业基础较好，就规划了民营企业园。凡是被确定为民营经济园区的乡镇，市里实行单独考核，在政策方面给予支持。对十个乡镇园区，我每月调度一次，实行观摩交流，现场指导，敦促发展。特别是木石镇民营企业园，因靠着鲁南化肥厂，在严控污染的情况下，准允与鲁化有关的小型化工企业进园发展。在十个园区中，木石镇民营企业园是发展最快的一个，一年内进了十几家工业企业，市委、市政府曾在那里召开现场会。这个民营企业园之所以发展得快，是因为有一名好的乡镇党委书记邵磊同志。她思路清晰，善于谋事，勤奋工作，责任心强，发展的办法多，工作力度大，木石镇民营企业园很快见到了成果，走在十个民营经济园的前列，也为鲁南化工园区发展奠定了土地项目基础。乡镇民营经济园的建设，极大地推动了滕州农村经济的发展，乡镇的财政收入、农民的收入增长均在 33%、36% 以上。滕州大地兴起了发展经济的热潮，干部群众充满着致富的信心。从当时发展的现状和趋势看，发展民营经济不抓载体建设不行，不建园区会出现企业乱建现象，还会浪费土地资源等，不便集中治污，给各项管理带来困难。有这个发展载体，引导项目入园建设，按产业类别分区定位发展，是一举多得的事情。园区成为小城镇的重要组成部分，成为安置就业的平台，成为税收的主要来源地，成为产、供、销的周转站。后来，随着十个民营经济园的建设带动，各乡镇都积极争取办自己的民营经济园区。为了不一哄而起，避免乱建现象，实行对乡镇园区统一管理，纳入到小城镇建设的规划之中，把乡镇工业企业作为小城镇建设的一个重要组成部分，对小城镇统一规划。我在一次会上提出，乡镇不再单独建设民营经济园，把乡镇民营工业企业纳入到小城镇规划中去，依据小城镇建设工业园区，对小城镇实行功能分区：设行政管理区、商业服务区、民经工业区、文化教育区、生态休闲区，组成小城镇的整体规划，今后市里不批新的民营经济园。已经建设的十个民营经济园，逐渐向小城镇靠拢，一并纳入小城镇规划。如龙阳镇，就是依托龙阳镇南部建设工业项目。记得龙阳镇党委政府发展民营工业企业的积极性特别高，镇党委书记多次到市委找我，要求建民营经济园。我说现在一并纳入小城镇建设，你们与市规划部门对接，你们龙阳镇要向南发展，将来与滕州城市对接。他们按照这个要求，把工业项目落地于南部，这个区域实际已按民营经济园建设了。特别是机动三轮车项目，是一个名叫张保平的个体户，先拉地排车搞运输，发家成为万元户，又购买了汽车搞运输，取得了成效后，开始组装机动三轮车，两三年已成规模。这个园区的发展，除了龙阳镇党委政府重视外，主要得益于一个会干、能干、愿干的镇政府副镇长李春英同志。她是聊城人，大学毕业后来到滕州，被市委选派去清华大学学习培训。学习归来后，任职龙阳镇。那时是一位很年轻的乡镇干部，群众威信好，工作积极性高，她负责这个民营园区的建设。我每次去调研，都能看到她为这个园区建设做推动工作。还有洪绪镇民营经济园，以 104 国道为中心，向两面扩展。这个园区靠城近，发展得比较快，入园较早的项目有华能电缆、体育器材、棉花纺织等企业，也在很短的时间内发展起来。在这个园区发展中，党委书记宋志浩同志敢于担当，积极推进，把主要精力用在这个园区发展上，园区很快形成规模。还有张汪镇的木制品加工园区，发展不到两年时间，成为鲁南、苏北的木材销售、加工基地，带动了千家万户搞木材，对活跃张汪镇的经济起到推动作用。在这个园区建设上，我也记得一个人，就是时任镇党委书记黄绍龙同志，为人正派，对党忠诚，判断力强，工作有热情，有办法，推力大。对这个园区的建设，市委很满意。我作为市委分管的负责人，也感到高兴，还专门在这里召开了一次现场会。滕州当时的民营经济园，都发展得很快，不甘落后，各乡镇都有一名副书记抓园区发展。民营经济园成为滕州民营经济发展的一道风景线，发展的浪潮势不可挡，呈现出百舸争流、千帆竞发、乘风破浪、驶向远方的大好局面。

（3）在方法上找出路。民营经济用什么办法去推进发展，在我工作的过程中体会到，一靠引导，二靠政策，三靠服务。作为县域经济，很大程度上是民营经济，怎样在改革开放的初期，国有、集体经济占主导的情况下，把民营经济发展好，这是党委政府必须认真考虑的问题。

第一，引导是关键。各级党委政府要加强引导，因为民营经济是私有经济，民营企业主对党和政府的号召、声调非常敏感，上级往哪里引，他们就往哪里跟。正确引导、动员号召至关重要，要把民营经济发展的指导思想、应遵循的基本原则、发展的方向交给人民群众，唤起他们在政治上的放心，对发展的安心。地方党委政府应最大限度地释放经济活力，活化生产要素，吸纳社会资本，组合经济元素，打造投资洼地，为县域经济的持续发展注入活力。

第二，政策是根本。为发展民营经济，除了贯彻落实好中央的路线方针政策外，要结合地方实际，在不违背法规的前提下，制定优先发展的政策。记得在一次调度会上，我对发展民营经济政策时说，我们要积极地贯彻落实好上级的方针政策，又要结合实际，制定适合我们本地经济发展的政策，作为政府要放宽政策，就要做到"三算""三不算"：算大账不算小账，算长远账不算眼前账，算活账不算死账，带着这个观点去制定政策，就能找到用政策调动积极因素、激活发展的动力，政策的合法性、政策的实效性就会显现。所以建议市委下发《关于加快民营经济发展的意见》，坚持在法规的范围内，去闯、去试、去干。在计划经济时期人们就说：人叫人干人不干，政策调动一大片；政策对了头，百姓有劲头。关于政策问题，记忆最深的就是制定市里《意见》。我集中了一周的时间，阅读中央、省市各级的文件，了解方针政策，阅读了有关法律法规，在此基础上，召集了有关部门主要负责人讨论放宽政策问题。这个会议开了一天，争论不休，他们讲的与我想的不一致。我很明白他们为什么这样讲，就是一个权、一个利的问题。在那时，政府权利部门化，部门权利个人化，个人把权利利益化。只有在管理权上下功夫，才能找到办法。一天的会议没有什么结果，我有点不高兴，说：你们部门的同志都讲了不少，我听了有启发，有失望。启发的是，你们对滕州民营经济的发展提了一些有价值的东西；失望的是你们的建议只对别人，不对自己，没有讲你这个部门怎么放权，怎样制定政策。我受到的启发也被失望冲淡。我说，这个会请你们来是让你们用心思考，如何加快滕州民营经济的发展，不是让你们推脱责任，摆脱与己无关的问题。会议的目的是提高认识，统一思想，放宽政策，搞好服务，加快滕州民营经济的发展。就这方面的问题，大家不要在此讨论了，我提出三个方面的问题供大家回去讨论。一是领导干部"不谋全局者，不足谋一域"，要知道我们政府部门的职责是干什么的。是为了市里的发展大局去做，还是只盯住部门的利益。二是政府部门的权利是谁给的，为谁掌权，为谁用权？三是除了不违背上级的政策外，我们应该放宽什么，都要列出单子。请同志们围绕这些问题，认真思考，各部门都要拿出意见。这次会议就这样结束了，就有关问题，会前我觉得不会有什么阻力，开个会议即可解决，结果没有形成一致的意见，只好留到下次会议。过了一周，我又召开为市里制定《意见》会议，由于上次会议的安排，果真有效，对于市里制定统一政策起到了好作用。政策规定，放宽审批关，允许先上车后买票，一律免费办理登记手续，一律免收工商管理费，等等，政策共规定了39条。所以政策起着根本性作用。

第三，服务是保障。民营经济的发展，在靠引导、靠政策的基础上，就是靠服务。主要围绕民营企业事前、事后全过程搞好服务，变管理于服务之中，切实做到管而不死，放而不乱，真心服务。就服务问题，建议市委、市政府召开优化民营经济发展环境大会，市里主要领导讲话，各部门表态发言，会后我跟踪督查，这次主要解决部门门难进、脸难看、事难办，不给好处不办事，给了好处乱办事，制止乱收费、乱摊派、乱罚款的"三乱"问题。会议还是有效果的，但是部门坚持得不持久，市里稍有抓得不紧，问题就又重来。记得从那时，我开始思考，部门审批权集中办公问题。我提出政府要"瘦身"，实行小政府、大服务的架构，减少部门权力，把管理转向服务。这项工作直到我任市长后才得到好的实施。省委省政府将滕州的做法批转全省学习，省委主要领导还专门做了批示。当时对服务民营经济发展我看得很重，我认为服务就是软环境，打造园区搞"七通一平"那只是硬环境。在发展的过程中，软环境比硬环境更重要。各部门应变被动服务为主动服务，因为这是长期性的，必须经常抓、认真抓，就是常抓不懈，把服务贯穿到领导决策及落实的全过程。各级领导干部必须确立服务意识，因为我们的宗旨是全心全意为人民服务，偏离了这个主题，就会走偏方向，经济发展就会受挫。在服务民营经济发展方面，有三件事记忆很深。一是开展民营企业调查，摸透民营企业主的所思、所盼、所求，解决他们最想解决的问题。二是选派100名机关干部，帮包纳税前100名的民营企业，搞好技改与创新。三是每年表彰100名民营企业，树立典型，带动发展。这三个"100"措施，实行动态管理，达到公平、时效。还有，每年评三个最差服务部门，增加部门服务压力。这些举措极大地推动了民营经济的发展。

（4）在发展上抓创新。民营经济能否发展长久，关键是抓好创新。创新是企业发展的生命。在这方面我主要抓了"三个创新"。一是体制创新。民营企业多数是小型个体户转变而来，经营是自买自卖，缺乏正规企业的管理体制，所以管理不规范，发展急功近利，头痛医头，脚痛医脚，没有长远眼光，企业产品链条短。针对民营企业存在的问题，引导企业在建立完善体制上做文章，采用合作制、股份制、混合所有制，推动企业换档升级，扩大企业规模，加快发展步伐。二是机制创新。民营企业上是基础，管是关键，没有一个符合企业发展实际的管理机制，上马后也会很快下马，企业的发展不会走多久。不少民营企业由于管理机制不顺，家族式、家庭式管理，一个人说了算，目光短浅，缺乏科学管理内涵，体制不顺、机制不活，企业发展搞成了"烧火棒，越用越短"。因此，引导民营企业创新管理机制，是推进民营企业发展的必需。三是管理创新。党委政府应引导民营企业不断创新管理方法，对企业法人搞好培训，进行法制政策教育、爱国爱职工教育，发展远景及现代企业管理教育，切实提高民营企业家的素质，培育壮大企业体量，提升管理质效，形成"小巨人"企业，推动民营企业长足发展。

2. 小城镇建设。随着改革开放的新形势，经济社会发展对小城镇的建设要求越来越高，农村、农民急需改善生产与生活条件，市场的环境，文化的环境，居住的环境及卫生、教育等急需改善。新中国成立几十年，乡村面貌依旧，草房、土墙、一层瓦房，乱搭乱建、乱摆乱放，集镇不像集镇，农村不像农村，"脏乱差"特别严重，找不到社会主义新农村及乡镇驻地的感觉。生产力与生产关系、上层建筑与经济基础、生产与生活极不匹配，制约了农村城市化的进程。面对这种状况，滕州市委把小城镇建设作为一大战役去打，非常必要。既然是一大战役，就必须有战役的氛围，整个战役就必须获得胜利。根据市委的意见，我作为小城镇建设领导小组组长，责任重大，不可推卸，只有担当，全力干好。在小城镇建设方面，历尽千辛万苦，承受了常人难以承受的压力，但是最后战果还是辉煌的。这场战役值得记忆。在动员会上，我讲了五点要求，作为滕州小城镇建设的遵循。

一是科学规划，立足建设。就小城镇建设规划问题，要求市规划局对全市乡镇驻地，实行统一规划，要掌握几个问题。划分为中心乡镇和一般乡镇，对人口多、有历史文化、集市贸易兴旺、经济总量大、能对经济社会产生辐射作用的乡镇，规划面积适当扩大，功能区要多。如东郭、大坞、西岗、木石、官桥、级索，作为中心镇规划，其他乡镇作为正常乡镇去规划。当时除了城关镇、城郊乡不搞小城镇建设外，其他19处乡镇统一搞规划。规划上按照近期与远期结合，长规划，近建设。没有规划，宁可不建，不能乱建，做到一张蓝图建到底。对乡镇规划平面图，实行一式三份，市规划局备案一份，乡镇一份，小城镇建设领导小组办公室一份，达到按图布置，按图检查，按图验收。记得有一个乡镇，还没有拿到规划图纸，就草率开工建设，被我调研时停工。同时要求规划建设，要先地下，后地上，把供、排水（污水）各行其道，通信线路全部做到地下，先道路，后项目，然后按地上规划要求去建设。滕州到目前为止，仍是1998年小城镇建设的基本格局和镇容镇貌。如西岗的规划，当时是"三纵三横"，另加外环、入口环岛，形成小城镇（中心城镇）的交通网，达到物流其畅的目的。西岗镇的规划得到了省城乡建设设计院的认可。

二是着眼拆除，妥善安置。当时滕州市的小城镇状况，都是历史延续的自然状态，没有规划，基本是一条路两排房，马路多长建多长。没有纵深建设，是一个无序状况，全部是一层平顶房子，还有三分之一的土墙、草房。如级索镇当时拆迁时，街道两侧的土房占一半以上。面对这种状况，必须把拆迁放在第一位。记得专门召开了一次拆迁现场会，西岗、姜屯作为拆迁的现场。为了搞好小城镇的拆迁现场，我分别到这两个乡镇，参加他们的党委扩大会议。记得1998年阴历正月初八，春节假期刚过上班的第一天，我到西岗镇参加他们的党委扩大会议，专题研究小城镇建设问题。因为西岗是矿区，人口多，又是省里确定的中心镇，这个镇的拆迁任务最重，难度大，在拆迁上突破西岗，抓成典型，对全市有说服力。这里具备抓典型的基础，镇党委政府班子有战斗力。党委书记杨位明、镇长段云两位同志，都是有思想、有能力、有干劲、有办法的人。那天我参加西岗镇的党委扩大会，目的是加压鼓劲。在会上，我讲，西岗镇的三大战役能否打好，关键是你们镇党委政府一班人，西岗有政治基础，有群众基础，有经济基础，在三大战役中，特别是在小城镇拆迁建设上，要打赢、打好，在全市当好头、带好头，年底回头看有镜头（有新闻报道的镜头）。当时还有一个想法，就是先把这个拆迁典型抓上去。这个会议是很有效果的会议，党委书记杨位明同志表态，请市委放心，一定完成任务。第二个现场是姜屯镇，这个镇因靠城近，交通方便，小城镇的容貌与城区不协调，直接影响到城市观感。作为一个近郊乡镇，有条件也应该把小城镇建设搞好。但是姜屯镇社会关系复杂，在外面工作的人比较多，有的直接干预小城镇拆迁建设。这个镇的党委书记郭启柱同志，有责任心，工作认真，做事稳妥，很会协调。他请我去参加他们的拆迁工作会议。我知道他是在借力、借势推进。当时我也想抓这个典型，这个镇属于近郊型乡镇，也有必要抓好这个典型。各类典型都有，对推动全市的小城镇拆迁更有说服力。这个会议是在一天的下午2点召开的，一直开到晚上8点，对于小城镇拆迁建设的意义、指导思想、工作规划、方法步骤、达到的效果，全部进行了研究。记得我在这个会上说了这样几句话："相信姜屯镇党委政府有能力、有决心干好这件事，相信姜屯镇的广大群众有觉悟、有意愿支持这件事；能否成功，关键在班子，重点在拆迁，落点在建设，成功在方法，干成在决心，看点在效果。"这次会议对推动姜屯镇的小城镇拆迁建设，起到了至关重要的作用。两个现场督成后，建议市委、市政府召开了小城镇拆迁流动现场会，两个乡镇党委书记现场介绍拆迁经验。这次会议拉开了滕州小城镇拆迁的序幕。半年的时间，基本完成了拆迁任务。记忆特别深的是南沙河镇的拆迁，由于南沙河是沿原7米宽的公路两侧建设的，在中间东西一条小河将其分为南街、北街两段，尤其是南街的拆迁难度大。镇党委政府也做了一些努力，仍拖了全市的后腿。面对这种状况，我三次督阵，一次帮助研究办法，一次带他们看别的乡镇，一次亲自坐镇拆迁。最后一次，我还派了市直有关部门的主要负责人，到南沙河帮助开展群众工作，也是对南沙河镇领导班子的督、帮、促。着眼拆迁存在的问题，提题目，布任务，教方法，彻底解决南沙河小城镇拆迁和规划建设问题。我给他们讲，干不下去不能怨群众，只能从我们干部的方式方法找问题，只有落后的干部，没有落后的群众，把理说透，把事讲明，群众会支持的。市里的督、帮、促，果然奏效，三天全部完成了拆迁任务。在这次督、帮、促工作中，特别是时任公安局长的孔德文同志，从思想的、法律的角度，做了大量工作，起到了关键作用。在滕州小城镇拆迁建设中，政法单位做出了贡献，从法规的角度指导规范拆迁。不能忘记的还有级索镇及王晁村的拆迁，那是一个难点，在拆迁这个难点上，时任镇长的李广宪同志，身先士卒，敢于负责，担当起级索镇党委政府的主要职责，反复去做"难拆户"的工作，小城镇的建设也取得了好的效果。

三是统一动作，注意方法。小城镇建设是全市的任务，必须统一动作，注意方法，才能取胜，不能各行其是，政出多门。对此，首先制定了小城镇拆迁建设的统一时间表，统一补偿标准，统一操作规程。记得当时采取原房源地基作价、适当赔偿，确定基准地价，换算补偿数额，立体详规到人，多占土地收回，不按期建设的收回，原地基不得转让，按时间要求建完的奖励。用政策调动积极性，只要政策到位，工作就好开展。其次思想工作到人，小城镇拆迁建设只有政策还不够，还要有灵活的方法，采取说情、摆理、讲法，把党和政府的要求与群众的想法对接。在工作过程中，我体会到，只要贴近群众，接触问题，面对面交心谈心，99%的群众是支持的，他们知道党和政府做的是一件好事，主要是怕个人利益受损。只要不损害群众利益，工作是好开展的。当然，也有一些"公道也是亏"的人，做人站高岗，做事占便宜，"地霸"、恶人是有的。记得有两个乡镇，这种人表现得特别突出。有一个乡镇拆迁遇到了一个"钉子户"，多次做思想工作都不行，说什么就是不拆，这一户影响到这个镇的统一规划建设。我问这个镇的党委书记，是怎样做的工作，他说这一户软硬不吃，他也说不出理由，就是不拆。我说一定要拿下，把情、理、法讲到位，去做他家人的工作，后来才搞明白，因为他家有人在外面做"官"，他认为比别人高。我说这就好办了，去找他家这位做"官"的人，叫他支持地方政府的工作。镇上的同志找到后，非常支持地方的工作，并连夜回家做了安排。这位"官钉子户"很快拔掉了，整个小城镇顺利规划建设。还有一个乡镇，这一户是地方的霸头，家人多，好斗，打架成风，周围的群众很少惹他。自称惹不起，沾上就麻烦，经常欺男霸女。对这一户，镇上无能力解决，只有公安、政法部门解决。利用一周的时间，对该户进行群众走访，查清在乡里的所作所为，综合分析，根据事实，依法处置。对这个"钉子户"的处理，百姓叫好，小城镇建设得到保障。从这件事上，我悟出了一个道理，领导干部做事，要敢于负责，不能避重就轻，怕得罪人，要敢作敢为，公平正义，用公正对待老百姓的事情，给老百姓一个信任。滕州小城镇之所以两年时间全部拆迁建设完成，就是靠各级领导干部的认真负责，靠老百姓的支持才会成功。

四是盯住靠上，坚决打胜。小城镇建设是一场硬仗、大仗，涉及众多百姓，牵动每个人的利益，工作面广、量大，政策性强，既要大胆，又要细心，必须用行政的、经济的、法律的、思想的方法，望闻问切、辨证施治，多管齐下，综合疗法，推动小城镇建设。我每周都要开一次调度会，多数是在星期六或者星期天。那两年，我也不记得开了多少次调度会。各乡镇的党委书记、乡镇长，都拿出了相当多的精力抓小城镇建设。在坚决打胜的思想指导下，全市掀起了大干小城镇建设的高潮。记得在拆迁时，提出了不破不立，破字当头，立在当前，只有破旧才能立新。小城镇是农民的家园，经济发展的载体，增加收入的平台，社会福利的资源。只有把小城镇建设好、美化好，农民的生活水平才能提高。小城镇拆迁建设，得到了全市广大农民群众的积极响应，为坚决打胜奠定了群众基础。从这里我确实感受到，党和政府无论做什么事情，没有老百姓的支持是行不通的。记得大坞镇是新中国成立初期凫山县驻地，是滕州西部的一个老镇，拆迁难度大，建设成本高，需要做大量的工作。为了腾出空地，决定镇党政机关迁到公路以北，把原址建成商业中心，让被拆迁的居民看到建设的希望。因此，原来的老街拆迁建设得到了群众的支持。又如木石镇，它是鲁南煤化工基地，中央、省市来人较多，小城镇的建设直接影响到滕州的整体形象。记得有一次省委的主要领导来滕州，要看鲁化。那时小城镇还没开始拆迁建设，木石的小城镇破烂不堪，"脏乱差"严重。省委这位主要领导到鲁化，路过木石镇，在车上看后给予了批评。市委为了改变木石镇的面貌，首先调整了镇党委班子，选了智慧、能干、务实的邵磊同志任党委书记。调整后，我到这里调研，带着市直有关部门的同志，先从规划开始，记得分四个片区，靠近东北部为文化教育区，枣木公路南为工业区，中心片区为商业区域，木东路以西为行政办公区域。按照这个总体规划，木石镇党委政府开始打响这一战役。两年过去了，小城镇面貌发生了根本改变，正好省委那位主要领导又来到滕州，又去看鲁化，顺便又看了木石镇小城镇建设，非常满意，给予了充分肯定。市委主要领导向他汇报说，小城镇的变化原因是调整了镇班子，他非常高兴，他说干成事，关键在人，在领导干部。羊庄镇小城镇建设这一仗，打得也很艰难，原来乱搭乱建比较严重，特别是羊庄镇西部有几户，影响道路规划。我去督阵两次，与镇党委书记李传和同志，一起研究拆除的办法。经过几次攻坚，终于攻下了这座"堡垒"。几天后，我召开流动现场会，把这里作为一个好的典型去推广，以此拉动全市面上的工作。从滕州市小城镇建设过程中，使我认识到，再难的事情，只要党委政府下决心，领导干部盯住靠上，就没有办不成的。

五是加强领导，好事办好。小城镇建设是市委、市政府的中心工作，这一仗能否打胜，关键在班子，重点在拆迁，成功在方法，看点在效果，落点在建设，干事在决心。记得当时围绕这几个方面想办法、拿措施，做到把握大局，关注重点，解决难点，撬动盲点。如东郭镇是一个人口大镇，集贸市场较为兴旺，是全市小城镇拆迁的难点。我多次到这个镇调研，镇党委书记刘杰同志，对东郭镇小城镇拆迁建设很重视，由于历史的原因，加上外因作用，拆迁遇到了很大障碍，特别是镇政府对过的几户，坚持不拆，这几户影响很大，道路无法拓宽，新规划无法实施，拖了小城镇建设的后腿。刘杰同志见到我说：刘书记，工作还没有做好，还需推几天。我说拆迁遇到麻烦是正常的，但不要气馁，不要着急，一定要依法、依规，采取多种办法做工作，我相信你们一定能够解决好。过了一段时间，这个难题被解决了，从此东郭镇的小城镇建设由过去的一条路变成了四个街区，小城镇建设的局面全部拉开。刘杰同志任镇党委书记时，提出做好六篇文章的规划得到全部落实。记得还有官桥镇，这是个省级中心镇，又是历史文化较为厚重的一个镇。两千多年的前掌大遗址、八一煤矿都在这里，

与乡镇签订责任书

规划建设这个镇，对于滕州南部经济社会发展是个带动。应该说官桥镇拆迁建设是走在全市前面的，尤其是批发市场的建设，在全市小城镇建设中起到了好的作用。记得在这个镇建设过程中，开始规划我就跟进督导，多次到现场办公，我向镇党委书记朱绍琪同志讲："小城镇规划，要立足长远，着眼全局，合理布局，定位准确。特别是官桥镇要把历史文化的记忆反映出来，建设一些文化符号标志，让人们知晓历史，传承文化；同时，要注重经济，兼顾群众生产、生活，适应现代生产，适应人类居住。"如官桥镇的物流批发市场，就是发展经济与小城镇建设的融合产物。官桥镇的小城镇拆迁建设，得到了市委的充分认可。回忆滕州小城镇拆迁建设的成功，得益于市委的坚强领导，特别是市委书记高惠民同志，决策准确，指导到位；也得益于全市乡镇党委政府尤其是乡镇党委书记、镇长的积极响应，全面认真贯彻市委"三大战役"的决策部署；得益于"三大战役"领导小组全体同志的真抓实干，敢于负责。两年多的小城镇拆迁建设战役，获得了全面胜利，达到了预期效果，滕州全市上下称赞，对滕州经济社会发展产生了重要影响。

3. 农业结构调整。滕州是农业大县，也是产粮大县。在计划经济时期，是上交国家公粮最多的县之一，也叫商品粮贡献大县。随着改革开放和市场经济的发展，产粮大县已不是经济大县，单纯地种粮食，给农村经济和农民的收入提出了挑战。怎样使全市粮食总产不减少，又能增加农民收入，这是市委思考的一大课题。我作为分管全市农村、农业工作的市委副书记，应该回答这个问题。那么解决这个问题的办法在哪里，只有一个，就是调整农业结构，向土地要效益，挖潜力，要收入。实行保护地种植，提升复式种植、反季节种植，提高土地产出率，提升经济价值，把农业结构调整作为一场战役来打。因为滕州具备农业结构调整的条件，农业有基础，土质好，人勤快，对种经济作物有认识。加之有水源，有技术力量，干部能力强。只要示范引导好，认真抓落实，打好、打胜这场战役是有把握的。回忆这场战役，抓了以下五项举措。

（1）引导农民调。农业结构调整关系着千家万户农民的切身利益。农业结构调整需要做通农民的思想工作，思想通了，一通百顺。广大农民在这块土地上，原有的种植习惯已延续了几千年，特别是新中国成立后，每年两季田（一季小麦，一季玉米）。要想改变种植方式、种植模式，确实需要下一番功夫去做思想工作。思想工作不能"空对空"，单纯的说教是不起作用的。同时，对农民不能采取强迫命令、以上压下的方式解决，既要有例可举，算账对比，典型引路，又要会议鼓动、个别说教等，把思想引导到农业结构调整上来。当时农业结构调整的要求是，全市开战，重点突破。把东郭、龙阳、界河、大坞、城郊、洪绪、鲍沟、西岗等乡镇，作为蔬菜调整的重点镇。同时按照因地制宜的原则，抓了十个万亩农产品特色示范园。如羊庄的万亩乌克兰大樱桃，木石的万亩冬枣，东沙河的万亩板栗，鲍沟的万亩桑园，岗头的万亩上粮下鱼，望庄的万亩冬韭，峄庄的万亩毛芋头，姜屯的万亩草莓，柴胡店的万亩酥梨，东郭的万亩冬暖大棚。对十大农产品特色示范园，从组织推动，到销售服务，建立了比较完善的发展体系。这十个万亩示范园，是滕州农业结构调整的重要组成部分，我作为分管"三农"的市委副书记，对十大示范园特别关心，对每一个示范园，我都亲力亲为，从规划、种植、管理等方面，提出指导意见。在指导思想上，提出抓种、养、加一条龙的农业结构产业模式。在农业结构调整上，因各乡镇地质条件不同，种植习惯不同，在全市农业结构调整调度会上我提出：总的调整原则，要遵循经济规律、客观规律，按照四个原则引导农业结构调整，就是"因地制宜，适度规模，市场导向，名优稀特"。一定不要光靠热情，必须有科学的态度去对待调整。在布局上，平原地区抓沿线，注重片，上规模，重质量，提效益，实现多种多收。在山区，以栽植果树为主，称为：串成线，连成片，沿路走，围山转。在调整的方式、布局确定后，乡镇抓起来就比较好抓，解决了布局合理问题。这个方式、布局与调整的四个原则是一致的。首先，因地制宜原则，在调查研究的基础上，适合种什么、栽什么，农民有什么种植习惯，都要考虑进去，决不能违背客观规律做事情，那样农民也不答应。围绕因地制宜这个原则，滕州1243个行政村我全部去过，多数去过两次以上，了解当地农业、农民的传统农业种植习惯等情况，十个示范园就是从这个基础上提出来的，所以我要求乡镇不能一哄而上，不能"一刀切"，要因地制宜，差异化发展。其次，适度规模原则，农业结构调整，在市场经济条件下，没有规模就没有效益，必须适应市场要求，达到一定规模才能形成市场优势。经济作物的种植，如果没规模，产品数量就少，对外销售就难。农业结构调整必须把规模搞上去，形成规模优势。再次是市场导向原则，怎么把生产的农产品销出去，必须建立市场导向机制，发展市场，知晓市场，把握市场，按市场需求引导生产，避免出现谷贱伤农的情况。对此，在全国建立了市场销售情况反馈机制，随时掌握市场变化情况。为了确保市场情况反馈及时，专门在黑龙江省设立了市场导向办事处，利用时间差、价格差去占领市场。在东北市场销售的产品主要是"三辣一黄"，即葱、姜、蒜、土豆，同时在东北建立了土豆脱毒中心，抓好土豆种的供应。后来将土豆销售的市场拓展到长城内外，大江南北。最后，就是名优稀特原则。农业结构调整要抓规模，更要重质量，提倡以优取胜，人有我优，人优我特，始终抓住优质农产品不放。如十个万亩农产品种植园，就是抓住了名优稀特的蔬菜及果类不放，提出一般产品不搞，不优不种植，不特不栽植，不稀不推广。羊庄镇有种植樱桃的习惯，我去了几次，专题召开调研会，要求推广乌克兰大樱桃。这个品种的特点是个头大，肉质多，口感好，耐储运，价格高。我给镇上的同志讲，你们至少要抓1.5万亩，向2万亩进军。再如，在望庄推广四色韭菜（红、黄、绿、白）等。还有木石的冬枣，主打季节差。在农业结构调整上，通过一系列的措施，引导农民调整已成为各级干部的自觉行动。由开始的被动调到主动调，基本达到了市里有号召，农民有行动，认为市委、市政府是为民干的一件好事。农业结构调整已成为农民致富的主要抓手，三年的时间，粮、菜、果的种植比例发生了很多变化，到2000年底，蔬菜面积已扩到60万亩，复种亩数达110万亩，单纯土豆一项由1998年的不到3万亩，扩种到近50万亩，春秋两季土豆达80多万亩。早春看去，滕州土豆拱棚一片"雪海"，当时称"农业的白色革命"。

（2）指导农民种。推进农业结构调整，在做好农民思想工作的基础上，重要的是解决科学种植问题。只有把科技兴农作为农业结构调整的手段，改变过去传统的种植习惯和旧的种植方式，让农民看到新种植技术的好处，尝到农业结构调整的甜头，调整才能成功。为改变一年的复种指数，改一年两季粮食为一年三季蔬菜或两菜一粮，我召开了一次科学种植引导农业结构调整的座谈会，邀请了省及本市的农业专家，特别是蔬菜专家座谈，做了这样几项工作。市政府制定一个技术指导意见，有关部门下发具体落实办法。还下发了科技种植明白纸。组织科技人员下乡到农村，对集中调整的区域，明确技术指导负责人，住在村庄教，蹲在地头干，手把手，面对面，直至农民掌握技术为止。同时，加大科技的宣传力度，利用电台、电视台、电影放映等，播放农业科技知识。组织种植大户到外地学习，各乡镇按照市里农业结构调整的要求，针对性地选择去外地参观学习。如到本省的寿光市，学习蔬菜大棚种植技术。到章丘市，学习大葱种植。到北京顺义，学习智能温室大棚。到胶东，学习果树种植等。开展了"两年活动"，即农业结构调整年，农业科技知识普及年，在全市形成了调整的热潮，学习、推广、应用农业科技知识蔚然成风。指导农民种，对加快农业结构调整起到了助推器的作用。李春亭省长到滕州，就农民增收、农业增效问题进行专门调研，我在现场向他汇报调整的做法，他对滕州的农业结构调整给予了充分肯定。特别是对我汇报的"引导农民调，指导农民种，帮助农民销，推着基层转，压着干部干"内容，他认为："滕州市五句话的农业结构调整思路非常好，全省各地应好好学习。引导农民调是解决方法问题，指导农民种是解决技术问题，帮着农民销是解决市场问题，推着基层转是解决决策问题，压着干部干是解决调整的责任问题。实行任务落实责任制，方法、科技、市场、政策、任务都有了，这样农业结构调整一定会干好，农业增效、农民增收的问题迎刃而解。"李省长的这些话，给滕州的农业结构调整吃了"定心丸"，也进一步加快了滕州农业结构调整的步伐。在指导农民种方面，滕州市乡镇干部及农村技术人员发挥了很好的作用。如界河镇，当时的党委书记梁效杰、镇长邵磊同志，把农业结构调整作为首要任务，发动群众调，在地头指导农民种，这个镇的调整种植品种主要是"三辣"：黄姜、大葱、大蒜。"三辣"农产品是菜类的调料，也是日用化工的原料，常年用，常年吃，市场好，收益多，种植技术好把握。这两位同志，多次组织专业人员到外地学习种植技术，同时也请专家到地头指导。我下乡镇调研时，有三次被我遇见，都在现场，他（她）们组织专业人员讲种植技术，自己讲调整的意义，指导农民干，做给农民看，种植"三辣"技术很快被掌握、普及，界河镇种植"三辣"的热情也被调动起来。到2000年，菜粮比已达8∶2，蔬菜面积复种指数提升到95%。由于掌握了种植技术，再加上科学管理，黄姜的亩产达到8000斤左右，有的达到万余斤。大葱达到每亩1万多斤。调整效果的显现，带动了农业结构的大调整，促进了农业效益的大提升。农民的收入那几年以60%的速度增长。还有当时在鲍沟镇任副镇长的段云同志，他是学农的大学生，对农业比较熟悉，在指导农民种方面，发挥了很好作用。由于在鲍沟镇抓农业结构调整成效明显，通过考核被市委选配到西岗镇任镇长。当时西岗农业结构调整比较被动，由于靠近煤矿，农民有靠矿吃矿的心理，对农业结构调整不感兴趣，特别是种植蔬菜技术更缺乏。段云同志去西岗后，在时任镇党委书记杨位明同志的支持下，段云同志的农技特长得到了很好的发挥。这个从来没有种菜习惯的乡镇，得到了改变，蔬菜面积很快扩展，尤其是冬暖大棚反季节种植技术得到利用推广。西岗镇的农业结构调整，不仅是解决农民增收问题，同时也解决了煤矿工人的蔬菜供应问题。还有大坞镇，当时指导农民种是抓得比较好的乡镇，时任镇党委书记的颜西勤、镇长陈昌海同志，都是非常务实的干部，他们推广无籽西瓜和芦荟种植，并在外地请专家给农民授课。有一次我也赶到了现场。当时农民对芦荟种植还不认识，不知道芦荟是什么。专家讲过后，农民才感兴趣，知道芦荟既能吃，又能从中提取一些营养剂，制作化妆品，美容养颜，价值不菲。特别是美国的库拉索品种，养分更高。在这个镇，无籽西瓜和芦荟很快推广开来。农业结构调整，从指导农民种中得到了经验。后来体会到，任何事情只要方法对头，农民就会接受。一项新技术的推广，必须做好农民的工作，让农民知道，为什么要这样种，它的益处在哪里。往往农民接受一项农业新技术很难，还有一个认识、接受到热爱的过程。农业结构调整要想顺利，必须解决好种植技术问题，也就是搞好技术服务。

（3）帮助农民销。农业结构调整还有一项不可缺少，就是市场问题。市场经济是有规律、有特点的，既有形也无形。把握好、掌控好市场，农民种了不愁卖，并且还要卖个好价钱。在这个问题上，我思考得最多，说实话我的压力也很大，因为滕州市大面积土地被调整种蔬菜，如果种了销不出去，这个责任承担不起，它关系到广大老百姓的切身利益。如土豆种植，计划经济时期的1975年，全国土豆现场会曾在滕州召开，那时面积还不到2万亩。现在实行两季种植，在调整前不到3万亩的基础上，第一年扩到10万亩，第二年扩到30万亩，到了2000年，滕州的蔬菜面积复种指数已达90万亩，其中土豆种植面积达50万亩。这么大的面积，如果不解决好市场问题，苍山县蒜薹事件也可能在滕州上演。记得采取了三项措施，即建市场，抓信息，搞宣传。第一，建市场。在抓市场方面，主要突出三点：建市场、占市场、拓市场。建市场，主要建好三处市场。

①决定在104国道西、北辛大道北，城市的西北角，建立大型蔬菜批发市场。这处市场，计划建成滕州市蔬菜批发流通中心，年交易额实现50亿元。除了销售好滕州生产的蔬菜外，还要形成买全国、卖全国的蔬菜集散地。

②另一处是东郭蔬菜批发市场，东郭是蔬菜保护地栽培起步较早的乡镇，有种菜的基础，建好这处市场，可解决东郭镇周围几个乡镇蔬菜销售问题。

③建好新开辟的蔬菜种植区大坞市场，这处市场重点解决西北部几个乡镇蔬菜销售问题。特别是界河、姜屯镇及峄庄乡（后来峄庄乡合并到大坞镇），毛芋头、黄姜、大葱等蔬菜，面积大，产量大，没有专业市场，生产的蔬菜无法销售。

这三处市场，都是市农业结构调整领导小组牵头，我是这个小组的组长。三处市场的建设，从规划到建设，再到形成销售局面，我共计召开了12次调度会议（工作日记中查到的），这还不算我自己随时到现场检查时召开的座谈会等。尤其是城西郊蔬菜批发市场的建设，面积大，拆迁重，标准高，分东、西两区，两期建完。在这个新建市场的位置上，拆迁了很多乱搭乱建的房屋，还有两处加油站。这些拆除，都是按照当时的补偿政策处理的。被拆迁户还是通情达理的，从全市的大局出发，从广大人民的利益着眼，在很短的时间内完成了任务。建设比较顺利，第一期工程在2000年上半年完成。第二期工程在2001年5月完成。全部建成后，确实发挥了很好的作用，有力地促进了农业结构调整的进度，老百姓也看到种蔬菜不愁销售，不用零卖，到批发市场一次全部销售出去。在这个市场的建设中，乡镇的同志发挥了很好作用。当时的城郊乡党委政府主要负责同志，特别是分管负责同志，做了大量工作。时任党委书记的何振明、乡长马延远同志，把主要精力投入到市场建设，解决土地、资金、建筑方面的问题。尤其是党委副书记朱恒科同志，真诚、务实、能干，建设市场冲在第一线。建设这个市场，在开始遇到了资金困难，市财政拿不出钱，但是市场还得建，不建市场，蔬菜生产下来可就会有麻烦。无论如何要把市场建设好。第一次开协调会，参加会议的同志七嘴八舌，讲的都是一个字"难"。我在这个会上表明了态度，同时也交代方法。所谓态度，就是不要讲困难，干党和人民的事业，没有困难要我们党员干部干什么。顺当的事谁都能干，越是逆水行舟，才能方显英雄本色。如果再说困难，那就让位子。这个话讲得虽然重了些，那也是没办法，只能让干部受难，不能让老百姓卖难。决心已定，非建不可。参加会议的同志听后，认为没有退路，只好想办法去干。交代方法，作为领导干部就是出主意、想办法，引导基层干部干事业。当时解决建设资金难题，我提了一个主导意见，叫作"政府主导，市场运作，合伙入股，共同建设"。建立一个市场管理办公室，管建设，管经营，管服务，收入统管，按股分红。参加建设的单位有：城郊乡政府、工商局、商业局、供销社、农业局、经管局等。这样一来，与会同志感到找到了办法，实现了谁投资谁受益，还吸纳了搞流通的大户参加。建市场的资金解决了，有同志讲，天大的困难，到了刘书记这里，就没有什么困难了。我说，你们在鼓励我，我没有那么大的本事，有一点，遇事我会用心去想，我是利用大家的智慧才找到办法的，刚才在你们的七言八语中，尽管讲了不少困难，但是我从你们发言中听到了有用的东西。只要做到遇事不怕困难，有难不言难，用心想办法，困难就会解决。这个市场用了两年的时间全部建好，成为鲁南蔬菜批发集散中心，为滕州市农业结构调整发挥着助推器的作用。农民不为卖菜发愁，基层干部觉着顺心，农民感到安心。同时这个市场也为当时的下岗职工找到了新的就业机会，是一举多得的事情。

第二，抓信息。在改革开放的新形势下，特别是进入21世纪，整个世界进入了信息时代。作为农产品销售，信息成为关键。对此，滕州市率先建立起全国性销售信息网络。这在当时还不被人们认识，认为建设网络需花钱，全国市县级更是很少建网站，滕州较早摆上议程，建起信息网站，并用网络收集信息，再用网站发布信息。这项工作，开始是让市计委承担，随着形势与任务的变化，单靠计委一个部门承担不了，我建议市政府作为一个单列部门来对待，组建市政府信息网络办公室。由于多种原因，直到我任市长时，才把这个网站建设好。当时在财政较为紧张的情况下，拨款300万元，建立政府信息网络总站，因办公地点紧张，腾出老政府院内车库的上层房子，来组建市政府网站。当时我认为，滕州的蔬菜面积已达一定规模，销售必须多管齐下，网络销售可能是个重要渠道，不管有什么困难，一定要把网络平台建好，作为农业结构调整的措施来抓。平台建好后，搞了一个新闻发布会，重要信息以市政府名义发布，并在网站上建立了多个板块，其中滕州蔬菜市场信息每天都发布，同时建立全国蔬菜价格统揽，让滕州的菜农坐在电脑前，知天下，买全国，卖全国。结果这个网站发挥了很好的作用。在抓好政府网络平台的同时，我要求在调查研究的基础上，在全国建立滕州农产品销售联络点，大约安排了十个网点，东北三省、上海、天津、北京（北京四季青市场）、陕西、海南、内蒙古、河北。这十个销售联络点，主要是收集信息，向网站反馈信息，做到及时、准确、快速，并向外发布。同时，建立大城市销售信息平台，与十大城市的市场管理部门签订合作协议，做到互助、诚信、稳固、发展，建立直通车绿色通道，在保供给、保销售上搞合作。当时滕州的蔬菜在十大城市站稳了脚跟，信誉不断提高。如滕州生产的小黄心白菜，体积小，味道好，得到南北市场的喜爱，既保障市场需求，农民也能卖个好价钱。

第三，重宣传。在市场经济条件下，无论工业产品还是农产品，要想占领市场，就必须重视产品的宣传。过去"酒香不怕巷子深"的说法已时过境迁。一个产品被消费者认识，需了解产品的性能、品质、对人的好处等，那么需要通过宣传让消费者知其情、了其况，才能得到消费者的认可。滕州虽然有种菜的历史，那只是满足当地消费者的需要。要想滕州的蔬菜销售全国、走向世界，没有宣传不行。主要采取了三项措施，在全国开展宣传，攻大报，上央视，做专题，达到报纸有文，电视有影，广播有声，形成大宣传氛围。着重做了三个方面的工作。

其一，挖掘滕州蔬菜文化。滕州土地肥沃，水质优良，历史上滕州就因荆泉腾涌、藤蔓四绕、粮丰畜旺、人居安逸而得名。如果扩大蔬菜面积，把蔬菜作为经济作物、主要农产品上市，则需要打造文化牌。对此，我召开了一个座谈会，新闻部门、农口、文化口的有关人员参加会议，当时还邀请了省、市制作专题的同志参加，由电视台负责制作宣传片，并做成光盘，送往十个省份去宣传。这个宣传片，主要介绍滕州的历史文化，土地、水质的优良，让消费者知道是在什么地上种的蔬菜。这个片子集中在外省宣传了一年多，效果非常好，连日本的蔬菜市场对滕州的蔬菜都乐意接受。其二，到外地召开新闻发布会。对确定的十个销售点，由分管的同志带队，有关部门负责，普遍召开一次新闻发布会，让外地省份的消费者面对面了解滕州。这项对外宣传工作的启动，使外地的市场得到了巩固，对滕州的了解更深刻，对滕州的蔬菜认识明显提高。特别是"三辣"和土豆，知名度进一步提升，滕州成了全国远近闻名的土豆之乡，并且国家有关部门在滕州建立研究机构。2000 年 4 月，中国土特产推荐委员会，把滕州命名为"中国马铃薯之乡"。其三，建协会。这是我倡导的一个社会性组织，在农业结构调整中让他们唱主角，在种、管、收上做文章，把种菜大户、销售大户等联合起来，互通信息，互相支持，互惠互利，达到种、销一体化。政府创造环境，搭建平台，让农民走向前台，自唱自演，走向一条社会化、市场化的道路，把广大农民的积极性、创造性发挥出来。这个蔬菜协会，开始是由滕州当地的农民参加，后来发展到蔬菜专家、外地客商也参与，形成了一个有社会性、群众性的自我管理、自我服务的蔬菜组织。在这个协会内，又建立了信息部、技术部、市场部，在蔬菜种植、技术传授、市场营销方面，发挥了很好的作用。在重视宣传上，蔬菜协会成为一个宣传平台，因为有外地的营销商，他们带着滕州的消息走遍全国，同时将外地的信息反馈滕州，有力推动了外销外联。在对待蔬菜宣传上，我所采取的"挖掘滕州蔬菜文化，到外地搞新闻发布会，建立蔬菜协会"这三条措施，我是用心想的，也是认真做的，目的只有一个，农民生产的蔬菜一定要卖出去，一定要保护好农民的利益。

（4）推着基层转。在推行一项事业发展时，往往需要集体的力量才能完成。滕州农业结构调整，开始是不被人们认识，甚至有少数领导干部对调整过程的个别现象，以偏概全，说三道四，拉倒车，对反季节种植冬暖大棚横加指责。我到乡镇调研时，个别的乡镇干部流露出来。我说，你们不要听邪，市委调整的决心没有变，不管谁说什么，必须听市委的，按市委的意见办。你们干不上去，年底考核时，那就需要说清楚。滕州的农业结构调整，基层的绝大多数干部是认识的，但是部分乡镇、少数干部就是靠着硬推，带着压力的情况下才能向前走，基本是推一推、动一动，就像一个闹钟，每天都要上弦，不拨不转，不说不干。由于农业结构调整是全市性的任务，必须把后进的乡镇促上去。记得有两个乡镇我去调研，没有给乡镇的同志打招呼，直插调整的地块，看完后我再去找乡镇的同志听情况。如官桥镇，我让秘书打电话通知这个乡镇的书记、镇长，见面后，乡镇的主要负责同志汇报的情况是好的。我说你们汇报的情况不实，我已看完了，我到你们这里来，是想现场研究调整问题。我讲，干就干了，没干就没干，一定要实事求是，但是我给你们个时间表，要抓紧行动，一个星期的时间，在你们这里开现场会，干好了开正面的，干不好开反面的。这个乡镇的两位主要负责同志表态，一定开成正面的，请书记放心。就这样，一个星期的时间即将过去，我建议以市委、市政府的名义，召开农业结构调整现场调度会。在这一个星期的时间内，我又去了两次，看情况，搞督促，结果这个乡镇的主要负责同志没有食言，从发动群众，到调整的面积，到冬暖大棚的质量，完全可以开正面现场会。在这一个星期过去后，就在这个乡镇召开了现场调度会。这个开始行动迟缓的乡镇，一跃成为调整的先进乡镇。推着基层转的方法，这是我一贯的做法，就是"抓先进，促后进，带一般"，形成全局性效应。在滕州农业结构调整中，除了现场以外，还重点抓了预留调整地块的工作，提出"冬留春，春留夏，夏留秋，秋留冬"的指导方法。意思是：冬留春——主要指越冬的植物不要再种，留出早春种植的地块，如土豆，过春节时就得种，实现三膜覆盖，这样能比正常种植早一个月上市，时间差、价格差都能抓住。春留夏——打算在夏季种植的蔬菜，要考虑种植品种的生长期，到夏种时能赶上茬，实现一年三种三收，提升复种面积及复种指数。夏留秋——准备在夏秋之交种的蔬菜，约到初冬上市，实行大拱棚覆盖，目的也是打时间差、价格差，做到生产蔬菜旺季不旺，淡季不淡，平稳发展。秋留冬——是指搞冬暖大棚的地块必须留下，不搞预留地，种上了其他作物，说调整就是一句空话。农民种上了其他庄稼，清除了搞大棚，这是不行的，这样做就是劳民伤财，损害百姓利益。因此，调整必须把要做的工作做在前面，干部的工作要主动，被动了就伤老百姓的心。所以在滕州农业结构调整上，我提出："干部要先想、先干，走在群众的前面，不能让上级推着干、老百姓拉着干，自己要主动干。"为了加强对全市农业结构调整的领导，领导小组制定了对乡镇的考核意见，实行 1000 分考核，特别提出对调整的遵循原则，要严格把握"四个原则"（因地制宜，适度规模，市场导向，名优稀特），不能瞎指挥，不能偏离方向。要调出主动性、自觉性、创造性。注意"四个方法"（引导农民调，指导农民种，帮助农民销，推着基层干）。要求各乡镇干部要牢记战略战术问题，政策和策略是党的生命，必须牢记在心，好事办好。要把工作的重点放在为农户服务上，实行问卷调研，上门服务。抓住考核的"四个重点"（调整面积，服务措施，农民增收，群众满意），考核办法采取听、看、议、评，统一打分，表彰前六名，通报后三名。通过考核，达到推着干的目的。滕州市农业结构调整四句话的工作方略，得到了有效实施，也成为农业结构调整工作的经验。同时，用政策调动积极性，采用一奖、二补、三贷的方式，来调动基层和农民的积极性。由于方法对头，有力推进了农业结构调整这场战役的实施，用了2年到3年的时间，农业种植结构发生了根本性变化，农民尝到了调整的甜头，不光从种植上增加收入，还带动了种、养、加、销一条龙产业的发展。实践证明确实是发展现代农业的好路子，实现了农业增效、农民增收、财政增长，是一举多得的好事情。在农业结构调整中，推动了市直国有企业、民营企业参与，涌现出一批农业结构调整的典型。如滕州市畜牧局王宏岳同志，身兼两职（畜牧局局长、牧工商总经理），通过两年的发展，组建了盈泰食品有限公司，实行产业一体化发展新方式，把种、养、加、销融为一体，很快成为全国、省、市的先进典型。他推行了"基地＋农户＋工厂＝产、供、销"一条龙的市场经济模式，有效地运用时间差、价格差，获取企业利润，并推动肉类食品加工的外销，成为日本伊藤中株式会社的主供商。王宏岳同志是滕州市种子产业化的创始人，更是畜牧业发展的带头人，为滕州市的农业和畜牧业发展做出了很大贡献。2003年，我离开滕州时，该企业产值已达28亿元，员工近7000人，带动3万多农户从事养殖业，成为国内外名牌肉类食品加工企业。

（5）压着干部干。在重大决策实施方面，干部必须有压力，有压力才有动力，有了动力就能产生工作激情。干部不仅是决策者，也是实干者。任何工作，干部带了头，群众有劲头。因为农业结构调整关系千家万户，抓不好、干不实，带来的不光是干部形象问题，还关系老百姓的切身利益。对此，我采用"三法"推动干部重视和加强农业结构调整工作。

一是强化思想教育注压法。干部是人民的公务员，肩负着党对人民群众服务的重任。对待调整任务，要从全心全意为人民服务的角度，在思想认识上注入压力。把农业结构调整问题上升到党员干部思想觉悟、工作态度及重要表现来看待，以此去确立推进农业结构调整的决心。所以，逢会我就"讲认识"，如何看待农业结构调整，如何推进农业结构调整，在思想认识上要摆到党对为人民服务宗旨、服务态度、真挚情感来认识，让党员干部从思想深处注入压力。

二是明确责任自我加压法。根据全市大局、工作分工，结合乡镇、部门实际，每年向乡镇、部门干部明确农业结构调整责任。把全市农业结构调整的总要求、总任务，以市农业结构调整领导小组文件形式，逐级下达到每一个乡镇、部门和每一名干部，并责成组织人事部门，将任务列入干部考核，完成好的表彰奖励，完不成的通报批评、取消评先资格，让干部自找责任，自我加压，从激发干部的内生动力要效果。

三是群众监督外力加压法。每年将农业结构调整意见、任务，向被调整的乡镇、村公开，划定调整区域责任人，树起责任牌，让调整的村民知晓，对任务目标、种植质量等情况让群众监督。在群众监督下，使外作用力转化成干部的压力。"三法"的实施，在滕州市农业结构调整中起到了积极的推进作用。

社会稳定

当时按照市委的分工，我还分管政法工作，社会稳定和人民信访，也是重要内容。对分管的工作，我称为三大战役、三个难点、三条战线。三大战役已叙述了，三个难点即社会稳定、乡企改制、计划生育，三条战线即党群线、政法线、三农线。20 世纪 90 年代末期，正处于经济体制改革的深水期，同时农村也遇到了新的社会问题，各种矛盾的叠加，社会稳定成为主政者的重头戏，从中央到地方，非常重视社会稳定，提出"稳定压倒一切"，各级必须保持社会稳定，长治久安。那么，社会稳定如何做、怎么抓，是头痛医头、脚痛医脚，还是着眼深处，辨证施治，综合疗法，标本兼治。这是对分管这项工作一位领导者的考验。滕州是一个相对地域广袤，交通便利，人口较多的县级市，当时全市人口接近 160 万，还不包括流动人口。对经济发展过程中的矛盾，如企业改革下岗职工问题、农村改革土地承包带来的问题、城市非农业人口就业问题等，法制不健全、制度不完善、工作不到位，给社会稳定带来了一些不利影响。为了把滕州的社会稳定抓好，达到长治久安的目的，我利用晚上的时间，专心研究稳定的办法。过去也抓社会稳定，天天喊稳定，时时抓治安，前治后乱，不稳定问题仍然存在。从深处着眼去看，只是抓了一些枝节的东西、浅表性的问题，没有从深处、根本上解决问题。社会矛盾凸显，有的很激烈。特别是1997年、1998年、1999年的三年，是滕州历史上矛盾集中发生最多的时期。在我分管政法及社会稳定时，处理群体性事件近40起。大体可分为以下几个方面：企业改制引发的事件，工农矛盾引发的事件，农村宗族矛盾引发的事件，政策改变引发的事件。这些矛盾集中显现，对分管社会稳定的市委副书记是个不小的考验。那时白黑昼夜想稳定、抓稳定，有时累了静想这个问题，到底是怎么回事，为什么按下一起，又出一起。四个方面的矛盾引发的较大事件记忆犹新。如企业改制方面引发的事件主要有以下20起。

1. 滕州市酒厂改制引发的事件。滕州市酒厂，是新中国成立后在原有私有制小酒作坊的基础上改造而来，到了改革开放初期，酒厂发展到了一定规模，职工近3000人，也是滕州国有企业，纳税大户。随着改革开放的不断深入，市场需求发生了新的变化，在计划经济这个短缺经济时代，生产的酒精和酒，随时可以按计划销售到全国各地。在市场经济条件下，酒厂面临新的考验。由于多种原因（体制、机制、管理、文化），酒厂逐渐衰落，资金缺乏，欠债严重，市场不畅，管理不善，职工工资发不出，多次上访。1997年，按市级领导干部包企业的要求，我联系酒厂，有一次我到酒厂调研，当时酒厂的厂长汪波同志陪同我调研，由于座谈会开得时间长，已是中午12点多了。我说今天在你们这里吃食堂，一份菜两个馒头即可。厂办的同志把菜送到了汪波同志的办公室，我准备吃饭。汪波讲，书记能否喝一杯？按照我自己的规定，到基层从来不喝酒。我说必须是你们自己生产的酒，我破例品一杯。那时叫滕公老窖。汪波把酒拿来，打开并往杯子里倒。我看了看酒的包装标签说："汪波同志，滕公老窖需要换标签了，标签印制要有文化，老窖的名字也不跟形势了。'好酒不怕巷子深''皇帝的女儿不愁嫁'已经时过境迁。必须用市场经济的观点看酒厂。"然后，我又随便说一句："酒是交友的融合剂，有缘就喝一杯，没有缘就不喝。这酒以后改叫'今缘春'吧。"也可能现在的"今缘春"就是这个来历吧。为了酒厂，市委、市政府想了很多办法，都不见效果。我联系酒厂只联系了六个月，也提出了一些建议。有些措施当时见点效，但是没有从根本上解决问题。到了1999年，企业不改制已无法维持下去，负债率接近100%，固定资产在缩水。河北省的一个酒厂买了滕州酒厂的酒精，长期不给货款，多次催要无果，酒厂派人把那个酒厂的厂长抓到了滕州，不给钱就不放人。放人，职工不同意，上千名职工围着看守所不叫放。不放，省里要求，早5点前人必须送出枣庄地界，河北有人接应。

这件事很难解决。研究解决这个问题时，同志们也七言八语，没有好的办法。最后我提出三点建议。一是先放人，这是个遵纪守法的问题，追要拖欠款不能以抓人、绑架的方式进行，我们是一个法治国家，必须依照法规解决欠款问题。二是由分管工业的副市长牵头，有关部门参加，配合酒厂去河北，找当地政府、帮企业催要欠款。三是由公安局局长亲自负责，将人送到曲阜地界交给河北接应人员，同时讲明配合要回欠款问题。这件事工作了一夜，总算在第二天早5点钟之前把人送出去了。又给省人大写了个情况汇报。这件群体事件，虽然是因外地企业欠款引发的，但是经济发展过程中产生的深层次矛盾，也是滕州酒厂积存的问题没有及时解决发生的。这件事处理不好，不及时，将会产生政治、经济、社会、法律问题。

2. 保温瓶厂事件。滕州保温瓶厂是一个老企业，计划经济时期是一个很不错的企业。也是随着市场经济的发展，企业的活力逐渐减弱。产品的创新不够，市场的开拓不好，企业出现了严重的亏损，银行贷款多，企业负债率达90%。职工发不出工资，形成了群体事件，这样的群体事件处理不当、不及时，产生的后果会极其严重。在处理这起群体性事件上，我作为滕州市维稳工作领导小组组长，感到了压力，但是，我很坚毅，也很冷静，有决心处理好此事，也意识到必须当断则断。这样的事件，当断不断必受其乱。对此，连夜召开紧急会议研究办法。职工在到市委上访时，我就向市政府分管工业的副市长讲明我的意见。我说，保温瓶厂职工有情绪要理解，是政府、部门、企业领导班子没有把工作做好，职工才搞起了事情的。对他们的行为，要从我们自身上找原因。一名职工近一年不发工资，他们的老小吃什么、喝什么，咋活啊？解决问题要综合疗法，不能把职工劝说回去就了事，因为企业存在深层次问题，要从根本上解决。政府必须走在第一线，为职工所想，为企业所谋。通过接访，我虽然不分管工业，这个企业存在的问题已基本清楚。所以说在开会时我讲，处理这起事件，一定不要就事论事，要从根本上解决问题。哪是根本问题呢？就是体制障碍、机制障碍，说到底是个管理问题。因此，就是立足改制，着眼管理，政府服务，企业自主，一定解决企业不找市场找市长的问题。同时要关爱职工，多渠道解决职工生活困难问题，要让职工吃上饭、有衣穿。当然还要考虑到其他企业。建议政府，一是成立困难职工救助会，把困难职工管起来。二是要对借机闹事、打砸公物、围堵市委的极少数人，依据法规严肃处理。三是对群体闹事的职工要亮明态度，要维护企业利益，积极配合改制，严禁违法行为。这三条措施起了好的作用。过了三个多月，由于有关部门落实不到位，这个企业又有人组织集体卧轨，给市委、市政府施压。这次群体事件可是个大事情，处理不及时，掌控不好，会出现人命问题，也会给国家造成损失。我接到这个信息后，就立即通知维稳领导小组的成员，并及时赶到现场处理，按照一级预案处理此事。一是组织出动警力去铁路维护秩序，立即在铁路轨道两侧拉起警戒线，对进入铁路道口的实行封堵。二是由分管的副市长、公安局局长喊话，讲明道理，警告少数人不要以身试法。三是对个别组织者采取控制措施，劝解围堵铁路的人离开铁路，在短短的一个小时内全部撤离现场，没有出现人员伤亡，也没有给国家造成损失。但这起事件，确实对政府加快企业改制敲响了警钟。再不认真重视改制，麻烦事件会越来越多。这个企业最后走了破产改制的路子。

3. 滕州玻璃厂事件。滕州玻璃厂是个规模较大的国有企业，员工 2000 多人。在计划经济时期是滕州的头牌企业。随着市场经济的发展，企业的动力不足，体制、机制跟不上发展的要求，企业亏损严重，发不出工资，致使职工多次到市里上访。由于企业改制有一个过程，成为不稳定的重点企业。市里对企业的稳定采取了不少办法，这些办法都是治标不治本，都是临时性措施，解决不了根本问题。因企业体制老旧、机制不活，不适应现代企业发展要求，老路已经走不通。当时市委安排一名副市长到企业"蹲点帮包"，也派了维稳工作组，都没有阻止群访大军。职工多次到市委集体讨说法，打着标语，喊着口号，对市委一堵就是一天，把市委的大门堵得不能出入，严重影响市委的办公，矛盾到了一触即发的状态，个别性情急躁的人，出现打、砸、骂，由群访变成聚众闹事，不听劝解，有的上街堵路，严重影响了社会稳定。对此，维稳小组必须走在前面，我作为组长，没回避，每次遇到这样的事件，我都是挺身而出，其一是责任，其二也是对老百姓负责。对这次群体事件的处理，是在广泛听取上访职工诉求的基础上采取措施的。职工反映的问题，大体是厂领导干部的问题，要求市政府必须保障职工有饭吃的问题，还有社会人员霸占供销的问题。这些问题综合起来，还是企业的体制不顺、机制不活、管理混乱造成的。那么解决这样的事情，必须从根本上解决问题。对此，我召开了维稳领导小组成员会议，分析上访职工反映的情况，研究工作对策。采取了"四手抓"的措施。第一，抓生产。不能停产，停产了那样会越来越被动。市政府要研究生产流动资金补给问题，协调金融部门注入贷款。第二，抓改制。企业的根本问题是改制不到位造成的。企业不找市场而找市长，国有企业职工就应该国家养起来，这些依赖思想不解决，什么样的企业也会搞垮。社会主义社会已进入市场经济时期，企业体制和机制不适应市场经济的要求，不改革死路一条。玻璃厂的问题，必须在抓生产、保生活的同时，要抓改革、促发展。第三，对特殊困难户，通过职工代表大会研究，报市里批准实行救助，绝不能让困难户吃不上饭。第四，对不按照上访程序、无视法律法规的人，视情节情况给予依规处理。对以上"四手抓"，我多次抓督查，敦促落实到位。其实这个厂直到我任市长时，改制才算彻底到位，后来通过招商引资，由山玻大企业集团兼并。

4. 雄狮钢窗厂事件。滕州雄狮钢窗厂，在改革开放初期是滕州有名的集体性质的企业，开始由于抓住了市场机遇，发展得很快，成为国内知名的生产钢铁门窗企业。那时还没有塑钢窗出现，由于木材供给紧张，多数楼房使用钢窗。这家企业由于创新不够，生产的产品已过时，导致了企业市场的萎缩，过去红红火火的场景逐渐消失，出现了欠发职工工资的问题，随之而来的就是职工群体事件。企业发展初期投入较复杂，集体企业性质，是民营企业的管理模式，企业好的时候，职工工资还能发得出，企业效益下滑，职工的工资就没有保障。可以说这个企业已到了破产的边缘。职工怨声载道，矛盾激烈，不断有几百人群体到市委讨说法。也就是说凡是群访，市维稳小组都要一抓到底，直至解决问题。所以说除市委是全面领导外，重要的是对群访不回避，跟紧处理。滕州钢窗厂的群体反映的问题，抓住症结所在，认真抓标治本，最后得以解决。

5. 滕州造纸厂事件。滕州造纸厂位于平行路东、荆河岸北，这是一个用小麦秸秆制浆造纸的企业，由于污染严重，再加上管理不善，企业进入衰落期，经常停停、开开，企业没钱发工资。因为这是市属国有企业，遇到问题找市委也是理所当然。但是这个企业存在的深层次问题较多，企业负债率128%，把所有资产卖掉也不够还债。另外欠职工工资已有一年多，每月一名职工发不到100元的生活费，后来生活费也发不起，因为企业没有效益，全靠贷款发工资。这样一个沉重的包袱，政府也背不起。但是职工没有饭吃，不找市委又找谁。我这个市委副书记是抓稳定的，那个时候我已成为"灭火队长"，因为多数国有企业都是这样，接访处理群体事件成了我的主业。对造纸厂这摊子事，又是一个比较棘手的问题，俗话说：人有群胆。造纸厂有几个问题。一是绝大多数职工是为了解决吃饭问题。二是少部分人为想承包该企业，有意捣乱。三是也有少数人对企业领导班子有意见，想更换领导，等等。对上述问题，必须有的放矢，针对性地解决问题。这起群体事件，确实很难在短时间内解决。在对话时，一部分人采取了过激行动，围攻、谩骂接访人员，把茶杯里的水泼到了接访人员的脸上，有的损毁大门。对这样态势，我安排参与处理此事的所有同志，接访要冷静，动之以情，晓之以理，不要与企业人员针锋相对。凡是接访同志都能用共产党员的情感责任接访，不退不避，说理劝解企业人员。现在回忆这些事情，都浮现在眼前。对这起群体事件，也是标本兼治，对绝大多数人要求解决吃饭问题，交给市政府，按照其他企业的处理办法解决。对想承包企业、浑水摸鱼的人，依法处理，不让得逞。对反映班子人员有经济问题的，交由有关部门认真查处。对这个企业，由于造纸业的萎缩既不能在原厂扩建，也不能再用麦草造纸，加之环保要求越来越严，后来采取了让级索姚庄造纸厂兼并的办法，实行过渡、转移，盘活该企业。

6. 柴胡店黄庄煤矿事件。这个矿是市直工业企业，有职工 1200 多人。由于煤炭资源已枯竭，煤矿面临下马，职工没有饭吃，还有工伤致残人员 100 多人。这些煤矿工人性格刚烈，文化不高，也很朴实，但是他们群访比任何企业都厉害。这个煤矿的问题是这样解决的：一是分流职工，留守一部分，将一部分青壮年工人分流到市直郭庄煤矿。符合办理退休、病保的人员，全部办理。二是破产变现，盘活所有资产，嫁接重生。三是对损坏公物，有打砸行为的，依法处理。对这次群访闹事事件的处理，持续了近一个月，三条意见处理达到了职工基本满意，社会稳定得到了巩固，破产重组得到了顺利推进，企业获得新生。

7. 东沙河水泥厂群体事件。东沙河水泥厂，是东沙河镇的集体企业，当时的生产规模 3 万吨，后改造到 5 万吨，立窑生产方式。由于靠城区近，污染严重，加上管理不善，严重拖欠职工工资，企业负债率高达 100%，这个企业无能力再存活下去。当时的镇办企业，多数是乡镇政府贷款上马的，作为东沙河镇，在滕州是经济不算很好的乡镇。这个企业下马，给镇财政带来不小的压力。水泥厂职工多达 300 余人，多次去找镇政府都没有得到解决，所以他们来到市委。企业职工的要求大同小异，都是要工资、要工作。水泥厂的职工由于文化水平较低，思想工作很难做，语言粗俗，行为欠规，把市委的大门推倒在地。这次事件，我正在一个较远的乡镇调研农业方面的问题，市委政法委、信访局、公安局负责同志都给我打电话，请示如何处理。那时特别是孔德文同志，只要全市出现不稳定的问题，这位公安局局长第一个要告知我，请示处理意见。我接到电话后，立即赶了回来。那时办公室已去不了了，因大门还被堵着，我只好把有关同志召集到别的地方开会研究。对这起事件的处理所采取的措施，与其他企业群访有相同又有不同，因是乡镇企业，还有镇党委政府这个层面。于是采取了以下四项措施。一是尽快分散撤离现场，对集体闹事的要抓紧控制局面，不能扩大事态。把握好宜散不宜聚、宜解不宜结、宜快不宜慢几个环节，有针对性地去做工作。二是坚持以东沙河镇党委政府为主解决问题，谁主管谁负责，谁的孩子哭谁去哄。三是对此次群访事件的处理建议，要求东沙河镇加快改革进度，实行破产变现，安置职工，制订对欠发工资实行分期补发的计划，由东沙河镇政府负责。四是对闹事者，给社会造成影响，要依法追究责任。这件事到很晚才处理完，这一天我几乎没有吃饭，搞得非常疲倦。东沙河水泥厂，因这次闹事，被市维稳办列入不稳定单位之一，也被列入加快改制所督查的单位。这个水泥厂破产后，被一家民营企业买断，问题得到解决。这个企业后来成为一个三产服务业项目，也是城市待开发的项目地。

8. 滕州市农机修造厂群体事件。这个企业是市直工业企业，在计划经济时期，为农业机械制造发挥了好的作用。但是随着市场经济的到来，企业的创新发展不够，被历史所淘汰。随之而来的是职工上访，要求政府给饭吃，600 多名企业工人基本全部下岗，无事可做，集体讨说法成为他们的工作。由于历史发展阶段与经济社会形态的变化出现这些问题，已呈上升趋势，是县域国有集体企业普遍面临的问题。上层建筑与经济基础、生产力与生产关系、市场经济与计划经济不协调发生的矛盾，在这个阶段出现这些问题也是正常现象。作为市委、市政府就要沉着应对，积极作为，面对市场经济带来的问题，必须用市场经济的办法去解决，也就是说用改革的办法解决问题。解决的办法是，首先由法院按破产法进行破产改制；其次请优秀的民营企业家吕子金组建威达机床有限责任公司，并吸纳上海客商参股，形成股份制民营企业；最后将破产的 676 名下岗职工由威达公司接管。这个企业的改制很成功，为政府排了忧，为职工解了难，直到现在已成为有名的数控机床研发基地，也是一个出口创汇、年销售额过 10 亿元的大型民营股份制企业。

除了企业倒闭引起的群体事件外，还有工农之间矛盾引发的群体事件。

9. 1999 年下徐事件（也称"7·31"事件）。这是一起因高速公路（京福高速，后改为京台高速）建设征地拆迁引发的一起大型的打、砸、抢事件。那时国家征地补偿很低，一亩地到了老百姓手里只能补到 2000 元。滕州土地好，但是京福高速在滕州段长 50 多公里。为了争取上下车方便，滕州通过协调，境内设有两个匝道口，每个匝道口需要征地 500 多亩。其中 25 匝道口征下徐村地 500 多亩，全村的土地被征一半。这么多土地被征，老百姓一时接受不了，因为农民靠地吃饭，心理和经济承受能力是有限的，但是国家工程不能耽误，全线统一开工，哪一段都不能拖了工程的后腿，省里不断地调度。由于征地工作做得好，老百姓也接受丈量土地，签订被征土地合同。说实话，绝大多数老百姓是通情达理的，因是国家工程，小局服从大局，个人利益服从国家利益的思想是有的。那么下徐事件的出现，是在工程施工时发生的，是由少数人私心作怪、抢干工程造成的。高速公路的施工，要求严格，是由大型道路工程公司承建。地方少数人看到了这个有利可图的事，纠集部分人抢占工程，干扰了国家工程的正常施工，从此引发了农民不满，直到打、砸、抢事件。1999 年 7 月 31 日这天，发生了近 1000 人的殴斗事件，纠集的群众抢占了工程，砸坏了 5 辆警车，打伤了十几名市镇干部，有的还拿走了工地上的施工设备。这起事件引起了省和枣庄市领导的高度重视。为了控制事态，枣庄市委政法委、公安局的领导同志，亲临现场处理此事。这起事件，由于背后有人组织，有计划行动，前台有人演戏，后台有人导演，处理起来难度大，看上去一时难以平息。有一天又到工地闹事，由此引发了几处工地闹事。为了解决这个问题，7 月 31 日上午，枣庄市委常委、滕州市委书记高惠民同志主持召开市委常委会，研究社会稳定及其他事项。在开会的时候，南沙河告急，先由滕州市委常委、政法委书记孙云飞同志，协同有关部门前去解决。会议开到上午快 11 点时，又传来南沙河下徐事件新的情况。报到常委会上的消息是，多辆警车被砸，南沙河少数干部被打伤，还有孙云飞、孔德文同志也被打伤。听到这个消息后，我问高书记，我是否赶到现场。高书记说，你去吧，先稳定局势，同时按程序上报枣庄市委政法委。我赶到了现场，看到的是打砸的场面，7 月的天气很炎热，玉米已冒出天缨，闹事的人不在公路上，而是在农田小路上，不注意是找不到人的。我看到公安干警时，因局长被打，情绪激动，我向公安干警提出要求：一要冷静，不能冲动，不能激动，不能盲动。二要依法解决问题。我讲，干警同志们，看到这种情况，我也很气愤，但是，你们要记住一句话，冲动是魔鬼，走错一步，无法挽回。我说，没有我的命令，任何人不准乱来。干警们还是服从命令的，这时稍微静了下来。枣庄市的有关领导已到了木石山口。我听到这个信息后就过去，在高速公路匝道口，简单地汇报了情况，边走边商量对策，因为他们带着特警、消防车，准备去解救被困的人员。这时围观的群众估计已近万人，处理不好，这确是大事了。我向领导建议，干警和消防车不要急着往村里进，先搞清情况再说。我带着滕州市公安的同志去解救。按照确定的方案，我到了村里，一是向一些闹事人员讲明道理，二是要尽快放人，否则后果自负。通过工作他们把人放了。我从村里回来，向等在村头的枣庄市领导汇报了情况。经商定，枣庄市的领导先回去，公安干警也撤离，我并且表态，请枣庄市委及各位领导放心，滕州市委一定会处理好此事。枣庄市的领导同志走后，我在现场召开了个小会，把整体情况由政法委、公安局汇集起来，搞清情况，理出头绪，找准症结，拿出办法，向市委常委会汇报。这时已是下午的4点钟，中午饭还未吃上。面对这种情况，必须连续作战，抓紧时间向市委书记高惠民同志汇报，并建议召开市委常委会听取情况，研究下步意见。根据高书记的安排，晚上7点召开市委常委会。按照我在现场开会的要求，由政法委、公安局、南沙河镇汇报情况。这次常委会会议是一个专题会议，主要研究处理南沙河镇下徐事件。在这个会上，市委常委会决定，成立下徐事件处理领导小组，我任组长，孙云飞、于凤春、王维田、赵成敏等同志任副组长，并从有关部门抽调20人，组成工作小组进村工作。因为昨天的事件只是暂时把人解救出来，深层次的问题还没解决，高速公路工程不让开工，工程施工设备被抢，公安车辆被砸，公安干警和市镇干部被打伤等问题，还有农民要求增加补偿等问题。这么多的矛盾需要时间、工作去化解。对这起大的事件，既不能用简单的方法去解决，又必须依据法规、政策妥善处理。8月1日早晨8点，我召开领导小组成员会议，讲明情况，提出要求，化解矛盾。提出："一控三保"的方案（一控：控制局面，不再发生反弹；三保：保社会稳定，保高速公路工程开工，保群众利益），并成立了五个工作小组：第一案件处理组，有公、检、法人员参加。第二群众工作组，开展对群众的法治宣传教育，政策讲解。第三工程协调组，处理高速公路开工问题。第四党建工作组，因这个村党组织已不发挥作用。第五材料信息组。五个小组进入下徐，加班加点开展工作。领导小组晚上到深夜听取工作汇报，明确第二天的工作重点。为了更好地处理此事，根据市委的安排，我和孔德文等同志到苍山县学习处理苍山蒜薹事件的处置经验。根据公安的初步调查核实，这次打、砸、抢涉及人员较多。为了减少打击面，还是以教育为主，尽量少抓人或者不抓人，确实不抓不行的，再依据事实、法规、依法处理。工作组持续工作了半个月的时间，对积存的矛盾，从根本上化解，达到了站在农民的角度看问题，站在全局的角度处理问题。针对干扰高速公路施工、打砸抢、群众反映的合理要求等问题，全部做了处理，实现了工程重新开工，班子重新建立，违法者依法处理，达到了上级满意、群众满意的目的。

在这次事件处理的过程中，我认为处理大型事件，必须做到"紧紧依靠群众处理问题，为了群众的利益解决问题，把群众的合理要求当回事"。对此，工作组的同志，在工作中动之以情，晓之以理，耐心开展思想工作。为了让群众了解真情、晓知政策，发放明白纸和法规摘要小册子。为了加强法治教育，搞好法治宣传一条街，使广大群众明白哪些是违法，哪些是合理要求，哪些应该做，哪些不应该做。这个村后来成为依法治村的典型，市委、市政府对下徐事件的处理，专门召开了总结表彰会，对在这次事件中表现好的同志进行了表彰。

10. 刁庄群体事件。刁庄事件也是因高速公路占地引发的，这是高速公路24号匝道口，占地也是500多亩，绝大多数是东沙河镇刁庄村的土地。这起事件比下徐事件来得晚，已是1999年的下半年。这起事件也是少数人要求干工程引起的，组织了1000多人阻挠高速公路施工，并打伤工程队的人员。东沙河镇党委政府成员全部靠上做工作，仍无效果。并把当时的镇党委委员、纪委书记捆绑在一个楼上当人质，对要求的工程问题、加大土地补贴问题作为放人的条件。这是一天中午发生的，我知道已是下午1点多钟。这时孙云飞、孔德文同志已到现场。他们正认真地做劝解工作，要求撤离工地，回去听处理意见。这个时候，矛盾达到高潮，公安的车辆、镇的车辆也被砸。少数打砸抢人员还到下徐去取过经。这起事件如果不能及时控制局面，造成的后果不堪设想，可能大于下徐事件。当务之急是控制局面，解救人质。我把临时指挥地点放到东沙河水泥厂，召开了控制局面、解救人质的紧急会议，参加这次会议的有市维稳领导小组成员及东沙河镇主要负责人。当即确定了三个事项，兵分三路开展工作。一是采取对话方式，立即控制组织者，缩小群众参与面。二是加大对参与者的教育，不要上当受骗，不要有过激行为，否则要负法律责任。三是由公安民警化装成群众，找村里有影响的人一起去解救人质。针对这三项要求，展开了扎实有效的工作。直到晚上10点才把镇纪委书记解救出来。接着我又到东沙河镇政府召开碰头会，听取兵分三路的工作情况，研究下步的工作意见。会议开到凌晨2点钟，我和几位同志在会议室里打了个盹，天亮5点钟开始工作。对刁庄事件的处理，尽管感到很棘手，但是有处理下徐事件的经验，办法就多了些。三条战线的工作开展得很有成效。组织闹事者得到了控制，参与的村民大部分回家。针对闹事者要求的两个问题，做了认真处理。关于要求干工程问题，这是不能答应的事，任何人不能强揽、霸占国家工程。对无理要求坚决回绝，对阻止工程施工、打砸抢者，给予了依法处理。对村民提出的建高速公路毁坏的水渠等，通过协调省高速办，给予了补偿。刁庄事件三天处理完毕，高速公路部门、刁庄的群众对问题的处理是满意的。针对刁庄的情况，后来搞了一个法治教育活动，普法小组进驻刁庄村，开展法治教育，建立了普法专栏，精神文明和普法一条街等，坏事变成了好事，后来刁庄成了普法和依法治村的典型。

11. 界河镇南界河村民卧轨事件。这是一起因铁路把一个村分在了铁路的两边，给群众生产、生活带来极不方便引发的事件。一家人住在铁路两边的户不少，村东到村西赶集，他们都要经过铁路微小的桥洞，给村民的生产、生活和安全带来危害，界河镇及南界河村极力要求协调解决问题。市委、市政府对此很重视，安排有关人员到济南铁路局协调，多次未果。农民看不到希望了，采取了极端措施，村民上铁路，铁道部很快知道，他们已通过省里要求抓紧解决此事，否则后果不堪设想。我到现场时，看到近2000名群众涌动着向铁路走去，这时公安干警部分已到现场，到了千钧一发之时，箭在弦上，随时可能发生卧轨事件。因京沪铁路过往的列车比较多，群众情绪又激烈，稍有不慎，就要发生大的事情。我没有退路，副市长找到我，我不能推到市委、市政府主要负责同志那里，处理这些事情，我也从未推脱过，也很少把事情推到"一把手"那里。每次处理这样的事，事先打个招呼，让知道此事，处理后用结果汇报。那时，在滕州有个习惯，只要发生了大的事件，都会找到我，我也知道这是信任，同时也知道处理这样的事情有风险、有责任。凡事不做没有责任，做了就有责任，但是不能怕担当风险和责任而回避，这不是我的品格，也是党性所不准允的。敢于担当作为，是对一名共产党员的基本要求。所以到现场看到这种情况，立即行使我的指挥权，用报话机指挥公安干警立即、快速赶到铁路上，设立警戒线。公安干警在铁路两侧迅速排成人墙，控制群众闯入铁路，要求干警高度警觉，不能有一人死伤，不能影响一列火车。这时又用车上一直带着的扩音器向群众喊话，亮明自己的身份。"我是市委副书记刘宗启，请各位父老乡亲一定要冷静，不要盲动，不要以身试法，你们要求的事情我很理解，但是你们也要换位思考，给市政府有一个协调工作的时间。"这时一帮人开始向我这里来，我看这是个好的开端，只要群众离开铁路就好解决。接着我又讲："今天的事情，为什么发生我不清楚，但是我要求你们先撤离铁路，到铁路西侧的路上，你们把想法、要求讲给我听，只要合法、合规、合理，我来给你们办，办不好我就辞职不干了。但是你们要选代表，不能乱嚷嚷。"铁路西侧有一个机井房，前面是一片开阔地，周边都是玉米，天气闷热得使人上不来气。这时大部分群众已过来，很多村民跪在地上磕头。我向前把他们扶起来，我说不要这样，你们有什么事可以向我说，请你们相信，但是你们要求解决问题不能用极端的方法，这样不光解决不了问题，你们又把国家的事、自己的事给搅坏了。就在这片玉米地里，我与群众对话两个多小时。对村民反映的问题，我承诺协调解决，但你们也要写出保证书签名，不准再上铁路阻挠交通，也不要用其他违法方法去解决问题，请给我点时间，过一段时间来给你们通报情况。对话直到下午5点才结束。对此事，我没有食言，我三次到这个镇村通报情况，确实也得到了群众的理解。对反映过铁路修地下桥问题，我会同有关人员去济南铁路局两次，并且还找到在铁道部机关的滕州老乡，请他们协调此事。同时要求界河镇的同志，盯住、靠上、抓实、办成。实际这个铁路地下桥到了2000年下半年才解决。通过这些事件，我一直想，这些事情使我悟到了一个问题，群众集体闹事，多数是有原因的，总有一个导火索，这就是我们在解决老百姓反映的问题时，抓得不实，解决得不好，所以引起事件。这也是社会治安如何抓，我提出的"四个一工程"的想法。界河镇南界河村民的铁路卧轨事件，控制得好，处理得及时，采取的方法得当，既未抓人，又未损失，列车通过时，村民刚刚撤离铁路。此事得到了铁道部、济南铁路局的发电感谢。通过处理这件事情，对社会稳定，老百姓上访，认识得更加清楚，对应的办法也更灵活。

12. 滕州污水处理厂事件。滕州市上污水处理厂是较早的县（市），动议应追溯到1997年。滕州的污水处理厂，通过论证，选址在姜屯镇大彦村，也就是滕州城的西部方向。污水处理厂因投资未跟上，迟迟不能完工，随之而来的欠工程款、欠老百姓的补助一拖再拖，最后导致1999年围堵市委、市政府，阻塞城市交通的事件。有一次市政府的主要领导被围堵在现场，市政府的一位副市长打我的电话，讲污水处理厂闹事的事态严重，请刘书记来处理。那时我的工作成了"消防队员"，哪里有"火灾"我就到哪里，哪里闹事我就去哪里，及时平息事态，确保社会稳定。接到这个电话后，我立即组织有关人员赶赴现场，安排政法委的同志招呼围堵企业的村民，我与之对话。大彦村是个大村，在滕州各级党政机关工作的人较多，这些同志多数能维护市里的大局，但少数同志也参与支持群众的行为。于是我专门召集了该村在市里工作的同志开会，让他们回去做工作。这里要特别提到当时的人大常委会副主任孙作桓同志，他是姜屯镇大彦村人，有威望，有影响，他出面去做群众的工作，取得了好的效果。同时按照闹事人的要求，组织有关部门主要负责人进行对话，对反映的问题做出合理的解释，并对合理的要求建议市政府拿出处理意见。对围攻市委、市政府及阻挠污水处理厂正常工作的人员，进行了依法处理。这件事，应该说是政府有关单位工作不到位，对存在的问题长期不解决造成的。所以在对这次闹事事件处理上，采取了以教育为主的方法。要站在群众的角度看问题，要理解有问题的群众。污水处理厂运转不正常，全靠市财政补贴，那时滕州财政也很困难，拿不出钱来。因此欠发职工工资，拖欠老百姓的土地补偿款，群众向上反映情况，这是可以理解的。总之，对部分群众闹事的处理，一定要搞清问题的真相，实事求是解决问题，这样才能化解矛盾，达到标本兼治的目标。

13. 农村合作基金会事件。农村合作基金会是改革开放初期，为了更好地发展农村经济，推进多种经营，组建的一个地方性的融资平台，解决国家金融投放不足问题。这些资金的来源，多数是社会性资金，个人出资，参与基金会利益分红。但是由于政府缺乏地方性资金管理的经验，加上少数人利用这个平台，乱用权力，盲目投资，多数投放的资金收不回来。向基金会投资的人，因拿不到利息，甚至还本无望，他们开始找政府，政府又不能推卸，所以成了发泄的对象。滕州农村合作基金会，投资人多，股本金大，投放出的资金涉及的行业宽泛，不只是在农业中投，市、乡镇企业也有投资。所以收回来难度很大。滕州除了农村基金会外，还有城市信托投资公司，这是以工会发起的，这个金融机构也是一个社会性投融资机构。这个机构也存在着与农村合作基金会同样的问题。这两个投融资社会性机构，确实对滕州当年的经济发展起到了一定的作用。但是随着形势的发展和由于政府缺乏对社会金融机构及资本、资金、资产的运营经验，加之这些金融机构无规、无序投放，造成了很大的金融风险，这个风险是全局性的，所以牵连的群众，少则几千人，多则几万人，并且，此事对社会造成的危害大、影响度深，一时难以平息。在事件中，部分人出现了极端行为，借题发挥。这些人有的是投资的股东，有的是社会人员，也有少数人对社会不满，带着对抗的心态，使矛盾复杂化。参与人员情绪紧张，处理起来难度加大。为了处理这个问题，市委人大常委会会议多次研究对策，想方设法解决。但是金融问题是个全局性问题，牵一发而动全身，是个很难处理的问题。因钱贷出去，就像水泼地，无法收回，那么政府财政又拿不出钱来解决，就是拿出点钱，也是杯水车薪，一时也难以从根本上解决。对这个问题，市委又交给了社会稳定领导小组，由我牵头处理此事。我深知这件事情的难度、重量、麻烦。对此，必须采取积极、慎重、缜密、理性方法，依法依规处理。为了处理好这个问题，我深入到乡镇、企业、机关、金融单位调研。针对调研的情况，召开了两个座谈会（乡镇、部门主要负责人座谈会，纪检、政法机关座谈会），将调研的情况在会上通报，针对通报的问题，讨论处理建议。这两个会是利用了两个下午的时间召开的，都开到深夜，目的是能够找到解决问题的办法。在回忆处理这起事件时，我翻阅了工作日记，在会上讲了五条措施。一是全面冻结两个基金会的账目，清产核资，摸清底数，实行"只还不贷"。二是组建依法清欠小组，有公、检、法、司、纪检等机关、有关部门参加，清退外贷资金，减少资金流失，还原基金会资本。三是实行分级负责，谁主管、谁主办、谁负责，全面查找领导责任，给群众一个明确的交代，安抚投资者，力控事态，不准出现新的不稳定问题。四是寻找新的管理渠道，向国家金融靠拢，市、乡镇、单位不准再办融资平台。五是对借机闹事、从中谋利者，依法打击，确保社会稳定。两个基金会，一个并轨于农村信用社，一个并轨城市信用社，政府也付出了一定的资金代价，保证了广大股民的利益，社会矛盾得到化解。这五条措施，对处理这起大的矛盾事件，起到了好的作用。

14. 大坞沟事件（也称"4·24"事件）。这是一起发生在东郭镇大坞沟动用枪械的群体事件。那是1999年的晚春时节，那天我正在洪绪镇召开全市妇女建功立业现场会，会议开到中午12点钟。我刚讲话，秘书到会上来找我，说枣庄市委政法委的主要领导有急事找。接着我就把电话打过去，这位领导急迫地告诉我，他刚刚接枣庄市公安局110指挥中心报告，滕州市东郭镇发生械斗事件。我说我没有接到报告，但我马上赶过去。这时我叫秘书到洪绪镇机关食堂要一个烧饼，拿着就去了。在车上，边吃边打电话做了安排，到达现场的时候已是接近下午1点。现场的事态使我大吃一惊，我处理过很多群体事件，但是从来没见过这样的场面。在大坞沟蔬菜市场的前面，摆着两口棺材，围观的人达万人，把鸡头砍掉，将鸡血撒到棺材上。两口棺材的前头还贴着两条白纸，一个写着给东郭镇党委政府主要负责人的棺材，另一口棺材写着大坞沟村党支部书记的棺材，外围还有喊号子的。这时我立即到我的车上找来了扩音器，向现场的所有人喊话。我讲：各位乡亲，我是市委副书记刘宗启，请听我讲几句话。今天这个事件，不要再发展，不要再聚集，一定要冷静，如有过激行为，就要触犯法律，无论对自己、对他人都不好。你们世代都是亲邻，没有什么深怨大仇，低头不见抬头见，退一步海阔天空。我现在不评价谁是谁非，我要你们不做对不起自己家庭、对不起朋友、对不起社会的事。我现在宣布几条纪律：

一是棺材周围的人要抓紧撤离，所有的物件原地放下。二是凡是有意见、要求解决问题的人，请你们选派代表6~7人，到东郭镇政府会议室，我与你们对话。你们的要求，只要合情、合理、合法、合规，我代表市委市政府给你们解决。三是现场的共产党员请站到我这边来，我有话给你们讲，并由你们暂时维持现场秩序。四是所有的群众立即散去，不要在现场围观。通过我的喊话，围观群众有少数开始离去，事态得到控制，我这才松了口气。但是对峙的人仍在现场，控制不住有可能再起冲突。这时，公安局长也都赶到了现场。我安排孔德文同志，立即把警戒线设好，保护现场，并召集有关人员开了个小碰头会，组建两个事件处理小组。一个由市委政法委书记牵头的事件调查组，另一个由分管副市长牵头的群众工作组，进村入户征求群众对镇村的意见。因为事件的主因是大坞沟蔬菜市场的利益问题，认为东郭镇党委政府处理不公，管理得不好。另外是对村党支部书记有意见。家族矛盾、帮派矛盾集中反映出来，并且大、小坞沟两村也有矛盾。这些矛盾被少数别有用心的人利用。这两个组，从有关部门抽调了30多人，集中时间工作了10天左右，才基本把问题搞清。政法小组依据法律及事实，进行了依法处理，老百姓拍手称快，并给市委写了感谢信。群众工作组在摸底调查后认定，是少数人操纵，想把支部书记赶下台，他们上台。群众认为，支部书记是干事的，主要是单门独户，家族势力小，没有什么违法违纪问题。后来，工作组的意见还是支持这位支部书记继续干。对这起事件的处理，社会反响良好，对于维护公平正义，支持基层干部干事，打击违法者，促进社会稳定，起到了积极作用。

15. 杏花村市场搬迁事件。滕州杏花村市场是一个老市场，新中国成立以后，这里逐渐形成了干杂海货市场。由于每年的交易量大，商户利益丰厚。但是随着滕州城市建设的发展，这里已不适应市场的需求，人多拥挤，交通阻塞，限制了发展。鉴于此，市委、市政府决定，将杏花村市场搬迁到城市北部，也就是现在的学院路以北。市场建好后，商户坚持不搬迁，还打着白色标语，敲锣打鼓，围堵市委。这起事件，因为涉及销售户的利益，再加之别有用心人的操动，反复性很强。用了半年的时间才搬迁完毕。这起事件发生在1997年的下半年，也是参与人员较多，情绪特别激烈，是给社会稳定带来较大影响的一次。因为这些参与人员中，很多与党政机关、政法系统工作人员有关系。那个时期，各级倡导机关干部利用业余时间经商办企业。所以在搬迁时，很多的机关干部以及他们的亲属，在新的市场都有购房或者租房。原来的老市场商户认为，好的位置都被党政机关干部占用了，他们没有好位置。另外认为，新的市场成本高，他们收益少，还反映工商管理部门吃拿卡要等。针对这个问题，市委认为，我出面处理最合适。我是外地人，没有什么亲戚关系，站出来讲话能起作用。说实话，这是一起很难处理的问题，因为涉及党政机关干部，有的领导干部也参与（那时政策允许）。处理不好，会得罪人，既然组织有安排，再难我会服从。于是我提出了以下四条措施：一是问卷调查找依据。组建了调查小组，广泛走群众路线，听取回访群众意见，把办法交给群众，把所有的意见、建议都进入问卷，被问卷人签字，这次发放问卷1000多份。他们对市场的搬迁，提出了很多很好的意见和建议，为解决市场搬迁矛盾奠定了群众基础。后来我安排调查小组归纳整理，将群众的意见公开张榜，使他们的诉求有了回应。二是评估测价找公平。由于市场的规模大，门市房多，确实存在位置优劣问题，也就是说，商铺摊位有"一步金一步银"说法。对此，我安排了工商、物价、土地、审计、司法、公证处等部门，对每一个门市房进行编号测价评估，核定的价格数额公开。销售或者出租按号按价处理。三是合理售租找法规。我常讲，领导干部决策讲依据，办事按程序，执行讲纪律，规范讲法规。这次事件的处理能不能合理，关键是所有的决策是否符合法规。如果出台的处理意见，没有法规依据，就执行不下去，也不会得到好的结果。因此，我又找政府法制办，把即将出台的处理意见放到法规角度去核准。这样出台的处理意见就有了力度。四是统一搬迁找进度。这个市场由于搬迁的措施不到位，按确定的时间推迟半年之多，已经影响到城市其他工程建设，对此，在看透拿准的情况下，必须争取时间。所以又确定了最后的搬迁日，采取倒排工期，各项措施齐头并进，抽调的工作人员加班加点，在确保无误、不再出现反复的情况下，将处理意见公开。同时，还做了一个对个别事、个别人的预案，防止少数人干扰。处理意见出台时，得到了绝大多数商户的认可，所以搬迁得以顺利进行，半年多反复群访闹事、搬迁不走的杏花村市场，工作小组利用了三周的时间办理完毕，解决了市委、市政府认为的难题。五是规范管理找长效。这次处理不只是解决完售租房了事，对下一步市场的管理和长期发展也提出意见，安排到位。建议市政府出台了市场管理办法，组建市场管理办公室，有关部门人员进驻办公，对培育市场、管理市场、服务市场的政府职能落实到位。从那以后，搬迁三年的杏花村新市场得到壮大发展，年批发交易额达到了100多亿元。

16.地方非农业退伍兵事件。在20世纪80年代，非农业户口是城市人和农村人的区别，对农转非国家有严格的要求，每年农转非有计划指标，国家下达计划后，要经过多道手续，地市级公安局才有权力审批。那时各省市对非农业开了个小口，国家非农业指标少，就搞了一个地方非农业。这就跟当时搞全国粮票、地方粮票一样，但待遇不一样。如国家非农业户口的青年当兵复员到地方，可以安排工作，地方户口的不安排。滕州人口多、密度大，要求农转非、进城的特别多，所以只要到省里争取办理地方非农业户口，比办理国家非农业户口好办得多。因此，滕州地方非农业户口转得特别多，近郊的农村户口多数转为地方非农业户口。当时还有"空挂户"，就是农村人把户口迁到郊区农村，户口是地方非农业，但人不动，还在乡下。滕州这样的户特别多，当时的城关镇、城郊乡 3 万多人。加上原有住户，滕州地方非农业户口 7 万余人。这些地方非农业户口的孩子，到了当兵的年龄，去当兵，只要乡镇政府办个手续，回来可以安排工作。到了 1998 年底，随着大批退伍兵复员回乡安置，给地方带来了就业压力，再加上大中专学生需安排，市、乡镇两级政府没有那么多的事业单位，安排到企业他们不去。按照国家规定，地方非农业复员退伍兵不属于安置范围，但是应征入伍时，没有说明此事，没有国家非农业和地方非农业之分。这种矛盾的产生，是基层政府工作不严谨带来的。不管怎么讲，老百姓没有错。所以滕州退伍兵安置成为社会一大问题。开始少数人找，后来到了多数人找，又到了群访闹事。初始找乡镇，后来找市委、市政府。市、乡镇对此事都感到麻烦，不好解决，每次都是安抚一下了事。有一次群访发生了堵路，围攻乡镇政府机关，又围堵市委，做工作不听，必须让市委主要领导表态到机关事业单位工作。由于一时不能答应，就闹到了省里，我亲自到省里接访。从省里回到滕州，当天下午 3 点多钟，在市委二楼会议室，研究了三项解决办法。一是开展对上访户及所有复员退伍兵的教育，以两个乡镇为单位，举办三天学习班，让他们晓知政策，遵守法律，不能无理要求，更不能无理取闹。二是建议市委、市政府妥善处理这批地方非农业退伍兵安置问题，出台的政策还要有依据，不能只顾头不顾尾，也不能产生关连反应。会议讨论了相关问题，形成了统一意见。这个安置《意见》，选择了几个好的市直工业企业，采取个人报名，统一考试，按在部队的表现情况打分，也称档案分，加考试分，再加回乡表现，按照总分安置到国有企业。三是下一步政府应出台文件，对地方非农业特别是"空挂户"应征入伍，乡镇政府不准给签订复员安置合同。按照上述三条意见报市委、市政府研究确定，这三条意见得到市委、市政府的认可。按照这个意见，由民政局、经委、两个乡镇负责落实。这些退伍兵安置后，基本达到了安置人员满意、社会效果良好的结局。

17. 滕州一中西侧实验中学的地基被抢占事件。这是发生在1999年上半年的事情。根据一中新校的建设和建一所初中的规划要求，留下的土地被很多的人抢建成别墅，近200户。当时在滕州社会反响很大，学校要求归还学校土地，城郊乡洪村老百姓要求土地补偿。这是一起基层少数干部与社会上的各类人员联手抢占事件。这起抢占土地事件，严重影响了城市规划，造成了国有集体资产流失。由此而引起的整个滕州城区开始抢占土地、乱建房屋。这个风如果不刹住，滕州的城市建设下一步就没法搞。这个任务我接招之后，自己先调研了一个星期，目的是把情况搞透，拿到第一手资料，出招要准、要有力，抓到点子上，一举拿下，不再出现反复。调研后，我就召开了领导小组成员会议，让同志们先讲、先讨论，找处理不下去的原因，拿出管用的措施。结合我的调研和小组成员的发言，形成了几条处理意见。一是公开处理此事，发一封公开信，让群众检举抢建人（因多数房找不到户主），新闻单位跟踪报道。二是现场设立自报点，有纪委、公、检、法、司人员现场登记，留有一周的时间，自己申报的不作处理，不报被查出的按有关规定处理，一周内找不到户主的，按无户主房子处理。三是开展依法大调查。从公、检、法、纪等机关部门抽调办案人员20余人，全面调查每一套房子，搞清建房人、查清资金来源等，为依法处理做准备。四是召开群访人代表座谈会，让教师们以及村民放心，市委有决心、有能力解决好此事。五是组建清除队伍，由建委、城管负责，推平无人认领的房子，按照法规还原教育用地。六是建议市政府下发加强城市规划及土地管理的意见，纳入城市规划，纳入对乡镇年度目标考核，形成长效管理机制与制度，不再发生类似的问题。按这六条处理意见，全面开展工作，领导小组成员全部在现场办公，中午集中吃盒饭，不回避矛盾。这个事件用了两周的时间就有效果了，抢建的房子有三分之二人申报了，有三分之一没有人申报，这三分之一采用了个人化名写信向工作组报告，交工作组处理，自己不去拆除，请组建的清理队伍代劳给清理。按照六条处理意见，不到一个月的时间，就处理完毕，达到了社会认可、群众满意。老百姓给工作组写了不少感谢信，被处理的房主也达到了心服口服。因为在处理过程中，全部依据法规政策，公开、公平、公正，一视同仁，不管涉及谁，一把尺子量到底。这件事使我感受最深的是，领导面对复杂的问题，只要处事公心，无私无畏，不回避矛盾，就能找到解决问题的办法。只有敢于负责，维护绝大多数群众的利益，才能把问题解决好。

18. 利用社会性养老围堵市委事件。滕州在市场经济的发展中，有些人会利用政府政策寻找个人利益。有一个打着搞慈善为名，建立了能收养近 100 人的"养老所"，从慈善养老的角度向政府要贷款、要补贴。从表面上看，是做的慈善事业，应该支持。但是它的背后和深层次的目的，是"醉翁之意不在酒"，目的是从社会上收敛钱财、从各级政府手里要补贴的一个假养老机构。从市到乡镇都有公办的敬老院，并且市、乡镇各级在敬老方面做得是好的，不存在鳏寡孤独没人管的问题。当时在改革开放初期，打着敢闯、敢干、敢冒旗号的人很多，这个养老所开办的时候，得到少数人支持和新闻媒体的吹捧，也成为当时的一个新生事物。可是，在它的运作过程中，走的是一条不合法的路，违背了国家法规和政策，并且在社会上收取的钱财已全部花光。在社会上收不着钱，就把来钱的希望寄予政府，想从市、乡镇财政拿到补贴，并作为长期的财源。市、乡两级不给钱，就组织老人闹事，搞得市委不得安宁，还把病的老人送到市委。这件事等于我请战了。针对多天围堵市委，影响党政机关正常办公，给社会造成不良影响，维护稳定领导小组依据法规政策，根据群访闹事录像，研究了以下三条措施。一是先将送到市委院内的几十名老人送回原地，等候处理意见，并安排市民政局会同乡镇政府，查清所谓"养老所"收养人的详细情况，人的来源，是否符合政府养老政策等要求。符合政策养老的，由乡镇敬老院收养。不符合的要找到他们的家人。家人不养的，要依法追责。二是组建一个有政法、民政、工商等部门参加的清查小组，对该所谓的"养老所"，依据法律政策解体，造成的损失能退回的退回，不能退回的，谁投资谁承担经济责任。三是依据法规条例规定，对无理闹事者和责任者，依法追究责任。对这件事的处理，公安局局长孔德文同志做了大量工作，思想的、法律的，实行多措并举，使得这起闹事事件得以彻底解决。

19. 新兴小区群体事件。滕州市委、市政府为了给机关干部做点好事，将对原机关宿舍（平房）进行拆迁重建，更名为新兴小区。该小区一期工程近 5 万平方米（北区），先安置被拆迁户及党政机关干部，包括调入滕州工作的领导干部。往往好事难办，开始拆迁就遇到了阻力。为了搞好这个小区，市委常委会决定，由市委秘书长负责牵头协调，由一位市委副书记分管此事。由于拆迁的政策及措施制定得不到位，引发了许多不满。再加上与被拆迁户不能直面相对，对无理要求的不敢果断处理，使得矛盾越积越多，特别是退休的少数领导干部带头闹事，拆迁工作被迫停止。本来属于拆迁产生的矛盾，后来引发到社会性矛盾，多次围堵市委，出现了殴斗事件。对这件事情的处理，采取了以下措施。一是规范拆迁政策，找到拆迁政策的依据，抓住政策的公平性、公开性、实效性去研究措施。有一位老同志，要求把他的院子也算回迁面积，但是有人认为这不合理，对此产生了不少争议。开始时，就是因为少数人不拆迁，对院子大的、院内的厕所采取了暗补，造成了不少麻烦。这次重新规范，决不能暗补，凡是暗补的要退回来。规定了院子大也不能算回迁面积，厕所实行一次补偿。二是设立拆迁通报制，党员领导干部带头，将每天的情况通报全市党政机关，不拆的予以曝光。三是制定惩处制度，在规定时间内，先领回迁号，按顺序选房。后拆的减少拆迁补贴。这项措施出台后，基本上在规定的时间内拆完。只是个别特殊户，通过登门走访，讲明政策，也进行了拆迁。四是建立质量评估和回迁群众小组，把回迁权放到回迁代表手里，实行按顺序号、划区域，再加上单位对个人评估分数，进行回迁上房。五是对极个别党员干部在拆迁过程中没有发挥好作用的，进行组织谈话，记录在案。这个小区通过以上五项措施，再加上工作小组的认真负责，进行得还算顺利。不过有个别问题，直到我任市长后，才把小区拆回迁问题处理完。从那以后，不再建带有福利性质的住房。滕州市从我任市长开始，机关住房全部按市场化购房解决。

20. 西岗法庭被砸事件。这是一起因工农矛盾引起的打砸事件。事件发生在1998 年的初夏，小麦刚收获不久，刚种上的玉米长出四五片叶。柴里煤矿的汽车把农民的玉米苗轧死了，并且面积沿原来老路向外轧了近两米。那时煤炭营销不景气，每吨只能卖到100 多元，有时还不够成本。工人没钱发工资，吃不上饭，就到农民的地里去搞粮食。那几年连续发生多起农民与矿工打架事件。但是这一次轧了玉米的是一辆吉普车，可能是矿上的一位领导。这次农民把矿上的吉普车给拦住了，农民把人、车扣住不让走。矿上知道后，组织100 人武斗队，扛着白蜡秆蜂拥而上。这次械斗，伤了不少人，农民和矿工都有受伤。这时公安介入，根据司法部门对伤者的伤势鉴定，有的起诉到了西岗法庭。西岗法庭依据事实和法律，进行判决。由于赔偿方对判决不服，采取围攻法庭，直到砸了法庭，把西岗法庭的门窗玻璃及公共设施，全部砸坏，并且将法庭庭长打伤。这起事件，在社会上造成了很坏的影响，也是无视法律的一起事件。我得到信息后，立即赶赴现场，并且通知市委政法委书记、分管政法的副市长也同时赶到。到现场后，看到的是一群械斗、一片嘈杂的场面。法庭内外被砸得不堪入目。这时我安排孔德文同志用扩音器喊话，要求围观群众离开，参与打砸者要原地不动，等待公安人员查询。这时部分人开始溜走了。但是少数人走了，殴斗的气氛还未散。针对这个问题，我安排有关人员到西岗派出所开会。会议听取了西岗镇党委、市公安局以及派出所、法庭等单位主要负责同志的汇报。同时柴里煤矿的负责同志参加。广泛听取了各方的意见和市公安局掌握的案情。在此基础上，综合与会人员的意见，我提出五点意见。一是首先控制局面，不能再有新的事态发展。西岗镇、柴里煤矿要全力做好工作，决不能让少数人把社会稳定搞乱，更不允许围堵、打砸党政机关和政法机关。二是全面开展对斗殴事件的调查，组成两个工作组（依法处置小组、工农关系协调小组），抽调政法有关部门人员，以公安为主，对参与打砸者全面调查，不管是工人、农民，一视同仁。工农关系协调小组，对以往发生的工农矛盾和积存的问题，进行全面了解，依据政策，签订工农关系公约，公约中规定谁给对方造成损失，由当事人和单位共同承担责任。以前造成的损失，根据事实一次处理完毕。三是就西岗法庭被砸、法官被打一事，实行单独处理，谁砸的谁承担后果，对此，由公安机关采取专案调查，依据事实情况，依法处理。四是以市委政法委牵头，开展对矿区社会治安进行综合治理，教育、打击双管齐下。对在滕州的各煤矿，采取联防联治，建立长期合作协调制度，把工农矛盾解决好。五是砸毁的法庭进行彻底改建，资金筹措由市法院负责，采取市、镇、煤矿各拿一点的办法，建设一个与形势任务相配、与审判工作相符的新的法庭。这起事件，从开始发生到处理终结，近一个月的时间，整个过程是按照会议确定的五项措施进行的，参加处理事件的同志，夜以继日，住在西岗镇派出所的办公室里，困了就在木头连椅上睡一会儿。我安排完有关事项，已是晚上11点多，办公室里有些公文需要处理，留下一位市委常委、一位副市长守住阵地，稳住事态，不能离开现场，第二天再进行其他工作。第二天的早上5点钟，我又赶到了西岗派出所，看到两位市级领导干部在木连椅上顶着头、枕着包，睡得很香，也看到他们疲倦的样子，我有些心疼。可是，为了把刚刚压下的闹事局面稳住，也只好这样做。我待了会儿，把他们叫醒，开始研究下一步的工作，除了完善好、巩固住这起事件的事项外，还重点把长治久安作为议题。

因多起事件的处理，我得到了很多抓好社会稳定、处理人民内部矛盾的经验。所有的群体事件，有它的共性，也有它的特殊性，不能一概而论，不要就事论事，必须标本兼治。因那个时代，是经济改革到了攻坚阶段，经济发展格局到了转换时期，各种利益的再分配到了调整关口，从国家大局上看也是如此。1998 年，全国号召企业改革的砸"三铁"（铁饭碗、铁工资、铁交椅），企业改革的力度大，下岗职工多，各种社会矛盾泛起。怎样去消除这些矛盾，又如何保持社会的长期稳定，进入了我的深思。滕州从 1997—2000 年，是矛盾的多发期，各种矛盾的积淀、碰撞，开始集中反映出来。这几年，我参与处理了 40 多起群体事件。所以在处理这些群体事件实践中，形成了我抓社会治安的基本思路，那就是"四个一工程"，即齐抓共管的群防工程，标本兼治的法教工程，化解矛盾的鱼水工程，强化基础的细胞工程。关于齐抓共管的群防工程——主要抓群众参与的联防联治，打防并举，形成全市稳定的防控网络。关于标本兼治的法教工程——主要抓全市依法治理和全民普法教育。关于化解矛盾的鱼水工程——主要抓群众难题的解决，全市排查热点难点问题，把为老百姓排忧解难作为各级干部的中心任务，在全市党员干部中开展我为老百姓"解难题"活动。关于强化基础的细胞工程——主要抓文明村、文明户建设，提升人的素质，夯实社会稳定的基础。对"四个一工程"的内容，我做了认真研究，所提的背景，实施的任务，落实的措施，达到的目标，考核的办法，汇集成了一个完整的方案。每项工程十项任务，实行全年 1000 分考核，明确牵头单位、牵头人、协作单位、协作人等，实行常年抓，明确责任制。这"四个一工程"，开始是以社会治安综合治理领导小组名义对全市部署的，推行了半年多，社会反响良好，各种案件明显下降，热点难点问题在基层得到解决，社会治安、维护稳定、化解矛盾、精神文明创建成为各级干部的自觉行动。领导小组实行半年初查，年终总结，分项检查，使各级责任部门、乡镇，有压力、有动力、有活力、有效果。1999 年的年底，市委常委会听取社会治安综合治理领导小组的汇报。市委政法委的同志汇报了情况后，我作为"四个一工程"的创意者，做主题发言，详细做了说明。例如，实施"四个一工程"后，调解各类纠纷 4260 件，防止非正常死亡 43 件 78 人，防止民转刑案件 77 件 123 人，化解控制群体上访 48 起。如张汪镇陈楼村委会被司法部授予"全国模范人民调解委员会"；实行"政法五长"直接接访，1999 年共接访 138 起、1210 人次，社会矛盾得到有效化解。"四个一工程"，为维护滕州稳定，特别是做好工业的"三篇文章"，打好农村的"三大战役"，起到了重要作用。对"四个一工程"的实施，我又在会议上做了新的延伸，如群防工程抓治理，法教工程抓教育，鱼水工程抓公开，细胞工程抓家庭，把"四个一工程"打造成为滕州维护社会稳定的总抓手，解决热点难点的撒手锏，密切党群干群关系的黏合剂，加强精神文明建设的合唱曲，促进经济发展的助推器。市委常委会听取汇报后，一致同意把"四个一工程"作为市委、市政府的总体工作部署，作为社会治安的"基础工程、重点工程、特色工程"去实施，在全市全面深化展开，并作为全市工作的重点，列入乡镇、部门的考核。特别是市委书记高惠民同志要求，要把"四个一工程"作为市委工程、特色工程、基础工程、重点工程来抓。"四个一工程"的实施，在滕州找到了一条抓社会稳定、抓社会治安、抓干部作风转变、抓精神文明建设的好办法，解决了都抓都不抓、互相扯皮、互推责任的问题，形成了社会治安社会治、综合治理大家抓的强大合力。并把"四个一工程"从市委总抓，到部门负责、乡镇落实。既考核乡镇，又考核部门。如群防工程，维护稳定，由政法委负责，社会治安综合治理由公安局负责。法教工程，由司法局负责，教育局、广电局配合。化解矛盾的鱼水工程，由市委组织部负责，财政、民政等部门配合。细胞工程，由宣传部负责。"四个一工程"的实施，有力促进了滕州两个文明建设，群体事件、械斗事件、治安案件、刑事案件，大幅度下降，人民群众的整体素质、精神文明建设、社会和谐局面得到有效提升。先后被中央综治委、山东省评为社会稳定先进市，精神文明建设先进市，党建工作先进市。人民日报加编者按，对"四个一工程"做了长篇报道。中央政法委、综治委领导到滕州调研，认为滕州的"四个一工程"是当时抓社会稳定的新创造、新模式。1999—2000年，全国各地到滕州学习"四个一工程"经验的团队，络绎不绝。为了介绍好基本做法，我安排领导小组办公室编排了两本资料，以便推到全国。"四个一工程"的建设，化解了社会矛盾，减少了人民来信来访。信访是社会稳定的安全阀、温度计、晴雨表，又是人民群众表达心愿和诉求的主渠道。做好人民信访工作，是各级党政的重要工作。重视信访工作，体现了对人民群众的态度和感情。新中国成立以来，党和政府特别重视人民来信来访工作。我作为县级市分管人民来信来访工作的领导干部，深感责任重大。我从任乡镇党委书记时，就对信访工作非常重视，处理了几百封人民来信。到滕州工作后，把人民群众的来信来访，作为自己联系群众的重要方面，在1998—2000年，我亲自处理了328起人民群众信访案件。现在我还清楚地记起人民群众来信中的语言，那种亲切、渴求、盼望还在回荡。对这些来信，我都给予了一个说法，符合政策的一定解决。不符合政策的，耐心解释。特别是2001年以后，我集中接收到229封人民来信，他们用滕州人民的感情给我写信，对发展的建议，对个人的问题的要求，我利用晚上的时间，对所有的信件，全部阅读，并做出对信访问题的答复和用心解决。如羊庄镇一个刚上中学的女孩给我写信，信中说："我不想上学了，我的家庭很困难，爸爸因车祸去世，妈妈出走，跟着奶奶生活，要求政府照顾。"阅读信后，我把信批给了市妇联主席赵苹同志，并说，每年我从工资中拿出600元供她上学，一定读完高中。又如，洪绪镇金庄村小学老师给我写信说："这所小学跨乡界，属洪绪镇和姜屯镇的联村小学，因有河流，没有桥，小学生需蹚水过河到金庄村上学，小学生行路难，困扰了学校的正常开课。"我看信后，建议市财政下拨一部分款，我把枣庄市奖给我的招商引资钱，全部捐给了洪绪镇，用于桥的建设。此事是参加市招商引资大会，我领下的奖金信封，在信封上签字："此款用于洪绪镇金庄建桥之用"，并在会上转给时任洪绪镇镇长的张美华同志，由她负责办理。再如，木石镇部分人大代表写信，说木石镇多数村因鲁化污染，吃水困难（浅表水），要求市里解决吃水问题。我利用星期天的时间，到几个村调研。现场看后，确实没有打深井，地表水又有污染，决定从市里水利专项资金中解决打井费用，给老百姓解决吃自来水问题。信访工作，是党政领导干部与群众的"连心桥"，所以在信访工作中，我制定了"畅通渠道，有访必接，立足化解，跟踪督查，制度约束，注重实效"的六做到工作方法。通过这些方法，滕州市的信访、来访取得了明显的效果，省市给予肯定认可。

党群工作

按照市委的分工，我还分管党群工作。我侧重抓群众团体的工作。这项工作看上去不很重要，但实质不是，只要你站在党和国家大局去认识，它的政治作用、社会作用、群众作用不可小视。共青团、妇联、工会、统战、工商联等组织，都有社会基础，把党的意图变为它们的行动，需要党委统一领导，使它围绕党的中心工作和国家政治之需要去工作。作为市委分管的领导，要用心研究，把握特性，寻找规律，让它成为党的政治力量的源泉，释放出正能量。我在分管这项工作时，采取了抓谋划、抓典型、抓合力、抓效果的工作方法，助推全市的工作。根据群众团体的自身特点，对每一个团体提出总的要求。如共青团的工作，要求团市委围绕党的中心工作，开展"向党看齐，我为团旗添光彩"活动，着重抓好各级团组织服务经济、服务社会、服务政治的"三服务"工作。如妇女联合会的工作，主要开展提高妇女素质，参与经济建设，评选"好家庭，好奶奶,好儿媳"的"三好"活动,在全市培养1000名家庭经济女能人,1000家"五好"家庭,1000名"三好"妇女。如工会工作,主要围绕全市企业改制和维护广大职工合法权益开展工作,并提出了"三同步"活动:工会的工作与经济发展同步,与推进社会稳定同步,与自身工作创新同步。如科协的工作,提出"三服务"要求:服务于全市科技进步,服务于群众科技发展,服务于经济建设。在抓好群众团体工作的同时,因市委副职减少,我也协助抓好党的组、宣、纪、统的工作。在对待组织工作时,建议市委放开眼界选人,立足事业用人,抓住德、能、勤、绩提干部,抓住知识化、年轻化、专业化,早选人、早用人。如在一般干部中,选拔具有大学学历、年龄不超过35岁的,送到大学深造培养,第一次选送60多人。学成归来后,进行考试、考核,优秀的予以重用。这批60多人中,有50多人先后得到重用,放到乡镇、部门任职。在对宣传思想工作方面,建议市委把宣传思想工作的重点放到贯彻党的路线方针政策上来,围绕全市政治经济社会事业的发展,做好"鼓"与"呼"的工作,在落脚点上,做到虚功实做,用科学的理论武装人,用正确的舆论引导人,用高尚的精神塑造人,唱好同心曲,搞好大合唱,推动滕州经济社会全面发展。在统战工作方面,提出统一战线的工作主要是:引领、团结、协同、服务,把党的统战工作放到全市大局中去思考、去工作。我这个人无论做什么工作,都要求真、求实,追求完美,注重抓点带面、获得实效。对党群工作不管从事多长时间,在工作谋划上,都要追求个一、二、三。我对这项工作的要求是什么,这个部门干什么,都要有个说法,有个结果。例如,我分管纪检工作一年多,对纪检工作也有明确要求:抓预防,抓公开,抓制度,抓教育,抓惩处。作为市委副书记,分管的部门工作的认可度,在全省、枣庄市都排在前面。所有部门,要有奖要争,有第一要拿,树立敢于争先、主动争优的意识,使分管部门的工作在全局中始终走在前面。

政法工作

按照市委分工,我主抓政法战线的工作。政法部门是非常重要的部门,这些部门的工作如何,关系全市大局。有着为社会保持稳定、为经济保驾护航、为百姓主持公道、为政治承担保卫的重要职责。按照党对政法工作的要求,我记得抓了以下五个方面的工作。

1. 立足责任抓履职。政法机关的责任重大,能否尽职尽责地去履行好职能,这与滕州的各项工作密切相关。如公安部门，滕州市公安局与枣庄市的其他区公安分局，在隶属管理上有着区别，滕州市公安局隶属滕州市委、市政府直接领导，人事干部管理除主要负责同志外，其他人员全部由滕州市委管理。滕州市公安干警1000多人，干警基数大，基层干部多，管理难度可想而知。滕州公安干警，是一支非常有战斗力的队伍。能否让这支队伍，在保卫人民、打击犯罪方面发挥作用，需要把公安的职责落到实处，更需要调动所有干警的积极性。那么，除了配好公安局领导班子外，还要强化基层干警的职责，加大履职的督查，把工作的重点放在基础工作上。2000年11月2日，我在全市社会治安综合治理基层基础现场会上强调，要夯实基层，打牢基础，把社会治安的重点放到基层"农村抓整治，城区抓防范，企业抓共建，基层抓创安"上来，并把实施"四个一工程"进行了细化，做到群防工程"十要有"，鱼水工程"十解决"，法教工程"十做到"，细胞工程"十进家"，把社会治安防范工作前移，把公安工作重点转到一手抓打击、一手抓防范上来。我分管政法工作的几年，滕州市公安无论履职方面还是服务大局方面，都做出了重大贡献。

2.着眼大局抓稳定。一个地方的发展能否顺利，关键是社会能否稳定。我在分管这项工作时，始终把社会稳定看得特别重要，无论是在工作的摆布上，还是对下级的要求上，做到要"两手抓"，一手抓稳定，一手抓发展。一个地方不稳定，一切无从谈起。因此，对政法部门要求"两手抓"，党政机关要求用"两手抓、两手论"来推进全市经济社会的发展。每年滕州政法部门要制定"两

到部队走访

手抓"的意见和推进的举措。如滕州市人民检察院,以翟洪德检察长为班长的一班人,把"两手抓"用在保卫经济发展、推进社会稳定上,始终把执法放到全市的大局中去考虑,做到了法律与政治、法律与经济、法律与社会、法律与效果相统一,在长期的执法中做到了既打击经济犯罪,又保护经济发展,既打击各类刑事犯罪,又保护人民群众的合法权益,管理得当,宽严相济,打防并举,取得了很好的社会效果和法律效果,各类案件发案率明显下降,社会稳定,经济持续发展。1999 年滕州市人民检察院被评为全国人民满意的检察院。

3. 依法配合抓协调。公、检、法、司几个部门的职能,既相统一,又相制约。如公安侦查办案,需要与检察院配合是否批捕,案件由检察院起诉到法院,需相互沟通,法院判决后,送犯人劳改需司法配合。几个单位既要坚持依法履职,还要相互协调,达成在法律规定的范围内的一致性。保持这样一个局面,除了部门自身要主动做好外,还需要市委的加强领导,对重大事项的协调。我分管几年的政法工作,对滕州政法几个部门的工作协调是有力的,几个单位的配合是好的。凡是市委、市政府决策的重大事项,几个部门都能做到一呼百应,团结协作,全力支持。说实话,分管几年的政法工作,我心情非常愉快,也很感谢政法部门的同志。如市法院,对待市委的决策实施就是一个例证。当时滕州经济正处在改革的重要时期,市直国有企业不改革,发展就无从谈起。如何改、怎样改,只能触及产权,实行破产重组。那么这项工作没有法院的配合,是破不了的。在这方面,时任法院院长的梁克国同志,全身心投入到依法改制上来,从法院抽调法官,成立依法破产审判组,对亏损严重,零资产或负资产企业,发展无望的单位,依法破产。当时滕州市直国有企业资不抵债已达 90%,不置之死地而后生,已无其他办法可救。因此,在全面审计、评估的基础上,该破的坚决破产,不破很难走出经济困境。对此,依法破产率达到 95% 以上,破产金融单位不良贷款 39.7 亿元人民币,近 40 亿元人民币被依法破掉。没有当时的依法破产,也没有以后滕州的民营经济大发展。所以滕州人民法院在维护大局、依法办事、促进发展上,做得非常好。

4. 注重投入抓建设。我刚接管政法部门时,听到政法干部反映最多的是"三缺",缺少办案场所,缺少办公经费,缺少住房。有的因家庭无住房,不安全,干警无法外出办案,不愿去,留家看门。针对政法干警住房困难,1997 年底,我走访了十几家政法干警住房困难户,看后感觉不解决住房问题就对不起政法干警。政法部门的"三缺"问题,严重影响了政法队伍建设,同时也影响政法干警作用的发挥。对此，我在市委常委会上多次呼吁，建议解决好政法机关存在的实际困难。那时市财政也很困难，靠财政也拿不出钱来。怎样解决这些困难，需要开动脑筋，在不违背法纪的前提下，寻找解决办法。向市委常委会汇报、反映的目的，是统一市委领导同志对政法口存在困难的认识，也是争取多方解决的办法，形成集体决策意见。按市委总的要求，对公安、检察、法院三家办公场所进行筹资建设。记得采取了"三个一点"：向上级业务部门争取一点，市财政拿一点，单位自筹一点。我在 1998 年 3 月 27 日全市政法工作会议上提出，先解决政法系统最困难的事项。公安机关先解决 110 办公场所问题，交警先解决办公楼问题，拘留所解决搬迁问题；检察院先解决办公楼问题；法院先解决审判庭问题。要利用两年的时间，上述事项全部解决。这也是市委对政法干警的承诺。我还讲："要坚持'三舍得'，全力保障办案经费，必要装备经费，改善办公条件，解决住房困难，认真落实从优待警方针，解决好职级、待遇、住房等问题。"在解决公安"三缺"时，我多次协调土地、资金等方面的问题。在解决检察院干警宿舍时，协调各方主动承担责任，为建好住房创造环境。特别是解决基层法庭法官干警工资由市财政统一发放问题。当时滕州 22 个乡镇中有 19 个法庭、法警 157 人，都在乡镇发工资，非常不及时，有的几个月发一次，有的想法自筹。市法院院长朱旭光同志找我说，有的为了筹钱，造成办案不公，法庭干警多次强烈反映，要求收到市里发工资。对此，我与市政府的主要负责人和市财政局协商，要求必须解决这个难题。在得到市委主要领导的认定后，经过有关程序，将人、才、物统一收到市法院管理，增加市法院的人头经费。这件事的办理，给即将到枣庄市中级人民法院任职副院长的朱旭光同志，在滕州法院院长任上画上了圆满的句号。在解决政法系统办公场所等问题的同时，支持公安、检察院、法院，运用市场手段，解决干警住房问题。记得在解决检察院住房过程中，检察院主要负责人付出了很多辛勤劳动。往往好事难办，有人反映到上级，被调查。我对此事承担过来，对调查组的同志讲，检察干警确实没房子住，没有违纪，是用市场经济办法解决的，是我建议市委同意的，与检察长没有关系，如果错了，由我承担。调查组的同志调查后，认为没有问题，纯属诬告，按原定方案办好。对公、检、法干警住房难问题，通过争取、协调，缺房问题得到了有效解决。对政法经费实行收支两条线，保证办公、办案经费。对政法工作"三舍得"，是我时任乡镇党委书记时创出的经验。所以不论在滕州，还是在其他地方工作，我是全力支持的。滕州政法单位的设施建设，由于以前投入不够，用"三舍得"理念解决"三缺"问题，因此，成为全省好的典型，成为全省政法工作的好经验。

5. 落实服务抓环境。如何加强对政法工作的领导，工作的着力点要放到服务上，为政法工作创造好的环境。对政法工作，在环境方面有不同的认识，有的认为，政法口是强势单位，不存在优化环境问题；有的认为，越是政法口，越需要市委的关心和加强领导，不能失控，使政法工作在党的领导下，在法律的范围内活动，创造良好政治环境、法治环境。后者是我的认识。所以对政法干警提出：政治上关心，生活上关照，工作上关怀，把领导转向服务上来，解决他们在工作与生活上解决不了的事情，让政法干警放心、放手干事业，无忧无虑去工作。分管几年的政法工作，使我感受很多。开始分管时，有人提醒我说，政法口不好管，人多，情况复杂，还不听招呼。我说事在人为，只要坚持原则，把握大局，注重关心，搞好服务，以心换心，不会不听招呼。通过几年的工作，验证了我的看法，市委的决策在政法口得到很好实施，号召力是强的，广大干警对我也是信任的。一个部门、一个地方，能否把广大干部的积极性调动起来，关键是看领导干部如何领，怎样做，与他们同心、同德、同道，把大家团结在党组织周围，为人民群众办好事，为政法干警办实事，从而把大家的积极性引导到为党和人民干事业上来。在滕州分管几年的政法工作，我认为自己准确把握了党对政法工作的领导，科学运用原则性与灵活性的工作方法，极大地调动了干警的积极性，有力推动了经济社会的全面发展。

科技工作

在任滕州市委副书记期间，我还分管全市的科技工作。对于科学技术，我不仅重视，还很热爱，因为科学技术是第一生产力。没有科学技术的发展，就谈不上强国、强市。滕州市是科技发展比较好的县市，因为这里文化积淀厚重，人民群众智慧高，从工业到农业，从城市到农村，都比较重视科学技术的发展。我记得从我分管此项工作后，按照经济社会发展规划，制定了科学技术发展意见，提出了抓好"三条战线"，落实"三个普及"，实现"三个达到"的要求。抓好"三条战线"是：抓好大中专学校科学技术的研发创造；抓好工业企业厂办科研所，提升工业产品的升级换代；抓好乡镇、农口单位对农业科学技术的研发培植推广。

落实"三个普及"是：对中小学生实行科学技术普及教育，对农业科学技术普及推广，对工业企业工人的科技知识的普遍传播。实现"三个达到"是：达到国家科技先进县市的要求，达到农业生产先进区域的样板要求，达到发明创造专利县市的标准。为了实现提出的工作思路和目标，建议市委组建科技工作领导小组，我任组长，有一名副市长、人大、政协的同志参加，形成齐抓共管合力，全面推动滕州科学技术的发展。同时，建议市委在每一个乡镇配一名科技副镇长。市委选派了23名有专业知识的干部到乡镇任职。为了落实好科技发展的意见，提议将科技工作纳入到全市工作考核之中，这在当时还是走在全省前列的。由于市委、市政府对科技工作的重视，滕州科学技术的发展，无论是工业还是农业，以及全民的科技意识，都取得了明显的进步。在回忆这项工作的时候，当时的四点工作措施和思路还记忆犹新。一是要把科学技术是第一生产力的论断，变为各级干部的自觉行动，培养科技意识。二是要求各级财政增加科技工作经费，培养科技动能。三是把科技工作纳入党政工作全年任务考核之中，培养干部的科技自觉。四是要求乡镇党委、部门每年至少听取两次科技工作的汇报，培养科技潜能。特别是滕州农业科技得到了创新与发展。如上林下鱼、温室养殖、小麦优选、土豆脱毒、无土栽培、三膜覆盖、恒温保鲜、智能温室、节水灌溉等，都有新技术得到应用。尤其是小麦丰产方，聘请中科院院士、山农大教授余松烈为顾问，使级索镇小麦亩产超过了750公斤。还有民营企业科技研发，对民营企业的发展起到了重要作用，每年都有新产品的开发，新技术的引进，做到了生产一代，开发一代，储备一代，技术革新在企业得到普及，群众性科普热情形成氛围。群众科技意识的增强，有力推动了科学技术快速提升，也推进了社会文明和经济发展。对科技的重视，是我一直关注的一个问题。2001年初，我已任市长，一如既往关心科技工作。我主持召开了全市科技创新大会，专门部署科技工作，讲了三个问题：提高思想认识，增强科技创新的紧迫感；实施科技兴市战略，加快科技创新步伐；落实领导责任，为科技创新提供坚强保障。

市长情怀

任滕州市市长

2000 年下半年，滕州市政府面临换届，我作为唯一的一名市委副书记，经枣庄市委考察，报省委组织部同意，作为滕州市自新中国成立以来第十八任县市长候选人，等待滕州市召开人民代表大会选举。2001 年 1 月，经过履行程序，我被选任为滕州市市长。2003 年上半年卸任市长，调离滕州。在被选为滕州市市长之际，向人民代表致谢，我讲，感谢党组织对我的培养，感谢滕州人民对我的信任，我没有什么豪言壮语，只有务实工作情怀。我要向党和人民群众表态的是"一副对联"，上联是：严格要求不做贪官；下联是：拼命做事不当懒官；横批是：亦官亦民。要清正为民，只为民不为官，用民本思想去做市长。按照这个表态，开始谋划市长的工作。近三年的时间，不算长，但是也能干出一番事业。回顾这段历史，仍然心潮澎湃、热血沸腾，干事的激情涌上心头。记得选任后，我召开了市政府常务会议，对政府班子成员进行分工调整，并提出施政要求。以"六善"说理说事，也就是讲了六个方面的问题。

一是树立善学意识，做到边干边学。要求向理论学，向实践学，向人民学，向书籍学，到工作的现场学，走到群众身边学。

二是树立善政意识，做到勤奋进取。要求善政要体现在一个"勤"字上，勤者能善，善者能勤，对领导班子成员，采取"三制"管理，即重点工作终结制，工作情况点评制、履职责任追究制。

三是树立善法意识，做到依法办事。心中时刻装着法规，要求不违法、不违纪、不违规，在法规的范围内活动。

四是树立善民意识，做到为民爱民。把群众的小事看成大事，办事情要考虑人民赞成不赞成、满意不满意、高兴不高兴、答应不答应。对热点问题要抓住，难点问题要靠上，棘手的问题要跟进。

五是树立善廉意识，做到自重自律。党风关系到党的生死存亡，领导干部必须严格要求自己，做给下级看，做给群众看，做给家人看。时刻牢记党的纪律，要经得起各种诱惑，不要当金钱的俘虏。"君子爱财，取之有道。"手莫伸，伸手必被捉，党和人民在监督，众目睽睽难逃脱。廉能生威，廉能保公仆本色。

六是树立善举意识，做到顾全大局。当时讲这个善举，是讲共产党人的本色。要讲政治，讲真理，讲大局，讲正气，讲团结。做到对工作讲真心，对朋友讲诚心，对社会讲爱心，就是真心对事，诚心对友，爱心对民。市长的工作是繁重的，党委领导，政府负责，政府是首长负责制。市委的重大决策，要通过市长办公会议事，通过政府常务会议决策落实。

做好市长的工作，主要体现在我讲的"六善"上，在"六善"思路的引导下，我任市长期间，重点抓了六个方面的事项。

经济发展

改革开放后，党的工作重点转向以经济建设为中心，作为一个地方的市长首要任务是抓经济。在遵循经济规律和客观规律的前提下，不管东西南北风，咬定发展不放松。我国地方经济的发展，取决于"一把手"的智慧能力。虽然是集体决策，最后还得"一把手"拍板，一个人能决定地方发展的走势、速度、质量、效果。领导能力弱，看不透，抓不准，会使决策走偏，资源资产不能得到充分利用，发展速度得不到提升，失去应有活力，或者停滞不前。所以我走上市长位置后，如履薄冰，不敢怠慢，深感责任重大。只有用心抓经济，拼命抓发展，全身心投入到经济社会发展中去。在经济建设方面，我体会到，作为市长，对待工作审视，要有独特的眼力，要有穿透力。论事情，看问题，要入木三分，深看一层，能干小事，善抓大事，不能就事论事，不能议而不决，决而不行，听贤言不听谗言，广纳言不偏言，集思广益，善于决策，敢于决策，导好航，引好路，带着一班人向着确定的目标前进。当时滕州经济面临很多困难，体制改革、机制转换，历史阶段特征明显，必须切准经济发展脉搏，抓住经济发展的关键点去开展工作。对此，我盯住"四个问题"（环境、改制、运营、载体）抓经济。

1. 抓环境。一个地方经济发展得快慢，除了特殊优势外，很重要的就是发展环境。我把发展环境看作发展的生命，没有好的环境，经济是发展不好的。那么，怎样去抓环境，又如何去培育一个良好发展环境，解决好"磕头去招商，鞠躬去落地"的问题。甚至招得进、落不了、干不好，建设好了也会跑的问题。解决现实存在的吃、拿、卡、要、报，不给好处不办事，给了好处乱办事的问题。一个地方发展环境好，就能产生磁铁效应，把外地资本、资金吸引进来，发展县域经济，实现我在人代会上讲的"富民强市"的目标。并建议市委要重视发展环境问题，下发文件，召开大会，彻底治理发展环境问题。记得在发展环境治理方面，采取了以下四项措施。

第一，建立市级统一审批中心，简化审批手续。在这项工作上，滕州是走在全省前列的。

第二，对吃、拿、卡、要、报，实行举报制度，由纠风办负责，做到有报必查，查必有果，公开处理。

第三，对企业发放服务卡，卡上印有部门负责人电话，企业老板可直接拨打部门主要负责人的电话，如不解决，直通市长热线电话，记录在案，交有关部门处置。

第四，公、检、法实行承诺制，对经济发展保驾护航，对企业发放承诺书，明确保护事项。如交警实行通行卡制度，对外地车辆不检查、不设卡，对企业车辆发放通行证等。经过一段时间的集中整治，滕州的发展环境有了明显改善，经济发展的活力得到提升，投资"沃地效应"开始形成。

一时间，国内外客商来滕考察投资的多了，落地项目多了，外地客商说滕州好得多了。一个地方的投资环境，关键是政府的硬环境配套和软环境的打造。因环境不好，一个企业的失败不只是一个企业的问题，而是政府投资环境的全面失败。政府的诚信是最好的诚信，政府不诚信，公信力下降，经济发展必然失败。建设、打造经济发展的硬环境，培育、提升软环境，是经济发展的必要条件。对经济发展环境，市委、市政府要重视，关键是各级"一把手"要重视，做给下级看，带着基层干。我在市长办公会上讲过，不准市政府领导班子成员到基层特别是企业吃饭，不准干扰、刁难企业的正常经营活动，不准对合法合规的事项推着不办，不准到企业捞好处。对企业的发展要敢于负责，提高效率，跟踪服务，确保实效。承诺限定工作日、限时办结制。倡导培育发展环境是功臣，破坏经济发展环境是罪人的良好风尚，创造一个留人、留心、留企业的环境，确保企业在一个良好的发展环境里成长。我从任市委副书记时，对民营经济发展就非常重视，坚持每年召开一次大型的优化发展环境会议。任市长后，我更加重视这项工作。2001年2月8日春节刚过，就建议市委、市政府召开一次10万人大会，我代表市委、市政府讲话。市里设主会场，乡镇设分会场，采取电视直播方式，将市委、市政府抓发展环境的决心，让广大基层干部看到，形成抓发展环境的强大合力，打造一个人人都是投资环境，事事关系招商引资的氛围。我在这次会议上，提出"四个环境"建设，即人文环境、政策环境、法治环境、生态环境。人文环境建设，主要以创文明城、建文明市、树文明风、做文明人为目标，树立知商、爱商、重商、为商的意识，打造一个你发展我铺路、你赚钱我保护、你纳税我服务、你有难我帮助的留企环境。政策环境建设，主要在不违背国家法规政策的前提下，制定地方招商引资的政策，审批权能放的放开，行政事业费能免除的免除。对招商引资政策，要求算大账不算小账，算活账不算死账，算长远账不算眼前账，以培植税源、增加财政收入、增加城乡老百姓收入为标准。法治环境建设，主要抓百部法律入千村、万条法律进家庭活动。加大"三乱"（乱集资、乱摊派、乱收费）的治理，用铁的手腕和铁的纪律来治理发展环境，切实让客商有安全感，进得来、留得住、经营好、有钱赚。生态环境建设，主要治理城市脏、乱、差，建设适宜人类居住的工作生活环境，特别是抓大气治理，拆除"五小"企业（小水泥、小钢铁、小化肥、小造纸、小翻砂），关闭所有采石场。实施林带环城、花木美城、景点扮城、绿地净城的生态环境"四城战略"，实现地绿、天蓝、水清、气爽、生态优美的范例城市。"四个环境"的创建实施，滕州市的发展环境、人居环境得到了明显的改善，使招商引资落地更实，企业入滕有了吸引力，也产生了新动力。

　　2. 抓改制。滕州乡镇企业改制比市直工业抓得早、抓得好，400多家乡镇企业于 2000 年底全部改制完。市直工业企业改制较晚，持续时间长，难度大。因国有企业工人多，负担重。改制如果没有决心、没有力度、缺乏措施责任是完不成的。因为大小 200 多家地方国有企业，负债率都在 80% 以上，多数是 100%。改制面对的问题很多。如资不抵债、欠银行贷款 50 多亿元，无能力还款的企业贷款达到 40 多亿元。国有职工 3 万多人需要就业再就业，安置职工是个大难题。市政府长期背着国有企业的 50 多亿元债务贷款过日子，每年的利息还不上逐年叠加，必须当年还上，形成了更大的政府还债压力，国有企业工人几乎天天上访，向政府要饭吃。这些问题，只有靠改革、企业改制来解决。这个问题，也是我任市长期间面临最大的问题。当时曾想，面对这个大难题，我不负责谁负责，我不下火海谁下火海。没有退路，也不能回避，只能下定决心，置之死地而后生。对此，市直企业的改革成为我抓经济的头号任务。那段时间，白黑昼夜想改革改制，也盼望通过市直工业的改制，改出一个起死回生，改出一个经济发展的新局面。为了改制，我很少在办公室，多数时间到企业调研，听取广大企业干部职工的意见。为不打无把握之仗，使改制的方案符合滕州市直工业企业的实际，2001 年 4 月 4 日，在全市工业企业改制大会上，我提出了企业改制总体方案，讲了以下要求及措施：统一思想、坚定信心问题；把握重点、明确任务问题；严格程序、依法操作问题；强化措施、狠抓落实问题。2001 年 10 月 21 日，又召开全市深化企业改革加快工业发展会议。在这个会议上，又重申加快企业改制问题，参与改制的 427 家企业，其中市直 162 家企业，都需要彻底改制。当时我提出，要以"三个有利"和"三个代表"为指导，以建立现代企业制度为目标，继续坚持完善、提高、买断、兼并、收购、代管、挂靠和依法破产等多种形式，调整所有制结构，最大限度地盘活存量资产，规范运行机制，启动内部活力，做好"四个立足"：立足现代企业制度——达到产权清晰，权责明确，政企分开，管理科学的目标。立足企业产权制度——改制必须触及产权，以产权为纽带，支持大企业参股、控股、买断、联营等方式，促进改制。立足破产重组——全市符合破产标准的企业达 100 多家，市直工业就达 57 家，银行贷款 50 多亿元，破产不良贷款达 39.7 亿元。这个问题，既是经济问题，也是社会问题，必须认真谨慎、大胆缜密、规范程序、依法破产。加快破产重组进度，注重安置，着眼重组，把安置职工放到第一位。立足国有资产管理经营——市国有资产管理局要组建国有资产经营公司，加强国有资产的有效监督和直接经营，防止国有资产的流失。对国有集体资产，经营要有道，管理要有方，运营要有效，确保国有资产的保值、增值。到了 2002 年，为了确保滕州企业改制成功，我又搞了一个"企业改制延伸年活动"，下决心用一年的时间，完善提高滕州企业改制的质量与效果。并于 2002 年 3 月 6 日召开动员大会，我在会上又讲到了企业改制问题，提出总的要求是：以"产权清晰，权责明确，政企分开，管理科学"的现代企业制度为目标，以触及产权，建立规范法人治理结构，加快资产重组为重点，由表入里，由浅入深，在深层次上解决问题，在完整性上加以规范，为企业提供强有力的机制保障。具体工作要在十个方面延伸。

（1）改制观念和认识的延伸。面对国内外经济发展新形势，市场经济发展新要求，企业不改制不行，改慢了不行。改革不是你想改不想改的问题，而是大势所趋，客观要求，历史必然。

（2）改制工作方式方法的延伸。改革不能搞形式主义，干工作不能做表面文章，不能平铺直叙，要抓重点，重点抓，抓关键，抓完善，出实招，办实事。否则毫无效果，劳民伤财，践踏了党风政风。对此要在坚持原则的前提下，因企制宜，一厂一策，特别是改制不彻底的企业，要重新改制，直至规范。

（3）改制面的延伸。各级各部门要认真查找产权改革的空白点，市直国有企业要抓全面，不漏掉一个企业。集体企业抓完善，进一步巩固现代企业制度。改制领导小组要对所有国有、集体企业进行一次全面检查，经济组织发展到哪里，改制面就延伸到哪里，决不留死角、盲点。

（4）改制企业要向规范化延伸。要针对企业法人治理结构不健全、手续不完备的企业，进行认真规范。要解决好企业债权债务纠纷问题，解决好金融债权问题，解决好拖欠职工工资问题，解决好养老保险问题。要健全完善公司治理结构相关的各项制度，完善董事会决策和决策者责任追究制度，实现市场化配置各类资源。

（5）资产重组工作的延伸。对破产企业资产重组，要本着有利于盘活资产，有利于企业发展，有利于职工稳定的原则进行。要鼓励支持具有一定资产、资金规模的民营企业，参与资产重组。要吸引外地企业来滕州参与资产重组。如鲁南农机修造厂，由上海进出口机床总公司参股，啤酒厂由青岛啤酒厂全部收购，把外地资本、资金引来用活。

（6）向搞好国有企业运营延伸。要求国资部门着重抓好国有股权的经营和管理，按照同股、同权、同利的原则，监督改制企业及时上缴国有股权收益金。具备条件的国有股权可以有偿转让，形成投资主体多元化的格局。要加强国有集体股权的管理，建立健全监督机制，严禁国有集体资产的流失。

（7）向流通建安企业延伸。要加大流通、建安企业的改革力度，已经实行租赁的，要清产核资，必须触及产权进行改制。要认真清产核资，进行综合评估。对政策性经营企业，要与非政策性业务分离，将非政策性经营的部分，组建市场化公司，参与市场竞争。对资不抵债的，依法实施破产。

（8）向民营企业延伸。民营企业改革除了体制、机制的改革外，还把现代企业制度引入民营企业，特别对较大型的商业百货店铺。那时"夫妻店""父子厂"比较多，这种管理方式严重影响了民营企业的发展，不采用现代企业制度去管理，只能停滞不前，甚至倒闭。作为政府应积极引导民企改革，组建股份有限公司，使"夫妻店""父子厂"改制成符合现代企业发展要求的民营企业。

（9）向"三项制度"改革延伸。劳动、工资、人事制度改革，是企业改革的重要组成部分。要通过企业改革，规范股东行为，引入公平竞争机制，真正建立起管理人员能上能下，职工能进能出，收入能高能低的优胜劣汰机制，积极探索适应现代企业制度要求的选人用人机制，按照公开、平等、择优原则，全面推行竞争上岗。同时对规模以上企业中层以上干部和关键性技术岗位，实行竞争应聘上岗。要在保证正常生产经营的前提下进行改革，保生产、保工资、保稳定，并要注重发挥工会的作用，维护广大职工利益。

（10）向投资主体多元化延伸。投资主体多元化是市场经济的必然选择，也是企业增加投入的有效途径。要求在改制中，采用外资引一块、合作联一块、资产变现活一块、法人自我拿一块、职工持股集一块、金融部门贷一块、股票上市融一块的办法，建立多元化投入体制。在这次会议上，我特别讲延伸的含义，并且把2002年作为企业改制的延伸年，也是完善提高年。讲"年"是对任务与时间的要求，讲"延伸"是改制工作标准的要求。

对滕州企业改革，我承担了很大的压力，涉及方方面面的利益。改革就是改掉过去已经不适应现代发展要求的东西，也是利益的再调整、再分配，必须依据法律法规、政策、程序、制度办事。为了把改制延伸年大会开好，我自己在办公室写稿子已到晚上7点多钟，还没有吃晚饭，常务副市长孙云飞同志还在办公室等我，并催我吃饭，说："市长还这么认真，为什么要讲十个延伸，讲几个就行了。"实际孙云飞同志是好意，看到我这么晚了不吃饭，是催我吃饭。我说，因为我们企业改制存在十个方面的问题，因此明天的大会我必须要讲明白，讲透彻，讲到位，把改革延伸年搞好。企业改制到位了，我们滕州的经济发展就有希望了。孙云飞同志说，那么我明天在会上就认真听企业改制的十个延伸吧。在回忆这段历史时，滕州的企业改制是彻底的、规范的、有效的，对滕州的经济发展起到了置之死地而后生的作用，盘活了国有资产，救活了集体群体，受益于广大职工，释放了生产要素，增加了财政收入。滕州的企业改制，不是我个人行为，是滕州党、政、法、群的集体作用，我只是做到了一个市长应该做的事情。没有党的领导、政的作用、法的力量、职工的配合是搞不好的。当时中央支持改革，国家金融清产核资，确定上市，对破掉的不良贷款给予了免除。滕州市抓住了这个破产机遇，当时金融部门也有看法，不愿意破产，其实破产对金融部门来说也是个好事，按照行规依法甩掉了沉重的包袱，为当地金融部门轻装上阵铺平了道路。在这项工作中，作用发挥最好的还是政法部门，特别是滕州市人民法院，用了两年的时间，投入了大量的人力、精力，进行清产核资、依法破产，用法律的力量支持滕州市的经济发展。当然还得到了枣庄市中级人民法院的支持。依靠法的力量，通过对国有、集体企业的改革改制，推进了滕州经济的快速发展。那几年每年注册的民营实体企业达到300家以上，安置下岗职工再就业2.2万人，盘活国有资产67亿元。所以，企业改制改出了经济发展的新天地，极大地释放了各类生产要素，体现了当时我讲的"抓改制就是抓经济"的理念。

在企业改制会议上

3. 抓运营。所谓"运营"，是指运营好经济发展中的经济四要素：资本、资金、资产、资源。作为一个地方的市长，抓好经济发展，首要的是利用市场经济规律，运作好发挥市场作用，去经营国有、集体资本、资金、资产、资源等经济要素，特别是有形资产和无形资产。如有形资产的"四要素"，在经济发展过程中，往往被忽视，只会利用银行的钱，不会利用市场的钱，只注重有形资产，不重视无形资产，只会花财政的钱，不会用社会上的钱。银行不贷款，财政不拿钱，事情就办不成。作为一级政府，特别是主要负责人，不懂经济，不会用市场杠杆去撬动市场经济，经济发展就会受阻、受限。只有抓住了经济要素，发挥市场作用，把资源资本放在市场中去经营，才能死钱变活钱，资源变资本，资本变资产，资产变资金，形成一个经营链条，推动经济有效、有序向前发展。同时抓住无形资产。在经济社会事业发展中，无形资产更容易被忽视，无形资产有着文化价值内涵，又有无形变有形的经济价值。如拍卖公款储存权，将公共财政资金储存在哪家银行，实行公开拍卖，因为银行也是企业，是经营人民币的，政府应将公共财政资金对金融部门进行拍卖，取得拍卖权的，由财政部门将财政资金拿到有公款储存权的银行储存。又如城市的道路冠名权、广告冠名权等，实行冠名拍卖。再如各类车辆牌照等，都可以实行拍卖。只要是公共无形资产都可以拍卖。因此，滕州市在有形资产方面抓得比较早，在山东省第一家成立土地储备中心。2001 年 8 月 2 日，我主持召开滕州城区土地储备暨管理工作会议，对城区商服住宅土地有计划、有规划、有政策、依据法律进行拍卖。也是全省第一家对城市道路、桥梁实行冠名权拍卖的城市，更是第一家成立城市无形资产运营中心的城市。从 2000 年至 2003 年，从这两项资产中，获得了大量城市建设资金，有效地解决了城市建设缺资金问题。所以我在城市无形资产运营中心成立大会上讲"我们要管好国有及集体有形资产，还要管好无形资产。管好和运作好这些资产，城市建设就会得到快速发展，人民群众就会收到很多好处。对锻炼干部工作能力，学会管家理财更有益处"。我还讲，城市建设不要愁没有钱，关键是能否找到钱。找钱就要解放思想，破除旧的观念，把可以变现钱的东西找出来。这就叫"解放思想天地宽，更新观念钱就来"，学会经营有形资产和无形资产，释放资产变资金的最大能量，优化资本的最大系数。

4. 抓载体。经济建设，政府需要搭建平台、承办载体，有唱经济戏的舞台。作为滕州市经济发展需要有发展载体，更要有承接、承办、承载经济发展的要素市场。2001 年上半年，我在市政府常务会议上讲，工业抓园区，农业抓基地（10万亩无公害有机绿色蔬菜基地，建设农业科技园），商贸流通抓市场（规划建设滕州大型蔬菜批发市场、建材批发市场、副食品批发市场、干杂海货批发市场、各类机械交易市场，大型百货商场），科技人才抓平台（建立科技市场，建设人才交流市场）。上述这些都是发展经济的重要载体。在载体建设上，我看得很重，认为这是经济工作的基础。2001 年 2 月 10 日，我在全市工业经济工作会议上讲："经济发展园区化，园区发展载体化。"要发展经济就必须把承载体建设好，有了载体，才能容纳各类经济细胞在这个载体上生存繁衍、提升、壮大。就好比一台好戏，再好的唱角，没有戏台，也是难以表演的。所以我在任市长期间，把经济发展载体抓住不放。如发展民营工业企业，就抓了乡镇的十大民营工业园。为了把市直工业搞上去，就抓了滕州新世纪工业园（后改为经济开发区）。为了把农村经济搞上去，就抓了滕州蔬菜批发市场建设。为了把商贸流通搞活，就抓了城区的各类批发市场。为了把人才资源和生产要素搞活，又抓了人才交流市场。为了建好这些平台，我多次召开会议研究推进措施，并多次到每个载体现场办公指导。从我工作日记中还清楚地记着每次现场办公时所提出的要求。例如，在滕西建材批发市场，利用104国道城区段路西，规划建设大型批发市场。那是2000年底深冬的一个星期天，我带领建设、规划、土地、城管、发改、供销等部门，就加快城西部大型物流平台建设，提出了"政府主导，市场运作，科学管理，大进大出，确保实效"的要求。又如，蔬菜批发市场，大约12次现场办公。那个时代，是大开发、大建设的年代，看准的事情就马上干，一干就能干成。我任市长期间所规划的各类载体平台建设，都得以顺利完成，并在滕州经济社会事业发展中，起到积极的作用。2001年6月16日，为了更好地把载体平台建设好，我召开滕州市场建设发展恳谈会，并邀请国家商业网点建设开发中心主任罗迪同志来滕考察，争取支持。那次会议，是为建设好滕州各类批发市场而召开的一次专题会议，听取国家级专家对滕州市场建设怎样看、如何建，集思广益，从宏观角度、微观视野，论证好市场性质，做到科学定位，不盲目乱干，把滕州建成流通经济特点鲜明，物资集散特点突出，买全国卖全国的物质交易地。在这个会上，我做了中心发言，也是对滕州今后市场建设的总体部署。共讲了四个问题。第一抓住机遇，把市场建设作为经济发展的载体。要求要抓住当时的有利时机。从全国看，国家商业网点中心把滕州规划到全国商业网点层面上布局，这有利于滕州物流与全国流通并网。从滕州自身看，滕州历史上就有"九省通衢"之称，交通便利，商贾云集，人们经商的意识浓。从经济发展的现实看，物流业已有基础，通过改造、提升、扩大，很快能形成大批发、大流通的格局。并对抓住机遇要有三点清醒认识。要认识到机遇不可失，失去不再来，机遇对一个地区、一个人是公平的，看你能否抓住机遇。机遇既是一个无限空间经济，也是一个有限时间经济。各级不要丧失机遇，要把机遇牢牢抓在手上，用机遇给经济发展加力，用机遇推进市场载体建设。第二加快发展，把市场开发作为带动产业发展的基础来抓。要看到滕州建设市场的重要性和必要性，把市场建设作为各类产业的基础，立足建大市场、搞大流通。把工作重点放在"改、扩、分、提"上。改——就是改造旧市场，要在全市168处镇、街市场中，重点培植城区十大市场，形成龙头，形成特色，形成规模。扩——就是扩规模，没有规模，就没有影响力，也没有效益，就形不成气候。市场经济的特点是适度规模，大出大进。分——将滕州繁多的小市场，划区分类，去掉小、乱、杂，形成大、专、特。提——就是提升市场档位，提高管理水平，提速物流量度。在软件、硬件、运行体制机制方面下功夫。同时提升小城镇载体、市场载体、园区载体功能，使其真正起到发展经济的载体作用。第三科学决策，把市场建设定位在突出重点分步实施上。要求滕州市场建设既要按照经济规律，又要遵循客观规律，实事求是，建一处成一处。这次市场的改造，不是一般性的改造，而是拆旧建新。要按照城市整体规划，做好市场的专业规划，风格要新颖、大气，容量、体积要适应物流，要体现超前性、高规格，确保五十年不落后，不能前面建、后面拆。四个街道办事处要承担起市场建设主体责任，有关部门发挥监督服务作用，确保用两年的时间，使滕州的市场建设取得显著效果，在滕州经济发展中起到应有作用。第四强化责任，把市场建设作为各级各部门的重要任务去落实。按照"三统三分"的要求抓落实。统一领导、分工负责，统一规划、分步实施，统一管理、分头落实。市里成立领导小组，我任组长，几大班子有关成员任副组长，下决心把市场建设好。不管困难多大，都要把这件事情干好。要求建委尽快把整体规划拿出来，把领导的要求、专业人员的想法、群众的愿望，全面考虑进去。市计委拿出市场发展的意见。各有关部门要承担好自己的任务。滕州的市场建设，是滕州流通经济的一次革命，达到脱胎换骨，以一个现代市场风貌展现在世人面前。

城市建设

我对城市建设非常重视，常讲：城市是市长的脸，不抓城市建设，市长就没有脸。所以我任市长后，把城市建设放到了重要位置。滕州的城市建设，在改革开放之前，因那时是计划经济，城市建设的发展比较缓慢，财政拿不出钱来搞城市建设，一条路也需几年的时间干完。到了20世纪80年代，实行了改革开放，经济发展逐步走向市场经济，开始对城市建设有了认识。到了20世纪90年代初，才有了一个城市规划。从区域功能分区上看，已不适应滕州发展的需要。原来那个规划布局是：北部为工业区，没有经过科学论证，把开发区、工业区定在向北的区域。从地域特点看是不行的，因为滕州城区位置是东和北高，西和南低，水向西南方向流，北部属于上风上水，又是滕州的水源地，把工业放在北部是不科学的，水的污染、空气的污染，整个城市都会受到影响，南部作为文化教育区显然不合适。那么，滕州面临新一轮的大发展，城市规划已成为城市建设的关键。如何搞好新一轮城市规划，已成为新一届政府特别是市长的首要责任。但是，当时滕州城市规划建设面临三大障碍。

一是体制障碍。老的城市规划区内有两个乡镇（城关镇、城郊乡），这两个乡镇人口达 20 多万人，市政府决策的问题，执行不下去，因为有市、乡镇两级人大。好多的城市规划方面的问题，要通过两级人大才能解决。或者说，乡镇人大通过的决议，市政府没有权力去改。这种体制，严重影响了滕州的城市规划、建设、发展。这个体制障碍必须克服。按照程序撤销两个乡镇，改为街道办事处，作为市政府的派出机构，达到政令畅通，提升决策水平，消除体制障碍。

二是老规划障碍。滕州老的规划，也是按程序办理的，如果搞新一轮规划，需要通过有关程序进行。不搞新规划，老规划无法执行，因为已过时，也不科学，不符合滕州的实际。搞新一轮规划，必须打破老规划的框架，重新科学布局。只有这样，滕州才能走向现代城市的目标，城市的发展才有希望。

三是城市建设资金障碍。在计划经济时，只是吃饭财政，没有钱搞城市建设。到了改革开放后，滕州经济有了较快的发展，但是到 20 世纪 90 年代末期，城市规费收入仍未作为财政第二预算单列，未收好也未管到位，城市建设资金流失严重。从我任市长后，开始从盘活城市有形资产和无形资产做起，成立规费收入专门机构，编制财政第二预算，将这部分资金用于城市建设。

记得为破除城市建设的三大障碍，我这个市长就拼上了，不管阻力多大，险滩多少，我决心要破，不破，滕州的城市建设就无法推进。为了破除城市的三大障碍，记忆深刻的有以下几件事。说通市级"四大班子"领导成员，把思想认识统一到撤掉乡、镇改为街道办事处上。滕州的事情要办好，首要的把思想工作做好。对"四大班子"领导成员，我利用两周的时间，分别通过见面或者电话，争取对城市建设"三大障碍"的看法，我先申明观点，阐述立场，讲明利弊。绝大多数领导成员对我的观点持支持态度，认为必须得改，不然滕州城市建设没有希望。如在争取意见中，市人大常委会副主任、曾任城关镇党委书记的孙作桓同志讲："对滕州的事情，要打破常规，特别是城市规划建设，必须要有新的东西。"在争取老县长朱锡光同志的意见时，他讲："对滕州的事情，特别是城市建设，要实事求是，着眼新的形势，进行布局调整。"在争取市政协主席程广泉同志的意见时，他讲："同意刘市长对城市新一轮规划设想，这是件好事、大事，我坚决支持。"对"四大班子"成员的调研和意见的统一，得到破除"三大障碍"的支持率达95%以上，只有极少数人坚持老的做法。"三大障碍"的破除得到了"四大班子"领导成员的支持。这对于撤销城关镇、城郊乡，有了组织的力量和法的力量。特别是撤销城郊乡，阻力较大，认为城关镇已撤销，有了城市的空间，为什么还要撤销城郊乡。有的认为，城市规划区搞得太大，没有必要等。这些不同意见，经过一个阶段，才得到了统一。为了达到市、乡两级人大的认同，在两级人民代表大会能够通过，2001年6月3日，我专门召开了市、城郊乡两级人大代表座谈会，就城市规划、建设发展问题做说明。特别是对撤销城关镇、城郊乡的重要意义和深远的发展内涵，做了详细解释，就现实意义和深远的历史意义，讲了"六个有利于"。即"有利于城市经济规模提升，有利于现代城市的超前规划，有利于城区产业一体化发展，有利于打造滕州城市文化软实力，有利于农村城市化的推进，有利于政令畅通提高工作效率"。我还讲，近几年滕州市区划做了两次调整，于2000年7月1日撤销城关镇之后，2001年2月27日按照上级要求，将原来的2个办事处、21个乡镇合并为2个办事处、18个乡镇。我们这次调整是撤销一个城郊乡改为2个办事处，滕州为17个乡镇、4个办事处。这又增加了一个乡镇级的机构。所以撤销城郊乡意义重大。并且还将其他乡镇的村庄划入城区。这次市、乡两级人大代表座谈会开得很成功，达到了预期目的，为消除"三大障碍"起了很好的作用。建议市委、市政府尽快形成决议，为城市规划、开发建设创造环境。撤销城郊乡，需要市委市政府做出统一部署，对此，我与市委主要负责人沟通，并建议召开市委常委（扩大）会议，听取市政府关于新的城市区划调整的意见。市委于2001年6月23日召开会议研究，我在这个会上做了主题讲话，讲了七个有利于，在市乡两级人大代表会上讲的"六个有利于"基础上，我又增加了一个有利于滕州经济社会的全面发展。会上班子成员的认识基本达到了一致，最终形成了市委、市政府城市区划调整的意见，决定6月25日在机关招待所南一楼会议室，召开行政区划调整会议，撤销城郊乡，把龙泉、荆河街道办事处重新调整，与城郊乡合并，将南沙河、姜屯、东沙河、洪绪镇的部分村纳入城区，按照东、西、南、北四个方位，设立龙泉、荆河、北辛、善南四个街道办事处，为乡镇级。这四个街道办事处组建后，是市委、市政府的派出机构，不存在召开乡镇人民代表大会的问题，对于从根本上消除城市规划体制障碍，解决建设发展中的问题，提供了强有力的组织保障。但是在调整过程中，虽然城关镇已在 2000 年 7 月 1 日被撤销，改为两个街道办事处，各种关系尚未理顺，这个调整是完全按城市发展规划而设定。如四个街道办事处就是东、西、南、北四个方位，为整体布局的区域而设定，这样便于管理和城市发展相协调。在消除城市"三大障碍"后，为着眼现代城市特点，抓了四个方面的工作。

1.围绕城市长远发展抓规划。建设一个什么样的城市，如何建设城市，要规划先行。城市规划在遵循经济规律和客观规律的前提下，要定好位、确好标、选好项、立好规，体现规划的法规性、有效性、长期性，做到一张蓝图绘到底。回忆滕州城市规划，2001 年 4 月 5 日，我在全市城市建设座谈会上，提出"以时代发展、文化理念、市场机制，推动城市现代化建设"。这个提法，目的是要打造城市文化品牌，找到建设城市的办法，形成城市的整体布局。确定南部为工业区，东部为文化教育区，北部为行政办公区，西部为物流商贸区，城中心为金融商业区。城市近期规划为 60 平方公里，远期为 100 平方公里。同时确定四个中心小城镇，从此拉开了滕州城市规划建设的新格局。为更好地把滕州城市规划搞好，我安排建委、规划局，找全国四家著名设计院（清华大学、上海同济大学、深圳规划设计院、省城乡规划设计院）来规划城市。同时对滕州城市先出草拟规划。2001 年 7 月的一天，我专门召开会议，听取四家规划设计院的汇报。那是在机关招待所南一楼会议室，会议开了整整一天。四家规划设计院做了认真汇报，从大的原则上，同意对城市功能分区的设想。根据这个布局，再拿出详规。从城市理念和布局规划上，同意上海同济大学和省城乡规划设计院对滕州城市的规划。单体设计同意深圳规划院的意见。

我在这个会议上，在强调城市功能分区的基础上，着重讲了四个问题。

第一，有文化——把滕州历史文化传承纳入城市规划。历史文化传承要作为滕州城市之魂来对待，顺应自然，天人合一，走进滕州就看到历史文化的脉络和厚重。

第二，有品位——要把水作为滕州城市之灵气。以荆河拦蓄为主线，形成荆河两岸看城市，把现代城市风格体现出来，达到精致、时尚、高端，形成错落有致的城市建筑群。

第三，有功能——把城市承载力纳入城市规划，把城市建设成为文化教育的载体，经济发展的载体，人类生活的载体，成为提高幸福生活指数的赋能之地。

第四，有希望——要把近期可以实现的目标和远期发展目标纳入城市规划。

近期项目是：市行政中心、七彩阳光城、科圣职业大学（滕州职业学院）、滕州接待中心、民俗文化村、人民医院扩建、十大批发市场、养老中心建设项目等。

2002年2月5日下午，在市政府常务会议上，研究火车站、新华书店、工业园、新源热电厂等项目建设，东扩、西进、北上、南下，同步进行，形成以善国路为中轴，平行路、龙泉路为两翼，东环（龙泉路）、西环（鲁班大道）南北走向大框架。以解放路为基点，以北辛路为看点，善南路为走向的东西方向路架。并重视外环路建设，拉开城市框架。根据这次会议精神，决定提交市人大会议表决，形成滕州50年建设目标、100年规划目标的规划建设蓝图，不因个人意图而改变，保持滕州城市建设按照一张蓝图干下去，形成具有区域特点、有现代城市特色、适宜人类居住的生态城市。

2. 围绕城市承载力抓设施。在城市建设中，城市的基础设施建设是重要方面。多年来特别是改革开放以来，滕州城市设施投入不足，路、电、水、气、讯、热等，欠账很多。路网未形成，"断头"路、"丁"字路比较多，老百姓对城市道路有个评价，叫"善国路长又长，弯弯曲曲到龙阳""府前路咯咯哒，颠来颠去到东沙"。这些顺口溜，是当时滕州路况的真实描绘。特别是上下班时间，滕州善国路和荆河路交叉口，长时间堵塞，当时没办法，1997年就搞了个中空架桥，缓解路口堵塞。一个城市的人流能否疏导开，关键在路，路不通，人不畅。滕州城里的"丁"字路、"断头"路多达十几条。如火车站前向北的路（大同路）、新兴北路、麻风病院门前的路、学院东路、平行南路通往工业园的路、工业园区中心路、通往王开医院的路等，当时都是"断头"路。还有比较重要的一条路——解放路。这些路不打开，城市的人流、车流就疏不开。我在任市长的时候，下决心打开这些路。除了解放路规划后我没有时间去实施外，基本所有的主要干道全部被打开。当时在打开这些断头路的同时，重点抓了北辛路、龙泉路、世纪大道（后改为益康大道）、平行路、西环路（鲁班大道）、工业园区道路，共12条道路同时开建。2002年4月15日，我在城区道路建设调度会上，要求到2002年底滕州100平方公里的城市框架道路必须建成（除解放路是后任打通的）。在道路建设上，难度最大的是资金。为了筹措城市道路建设资金，确实是绞尽脑汁，想方设法。我记得筹措城市道路建设资金时，采取了以下办法。一方面，借省级道路建设搭车用一块。如北辛路、平行路、世纪大道高速连接线、南环路，都是搭车上的。北辛路是抓住省道北留线改造拓宽建设的；平行路是借104国道改扩建建设的。世纪大道是借高速公路引线建设的；

南环路是借省道笃西公路改建上马的。另一方面，市里自筹一块。我任市长后，把第二预算搞起来，专为城市设施筹备资金。这块资金，过去都散在社会上或者部门掌控，没有聚起来，城市设施没钱干。从 2000 年开始到 2003 年，这块资金全部用在城市设施建设上。如龙泉路的建设，用的全部是政府第二预算，当时是南起翠月环岛北至万春环岛，这条路我 6 次现场办公，来回步行选线走了 3 次，两个环岛现场办公各 1 次。特别是通往东沙河的路北侧近 40 米的挖沙大坑，也是这条路上遇到的最大难题，必须分层回填、压实、沉淀后，再做路面基础。北辛路的建设，我 17 次现场办公。北辛路建设有三大困难：一是需将来自北部的雨水引到小清河，做到 200 年不遇的洪水可排。二是铁路立交桥，北辛路通过工程。三是北辛路东首火葬场的搬迁。这三大难题解决不好，北辛路就建不成。北辛路北侧地下排水工程，是滕州城市建设较为宏大的地下工程，采取砌体式两道排水渠，按照城市排洪 200 年不遇的要求搞的，把来自北部山区流向城市的水，通过地下排水渠再排出城外。在这个过程中，我与建委、水利局的同志多次现场研究，确保工程达到要求。这个工程干了 8 个多月，直到 2001 年 10 月才完成整个排水工程建设。最难的还是北辛路铁路立交桥。为了北辛路在京沪铁路下通过，我三次到济南铁路局协调，并得到在铁道部工作的李诗坤同志的帮助，同意在技术、资金方面给予支持，同时承诺保护好铁路安全。这个桥在施工过程中遇到了施工难题，下挖到 6 米时全部是流沙，水势大，无法施工。24 小时不间断排水，但是排的水多，流沙就多，塌方也多，给铁路带来了安全隐患，因此施工被停。后来到济南找工程技术人员指导，采用冷冻法，固定流沙，再进行水泥灌浆，推进工程下挖施工，确保不影响整个道路 11 月底全部完工。在解决过铁路问题的同时，北辛路东首的障碍就是火葬场。这是滕州 20 世纪 60 年代建的。160 万人的大县，就这么一个火葬场。搬走是必需的，但是需先建好新的才能拆除旧的。把此项任务交给了副市长于凤春同志，采取了很多的办法才完成。这个地方我给起名为"万春绿地"，也就是万物生灵归其自然，环岛称为"万春环岛"。北辛路三个难题解除后，整个工程施工得到有效推进。这条路规划红线 120 米，绿线 200 米，双向十车道，这在当时是超前的。但是由于拓宽路基影响了个人利益，少数人有意见，说路修得太宽，纯粹乱搞，把蔬菜市场建到城边也是胡治。这些意见并未影响到我的决策，看准的事我要干下去。这条路的路灯也是公开招标，购置的不锈钢华灯，这在当时二、三线城市也是没有的。这条路建成后，得到社会广大人民群众的好评，也成为滕州城市建设上的道路标杆。水是城市设施的血脉。当时滕州吃水，主要靠城东北的一块水源地，随着城市的扩大，人口的增多，吃水已成为城市设施的一大问题。为了解决这个问题，我三次到市自来水公司调研，听取意见，拿出措施，限期解决。决定在巩固老水源的基础上，开发羊庄水源地。羊庄水源地是枣庄市看重的一块水源地。水源地日供水量可达12万到15万立方米。为了滕州城市用水，特别保障工业园区用水，2001年4月7日，我主持召开市政府常务会议，研究开发羊庄水源地，投资6000万元，打井4眼，集中铺设管道，将日供水4万立方米，送到滕州城里，缓解了城市供水紧张和只有一块水源地、安全系数小的问题。电力供应，更是城市建设中的重项。为了保障城市供电，新上了三个变电所，分别是：南沙河、龙阳、滕西。按照城市规划调整布局供电线路。当时滕州供电局局长田传宪、副局长吕守旭同志，在为滕州城市供电，特别是工业园区供电设施建设，起了重要作用。向上争取资金支持，投入资金3亿多元，有效地解决了滕州城市近期和远期供电问题，并计划在2003年底完成主要街道高压线下地问题，清理乱扯乱挂的"天罗地网"问题，并在2002年12月做2003年财政预算时，安排1.7亿元配套资金，支持电力部门改造城区电网。城市通信也有一个配套问题。时任滕州电信局长的张应文同志，拨出370万元支持小清河通信光缆下地问题，并投入资金近2亿元，改造城市程控电话装置，使滕州通信走在全国县级市的前列。为了这块工作，张应文夫人、时任市委办公室副主任的廖国英同志，也做张应文同志的工作，支持滕州通信光缆改造。这两位同志，对滕州城市建设做出了很大贡献。城市供热是现代城市的必备。供热问题既是城市急需解决的问题，又是滕州城市建设的一大难题。过去城市基本没有集中供热，各大单位自己想自己的办法。到了冬天，城里上百个烟囱冒着黑烟，污染城市。如何解决，也是摆在市长面前的具体问题。在调研的基础上，我召开市长办公会，研究滕州彻底解决集中供热问题。最后决定：一是在南部工业区新上热电厂，解决工业园区集中供热问题。二是扩建新源电厂，2001年2月14日，召开专题会议研究与山国电合作上大电厂，解决滕州整个城市供热问题。4月14日，市政府常务会议形成决定。这个项目，是枣庄市"九五"计划以来最大的投资项目，装机容量240万千瓦时。我多次赴省计委争取项目，最后获得成功。省计委以鲁计基础〔2001〕963号文件批准，当时是投资12亿元。随即我安排市政府对城区厂址进行调研，下发滕政发〔2001〕95号文件，根据城市规划，确定项目地址。并安排分管工业的副市长、计委主任两位同志，赴北京国家计委争取批复。后因人员调动，又安排副市长何振明、发改委主任宋志浩同志继续推进。他们住在北京近半年，才把国家批复拿到手。新源电厂是在老热电厂的基础上扩建的。当时老热电厂有市财政投的股份450万元。按照新电厂与山国电合作意图，要求在济南注册。在这个问题上，我坚决反对在济南注册，必须在滕州注册。因为在哪里注册，税收就交在哪里。2001年4月9日，我又召集有关部门主要负责人会议，研究新源电厂新股份有限公司注册问题。滕州新源电厂与山国电的合作，真是不容易，难度再大，也不能放弃，因这个大电厂建好，不仅缓解了滕州用电紧张问题，而且能改变滕州的环保、供热以及税收情况。可以说是对滕州城市建设的一大贡献。2001年9月13日下午，在市政府二楼会议室，我又召开电厂奠基准备会，办好这个事是事关滕州城市设施的大事。这个电厂直到2003年才算完工，开始为滕州经济社会发展服务。

3. 围绕城市形象抓项目。城市的形象靠项目，城市没有项目就没有希望、没有生命力，更谈不上形象。城市是发展各类项目的载体。从2000年开始，我就安排计委在编制经济社会发展计划时，要把城市项目单独列出来，还要把城市项目分为经济类、社会类，又分为第一产业、第二产业、文化教育项目、商服性项目，还把这些项目列入党政班子成员的责任之中。记得那几年，每年都排出300多个项目。如经济类项目，牢牢抓住城南工业园项目，通过工业项目带动城市形象提升。社会类项目，主要抓在城区的教育项目，如科圣职业大学、实验中学建设等。还抓了高层住宅的开发，如七彩阳光城、樱花苑，荆河南岸的住宅开发等。当时的城市开发建设，得益于企业家孙厚灿对滕州的热爱，也促动了新一轮城市向东发展的决心和信心。还有行政办公中心的北迁，因为只有把市委、市政府向北迁移，城市的框架才能拉开，城市的形象才能出来。滕州的行政办公中心项目，土地、规划、设计等相关程序，我做了前期工作。特别是行政办公中心办公楼的设计，请了深圳城市规划院的祖万安院长，按照现代、稳重、大气、舒展的要求去设计，并要求提交三个外观立体设计方案，交市长办公会研究，再向有关方面征求意见后研究确定。城西区的建设，主要抓住批发市场项目，形成物流集散地。这样以项目带动城市建设，城市的形象很快就会显现。

4. 围绕城市容貌抓美化。抓美化主要是针对城市的脏、乱、差、丑的现状提出的。我任市长开始，就把城市容貌抓在手上。2001年4月1日，召开全市环境卫生综合整治活动动员大会，对城市容貌开始全面整治，以治脏、治乱、治差、治丑为重点，以净化、绿化、亮化、硬化、美化"五化"为目标，开展"城市卫生环境综合整治建设年"活动。在这个大会上，我提出了"滕州要发展，城建要超前，经济要大上，环境要跟上"的要求。一是下功夫治脏。从主要街道到背街小巷，从居民小区到城乡接合部，彻底清理垃圾卫生死角。抓住门前"三包"、门内达标责任制，加大卫生整治力度。二是下功夫治乱。特别对主要干道两侧进行集中治理，清除马路市场、马路工厂、马路摊点群、马路商店、马路饭店的"五马闹市"现象。对城市客运三轮车乱拉、乱停、乱抢道问题，进行治理。三是下功夫治丑。治丑就是加大对户外广告的治理，对乱贴、乱画、乱扯、乱挂集中治理，实行"三线"下地（电视线、通信线、供电线），所有广告必须经市政府授权的广告经营公司统一经营和管理，不准任何单位、任何人不经授权乱搞广告。"三线"下地，谁的线谁管，由所有权部门负责下地。四是下功夫治差。治差主要对人行道进行治理，对城市建筑物立面进行粉刷和镶贴，加大路的硬化，完善排水设施，对厕所进行改造，全部改水冲式厕所，树立滕州城市的新形象。在抓好"四治"的基础上，把城市绿化放到建设的首要位置。2001年2月3日，召开城市绿化专题会议，我在会上提出了城市绿化的要求，做到以河为系、以路为线、以园为景、以院为点，达到"林带环城，绿地净城，景点扮城，花木美城"。任务是三河、八路、八景、八区，100个单位绿化。三河即荆河、郭河、小清河，八路即城区的八条主干道，八区即完善提升居民小区八个绿化点，绿化面积不低于建筑面积的30%，八景即滕州城内的八个绿化景点，以绿化为主，适度建设雕塑等，做到主题突出，特点鲜明，内涵丰富，布局新颖。100个单位绿化要达标。北留路（北辛路）林带、三河生态林，2001年要全部完成任务。2001年3月1日，又召开了全市绿化造林动员大会，在全市范围内掀起绿化高潮，实施大绿化工程，对城市绿化提出一路一树、一路一景的要求。农村绿化要坚持以路域、水系为框架，农田林网为主体，网、带、片、点相结合，乔、灌、花、草相配合的绿化格局。我还提出，绿化工程，贵在坚持，一届接着一届干，一年四季抓到底，坚持数年，必有好处。滕州城市绿化开始有了城市大绿化的概念，开始向着生态城市迈进。通过几年的工作，城市绿化有了明显提高，由2000年的人均绿化2平方米提升到每人6平方米。山区绿化、林网四旁绿化都有大幅度提高。为了纪念滕州广大干部群众义务植树、捐款植树，还在滕州城西北部、104国道与北辛路交叉处，建造了绿化纪念碑，为此我还写了碑文。同时抓好滕州市的水系建设。一座城市有水则有灵气。当时在财政资金紧张的情况下，对荆河城区段实行五个节点拦蓄。荆河是滕州人民的母亲河，修好、用好意义重大。为了实施荆河拦蓄，我带领分管水利的副市长刘新生、水利局局长等有关部门的同志，沿荆河从上游到下游，步行近20公里，寻找拦水点。荆河拦蓄是一个利国利民的德政工程。安排财政、水利部门，要想方设法筹措资金，采用"三个一点"的办法投资：向省争取一点，市财政拿一点，沿河受益乡镇、单位出一点。提升两岸砌体，深挖整平河床，实行五道拦蓄，把荆河的水拦蓄起来，达到"荆河两岸看垂柳，一年四季碧水流"，实现秀美生态之城的目的。在建设过程中，采用什么方式拦水，有关人员和专家意见有些不统一。有的认为荆河拦蓄可采用砌体加活动闸门方式，有的认为应采用现代橡胶材料，建立橡胶坝。我听了专家意见后，决定采用橡胶坝拦蓄，用橡胶材料，一是节约，二是灵活，三是美观，可随荆河水势情况压缩水位或提升水位，能蓄水，能泄洪。因为荆河也是滕州东北部山区的泄洪河，在蓄水、泄洪两个方面都得兼顾。所以在这个会上，要求，要科学地评估水情，制订排蓄水方案；要选最好的橡胶材料，确保水坝建设质量。对全线五个蓄水点进行勘测，要科学选点，精准定点。我还建议善国路荆河段东西300米处各设立一处，这样行走在善国路上，就可看到水势。对用橡胶材料建坝和选点的建议，与会专家认可。荆河拦蓄，作为城市基础设施开工建设，大约用了一年的时间基本完成。

在城市建设方面，为了达到"五化"的要求，2001年开始做地下污水排泄系统，实行雨水、污水分道排泄。污水全部建立专道，送往污水处理厂。2001年9月2日召开会议做出安排，要求把污水收集排泄，污水处理厂年底必须发挥作用，污水处理厂不运行，城市的环保就不能达标。这项工程，特别安排财政局要单列资金，建委负责全面施工。要求财政投资建好主管网，支网由排污单位负责，把整个滕州城市排污水网编织好，达到不外排、不乱排，有效管理，确保地下水不污染。

社会事业

滕州市是个物华天宝、人杰地灵的地方，可以说，人才辈出。历史上有墨子、管仲、毛遂、滕文公，等等。墨子就出生在滕州木石镇，他的思想如"兼相爱交相利"仍然影响着现代人；他的一些发明创造仍在指导现代人创新，如小孔成像原理，为后人制造照相机起了重要作用；他的辘轳打水的力学原理，在起重机方面发挥了作用；阿拉伯数的 9 位数中的最后一位 10，是个进位数，这些数在中国的古代，把 0 作为一位数，发现了进位数等，在数学领域发挥了很重要的作用。两千多年以前，一代贤君滕文公（名弘）推行以"仁政"为核心的"善治"文化，把滕国治理成名扬天下的善国。现代也是如此。我在滕州工作时支持编写的《天南地北滕州人》，就将滕州在全国各地的杰出人物汇集成册。政界、军界、科技界、文化界，都有在全国知名的人士。在政界的中央部委办局工作的处以上干部达 400 多人，军界上将三人，中将六人，少将十多人等。科技界也有从事研究的专家。文化界，以诗、书、画"三杰"的王学仲大师，有中华大草第一人的马世晓先生。还有政界书法家八体书创始人王玉玺先生。因此，为发挥好这些人士的作用，为滕州经济社会发展做些贡献，从 2001 年春节，我建议市委、市政府召开新春团拜会，交流思想，融洽感情，倡导他们为家乡做贡献。同时建议墨学研讨会去北京开，让墨子思想发扬光大，走向全国、走向世界。在人民大会堂召开墨学研讨会，同时展出王玉玺先生八体书。我主持了这次会议，有关领导和涉展人员介绍了情况。会议的召开，对于弘扬墨学文化，宣传滕州，起到了很好作用。我任市长期间主抓了以下四件事。

1. 做好文化搭台、经贸唱戏这篇文章。滕州历史文化厚重，把文化积淀转换为经济动力，这是市长应该考虑的问题。在这方面，我召开了文化与经济发展座谈会，提出：用文化力推动滕州经济发展，把墨子文化、滨湖文化、善国文化挖掘好、打造好，实现文化搭台、经贸唱戏的对接，达到文化提升、经济发展的目的。墨子文化抓宣传牌，滨湖文化抓开发牌，善国文化抓传承牌。对此，加大了对墨子的宣传力，叫响"墨乡—滕州，滕州—墨乡"的口号，把墨子文化宣传出去。为了把墨子文化做好，2002 年 10 月 7 日上午，召开市政府常务会议研究决定，将墨子中学搬出，扩建墨子文化馆，将墨子中学与善南中学合并。为此把原有的校址划给墨子中心，扩建墨子馆，在资金困难的情况下，从市财政拨出 350 万元用于墨子中心的建设。发挥墨子展馆的作用，促其推动滕州经济社会的发展，让外界了解滕州，让滕州走向世界。对滨湖的开发，借助乡镇合并调整机遇，把望庄、岗头两个乡镇合并成一个乡镇。我提出原有的乡镇名字不再用，改名为滨湖镇，并做好微山湖湿地的开发和保护，大力发展旅游业，提升滕州第三产业的总量，增加城乡居民、农民的收入。2001 年 2 月，通知滨湖镇的党委书记、镇长两位同志到我办公室，安排他们抓紧搞好红河湿地的规划，近期市长办公会听取规划情况汇报。当时红河湿地的开发，市委、市政府的班子成员认识不够统一，认为荒草遍地、蚊子成群，搞开发没有意义。有的认为开发的价值很大，开发建设好，对滕州西部的经济发展是有力的带动。为了统一思想认识，把湿地建设好，于2001年3月，召开滨湖湿地开发建设专题会议。在这个会上，我讲了以下意见。要统一"三个认识"，抓好"三个关系"的处理。

"三个认识"：一是要认识滨湖湿地开发建设是对第三产业发展的有力促进。二是要认识滨湖湿地开发建设是对环境保护的最大贡献（开发前有不少运煤码头）。三是要认识滨湖湿地开发建设是对滕州旅游业的最大撬动。是一项利国、利民、利环境的工程。

"三个关系"：一要处理好开发与保护的关系。二要处理好政府主导与市场运作的关系。三要处理好项目建设与农民利益的关系。注意在保护环境中开发，在开发中保护，在项目投入建设中带动农民的收入。

善国文化抓传承牌。滕州历史上称为善国，是战国时期的三国五邑之地——小滕国，生存了700多年。在那个年代，一个小国生存这么长时间，除了国王的智慧外，很重要的是以善施政。这成为我从政的遵循。在市政府成员第一次全体会议上，我讲了"六善"，用"六善"的理念去做好政府工作。滕州对善文化一直很重视。新中国成立后滕州城里修的第一条路起名叫善国路。到2001年撤城郊乡建办事处时，我就利用了这个文化。新组建的办事处叫善南街道办事处，道路称为善南大道。还有的桥称为善国桥，公园称为尚善公园。有的社会团体机构称善义堂、善福院等。滕州的善文化，不光是一个路名、地名等，还体现在生活的方方面面。如孝道方面、礼仪方面，也体现出善文化的特点。不在滕州工作、生活，是体会不到的。有人认为滕州是礼仪之邦，人很智慧、聪明，我在这里工作了十年多，我悟到的是善文化在起作用。所以我在任市长期间，把善文化要传承好、发扬好，用善的理念做人、做事，用善的规则去管理政务，推动滕州经济社会的全面发展。在传承善文化方面，我不光是从施政理念做起，还从具体事情做起，用善文化惠及百姓。如市政府班子成员及部门主要负责人，要用善文化去帮扶两个困难户，扶持一名下岗职工再就业，帮助一个农村困难户的学生完成从小学到大学的学业。在我的带动下，政府班子成员及部门主要负责人，均帮扶两户。同时还安排文化部门，开展善文化进村入户活动，组织千村万户学习、传播善文化，形成善文化与现代文化有效融合。

2.关心重视教育。滕州不仅重视基础教育（小学、中学），而且职业中等教育发展得也很快，各类中专达到12所。

第一，抓中专整合。随着全国大学教育的提升和职业中专就业难问题的出现，职业中专亟待改革整合。2000年滕州职业中专遇到了很大的困难，学生毕业后就失业，学校经费困难，有的发不出工资，等待政府救助。那时，由于处在改革开放的重要时期，盲目发展中专教育，造成资源分散，人才浪费，培养的学生与经济社会现实脱节。不改革，不重新整合教育资源，就是人才浪费、资源流失，给政府、社会增加压力。这些情况都摆到了市长面前。2001年5月11日下午，我召集有关部门研究职业中专改革问题，开始筹备科圣职业大学。在这个会上，我广泛听取了方方面面的意见和建议，得出结论：滕州12所中专必须整合，滕州必须建一处职业大学。2001年5月19日，召开市政府常务会议，研究决定此事。听取教委主任孙卓炳同志的汇报。会议决定了四个事项。

一是成立滕州科圣职业大学筹备领导小组，领导小组肩负12所中专整合任务，由我任组长，王绪珍、刘玉荣副市长任副组长，有关部门主要负责人为成员，孙卓炳任办公室主任。

二是整合12所中专资源由科圣职业大学筹备领导小组负责，人权、资产全部转到职业大学。

三是确定科圣职业大学的校址，决定在新一中以北建设，门前的路可以称为"学院路"。

四是市政府决定从财政拿出一部分资金，作为启动资金，运作的模式是：政府主导，市场运作，规范办学，服务社会，自由择业。

2001年6月7日下午，我又召开12所中专合并职业大学调度会，在这个会上强调了"三个加快""三个提升"。"三个加快"是：加快合并的进度，加快科圣大学的建设速度，加快职业大学各项审批手续。"三个提升"是：提升办学层次，做好中专向高职的转变；提升教学质量，做好中专教师资质向大学教师资质的转变；提升办学规模，做好小、杂、乱向实用型高等专业教育的转变。滕州职业大学的建设，12所中专的合并，我的认知起了决定性的作用。开始合并遇到了很多困难，如少数中专不愿合、不愿撤，有的校长认为合到一处职业大学自己不一定当校长了，没有权、没有势，给合并出了不少难题。有的认为，办科圣职业大学，财政需要投资，没有钱怎么办等。这些思想障碍，开始少数班子成员也感到棘手，有几所中专推不下去。针对这些问题，我多次召开领导小组成员会议，统一思想，出主意，找路子，克服一切障碍，下决心合并，下决心建好科圣职业大学。2001年6月7日，我又召开领导小组成员会，具体解决资金问题，采取财政拿一块，原中专校址置换一块，向上争取一块（1.3亿元）的办法。这对于科圣职业大学的建设发展起到了基础性作用。

第二，抓中学整合。随着滕州初中、高中教育进入高峰期，再加上城区四个街道办事处的组建，从区域学生资源、教师资源都需要重新调整。根据当时的教育方针以及滕州现实情况，市政府2002年8月30日上午召开常务会议，决定对城区教育资源中、小学布局重新规划，整合高中，重新分配学生资源。调整初中，合并三所中学，将城区教育规范化。具体做法是扩大二中规模提升规格，成为副县级单位（一中已是副县级单位），将城区南部学生资源划为二中招生。把一中、二中作为滕州高中教育的标杆。将新世纪中学（股份制学校）评估后，收归政府。南沙河北区中学改为墨子中学，扩大招生范围，作为善南街道办事处的中学管理。扩大北辛中学，将原有的城郊乡中学作为北辛街道办事处的中学管理。同时对全市中学布局进行调整，撤小并大，提升教育质量，达到教育面向现代化、面向祖国、面向未来的目标。

第三，抓好义务教育。市政府〔2001〕92号文件下发全市义务教育事业"十五"规划，提出不准新办私立学校，政府要对九年义务教育负责。抓好学校改貌。滕州历来重视教育，教育质量一直走在全省前面。但是也有中小学投入不足、学校的面貌差、教学条件一般的问题。针对教育存在的问题，我带领分管教育的副市长刘玉荣同志以及教委主任孙卓炳、财政局局长张武远、计委主任郝相启等同志，对全市21个乡镇、街道办事处及1243个行政村的中、小学学校，中、小学学生生源，进行了为期一周的调研。在此基础上，有教委拿出调整意见，本着合理、方便、均衡、规范、提升的要求，对中小学进行调整布局。改造扩建，提升档次，整容换颜，教学达标。市政府决定提升每年教育预算比例。财政再紧，不能紧教育。要舍得投资，舍得在教育上花钱。我在会上还讲，关心教育就是关心民众，就是关心经济，今天的普通教育是后十年的经济，今天的职业教育就是明天的经济。要做到经济和社会事业"两手抓"。为此，2001年5月26日，市政府下发文件，对全市的中小学进行全面检查，特别是危房要立即改造，并以〔2001〕45号文件下发通知，要求乡镇政府及有关部门认真做好这项工作。滕州市从2000年到2003年的教育投资打了"翻身仗"，实现了教育布局趋向合理，学生上学就近方便，教师资源得到平衡，学校规模适度扩大，教学质量明显提升。现在回想此事，仍感到该做、必干。同时也想起，在我的从政生涯中，对教育是非常重视的，我深知没有教育，国不强，民不富。国强民富靠教育，对教育怎么重视都不过分。

3. 发展体育事业。在重视教育的同时，把体育事业也摆到自己工作的议程。在滕州不仅要把教育抓好，体育事业也要重视，滕州是全国的体育先进县，按照国家对发展体育事业的要求，在我任市长期间，市政府每年最少要听一次汇报，为体育事业提供支持指导。在体育事业方面，我抓了两个方面的工作。

一是抓体育设施建设。一方面，配套初中、高中体育设施。我在任市长期间，对初中、高中的体育设施建设拨出专款，有的新建，有的改建。按照国家对初中、高中体育教育的要求投资建设，达到国家教育要求的标准。另一方面，抓了市体育中心的规划建设。因滕州体育中心建得比较早，已不适应现实需要，须建设新的体育中心。我专门到老体育馆去现场办公，听了刚到任的体委主任张笃超同志的汇报。我讲：老的体育馆已不适应现在的要求，望你们要解放思想，与时俱进，规划新的体育中心。可以用老旧址的土地置换一块资金，政府想办法再投入一块，也可向市场招商一块。总之在不违背法规的前提下，筹备资金建设滕州市新的体育中心。根据这次现场办公会议的安排，体委主任张笃超同志做了大量工作，抓协调，搞规划，筹资金，大大加快了体育中心的建设步伐。

二是注重抓了群众性体育活动。支持召开滕州市体育运动会，下发《滕州市人民群众健康体育活动方案》，把老百姓的体育活动看作强身健魄、延续生命的最好办法，要求各乡镇以及经济条件好的村，要建设文化体育广场，为老百姓找一块健身之地。在2002年初的一次会议上我提到："我们发展经济，带领人民群众奔小康，首先要抓好身体的小康，小康指标十几项，经济指数只占三分之一，三分之二是精神文化方面的，这里面就包括人的体能和人的寿命。不发展体育事业，人的寿命怎能提高，人的生命在于运动。所以我们要关心体育事业，把群众体育事业搞上去。"对此，市里先搞城市的体育设施和文化广场，为广大市民搭建体育平台。同时要求乡镇因地制宜，根据实际情况，把体育设施纳入经济社会发展计划。那几年，每个乡镇对体育事业的投入也明显增加。过去市里抓得不紧，乡镇认为这项工作可有可无，不是什么硬指标，所以没有产生社会共鸣。随着经济的发展和人民生活的改善，体育活动进入了人们的视野，列入了生活的重要组成部分，所以市长抓体育工作，就是关心人民群众的生活，也是政府必须要做的事业。

4. 提升卫生水平。卫生事业在滕州有着良好的基础，医院布点多，市驻地大小医院多家，公立、私立医院都有。如中心人民医院、中医院、工人医院、财贸医院、皮肤病医院、传染病（肺结核）防治医院、骨伤医院等，大小达十几家。但是，存在医疗资源分散、医疗水平不高、医院设施落后等问题。特别是市中心人民医院、中医院，门诊、病房、医疗设备跟不上医疗卫生事业发展的要求。我任市长后，把卫生事业提上了政府工作的重要议程。在市长办公会上，我提出：要把卫生事业当作关心百姓疾苦、推进社会事业发展的重中之重来抓。总的要求是"整合资源，改善条件，提升水平，加快发展，把滕州卫生事业做成社会事业的名片、建成鲁南医疗中心、达到人民健康的基本要求"。具体抓了这样几件事。

一是改扩建中心人民医院、中医院。滕州中心人民医院的建设，发展起步是从袁汝平、胡士兰同志开始。2001年3月的一天，我去中心人民医院和中医院现场办公，了解医院的情况，问他们门诊楼怎么还未建完（上届已开工），门诊楼建设缓慢是什么原因？他们讲，目前很困难，没有钱，所以医院的面貌没有改变。我问：要多少钱才能把门诊楼尽快建完。说还需要1000万元。我说：从市财政解决500万元，其他的你们自己想法解决（找金融部门贷一点，用合法的方式借一点），一定要把门诊楼尽快建设好。就这样，过了一个星期，我安排卫生部门和分管的刘玉荣副市长去现场督促建设进度。大约用了一年的时间门诊楼才建设完。但是院子建设受阻，门前东西是很大的厕所，说因包给了地方一个人不让拆，是个很大的恶势力，都很怕，没人敢惹，医院的门前建设进行不下去。事情也巧，我感冒去那里挂针，门前的工程没有进展，我于是安排秘书，通知分管卫生、城建的两位副市长到中心人民医院来，还通知了有关部门的主要负责人，他们到齐后，我讲了我来挂针遇到的问题。借这个机会，我们开个现场办公会，议题是"关于医院门前拆违建设问题"。讲完后，我说，我到门厅挂针，看着你们组织有关人员拆除违建。市建委、城管局，组织力量，一个下午就完成了任务。我没看到什么恶势力。就这件事，我在一个会上批评了做事前怕狼后怕虎、对事不负责的人。工作上不管有什么困难，只要你深入下去，把问题搞清，心里装着人民的事业，就没有解决不了的困难。又如，中医院门诊楼改建，也遇到了不少困难，门前的拆迁一直没有得到很好的解决。当然，对待中医院当时我有个想法，那个地方很小，交通拥挤，不适宜中医院的长远发展，有想搬出去的想法，所以对门前障碍没有再重视。

二是提升乡镇医院水平。对乡镇医院，我做了一次较为全面的调研，要求各乡镇要把乡镇医院的建设放到应有位置，实施统一改扩建，按照卫生要求，彻底改善医疗条件，解决好乡村老百姓看病难、看病贵的问题。如对大坞医院，我专题现场办公一次。大坞医院，称为滕州第一人民医院，因那里是老凫山县的旧地，医疗基础较好，但是卫生环境需要改善，医疗水平需要提高。对这所医院，我看得很重，我认为是滕州西部的中心地带，就近看医，给老百姓提供方便，这是领导干部应该做的。因此在物资、精神方面给予了支持。又如羊庄镇医院，那是滕州东部山区的一个乡镇，人口较多，离城较远，就医条件较差。对这所医院，我两次现场办公，一次是与小城镇拆迁建设一起去现场办公的，另一次是2001年下半年，我专到这所医院调研。要求市卫生部门及镇党委政府要给予重视，建好羊庄镇医院，为山区的老百姓做件好事、实事。这所医院，在镇党委政府的重视下，很快建设完，建成三层门诊楼，改变了医疗条件。

三是支持卫生部门培养高专卫生人才。卫生设施的硬件是医疗的基础，卫生医疗高端人才是关键。再好的设备，没有人用，等于没有。对此，我安排卫生部门制订人才培养计划，采取送出去到大医院培训，请进来在院传授的方法。同时安排组织人事部门重视高端医疗人才的引进，特别是常见病的大科（脑心科病，消化道病，呼吸系统，肿瘤专科等）都要办好。如副院长、消化道专家刘春安，就是一个代表。他对消化道疾病的诊断、治疗，有着很深的造诣。还有脑心科专家侯斌，长期研究这方面的疾病。那时，根据人事部门的统计，卫生系统请进来传授、送出去培养人才达620多人次。这个举措，有效地解决了滕州医疗卫生人才缺乏问题，也为滕州的卫生事业做出了很大的贡献。

关心"三农"

在农业农村工作会议上

农业、农村、农民问题是政治、经济、社会发展的根本问题。我是从农村走出来的，深知"三农"的深层次问题。新中国成立以后，中央对"三农"作为中心任务来抓。如计划经济时期的以粮为纲，治山、治水改造自然等，无不体现出了对"三农"的重视。特别是改革开放以后，党中央把"三农"放到了首要位置，从农村政策改变——农业大包干、联产责任制，到土地承包三十年不变，以后再到对农业的投入，每年下发中央一号文件。到21世纪初，废除农业税费，结束了2000多年种地交税费的历史。这些都体现了中央对"三农"的关爱。那么，作为一个县级市的市长，更有责任抓好"三农"问题。我在滕州抓"三农"，之所以注重用感情抓，是我长期在农村基层工作的经验。深知"三农"的重要，因为农民占人口总数的多数，农业又是国民经济的基础。人活着就要吃饭，家中不得一天无粮，家中有粮、心里不慌。农业稳则全局稳，农业兴则全局兴。没有农民的小康，就没有全国的小康。对"三农"的感情，除了认识上的情感外，还有我在滕州任市委副书记时，就分管"三农"，任市长无论从工作的连续性，还是工作的责任，都很快进入角色。记得在任市长期间，主要抓了五个方面的大事。

1.抓产出，提高农业效益。种养加相结合，产供销一条龙，工农商大合唱，是现代农业的重要特征，而提高土地的产出率是前提，提高农产品效益是目的。在这方面，在巩固以前我任市委副书记时抓的"农业三大战役"外，重点抓产出率，在经济效益上做文章。在抓农业种植结构调整方面，从以种粮为主调到以种植经济作物为主，提出向结构调整要收入，向农业技术要产值，向深加工要效益。为了实现这个目标，我把农业结构调整作为惠农的举措抓在手上，列入政府工作日程，制定了政策措施推动调整进度。农业结构调整是农业的永恒主题，要始终抓在手上，实施好市场带动，龙头带动，科技带动。围绕农民增收、企业创利、政府创税去搞农业结构调整，使滕州的农业结构、农作物与经济作物、传统种植与科学立体种植发生了翻天覆地的变化。经济作物达到了近90万亩，比调整前的面积增加了十几倍，农民从农业结构调整增加了收入，尝到了甜头。

2.抓加工，提高农产品附加值。在这方面，牢牢抓住了几个"农"字号的企业。如牧工商企业的改制扩建问题，利用中国牧工商和山东牧工商的资金、资源，重新组建滕州牧工商股份有限公司，扩大股本，建设基地，建成大型的肉鸡、肉兔深加工企业，实行企业连基地再连农户的一条龙加工企业，为"三农"搭建平台。我对这个农字号的龙头加工企业非常重视，从选人到企业建设，以及养殖基地的开发，我多次现场办公，解决企业发展中的困难。如土地问题、资金问题、外贸出口问题，再到企业深层改制，从组建牧工商公司到组建盈泰集团，包括盈泰集团的名称也是我选定的。特别是牧工商公司的改制，市政府2002年7月16日下午召开常务会议，听取改制情况汇报，市政府决定扩大企业股本 1 亿元，将中牧、省牧股份买断，市政府决定组建新的盈泰集团。这个企业通过改制得到迅速发展，带动了滕州千家万户搞养殖，农村农民增收入，企业外贸赚外汇，成为全国知名畜产品加工企业，也成为国外大型食品企业的合作对象。如日本尹滕中株式会社，2001 年 5 月 16 日，我带领企业法人代表王宏岳同志到这家株式会社洽谈合作事宜。后来成为尹滕中株式会社的长期供应商。原滕州牧工商公司也曾发展得很快，由于多种原因，走入低谷，公司法人多次找到市委辞职。因我是分管农业的副书记，也多次找我汇报牧工商的情况，自愿辞去滕州牧工商法人代表。根据企业现状和个人要求，这个单位应该调整法人。对此，我向市委主要负责同志建议，安排市委组织部对这个单位进行工作考核、人事考察，同时我建议考察王宏岳同志，作为牧工商公司法人代表的人选（这个单位是正科级单位）。经过考察，按照组织程序，王宏岳同志走马上任。这家企业起死回生，一直到今天仍然为滕州的农产品加工发挥重要作用。另一家农产品企业春藤食品有限公司，这家企业是滕州商业系统食品公司的一个加工企业。由于国有企业的体制不活，场地受限，与滕州烟厂靠得很近，又互相影响，发展缓慢。我任市长后，决定加快改制，创造环境，释放活力，在滕州经济开发区北部确定了一块土地，把该企业迁出，将原址留给滕州烟厂扩建。政府的这一举措，产生了一举两得的效果，山东烟草集团同意滕州烟厂技改扩建，建好后可为滕州增加 7000 多万元的税收；组建新的春藤食品企业，释放了老企业的活力，成为大型的肉类加工企业。春藤食品有限公司主要做猪肉食品的加工，搞活这个企业，主要为农民养猪找到市场，也为滕州全市肉类保障起到安全的作用。为了做好这项工作，2002 年 9 月 27 日下午，我在市政府二楼门厅会议室召开项目建设专题会议。会议决定从烟厂支付原址款中拿出 300 万元，财政局协调解决 200 万元，要求 9 月 30 日前到位，加快两个项目的建设进度，并要求有关部门搞好服务，工程早一天竣工，企业就会早一天获利，职工就会早一天拿到收入。还要求春藤食品有限公司，要按照现代企业标准建设，避免"穿新鞋走老路"。所以这家食品加工企业迅速发展起来，成为肉类食品加工的龙头，也有效解决了农民卖猪难、城乡居民吃肉难的问题。据说，我离开后，这个企业又进行了内部改革，现已变为富滕民营企业，经济社会效益良好。还着重抓了东郭镇及市蔬菜公司的恒温库建设，支持企业扩建，规范化经营，成为农业结构调整、蔬菜生产的周转站、调节点。对此，我两次去这两个单位现场办公。这些"农"字号的加工、周转企业，在滕州的"三农"事业中发挥了应有的作用。

3.抓增收，让农民富起来。作为市长，心里必须想着老百姓的收入，装着人民群众的生活改善。对农村、农民、农业工作抓得怎样，关键看农民的收入如何，是否富起来了。所以制定对乡镇党委政府的年度考核，我建议市年度考核部门，要着重抓住五项工作不放：抓住社会事业看变化，抓住发展快慢看用电量，抓住经济质量看财政收入，抓住奔小康看农民的收入，抓住增幅数据看经济景气度状况。把这五个方面抓住了，就抓住了发展的重点，采取对照年度目标，年初开头看，计划干哪些事，年底回头看，看干得怎么样。当然，党的建设、精神文明建设等，也在考核范围之内。我作为市长，在支持搞好其他考核的同时，更关心经济社会事业的发展，把农民的收入放到首要位置。为了促进农民增收，市政府制定增收的措施，记得在这方面抓了以下四项。

（1）拓宽农民增收渠道，跳出农村搞创收。农民在土地里的收入是有限的，增加农民的收入，必须引导农民走出农村，向城市创业找出路。对此安排乡镇成立劳动力输出办公室，为劳动力转移搭建平台，搞好服务。

（2）为农民增收搭建平台。农民的增收，除了搞好劳动力输出外，还要组织创业载体。如滕州是建筑之乡，号称10万建筑大军，每年在外搞建筑的有十几万人，更重要的是办好民营企业，形成载体，就地消化。对搭建这个平台，每年都要召开民营企业发展大会，抓部署，制政策，促发展。在此基础上，把民营企业安置农村劳动力作为考核依据。

（3）大力发展家庭经济。搞专业村、专业户，要求"不出村，不出院，一年搞个十几万"。那几年，滕州的专业村、专业户发展迅速，成为致富的主要渠道。滕州的行政村中，专业村达到近一半，形成了一村一品、一乡一业，村村都有加工厂、专业户。

（4）向山区开发要收入。发展林果作为山区农民增收的主项。我在政府工作报告中讲："要关注山区，开发山区，发展山区，致富山区。"2002年5月1日，我到东沙河、木石、羊庄山区的村庄现场办公。这天是"五一"国际劳动节，利用一天的时间，调研了三个镇、九个村庄、一条岩马水库引渠三分干工程。下午5点钟在羊庄镇会议室召开会议。先听取了三个镇党委书记、镇长的汇报。我在这个会上，确定了三件事情。第一件事：关注山区，解决薛河拦蓄问题，在薛河滕州段实施三个工程点拦蓄，达到灌溉、补源的目的。第二件事：多措并举，解决山区100多个村吃水困难问题，争取市、镇两级拿钱，村里出工，一年内全部解决山区吃水困难问题。第三件事：全面发动，加快山区林果开发步伐，实现山区与平原共同致富。延续已抓的十万亩农业开发项目，扩规模、提质量、上水平。羊庄镇继续发展万亩乌克兰大樱桃，同时抓好沉山村庄的干鲜果种植。木石镇继续抓好万亩冬枣。东沙河镇继续抓好万亩板栗的发展。这三件事，我部署后，一直抓在手上，多次去这些山区调研。几个乡镇党委政府列入了重要议事日程。连续抓了几年，山区的吃水、灌溉、增收取得了明显效果。

4. 抓水利，夯实农业基础。在"三农"工作中还有一项值得回忆的事——农田水利基本建设。这项事业在"三农"中的作用很大，因为农业的发展离不开水利。尽管党的十一届三中全会以后中央加大了对"三农"的支持，创造了良

现场调研薛河水利工程

好的"三农"发展环境，"三农"得到了实惠。有一次我在全市农田水利基本建设会上讲："农业好局面的出现，应该说，政策好，天帮忙，人争气。"但是农业基础不牢固，特别是水利设施的配套还不到位，尤其是山区。我们应该重视这项工作，把水利建设搞上去，夯实农业基础，达到好年大丰收，灾年少减收，旱涝保丰收。所以我任市长那几年，把农田水利基本建设放到了"三农"的重要位置。如马河水库的除险加固，就是一项大的水利工程建设。马河水库是 20 世纪 60 年代修建的，由于那时的施工条件差，工程质量保障受限，再加上多年失修，大坝出现裂纹。汛期来临，水量上升，大坝可能溃塌。这个水库处在滕州东北部的山区，它的库底都高于滕州城里，一旦有险情，可能冲毁滕州城。作为市长，我一直挂在心，放不下，到了汛期连觉也睡不好。对此，立项到省争取支持。通过努力，争取到了 7000 万元资金。可是总投入需要 1.2 亿元。我召开市长办公会，研究缺额资金的筹措问题和工程领导小组的组建等。2001 年 7 月 7 日，市政府下发了〔2001〕58 号文件，成立马河水库除险加固工程建设处。因为是个大工程，由我任领导小组组长，刘新生副市长任副组长，并以滕政发〔2001〕72 号文件下发组建领导小组。缺额资金的筹措，采取了三个办法，市财政拿一块，受益乡镇出一块，义务劳动工补一块。通过三个月的

筹备，终于在 2002 年 6 月 21 日上午开工建设。历时近一年，才完成马河水库的除险加固工程，加固后，提升蓄水量近 1 亿立方米，为滕州工业、农业以及居民生活解决了缺水问题。在这项工程中，有这样几件事记忆最深。第一件事，清理网箱养鱼，水库的鱼都要卖掉。副市长刘新生同志拿了一个出售鱼的方案，确保把打捞上来的鲜鱼及时卖出，不会烂掉，花了一个星期时间才把鱼卖出去，保住了养鱼户的收入。第二件事，筹备水库用的块石。水库用石块砌体大坝，对石头的标准要求高，必须是方石，四面见线。2002 年 3 月的一天，利用了一个下午的时间，在党山（原党山乡）驻地，我召开了一个解决石料的专题会。东郭、龙阳、东沙河乡镇的主要负责人参加会议，要求用一个月的时间完成任务。这几个乡镇全部按照要求完成了石方的任务，为马河水库的除险加固中做出了很大贡献。第三件事，库区里面的住户需要搬迁。因为除险加固以后，水位升高，原在库区里住的农民必须搬迁出去。这是个硬仗，靠水库北部区域住了几十户农民。在大坝加固好之前，必须搬出库区。这几十户人家，还有邹城市的几户，因滕州市与邹城市土地连边，交叉住居是正常的。这是水库除险加固前的一个硬任务。领导小组按照国家对库区搬迁政策的要求，进行补偿，但是难度很大。刘新生同志会同原党山乡的同志一起做工作，终于把滕州的住户搬走了，邹城市的几户通过多次协调也得到妥善安置。加固好的水库蓄水全部达到设计要求。又如，为了解决东部山区农田灌溉问题，我提出把雨水蓄起来，把客水留下来，把地下水提上来，多渠道解决山区缺水问题。特别要把引库水作为山区缺水的补救措施。东部山区在 20 世纪 70 年代，搞了一条岩马水库三分干引渠，主要解决木石镇农业用水和鲁化工业用水。这条干渠修好后，曾发挥过作用。由于多年失修，渠道破损严重，漏水点很多，已不能使用。但是，我对这条渠道看得很重（因木石镇、鲁化缺水），如果遇到大旱，引岩马水库的水补救是很好的办法。对此，在 2001 年农田水利工程款中，我做了安排，市财政要拨出专款重新修复这条渠道。2001 年 7 月的一天，我到木石镇现场办公这条渠道。市政府分管的副市长及市财政局、水务局、农业局等部门的负责同志参加。木石镇党委书记邵磊同志汇报了木石镇山区缺水及这条渠道的情况。在这个会上，我要求了三件事情。第一，要把东部山区缺水和木石镇工农业用水纳入全市水利工程建设中。这里山区缺水，煤化工项目和鲁化等企业需要用水。我们要把这个惠民利工的工程干好。第二，要把岩马水库三分干重修项目作为木石镇水利工程的重点。市里拨出专款，实行经费包干，缺额部分由木石镇解决（实行以奖代补政策）。第三，相关部门、有关企业要配合木石镇完成任务，保质保量保使用。对这项工程，我多次现场办公，督促进度与质量。这条渠修好后，对农业、工业发挥了应有的作用。再如，对薛河实施拦蓄工程。这项工程，东部山区人民盼望，社会期待，每年的两会提案、议案都有反映，要求政府重视薛河拦蓄补源问题。我任市长后，人民群众来信反映，建议市长重视。对薛河拦蓄问题，作为我任期内的大事来对待。我多次听取水利部门的汇报，曾两次到薛河沿线调研，将此项工程纳入 2002 年十项重点水利工程项目之一。2002 年3 月 7 日上午，我带领副市长刘新生同志以及有关部门、羊庄镇的负责同志现场办公，市政府秘书长郭启柱、财政局局长孟宪刚、水务局长李传和、羊庄镇党委书记宗大全、镇长郭传伟等同志，都参加了会议。在这个会上，我对薛河拦蓄的意义、任务做了强调说明。我讲："薛河拦蓄的意义在于，拦住薛河水，回补地下水，浇灌林农田，保护水资源。解决山区吃水，解决企业缺水，保证城市用水。"要把这个工程干好，须寻找三个最佳地点，修建拦水大坝，要求作为重点工程，年底全部完成任务。其实这项工程，于 2001 年底已着手勘察河流状况和选点工作。我已到过三个设坝的地点。这次现场办公，是按照政府决策程序进行的，作为一次调度会，推进工程进展，加快工程进度，确保按质量、按工期完成任务。这项工程是个惠民工程，有利现在和后代。这项工程不是什么面子工程，而是干的一件实实在在的"民心工程"。但是，作为人民的市长，必须以严谨的作风，认真的态度，高尚的精神，去对待人民的事业，多做一些打基础、利长远的事情。只有这样，动员老百姓干点事，心里才有底气。

5. 抓道路，实现村村通柏油路。要想富先修路，一路通百业兴。架桥修路是行善之举，积德之要，更是人民市长应做之事。为了滕州的道路建设，我从任市委副书记时期就开始抓全市道路建设，从高速公路、国道、省道、乡村道路，都有我所做的工作。

（1）先说京福（后改为京台）高速公路建设。为了按期完成省里安排的任务，多次协调建设当中的相关事宜。记忆最深的有三件事。第一件事，是关于争取占地补偿费问题。除了正式路基占地外，还有高速公路的辅助设施占地、用土的占地、路两侧引水渠的占地。为了减少占地，提高补偿标准，在法规政策的范围内多为群众争取补偿款，我三次去省交通厅、省高速公路管理局做工作。省交通厅王玉荣副厅长给了支持，协调高速公路筹建处做好此事。我安排市交通局的同志蹲在济南协调此事。枣庄高速办主任孔繁斌同志做了大量工作，最后得到了解决。相关土地的补偿提高了标准，高速公路沿线的农民得到了补偿。所以建设高速公路过程中滕州段50多公里，没有发生土地补偿矛盾（两个匝道口发生的事件是部分人抢干工程所致）。第二件事，为滕州设立两个匝道口，做了协调工作。当时省高速公路筹建处对滕州段只设滕州南（25号）匝道口，这个匝道既通枣庄老城，又解决了滕州上下高速路问题。按照这个设计，高速公路部门可减少投资，但是滕州极不方便，向北部方向去的车辆都要掉头回滕州，给滕州造成不应有的浪费和交通困难。这件事情我从1997年底开始协调，到任市长后才全部结束。我争取在滕州多设一个匝道口，先从设计人员开始，那些设计人员特别不好做工作，固执己见，不轻易放弃个人意见。我们去争取，真是跑直了腿、磨破了嘴，才扭转了设计人员的意见。设计人员到滕州现场勘察时，又出现了不同意见，他们与我想的不一致。那天在滕州交通局会议室，把我气得拍了桌子。我讲，你们能不能听一听老百姓的意见，看问题、办事情要实事求是，我们的工作原则是理论联系实际，你们要为滕州老百姓着想。还有你们这个设计，两个匝道口占地太多，无非就是上高速路的引路，何必占这么多土地啊？我建议你们再修改，能少用一亩土地是一亩土地。最后，这两个匝道口又做了修改，节省出了一部分土地。给滕州留两个匝道口的目的也达到了。第三件事，是借修高速公路，争取滕州出城道路。这就是现在的益康大道通往南沙河向高速的路。那时没有钱修城市的路，25号匝道口是滕州重要的南出口，争取这条路，把它作为滕州城市与高速公路的连接线，是一举两得的事情。对此，我安排副市长何振明、交通局长郑玉申两位同志打前阵，去省交通厅高速办争取，并带上滕州市政府修连接线的意见书。那是以滕政发〔2001〕33号关于滕州南出口段道路的请示，总投资3600万元（不包括征地用款），需省里投资2600万元。2001年5月8日我签批的文件。通过他们的努力，省里没有拒绝，只是说研究研究。我听完他们的汇报，决定带他们再上省交通厅。记得到了省交通厅以后，王玉荣副厅长讲，这条路需要2000多万元，超过1000万元以上的工程需找省长批。我说我们去找省长。我用车拉着王厅长到了省政府，经过程序，找到了省长。那天他正在办公室，通过秘书通报，我们等了一会儿，省长接待了我们。说明情况后，省长表态"由交通厅酌情办理"。王玉荣副厅长是滕州人，他也想为滕州办这件事。有省长的表态，这条路的资金就解决了。其实这条路已开始修，但是当时没有钱，我安排交通局先借钱修的。有了这个资金，这条路完整地修好就有了保障。

（2）再说国道。在滕州境内有 104 国道，并且穿城而过，从界河到张汪全长近 50 公里。由于老道路狭窄，破损严重，交通极不方便，群众意见很大。那时高速路没有建好，枣庄到济南是必走之路。特别是 104 城区段破损更严重。时任枣庄市委书记张传林同志亲自过问此事。高惠民书记安排我向省争取，下决心修好 104 国道。那时省里钱也少。通过争取，同意先修，后再拨款。这段路重新加宽整修需 1.6 亿元资金，省里只给 1.1 亿元，地方需要出资 5000 万元，并确定滕州城区段有滕州负责整修，城外有省里出钱。这条路 2000 年元旦之前滕州把城区段修好。元旦这天，喜降瑞雪，道路通车剪彩。城外的加宽重修到了 2002 年才完工。这条路修得不容易，我投入不少的精力。

（3）还有省道的加宽重新修整。滕州境内有多条省道（北留路、笃西路），北留路是山亭北庄到微山留庄，全长 60 多公里。此路经过滕州城北（也就是现在的北辛路），总投资 1.2 亿元。从 2000 年开始直到 2001 年完工。为了这条路，我多次到沿线勘察地形地貌，协调解决道路加宽、拆迁等事项。特别是城区段，为了借助修路，抓住机遇，拓宽城区段（修好后城区段改为北辛路），把路拓宽到双向十车道，所以才有今天的北辛大道。省道还有木曲路、山官路、笃西路。这三条路在 2001 年同时整修。市政府专门下发了文件，滕政发〔2001〕62 号为这三条路的加宽整修方案进行了批复，提出要求。签发这个文件，是 2001 年 7 月 23 日的一个晚上，是在听完交通局等单位主要负责人汇报后，我签批的。因木曲路东起木石镇，西止微山曲房乡，这条路是滕州南部从东到西走向的一条重要道路，货运车辆多，是煤化工、煤矿货运的主道。为了争取省里的支持，2001 年 3 月，我带着请示文件，找省交通厅领导。由于之前在省人代会上小组讨论时，省交通厅厅长周秋田同志是枣庄市代表团的代表，也是我主持讨论小组的代表。在会上我向他汇报过滕州境内省道失修问题，请他给予支持，他原则同意。有了事前的一个联络，这次来就好办一些。当然到省厅还要先去找王玉荣副厅长。那天到省交通厅，两位领导很重视，讲交通厅没问题，还必须去找省长签复意见。经过一番周折，争取到了省长的批示，我们又回到省交通厅。省交通厅的领导很快做出了对这条路的修复意见。总投资 1.3 亿元，省投 8000 万元，地方 5000 万元（主要是道路加宽的占地、拆迁等费用）。这条路加宽需拆迁，难点在级索镇尤其是王晁村，我多次去现场办公，级索镇的负责同志也受了不少难，特别是当时的镇长李广宪同志，靠在路上，组织一帮人搞拆迁。王晁村是全线最后拆迁完的。由于王晁村工作难度大，拆迁拖延了工期。这条路修了近一年的时间才完工。山官路，南起薛城山家林，北止滕州官桥，通过争取延伸到木石镇。这条路车辆通行量很大，多年失修，影响了薛城—官桥—木石—山亭的车辆通行，也影响了滕州东部几个乡镇经济社会事业的发展。通过多次赴省争取，该省道在滕州境内全部得到加宽重修。从滕州公路建设方面，得到的体会很深。一是要把公路建设作为国民经济发展的基础和改善人民生活条件的重中之重来抓。二是国道、省道、县乡道路，都要纳入地方发展的大局来考虑、去摆布。三是国道、省道要发挥两个积极性（上级、地方），主要是地方积极性的发挥去做好争取工作。因为一个地方经济社会事业的发展，道路是第一位的。历史上人们把修路架桥看作积善行德之事。那么，现在应看作党和政府的重大责任。所以我无论到哪里工作，都是把路的建设放到首位。在滕州工作那几年，之所以修了那么多的路，除上级的支持外，很大程度上与我这个市长的重视有关。

当家理财

作为市长是地方经济发展的主持，又是财政的总管。如何为人民群众当好家、管好财，不是一件容易的事情。我的体会是：管财要负责，理财要有方，聚财要有道，用财要有效。心里装着责任，装着群众，装着党性，装着法规。要认

在经济工作调度会上

真履职，不能懈怠，敢于负责，用心尽职。要知道市长的权力是人民的，要为人民群众掌权，为百姓用权，把人民群众的财产管好用好。要在党委的领导下管财用财，用权要自觉接受监督，把党权与政权和财权统一起来，把党领导的大事办好。我在任滕州市市长期间，当家理财的任务很重，最重要的是发展经济，培植财源，其次是聚财用财管财。我常讲："当家不理财，等于瞎胡来。"市长的责任是把财管理好，做到一切围绕发展转，一切为了百姓干。当家理财还要有办法，就像一家人过日子一样，当家人要会盘算，能赚钱、会花钱。有了好的办法，穷日子能过好，没有好的办法再多的家底也会败光。我在任何一个地方任职，不管是多穷的家底，都能由穷变富。在这方面，我的体会是，扭住发展经济不放松，掌控财政开源节流不丢，先聚财，后用财。方法是，解放思想，更新观念，不要把眼睛只盯在财政的钱上，要放开眼界去聚钱。也就是，把一个地方的资源、资产、资本、资金管理好、经营好，实行统一整合，捆绑经营，从这"四资"中挖掘潜力，寻找资金。如资源的开发，资产的盘活，资本的放大，资金的利用等，这样就能找到聚财的源泉，也是市长要考虑、要运用的。我曾在一次财政工作会议上讲，地方政府"一把手"，要学好《资本论》，读通《实践论》，精研《矛盾论》，把握经济规律，遵循客观规律，从资源、资本、资产、资金中寻找发展经济的"活因子"，聚集所有能聚集的资金，用于经济社会的发展。我任市长期间，在"四资"的运用上，特别是利用"四资"推进滕州经济社会事业的发展方面，取得了令人满意的效果。当时，滕州的财政很困难，市属国有企业90%的倒闭破产。因破产，金融部门的存、放款受到限制，一个时期把滕州定为金融风险区。这些困难丝毫没有影响到我抓经济发展的决心和信心。在推进措施上，走了五步棋。

1. 开发资源。滕州有着良好的发展资源，我称为六大资源：工业资源、农业资源、文化资源、人才资源、交通资源、市场资源。开发好六大资源，对于滕州经济社会事业的发展，起着举足轻重的作用。如工业资源，这里有着2亿多吨的煤炭资源，每年开采3000万吨，还有30~50年的能源利用空间。有了煤，就有了做好工业的保障。煤可转化为电、油、气以及精细化工产品。滕州新源电厂（年发电量240万千瓦时），就是因为有了煤，山国电才与滕州合上大型电厂。这是我看到的这一点。另外，与兖矿集团合作的国泰化工项目，也是因为有煤。当然，工业资源还有滕州的机床制造资源。滕州机床有着良好的制造基础。这些资源只要开发好，经济的"活因子"都能释放出来。如农业资源。滕州是产粮大县，种植业基础好，有精耕细作的习惯。水利条件好，水资源充足，给农业增产增收提供了保障。有好的种植基础、水利条件，就可以把农村经济搞上去。所以我坚持抓了农业的开发、调整种植业结构，把产粮大县变成农业经济强县。如文化资源。滕州文化底蕴深厚，历史悠久，开发好文化资源，释放文化动能，作用于经济发展，是一个上上良策。文化搭台，经贸唱戏，用文化推动经济，这是滕州的优势。如人才资源。滕州人杰地灵，特别是新中国成立以后，人才辈出，各行各业都培养了很多人才。像机床行业，会搞机床的技术人才达2万多人。建筑行业10万多人。滕州人在国内外的技术人才达3000多人。这些人才是发展经济的最好资源。只要引导好，发挥他们的作用，为他们创办舞台，都能为滕州经济发展唱好戏。如交通资源。滕州历史上称为"九省通衢"之地，京台高速、京沪铁路和高铁穿境而过，交通便利，物流、人流通畅，容易形成聚集地。如市场资源。改革开放以后，滕州市场的培育逐渐成熟，已成为鲁南、苏北地区物资流通较为集中的地方。只要开发好、建设好、规范好，很快得到大的发展。所以我任市长后，对着六大资源的开发，动用了不少脑筋。我认为这是搞好滕州经济的基础，有着巨大的潜力。作为市长要把一个地方的资源看透、把准、控住、用好。

2. 盘活资产。资产分为有形资产和无形资产。往往多数人看到了有形资产，没有看到无形资产，而且被忽视。即使有形资产，也没有很好地盘活利用。尤其是国有资产在那里流失、贬值。其实，一位真懂经济的领导干部，他不仅要关心财政金库里还有多少钱，还要关心有形资产和无形资产的利用能赚回多少钱。因钱是固定数，花出去了不会回来，那么资产盘活了，会生出更多的钱。我任市长后，在全市财政工作会议上讲，管家理财，要高度重视国有资产的盘活利用以及对无形资产的整合经营，不要只看财政的钱，要学会吃着碗里的，看着锅里的，想着布袋里的，要重视怎样去发财、管财、用财。当家不理财，等于瞎胡来，只有花钱的本事，没有挣钱的能力，是不行的。有一次在会上，我讲了个民间的故事和谚语。在旧社会，一家有三个儿子，父亲想为儿子们分家，把家业分为两份，三个儿子问怎么分了两份啊？这位父亲还有一个赚钱的秘诀，一直没有给儿子们讲。所以分家时把这个赚钱的秘诀作为一份家产。分家这天，找来了证人。说：我给三个儿子今天分家，我把家产分为两份，还有一份是发家秘诀。证人觉得此事不好分，问他三个儿子，怎么分，你们谁要发家的秘诀。开始三个儿子都不出声，过了会儿，老大发话了，说先由弟弟们挑选。老二、老三都选择了那两份家产。剩下的只一个纸包，是祖传的酿造工艺秘方。老大很愉快，把那个发家的秘诀拿过来，带着秘诀回了自己的家，给他自家的孩子讲，你们爷爷给我们分家，我没有分到物资，也没有地，只分到了一个发家的秘方。我认为这是你们爷爷给我分到的最好的东西。有句话："好儿不图家中宝，好女不图嫁时衣。"只要自己努力肯干，就能做出一番事业。我在会上讲这段故事，是让全市的干部知道，要学会管理无形资产。无形资产对于推动虚拟经济的发展起着重要作用。如文化方面的、科技方面的、谋略方面的，这些都可以创造有形资产。有时给桶金子，不如给个点子。所以管家理财，一定要把有形资产和无形资产统一管理起来，盘活存量，放大增量，扩充总量。2000年开始着手全面清理国有资产，2001年组建城市资产管理中心，将所有国有资产全部管理起来，向盘活资产要资金。那几年，滕州盘活滞、呆、坏资产达20多个亿，从这里释放了大量资金，用于经济社会的发展。同时盘活土地资产，把土地作为资产的重要内容、作为生产要素抓住不放。盘活存量建设用地，扩大资本，促进资产变资本、资本变资金速度。

3. 活化资本。市场经济的发展要靠资本的利用。资本是流动的，一个地方的发展不光要吸引国内资本的流入，还要吸纳国外资本的输入。只有这样，一个地方的经济发展才可以得到充足资金的支持。怎样得到国内外资本呢？这样需要培育地方资本市场。如上市公司、金融、证券、信贷等，建立一个资本流通平台和渠道，去吸纳外地资本，发展地方经济。滕州市作为县域经济较为发达的地区之一，有着融合资本的条件。我认为市长需要把握好这个经济要素，主要做了以下几个方面的事情。首先培育资本市场。从2000年起，就开始着手抓资本市场平台。2001年2月，在一次经济工作分析会上，我提出，搞好资本市场平台建设，需要抓好三个拓展：培育一批上市公司，拓展资本输入空间；巩固金融信贷基础，拓展资本流量；发挥国有资产作用，拓展政府投融资功能。其次，加大招商引资力度，吸纳国内外资本流入。

2001年8月24日，组建全市投资服务大厅，在汇报会议上，我讲，要建立招商引资服务平台，打开对外资本流入的大门。对各类投资，实行"一门受理，联合审批，一口收费，限时办结"的一条龙服务。要把一站式办结、一条龙服务作为发展经济的前沿阵地，外资进入的主渠道。另外，把国有土地作为活化资本的重要内容，释放国有资本的能量。

2001年8月2日，我在全市城区土地储备暨土地管理工作会议上强调，土地制度是一个国家重要的财产制度，在市场经济条件下，土地资产是活化资本的重要来源。土地作为生产要素之一，是一种特殊的商品，政府必须严管，防止乱占、乱用土地，禁止擅自转让、出租、抵押问题。活化资本，关键是盘活闲置土地，提高土地的利用率，从土地中释放资本。

从2000年开始，我建议市委、市政府加大国有资本的管理，盘活国有资本。对于国有资本的管理，实行引进一块、盘活一块、融合一块。在我任市长的那几年，由于注重了资本的管理，引进、利用国有资本存量成倍增长，经济发展各项指标增幅迅速提升。财政每年以20%以上的数字增长。2003年地方财政增长42%。有一次我在招商引资调度会上，有感而发地讲："解放思想天地宽，更新观念钱就来。"只要用心做，敢于负责，办法总比困难多。同时要求在活化资本中，更要注重金融信贷的管理。这是增加资本、引入资金的重要渠道。要关心金融环境，注重信贷流量，利用金融杠杆撬动经济的兴奋点。滕州金融基数大，流量多，能否将这些资金全部用到滕州经济社会事业发展中去，需要当市长的关心，因金融部门是经营货币的企业，它们受央行和社会资本的影响，不可能把所有存量资金放在本地。如何留住本地存量资金，又能够利用银行吸引外地资金，这就需要根据国家政策和发展方向，创办更多的好企业、好项目。这是留住银行存量资金和吸引外地资本的有效办法。所以我在会上讲，要想叫银行支持你，首要的是要有好项目，多选择一些符合国家产业政策的项目。这样才能留住资金，并且依据金融法规、政策规定，要办好地方银行，放大地方金融存、贷量，支持地方银行的发展，防止地方资金外流。

4. 聚集资金。资金是财政的血液，聚集资金，首先是管好财政，市、乡镇两级财政是聚集资金、管好资金、用好资金的重要汇集地。作为市长，财政资金的管理是自己的重大责任。对此，我把财政管理放到市、乡镇财政工作的重要位置。2001年8月29日召开全市乡镇（街道）财政管理改革工作会议。面对全市财政聚集资金能力差、收入分散、财政暗流、争夺资金以及没有做到应收尽收等问题，必须加大财政收支力度，该管的管住，开源节流，收支有节，开支有度，发挥公共财政的作用，释放公共资金的最大效益。对此，彻底全面改革市、乡镇（街道）财政管理现状，我在这个会议上讲道：要充分认识财政管理改革的重要性，目前存在一些矛盾和问题，集中表现为收支矛盾日益尖锐，该收的没有收上来，不该支的乱开支，为滋生腐败提供了温床。特别是乡镇（街道）财政，没有统一管理、统一开户、统一核算，造成财政资金分支暗流。还有财政与部门关系不理顺,《预算法》执行不到位。有的搞了预算也不完整、不彻底,没有处理整体利益与部门利益的关系。有的部门乱花钱,大手大脚,不计成本,挥霍浪费,增加了支出矛盾。有的挖财政的"墙角",挤财政供给的"盘子",争财政掌握的"票子",乱开财政支出的"口子"。上述问题不改革,财政的"大锅灶"就要倒塌。因此,必须改革财政管理体制。这次改革是动真格的,采取统收、统管、统支"三统一"的做法。市对镇下管一级,每年向市财政报告,向人民代表大会报告。市理财小组全程监督管理。从那以后,滕州的财政走向了规范化、制度化。为了抓好改革,我先安排在柴胡店镇搞试点,搞出经验在全市推开。这次改革,彻底清除了部门小金库,遏制了"三乱",实行了"收支直达、财务统管",界定支出范围,优化支出结构,创新支出方式,降低财政运行成本,有效使用财政资金,提高资金使用效益。我在会上还讲:当前我考虑最多、担忧最多的有三个问题,即就业问题、农民收入问题、财政管理问题。这三个问题,事关全局,事关稳定,事关长远,作为领导干部,特别是政府"一把手",当家就要理财,要生财有道、聚财有方、用财有效。我在聚集资金方面,不光是在滕州市长的位置上,在其他地方工作时,也是把聚集公共资金作为推动当地经济社会事业发展的重要举措抓在手上,不论有多大的困难,我都能积极应对,找到生财之道、聚财之方。特别是在滕州我刚任市长时,财政非常困难,到了卸任时,全市财政发生了大的变化。也验证了我在财税工作会议和经济工作会议上讲的一些话。就是如何看待一个地方经济社会事业的发展,主要看三个方面:"经济发展的快慢看用电,每年电力负荷增加了多少(排除高耗能企业);经济发展的景气度看财政收入,每年递增数是多少;财政资金使用效果看经济社会事业发展是否协调。因为财政收入与支出是经济社会的二次分配,能否达到收入有度、支出有节,科学调配,是当家理财的重要方面。作为市长,是调配资金的掌控者,对一个地方的财政要了如指掌,心中有数,聚好财、管好财、用好财,为经济社会事业建设发挥应有作用。"所以滕州市境内财政总收入从2000年的7.2亿元,至2003年提升到了15.6亿元,每年以40%以上的幅度递增。

5. 培植财源。地方财源的培植,首要的是发展经济,发展经济关键是一、二、三产业共同发展。财政的钱多了,市长的支配能力就强了,一切事情就都好办了。那么又如何培植财源,我的体会是:抓住工业不放,盯住农业不丢,拧住"三产"不松。工业是保财政,农业是保饭碗,"三产"是保生活。在市长位置上,我把经济发展的三个环节牢牢地抓在手上,这样做,财源的培植就迎刃而解。滕州打起了"工业立市，农业兴市，商业活市"的旗帜。为了把这三方面的事做好，市政府成立了三个领导小组，分线、分片去抓，我并分头担任三个领导小组的组长，便于更好地加强领导，强化调度，取得成效。当然在其他方面，我会同样重视。但是我还是把更多的精力放到了工业经济上。回忆这段时间，为了推进工业的快速发展，着重抓了以下四个方面的工作。

（1）坚持抓招商。一个地方经济的发展，要坚持把招商引资放到发展经济的首位，实行领导干部带头招商、小分队招商、以企招商、以商招商，面向国外财团、大企业集团、国家科研单位等，在全市掀起招商引资热潮。我多次带队赴日本、东南亚等经济发展较快的国家、地区，如泰国、新加坡、马来西亚、中国香港等。特别是国内的长三角、珠三角以及闽东沿海地区，开展大规模招商。滕州那几年招商的数量、质量走在全省前列。工业企业发展迅速，工业项目的新建、技改、扩建，像雨后春笋，层出不穷，每年都有近200个项目落地。尤其是机床工业、精细化工工业，得到了充分体现。记忆犹新的是2001年5月中旬赴日招商，我带领滕州的部分企业法人，组成了赴日招商团，凡是赴日招商的人员，都取得了好的收获。5月19日，在日本东京召开"滕州（日本东京）经贸洽谈会"，邀请到了200多名日本企业界人士。我在会上介绍了滕州经济社会发展情况，得到了日本企业界人士的青睐。那天下午的会议，中日企业人士相互交流、洽谈，达成了27.6亿元的经贸合作合同，取得了在国内外招

在外地招商

在日本东京招商

商引资的丰硕成果。那天会议，为了节约资金，我们只搞个冷餐会，花钱少，效果好。日本朋友为了庆祝那次会议所取得的成果，又在东京安排了一个有日本民族餐服特点的饭店，在那里招待我们。那天的晚宴都很尽兴，宴会直到凌晨1点多钟才结束。日本朋友还亲自掏腰包，拿钱去给我们买纪念品。由于已到深夜，他们没有办成，把集中的钱分成小包给我们，意思是等于买了纪念品。面对日本企业人士的热情，我婉言谢绝。我讲："我们有纪律，也有做人的标准，不能收受任何人的钱物，你们的心情，我们已领，谢谢。"这次的赴外招商确实取得了好的效果，不光引进了项目、外资，还拓宽了外贸出口渠道，提升了外贸出口额度。

（2）注重抓落地。工业项目的发展，计划得好不如落地好，说在嘴上不如抓在手上、落到地上。招商引资再多的项目、计划再好的项目，只是写在纸上，没有落到实处，都是一句空话。任市长的那几年，对工业项目有些着迷。晚上休息也想工业项目，工作一天，不管有多么累，只要有人提到工业项目，我就有了精神，因为那时多数工业企业已倒闭破产，急需上马建设新的工业产业。我在一次工业运行调度会上讲：对工业项目，要引进一批、技改一批、老企业重组一批。2001年提出"双百"工程，要有100个符合国家产业政策的大项目落地，每年要有100项新技术改扩建项目，以此来推动工业项目的发展。并对工业项目落地，每年采取春、秋两季集中奠基活动，起到造势、鼓动、加压、推进的作用，多发展科技含量高、利税率高、市场占有率高的工业项目，让全市上下动起来，把工业立市的指导思想落到实处。

（3）着眼抓新上。工业项目的发展，既要重视新上项目，更要抓住已有的工业项目，巩固老项目，抓好新项目，促使工业项目持续发展。2000年2月10日，我在全市工业经济会议上讲：在全党、全民、全社会要叫响"工业兴则百业兴、工业强则滕州强"的口号，要以工业的兴衰论英雄、论政绩，在全市形成各级党政抓工业、部门联动促工业、全民支持上工业的新发展局面。坚持全党抓经济，重点抓工业，关键抓投入的思维定式，下决心把工业搞上去。并提出：要实施大企业、大集团带动，培植好骨干龙头企业，同时抓大不放小，抓大要强，抓小要活。开展全市工业百企竞赛活动，主要内容是"三比三看"：比投入、比创新、比贡献，看速度、看规模、看效益。市政府与部门、乡镇、企业签订责任书，完成任务的奖励，完不成的给予处罚。按照这些指导思想和工作要求，工业立市的思想得到确立，工业发展的速度得到提升，工业效益明显增加，工业经济的影响力产生共鸣。财政从工业利税中得到收获。

（4）重点抓服务。工业经济的发展，最重要的是搞好服务，创造优良环境，对企业多点服务，少点关卡，想为企业发展所想，干为企业发展所干。地方经济的发展，谁能营造良好环境，谁就赢得了发展的主动权。对此，我在2001年2月10日这次的工业会议上，讲到了要创造四个环境：人文环境、政策环境、法治环境、生态环境，要求全市各级党政干部和广大人民群众做到"企业发展我铺路，企业盈利我保护，企业纳税我服务"，严禁给企业出难题、设关卡，搞上有政策、下有对策。要实行一级抓一级，一级对一级负责，按照市委、市政府工作考核机制去抓落实。对市里确定的100个重大技改项目、100个农产品加工企业、100个利税大户企业、100个重点工程，实行一个项目、一个责任人、一个工作班子、一个实施方案、一个奖惩办法的"五个一"要求，抓落实，抓服务，推动滕州工业经济的快速健康发展。在那几年，为了给企业搞好服务，除了集中审批项目外，对破坏发展环境的人和事，采取明察暗访、公开处理。对部门、乡镇为企业服务的内容实行公开。通过一系列举措，滕州党政机关对企业服务的质量明显提高，广大干部群众为企业发展提供服务的积极性增强。为企业发展开"绿灯"的多了，设"红灯"的少了，自觉服务、积极服务、全面服务成为当时营造发展环境的时尚追求。

清廉施政

　　人民政府是国家的重要权力机关的执行机关，如何给人民做事，是对市长的严格考验。新中国成立后，地方人民政府得到加强，特别是改革开放以来，

县级（市）人民政府机关部门庞大，工作人员增多，人浮于事，工作效率低下，出现推诿扯皮，乱用权力，吃、拿、卡、要现象。有的成为经济社会发展的阻力和障碍，人民政府的形象受到影响，号召力下降。我任市长以后，针对这些问题，首先抓了政府机关思想作风、组织纪律、工作标准的整顿。

在党风廉政建设会议上

提出政府机关要"瘦身"、工作要负责、效率要提升。在树立"六种意识"做好政府工作的基础上，全面开展法治建设，要求政府部门机关人员"认识自我，我是谁？为了谁？转变作风，提高效率，服务社会"。机关要消肿，农民要减负，政府要服务，实现小政府、大服务的格局，把政府自身建设提到了议事日程。记得把政府的法治建设牢牢抓在手上。政府要想得到人民群众的信任，首先是正门风、强纪律、重管理，使政府部门机关真正成为人民的政府、人民的机关，实现全心全意为人民服务的宗旨。回忆施政建设，我投入了不少精力，从指导思想到具体步骤，以及采取的措施等，现在仍有很多感悟。我认为，政府能不能做到依法行政，是对政府领导人法治观念的考验。新中国成立后到 20 世纪末，中央及地方制定了法规、条例近 1000 部，国家大型法律达 300 多部。各级政府如果不去遵守这些法规，做到依法行政，我们的依法治国就要落空。所以我任市长开始，就抓住了政府的法治建设。2001 年 7 月 26 日，我在政府全体成员（扩大）会议上讲，要建立法治政府，加强政府自身建设，做到用制度推进工作，实行（"三制管理"）用法律规范工作（言行讲法规，决策讲依据，办事讲程序），用道德影响工作，要有官德，官德正则民风正，官德纯则民风纯。要求政府机关干部，要树立正确的世界观、人生观、价值观、道德观。要先天下之忧而忧，后天下之乐而乐。处处为事业，事事为别人，不因善小而不为，不因恶小而为

之。要言行一致，表里如一，多讲为民的话，多说干事的话，不讲不利团结的话，不做不负责任的事。用政策推进工作，要研究政策，争取政策，用足用活政策，在不违背政策的前提下，创造性地开展工作。用创新开拓工作，要求要解放思想，更新观念，在国家法律、政策允许的情况下，积极地大胆探索，不断总结完善，把握工作的主动权。不断探索新形势下的新方式、新方法、新手段，结合实际，创造性地开展工作。用实干落实工作，"空谈误国，实干兴邦"，靠实干出思路，出经验，出成果。要求政府成员，自觉养成多做少说，求真务实，做到言必信、行必果，说到做到，言行都要体现在"实"字上。到困难大的地方去，到矛盾多的地方去，扑下身子，放下架子，摸实情，出实招，干实事。要切忌禁凭主观意愿办事，靠做表面文章当官，更不能虚报浮夸，好大喜功，贻误事业。要把从政行为规范在法律的范围内，把言行规范在党的纪律内，做一名素质优良的政府人员。为了切实达到清廉施政，从以下三个方面开展工作。

1. 依法行政。规范政府行为，首先要依法规范行政行为，不能践踏政府权力、乱用行政权力。为了依法行政，2001 年 9 月 24 日，我主持召开全市依法行政工作会议。在会上，我讲：从大的角度看，依法行政是实施依法治国方略的重要前提和基础，是新形势下政府管理经济和社会事务的重要手段，也是社会主义民主法治建设的重要特征，要把依法行政摆上政府工作的重要位置。从具体实施上看，要抓住五点。第一，加强对依法行政的领导，为了确保政府依法行政，市政府成立了法律顾问团，给所有市长、副市长配法律顾问，领导干部要带头学法、懂法、遵法、用法。第二，加强执法人员的培训，提高执法人员的素质，做到执法要先知法、先懂法、先学法、再用法。第三，建立完善政府公文审查制度，只要是政府出台的文件，不能与法律相抵触，并清理以前所有与法律相矛盾的文件。把政府公文的内容纳入法律的范围。第四，全面推行政务公开，对此，市政府专门下发文件〔2001〕1 号《关于推行政府政务公开制度的决定》，要求从市到乡镇建立政务公开栏，凡是不需保密的事项都要公开。在那个时候，应该说政务公开走在了全国、全省的前列。第五，建立依法监督机制，确定在市政府常务会议，设立监督席，请有代表性的人大代表和政协委员旁听会议内容，增强市政府决策的透明度。记得在一次会议上，我强调，要切实规范政府行政行为，确保依法行政，把权力放在法规制度的范围内行使，不准乱用权力、践踏权力。权力是人民的，要为民所用，不能为我所用。要坚持从严治政，将政府权力置于广泛的监督之下，做到有权必有责，用权受监督，乱用须追责。对此，我建议市政府出台《滕州市行风评议考核办法》，保证依法行政的长期性、持续性、有效性。

2. 勤奋从政。政府的工作千头万绪，大到工、农、商、学、兵，小到油、盐、酱、醋、茶，只要是老百姓衣食住行的事情都要管。我经常讲，老百姓的事情无小事，老百姓的小事是大事。只要有位就要有责。所以当市长必须勤政，他所带领的政府机关人员也必须勤政。只有勤政，老百姓才能支持你、拥护你。权力是一种责任，在执政的过程中，必须坚守。替人民群众掌好权、用好权，正确地运用手中的权力，为民办事。勤政还要体现在善政上，勤者善也。任何时候不懈怠，不懒惰，不推脱，不回避，敬业爱岗，尽职尽责，做到敢抓热点，敢碰硬事，敢办难事，敢抓棘手的问题。勤奋从政，要体现在大处着眼，小处着手，从一点一滴抓起，欲扫全球，要先扫其屋。白天走向基层，到第一线去发现问题、解决问题。到群众最需要的地方，为民所为，为民所办，全身心投入到工作中去，尽心尽力把人民的事业干好。

3. 清廉为政。为政清也，为政者必须清廉。我任市长期间，对政府的廉政建设抓得很紧，要求很严。2002年7月24日，我在政府全体成员（扩大）会议上讲，要维护政府良好形象，廉洁勤政是政府领导干部的立身之本。我们的政府是人民的政府，一切权力是人民赋予的，权力只能用来为人民服务，不能用来为自己谋私。各级领导干部务必保持清醒头脑，要认识到从政是一项高危险的职业，必须经常省悟自己、提醒自己，要有如临深渊、如履薄冰的高度自觉，始终坚持自重、自省、自警、自励，把好法规和道德底线不能突破，筑牢防线，保持浩然正气，强化自律意识。严格执行党的政治纪律、组织纪律、法律法规，做到不拿党的原则做交易，不拿人民赋予的权力做筹码，不拿自己的政治生命当儿戏，抵御各种诱惑，经受各种考验，正正派派做人，清清白白为官，勤勤恳恳干事，树立清正廉洁的好形象。廉洁勤政，市长不光要抓，还要带头做，讲了一筐子，不如做出样子，做到立言、立行、立身，带出一个好班子、好队伍、好风气。清廉为政，是对我自己的要求，常想当上个"县官"不容易，近200万人看着你，一定珍惜党和人民给予的这个位置，为人民掌好权、负好责。记得从我走向领导干部岗位后，经常晚上要三省吾身，是否乱用了权力，有没有做不利于党和人民的事情，时刻警醒自己，走好自己的从政路。我体会，领导干部的从政觉悟与官德，需要一个人长期修养，永远坚守。清廉为政，要把自己置于党纪国法之内，靠自己自觉，自我管理，树立终生不违法、不违纪的意识，为人民、为社会树立共产党员干部形象。

在依法行政方面，我任市长的那几年，要求政府部门先学法、先知法、再执法。特别是学好《中华人民共和国宪法》、程序法、实体法。全市上下形成了依法做事、规范做事的良好风气。并且对政府领导干部提出了"决策讲依据，办事按程序，执行讲纪律，规范讲法律"的办事规则。在任市长期间有几件记忆很深的事情。一件事是，凡是重大决策，关系人、财、物的事情，都要经过各类会议集体研究，并形成会议纪要。政府的权力属于人民，公共权力是首长负责制，权力不能一个人说了算，也不能谁都说了算，要经过会议程序，集体决策，一人拍板。记得有一次，涉及市长资金使用问题（按照预算法规，财政每年按预算总额的3%给市长留出急用调配资金），其他政府成员没有权力支配。但由于工作的原因，其他同志也有动用之意并对支出做了表态。向我汇报后，我讲你们不能代替市长行使权力。此事该办，财政也该补贴，但是不汇报是不对的。这两位同志确实是为了工作，没有其他的想法。最后对此事，我安排市财政局完备手续给予支持。还有一件事，是滕州市级领导干部医疗费问题。这件事情虽小，但它关系好多县级干部的切身利益，特别是退离休干部。滕州干部基数大，还有好多抗日战争、解放战争时期及新中国成立前参加工作的老干部。如何把握此事，必须要有依据（因当时面临医疗制度改革）。为了保障各级医疗费支出，我安排分管的副市长召集卫生、财政、人事、劳动等部门研究方案。按照当时的政策，县级以下干部，医疗费全部并入合作医疗费，实行按比例报销。但对"四大班子"成员，上级也没有做出明确的要求。根据以往的做法，2002年1月20日，我在政府二楼门厅会议室，召开"四大班子"秘书长、办公室主任及财政、卫生、人事等部门主要负责人参加的会议。在会议上确定了三个问题。第一，按照法规政策要求，制定全市干部医疗费报销标准，实行财政、人事、卫生把关，财政、审计部门审核报销。第二，市"四大班子"成员及虚职副县，根据现有政策，制定报销标准。经医改领导小组审核，按照医改政策报销。第三，服务好全市离退休干部，保障医疗费及时报销，经费实行包干使用。2002年市财政要按照比例搞好预算，确保机关事业单位医疗费用得到保障。并要求财政局、审计局、卫生局实行专账管理。对不符合报销的医疗费，要坚决杜绝，不准乱开口子，确保把医疗费用使用得当。同时抓好医疗制度改革，为企保、农保做好准备。从这次会议开始，市财政要规范医药费开支制度，全年各类医药费全部纳入预算。一次预算，确保全年各单位不准再要求追加医疗费。预算列支要向市政府常务会议和人大、政协两会报告。从那以后，堵住了乱开乱支医药费问题，滕州的医保开始走向正轨。另外还有一件事情，领导干部填写工作日志问题。我对班子成员工作上的管理，既放手，又掌控，这样才能统揽全局，调动各方，促进工作。我对班子成员的放手，凡是研究确定的事项，一般我不再干预，不听他们的工作过程，只要结果。如果工作遇到难度，我给撑腰壮胆，敦促工作落实到位。管理掌控是，始终把领导班子成员的精力凝聚在干事业上。对副市长每天的工作安排，干什么要知道，便于了解全局，及时做出适当调整，不因临时调度工作而影响了他们已经安排的事项，避免市长与副市长工作之间发生冲撞，造成工作损失。这也是规范从政、勤奋从政的基本规则。所以每天政府班子成员要把翌日的工作安排好，写入工作日志。第二天的早上，我到办公室，第一件事要问领导班子成员这一天都干什么工作，并每周一小结，半年一汇总，一年一总结，让每个人都看到如何抓落实。从工作日志记录上看，老出现一项工作，我就要问，查找原因，一项工作需多少个工作日。工作效率、工作成效就一目了然。同时要求政府成员单位，每周也要报工作计划，形成全市一盘棋，集中精力抓落实，把政府的清廉施政体现出来，建设一个依法、规范、高效、守纪、为民的人民政府。

在滕州工作十年有余，时间斗转星移，走过了我最好的人生年华，也是干工作精力最旺盛的时期。那时自己觉着有干不完的事，用不完的劲。同志们对我饱满的工作热情和工作干劲感动，所以他们为了我的健康也经常劝说我，让我松松劲、放放气，不要抓得太紧。这些好同志，对我的工作是全力支持的。我回忆滕州这段历史时，2003 年上半年离开滕州时，还写了一段顺口词："吾是峄县一山人，有幸滕州施重任。光明磊落把人做，时史十载已转过。为了百姓谋福祉，世上难做皆人意。问心无愧任评说，留得丹心照滕州。梅兰竹菊一君贤，只做百姓服务员。"对此，我认为在滕州，以百姓的心态，去做百姓的官。官之道为民也。为政之道在于为民，安民之道在于解除百姓之忧。为官不能没有担当，为官敢为是品行。所以我在滕州十年有余问心无愧，十年有苦恼，有收获，也是我人生中的一个重要节点，更是一生最好的年龄阶段。38 岁进滕州，48 岁离滕州，在滕州工作生活十载有余，这里给我提供了从政锻炼的平台。从这块文化厚重、人杰地灵的土地上，学到了东西，汲取了营养、为把人做好，把事干好，提供了在其他地方得不到的人生元素。那时，我风华正茂，精神饱满，干劲十足，有使不完的劲。把干好人民的事业作为自己的追求，把我对这块土地的真爱作为精神归宿，把对人生的仁、义、礼、智、信作为人生正道的标准。我把滕州作为我的第二故乡，至今仍然深深地爱着这片土地，更眷恋着广大的百姓。因为这里有与我朝夕相处、患难与共的同志，有为我提供支持的广大人民群众，有在逆境时期给我关心的兄弟姐妹。在我回忆这段历史时，我发自内心的话，谢谢你们！我会永远记住滕州这份情谊。所以直到现在，有人讲滕州人不好的话，我还会反驳他们。有些人认为滕州人不好对付、太刁，我说滕州人聪明、智慧、勤劳、会办事，这是文化力在起作用。我认为滕州人懂礼节，识大体，有风度，真讲究。要想得到滕州人的认可，关键是你能不能值得认可。只要认可你，就会拥护你、赞成你。在这方面，我离开滕州有两次证实这一点。一次是 2003 年 1 月，根据省委组织部和枣庄市委的意见，因工作需要调离滕州，离开时，滕州不少干部群众到市政府找我话别，那是群众自发的举动，是真心的，没有组织的授意。第二天从市委离开，尽管夹道欢送，几大班子还送到高速路口，那时我并没有感动，因为那是组织行为。在市政府的送行话别，是人民群众发自内心的感情，个人的行为，我很受感动。还有一次是已调离滕州后，2005 年春节后的阴历正月初五，部分基层干部群众与我联系，说是正月初六到我的新工作单位来看我。因为是老百姓的感情，没法推辞，只好答应。我说你们就初五吧，初六我得开会。那是滕州城区的老百姓，没有一名市管干部，都是村、街的基层干部和部分群众。他（她）们组织了近 100 人到枣庄高新区给我拜年。这些事情，我确实很感动。通过十多年的工作与生活，使我感情融入滕州，思想深处已打上滕州的烙印。滕州成为我人生的重要阶段，成为我永远怀念的地方。

政府助事

任枣庄市人民政府市长助理、党组成员

滕州的工作刚刚有了起色，各项基础性工作已经完成，正是大展宏图的时候，由于枣庄市开发区被省里亮了黄牌，市里有意调我临危受命挑起高新区这副担子。

2003年1月，按照上级组织的要求，我带着一种迷茫、困惑、遗憾、失落到枣庄市委报到。一直在区（市）工作的我，很少找领导汇报工作，也从未要求过个人的事情。2003年1月10日，到老城的原市委书记们办公小楼（二楼接待室），有市委主要领导找我谈话。我带着压抑的心情走进了市委的接待室。进去一看，市委主要领导马金忠等同志已在等候。他们看到我进入接待室，起来招呼。我没有让领导说话，问道，领导找我有什么事情请讲。马书记说，你先坐下，我们再谈。我说：马书记，你们不要与我谈了，把市长改成了乡长，我不知道为什么？还有什么好说的。马书记讲，你先冷静下，我们把省委组织部和市委的意见讲给你。这时，我稍停了会儿。马书记讲："根据工作需要，你的工作有变动，不再任滕州市委副书记、市长，调任枣庄市人民政府任党组成员、市长助理，兼任枣庄高新区党委书记、主任，参加市长办公会议，参与市政府决策，所有人事、工资关系转到市政府，主要任务是把高新区建设好、发展好。原来计划不离开滕州的意见有变，省对区（市）县两个"一把手"通盘考虑。枣庄高新区被省里亮了黄牌，省里初步意见摘掉省级高新区的牌子，这是枣庄的大局，枣庄不能没有高新区，市委做了慎重认真考虑，你是最适合人选，能担当重任，扭转局面。"

于是，我从滕州市委、市政府任职后，根据省、市的安排，调任枣庄市政府任党组成员、市长助理，将我的所有人事手续转入枣庄市政府。从这方面讲，我也是枣庄市政府领导成员之一。市政府的分工是协助市政府领导抓招商引资、项目建设，参与政府决策。回忆这段的工作，我做了三个方面的事情。一是积极建言，二是助推大事，三是守职尽责。这三个方面，从 2003 年开始，直到2011 年结束，时间长达九年（2007 年我已任市政协副主席，仍参加市长办公会议）。作为政府成员之一，对市政府的重大决策，有着建言的责任。我这个人由于性格耿直，待人真诚，对事认真，历来敢于直言。直言能否采纳，我从不管这个问题。我认为对市政府决策的问题，有自己的看法，就应该在会议上讲出来，一旦形成决议，就必须无条件服从，不能会上不说，会后再说，这是道义和纪律不准允的。如果这样，那就是自由主义，不利于维护大局。我不论在哪个岗位主持工作还是配合工作，这一点我是坚守的。在这长达九年的市政府履职时间里，参与了不少的决策建议。记忆深刻的有十个方面。

一是在确定经济发展方向上。2003 年上半年，在讨论市政府工作报告时，在发展经济的指导思想方面，我建议，枣庄市作为较早的省辖市，国有工业基础较好，应牢固确立"工业立市，三产兴市，农业稳市"的思想，不可偏废，不可小视。要作为总抓手去抓。抓住了工业就抓住了经济发展的"牛鼻子"。工业能转化一产、带动三产、一举多得。作为山东省较早的直辖市、老工业城市，抓住工业立市这个经济主题，既尊重了客观规律，又顺应了经济规律，应长期抓住不放。只有这样，枣庄的经济发展才有希望。

二是在改革开放和发展市场经济的过程中，国有经济必须加快改革，消除体制机制方面的弊端。这是 2004 年 3 月的一次市长办公会。这次会议，主要研究国有企业发展问题。在这个会上，我是最后发言的一位。我这个人对任何事项都是直插问题的关键，从不随和他人的发言，这样讲，不是说我比别人高明，而是我不说违心的话，只讲实事求是的话。在这次会议上，我对枣庄国有企业改制谈了以下四点建议。第一，建议市政府组成专门企业改制工作小组，这个工作小组的成员，要由主要领导担任，有得力人员专心专门干好这一件事。干好这一件事就了不起，不能坐而论道，要从根本上破除老国有企业的弊端，释放出经济发展的活力。国有企业改制，已进行了十年，天天讲改，没有真正地去改。第二，国有企业的改制一定要触及产权、人权的改革，打破老国有企业的管理模式，建立市场经济条件下的现代企业制度，不能"穿新鞋走老路"，表面改了，实际没改。这样会造成国有资产流失。第三，要通过改制，发挥老国有工业的作用。枣庄市有良好的工业基础，通过改革可以做大做强。市政府要用心培植上市企业、名牌企业、领军企业，带动工业现代化、信息化的形成。第四，要实施整体破产，对那些再救无望的企业，要早破产，重新组合生产要素，到市场经济中去发挥潜能。在破产时，市政府拿出一部分钱，再加上盘活的原资产变现，用心安置职工，为改制铺平道路。后来枣庄工业企业发展缓慢就是改制不彻底造成的，没有抓住改制的机遇，时间一错再错，枣庄的工业失去了可以释放活力的机遇，直到连改制的资本都没有了。改革是一件不容易的事情，需要勇气、胆量、责任、方法。因为改制就要触及矛盾，所以枣庄的工业企业没有发挥优势，释放活力。改革开放几十年，枣庄没有一家国有企业发展成一个现代化的大型企业。

三是放手发展县域经济，为县（市）区创造工作环境。2004 年 2 月，在省十届人代会上枣庄市代表团发言。省、市两级机构有些膨胀，人浮于事，揽权过多，不干事的人有权力，想干事的没权干，严重影响了县级政权的发挥。建议省、市要"瘦身"，县级要简化，形成小政府、大服务的格局。支持县（市）区改革发展。在国家大的法规政策的指导下，放手发展县域经济，促使县域经济成为国民经济发展的半壁江山。减少县、乡对国家的依赖，使国家的钱用来办大事，用在加强国防建设上。在这次会上，为了发言有依据，我还查阅了中国唐、宋、元、明、清时代的县级治理。旧时代就把县这级看得很重，所以建制设置上把县、旗放到了重要位置，县官都是皇帝亲封的。因为这级是国家政权的基础，对于基层广大人民群众行使着管理权。基层稳则国家稳，县域富则国家富。现在的"庙"大，安的"神"多，对基层"乱念邪经"，乱设卡点，乱要"贡品"，对于安民没有好处。有些部门、有些岗位设不设、要不要无所谓。省、市根据各地情况可先改革，把简政放权摆到首位。

四是新城建设要一张蓝图干到底，着重抓好"三个重点"（基础设施、功能分区、城市生态）。这是我 2005 年上半年参加市长办公会议时，听取新城规划时的发言。对新城的规划，市委、市政府领导没少费心，我参加市长办公会的九年间，有七八次听规划汇报。枣庄市的城市规划搞了不少次，不断地改，换一个领导搞一次规划。但愿这次规划能持久，不再出现一张图纸刚开始干又开始改。城市规划，开始就要搞明白，要科学谋划，严谨规划，尊重一个地方的历史文化、经济走势、客观条件、时代特点、法规要求去规划。不要想当然，靠个人好恶去规划，枣庄的城市规划从改革开放到现在，干得少，改变多，教训多，经验少。我们要接受教训，吸取外地的经验，用历史辩证观点，开放眼界去搞规划。这次规划要一张蓝图干到底，做到50年不落后，100年不遗憾，把城市规划与天、与地、与人结合起来，形成人与自然的和谐，城市与经济的统一。这个建议当时得到了省城乡建设规划院柴院长的充分认可。

五是发展经济必须把招商引资放在首位。这是2006年7月，市政府已搬迁到新城后。市政府召开政府常务会议，研究2006年下半年经济发展问题。在这次会议上，我做了以下发言："上半年经济运行良好，枣庄的经济进入了一个新的发展阶段。我们要牢牢抓住经济发展不放，这是党的工作中心，也是社会发展之要。但是发展必须把招商引资放到经济发展的首要位置来抓。"我还讲了西方发达国家在经济发展中抓招商引资的经验，招商引资不是中国创造的，美国在100年前就设有招商局。欧洲各国都建立了吸纳外国资本、资金的组织，把引进资本、技术、资金作为发展经济的重要手段。如美国华尔街金融中心建立，英国的世界金融城。他们把金融平台的建设作为吸纳世界资金的手段，当作经济发展的杠杆。我们枣庄发展经济，也必须把触角伸到国外、市外，吸纳外资，引进国内外资本、资金发展自己。同时还要注意方式，研究方法，科学招商，以企招商，以商招商。搞大忽悠招商是不行的。政府招商必要的形式是要搞的，但是不要流于形式，要注意实际效果。政府的招商工作应放在政策制定和优化环境上，这样才能保证招商效果，加快资本、资金的进入。

六是加快煤化工基地建设，搞成相对独立的园区。这是2006年下半年，市政府召开政府常务会议，研究煤化工产业问题。在这次会议上，我对煤化工产业的发展，是持赞成态度的。因为煤炭是枣庄的基础产业，枣庄市是因煤而设立，不能因煤而衰退。要抓住煤炭资源枯竭、实施工业转型，把现有的煤炭资源转化为煤化工产业。向精、细、长发展，拉长产业链，提升附加值，促使煤炭产业继续为枣庄人民服务。但是煤化工产业的发展，要规模化、信息化、现代化。要集约发展、区域发展，不能乱布点，乱搞化工园。要加强对环保的重视，做好项目上马的"三同时"工作，环保措施要走在前面。特别要重视木石化工基地建设，这里是省政府批准的枣庄高新区高科技化工园区，也叫高新区区外园，专项搞化工产业。作为市政府要协调好、组合好高新区、滕州市，联手把煤化工基地做大做强，不要乱提口号、乱布点，造成土地浪费，造成环境污染。要认真规划木石高科技化工园区，把工业十大项目、社会十大项目放到同等的位置给予重视，形成新的木石化工城，做成全国的煤化工产业基地。在这方面，我除了认真建议，高新区招商的化工项目20多个、3家企业集团，全部放到了木石化工园，当然注册地是高新区，生产地在木石，也为煤化工基地的建设做出了应有的贡献。

七是加强城市化建设，加快农民转市民的进程。这条建议是2008年底讨论人民代表大会报告草稿时的建议。我讲道，枣庄的城市建设不是快了，而是慢了，没有抓住机遇，赶超时代。存在认识滞后、规划滞后、基础设施滞后问题。缺少城市的整体谋划，缺少城市统一性、规划性、科学性，缺少地标建筑物，缺少文化建筑，缺少城市灵气，天、地、人合一自然生态没有形成。我们应该反思，要抓住城市的"根"（城市文化），重视城市的"标"（城市地标），牵住城市的"链"（产业链条）。一个城市的主要产业是什么，以什么产业来带动城市发展，这是新的城市建设必须要考虑的。对此，我们应该抓住以下几点：抓住城市的拆迁改造，实现城市旧貌变新颜；抓住城市经济快速发展，实现农民转市民；抓住卫生、教育不放，打造鲁南地区医疗、教育中心；抓住老城与新城的对接，实现新的城市带。同时，我还建议，区（市）的城市由区（市）建，市政府应把精力、资金放到新城的建设上。世界上发展快的城市，多数是依靠文化优势、交通优势、产业优势。优势不明显的可以创造优势。如新加坡，创造了金融中心。韩国抓住科技工业产业，澳大利亚抓住了资源产业等去发展城市。枣庄市处在京台高速、京沪高铁中间点，只要努力，打造一个新的优势是完全可以的。如高新区的锂电产业已走在全国前列，打造锂电之都、锂电产业群去带动城市。又如，把枣庄建成教育基地、医疗中心，吸纳世界、全国资源以及人才发展城市。

八是要创造发展环境，为招商引资提供引力。这个建议是2009年5月，在市政府一次常务会议上的建议。这次会议的主要内容，是关于一家外地企业投入化工项目问题。我讲，枣庄的发展，要牢牢抓住项目建设。项目建设要抓环境，搞服务，给政策，重科技。我建议的环境，是枣庄的发展环境，枣庄发展环境不宽松，开门招商、"关门打狗"的事时有发生。吃、拿、卡、要，屡禁不止。市委、市政府应把工作的重点放在抓发展环境上，环境好，不招自来，一个地方的发展，只有留人、留心，才能留项目。其次政府的服务工作要跟上，要加强项目建前建后的督导和产前、产中、产后的跟踪服务，把服务做到每一个企业，落实到每一个单位。叫响"枣庄发展我发展，我与枣庄共兴衰"的服务观念。在政策方面，应该在不违法、不违纪的前提下，把能给企业的政策全部给到位。但是，政策必须给到明处，不能在暗处。一个项目不能牵连其他资源型企业，不能搞价格联动机制，这样不利于企业之间的公平竞争，造成外来的企业旱涝保收。这样不行，作为政府制定政策，不能违背市场经济规则，也不能违法操作。这个会议，延迟到中午1点钟才散会。从法律角度、市场规则角度、政府决策要透明，不合理、不公平的政策是绝对不行的。所以一个地方政府要开明，政策要透明，把服务放在心上，把政策交给群众，避免违法违规。

九是保护地方与国计民生相关企业发展，培植本土企业。这个建议是2010年上半年，市政府研究医药领域的问题，主题是谁来统购枣庄药品问题。当时的情况是，枣庄市的药品市场有点乱，加强管理是对的。但是如何管、怎么管，有很多的学问。药品是一个特殊商品，它关系千家万户，牵动着全社会，相连着每个人的利益。在市场经济的大潮中，有很多投机取巧、谋取私利之人。在这种情况下，决策者们如果不清醒、不清廉，就容易把事搞坏。所以，在这次发言中，我谈了以下几点。我讲，进一步加强药品管理，降低药价，禁止假药，切实为广大百姓做好事。但是我们不要认为"外地的和尚好念经"，都是来造福的，也有来讨利的。我们应该关注本地国有企业，吸引他们参与竞争、公平竞争，因为药品行业是个特殊行业，这里面有着枣庄市的无形资产，在公平竞争下，应该优先本地国有企业进入，这样有利于培植地方企业，防止国有无形资产和有形资产外流。这个建议那时看正确，今天看来更加正确。外地企业来枣考虑本地社会利益少，考虑企业自身利益多。因为药品是个特殊产业，行业垄断的问题会反映出来，有些药品进不了枣庄市场，也影响了供应多样化的供给问题。像药品这些特殊行业，不能将全市人民的无形资产永远交给一家企业，必须5年至6年（市场周期性）就得重新拍卖市场准入权。

十是要把枣庄高新区作为特区对待。枣庄高新区是个独立的管理辖区，又是市委、市政府的派出机构，它承担着科技创新发展、市级财源培植、新城建设发展、新型工业化推进等重要作用。按照市委、市政府2003年16号文件的要求，放手、放心、放开发展，资源向这里集中，科技人才向这里流动，开发性项目向这里投放，把高新区建成一个现代化生态型科技工业强区。这个建议是2011年5月，在市政府市长办公会上讲的。并且我还建议，市委、市政府对高新区的管理要加强，不要干预太多，要求各部门要全力支持，要确保枣发〔2003〕16号文件的落实，并对责任部门进行督查，把实际内容落到实处。目前高新区已进入快速发展期，各类项目已投资近2000亿元，已经成为中国锂电池产业基地。国家高新区已验收完备，等待国务院批准。市委、市政府对高新区的政策不要变，管理模式不要变，这样才能持久发展。这次会议，也是我对高新区争取发展环境，为枣庄市大局着想的情怀体现。

在市政府任职的过程中，除了记忆深的十项建议外，还有在市委、市政府重大决策事项的推动上，我也做了努力。

一是助推了新城道路建设。2003年，新城还没有一条像样的路，只有光明大道中间一点，还没有形成通车能力，路两侧的农村还未拆迁，道路建设难度很大。再加上市里又拿不出钱修路，新城建设非常缓慢。当时的市委主要领导找我，把新城建设交给高新区。我说，"市里财政困难，高新区更没有钱，但是，只要市委、市政府支持，除行政中心外，其他的道路建设，高新区可以承担"。就这样，高新区把新城建设作为义不容辞的责任来抓。九年间新城及高新区共修了50多条路，加上背街小巷、上山的路共修了60多条，这样新城的道路框架基本完成，为枣庄新城的形成奠定了发展基础。

二是助推了政法单位的建设。为了使市委、市政府2004年6月搬迁后尽快形成政治中心，市委主要领导安排，要做好政法单位到新城建设的协助工作，解决好土地征用、地表附着物清理、配套设施建设等方面的工作。因这几个单位全部规划安排在光明路北，当时土地征用需要按照国家规定办理审批手续，申报需要经过高新区土地管理局来办。为了这几家政法机关单位的建设，我多次召开协调会议，解决建设过程中的各种问题，特别是涉农的问题，花费了很大精力，有理、有据、依法、依规，把所有涉及政法单位的问题予以解决。尤其是中级人民法院，地表附着物清理遇到很大的难题，主要是所占地坟头迁移问题。坟主坚持不搬。按照中院建设要求，已影响工期。院长隋明善同志、副院长周新币同志找到我，协调解决地表附着物清理的障碍问题。此事已多次安排兴仁街道，但是落实不到位。为了推进此事，我利用早晨上班时路过此地，进行了现场办公。对坟主在现场讲了三个问题：首先讲明此地已被征用，建市中级人民法院，按补偿政策已补到位。其次是新坟地由兴仁街道统一安排到集体公共墓地内。再次是给你们三天的时间，不搬走按照无主坟处理。为了顺利迁走，我代表政府向你们老祖宗鞠躬。这个现场办公是管用的，三天内全部搬走，市中级人民法院如期建设。还有市检察院土地调途问题。检察院建设所占土地内，有一部分还不符合土地使用要求，为了使项目建设单位用地合法，我多次协调市、区有关部门，完备建设项目用地手续，使市检察院的建设合法、合规。市公、检、法、司四部门建设，是市行政中心建设中的重要组成部分。为了推进行政中心的尽快形成，我完成了市委交给我的协助任务。

三是助推了新城的教育事业。新城的教育，2004年还是空白，新城的建设，教育至关重要。为了使新城尽快形成人气，根据市委、市政府的安排，我协助抓了教育项目，承担了枣庄职业学院的土地供应、道路建设两项任务。学院的建设，有了土地、有了道路，大配套就完成了。枣庄职业学院占地830亩，这块土地在2003年还是农田，为尽快使项目落实，把农田变为建设用地，我抓住了省里土地调整用途的机会。我多次去省、赴京协调。当时高新区每亩2万元买的2000亩外地调途指标，用于占补平衡。这2000亩土地，成为建设用地后，高新区规划了高端产业园，主要用于高新区招商的项目。枣庄职业学院、市委党校、经济学校等单位，搬迁没有土地指标。市政府的领导找我商定，我全力支持。那么，市里建职业学院想用这块地，与高新区项目用地形成了矛盾，并且高新区买地花去近2000万元。尽管如此，我还是服从大局。为了枣庄的大教育，我是舍得拿钱，也愿意出力，更愿意承担责任。为了使职业学院和职业中专学校尽快建设，用了半年的时间，修通了祁连山路，打通了行政中心西部的南北大通道。同时也为市委党校迁入高新区，做了土地、道路方面的工作。在做好大学教育的同时，注重实验高中、实验小学土地的供给。这两块地是高新区规划的高科技产业孵化园。当时，在调度、规划上，花费了不少人力、物力，多次到国家土地规划部门汇报争取才搞定。为了支持新城教育事业发展，高新区主动将土地让给这两所学校，为新城的发展做出了贡献。在做好支持市里搞教育的同时，我还全力配合全市的大教育规划，把高新区的教育事业放到了重要位置。如青少年宫已规划设计完备（位于实验小学北侧），现在被改为住宅小区。在市里的教育项目上，我全力支持，用心创造环境。回忆这些事，我认为在全市工作大局上，特别在关系老百姓事业上，我都是用心去做的。不管有什么困难，从不推脱、不懈怠，全力推进，抓好落实。

四是助推了卫生事业的发展。新城建设之初，医疗卫生事业几乎是空白，为了填补这个空白，让新城市民和人民群众解决看病难的问题，配合市里利用招商引资政策，将枣矿集团中心医院搬迁到高新区。还多次赴京，与二炮总医院谈判，在高新区建立第二炮兵总医院枣庄分院。通过艰苦的协调工作，两所医院得以落地。枣矿集团医院搬迁至高新区，是 2005 年 2 月我安排高新区兴仁街道办事处主要负责人王广振同志，去找陶庄医院党委书记王广平问一问，向他讲明高新区的招商引资政策，并讲明在祁连山路中段路东，有一块建设用地，是炮团的坦克车训练场，如愿意搬来，我们去做军队的工作，并且土地还可扩大。过了一天，区招商局和兴仁街道的主要负责人，陪同陶庄医院党委书记王广平，一起到我办公室汇报此事，他们讲渴求、期望搬到高新区。当时的建设用地不足 30 亩，这是一个坦克团的训练基地，但土地所有权是地方的，使用权归军队，由于多年不用，土地荒芜，通过与军方协商，决定收回。但是医院需要 80 亩土地。后来又通过土地部门，协调解决了所有用地。这所医院在建设过程中遇到了不少困难，又因土地未办完手续就开工，被上级国土部门批评，暂时停工，等待了半年才开工。作为枣庄矿业集团，对医院给予了支持，我也多次现场解决问题，所以才得以顺利建设。在建好枣矿医院的同时，我又配合市政府解决市中医院搬迁问题。这块地是高新区规划的一所学校。为了把市中医院搬迁到高新区，我安排兴仁街道党委、办事处，特别是邓兴同志，先清理地表附属物，按照土地征用规划办理土地使用手续。在这项工作中，当时的中医院院长周滨同志协调各方，对市中医院的建设做了很多艰辛的工作。我对此也是按照法规、政策，做了土地、规划、服务项目等方面的工作。

　　五是助推了新城建设的清障工作。当时（2003 年）市行政中心刚刚挖基础，行政中心规划范围内有很多的村庄、农户没有搬迁，凤凰小区的东西小区，也有不少的农户。为了解决行政中心区域内的附属物清理问题，我与高新区的其他同志，深入到街道、村庄、农户，做思想工作。高新区的广大基层干部、党员、人民群众是通情达理的，只要把理讲透，把政策说明，拆迁问题很快得到解决。到 2006 年底，行政中心内的所有住户全部搬迁完毕，有 4000 多户，20000 多人得到妥善安置。为了扩大新城建设，按照新一轮规划，西至高速公路，东至武夷山路，南至高铁站，北至黑龙江路，又开始第二轮拆迁。这次拆迁从 2007 年到 2009 年，市委、市政府给了三年的期限，要求拆完，所有村庄、农户全部搬迁走。按照当时的拆迁政策，有 1.6 万户，再加上公共设施，总拆迁费需要 18.5

亿元，市里只承担 12 个亿，资金缺口 6.5 亿元，由高新区自己解决。新城的建设，高新区做出了大的贡献。被拆迁的村庄、农户搬走，按照规划重新建房安置。整个新城内腾出了空白土地 2 万余亩，按拆迁范围和城市规划分区，全部交市政府。我安排分管土地、拆迁的党委副书记韩耀东同志，按照卫星标点定位，计划所有腾出的土地汇集成图表，写出报告，交市政府主要负责人。那是 2008年 12 月底，我到市政府主要负责人的办公室汇报了拆迁情况。我讲，市政府交给的拆迁任务和三年的期限，我已超额完成，三年的任务一年完成，腾出的土地约 2 万亩，怎么用，由市政府说了算，我们已圆满完成任务。我还提到了一个问题，交给我们的拆迁任务已完，但是市政府许诺的应该支持的资金未到位，请您给予关注。这位领导同志讲，会安排有关部门办，并讲你对新城有三个大贡献：拆迁，修路，服务新城。在建设新城的同时，高新区也需要腾空土地，供项目建设需要。对此也借机遇，抓了高新区规划区内的拆迁。兴仁街道、兴城街道两个街道，分别拆迁 6000 多户，腾出了建设用地近 2 万亩，大大缓解了高新区项目发展、土地受限的问题。整个新城的建设用地，解决的途径有两个：一是国家用地调整土地用途，借机申请了一部分；二是大多数是老村庄拆迁腾出的土地。所以现在的新城建设，没有当时的拆迁是建不成的。

　　我回忆，在市政府任职期间，能够认真贯彻党的路线方针政策，始终与党中央及各级党组织保持一致，维护市委、市政府工作大局，认真执行党的决议，严守党纪、遵守政规，坚持依法办事。把人民的利益放在首位，事事考虑党性、民心，实事求是，建言献策，抓好各项工作落实。坚持走正道，守正义，讲正理，干正事，助推了市委、市政府一些大的建设事项的形成。在市政府任职期间，无论建议是否起作用，事业是否尽如人意，我都问心无愧。凡事尽心尽力，无私无畏，勇于担当，善始善终，求得实效。所以，2007 年市人大常委会在全市各行各业开展评选十名"人民功臣"时，我被评为"人民功臣"。这也是市委、市人大和全市人民对我的褒奖，也是在市人民政府任职期间最好的认可。

特殊使命

枣庄高新区党委书记、管委会主任

我在担任市政府领导成员期间，还承担了一项特殊使命，那就是枣庄高新区的重建，属于临危受命。枣庄高新区是 20 世纪 90 年代初省政府批准较早的省级高新技术产业开发区。由于各种原因，到 2002 年底，发展停滞，被省亮了黄牌并拟定摘牌。面对这种现状，2003 年 1 月，我被市委任命兼职高新区的党委书记，并全面负责高新区党务政务。那时的高新区，仅相当于一个乡镇，2002 年底全区财政总收入 1240 万元，区级财政不到 200 万元，负债 7000 万元，国有资产 50.2 万元。工业项目只有兴仁街道的神工化工厂，其他上了几个小项目也死掉了。面临的是：体制不顺，机制不活，管理缺失。对辖区事务没有管理权，发展经济缺少基础性资源，项目招不来，也留不住，所以创建十多年无所作为。我兼任这里的职务，是创建高新区以来第六次更换主要领导。我到高新区报到的那天，看到的一切都使我没有想到。这是什么高新区？我向一位副职简单了解了基本情况，问到国有资产、资本、资金、资源情况，这位同志讲，什么都没有，只有这个破烂不堪的办公地点，还是一家企业的。高新区党委、管委是借了企业的房子办公。在东面开始盖办公楼了，但因资金问题，已停了快一年了，还是一个"半拉子"工程。我在了解情况的同时，也看到了干部的精神状态和这里的工作环境、社会风气。机关干部精神萎靡不振，无精打采，无所事事，无所作为，从不按上班时间去上班，即使到了单位，除了打扑克、下象棋外，就是搞团团伙伙，仁兄八弟。每天上班开始时，就研究到哪里去吃饭、去喝酒。如果今天没有地方去，就在办公室订饭，从窗户口用绳子拉上去。没有人去干工作，下午很少能找到人。办公的地方，垃圾遍地，污水横溢，厕所脏得不能进人。社会上的人经常到高新区找茬闹事，没有人敢管。区领导干部经常被围攻、被打骂。这样的社会风气，怎么建设高新区。我所看到的这些，不敢相信，这怎么能是高新区的机关。当时，感到一股凉气萦绕全身。省里为什么要摘掉省级高新区牌子，我也找到了答案。面对这一切，我又该怎么办、如何办？带着满脑子的问号。报到后一个星期我未到高新区，而是到了一个僻静的地方，反复思考高新区向何处去，怎样把这个拟定摘牌的高新区再复活起来。2003年的春节后，正月初六，开始了我为期一个月的调研活动。在这一个月内办了三件事：一件是到省科技厅汇报，要回拟定摘掉的省级高新区牌子。二是到省规划院邀请柴宝贵院长、杨得志所长来高新区规划。三是到苏州、南京、济宁等地高新区取经。这一个月的调研后，向市委写出了请示汇报。我向市委常委会汇报枣庄高新区存在制约发展的六个原因和如何发展的六大举措。制约因素是：体制不顺，机制不活，规划无空间，发展无权力，启动无资金，项目无土地。区不是区，部门不是部门，是个"八不像"的单位。在夹缝中生存，在困境中挣扎，到处受卡压，处处受制约。高新区的同志低人一等，精、气、神提不起来，没有心思去干工作。面对这种状况，如何去做提出发展的六大举措是：

（1）重新规划高新区的发展定位。按照国家级高新区发展方向、目标，规划基础设施，规划产业发展，规划社会事业，规划科技研发，建立一个具有科学性、战略性的具体规划。

（2）重新理顺高新区体制。建立相对独立的管理辖区，建议市委、市政府授予市级管理权。通过艰辛的工作，市委、市政府下发枣发〔2003〕16号文件，市直各部门特别是政法单位与高新区党委管委签订履职责任书。辖区由一个办事处扩成两个办事处，并经省政府批准，复原省级高新区。

（3）在高新区内建立干部能上能下、人员能进能出，按技能、职能考核业绩，实行绩效工资制，让干事的人有位置，不干事的人让岗位，在全省、市内招考各级干部及各类人才。

（4）推行招商引资、招人引技政策，招商引资实施三个面向（面向科研院所，面向大企业财团，面向国家部门），招人引技实施三条措施，把项目引进来，把人才招进来。

（5）重新规划发展空间。实施八园一区发展战略，包括山东泰国工业园、滕州木石区外化工科技园，这两个园区省政府都给予了正式批复。当时规划"八园一区"，是按照国家级高新区的目标搞的，每一个园区按照不同产业、不同类别、技术特点，进园发展，形成资源共享、功能互补、人才互助、规模发展。只要是同类项目，不分国外、国内都可以进入。

（6）全面整治发展环境，为项目建设提供良好服务，使项目进得来，留得住，发展好。对发展环境实施综合治理，政法部门打头阵，采取依法打击一批，公开曝光一批，彻底清理一批，全面开展排查影响发展的各类问题。

在市委常委会上，汇报的所有问题得到解决。向市委常委会汇报的问题，是我用了两个月的时间调查研究得来的，既没有凭空想象，更没有急功近利，是从国家发展大局及高新区长期发展战略的角度，实事求是反映情况，让市委更好地决策，把枣庄高新区建成枣庄的新城、市级财源基地、高科技产业聚集区、改革开放的试验区。在这个大的背景下，我在高新区任职八年半的时间，三千多天，全身心地投入到高新区的建设发展中去。

重新谋划，高点定位

建设什么样的高新区，如何建设高新区，谋划、定位是关键。枣庄高新区从 1990 年开始创建，1992 年省政府批为省级高新区，历经十几年，几乎没有发展，只有一个名不副实的组织架构，规划没有权力，发展没有空间，几乎是破烂的一张纸，在这种纸上，要画出一张好图，难度很大。开始创办，是先天不足，后天不随。建设无规划，项目没土地，发展缺资金。2003 年初我到高新区兼任领导职务，看到这种情况，确实寝食难安。这时想得最多的是谋划高新区重新创业的发展蓝图。我到高新区后，立即抓的是"两个规划"（新区建设规划、经济发展规划），要找到高新区城市建设的立足点、着眼点、结合点。我在这个阶段，用了大量的时间和精力调查研究，找到符合高新区"两大规划"的依据（城市规划、经济规划），既要与中央、省、市的法规政策对接，又要符合本地实际，在客观规律和经济规律中寻找答案，在城市文化、经济产业中寻找兴奋点。我阅读了国内外许多城市的发展史，同时又对国内外经济走势、发展趋势、产业方向，找国家有关研究机构进行分析论证，就是要把枣庄高新区重新规划好、建设好。在城市发展中不留遗憾，在经济长足发展中不留短腿。形成一个良性、健康、长效的发展局面。搭建经济平台，搭建人文平台，搭建民生平台，搭建环境平台。城市建设，规划先行。高新区既是经济产业区，又是新城区，规划建设好高新区，就等于规划建设好枣庄新城区。所以从一开始，我就高度重视规划，要把城市建设好的前提，是要科学规划好，没有好的规划是不行的。因此，高新区城市规划，2003年2月，我就会同市建委的主要负责人到省城乡建设规划设计院，对我已形成的一些想法，与院领导沟通，与省规划院柴宝贵院长、杨得志所长一起讨论枣庄高新区城市发展规划问题。从领导到专家，穿梭于枣庄、济南之间，约有半年的时间，搞出了枣庄高新区的规划，从交通道路、基础设施、机关事业、经济产业，进行了全面布局。初步意见形成后，向市委、市政府作了汇报，并将规划公开，广泛征求意见。回忆这个规划，我记得坚守了这样六个原则。

1. 坚守法规政策原则。高新区的规划，一开始就查阅了中央及各级制定的城市规划法规，同时对应国家高新区有关产业政策等。在此基础上，省城乡建设规划院根据枣庄高新区的实际，着眼整体规划框架的研究，把城市规划和产业规划控制在法规政策的范围内，力求规划在留有发展空间的前提下，把项目详规、土地利用规划做实，不超越法规，严守法规底线。特别是城市建设的容积率、经济项目的亩投入，严格按照国家法规政策规定的要求，制定规划。这两个规划制定时，有两件记忆犹新的事。第一件事是关于城市详规问题，在城市规划时，除了整体道路框架外，要不要做项目详规，这是当时争论的重点。有的认为，只要道路框架规划好，以后项目可以灵活地去安排。有的认为，整体规划编制后，必须有项目详规，这是能否保证整体规划落实的根本问题。所以必须把项目详规做好。我就是这个意见的坚持者。当时我讲，有规划必须有详规，没有详规的规划是无效的。至于今后掌权者如何变动，那是另一个问题。所以高新区的城市规划，既有整体规划，又有项目详规，把整个蓝图编制到位。其实高新区的城市规划，2003年重新创业开始，已基本编制规划到位。到了2009年6月，随着国家土地政策的调整和枣庄市城市规划的修编以及申报国家高新区的要求，又一次调整修编枣庄高新区规划，即2009—2020年总体规划。规划由规划文本、规划图线、规划说明组成。在当时确定全区为"三轴、三线、五团"的总体规划。绿地系统规划确定为"两河、五山、七带、九点"的绿化格局。这些不再多叙述，高新区《史鉴》中有记载。新的规划调整为"一心、三轴、八园、三区"，为新的布局规划。道路规划形成"八横十一纵"的主干路网，设置了17条次干道路，大小道路57条，构成了枣庄高新区的整体规划，也是枣庄市新城的规划。另外一件事是关于高新区经济发展规划。当时也有同志认为，不要再花钱搞经济发展规划，有一个城市整体规划就可以了。在规划讨论会上，我讲了主导意见。要严把产业分类、项目定点、投资强度、科技含量、效益产出、环保系数、节约土地、法规政策等八个方面的问题。要把这些问题细化到经济发展规划里，融合到城市规划的格局中。要把两个《规划》统一好、融合好，用城市的规划引导经济规划，用经济规划推动城市发展，互为作用，互相给力，把枣庄高新区规划好、建设好。

2. 坚守中心城区的原则。在规划高新区、建设高新区方面，我没有只站在高新区的角度去搞规划、搞建设，而是站在全市的大局中去思考、去谋划、去建设。当时我认为，高新区就是新城区，更是枣庄市新的政治、经济、文化中心。因为我也是市政府班子成员之一，有这个责任和胸怀去对待这个问题。坚守中心城区这个问题，是面对枣庄城市规划和建设的现实而做出的抉择。枣庄 1961 年建市，50 多年来，中心城区的规划一直没有形成，变来变去影响了枣庄市中心城区建设，这次规划因市行政中心已确立，建设中心城区理所当然，今后也不可能变来变去。所以在我的思想中，规划好高新区，必须纳入枣庄新城（中心城区）这个范畴，高新区就是新城区的概念不能变。坚守中心城区，也有两件事记忆犹新。第一件事，关于解决统一思想认识问题。我在规划讨论会上，讲了这样的意见。我讲，怎样看待高新区规划问题，作为高新区党委、管委应从全市的大局去思考、去谋划，不能站在高新区这个角度去认识。作为市直部门和有关单位，应从高新区就是新城区（中心区）去对待高新区的规划和建设问题，要支持、关心、维护市委的〔2003〕16 号文件，把高新区建设成枣庄的中心城区，实施产业带动新城的建设。但是对待这个问题，有少数部门、单位没有很好地支持。有的横加指责，甚至为高新区的规划建设设置了障碍。所以高新区的规划是在冲破各种障碍才完成的。第二件事，关于新城区、高新区的区界问题。因为市委、市政府坐落于高新区辖区，那么，高新区自然就成为中心区，为此高新区就是新城区，不存在"三区"的问题，而是高新区与薛城区"两区"

的问题。高新区这种布局，在全国都是这样的，建立新的开发区，将行政机构搬进去。枣庄市少数领导同志提出了一个所谓"三区"的概念，既不准确，又不恰当。高新区新一轮谋划确定以兴仁、兴城两个街道办事处的原有辖区为规划区，店韩路以东作为高新区预留区。市行政中心以外，都作为高新区的规划区。当然，在高新区规划中，要给市行政中心留有发展余地，规划出较为明晰的界线。同时高新区要承担新城的建设任务。对此，为了新城的建设，高新区对行政中心以外的村庄，给予了全部拆迁，共计19个村庄，7万多人的住房，关闭了100多处采石场，为中心城区建设清除障碍，为建设留下了空间。如果我没有对中心城区的坚定立场，这些村庄不会很快搬迁，采石场很难全部清除。又如，高新区的几千亩土地调途指标，全部用于新城的配套工程，如公、检、法、司、职业学院、市委党校、新三中、中医院、妇幼保健院等单位。特别是新城的道路占地，多数是高新区争取的土地指标。

3. 坚守环保生态的原则。一个城市是人类生存的载体，需要有足够的环保、生态做保障。城市的需氧量，城市的绿色，是城市人口必须具备的，这关乎每个市民的呼吸质量。特别是新的城市建设，必须把环保、生态作为规划建设的前提。在规划高新区时，我提出了"山水城市"概念，要把高新区26座山头、17座山体，纳入新城规划，着眼"两河"（蟠龙河、小沙河）水系，实现水围城绕、绿围城转，构成枣庄新城大的绿色生态框架。2004年3月12日"植树节"时，我把新城的生态建设在动员会上做了详细讲解，并提出："不惜代价，不怕困难，科学规划，利用五年的时间，搞好新城的生态建设。"彻底改变乱扒乱采、荒山秃岭的问题，形成青山绿水，花草满城，"山更青、水更绿、天更蓝"的格局，让城市建在花园中，让居民呼吸到新鲜空气，打造适宜人类居住、适宜人们创业的城市。

4. 坚守发展新兴产业的原则。在高新区重新规划时，我与省城乡规划院的专家多次商量，新一轮规划一定要把产业发展定位好。有一个规划导向，不搞人云亦云、平平淡淡的一般性规划，必须有高新区的特点。在关注城市规划的同时，更要关注高新区产业发展。对此，我提出了高新区产业发展导向。目标定位："建设现代化、生态型、科技工业园区。"产业布局："以老区为依托，以新区为重点，以市行政中心为纽带，建设科技工业聚集地。"主导产业定位："以高新技术产业为主导，突出发展新能源（锂电产业）、新材料（光纤光缆）、生物医药（建设中成药加工基地）、IT产业（发展电子信息产业、数字经济、人工智能）、先进制造业（数控机床）、精细化工产业。"并且在规划时，把精细化工产业放到了区外园（木石高科技化工园），新城不再上化工企业。在新能源产业上，主抓锂电新能源产业。这个产业属新产业，我是在认真分析了国际国内能源现状后决定的。认定新能源面临新的机遇期，必须抓住。因锂电新能源，在全国除了天津、深圳才刚刚开始，全国其他地方还没有此产业。特别是磷酸铁锂、钴酸锂、锰酸锂电池能广泛用于新能源汽车及大型储能电器上。高新区重新创业，要朝着世界先进产业目标迈进，在国内、国外打造出新能源产业基地，以此带动新能源汽车工业的发展。

5. 坚守天人合一的原则。做这个城市规划，是按照人与自然、人与社会、人与生存的理念为前提。作为高新区当时搞规划，并没有就城市论城市，就产业论产业。首先，把人的生存、生活、生产统一去考虑。因为世界上任何一个城市的发展，首要考虑的是人，因为人是最活跃的生产要素。把人搞好了，一切迎刃而解。回忆这个事情，我记得很清楚。有人在讨论会上说，高新区不要规划社会事务，只搞产业就可以了。让高新区只做产业，不做城市，就违背了经济规律和客观规律。一个高新区要发展，不能被社会独立在外，也不可能不与外界联系，发展的过程中离不开社会，更离不开人。没有人与社会的统一，单独搞产业是搞不起来的。因为世界上没有这个例证。全国各类开发区也没有这样搞的。凡是单独搞产业，没有社会管理权的，没有一个成功的范例。这是2003年我调研了全国30多个各类开发区得到的结论。所以，枣庄高新区这次重新创业规划必须汲取这个教训。坚持天人合一，走共建、共生、共存、共享的路子。

6. 坚守文化为根的原则。枣庄高新区从1990年开始开发建设，到2003年十几年的时间，没有发展，除了各种因素外，我在调研后发现，还有文化的极其匮乏。社会文化、思想文化、建设文化、发展文化，是看不到的。这作为一个高新技术产业开发区，是可怕的，也是可悲的。既没有历史文化的传承，又没有新文化的创造，所以就缺少文化力。我走进高新区，已意识到这个问题。对此，在高新区的城市建设规划和经济发展规划中，提出了"人文环境"建设。在规划好经济项目外，把文化项目统一规划其中。如科技生态绿地、文化历史长廊、袁寨山文化区、日月湖湿地风景区等，一批项目规划其中，并且还规划了青少年宫、书画艺术馆等，形成高新区的文化力。以经济发展推进文化建设，再用文化力作用于经济建设，形成作用与反作用互动格局，打造好经济发展的软实力。在城市规划、经济发展规划中，我作为主导人，上述六个原则我始终坚守，尤其是城市详规。我还提出了"四个相"：项目建设与总体规划相统一，企业定位与项目分区相一致，单体设计与整体风格相协调，工业发展与城市建设相配套。使高新区重新创业的蓝图与历史时代相符合，力争把城市建得更美，把经济发展得更好更快。

招商引资，发展经济

2003年我走进高新区，在我心中，第一要务是发展，最大的压力是经济。当时这个区县不像区县、部门不像部门的"八不像"的高新区，已艰难生存了十三年。财政总收入1000多万元，区级财政172万元，国有资产56.2万元（高新区财政年鉴报表），发不上工资，买不上劳保，干部职工每月几百元的工资，有时几个月、半年发一次。市委、市政府让发展，全区人民盼发展，对发展经济的要求，成为巨大的压力。面对这种情况，怎样发展？如

到南方考察学习

何发展？仅有的一点土地，都是农田，没有建设用地。在土地严控严管的新形势下，把高新区的经济搞上去要比登天还难。巧妇难为无米之炊，到哪去找米下锅。这一系列发展经济的问号使我食不甘味、夜不能寐。有时夜里起来坐着想这些问题，到哪里去找资金，向哪里去招项目。说实话，人有了压力，也就有动力。枣庄高新区要发展，只有一条路：招商引资。从"借"字破题，借脑谋划，借船出海，借鸡生蛋，借水行舟，借梯上楼，借力前进。对这"六借"，我记忆犹新。自己给自己出了不少的必答题。怎么借，如何借。我提出了一个在法规政策的范围内符合客观实际的方案。

1. 借脑谋划。在这方面，高新区重新创业开始，就邀请了国家一些研究机构、名牌大学，就枣庄高新区的未来发展进行研究，着眼体制框架、产业方向、科技研发、社会形态等，有针对性地提出意见。如新能源产业问题，一是听取清华大学核能研究院领导专家的意见，二是听取国家电子工业部第十八研究所所长陈景贵同志的意见（陈教授是我国东方红卫星锂电池的设计制造者），那时锂电产业刚刚开始，对它的作用、市场、效益还不太清楚。专家们的建议，

使我对发展锂电增强了决心和信心。所以提出：利用十年的时间，打造全国锂电新能源产业基地。根据借脑谋划，高新区的锂电产业（新能源），用了六年的时间就发展起来，并成为枣庄市重要新兴产业。

2. 借船出海。枣庄高新区重新创业之初，没有外资，没有外企。发展外向型经济，需要走出市门、省门、国门，向国外企业要资本、要资金，找到一条出海之路，在创汇、创税、创收上取得重大突破。所以在招商引资方面，2003年我提出了"五个面向"："面向国家有关部门，面向境外财团，面向国内大企业集团，面向科研机构，面向民间资本。"加大引资、引智力度，实现借船出海，发展外向型经济的目的。提出借船出海的说法，是因为高新区在外向型经济上是空白，没有通向海外的船。那么要发展外向型经济，自己没有船，借船也要出海，表明发展外向型经济的决心、办法。由于指导思想明确，发展思路清晰，从2003年外资、外企是空白的情况下，到2011年6月的八年多来，枣庄高新区利用外资，实现了历史性突破，规模和质量显著提升。全区实际到位外资达14060万美元，外向型企业发展到30家，平均每年2~3家外资企业入区发展（摘自高新区史鉴）。借船出海成为招商引资、吸纳外企的思维定式。这一思路，也为枣庄高新区重新创业起到了积极的作用。

3. 借鸡生蛋。当时，高新区可以说一无所有，负债7000万元。没有钱，没有地，也没有资产、资本变现。在这种情况下，怎么发展，需要找米下锅。种地需要种子，发展经济需要资金，在没有的情况下，只好硬着头皮，厚着脸皮，磨破嘴皮去借。形象的说法：借只鸡来孵蛋，把蛋留下繁衍生息，把鸡还给人家。当你一无所有的时候，人穷志不能穷。要作为，要有为，要干事，要寻找机遇，发展自己。不能认穷，穷则思变。高新区在重新创业的初期，把借鸡孵蛋的理念作为穷则思变、穷则思干的精神动力，在创业的过程中，我记忆犹新的有这样一件事。作为高新技术产业开发区，除了借鸡把发展经济项目的蛋孵好外，更重要的是把科技研发的蛋孵好。那么，高新区不具备科技研究的能力，没有孵这个科技蛋的条件，只有借鸡生蛋。我只好投奔大学、科研单位去找鸡生蛋。这件事，我花费了三年的时间（2003—2006年），找到清华大学、天津大学、浙江大学、山东大学、中南大学、大连理工大学、中国电子科技集团等30多家大学院所聘请专家、教授到高新区任职，办研究所。借鸡孵蛋的思路为枣庄高新区的科技研发、企业创新，闯出了路子，取得了非常明显的效果。2003—2011年，实施了科技创新计划3272项，推广科技成果610项。高新技术产业产值占工业总产值的比重达 48.9%，拥有高科技企业 30 多家，技术研发中心 5 家，国家级研发中心 1 家，孵化器 1 家，国家级检测中心 1 家。动力锂电池等 15 个项目，列入国家创新"346"基金计划，煤化工列入"863"计划。

4. 借水行舟。枣庄高新区是一个缺少人才、缺少资源、缺少动能、缺少空间的地方。没有水的地方，养不了鱼，也行不了舟。开始讲这个思路时，有相当一部分人不懂其内涵，感到是个新提法。其实，不只是一个提法，而有它的深层含义。当时的高新区就是一艘无水之舟，开不动，行不了。因为没有水这个资源，要想把这个舟开出去，需要走出区门，借水引入，去开动这个无水之舟。为了把借水行舟的思路变为全区广大干部群众的意志和行动，从区党委（扩大）会议，到全区党员干部大会，在不同的场合，我都讲这个思想。我讲，高新区要发展，必须站在区外来看高新区，认识自己去超越自我。我们要学唱抗击日寇的歌，我们的党和军队，在建党、建军时，一无所有，就是因为没有，我们的前辈才去斗争，"没有枪，没有炮，敌人给我们造"。那是过去的精神。今天不是战争年代，只要我们有事业心，只要我们把外水引入，我们的舟就可以开出去。高新区虽然很穷，但只要全面调动人的能动性和创造力，现在我们没有，将来就会有。借水行舟只是打个比方。要走出去，引进来，把区外的资金、资本、资源引进高新区，转变成高新区资产，让资产去释放经济能量。所以枣庄高新区从 2003 年重新创业到 2011 年的八年多时间，创造了经济发展的奇迹。如工业用电量增加了 22 倍，国有资产积存量增加了 43 倍，技工贸收入增加了 46 倍，财政收入增加了 64 倍，银行存款增加了 79 倍，全区规模以上企业数增加了 160 倍，全社会各类投资增加了 360 倍，机关国有固定资产增加了 2135 倍（摘自高新区史鉴）。枣庄高新区八九年的时间，靠着借水行舟这个思路，推动着高新区走向全国、走向世界，成为全国高新技术产业开发区发展最好、最快的区域之一。2011 年申报国家高新区时，在全国申报的 32 个高新区中，枣庄高新区经专家评定，排全国第三、山东第一。

5. 借梯上楼。当时的高新区是重新创业的起步阶段，怎样使高新区站得更高、看得更远，把高新区推到一个更高的层面去发展，这是我当时反复思考的问题。高新区高在什么地方，如何做高？平平淡淡，落后时代，跟随别人的脚步去发展，"高"字是体现不出来的。要想名副其实，就得打造自己，提升自己，发展自己，走大、高、外、洁之路。借梯上楼的思路，按照高新区当时的条件，不具备去攀爬经济大厦的能力。别的地方有条件、有基础，累积了攀爬大厦的梯子。我们怎么办？没梯子，不能光看着别人爬。我要借别人的梯子去攀爬这个市场经济大厦。我记得当时有这样几个事项是用"脸"借的。借场地开招商会，借资金搞基本建设，借顺风车外出招商，借人为高新区办事，借资质创办高新区社会事业，借资源为高新区发展之用，借团队外出招商，借国家科研机构帮助高新区发展科技，借聘国内外招商顾问、经济顾问，提升高新区发展和管理水平，借警力打击黑恶势力。重新创业之初，向外区（市）争取援助近 1000 万元，向市借资金 2000 万元，建立聚丰投资公司，放大资金能量争取金融部门信贷额度 2 亿元。到 2005 年高新区不算税收贡献，区财政已向市财政每年交 3000 多万元，一年还上了本和息。当时的高新区没有这个借梯上楼的思路，就没有后来的发展。在借梯上楼的影响下，高新区的干部面对任何困难，都会迎刃而解。共同的心声是："我们自己没有，只要为公，就可以向别人伸手，借梯上楼，攀登发展高峰。"

在韩国设立手机研发中心

6. 借力前进。当时高新区由于辖区小，权力少，能力弱，发展的动力不足。那么在这种情况下，就要借助政治的力量，社会的力量，群众的力量，金融的力量，文化的力量，法制的力量，来发展高新区。借助政治的力量——高新区重新创业之前十三年的时间，市里没有授权，对辖区没有管理权。党政没有授权，一个高新区，党的建设由市级机关党委代管，连发展党员的权力都没有。没有审批权，上一个项目，须经过市直部门 60 多枚公章，盖完公章需要半年多，手续办好了，项目已跑了。土地需要到别的区协调，连一个村也没有权力去管它。这样的政治生态，怎么能发展。对此，我向市委主要领导汇报，必须解决辖区党、政、民社会管辖权问题。2003年上半年，两次向市委人大常委会会议汇报，最终市委、市政府下发了〔2003〕16号文件，授予市级管理权限，组建独立的管理辖区。枣庄高新区从那开始，才成为一个相对独立的管理辖区，对本辖区的政治、经济、社会事务实行独立管理。这也是管辖权推动快速发展的主要原因。借助法制的力量——高新区重新创业开始，政法体制不完善，严重缺乏警力，社会治安一片混乱，恶势力横行霸道，群众安全感极差。十几年项目没有发展，恶势力倒发展了不少。根据公安部门提供的情况，有八个团伙在高新区盘踞，来自全市各地以及微山等地。针对这种状况，只好借助市里的警力，解决这些问题。2003年，高新区党委、管委打的第一仗就是社会治安仗。在市政法口的全力支持下，公安机关打掉了这8个团伙，依法处理70多人。从此，高新区社会治安有了明显好转，老百姓有了安全感，也为经济发展提供了必要条件，广大人民群众拍手叫好，认为多年来没人解决、不敢解决的问题，得到了解决。借助金融的力量——从新创业初期，由于没有资本、资产，金融部门不给高新区贷款。金融部门是经营资金的，它的本能是支持没有风险的资金投放。一个单位越穷，越想贷款就越贷不到款。那么发展又离不开金融部门，特别是高新区这样的单位，不借助金融的力量是不行的。对此，我将在市财政借来的2000万元，作为吸纳资金的引子，放到一家银行代储，作为贷款的抵押，放大对高新区的贷款金额。通过考察认为，枣庄城市信用社为选择单位。我找到了当时的市政府副秘书长、城市信用社主任牛佳棠同志商量。他是个明白人，也是干事的人，一拍即合。枣庄城市信用社承诺，给高新区2亿元的贷款额度。其实也贷不了这么多的款，只是有这个额度，对推动基础设施建设有利。有了这家银行的支持，多家银行也不约而同，把金融分支机构转入了高新区。行动比较快的还是建行、农行、工商银行、中行等。这些银行都给高新区很大的支持，使高新区的经济得到了快速发展。金融是经济的敲门砖、调控阀、润滑剂。搞经济必须重视金融事业的发展。实体经济与虚拟经济必须有机结合。通过多年的经济工作，我始终看好金融的作用。对此，到2010年我计划在浦东路（现在黑龙江东路）北侧搞一条金融街，为世界金融、中国金融搭建平台，把高新区建成鲁南、苏北的金融重点区。到了2011年，由于工作调离，不再兼任枣庄高新区领导职务，这个规划没有实现。借助社会的力量——经济社会事业的发展，除了党和政府的强有力领导外，还必须动员社会力量参与经济社会事业的发展。没有社会力量的参与是不行的。发动群众，借助民力，集中民智，没有搞不好的事情。换句话说，调动社会力量搞经济，2003 年的高新区，没有一家民营工业企业，利用社会资金搞发展的举措很少。发展经济两眼盯住了财政，政府有钱就投资，没钱就等、靠、要。我到高新区后，没有把眼睛盯住财政，而是转向民间。我在一次会议上讲："发展经济，要有市场经济头脑，要借助社会力量，发展的希望在民间，依靠的力量在社会，创业的主题是群众。只有动员社会力量，开发社会资源，才能把高新区的经济搞上去。"因为高新区没有国有资本可变现，也没有什么资源，只有着眼社会，瞄准民营经济。这是唯一的希望和出路。记得 2003 年我到高新区任职后，把民营经济的发展作为重中之重的任务来抓。所以我在枣庄高新区近九年的时间，利用民间资金投入高新区经济社会的发展，各类项目总投资 2000 多亿元，同时也为增加国有资本做出了重大贡献。向社会要动力，向民资要发展，成为高新区的主攻方向。借助文化的力量——文化对高新区来说，是一个极度贫乏的地方，看不到，说不上，可以说摆到桌面的东西不多。缺少历史文化，更缺少现代文化。重新创业开始，我感到除了缺少资本、资金外，文化这个软实力缺少更可怕。初到这里，我对文化问题与经济的发展看得同等重要。要想把高新区经济发展好，必须有文化做后盾。一个地方经济上的贫穷不可怕，最可怕的是文化的贫穷。因此，高新区重新创业，在抓住经济建设不放的同时，必须要把文化搞上去，打造高新区文化软实力，用文化来武装人的思想，释放出正能量。因为高新区那个时候，人们的思想颓废，没有志向，没有理想，没有抱负，精神萎靡，不求上进，导致高新区十几年没有发展。那时我想的是用文化力的作用，唤醒这块文化荒芜的地方，用文化推动经济发展。对此，每年都有一个专题教育，用思想文化的雨露滋润这个地方，达到内化于心、外化于行，把人的思想武装好。同时，还要建设好文化设施，创办机关文化、企业文化、校园文化、农村文化。要实现"两手抓"，两手都要硬，经济与文化共同发展。用文化的软实力打造高新区，提升高新区，把高新区建成一个富有经济实力，又有文化品位的国家高新区。建成一个具有承载枣庄新城，又由人民大众共享的精神家园。

搭建平台，配套设施

2003 年重新创业时，高新区谈不上什么基础设施，只有一条辽河路（光明西路）破烂不堪，没有什么可使用的平台。在这样的地方，怎么能把经济的戏唱好。

有句话说得好："栽好梧桐树，引来金凤凰。"经济社会事业的发展，必须打造好发展的平台。没有平台，到哪里唱戏啊？刚到高新区时，没有可抓的东西，没有可利用的工具，基础设施极差，水、电、路、讯、热、气等几乎空白。这样的地方怎么发展经济？要想发展，只有改变这个状况才有希望。我所回忆的，主要是基础设施配套，在当时称"七通一平"。

　　1. 关于道路建设。枣庄高新区从 2003 年开始，把全区的道路建设作为重中之重。俗话说：公路通，百业兴。无论城市发展，还是工业区建设，道路至关重要。道路修好了，城市的框架也出来了。所以，没有路，就没有城市框架，何况一个高新技术产业开发区。那时，在我心里的首要任务，就是道路。只有把道路修好，按照产业布局规划，有了项目，随时都可以入驻。同时，城市的发展也有了基本遵循。对高新区道路而言，是从零开始，全面规划，立足西区，着眼新城，主攻东区，形成东西贯通、南北连接的城市道路网。2003 年高新区在一无所有的情况下，计划安排 12 条道路。西区两条（天安一路、天安二路），东区十条，南北从武夷山路、长白山路、复元一路到复元六路八条，东西从光明路、深圳路、浦东路、大连路，同时开工。采用公开招标，前期垫付，竣工算账，验收付款。供排水等地下工程同时开工。为了把道路修好，2003 年 7 月 6 日上午，借党委民主生活会之机，我在会上讲，高新区十几年没有发展，除了人的因素外，主要是城市道路没有搞好。从今开始，要按照"三个从新"（从新调整管辖区域，从新规划发展空间，从新整合管理体制）的决策要求，抓好高新区的基础设施

在项目开工建设会议上

建设，当务之急是道路建设。要扩展西区，建设东区，12 条路全部开工。12 条路 7 个标段，面向全国、全省招标。济宁市政、临沂市政、枣庄市政、峄城市政、山亭市政、滕州市政等 7 个工程队中标。2003 年是高新区的"道路建设年"，也是党委、管委工作的重点。我把大部分精力投在道路建设上，多数时间在道路建设现场。那时 12 条道路同时开工没有搞什么场面的奠基，只是在武夷山路中间段，用 12 马力的小拖拉机，拉了点沙子，邀请时任市长刘玉祥同志及市有关部门的同志，搞了个简朴的开工奠基仪式。从那开始，东区路网全面开工。到了 2003 年 8 月 7 日，市委书记马金忠同志到高新区调研，我陪同他到东区道路建设现场。在复元三路中间段的桥上，他看后讲了一些看法。他讲："高新区新班子调整后，有能力，有眼界，干劲大，有担当，几个月的时间，发生了翻天覆地的变化。道路建设全面开工。这么多的路，同时开工，钱从哪里来，不敢想象。但是这个现场是真的，看后很受鼓舞，高新区有希望了。"马书记走后，我将市委书记的讲话、鼓励，向高新区全体中层以上干部做了传达，以此推动道路建设。2003 年 10 月 17 日，我又召开了道路建设推进会。我在会上讲："形势逼着干，项目促着干，外因挤着干。不干不行，不干不变，不干半点马克思主义都没有。要把今年区党委、管委确定的道路建设搞得有声有色，确保 12 条道路全部竣工。"高新区从 2003 年开始，道路建设没有停步，直到 2011 年，全区围绕新城建设，共建设了 22 纵、28 横贯通整个枣庄新城的城市道路网。从 2003 年的 7 月 6 日开工道路建设，到 2011 年 9 月 19 日即将离任（2011 年 10 月离任），城市道路建设从未停止过。2011 年 9 月 19 日举行了黄河路、浦东路、复元三路升级改造竣工剪彩仪式。在道路建设方面，我记忆最深的有三点。一是争取支持，引路入区。在这里主要回忆枣曹路改造问题。市交通、公路部门的意见，枣曹路按原线扩建，距现在的路向北约 2 公里。改造起来难度大，线路长，浪费资金。我知道后，两次与市交通、公路部门交涉，同时找市政府领导，把我的想法讲给他们。我的计划是从匡山腰村直向东，将此路取直。取直后，一举多得。一方面减少高新区北部再修路问题，同时也为新城解决了北外环线问题，另一方面还提升了枣曹路的等级。就这样，市政府主要领导接纳了我的意见。但是高新区需拿地、出钱。这些我都愿意干，只要把路从老路南移，修成高新区的北环路，高新区全力支持。二是立足大局，争当主角。这里主要回忆光明路拓宽改造问题。2004 年，市政府对光明路实施加宽改造。这条路高新区占了重要一段，因为新城的原因，高新区段需要开辟新路，占地、资金投入量都很大。

那时这段路所占的土地属于农田，这是一个大难题，要想修好这一条路，必须有敢担当的勇气。因是高新区管辖区，不可能把这个责任推给市政府。如果高新区不担责任，这条路很难修成。三是多措并举，筹集资金。高新区近九年的时间，大小路修了60条，投入了大量的资金。我离开时，没有贷款，也不欠修路钱。钱从哪里来。我讲"四个一点"：向上争取一点，财政拿一点，社会筹一点，无形资产拍卖搞一点。"四个一点"修路的钱就解决了。在筹资修路中，也有少数人不理解，如道路拍卖冠名权问题，高新区的路共分三类确定的，一类是西区，大部分路名进行了冠名权拍卖。如天安一路、天安二路、神工路、亿和路、德仁路、广润路等，都是通过拍卖冠名权而起的路名。那时，高新区没有钱，又要修路，只能把所有政府应有的无形资产统一管理起来，进行市场化运作。我讲："解放思想天地宽，更新观念钱就来。"如天安一路，是由外地的天安集团购买道路冠名权。神工路由神工集团购买。亿和路由亿和集团购买等。四是对接外区，贯通新城。高新区的道路建设，从规划开始，我就把它放到枣庄市的全局来考虑，并没有只看高新区。所以把所有道路建设想法与市行政中心对接，与薛城区对接，做到互联、互通、边界优先。如薛城八中门前的路，是2004年最早改建提升的，从一条小路进行改造，把供排水、绿化、路灯全部配套。又如，黄河路打通，难度很大，投资多，除了拆迁压力外，还有军产（司训大队）。动迁这里要经过济南军区和中央军委后勤部，难度可想而知。我还是想方设法找关系，拜朋友，协调各方，最终得以解决。因黄河路修建，占用了军产，将对这块军产从院中冲开，使军队这块土地一分为二。为了打通、修好这条路，高新区尽量维护好军产，支持好军队建设。回忆这条路的建设，许多同志做出了贡献，我也十几次到现场办公。特别是兴仁街道办事处党政负责同志，建设局的同志等。军方，济南军区联勤部的领导，司训大队宋学友同志，为此给予了理解、支持。再如，长白山路，按照当时的经济条件，或者只看高新区的利益，不可能把工程搞得既快又好。因为长白山路是新城、薛城、高新区东部南北大通道，过去叫南南路（南石—南常），我是把它作为市里的工程去干的，从思想认知，到行动实践，高度重视这条路的建设。这条路建成后，对新城和薛城的发展起到了很重要的作用。还有祁连山路，这是南通往高铁站、北通往枣曹路的一条大干道。这条路修好，有很多的单位要进入。如市委党校、枣庄职业学院、职业中专、天衢物流中心，还有较为集中的居民区。这条路是高新区集中财力、人力、时间，全力开建的一条南北主干道。光明路以南是拆迁村庄时修成的，北段是开山劈岭建设的，北段也叫"百日工程"。为了不影响枣庄职业学院招生，用三个月的时间建成了一条质量好、速度快的工程。在道路建设上，还有很多可圈可点的事情。五是立足民生，着眼发展。高新区在道路建设上，是按照总体规划进行的。既注重上项目修好产业区的道路，又注重城市生活区的道路，统筹兼顾，先急后缓，把经济发展与生活需求统一起来。如大连西路，这条路是高新区规划的北部一条路，可缓建两年，但是又考虑兴城中学（盈园中学）、小学需要建设。在财力较为紧张的情况下，也提前建设。又如民意路和民生路，是为搬迁的居民和高新区医院而建的。还有龟山公园北部的上山路，也没有计划，只是因为省委省政府召开全省科学发展观现场观摩会，来枣庄检查工作，市委书记刘玉祥同志在烟台打来电话，问我能否修一条上龟山公园的路，就是土路也可。打这个电话的时间到来枣庄的时间还有三天半的时间。我给他回话，请您放心，我一定把路修好。三天的时间修条路，是不可能有人相信的。但是这条路就用了三天时间。到省里的领导来枣庄下榻开元山庄时，一条标准好、适度宽敞、斑马线、路桩界、行道绿化全部到位的山路已建好了。刘玉祥书记看后，也不敢相信，他高兴地说，"刘宗启是'拼命三郎'，做事有办法，给枣庄添了彩"。那么，这条路是怎样修出来的，只有我有数。需要记住的是兴城街道党委主要负责同志，区建设局的主要负责同志，以及招标的施工队的全体同志。他们三天三夜连班干，在工地上吃住，基本没有合眼，圆满完成了市委交给的任务。

2. 关于强电建设。2003年，我到高新区时，高新区没有自己的供电管理机构，因为没有项目，少量的生活用电由薛城供电公司代管。随着重新创业的开始，对强电的要求越来越迫切。2004年5月，我专程到市供电局，要求设立高新区单独的供电管理机构。在枣庄市供电局局长郭跃进同志的支持下，2004年8月16日高新区供电部领导小组成立，并进入高新区。并且山东电力集团下文批准，成立枣庄供电公司高新区供电部，文号〔2004〕37号。组建之初，困难很多。采取边筹备机构，边解决供电设施问题。从2005年高新区用电有了自己的档案记录。据我掌握的供电数据，2003年高新区全社会用电量才有2100多万千瓦时。到了2011年6月，高新区全社会用电量达到了31150万千瓦时。每年增幅在40%~50%。从供电量来看，验证了我经常讲的，一个地方发展得快慢看用电，经济的好坏看财政，城乡群众的收入看消费。没有电力的增加，就不可能有项目的存在。同样没有项目的发展，也不可能有电力的存在。高新区在搭建供电平台方面，有两件永不会忘掉的事情。第一件，组建了一个能干事、会干事、干成事的班子。特别是高新区供电部吕守旭、吴敬法同志，他们是在一张白纸上创建高新区供电事业的。从 2004 年开始，到 2011 年上半年，高新区供电部完成了供电设施、供电服务、经济效益的全面丰收。七年的时间，为高新区新建改造 10 千伏供电线路 26 条，高压供电线路达 192.36 公里，低压台区 47 个。新建高新区兴城变电站、凤凰变电站、韩泰变电站、张范变电站，四处变电站实现互通，对高新区及枣庄新城的建设，做出了很大的贡献。第二件，创造发展环境，争取外援支持，是供电发展的保障。这里我说的是高新区供电事业的发展。七年的投入，七年的发展，超过了其他区县几十年的发展。这样的投入，这么快的速度，没有外援支持是不可能的。在高新区电力发展上，不能忘记两个人。一位是省电力集团项目主管杨列銮，一位是枣庄供电公司老总郭跃进。他们二人都为枣庄市的电力发展，特别是高新区供电设施建设做出了重大贡献。仅高新区 100 多平方公里，七年时间，投资了 13 多亿元。电力的发展，保障了高新区和新城的建设需要。尤其是高新区光明西路高压线下地，是全市仅有的一段。同时，特殊企业、部门，都实现了供电双回路。

3. 关于供排水工程。2003 年重新创业之初，我在听取有关部门的汇报时，讲到高新区十几年了没有自己的供水设施，只有用薛城自来水厂的水，并且时停时供，高价收缴接口费。一个企业神工化工是自供水。多数农村，几个小的单位吃水，靠的是压水井、机井，水质极差，很不卫生，更不安全。我听到后，感到很难受。于是采取了以下措施。一是开发高新区水源。我利用自学的地下找水知识，对高新区地下水情况，开展了一周的普查。通过普查认为，高新区地下水源虽然不丰富，但是只要合理开发，注重保护水源，对工业项目用水，完全可以解决。还要利用蟠龙河蓄好地表水，为八一电厂解决用水问题。二是保护好两个小型水库，尤其是黑峪水库，加大改造维护力度，增加蓄水能力，回补地下水，保障高新区经济社会发展需要。三是建设高新区供水厂，形成全区统一供水、新城用水的保障。采用市场化运作建设高新区供水工程，组织高新区供水中心，实现全市供水价格最低，水跟项目和住居同步，保障城市供水、经济发展和居民生活用水。2004 年 3 月 18 日，举行高新区供水管网奠基仪式。2004 年 9 月供水中心建成，全区供水主管道 4000 米，到 2011 年达到 12800 米，日供水量达到 3800 立方米，满足了高新区及新城工业用水和生活用水。在做好供水的同时，我把城市排水看得很重要，要求路修到哪里，排水就做到哪里，并且雨、污排水分开，治理城市污染，实现环保排水。根据环保要求，高新区党委、管委计划投资 2 亿元，采用 BOT 模式，建设高新区污水处理厂，并作为 2011 年"十大工程"项目之一。

4. 关于供气供热工程。高新区的供气、供热，2003 年时还是空白。有一个小区用的是液化气，小区布满了液化气管道。由于液化气使用很不安全，小区居民经常上访。供热更谈不上了。为了解决这个问题，采取向天然气靠拢，通过招商引资，将高新区范围内 100 平方公里的城市城区供气交给华润天然气公司，要求天然气公司根据高新区城市规划，制订用气计划，并达到用气方便，用气安全，到了 2008 年，此项工程全部得到解决。供热工程，从 2003 年开始，为了高新区经济社会的发展和新城建设的需要，开工建设八一热电，解决供热空白的问题。供热项目开始建设并不顺利，外界干扰很多，设置障碍，甚至项目立项、环保指标不给批复。高新区顶着压力，冲破束缚，下决心上马八一热电。2004 年底热电厂建设成功。同年市委、市政府搬迁新城，及时地用上了八一热电的热源。显而易见的是如果没有当时的担当和决心，高新区及新城就无热可供。随着新城和高新区的发展，八一热电已满足不了发展的需求。为了保障城市的供热，我多次到八一煤电公司座谈，提出建设大电厂，提供大热源。八一热电杨震董事长，积极响应，计划建设 2×60 万千瓦时的热电厂。对此，计划投资 20 亿元，2009—2010 年两年完成。该项目也得到国家、省、市发改等单位的支持，特别是国家能源局给予了及时批复。在争取项目时，我汇报上该项目的意义及具备的六个条件：不用新征地，水源已具备，煤炭企业自产，热力有市场，不新增人员，环保已有部分指标。达到环保要求，指标需要市里再调剂部分。跑了一年多的时间，枣庄以外的各类手续已办完，只有本市解决的环保指标没有解决。市委书记刘玉祥同志批示，要求市政府调剂环保指标，确保大电厂开工。由于极少数人不同意这个项目，就卡在了环保指标上。这是个利国利民的好项目、大项目，增加税收，安置就业，转化煤炭，增加供热，保障供电，带动产业，都有重要意义。这样好的项目，在我离开高新区之前没有干完，实为憾事。在我写这个回忆录时，听杨震同志说，由于新一届市委、市政府的重视，但是只上了一台 60 万千瓦时机组。虽然没有完全达到项目载量，听到这个信息，我也非常高兴。尽管我已经退休，但是初心得到基本实现，毕竟它是关系到枣庄新城及高新区发展的大事。这样，高新区及新城的热源就有了基本保障，也为全面发展提供了必要条件。

5. 关于通信通邮工程。2003 年已进入信息化发展的重要时期。全国各地及枣庄市的市区，都有完整的信息平台。在这信息化发展的高峰期，高新区却是空白，很是讽刺。这样的现状，严重制约了高新区经济社会的发展。作为党委、管委为发展搭建平台，责无旁贷。这是发展之前提。对此，我与市里的几个通信部门协商确定，为高新区提供政策支持，创造良好环境，尽快组建高新区分支机构。2003 年 12 月 15 日，成立了高新区联通公司（中国网通）。到了 2011 年 6 月，已建成 3 个营业厅，9 个社会合作厅，员工发展到 60 多人，形成了服务市行政中心，服务高新区，拥有 3G、4G、5G 网络、本地电话、国内外长途电话、宽带通信、GSM 移动电话、数据通信、卫星通信等多功能的综合性通信公司。同时承担市委、市政府保密电话的维修与管理，固定机号码提升 7 个号段，全区实现村村通宽带、通电话。几年的时间，累计投入近 10 亿元，用于联通网络建设。同时办好移动通信，2004 年山东移动公司走进高新区，2005 年 5 月 1 日，高新区移动公司办公大楼投入使用，到 2011 年 6 月，员工发展到 116 人，移动号段达 16 个，用户达 9 万多户。在办好通信的基础上，我把邮政看得也很重。经与省市协调，2003 年 7 月确定，组建高新区邮政局，2004 年 4 月 16 日，山东省邮政局正式批准设立枣庄高新区邮政分局，同日举行挂牌仪式。从 2003 年到 2011 年上半年，每年邮寄各类邮件 20 余万件，报刊发行 120 万件，大大提高了广大人民群众对通邮的要求，也为发展提供了投递渠道和平台。

发展科技，注重创新

科学技术是第一生产力。科技是生存发展的希望，创新是力量的源泉。一个地方经济社会的发展，没有科技，就没有生命，没有创新就没有发展。作为高新区，它的定位是高科技产业开发区。如果不把科技当事，可有可无，就名不副实。所以我到高新区后，把科技放到了应有位置。在区党委扩大会议上，提出：要把高新区建成科技研发创新的"三大平台"，即科技孵化的平台，企业与大学合作的平台，企业自办科研所的平台。打造"三区"，即高层次人才聚集区，产学研结合区，科技成果转化区。还提出筑牢"五大体系"：技术创新，知识创新，科技创新，成果转化，科技推广。把科学技术提升到枣庄高新区党委、管委工作的重要议事日程，加大投入，强化管理，提升水平。回忆这方面的工作，大约有六个创新值得书写。

在外地考察学习

1. 机构上创新。一个地方科学技术如何发展，关键是组织机构。作为高新区，建一个什么样的机构来抓科技，这是值得思考和重视的问题。高新区在组织机构设置上，要求机构要简、人员要少、职能要全、效果要好，必须是一个高效的机构。作为科技组织怎样设置，关系到科技发展快慢问题。机构设置前，我专程到省科技厅、北京有关科研单位以及外省、市的高新区调研，目的是组织好枣庄高新区的科技机构，把科技组织建设好。对此，2003年8月，组建高新区科技工作领导小组，由一名副职担任领导小组组长，有关部门主要负责人任成员，配齐配强科技办公室人员。2009年4月，成立科技局，形成常态化抓科技的体系。在此基础上，分三个层面建立研发平台。区建研发中心，街道建科技站，企业建科研所，形成逐级递进抓科技研发。从2003年—2011年6月，高新区拥有省级以上研发中心3家、国家级1家、孵化器1家。实施各类科技计划327项，推广应用科技成果610项。高性能磷酸铁锂动力电池等15个项目，列入国家创新基金计划，煤化工的研发，列入国家"863"计划。

2. 机制上创新。机制是推进科技发展的必备要求。没有机制的作用，也没有发展的动力。科学技术的发展，就会无序进行，也会出现一些劣质的东西。因科技本身是一个严肃的课题，必须有严谨的作风、严肃的态度、严格的要求，才能把科技创新与研发搞好。所以高新区从2003年重新创业之初，就把机制创新放到了重要位置。那么如何创新，它的基本遵循是什么？这是我常思考的问题。首先，必须依靠法规来制定，其次，是遵循科技研发的自身特点，另外还有政府的行政手段以及人文环境、社会环境等。高新区在这方面抓了以下三点。一是建立研发体系。从区到企业有一个推进科技发展体系。二是发挥企业搞研发的积极性，建立企业研发中心。三是创造社会氛围，启发全社会能动性，形成合力搞科技的局面。

3. 研发上创新。高新区科技的发展之所以搞得很快，主要发挥和调动了科技人员的积极性。在这方面有这样三点。一是走出区界，与外界联合发展。为了把高新区的科技创新搞好，我提出实施外延战略，走出区门与大学联合搞科技。记得从 2003 年到 2011 年上半年，高新区与国内外 60 多所大学合作，吸纳各类研发成果。二是以企业为平台，聘请了 100 多名专家、教授走入高新区，根据企业发展之需搞研发。这样做也为专家、教授提供了研究平台，极大地调动了他们的积极性。那几年，高新区的科技研发专利达 327 件，发明专利 330 项，专利授权 312 件，直接用于企业的科技项目达 1200 多件。三是带题目搞研发。那几年，高新区每年给合作的院校、研发单位、企业研发中心以及研发的团队，下达研发课题。按照高新区企业发展之需要，有针对性地搞研发。如三九药业，与中国中医药大学、山东中医药学院合作，每年都有合作题目。这些研发，针对性强，实用价值高，新的科技成果不断增加企业的科技含量，推动企业向前发展。又如新能源产业，新科技不断涌现，推动产品升级 200 多个，成为企业生存发展的依靠。

4. 推广上创新。科学技术的推广应用，是一个地方必须高度重视的问题。高新区那几年对科学技术的推广利用，看作经济发展之要。2003—2011 年，每年都向大学院所进行科技采购，带着发展的任务去采购科学技术。八年多时间，向国内外采购科学技术（专利）等 200 多项，大大提高了企业的科技水平。所以我提出，文化是企业的软实力，科技是企业的强动力。要把科技的推广应用，作为各级党政的任务，作为企业的重中之重来对待，推广好、利用好。记忆最深的是 2010 年 "上海新能源汽车展"。我带着高新区的企业，到会推广新能源产品以及新能源技术。这次展会是国际性的会议。作为枣庄高新区的新能源汽车产品，在这次会议上影响很大，来自世界各国的采购商和技术研发机构到高新区展位参观、座谈、采购。大会组委会评价：枣庄高新区的锂电产业，为中国锂电产业做出了贡献，已经成为全国重要锂电产品基地。在这次会上，高新区向外推广新技术、新产品 350 多项，700 多个大小产品。同时，我们也吸取了一些国内外科技信息和先进技术，对于高新区新能源产业，特别是锂电产业有着积极的促进作用。那次展会，在国内外产生很大影响，来自欧洲、美国、日本等地的同行给予了高度评价，并讲，中国的锂电产业发展得很快、很好，也提出了合作事项。从这次展会上，我更感到科技的重要性，认为企业只要有了核心技术，就掌握了发展的主动权，就有了生命力。因这次会议的影响，高新区的锂电产业发展又上了一个大台阶，被国家工信部、省政府作为新能源重要发展基地。

5. 合作上创新。一个地方科学技术发展得快慢，关键在于研发单位与企业结合，形成利益共同体，发挥实用科技的作用。也就是说，研发的技术成果要有人用，需要技术的企业又能及时抓到。所以，高新区从 2003 年重新创业开始，对待科技发展是采取实事求是、实际实用的态度。每年都召开合作共赢谋发展的会议，政府搭平台，企业与科研单位"结对子"，促进科研单位与企业共同发展。并且以企业为依托，建立 16 家技术研究中心。这些技术研究中心，大多数有大学、院所做后盾，实施研发合作、研用一体的方法进行合作。这样的合作，符合市场规则，符合实用要求，是合作上的创新。

6. 发展上创新。作为高新区，它是改革开放后，为加快科学技术发展而设立的。它应该成为科学技术发展之地、体制机制创新之地、理念更新之地。就科技发展而言，如果走老路，采用老办法，循规蹈矩，就谈不上发展，走不出新路。所以，我到高新区就认识到这点，必须走创新之路。我提出："科学技术的发展，要做到科技领先，党政齐抓，市场主导，研用一体，以创新的思维抓发展。"枣庄高新区科技的发展，之所以飞速前进，从空白进入全国科技发展前列（锂电技术在国内外处于前列），这与创新发展是分不开的。科学技术是第一生产力，在高新区得到验证，同时也支撑着高新区的制造向创造的转变。

着眼经济，力推项目

经济是党的中心工作，发展是工作之要。没有经济的发展，一切无从谈起。因此，我到高新区工作，把经济发展看作重之又重。提出"一切围绕发展转，一切为了项目干""经济工作是全党的中心，项目建设是经济工作的中心"。要求各级干部要用全新的理念、全新的体制、全新的机制来对待发展，领导者应具备"四种能力"：敏锐的洞察能力，科学的判断能力，复杂问题的控制能力，全局的决策能力。要坚定不移地贯彻中央的方针政策，并结合本地实际创造性地开展工作，牵住经济工作的"牛鼻子"。记得从2003年开始，中央的方针是树立科学发展观，实现和谐发展，注重速度、结构、质量、效益的统一。这些大政方针需领导干部认真用心思考，因为路线、方向关系大局。领导干部在主政一个区域或一个单位时，既要低头拉车，又要抬头看路，用好劲，把好向。对此，我在党委会议上提出："高新区的发展要处理好'六个关系'，抓住'三要、四靠、四转、五调'的工作思路，把高新区经济社会发展好。"记得"六个关系"是：速度与效益的关系，当前与长远的关系，经济与社会的关系，人与物的关系，内与外的关系，城与乡的关系。工作思路做到"三要"：发展要有正确的路径，要有科学的办法，要有真实的效果。"四靠"：发展靠创新增长，靠挖潜提升，靠投入扩张，靠科学转调。"四转"：向科技创新上转，向提升劳动者素质上转，向统筹发展上转，向体制创新上转。"五调"：强调"调"的针对性，往发展科技经济上调，往发展链条经济上调，往发展总部经济上调，往发展城域经济上调，往发展新兴产业上调。切实增强创新力、文化力、竞争力，推进高新区经济持续、快速、健康发展。回忆高新区这段时间，我大部分精力投入到经济发展与项目建设上，多数时间在项目的现场，并且我也要求，经济部门的干部要用100%的精力抓经济，其他部门的干部要用80%的精力服务经济，把时间、精力、资金向经济发展方面集中。八年多的时间，高新区经济从弱到强，从小到大，形成了一个科技工业的聚集区。从2003年起到2010年底，全区实施各类项目220项，实际总投资2000多亿元。高新技术产业产值占规模工业比重48.9%，产品销售到30多个国家和地区。取得这样的成绩，我思考有以下六项工作抓得准、盯得实。

1. 抓招商。因为高新区当时公有、私有工业企业几乎是空白，只有一个兴仁街道的集体企业。靠自己不行，靠国有、集体资本盘活也不行，因为没有公共积累。发展经济上项目，只能抓招商，走招商引资这条路。因此，在全区招商引资大会上我讲：要树立高新区以外就是外，把国内外的资金、项目引进来。要认识到发展是硬道理，项目是硬政绩，招商是硬本事。要发扬"三皮"精神，"硬着头皮，厚着脸皮，磨破嘴皮"去招商。要不惜千言万语，千山万水，千辛万苦，千难万险，把项目招进来，把资金引进来。在招商引资上，要强化管理，做到招商引资项目化，项目管理目标化，目标任务责任化，责任落实监督化。要按规划，成体系，系统抓，抓系统。并且还制定招商引资的五项标准：投资必须

在与国外项目合作签约仪式上

符合国家产业政策要求，必须符合省里规定的投资强度要求，必须符合环保要求，必须符合高新区详规要求，必须符合产业分布要求，做到：上项目不违规，经营不违法，中央的方针政策得到贯彻落实，人民群众的利益不受损，并得到实惠。我在高新区八年多的时间，在招商引资方面一直是这样做的，因此产生了聚集效应。从2003年至2011年6月，注册各类公司1460家，省级企业集团30家，其中国家级企业集团10家，平均每周注册3个公司，平均两周上马一个科技工业项目，吸引了来自十几个国家和地区的项目、资金进入高新区。为了使高新区在国内外产生影响，拍摄了高新区招商引资宣传片，项目引入说明书，在国内外举办大型招商会多次，起到了宣传枣庄市、推介高新区的积极作用。

2. 抓环境。项目招来能否留得住，需要打造好环境作保障。对此，在这方面我提出建"两大沃地"（项目的沃地、资金的沃地）"蓄水涵养"，提高生产能力。筑牢"两个平台"（服务平台、创业平台）。建设"五个环境"（人文环境、政策环境、法治环境、服务环境、生态环境）。2003年我刚到高新区时，这里的发展环境极差，外地人不敢来，项目进来也留不住。从人文环境看，人的文明程度很差，不文明行为到处可见。从政策环境看，不诚信的是政府，说了不干，讲了不兑现。从法治环境看，这里是法制的盲区，黑恶势力成群。从服务环境看，没有服务之说，吃、拿、卡、要成风。从生态环境看，乱挖、乱采、乱搭、乱建形成恶习，100多处采石场，毁坏了26座山头，生态环境被严重破坏。面对这种情况，不抓环境，高新区就没法发展。我记得从2003年重新创业开始，每年召开一次优化发展环境大会，建立常态化抓环境的制度，抓正反两个方面典型，从而提升全区广大群众的文明意识，树立起政府依法管事、依法施政的法制形象。实行依法治区，铲除各种恶势力，打掉了多个长期驻守在高新区的黑恶势力团伙。关闭了全区大小100多家采石场，重新修复绿化，建设生态城市。

3. 抓土地。土地是人们赖以生存的宝贵资源。高新区作为一个开发区，必须十分重视和珍惜土地的使用。我在多次会议上讲，项目用地必须做到三点：依法用地，节约用地，集约用地，不浪费一分土地。项目落地要符合规划，用地要符合法规，禁止乱占、乱圈、乱用土地。2003年重新创业时，土地管理从国家层面进入了最严时期，发展需要用地，项目需要占地。土地管理与发展形成一对矛盾。作为一个高新技术产业开发区，如何去解决这个矛盾，是发展中的一大难题。在2004年的一次土地工作会议上，我讲：我们不能因为上项目就去违法占地，我们也不能因为没有土地就不上项目。土地从哪里来，我们需要动脑筋。我的想法是，向上争取一块（用地指标），搬迁村庄腾一块，平整采石场、收回乱占地找一块。要通过这三个途径，为上项目准备土地。党委、管委专门成立了土地管理使用领导小组，由韩耀东同志任组长，配备相关人员，长期抓土地资源、用制度管理土地、按详规使用土地。那几年，向上争取了不少土地指标，八年多有2万多亩。搬迁村庄2万多户、近10万人。特别是非法抢建房屋的，一律拆除，腾空土地4万余亩。关闭了42处大型采石场，收回了乱占乱用土地约1万亩。通过这三个途径，高新区的项目用地解决得很好，做到了依法用地、规范用地、科学用地，满足了经济社会发展要求。2010年7月，在全省综合利用地评比中，枣庄高新区在全省150个省级以上开发区中，综合评价第22名，节约用地、集约用地居全省前列。

4. 抓资本。高新区在2003年时，没有什么资本，也不知如何去运作资本。我到高新区后，把资本运作和吸纳外地资本作为抓经济上项目的重中之重，敞开区门，允许个人、集体到高新区注册各类公司。只要给高新区纳税，高新区都欢迎。那时，高新区一无钱、二无资本，开始从新创业时，对区内基础设施和公益事业的建设，非常渴求区外资本、资金。因为举目望去，高新区经济积累几乎是空白，没有任何设施，可以讲是一片荒芜。面对这种情况，必须把设施搞好。所以下定决心，有条件要干，没有条件想法也得干，只要不违法，只要没私心，就得承担这个责任。因此，采取市场运作法，通过招标程序，实行垫资建设。工程完成后，通过全过程跟踪审计、旁站式质量监理，综合评价验收形成决算分期分批还款。高新区的所有工程项目，到2010年已按合同付清，并且高新区汇聚了大量资本、资金。如国有资产，2003 年只有 56.2 万元，到 2011 年全区积累到了 120 多亿元。工业项目投资 1000 多亿元，各类项目共投资 2000 多亿元。所以市场经济条件下，要想把经济搞上去，把项目抓好，就要把资本运作好。

5. 抓人才。一个地方的发展，一靠资金，二靠人才。有了钱，没有人，再好的项目也搞不上去。高新区 2003 年重新创业开始，就牢牢地抓住了这两个问题。在人才方面，注重招揽科技人才的同时，同样重视管理型人才。那几年，高新区在国内外聘请的招商顾问、经济顾问、科技顾问，都发挥了积极的作用，为高新区的经济社会发展做出了重大贡献，实现了"花小钱办大事"，借助外力把高新区搞上去的目的。在引进人才上，我要求有关部门，抓住最需要、最急用，又管用的人才，为他们创造工作生活条件，做到留人、留心、留事业。如锂电产业，创业开始在深圳招揽了一批搞锂电及电子项目的人才。最有代表性的是上海的李国伟，我亲自到上海，将李国伟请到高新区一家企业。李国伟为高新区新能源产业（光伏）的发展起到了积极的推进作用。还有东方光源集团的董事长张坤，他是济宁人，在北京打拼多年，对光纤市场掌控得很好。我亲自把他请到高新区，上光缆光纤项目。通过几年的发展，东方光源集团成为国内有影响的企业集团，对国家、地方的税收以及社会事业，做出了重大贡献。在重视外地人才的同时，同样重视本地人才。如吕子金，他是滕州人士，在机床行业有管理经验，又有掌控数控机床在国外市场销售的能力。所以我把他请到高新区，与上海机床总公司徐祖伟先生合作，专做数控机床。几年来为高新区的高端制造业做出了突出贡献。又如褚琪，峰城区人士，是一位人品、智商兼优的企业家，他走进高新区，着重开发建设新型人才培育平台，为高新区的发展做出了积极贡献。因此，我在会上常讲，人才不分本地、外地，只要是管用的人才，不管来自哪里，我们都要用。那时，高新区工作生活条件很差，很多人不愿到高新区工作，这个阶段从 2003 年至 2006 年，之后才有好转，从不愿来，到不请自来，高新区成了人才的聚集地。为了留住人才，高新区想方设法，创造留人条件，从合法福利着手，在住房、上学、就医等方面，尽到最大能力去做。2009—2011 年，高新区已具备了留人创业的条件，愿意到高新区工作、创业的人也多了起来，国内外的人才走进了高新区。这时，高新区也提高了用人条件和标准，使高新区的人才培育与经济社会发展相适应。

6. 抓政策。经济发展和项目建设，除基础设施建好外，还要有政策来做支撑。

我在高新区工作时，在制定政策上非常严格，政策制定要有章可循，必须在不违背法律和上级政策的前提下，研究制定符合当地发展实际的政策。我的体会是，政策的制定不要违法，政策制定好关键要落实，不能等同一纸空文，要体现政策效果。对政策的落实，政府要诚信，企业要守法，不能有了政策不执行，要确保政策的有效性。那几年，制定了不少政策，如招商引资政策，利用外资的政策，支持企业办科技的政策，引进人才的政策等。这些政策，都有效地推动了高新区经济社会发展的进程。为了把政策落到实处，还把政策作为一种环境去抓，创造良好的政策环境。不扭曲政策，不截留政策，不悬空政策，用政策调动人的积极性。那几年高新区之所以发展得特别快，取得又好又快的成果，政策起了关键性作用。也验证了群众的一句话："人叫人干人不干，政策调动一大片。"所以，在抓高新区经济发展、项目建设方面，为营造政策环境做了大量工作。

振兴城乡，加快"三转"

枣庄高新区既是一个产业区，又是一座崭新的城市。在发展产业的同时，如何把这座城市建好、管好、用好，是对高新区执政者的考验。2003年重新创业开始，在谋划两个规划的时候，我思考最多的也是"三农"问题。是发展"三农"，放弃"三农"，转型"三农"，这个大的问题促使我深度思考。如果发展"三农"，仍然把农业作为高新区的主题，显然与高新区发展任务不合拍。如果放弃"三农"，不管不问，只顾工业产业发展，不顾"三农"利益，这与对"三农"的感情也不吻合。经过多次会议讨论，我最后决定，走转型"三农"的路子，提出了"农业转工业，农民转市民，农村转城市"的发展思路。这个思路得到了全区广大干部群众的认可，特别是农民兄弟认可度更高。他们认为，当农民世世代代，眼前就变成市民，农村也变为城市，这是过去想也不敢想的事情。由于"三转工程"得到广大群众认可，也变为高新区党委、管委的意图，成为一项社会工程、民心工程，常抓不懈。回忆这项工作，我在2003年党委扩大会议上，讲到了"三转三抓"的工作要求，即实施农业转工业是城市化进程的必然；实施农民转市民是城市化建设的趋势；实施农村转城市是城市化建设的基本要求；从规划布局上抓好农村转城市；从规范管理上抓好农民转市民；从产业调整上抓好农业转工业。有这样五件事情印象深刻。

1. 住居上山坡，腾地干项目。由于高新区处在一个山区丘陵地带，辖区内有 26 座山头、17 个山体，坡地较多。历史上因种种原因，把山坡地划成了农田和林业用地。这些所谓的农田土地从来就没有种过粮食作物。有的栽了一些品种不佳的石榴、桃树，多数是荒芜的。为了用好这些土地，尽量节约用地，减少对农田的占用，按照山林土地使用法规，从规划开始，提出不占农田或少占农田。我要求：住居上山坡，腾地干项目。被搬迁的村，不要迁到好的土地上，原则上都要上山坡。因此在高新区内规划了五大片区，将农民、农村转移到山坡上，形成山林城市的特点。对住居上山坡有严格的要求，提出 30° 坡以上搞绿化，30° 坡以下搞规划。腾出的土地按照产业规划，安排项目。由于这样做了，高新区节约了大量好的土地。整个新城农民的搬迁基本遵循了这个原则。因为高新区的发展，城乡一体化是必走之路，也是必须面对的社会问题。高新技术产业要上去，也必须处理好项目与土地、经济与社会、城市与乡村的关系。不能各干各的，单打一。需要站在全局的角度去处理好这些问题，把握好当前与长远的问题，实现又好又快的发展。

2. 解除百姓之忧，力促社会保障。高新区从 2003 年重新创业就考虑到，发展是为了人民，不能牺牲农民的利益去换取发展。要在发展的同时，提高农民的生活水平，缩小城乡差距。在这方面，采取了"三制管理"，即城乡低保制，粮食补偿制，特困群众救助制，对广大人民群众的生活，实行了三张社会保障网，达到农民变市民，变得生活更好，更有保障。2003 年至 2011 年上半年，投放社会保障资金总额达 6 亿多元（社保资金类、设施建设类、各类补贴类等）。在对社会保障方面，我看得很重，舍得投入，因为它关系到老百姓的切身利益。每年搞年度财政预算时，我特别安排财政局，要保社会资金和社会福利基金，留足、存好。高新区是一个特殊的区域，虽然辖区都规划成城区，但是农民、农村、农业占据了绝大多数，不加快"三转"，就谈不上城市化进程。如只顾加快城市化进程，"三农"的利益受损，社会就会出现不稳定。作为决策者，必须考虑各方利益均衡和社会平衡。如城乡低保，高新区在枣庄市内，社保搞得是最快最好的。社会救助金是占比最多的，对特困群体全部救助。粮食补偿制，对因城市发展和项目建设而土地被占的农户，除按照上级的政策补偿土地款外，还专门制定了一项政策。依据上级对每亩土地常产评估和当年市场上的粮食价格测算，每年分两季给予补贴。这在全国是少有的。在补贴农民的同时，为了基层干部工资问题，采取基层干部（四职）工资制（试行），由区、街两级财政统筹发放，减少和禁止向村（居）群众乱集资、乱罚款发工资，确保广大人民群众的利益。

3.农村变社区，生活城市化。为了把"三转"落到实处，除了做好社会保障外，关键是加快社区建设，改变农村的居住面貌、旧的生活习俗，向着城市化的标准迈进。为此，着重抓了城市社区建设。2003年至2011年上半年，完成了30个大型社区建设。这些社区，按照枣庄市新城建设规划，立足生态、文明、整洁、舒适，适应现代人居住的要求，采取政府引导，市场运作，社会管理，将原来的脏、乱、差的农村，新建改造成现代城市社区，使高新区绝大部分村庄脱胎了原形、原貌。从2003年看不到城市的模样，到2011年已成为一座现代化的新兴城市，高新区的城市化率达到80%以上。"三转工程"得到了很好的落实。同时也验证了"三转工程"的实施是符合中央要求的，也符合农民的利益。这项决策得到了广大人民群众的拥护和支持。

4.农民变市民，就业靠城市。高新区2003年重新创业时，没有城市之说，农业、农民、农村占到了95%。由于缺少工业及服务业，没有城市经济的辐射，农民收入很低，再加上这个区域土地瘠薄，荒山秃岭，农业非常落后。农村没有集体收入，村干部工资靠农民出，干群关系紧张。我来高新区时，对40多个村庄进行调研，看到、听到的就是一个"穷"字。小学、中学多数是危房，还有上不起学的孩子。两个办事处30多岁没娶上媳妇的男性达200多人，这些都是因为穷找不到媳妇。因此我下定决心，解决农民、农村穷的问题。解决穷的问题，就要转变农民，向城市靠近，推行农村城市化，让这个区域的农民转变成市民，

调研新城建设情况

农村变成城市。就业吃饭从祖祖辈辈靠农业，转变成靠城市。为了把这件事情办好，采取了以下几条措施。一方面教育农民，靠近城市。从转变观念入手，做一个崭新的市民。另一方面拓宽渠道，多方就业。把农民从土地里拉出来，走向城市寻找就业。区党委、管委还把新上企业作为安置农民的就业平台，把年轻人通过免费职业培训安置到企业。岁数大的男、女劳动力，建立城市服务组织，有序安置到城市服务体当中去，并且还以社区为单位，搭建就业平台。从 2003 年到 2011 年，高新区没有失业人员，就业率达 100%。有的出现挑肥拣瘦的情况，差一点的岗位不愿去。高新区的城市化，不光有效地安置了高新区的所有职工、农民，还为本市、外地创造了 5 万多人的就业岗位，有力地推动了这个新兴城市的发展。

5. 城乡一体化，农民变市民。一座新兴的城市，能否在短时间内发展起来，需要采取综合措施强力推进。按照发展规律说，城市的发展需要一个过程，城市要素形不成，城市发展就受限。但是在中外城市发展史上，也有不少在一个较短的时期内，一座美丽的城市迅速发展起来的成功案例。如当时的亚洲"四小龙"，特别是新加坡、日本，都是二战结束后，把发展城市放到了经济发展的首位，几十年就搞起来了。我国在改革开放后，沿海一些城市也是迅速发展起来。枣庄高新区无论从哪个方面讲，也应该，也能够建好一座城市。因为多数城市是靠发展产业带动的。枣庄新城，只要把高新区的产业做大做强，城市的其他方面都迎刃而解。对此，我记得提"三转"的目的，就是推进城乡一体化，扩展城市区域，减少农民，增加市民，把城市建成一个广大人民群众生产生活的大平台，让更多的人走入这个城市，在这个城市中创业、生活。在这方面，高新区采取几条措施，就是搭建好教育平台、就医平台、研发平台、物流平台、文化平台、购物平台、创业平台。通过平台，释放城市动力，产生引力，使农民真正地变成市民。

关爱社会，提升福祉

作为一名领导干部，要把关爱社会事业，提升老百姓的福祉放在心上，抓在手上。社会事业关系到政治、经济等各个方面，重视不够，抓得不好，就会引起社会不稳，影响政治安定、社会稳定，也会影响经济的发展。因此，我工作过的区、市，都把发展社会事业作为自己工作的关注点、落脚点，把提升老百姓福祉作为我工作目标的追求。作为高新区，社会事业如何发展，也是对我的一种考验。所以我把"三转工程"作为提升百姓福祉的重要任务，努力提升高新区内广大人民群众的收入，切实维护群众利益。在高新区八年多的时间，有以下五点值得回忆。

1. 把民政看作关心社会的主要渠道。民政工作是政府关心百姓的体现。民众的事，需要政府来办，必须有民政这个渠道来完成。民政又是社会事务的缩影，社会是有形无形物资的载体，又是人类群体生存繁衍的大熔炉。作为领导干部，要想为民众办好事，必须利用民政这个渠道，把党和政府的关心通过民政体现出来。2003年6月，按照枣发〔2003〕16号文件要求，设立高新区社会事业局，把民政工作纳入党委、管委工作的重要内容。为了更好地明确职能、落实任务，2009年7月，又成立了高新区民政局，将基层政权建设——村民委员会换届，纳入法规的范畴，以有序、有规地完成每一次的换届选举。同时，还注重婚姻登记工作。高新区建区十几年，没有婚姻登记机构，使高新区的婚姻登记处于无序状态。一张结婚证还要到外区办理，给全区广大人民群众带来了极大的不便。为了将这项工作做好，我安排分管的田传金同志与社会事业局长赵学伦同志，一道去省民政厅争取设立枣庄高新区的婚姻登记处。经省政府批准，同意设立。这在全省开发区中，是第一个设立婚姻登记处的。登记处的设立，给到高新区的外国、外地投资者办理婚姻登记，提供了很大方便，也有力地促进了社会事业的全面发展。民政局的成立，还对民间组织、地名管理和勘界、婚丧嫁娶等社会事业，全部规范管理起来，使高新区的社会事业按照法规有序开展。

2. 把人口与计划生育看成社会事业的基本点。人口与计划生育工作，既是政治工作，又是经济工作，更是社会事业的基本着眼点。我来高新区工作初始，就面临人口与计划生育无序状态，被省、市列为后进单位，属于进特殊管理圈的区域。十几年经济没发展，人口发展得很快，计划生育成为盲区，无人问津。人口与资源不匹配，人口与经济不协调。这种状况严重影响了社会事业的发展。由于人口发展无序，给教育事业带来很大困难，造成出生的孩子没学上，也没有地方上学。同时，就业也成为很大的问题，很多年轻人没有就业，成为无业游民，打架斗殴，给社会治安增添了麻烦。对此，我召开党委（扩大）会议，认真分析人口与计划生育面临的严峻形势，必须采取有力措施，控制人口快速无序增长问题。在会上我提出："全面清底，制定措施，扭转局面，跳出圈子，提升水平，一年控局势，两年上台阶，三年当先进。"高新区通过三年努力，打了一个很好的翻身仗。到 2005 年，高新区计划生育工作就跳出省重点管理的圈子，并受到表彰。从那开始直到 2011 年，连续七年受到省、市表彰，人口与计划生育得到有序、有计划发展，人口素质得到提高，出生性别比更加合理，人口与计划生育对社会事业的贡献稳定持续攀升。高新区成为人口享受公共利益最好的区域之一，人均财政收入、人均 GDP、人均收入在全省前位，市内第一。事实证明，人口与计划生育和社会事业不可分割，必须把人口与计划生育当作社会事业的基本点来抓。也就是说，发展社会事业，不抓人口与计划生育不行，人类需要平衡、协和。如果无序、无计划，人口就可能失控，导致经济社会不协调，社会稳定也会出现问题。

3. 把教育看作强国兴区的希望。由于教育在 2003 年前是由外区代管，之后建立了高新区自己的教育机构。那时少室、缺师现象极为严重。中学不成规模，小学几乎都是 D 级危房，适龄儿童不能入学，高中更谈不上。这样的一个高新区，怎能适应现代教育、现代经济、现代社会的需要，更没办法去发展高科技技术。没有教育做基础，引进人才、引进技术，都是一句空话。对此，我痛下决心，必须把高新区的教育搞上去，这是强国、兴区的希望。2003 年 8 月，我利用三天的时间，对高新区两个街道办事处的所有小学、中学进行调研。为此我召开了全区教育发展座谈会，广泛听取教育界、社会各界对教育事业的意见和建议。在这个会上，我讲道：教育是强国之希望，是百姓之福祉，再穷不能穷孩子，再难不能难教育。必须把教育事业提升到高新区党委、管委工作的议事日程，当作自己不可推卸的重大责任来抓。首先制定了教育发展规划。按照九年制义务教育要求，条件成熟时，实行十二年义务教育，打造、提升高新区教育高地。其次是对 12 所学校实行搬迁，并实施"三新工程"和"三亮三改"任务。再次，提高教师的工资福利和教学水平。教师的工资由当时的平均 700 元左右，到 2010 年要达到 4000 元以上。每位教师要住上教师公寓，解决教师住房困难问题。在解决好教师待遇的情况下，对教师进行普遍进修、培训，提升教学能力，实现待遇与教学质量相统一，打造高新区教育品牌。对于 2003 年确定的教育规划、计划，到 2010 年全部实现。几年连续投资达 16 亿元之多。全部实现新校舍、新教具、新面貌。我当时的想法，由于高新区是枣庄市新的政治、经济、文化中心，高新区的教育必须搞上去，走在省市前列。并且提出率先实现十二年义务教育，完成从幼教到小学、中学、高中的体系教育，协办好大学。所以到 2009 年，盈园中学、圣园中学已建设完成后，开始谋划高新区国力高中建设，并与北师大合作，办成国内外有知名度的高中。遗憾的是，2010 年完成了设计规划、征用土地、学校施工设计等，并举行了奠基仪式。由于我离开高新区，再加之其他因素，该校没有开工建设。这是高新区的遗憾，也是高新区软实力的缺欠，更是经济社会发展环境的短板。要想发展经济，首要的是优化发展环境，为企业发展提供强有力的生存条件。任何一个开发区，就经济抓经济是不会成功的。所以我经常讲的话，今天的基础教育是后十年的经济，今天的成人教育是明天的经济，只有抓好各类教育，经济社会才有希望。

4. 把卫生事业看作提升人民福祉的保障。2003 年高新区只有两个街道的医院，缺医、少房，两所医院破烂不堪，只有几间破旧瓦房、发黑的屋子，脏乱的环境，让初到的人不会认为是医院。那时正赶上全国发生"非典"。当时高新区还没有卫生管理权，卫生社会事业由外区代管。到 2004 年 12 月 31 日，按照枣发〔2003〕16 号文件的要求，才理顺关系。尽管如此，2003 年 5 月，我到兴仁医院调研，看到的情况，不相信这是一所医院。这种状况的医疗条件，怎能承担起人民群众的医疗保障？我当场表态，一要尽快理顺管理体制，二要尽快改变医院面貌，三要尽快提高医务水平。那时，高新区财政很困难，还是要想法解决卫生事业投资问题。到 2010 年，全区完成了两个街道医院的改建和新建，完成了 17 所村卫生室建设。同时规划高新区区级医疗中心，2010 年下半年区医院开工建设。为了招商引资、引智，高新区党委、管委决定，与中国人民解放军二炮总医院合作，共建枣庄高新区医疗中心，并于 2011 年 10 月正式签订合作合同。合同规定，由枣庄高新区承建土建工程及装修，二炮总医院承担医院所有的医疗设备和医务人员，挂枣庄高新区医院与二炮总医院分院两个牌子，枣庄高新区将全区医保放入此处。由二炮总医院派员管理为主，并承担高新区辖区内的党政机关、事业单位、企业、社区、村居民的医疗服务，实行网络记账看病，由高新区卫生局发放就诊卡，让高新区的广大人民群众享受全国最好的医疗保障。对投资高新区的企业家、技术人员实行医疗特保，为经济发展搭建服务平台。高新区从 2003 年到 2011 年 10 月，共投入到卫生事业上的各类资金达 5 亿多元，卫生事业得到了快速发展，医疗水平迅速提高，基本满足了新城就医要求。为了更好地发展卫生事业，除了发挥本区职能外，还创造条件吸纳区外医疗机构进入发展。如枣矿集团中心医院、市中医院等项目入区发展。对于这些医疗项目，我非常重视，多次现场办公，为项目解决问题，提供环境保障。如现在的市立医院新城分院，是高新区与二炮总医院合作的前身。当时这里是兴城街道的一个炸药库，由于炸药厂被取消，炸药库这块地成为社会上一些人的关注点，多人通过市里的关系找我，想要在这里建私人住宅。我坚决不同意。在党委办公会议上我讲："这个地方谁也别想搞别的项目，只有建医疗机构。"这里群山环绕，通过几年的绿化，苍松翠柏，满目绿色，是建设医疗单位的好地方。这所医院，我在高新区工作时，完成了土建任务。

5. 把社区服务看作为百姓造福的重要载体。随着城市化的推进，农村逐渐减少，社区建设、社区服务成为市民关心的问题。城市社区建设必须在城市建设之初就得规划好，按照城市建设发展的整体规划去建设。舍得在社区建设上投资，把城市各类资源配备到位，提升社区功能，增加市民幸福指数。2004年3月，在高新区党委（扩大）会上，我讲到社区建设。提出要用新眼光、新境界、新标准去研究社区建设问题。要明确任务，知晓内涵，强化措施去抓社区建设。在任务指标上，要搞清长远任务目标和年度任务目标。在内涵上要搞清基础设施建设、教育文化建设、社会保障建设、卫生服务建设，做到一次规划到位，一次建设到位。在投资建设上，要用好政府的手和市场的手，去筹划资金，组合服务。政府该管的要管住，该放手的要放手，用市场办法去解决社区建设问题。高新区那八年多的时间，围绕新城规划建设了22个社区，各类基础设施投资20多个亿，直接投入到社会服务上的资金达10多亿元。如社区的"七通"问题，是在一无所有的情况下建设的。又如，公园绿地、广场等，都做了认真对待。为了给城市社区留块活动绿地，我坚决阻止侵占绿化土地问题。社区是老百姓的重要场所，也是最直接享受到政府服务的地方。我认为政府抓好社区这个载体建设，就抓住了为老百姓服务的"牛鼻子"，也是永久性造福百姓的一项事业。市民离不开物质生活条件，也离不开精神家园。有了物质这个决定作用，精神作用又会推动物质建设，物质变精神，精神变物质，这个平台缺一不可。

注重绿化，保护生态

高新区作为枣庄市新城所在地，如何为这座新城添绿、植绿、护绿，维护生态环境，是我到高新区工作思考的一项重要内容。枣庄高新区的辖区面积100多平方公里，90%是城市规划区和实体产业区。辖区内有26座山头、17个山体。由于以前疏于管理，全部山头山体绿化面积只占10%，并且大小有100多处采石场，乱扒、乱采、乱栽、乱伐成为一种常态。面对这种状况，保护生态、植树造林，已成为必须下决心干好的一个重大任务。再加上新城是枣庄市的政治文化中心，绿化任务非常重。荒山绿化、城市园林绿化两大重任摆在我面前。那时财政非常紧张，基础设施需投资，山林、园林绿化需大量资金。这些任务都需要钱，又不能等，必须快干，还得干好，齐头并进，设施、绿化并行，做到城市开发建设到哪里，绿化跟到哪里。在高新区八年多的时间里，绿化成为年年抓的一项工作。回忆这方面的事情，大约有以下五点很深刻。

1. 抓住荒山绿化任务不放。高新区 2003 年辖区面积 100 多平方公里，山头、山体都需要绿化。当时有林面积 8020 亩，还有近 4 万亩荒山没有绿化。为了尽快完成绿化任务，2004 年我主持召开党委（扩大）会议，认真部署，提出五年计划三年完成，两年巩固完善。到 2007 年底，荒山绿化任务已基本完成。到 2009 年得到完善提升，完成了可视山头 2.7 万亩、山体 2.3 万亩的绿化任务，绿化覆盖率达 99%，成活率达 96%。特别是袁寨山，利用专业队造林，十五级提水上山保成活率。巨山采用两季造林（春季、夏季），连续八年上山栽植松柏，全部采用 5~7 年苗，有的达 10 年苗，目的是尽快使荒山变绿。高新区的荒山绿化，打了一个胜利的仗，投放的人力、物力、财力是其他地方少有的，靠着对人民负责、对生态的挚爱，完成了全部山头、山体的绿化。

2. 抓住城市园林建设不丢。新城坐落在枣庄高新区内。高新区就是新城区的全部，既要考虑到全区的整体绿化，又要考虑到新城园林建设。不抓园林建设，城市没有看相，也缺少生态。所以新城的园林建设任务 90% 落到了高新区头上。面对这些，只有干好，也必须尽快干好，提升园林品位，丰富城市内涵。集中抓了这样几件事。首先，支持市政府建设凤鸣湖公园。当时在这片土地上，有农村的集体单位，有农户的住宅，有临时乱搭乱建的各类饭店，也有乱栽的密集桃林。2005 年，市政府决定建设方案，高新区必须打头阵，利用一个月的时间将地表附属物全部清理干净，为新城的园林建设起到基础性作用。其次，抓了高新区八个景点的建设。如火炬小广场、奔向未来广场、陶然百草园、文化生态绿地、科技生态绿地、袁寨山风景区、泰国工业园绿地、高速公路匝道口绿地等。这些景点，采用不同风格，建造符合枣庄新城实际，又与人文、自然相一体的园林景观。这些景点中，特别是百草园、科技生态绿地、文化生态绿地，我倾注了大量的心血。为了节约资金，我搞整体概念设计，请专业人员做详规，利用早晚时间抓落实。百草园景点，2006 年开工建设，利用 220 千伏的高压走廊，迁出 1700 多个坟头，回填土方 7 万多立方米，种植了 180 多种花草（其中 140

余种是在外地引进的）。文化生态绿地，是从 2007 年开始规划，西起武夷山路，东至复元三路，长达 1700 多米，占地 260 余亩，迁移 1200 余个坟头，回填土方近 5 万方米。2011 年又对绿地进行提升改造，新建文化石书，记述中国历史，从春秋战国时代到科学发展观时代的每个阶段的典型事件。种植了 19 种常青树，20 多种月季花草。科技生态绿地的建设，是 2009 年规划建设，由知名书法家马世晓先生题写园名。规划了雕像广场、月亮绿地、太阳广场。在雕像广场上，雕塑了 38 名中外著名科学家雕像，同配三座石雕，用天地、日月、同辉石雕来代表自然、人类、和谐，寓意是推进人类与自然的和谐发展。同时，建设底座 6 米、高 19 米的火炬，寓意是重新创业 6 周年、建区 19 周年。这块绿地建设很不容易。开始建设，就受到限制，市政府某领导将这块土地安排了一个加油站、一个气站，让土管部门给某单位办理手续。我知道之后，坚决反对。因为新城的总体规划及详规我是清楚的，这个地方就是绿地，城市的绿心、公共场所怎么能建汽油站呢？我找到有关人员，我说，项目建设要按照规划，不能感情用事，没有高新区党委、管委的意见，任何人不准在此建设项目。规划和详规，是建设科技生态绿地，为新城留块绿地、为市民留处休憩活动场所。我是顶着压力建设这块绿地的，现在看来，这块绿地建设得完全正确，成了创建国家园林城市的典型，成了新城主要的健身场所。

3. 扭住城市道路绿化不让。对于道路的行道树、背景树，我高度重视。每条道路规划绿线必须严格遵守，我提出，一路一种树，以绿为主，花草为辅，乔灌结合，合理定植，形成四季有绿、三季有花的绿化局面。高新区新修建的近 60 条路，主要干道 40 多条，至 2011 年上半年，全部完成行道树、背景树的绿化，特别是黄河路中段、祁连山路、长白山路、浦东路、复元三路、光明西路、天安一路（泰山北路）、枣曹路等，投入了大量的人力、物力、资金。对行道树、背景树，实行了科学规划栽植。2004 年改造光明西路，行道树确定栽植香樟。这是长江流域及南方的树种，北方从来没有栽植过。当时确定栽植此树种，是为了提升城市绿化档次。为了成功，我到浙江等地考察、了解习性，认为截秆移栽、经过驯化的树，可以栽植。枣庄属于季风性气候，从经纬度上看是可以栽植的。所以对光明西路这条高新区管委会门前的路，利用春季，全部栽上了香樟树。刚栽的时候，有人说三道四，枣庄这个地方怎么能栽香樟树？经过几年的实践，证明这个决策是对的。以后东区、公园又栽植很多香樟树。长白山路的行道树，决定栽植改良后的无球法桐。开始栽植也遇到了麻烦，有关部门不让栽植，说是外面引来的树木有病毒，枣庄不能引进栽植。我安排高新区有关单位做好树木检疫，并积极协调，强调必须栽植此树。通过协调，此树得以栽植。从现在看，此树没有什么问题，而且生长良好。长白山路的绿化，花费了很多心血，因为此路地势不平，土质很差，多数路段采用换土方式栽植，所以成活率接近100%。枣庄高新区的道路绿化水平，主要得益于开始规划时就要求起点要高，栽植要好，栽出质量，栽出文化，要确保现代、生态园林城市的要求。

4. 咬住生态修复劲头不减。在对生态建设的态度上，我从来都是做加法，不做减法。因为生态建设在我的心目中有两次很深的感悟。一是在计划经济时期，新中国成立时间不长，新中国是在一个一穷二白的情况下成立的。那时我还小，20世纪60年代刚上小学。为响应"植树造林，绿化祖国"的号召，每位学生要栽三棵，自己在家带树苗。这是我对植树意义的初始认识。后来走向工作岗位，我一直重视植树造林、生态建设。20世纪80年代，我到峰城区王庄乡（现为榴园镇）任党委书记时，就提出"建设石榴生态网格林"。因为我知道，人除了吃饭外，还要呼吸空气，没有一个好的生态环境，哪里来的新鲜空气。二是2001年我去日本招商，对日本这个侵略过我们的国家，没有什么好印象。但是80年代看过日本电影《追捕》，有些镜头是飞机在山林上面飞行。看到那森林茂密的生态，我很吃惊。当时认为不是真的。我到了日本后，坐在汽车上，从日本的西南部岛根到东京、京都，所看到的山都是茂密的森林。当时我就想，无论在哪里工作，都要高度重视生态建设，把我们的国家绿化好，把家园建设好。特别是地方的主要领导同志，更应该做好这一点。在生态建设上，在滕州工作期间，我做了应该做的工作，来到枣庄高新区，更应重视生态建设，因为在生态建设方面，高新区在历史上是欠账的。多年来，山头、山体仍然光秃秃，看在眼里的都是胡扒乱采的100多处采石场。所以高新区的生态建设任务非常繁重，需要关闭这些大大小小的采石场，尽快修复破损的山体，恢复应有的生态。这些任务，还必须在较短的时间内完成，使新城充满绿色。在这方面，有四件记忆深刻的事情。

（1）高新区自筹资金，并动用社会力量修整恢复山体原貌。这项工作是一场硬仗，因为关闭采石场，触及了采石人的利益，需要得罪人，也需要有胆量，还要无私地去碰硬，敢于负责去把这些事处理好，达到既修复生态又确保高新区稳定。通过扎实的工作，经历三年多的时间，才将这些乱象基本治理好。又用了三年的时间，才恢复生态。

（2）宏图河的治理工程。这条河在治理前，是一条排污河、垃圾河。历史上曾简单地治理过。但是与高新区发展和新城的建设形成了落差，必须彻底重新治理，建设一条生态河、文明河。为了建设这条生态河，想方设法筹集资金。当时我提出，高新区财政拿一块，向上争取一块。对上争取，由我协调市水利局局长杜传芝同志，到国家水利部争取，在他的努力下，最终争取到此项目。整个改造工程需投入3000多万元，国家扶持1800万元，高新区财政配套1200多万元。利用近一年的时间，我几十次到现场办公，兴城街道党委书记陈宏启同志，副书记、主任李桂葆同志，靠上抓落实，将这条排洪沟、垃圾河，治理成现在的样子。这项工程，经国家、省有关部门验收，成为水利、环保工程的典范。

（3）建立生态农业。高新区大部分面积被规划为城市区域，辖区内边远的地方，还有一些农业。如何配合新城和高新区工业产业的发展，需要将这些地方规划成为生态农业区，保持农业的增效、增值和生态环保。决定将枣曹路以北塌陷区，划定为生态农业区，大力发展生态农业，进一步增加农业效益，增加农民收入。

（4）治理黑峪水库和两座小型水库。将高新区内的水流域治理和已有水库的改造结合起来，保持好水土不流失，使高新区的生态更加美好。特别是在黑峪水库治理方面，高新区投入了很多的资金、精力，使黑峪水库成为城市市民休闲区。改造后，我又确定将这里建设成"日月湖湿地公园"。由中央美院负责设计，高新区通过招商完成建设任务，并且上海、广东、香港等地的几家企业看好此项目，愿意合作，已达成意向。因为我不再兼任高新区职务，高新区原有的体制、管辖区域解体，所以这个项目也就落了空。至今我深感遗憾。如果这个项目成功，新城又添了一个文化景点，园林生态环境也得到更好的提升。

5. 揪住环境保护力度不松。环境保护是党和政府必须高度重视的一项事关人类生存、自然生态、持续发展、社会和谐的大问题，既是对人民负责，也是对自己的子孙后代负责。作为高新区，又是新城区，开始规划建设必须把环保放在经济社会发展的同步来对待。对此，有以下五点记忆最深。

第一，拒绝在高新区规划化工产业园。此事是发生在2007年的下半年。在一次市政府会议上，有人提出高新区的北面、枣曹路以北的地方，要规划成化工产业园，与薛城的化工园连成一体。对此我提议，坚决反对。高新区北面是新城的上首，按照位置、风向，为上风上水，北面不宜规划化工园区。并且高新区的整体规划八园三区已定型，是经市委、市政府、市人大批准的，且省里已同意批复枣庄高新区的规划，不能凭个人臆断来改变高新区的规划。高新区招商的化工项目，全部安排在高新区区外园（木石高科技化工园），在高新区已注册了两家精细化工集团，不需要在高新区再规划一个化工园。我的这个陈述，得到了大多数人的支持。所以高新区北部没有建化工园，也没上一个化工项目。

第二，搬迁神工化工厂。神工化工项目是高新区兴仁街道唯一的工业项目，也是高新区内的唯一工业项目。该企业在当时，发展是必要的。随着对环保的重视和安全意识的提高，这个企业已不适应在高新区发展，企业的周边都是学校、住宅，人口密度很高，潜在的安全风险大。对此，下决心搬迁该企业，支持其到外地发展。那时正赶上峄城区东部规划了一个化工园。经高新区党委、管委研究，将该企业搬迁到了峄城区化工园。该企业的搬迁，对高新区特别是新城的环保，起到了积极的提升作用，整个高新区内不再存有化工企业。我这样做，也是对枣庄的大局负责，对新发展的城市负责，更是对高新技术产业区负责。化工厂搬走了，还给高新区一个蓝天碧水，也给了老百姓一个安全，同时该企业欠贷数额较大，负债率高，搬迁后也能盘活土地资本，对于高新区的发展布局，对于企业自身利益，都是一件好事。可以说是一举多得的事情。

第三，实施雨污分流。作为一个新发展的城市，地下工程尤为重要。在实施"七通"的同时，我特别重视地下雨水、污水分流工程，不能一根管子随便流。那时，高新区是一张白纸。在这张白纸上，应该把城市地下工程规划好、建设好。要一步到位，建完后不再出现乱扒道路现象。基本做到了城市建到哪里，路修到哪里，雨污水分流管网就到哪里，为城市的雨水排放和污水的收集入厂打下基础。尤其是市行政中心东部的排洪，高新区修建一条全石砌体较高标准、100年不遇的排洪沟，为新城的排水提供了安全条件。

第四，规划建设污水处理厂。为了把环保搞好，高新区2009年开始规划污水处理厂，规划地址选在复元三路北首东部。这是根据高新区整体规划确定的，因那是排水的洼地，又是工业项目较为集中的地方。为上马好这个污水处理厂，我专程赴武汉考察，并与武汉科技大学合作，采用BT方式、生物处理法，由外地企业出资建设，高新区运用市场手段推动经营，允许企业运营三十年。此项目在决定开始建设的时候，我离开了高新区，因此该项目也被停止，至今仍感到遗憾。一个城市的生存条件，关键是生态环境。没有良好的环境，这个城市就失去了存在的价值。因为人的生存，除了吃喝就是呼吸，这两条都与环保有关。

所以污水处理厂非常重要，必须引起高度重视。

第五，建设垃圾处理中心。高新区2003年重新创业时，只有一部小拖拉机运垃圾。那时，还没有城市，人口少，所以垃圾也少。随着高新区工业项目的增多和城市人口的发展，城市垃圾的处理成为城市管理的难题。作为高新区，所有的事情都得从头开始，城市垃圾更是如此，没有垃圾中转站，没有处理厂。为了解决好这个难题，我安排建设局选点，我在现场办公。当时找了几个地方不太合适，最后定在枣曹路南已关停的采石场的地方，建立垃圾中转站。另外再与市建设局合作建立处理厂。城市垃圾的处理，每年需要很多费用，高新区没有向生产垃圾的单位和个人收取，主要是区财政投资。到2010年底，高新区财政投资建设了43个垃圾中转站，小型自卸保洁车300余辆，大型专用车辆垃圾摆臂车、吸污车、铲车、自卸大型车、道路清扫车、洒水车、垃圾中转车等，全部配套，满足城市垃圾转运、处理的需要，实现了城市保洁走向规范化、制度化、长效化的轨道。

依法行政，守护道义

党的领导干部，特别是"一把手"，要当守法的模范、道义的仁者。做决策，干事情，要常想头上有法，身边有规，不能想当然，凭个人臆断行事。领导干部有了权，首先要想的是责，不是想干什么就干什么。替老百姓掌权，不能践踏公共权力，要做到依法行政，守护道义。也就是说，走正道，干正事，守法规，使自己的行为永远在法规的范围内活动。我到高新区任职前，这里是一个"自由世界"，对人的放任度很高，几乎没有人接受管理，想做什么就做什么，就是没人干事。干点事，也是乱干事。建区的十几年，没有一项成文的管人管事的规定，也没有什么会议纪要等。如果有事找以前的决定，就得找个人的笔记本。由于没有统一规定，个人也很少记笔记，就是记了，每人的记录也不一样。面对这些情况，高新区要想重新创业，不坚持依法行政是不行的。当时我想必须建立一套完整的体制、机制、制度。用制度管人，用机制干事，把每个人的行为规范在法规内，达到慎重用权，用好权力。使干事的人有权力，不干事的人限权力，做事讲法守规，做人守护道义。回忆这段历史，在这方面我做到了五个坚持。

1.坚持用法纪规范行为。我从小就知道，人不能犯法，不能违背良心做事。

到了成年人之后，特别是走向领导干部岗位之后，法规、党纪成为自己不能触碰的"天条"和"高压线"，时刻提醒自己，所有行为要在法规、党纪内活动。记得我在所有的岗位上，都把遵纪守法、依法行政当成从政的遵循。来到高新区之后，在一个特殊的区域工作，我想到的更是这些。对此，我提出"决策讲依据，办事按程序，执行讲纪律，规范讲法律"的决策干事规则。也就是说，决策的事项，一定要有依据，为什么这样决策。办事按程序，就是按规律和程序做事，不能乱干，避免产生新的矛盾，坏了规矩。执行讲纪律，凡是上级要求的和本级党政研究确定的事情，必须无条件地执行，不能凭主观改变客观，不能以个人意见否决集体意见。规范讲法律，领导干部的从政行为，前提要有法纪的约束，要带头执法、守法、遵法。将所有决策事项及领导行为置于法纪规范内，使从政行为永远符合党和人民的要求和国家利益。把从政行为与党的纪律、政策、大局、党性联系起来，任何时候不能忘记权力是人民给的，要为人民掌好权、用好权。做到政治立场不动摇，理想信念不淡化，大是大非不糊涂，党性原则不丧失。敢于做事，敢于负责，敢于执法。领导干部要从法规党纪中找依据、找动力。法纪能为领导干部行政提供保证。坚持用法纪规范行为，既是对自己负责，也是对人民负责。回忆到这里，我记起在高新区的五件事。

（1）关于依法使用土地问题。高新区重新创业，城市、工业、社会各类项目快速发展，每一宗土地都是按照国家法规政策办理的，从未在法规之外操作土地。土地的合规率、土地利用率接近100%。我本人也从未用手中的权力去干扰土地部门的工作，并且支持土管部门依法做事。

（2）关于城市拆迁问题。在全市各区（市）中，高新区的老村居拆迁是最规范的。在全省第一个成立社会安全风险评估组织，第一个成立拆迁成本评价组织、社会民众监督组织，并且对拆迁资金实行单户存放，单独核算，单独发放，保证拆迁资金的正确使用，保障拆迁建设效果。实现了被拆迁户满意、政府满意。拆迁户得到合法的应得补偿，政府得到腾出的土地，也推动了农民变市民、农村变城市的进程。

（3）关于工程招标。高新区把大小工程全部纳入法规程序化管理。就这项工作我提出，要按程序办理，实行招标办招标，中介组织发标，纪检、检察监标，财政、审计把标，项目领导小组督标。对项目实行全过程跟踪审计，对质量实行旁站式监理，确保项目公开、公平招标，确保项目质量不出问题。

（4）关于项目建设问题。我提出，成立项目落地管理委员会，具体负责项目落地。对项目落地前要认真把关，有污染的不要，投资小的不要，科技含量低的不要，单项性的开发不要。提出投资数量加科技含量、再加环保系数、再加容积率、再加产出率、再加纳税率，等于项目入区标准。我在高新区八年多的时间，自始至终是从严把关的，按法规办事。

（5）关于用地补偿问题。高新区从 2003 年到 2011 年，是高新区又好又快的发展时期。城市拆迁补偿、征地补偿，这方面的工作量很大，可以说占用了我的大部分精力。因为这项工作与老百姓的利益密切相关，处理不好将会影响经济社会发展，特别是社会稳定。对这些事，我多次在会上提出，要依法规、遵政策、关民意、促发展、保稳定。如 2010 年我在督导检查拆迁工作座谈会上，提出了拆迁工作的"十个回头看"，即"看拆迁政策是否到位，看拆迁方法是否规范有序，看各级领导干部是否有违法违纪现象，看被拆迁群众是否妥善安置，看干部工作作风是否深入细致，看极个别难缠户是否妥善解决，看群众对拆迁安置是否满意认可，看制定的机制制度是否实施落实，看部门配合服务是否到位，看拆迁安置整体计划推进如何"。又如，2004 年，我对经济发展大局需要把握的问题，提出了"五要五又要"的要求，即"既要重视经济效益，又要关注社会效益；既要重视工业经济，又要关注其他产业；既要重视经济增长的速度，又要关注发展的质量；既要重视科技含量，又要关注传统产业升级；既要向前看，抢抓机遇，勇于开拓，又要回头看，总结经验，吸取教训"。对待事物的发展要看主观、把客观、守纪律，积极稳妥地推进各项事业协调发展。我回忆这些事情，就会从中看到我从政守法守规是怎样做的。做任何事情都要守规矩。无规矩不成方圆。只有遵纪守法，才能把工作干好。

2. 坚持党的群众路线。执政党的根基在群众，血脉来源于百姓。一名领导干部要想把事干好，首要的是走群众路线，广泛听取人民群众的呼声。听一听他们说什么、想什么、要什么，想叫我们做什么。只有听取群众意见，党的路线方针政策才能落到实处。我兼任枣庄高新区党委书记、管委会主任那几年，由于区域的特殊，任务的艰巨，我想得最多的是广大人民群众。每干一件事情，想到的是人民愿意不愿意、答应不答应，工作的着眼点、落脚点是否符合广大人民群众的利益，对党负责、对人民负责的一致性是否统一起来。因此，所有的决策，我都事先调查研究是否可行。决策定下来后，我始终走到第一线，看一看决策实施是否科学、是否符合实际。一件事情干完后，也要认真总结，哪些需要提升，哪些需要坚持，哪些需要纠正、完善。好的就要坚持下去，不好的立即纠正。用实事求是的态度对待决策事项的落实。所以我体会，只要这样做了，干事的成功率就极高，干起来有人认可，有人支持。同时我还体会到，一件事只有符合政策、符合民意，干起来才顺畅，无论什么困难都能克服。在我的工作中，所采用的方法是着眼基层，立足现场，问计群众，实际操作。在工作中找问题，在实践中找办法，不做隔皮猜瓜、隔靴搔痒之事。好高骛远、不切实际是做不好事情的。只有深下去、钻进去，才能吃透下情、掌握真情。所以，我对下级安排工作时，讲到"不当二传手，要当主攻手，亲力亲为，到第一线，到火热的工作现场去解决问题"。要想知道梨子的滋味，必须亲口尝一尝。这种观点是无比正确的。党的群众路线，是党的生命线。不坚持这条路线，就会脱离群众。在这方面，回忆我在高新区工作这段时间，有以下四点仍很深刻。第一，要求党委领导班子成员及中层部门负责人，实行联系点制度，常年包点、包村、包企业，使领导干部扎根基层，及时了解群众的反映，便于及时解决问题。第二，经济社会发展的重大事项，放到一定范围，让群众先知道，广泛听取意见，汇集反映的意见后，再做决定，增加决策的透明度，避免出现决策与实际不符的问题。第三，坚持自己先调研，掌握第一手资料，争取决策的主动性。不受人云亦云所干扰，不走弯路，直奔主题。每次会议决策，对这项工作的意义、为什么这样、如何去做、要达到的目标等，我都要有理有据地讲清楚，便于下属落实起来有目标、有效果。第四，把作风建设始终抓在手上，每年都有一个教育主题。我经常讲：一个地方的风气，不仅是抓出来的，更是干部带出来的；有什么样的干部素质，就有什么样的社会风气，要求群众做到的，领导干部首先做到。无论做什么事情，身子要走下去，心要沉下去，事要办下去。领导干部要时刻保持"两个清醒"：一个是在工作处于逆境，条件特别艰难，困难特别多的时候，一定要保持清醒头脑，要悉心研究对策，寻找解决问题的办法；另一个是在工作取得一定成绩，得到大家肯定的时候，要保持清醒头脑，不要沾沾自喜、盲目乐观，要长期树立老百姓的事情无小事，老百姓的小事是大事的观念。把思想作风建设放到干部修身养性的重要位置。我在会上讲的这些问题，也是我自己必须做到做好的问题，这样才能坚持好党的群众路线，把老百姓的事情办好。

3. 坚持社会和谐发展。执政在于安民，在于社会和谐。2003年重新创业时，可以讲，社会事业没有基础，更谈不上为民谋福祉了。经济落后，社会事业也好不了。我在高新区任职时，对于推进社会和谐发展方面，始终"两手抓"，两手都要硬，经济发展、社会事业必须上去，不能出现短板问题，在政治、经济、社会等各个方面寻找统一点，平衡好各方面的关系。每年研究工作计划、谋划全年事业时，我都会对事业发展采取两面观、两分法、两手抓，恰当处理好各方面的利益，使社会始终处于和谐的良好状态。如2003年底，我在总结工作时讲，确立五种观念："确立发展是硬道理的观念，确立高新区发展我发展、我与高新区共兴衰的观念，确立一切围绕发展转、一切为了项目干的观念，确立珍惜维护好大局的观念，确立领导干部抓要务的观念。"到了2004年，召开年度目标奖惩兑现大会上，我又提出新一年度的工作要实现"六大突破"举措："招商引资，项目建设，区内办园，产业调整，科技发展，资本运作。"通过实施"六大突破"目标来协调经济关系提升发展速度和质量。同时提出"六新目标"：经济总量要有新增加，招商引资要有新突破，各类项目要有新发展，基础设施要有新提升，发展环境要有新优化，社会事业要有新进展。到了2005年，为了实现经济快速发展与尽快提升社会事业水平趋同问题，我在党委（扩大）会议上，提出了处理好六个关系：速度与效益的关系，当前与长远的关系，经济与社会的关系，人与物的关系，内与外的关系，城与乡的关系。到了2006年，在工作总结会上，为了推进社会和谐发展，我提出要做到"六个统一"：政治与经济的统一，民主与法治的统一，群众与社会的统一，近期与长远的统一，局部与全局的统一，区内与外部的统一。由于坚持了这种做法，社会的风气、干部的正气、老百姓的心气都得到舒展和提升，高新区经济社会协调发展的局面得到形成。为了保持社会长期稳定，各方面协调发展，到了2009年，我在党委（扩大）会议上，又提出了"十抓十保"：抓思想保活力，抓招商保发展，抓"三产"保财税，抓投入保项目，抓民生保稳定，抓拆迁保城建，抓外资保开放，抓科技保竞争，抓作风保环境，抓督查保效果。我这些观点、理念，对高新区经济社会的协调发展起到了引导、推进作用。2003年至2011年的八年多，高新区的干部群众所得的合法、合理、合情的实惠收入，在枣庄市内是最多的。高新区成为具有很强吸引力、凝聚力和宜居、宜业的地方。区外人向往，区内人自豪，一个和谐、稳定、向上、奋进、发展的高新区呈现在人们面前。

4. 坚持思想政治工作不放。党的路线方针政策的贯彻，人是决定的因素。人是有思想的，思想是行动的先导。一个地方发展的快慢，最终是靠人来完成。自枣庄高新区自组建以来，到2003年的十几年间，没有发展，停滞不前，一个最根本的原因是人的问题没有解决好。当时的局面是，人心散，工作乱，没有统一的思想引导，相当一部分人缺失正确的世界观、人生观、价值观，思想空虚，不思进取，行为盲目，个人独尊。少数干部唯利是图，推脱责任，不尽义务，把党和人民的事业丢到了一边。对此，我下决心要扭转这种局面，把人的思想领正，把正气树起来。我在高新区工作了八年多的时间，始终坚持抓思想政治工作不放的原则。每一年都有一个主题教育活动。如2003年，刚到高新区，烧的第一把"火"，就是把思想教育这把"火"烧起来。提出了"三整"教育活动，抓党风，纠政风，正民风。通过三个月的教育整顿，为高新区重新创业开好头、起好步，奠定了好的思想基础。又如2004年，开展高新区在我心中教育活动，提出：高新区发展我发展，我与高新区共兴衰。再如2005年，又搞了筑牢"开拓创新，与时俱进，求真务实，跨越发展"的创业理念教育。2006年搞了"适应形势，调整方式，破解难题，加快发展"的教育活动。2007年搞了项目建设年活动。2008年搞了"四挖三扩"活动，打造现代、文明、富裕、生态、和谐的科技工业区。2009年搞了"认清形势，应对挑战，坚定信心，拼搏进取"的主题教育活动。为全面争创国家高新区做基础，2010年又搞了"着眼新目标，再攀新高峰，再创新业绩，全面推进现代化生态型科技工业区"活动。2011年，也是我在高新区任职的最后一年，我没有临尾收兵的想法，仍然以对党和人民的事业看远、干实的心态来抓工作，这一年的主题是：着眼更高更远，立足更大更强，全面向国家高新区迈进。这一年是大拼搏的一年，特别是争创国家高新区的全面考核，各项工作任务繁重，我把精力几乎全部用到高新区发展和争创国家高新区考核上。到了当年的8月，国家高新区考核小组进入枣庄高新区。经过考核评估，在这次申报国家高新区中，枣庄高新区各项指标认定最好，所有指标均已达到，并且很有产业特点（锂电产业），在当时全国申报国家高新区的30多个高新区排列顺序中，排在了前三位。从高新区"3000天时光云和月"的发展史来看，思想政治工作不能少、不能放。在抓思想政治工作中，我讲了一些至今不忘的话："一个地方经济落后不可怕，可怕的是思想观念的落后。思想的解放程度决定着经济发展的速度，关系到工作的落实力度。认识困难是清醒，正视困难是勇气，战胜困难是水平。把学习作为一种政治责任，一种精神追求，一种立身之本。树立勤于学习的风气，乐于求知的风气，勇于探索的风气。"要求全体干部要读好三种书：读好马克思主义中国化最新成果的书，读好国家法律书，读好世界科技书，全面提高思想境界、理论素养和综合素质。到了2009年，在全区各级干部中出现一种思想倾向，认为高新区通过几年的快速发展，差不多了，不需要再使更大的气力去抓发展。我感觉到这种现象后，在党委工作会议上，提出了"三克服三树立"的要求，各级干部要认真检查自己的思想。要认真克服小成即满、小富即安的思想，树立居安思危的意识；克服因循守旧、不进则退的思想，树立继续创新的意识；克服本位主义、去掉个人私念，树立大局意识。强调树立"四永（勇）"精神：永不满足，永不懈怠，永不言难，勇往直前。对自己的工作不满足是境界，永不言难是气度。要不断解放思想，更新观念，调整思路，把党和人民的事业干好。还要求领导干部要开动脑筋，思考问题。在一次中层干部会议上，我讲道：要善于开拓思路，走好自己的路，没有思路就没有出路，没有境界就没有事业；没有作为就没有地位；没有付出就没有收获。要树立竞争意识、创业意识、公仆意识、大局意识。把所有的心思用在工作上，用在为党和人民做事上。不管工作中遇到什么困难，处在什么逆境，我们都要不言难、不气馁、不后退、不信邪、不争论。只有干、干、干，全心全意抓发展。在2009年的党委工作会议上，我还提出了"五个牢记"：一要牢记来之不易的发展局面；二要牢记发展是硬道理，不发展死路一条；三要牢记保护和利用好高新区的有形无形资产；四要牢记团结就是力量，尊重知识、尊重人才是事业成功的基础；五要牢记发展为了人民，党的力量在人民、血脉在百姓，因此要全心全意为人民服务。我在高新区那几年，通过各种形式的思想政治工作，各级干部的心往一处想，劲往一处使，保持了一种团结、向上、谋事、进取的大好局面。从这里我也感到，思想政治工作是干事的法宝。只有长期坚持抓思想政治工作，才能为经济社会的发展提供保证。

5. 坚持人民的利益高于一切。依法行政、守护道义，是我从政的遵循。我在执政的过程中，始终把人民的利益放在第一位，经常省悟自己，一定要为民所思、为民所为、为民所干。无论在什么岗位，都要把人民群众的事情干好。在枣庄高新区工作期间，始终坚持了这个原则。记得有以下五点值得回忆，就是生计、生产、生活、生命、生财问题。

（1）关于生计问题。我所重视的老百姓生计，是长远大计。我在做决策时，既看当前又看长远，始终遵循经济规律和客观规律办事，把老百姓的眼前利益和长远利益统一起来。如我对全局性工作及各级干部的工作要求，就有七项标准。既看经济指标，又看社会指标；既看城市变化，又看农村变化；既看当前发展，又看持续发展；既看经济总量的增长，又看人民群众得到的实惠；既看发展形势，又看社会稳定；既看"显绩"，又看"潜绩"；既看主观努力，又看客观条件。

实事求是地对待基层及下属的工作，避免走偏方向，只顾上头、不顾下头。那时高新区处在高速发展的时期，如果把握不好，就有可能忽视了老百姓的长远生计。农民的土地被城市、工业等项目占用，祖祖辈辈赖以生存的土地资源没有了。作为决策者，不能顾此失彼，只要面上的发展，不要老百姓的生计，这是党性不纯的表现。我在这个问题的处理上，从制定高新区的发展举措，首要是把农民的生计优先考虑进去，并提出：土地减少，农民的收入不能减少，工业经济发展，农民的生活水平必须提高。做到眼前有利益，长远有保障。在衣、食、住、行、医、学、业、保等方面，保持稳定长久得到供给，使农民变成市民后，没有后顾之忧。

（2）关于生产问题。一个地方的生产问题，是经济社会的根本问题。不生产，就不能生活，生产力就不发达，各项事业就很难办到。生产力与生产关系、上层建筑与经济基础、工业与农业、实体经济与数字经济、新兴产业与传统产业等，都必须有极大的提升。那么，要提升，就必须多产出。产出要靠生产方式的转变，生产能力的加强，生产率的提高，才能达到物资的丰裕、社会的富足。为了提高高新区的生产能力、产出率，2007年我在党委工作会议上讲："我们要全面落实科学发展观，紧紧围绕建设现代化生态型科技工业区、和谐高新区的战略目标，优一产、强二产、上三产。提升西区，主攻东区，建设新城。突出主导产业，加快项目建设，实施集团战略，向科技、创新、改革、管理要潜力，在促进社会发展、解决民生问题上下功夫，推进高新区经济社会又好又快发展。"我这些讲话，归根到底是促进生产力的发展，使高新区成为一个工业的产出区、外贸的出口区、服务业的聚集区、科技的创新区、教育的先进区、宜居的生态区。使物质极大丰富，人民群众生活水平走在全省乃至全国的前列。我的这些计划、目标，在高新区得到了很好的实施，生产能力、生产水平得到很大的提升。

（3）关于生活问题。按照人类生命规律，一般是先生产后生活。我在高新区任职期间，对广大人民群众的生活，给予了高度重视，从衣、食、住、行着眼，从教、医、保、业着手，凡是关系人民群众生活的事情，我都会抓在手上。我常讲关心人民群众生活的"四句话"：干群众之所想，急群众之所盼，解群众之所难，做群众之所需。对待人民群众的生活，我是这样讲的，也是这样做的。我始终树立以人为本、执政为民的思想，发展依靠人民，发展为了人民，发展的成果由人民共享，使福祉广泛惠及人民群众。那几年，高新区从健全粮食补偿制、弱势群体救助制、城乡低保制"三张安抚网"开始，每年党委、管委在全年的工作计划目标中，都要确定实施"十项民心工程""十件惠民实事"。这些民心工程和惠民实事，极大地改善和提升了人民群众的生活条件。高新区的幸福指数，经过上级主管部门的考核和社会以及群众认可，走在了全省前列。在关注人民群众生活方面，从制定人均收入、健康指数、文明程度、公共资源、生态环境以及恩格尔系数的占有，全部纳入远期规划和每年的工作目标。把创造生活的内容具体化、规模化、系列化，能使百姓看得见、摸得着、享受到，改善群众生活成为我从政的基本要求。

（4）关于生命问题。在这里回忆我对人生命的重视，是相对执政者而言的。应该说，对人的生命谁都重视。但是作为执政者，能否把人们生命攸关的事情抓好，是不一样的。人生在世，生命高于一切，人没有了生命，就没有了一切。所以，保护人民的生命安全比什么都重要。我到枣庄高新区任职开始，就把危及人们生命安全事宜进行调研，并拿出措施进行彻底治理。大约存在这样几个问题：100多处大小采石场，开山采石用炸药；两处生产炸药的企业；两处鞭炮厂；两处用氯气生化工产品的企业；两处小煤矿；一个用液化气取暖的小区；一个液化气站；两处加油站，等等。这些不安全隐患，长期危及高新区人民群众的生命安全。调研时，看到这些情况，深感忧虑，也深感责任重大。因为多处存在不安全问题，所以死人的事时有发生，特别是两处小煤矿。由于这些小的企业，除煤矿、神工化工外，都是个体、私营搞的，从来很少纳税，对社会危害极大，污染环境，胡扒乱采，破坏资源。但是由于涉及个人私利，治理难度很大，并且由恶势力把持。针对这种情况，调研后，形成了彻底治理意见。高新区党委、管委下决心，用三年的时间解决好危及人的生命安全事宜。我在会上讲："安全大于天、重于山、高于己。必须高度重视，消除后患，消灭隐患，还高新区一个生存安全的生活环境。"从2003年开始到2006年，高新区存在的所有安全隐患全部解决。一是顶着各种压力关闭两个街道的小煤矿，关停所有采石场。二是新建改建高新区所有高压线路，尤其是天安一路与光明西路交界处的"蜘蛛"电网，投入大量资金改建下地。对所有乡村社区进行改造换新。三是对火灾隐患进行排查，把可能发生的火灾消灭在萌芽状态，防止各类火灾事故的发生。高新区在各类项目高速发展时期，没有忘记人民群众的生命安全，而且我把它当作工作的重中之重来抓。对新发展的项目，凡是不利于人民群众生命安全的，一律不上，使高新区走出了一条快速、健康、绿色、安全、实效的发展之路。

（5）关于生财问题。我一直认为，一个地方领导干部在注重全局发展的同时，最重要的是，想法促进地方财政的增长、人民的增收，做到生财有道、聚财有方、用财有效。利用市场的手和政府的手，把该聚的财聚起来，取之社会，用之于民。我在这方面有三点体会。第一，千方百计培植财源，保持财政年均增收两位数以上。一个地方财政的增长，在中高速发展时期，每年的增幅不能下降到一位数。如果下到了一位数，保障各方面的支出是有难度的。要想达到两位的增长，就必须依靠大力培植财源，培植财源就要靠投入，没有投入，就没有产出，也不可能有收入。作为县域经济，没有一定数量的增长，要想有规模效益是不可能的。因此，投入必须增长两位数以上，并且大于财政增收。如财政收入增长达到10%，就需要投资增幅在20%以上。这是经济运行最普遍的道理。当然投入还必须是良性的投入，如果不符合发展要求的投入，投入的增幅再大，也是枉然。因此，要切实处理好培植财源与加大投入的关系，稳定基础财源，注重新兴财源，狠抓后续财源。我在高新区的这几年，注重了培植财源，特别是重视投入与产出比，每年的财政增幅都在20%~35%，投入增幅达到30%~50%。这样才能达到涵养财源、蓄积财源、培植财源的目的。第二，千方百计科学理财。我在经济工作会议和财税工作会议上，经常讲到一句话："当家要理财。当家不理财，等于瞎胡来。任何时候要精打细算，量入为出，量力而行。把该聚的钱一定要聚起来。既要强化税收征管，又要依法治税，财税的收入要拓宽入口，严把出口，多口入一口出，把每一分钱用到该用的地方。做到勤俭持家，为民理财。"在这方面，自己认为，我做得是好的。我所任职的单位，接管的时候，都是极为困难，走的时候都变成一个财政收入良好的地方。一个再穷的单位，只要认真去干，也会变成好的单位。单位穷不可怕，怕的是领导干部的志穷。只要志不穷，穷财政可变为富财政。要做到生财有道、聚财有方、用财有效。第三，千方百计做大做强政府财政。我认为，对财政工作，领导要重视，社会要关心，人民要支持。财政不是哪一个人的财政，也不是哪一个部门的财政。对财政工作，要在各个层面形成共识，把政治与财政、经济与财政、社会事业与财政统一起来。这样做，生财的道就会宽，聚财的法就会多，汇集财的量就会大。财力大了，为人民群众办事的腰杆就硬。因为我们的政府是人民的政府，只有把财政抓好了，才有更多的钱为老百姓做事，人民才能拥护你。我的体会是，只有重视生财，才能聚财，千方百计壮大政府财政，使政府有更多的资金为老百姓办事。如果不把财政搞好，人民的利益无从谈起，坚持人民的利益高于一切的宗旨恐怕也会落空。

立足长远，科学决策

作为主要领导干部在一个地方任职，不能有短期行为，看问题、办事情必须着眼长远，立足大局，科学决策，不搞所谓的政绩工程。我在高新区任职的时间里，始终把这个问题作为最重要的问题来思考。有五件事情可以说明这一点。

1. 关于泰国工业园问题。泰国工业园的设立，既是高新区整体规划中一个园区的规划安排，又是相对安排外资项目的地方，是根据当时对外开放情况和枣庄市的长远利益来考虑的。2003 年初，山东省政府主要领导刚刚调整，对于改革开放，发展外向型经济，吸引国外资金，特别重视，召开全省对外开放发展外向型经济大会。市、区（县）、乡镇（街道）各级压力很大。上级对招商引资、利用外资实行一票否决。那时，枣庄市几乎没有什么外资进入，在山东省也是倒数。在这个大的背景下，刚刚重新创业的枣庄高新区，成为市里招商引资、利用外资的首选之地。那么高新区党委、管委应认真贯彻落实省市的精神，把高新区的招商引资、利用外资作为重要任务抓好落实。那是一个大招商、大开放的年代，我作为高新区的党委书记，感到了时代的使命感，压力大，责任重，也必须把高新区抓出样子。对此，在高新区的整体建设规划中，把建设泰国工业园纳入其中。在"八园一区"的布局中，泰国工业园是其中的一园，也是利用外资的聚集之地。泰国工业园开始是通过泰国工商总会发起，要求我们与苏

与泰国国会主席邬泰·屏知春合影

州新加坡工业园走一样的路子，作为中泰经济合作模式。设立之初，2004年8月26日，泰国国会主席邬泰·屏知春致信吴仪副总理，要求支持泰国工业园，并在泰国工业园奠基时亲临现场。众议院上议院院长、下议院议长、交通部长、财政部副部长等，前来考察并举行奠基仪式。我方承诺的先建设、后申报。奠基的时候，省委、省人大、省政府、省政协的领导前来参加，并向泰方表示支持。省里为了支持泰国工业园的建设，当时的省委、省政府主要领导亲自过问，并专拨土地指标5000亩（3000亩建设用地，2000亩调途指标），由泰方组成的工业园管理公司封闭管理，由于各种原因，我方在落实省拨土地指标时，迟迟不能到位，影响了中泰合作进展。根据变化的情况，2005年，高新区对泰国工业园的建设详规、项目入园、管理方式进行调整。从泰方原对工业园的整体管理权，调为以项目入园管理权，只对自己投入的项目负有管理权。同时，把园区实行对外开放，只要没有污染，科技含量高，投资额度大，经过评审，不分外资内资项目，都可入园建设。由于方式的调整，到了2007年，各类项目入园达21个。2007年2月21日，农历大年初四，我专门召开泰国工业园入园项目建设推进会，要求企业加大投资，节约土地，遵守规则，合法经营。高新区为此打造外资的聚集区、外贸的出口区、科技产业的制造区。到了2011年，泰国工业园项目已达30多个，成为高新区"八园一区"中发展最好、最快的园区之一。对泰国工业园的建设以及对泰招商，我和韩耀东、纪星模、许西奎同志，确实付出了很多的心血汗水。但是我做事从来没有后悔过，自己认为，只要对党忠诚，对事认真，大道直行，问心无愧，尽到责任，就心安理得。泰国工业园虽然是高新区整体规划的一个园区，但是对枣庄的贡献很大。在我任职时，我认为有四个作用。第一，争取省里无偿支持土地指标，按市场折算价值达3亿多元。第二，促进枣庄高新区的对外开放和外资利用。2003年只有自营出口权的企业1家，到2010年已达51家；出口额由2003年的1589万美元，2010年达到5463万美元，增长了263.5%。第三，形成相对集中的科技工业区。第四，为争取国家高新区提供了支持。泰国工业园的建设与发展是政府行为，不是哪一个人的作用，不管什么园区，只要坚持对外开放，创造环境，科学指导，规范管理，发展好是有希望的。

2.关于研发中心及生产力促进中心问题。随着高新区八年多又好又快地发展，扩大规模、注入科技、提升水平、持续发展，成为我思考的重要问题。作为国家级高新区，没有研究机构、科研平台是不行的。没有促进生产力发展的上层建筑和相关的经济机构也是不行的。要想从高新区制造向高新区创造转变，要想把高新区建成人才汇集、知识聚集、科技密集之地，就必须把研发中心、生产力促进中心搞好。2010 年，高新区已经具备了建设的条件和能力。因此，在认真调研、论证的基础上，慎重科学地做出了决策。对两个中心，高起点规划，高标准设计，建成国际水平、国内一流的科研之地、生产力促进之地，并且 2011 年 5 月 19 日举行奠基仪式。为了更好地落实上级领导的指示，我主持召开党委（扩大）会议，制定方案，筹措资金，落实措施，全面启动。两个项目同时推进建设。后由于我不兼任高新区的领导职务，两个项目被停工，这在我从政接近终点时，感到非常难过，也是一个重大遗憾。应说一个项目，只要符合实际，要一届接着一届干，一张蓝图干到底。对此，我后悔启动晚了。要早干一年，也就建成了。回想到这里，现在我也想开了，世上没有干完的事情。就是建好了，如果管不好，用不好，看到了仍然难过。但是在回忆人生时，不得不把这件事情讲出来，把它作为人生中经过的一个特殊事情。值得后人去思量，从中悟出一些道理，尤其是从政者要心有全局，站高望远，只要符合人民利益的事，要敢于担当，不论是谁布的棋，都要走下去，为老百姓干点好事、实事。

3. 关于区外园建设问题。我讲的区外园，是鲁南高科技化工园，坐落在滕州市木石镇。这是省政府批准的枣庄高新区管理的一个科技化工园区。对此，我在高新区长期规划和发展战略上，把这个园区作为高新区的区外园来对待，也就是在高新区整体规划中称为"八园一区"。所以我对这个化工园区，从组织领导到项目规划、招商引资、发展管理，都做了具体部署。建了党总支、区外园管理办公室，高新区由魏朝生同志分管。鲁化企业的郭宝太同志任党总支书记、管理办公室主任，并任命了相关人员。对该园区，做到了三条：一是实行高新区党委、管委直接领导，建立完善的党的机构和行政机构，与高新区的党政部门一样对待。二是对经济发展实行全面管理，经济发展任务、税收指标等由高新区按年度下达，并制定奖励政策。那个时间段，发展了 3 个集团，20多家化工企业（企业注册地在枣庄高新区），对高新区的财政收入做出了很大贡献。同样，高新区也给予了很多支持。所以这个园区发展得很快。三是因有了这个化工园区，省里给了土地等政策支持，高新区招商的化工项目全部落地这个园区，高科技精细化工企业的发展很快。也正是因为有这个园区，后来成为鲁南煤化工基地。

4. 关于三大基地建设问题。在高新区经济发展规划与项目建设中，除了按照项目详规建设发展各类项目外，为了更好地打造相对集中的产业群体，我提出并实施了工业项目的三大基地建设，即新能源基地、生物医药基地、制造产业基地。为了这三大基地建设，我动了不少脑筋，也付出了很多的心血。

（1）新能源产业基地。主要包括光电、光伏、光纤，重抓锂电产业。对于新能源锂电产业，我认识得早，行动得快。在全国当时只有天津、深圳两地做锂电产业，也主要用于小型电器类的动力。对汽车、船舶等较大动力，高新区作为主攻的重点。那时，所用的动力电池主要是铅酸电池，因这类电池有污染，收回处理难，污染环境重。走入21世纪，世界各国对锂电新能源都很重视，政府大力支持。我认为枣庄高新区必须抓住这个机遇，千方百计发展这一产业。对此，我多次去天津、深圳的研究机构和有关部门，吸引技术、人才，请他们走入枣庄高新区，发展锂电新能源产业。在招商感情、办法的触动下，一批研究新能源锂电产业的专家们，进入了枣庄高新区，开始在这片从未开发过新能源的地方发展锂电产业。通过几年的时间，形成了有世界知名的锂电产业基地。当时，全国仅有三块产业群（天津、深圳、枣庄）。这里特别要提到的是，曾参与比亚迪科研攻关的初始研发人员王宏栋也进入枣庄高新区。在那个阶段，高新区锂电产业一直处于领先地位，并与全国有关大学联合，形成了研发体系，聚集培养3000多名人才，从事锂电产业的研发生产，为枣庄高新区的新能源产业做出了重要贡献。为了新能源产业的发展，从2006年开始到2011年，每年都召开枣庄高新区与大学院所技术合作发展恳谈会议。从2009年起，连续三年召开山东锂电新能源产业发展论坛，将国内外从事新能源产业的专家、教授，汇集到枣庄高新区，谈合作，论研发，促创新。那几年，枣庄高新区成为国内外新能源产业，尤其是锂电产业的研发之地、生产之地、技术人才汇集之地。吸引了来自美国、加拿大、日本、韩国、欧洲、中国香港等国家和地区的投资者、投智者在高新区创业。枣庄高新区的锂电新能源产业，也得到了国家管理部门的充分认可，制定了国家级锂电生产标准，确立了省及国家检测检验中心，为锂电产业研发生产奠定了技术标准。

（2）生物医药产业基地。到高新区之初，我就开始规划发展生物医药产业。那时，对这个产业我是认定了的，这也与我所学的专业（微生物学）有关。我对生命科学非常感兴趣。在计划经济时，微生物学还是一门边缘科学，没有人重视。进入市场经济之后，随着人们对生命的重视，所以研究这门科学的人也多了起来。同时，人们对生命相关的产业，也开始重视。所以在规划高新区产业的时候，我把生物医药产业作为高新区产业发展的重点。2003年2月，我刚到高新区，就抓住了枣庄老三九药业不放。那时的三九药业，前身是市中药厂，在老城已濒临倒闭，100多名职工发不出工资。这时，市药监局局长刘承启同志，正积极寻找合作伙伴。我与刘承启同志商定，与深圳三九药业合作，在高新区重新建厂。当时深圳三九药业控股51%，枣庄三九药业以300多万元资产占股49%，再组建三九药业有限公司。在这种情况下，高新区积极推动，创造环境，给予优惠政策。2003年3月6日奠基，当年竣工投产。同时扩大招商引资，上马瑞尔生物、康尔医疗、百科药业、润康生物、青青科技、文尔达生物等，到2011年上半年，高新区已发展到20家生物医药企业，成为鲁南地区有知名度的生物医药基地。在回忆建设生物医药基地时，高新区管理项目的同志，如纪星模、王广振等同志，做出了突出贡献。他们按照我对生物医药产业的发展要求，从创造发展环境到创办企业、扩大规模，进行有计划、有措施、有目标地推进生物医药基地建设，同时支持企业创新研发。我多次去三九药业、百科药业调研，要求他们要与大学、科研单位合作，研发新的药品。在强有力的推动下，三九药业与中国中医大、山东中医大合作，开发了20多种新的药品。百科药业同时申报西药品种，特别是消炎类药物，国家药监局等部门审批了12个新品种。并且我又去湖北百科药业的总公司及其湖北上海分公司谈判，双双决定计划2011年搬迁百科药业，扩股增资，扩大规模，在枣庄高新区形成一个西药大型企业，同时拉动上下游产品的发展，把生物医药基地做实干大。由于我离开高新区，百科药业没有实施该项目，百科新医药基地没有建成。

在深圳招商

（3）机械制造产业基地。2003年重新创业之初，制造产业对高新区来说就是一张白纸。作为机械制造工业，是各类产业之母，没有制造业，也谈不上一个地方产业如何。因此，我下决心在高新区要把制造业搞出一片天地。开始就抓住了数控机床行业，我把视角点瞄准了中国（上海）机械进出口总公司，向他们要项目、找资金。在上海举办招商会，邀请机床行业名流参加，推介枣庄高新区。工夫没有白费，感动了上海公司徐祖伟老总。因我与徐总是多年的朋友，他竭尽全力支持高新区招商。在那次招商会上，达成了由印尼达玛公司、上海机床总公司、德国克努特公司，组建威能数字机器项目，同时吸纳威达机床公司参股。这是高新区2003年入区最早的机械项目，也是中外合作项目。威能不负众望，当年建设，当年投产，到2005年增资扩股，形成了一个有规模、有技术、有效益的高端机床项目。在这个项目建设发展中，公司老总吕子金同志投入了大量的精力，汇集资金，科学施工，组织生产，拓展市场，很快取得了好的效果。这个项目，也得到了国家、省、市领导的认可和赞扬。从那开始，高新区招商建设29家制造业项目，推动了高新区制造产业的快速发展，主要有光缆光纤、数控机床、制冷设备、大型印染机、中央空调、新能源电动车等。从制造业的空白，到制造产业基地，仅用了八年的时间。2003年我规划的三大基地，到2011年10月我离开高新区，已经形成规模。这三大基地的建设，除了我的努力外，还有市委、市人大、市政府、市政协的支持，更有高新区一班人的团结奋斗。

5. 关于建设文化城、科技城、大学城"三城"项目。我在高新区工作期间，除了紧紧抓住科技工业项目发展外，对文化载体、科技载体、智慧载体看得很重。我认为领导干部作决策、办事情，必须两分法、唯物论，全面看待事物发展的全过程和统一性，不能片面地就事论事，去抓一些枝节问题，要注重整体性，牢牢"两手抓"，这样才能有效地推动事物的发展。从高新区来讲，所有的产业都得从零开始。高新区能不能成为一个高科技工业区，没有文化力、科技力、智慧力是不行的。即使抓了，也是短命的，不会长久，必须在抓硬实力的同时，打造软实力，形成支撑保障。对此，我规划了"三城"。对于"三城"的建设，从2003年之初就有规划。开始还不具备条件，直到2009年我才下决心开始真正规划、论证、筹备土地等前期的准备工作。这个阶段是漫长的，因为外部条件不甚好，有很大的阻力。到了2011年上半年，省委领导来枣庄指导工作，首看高新区新能源产业，在高新区科技大厦，我汇报了"三城"建设问题，听后他给予了肯定，并且要求枣庄市委要重视支持，打造枣庄科技人才聚集地（当时枣庄市委主要负责人在场）。随后我决定全面启动。

（1）关于文化城。主要是以规划的"日月湖湿地风景区"为重点（依托改建好黑峪水库的地址），以高新区文化馆、科技生态绿地、中国春秋文化绿地为补充，以袁寨山风景区为协助，形成高新区（新城）重要文化载体。建设历史文化和人文景观融为一体的可看、可学的文化效果。规划中要求山中有城，水中有山，山水相连，景街相通的效果。从秦汉唐宋园，到明清园、现代园（展现枣庄历史文化）、文化碑廊、文创街、欢乐谷、美食街、影视基地等文化景点。我的这个规划，目的是弘扬中国历史文化，发扬现代文化，充实枣庄文化，打造文化软实力，使新城更有文化内涵，同时也为高新区全面发展做配套。为了这个大型项目的实施，请上海同济大学、浙江大学、中国美院规划设计，制定了详规。为了尽快建设，通过招商，与上海、深圳、台湾三家投资商，达成投资合作合同。而且决定先按照规划，修筑外环路（与周围山体分开，以坡度30°为界），路以上搞好绿化，路以下搞建筑物。2011年底修好，并全面开工。也是因为我调离，此项工程没有实施，只能是个遗憾。

（2）关于科技城问题。这是一项打造科技研发之地、聚集科技力量的工程。当时，在枣庄高新区党委（扩大）会议上，我讲："建好科技城，为专家教授、科技人员提供场所，为枣庄高新区的发展提供科技力量。"更重要的是："为人生寻找价值，为人类创造财富，为人民奉献智慧，为人才搭建平台"，把真正的软实力做实做大做强。这项工程的位置，确定在复元三南路、光明大道南侧。我通过协调各方，把土地、规划等方面的工作全都做完，并且与国内外六所大学签订合作合同，由高新区提供科研场所，每年在预算中列支一定数额的科研经费，所产生的科研成果全部归高新区管理使用。走与高新区产、学、研一体化，科、工、贸相结合的路子，建立中国枣庄的科技硅谷。这项工程在2010年底，全部完成土地、规划设计、工程招标等事项，并于2011年5月19日举行了奠基，同时开挖基础，到当年的10月份，工程正负零以下工程已完成，也是因我离开，此项工程被停止，这个科技城没有建成。

（3）关于大学城问题。为了加快人才培养，进一步提高研发能力，在调查研究的基础上，决定建立高新区"国力高中"，并与国内外名牌大学合办一所大学，实现高中与大学的无缝衔接。这个规划地址已确定，在黑龙江路北、祁连山路东的区域，建设这所大学城，实现高新区办大学、多数孩子上大学的目的。与枣庄职业学院、市委党校连址，真正形成枣庄大学城。在确定建大学城的时候，运作的方式是"两条腿走路"，实行股份投资，由高新区投资基础设施，由北京师大、北大、新加坡精英大学承担教学运作及经营管理，走出一条政府牵头、社会协办、市场运作、科教一体的新的大学模式。国力高中已定点设计完备，道路已整修。计划高中招生5000人，大学在校生10000人，总数不少于15000人。对国力高中，实行义务教育，大学实行社会招生。大学，通过招商引智建设，并与教育部门会同申办各类手续。北京的几所大学，表现得非常积极。新加坡精英大学、台湾地区的远东科技大学两所大学加入。2010年8月12日，我专门召开国力高中及大学建设筹备会，并列入2011年十项"民心工程"。这所大学，也是在筹备工作基本结束进入实际建设阶段的时候，我调离了高新区，此项目没建设。

回忆当时，之所以抓"三城"建设，有四个想法。一是正值国家开始实施科学发展，作为高新区，必须靠紧国家发展战略才能摸到经济社会发展的快门。二是高新区的定性是高科技产业发展区，没有大学、文化等做后盾，是建不成高新技术产业开发区的。三是在枣庄市，教育、科技相对薄弱，那时还没有一所像样的大学，办好这所大学，为枣庄人民提供高等教育资源，也为枣庄打造文化软实力提供条件。四是高新区产业规划与人才规划统一起来，发展新兴产业需要有掌握科学技术的人才，有了大学城，问题就能解决。直到现在我写这个回忆录时，仍然对此决策认为是对的，不建是枣庄市的损失，特别是国家高新区的缺失。作为一个地方的领导干部尤其是"一把手"，做决策，办事情，一定要有大局观念、战略思维，心里装着国家、装着人民、装着长远。只有这样，才是对党对人民负责，才能把一个地方发展好。

政协履职

在枣庄市政协会议上

2007年底，根据省委的安排，我到市政协工作。枣庄市委的意见是，在任枣庄市政协副主席期间，还要继续兼任枣庄高新区党委书记、主任，仍要抓好高新区的发展，尤其是国家高新区的创建。因此，我的主要精力仍投入到枣庄高新区建设与发展上。到市政协后，领导班子成员分工，让我联系高新区，其他的工作只是参与，不具体负责。我这个人历来听从组织安排，从未向上级组织提过个人要求，只要组织有安排，无论做什么工作，我都会认真对待。那么，回忆在市政协工作了一届（市政协八届），也有一些事项值得记忆。

维护大局，唱好同心曲

中国共产党领导的多党合作和政治协商制度是我国的一项基本政治制度。政协委员敢于讲真话、说实话，有时直对问题核心。我作为市政协中共党派的副主席，有责任、有义务，引导视听，解疑释惑，用中国共产党的主张统一好民主党派委员的思想，在政治上坚决与中共中央和上级党的组织保持一致，坚定不移地贯彻执行党的路线方针政策，团结和调动政协委员的积极性，把他（她）们的智慧引导到为国家、为社会、为人民谋发展、谋幸福上来。回忆到这里，我记起了 2010 年政协八届三次会议分组讨论时的一件事。我到一个党派小组听取意见，有一名委员在发言中，对党的路线方面的问题提出一些不正确的评论。在这个时候，我插话引导。我讲："中国共产党是一个伟大的党，为人民的党。没有中国共产党，我们的人民仍处在水深火热中。社会不断前进，事物不断发展，在前进中，不可避免存在这样那样的问题。你相信中国共产党有能力、有办法解决发展中的问题。不管在经济社会发展中遇到什么问题，都会解决好，不要以个别问题否认大局问题。"我还讲了中共党史的问题，来驳斥他的错误观点。让发言的委员心悦诚服，其他委员也要晓知一名政协委员必须在政治上与中共中央保持一致，有不同的意见和建议都可以提，政协会议就是讲民主的地方，但是不能偏离政治。我这些引导的话，得到小组讨论会的一致认可。我在政协工作这一届，无论在什么场合，多讲政治信仰的话，多讲大团结的话，多讲共谋发展的话，为枣庄的发展凝心聚力，为贯彻党的路线方针政策当好维护者、引导者。

积极参政，唱好民心曲

作为市政协的一位副主席，尽管还有高新区的事情要做，但我还是抽出时间，围绕全市的大局，搞一些调研，同时广泛听取社会方方面面的意见和建议，特别是政协委员们的意见。平时收集起来，梳理分类，等待时机，有所为，有所不为，抓住对枣庄经济社会发展有用的东西以及重点议题，带到政协会上，按照议案报送渠道，反映到市委、市政府。在市政协的这几年，有印象的建议有三个问题，得到有效建议。一是关于重视市直老工业企业的改制及发展问题。建议保护好、利用好全市的有形无形资产，来发展枣庄、建设枣庄。二是关于重视实体经济发展，夯实工业立市的基础问题。三是关于重视培植高新技术产业，建设科技基地问题。对这三个建议，我确实花费了不少心血，同时也是我的心声。如老工业企业改制问题，因为枣庄市是老工业城市，是因煤而兴的市。在计划经济时期，工业得到了快速发展，棉纺、毛纺、陶瓷、橡胶、机械、电子、食品加工等行业，均在全省处于前列。因改制不彻底，资产重组滞后，造成大量国有资产及人才流失。对这方面的工作没有引起足够的重视，因此，市直工业成为一根"烧火棍"越来越短。我多次在不同场合呼吁，要重视市直国有工业的发展，保住工业，盘活资产，留住人才，发展实业，实施工业立市战略。这些建议，曾一度得到重视，但后来发展的效果仍不明显。经济改革、企业改制、工业发展，是有机遇和时间节点的，丧失了机遇，过了那个时段，也就不好办了。我作为一名枣庄人，同时作为一名领导干部尤其是政协副主席，有责任提出意见和建议，也尽到了在政协工作的这份责任。

助力政协，唱好合奏曲

在市政协工作，既要积极主动工作，又要找准位置，当好副手。我在政协虽然没有分管一个方面的工作，只是分工联系高新区，但是无论参加市政协党组会、主席会、常委会以及委员大会，我都能够按时参加，围绕会议主题提出意见和建议。充分发挥政协组织在社会中的连心桥、润滑剂、减压阀的作用，使之成为国家治理机构中的重要组成部分。同时我也支持市政协搞好设施建设，支持政协老干部的图书室建设，增加图书量，支持政协机关会议室的装修，支持政协交通配备工具等，我都尽力去做，使人民政协机关有一个良好的工作条件，为政协的建设尽一份责任。我这个人无论任正职、副职，都能主动配合，唱好合奏曲，不搞独唱，维护主要领导同志的工作，注意创造和谐局面。但是不搞一团和气，工作是非标准要搞清楚，对的坚持、支持，不对的纠正、修正。特别在重大决策事项方面，我都会讲出自己的看法，不搞随声附和。对别人的意见，我也会认真听取，对的坚决支持。对重大事项释放推力，用心助力把政协的工作做好。因为市政协的工作没有多少硬性、急性任务，主要围绕市委的工作大局，做一些统一思想，维护大局，推进发展的事情。把委员们的心凝聚在一起，汇成强大的力量，共同推进枣庄经济社会的发展。在市政协工作了一届，在我的记忆中，我是正能量的推动者，也是事业的促进者，更是和谐局面的维护者。以助力政协唱好合奏曲为基本遵循，全力做好各项工作，不虚度时光，对得起党和人民给予的这个职务，带着感恩的心去履职尽责，在从政的生涯中留下清晰的脚印，正确的轨迹，正道人生之路，我会坚定地走下去。

人生如梦，斗转星移。我的从政生涯在风雨中度过了近四十年，经历过各种角色的转换，从事过不同类型的工作，开创过不同的事业。无论是在哪个岗位，我都会尽快熟悉、适应角色，去履职尽责，力求把各项工作做得尽善尽美。在回忆这段历史的时候，也觉着我无愧人生，对得起党和人民，但也觉着人生时间太短，还有很多没做完的事情，由于种种原因，留下一些遗憾。到了退休的时候，仍眷恋着一些事业。心想如果干部政策允许，再给一段从政时间，我会把一些事情做得更好。知道这是一种空想，也是不可能的事情。我在这讲一些感悟，也是希望年轻的一代，在岗工作的人，要好好地珍惜人生，度好每一寸时光，扎扎实实做好每件事情，做出无愧于人生的业绩。做好人民的事业，是一名领导干部应尽的职责。我四十年如一日，坚守岗位，履职尽责，认真做事，用马克思主义的认识论、方法论、实践论去解决工作中遇到的各种问题，实事求是地去做好每一件事情。同时，根据形势的发展变化，做到适应新形势，把握新脉搏，融入新时代，干好新事业。我常提醒自己：我是谁？为了谁？为的是老百姓生活有改善，为的是国家和地方能富强。我坚守信仰，遵纪守法，清正廉洁，从严治政，以善待人，拼命干事，坚持正道，克己奉公，追求事业，实现了我的人生价值。我对已走过的路无怨无悔，感到非常值得。从政的路已走过，人生的路还有很长，我还是一名共产党员，为了党和人民的事业，正道人生之路我还会坚持走下去、围绕正道人生之事我会干下去，为社会的进步、人类的富裕文明，奉献自己的智慧和力量。

第三部曲　岁月留情

人生百年谁不老，留得真情在人间。我的人生"三部曲"第三部曲，就是把真情留在人间。人生进入老年阶段，不能一切都无所谓，人间真情还是有所谓的。我认为人到老年，该放下的还是要放下，对有些东西，该拿起的还是要拿起，遇到一些不顺心的事情还是要想开。这样才能顺其自然得其然，人生无忧得其顺。要做到处理好晚年的问题，使得晚年更幸福，我认为要学会谋划设计自己的"第二春天"，通过自己的努力达到每天幸福快乐，做到生活有质量、生命有价值、一生有幸福。把老有所为、老有所乐、老有所养作为晚年生活的人生目标。人生大体可分为三个阶段，青少年阶段是学习知识、锻炼成长的阶段，青壮年阶段是干事创业、实现理想的阶段，老年阶段是享受生活、美化生活的阶段。怎么过好第三个阶段，是对老年生活的很大考验。需要清醒认识，自我调整，面对现实，有所为有所不为，轻松愉快过人生。我在人生的第二个阶段，只知道认认真真干事、正直诚信做人，把事业放到了我人生的第一位，根本没去思考晚年的事情，一直在高速跑步走完人生的第二阶段。就在这个节点上眼看着步入晚年，这个阶段的人生如何走，我没有准备。开始时，我确实不适应，好像感到人生已到头，没有了工作，好像没有了人生方向，也没有了一切……我反复问自己，应该如何面对这个阶段。过了一年多，我才逐渐地自我调整过来。通过一番思考，我认为晚年人生还有很长的路要走，不能无为过下去。对此，我找到了答案，已思考清楚，要从甲子年起步走，走好人生的第三阶段。活到百岁，不能闲吃、闲喝，仍要自食其力，活到老，学到老，干到老，在享受生活的同时，还要创造生活，做一些力所能及的对社会、对人类、对自己更有价值的事情。

传承文化

中国的文化博大精深，源远流长。作为任职过滕州、峄城的市委常委、宣传部长，对文化有着很深的感情，深知国家无文化不兴，人无文化不立。文化是流淌在中华民族和人的血脉里的智慧、文明、能量、希望。只有传承好中华文化，我们的国家、民族才有希望，国家才能文明富强。我国有万年的文化史，有五千年的文明史。从七千年的北辛文化，到五千年的龙山文化，特别是现代文化（中国共产党创造的红色文化）、马克思主义文化。还有传统的道教、儒学、佛教等各种文化，都给这个文明古国积累了厚重的文化史。这些文化经典，推动着中华民族文化的发展，

退休之际，在枣庄马河水库边静思未来生活

为国家提供文化自信。正是有了文化，才产生文明；正是有了文化的传承，民族精神才得到延续，国家才成为今天的大国强国，经济上成为世界第二大经济体，引领世界经济发展的新潮流。文化力量彰显了民族智慧，也为国家发展提

供了信心，人民才有了扬眉吐气，安居乐业。我在回忆往事时想说一说传承文化，其目的是让我们的子孙后代要重视文化，记住文化需要传承。我想有以下三个方面需要把握。

认识文化

传承好文化需要认识文化，中国的文化博大精深，传承文化需有这样五点认识。

1. 要从国家战略上认识文化。文化是国家核心竞争力的重要体现，必须把文化上升至国家发展的重要战略。因为世界上有很多国家把文化作为国策对待，用文化推动一个国家的经济发展。如英国、韩国、日本等。1998 年，联合国教科文组织还制定了《文化政策促进行动计划》，当中提出："发展最终以文化概念来定义，文化的发展是最高目标。"可见，世界上哪一个国家重视文化，这个国家的国民素质会明显提高，国家会持久地发展。因为文化的力量不仅是一个民族的生命力、创造力、影响力，更是这个民族的凝聚力。我国作为一个东方文化大国，传承好中国文化，有着重要的现实意义和深远的历史意义。同时也能对人的世界观、价值观、人生观的形成，起着深层次的影响。要把文化看作是永久财富、无形资产、生产关系助剂、生产力基石、各项社会事业发展的动力源泉。对此，我认为从思想上提升对文化的认识，把它作为国家之要、社会之靠、人民之需的精神食粮，永远提升好、巩固好、传承好，满足人民群众日益增长的文化生活需求。

2. 要从经济发展上认识文化。文化作用于生产力，对经济起着直接作用和间接作用。文化可打造一项产业，也可打造一个名牌产品。如影视类、动漫类，已成为一个国家、地区产业的支撑。也有的一个知名品牌，蕴含着商誉和价值，因为文化这个无形资产可变为文化资本，有了资本可变资金。很多名牌产品的身价超过亿元，世界上的知名品牌以及世界 500 强大企业，都非常注重企业文化的发展与传承。我到过日本、欧洲、美国等地方的企业考察，有些企业已具有几百年至少上百年的发展历史，无不对文化格外重视。走进企业，企业的历史、企业的方向、企业精神、企业理念、企业灵魂等，都作为企业文化传承着、发展着。如德国哈尼尔公司，2007 年我去的时候，这家企业是世界 500 强，已有248 年的历史，他们传承文化做得很好，修建了哈尼尔博物馆、文化广场，让国人和他们的后代以及企业员工铭记该企业的文化。又如，美国的可口可乐公司，品牌价值占到一半以上，评价为820亿美元。同时，都还制订了传承计划和目标。从那时起，我对文化这个无形资产的认识又有了新的提升。也正是接触过很多国外大企业，我才认识到，没有文化的企业是短命的，形不成文化品牌，也是不会长久的，可见文化的价值是多么的重要。正如一个人有了文化，基本素质能得到提升，知识内涵得到充实，遇到困难不会被吓倒，并且能找到重新站立的可能。美国可口可乐的负责人曾讲，可口可乐有着很深的文化品牌价值，假如一夜之间所有的工厂被烧了，不过三天，可口可乐还会重新出现在世界上。这就是文化的价值所在。

3. 要从修身齐家上认识文化。文化是中华民族的灵魂，更是一个家族的根，也是正道人生的基本要素。一个家庭有了文化，家才有希望。一个人有文化，生存环境才会宽松。从我国历史上看，一个族系、一个家庭，凡是重视文化的，这个族系、家庭人才就会辈出，业绩辉煌，同时忠、孝两全。我这里可讲一个历史上重视文化的族系例子。如苏州的陆向村，是一个有着几百年历史的小村子。从明代开始，这个家族的族长，就重文崇学，为教育后代制定族训、家规，要求后代们以学为德，并且凡是考取功名的发给助学费。这个村从明、清两朝，多人考上了状元、进士。到了民国时期，以及新中国成立后，多人考入名牌大学，有5人成为国家两院院士。直到现在，仍然传承着重文崇学的优良美德。由于有文化的影响，这个村的人，从未有犯罪记录，成为中央电视台拍摄的"记住乡愁"的典型。从这里可以说明，修身齐家需要文化，有了文化能够延续族系、家庭盛世可以传承，也能提升家庭成员的道德品质和承载能力，为国家培养人才，为人类做出贡献。从我自身的家庭也能说明修身齐家需要文化。从我父亲开始，我这个家走上了以文治家的道路，父亲虽然没有上过学（因家里穷），但是对文化看得很重，自己自学文化，从没上过一天学，到通读报纸，看各类书籍，并要求晚辈要以文养身、以文治家，再困难也要支持孩子们上学。他经常讲："没有文化，会愚蠢，会被别人欺，为国家也做不出什么事情。"我理解父亲的话最深，也认真传承着父亲的遗训。父亲过世了，我秉承父亲对文化的认识，在我这个大家庭里仍传承着文化的基因。我的下一代们，绝大多数都读完了大学，在工作岗位上施展着文化的动能。有的有较深的文化造诣，并且在守规、重德、义举上得到显现。在社会主义核心价值观上得到体现，奉行的是仁义，走的是正道，干的是正事。这就是文化在我这个家庭的影响。所以，我对后代们讲，人生在世，一定要重视文化，传承文化，多学知识，以文修身，守住家训，借助文化力量，保持好的家风，为人类的进步、社会的文明，做出应有的贡献。

4.要从创新上认识文化。文化是发展的，不是一成不变、静止不动的。中国文化，需要将优秀的精华传承下去，也需要接纳新的文化。我国的文化，从历史到现在都是如此。只有创新，才能得到发展。文化互相借鉴，互相补充，在交叉中提升，在交融中发展。文化需要创新，没有创新就没有发展。从中国文化发展史上看，什么时候注重了创新，文化就会得到大发展。如中华文化在秦代之前，处于较原始的状态，各诸侯国割据一方，各自为政，"田畴异亩（丈量土地单位不同）""车途异轨（车辆的轮距和道路不一）""律令异法（制度不同）""衣冠异制（服装不一）""言语异声（语音不同）""文字异形（文字不一样）"，社会文化呈现多元状态，没有共同的体系。秦始皇统治天下，实行郡县制，建立统一的文化体系。到了汉代，基本延伸承袭了秦代文化，完善创建了统一的中华文化体系，统一了全国各民族的思想意识、价值观念和伦理道德。以儒家文化为主，整合法家、道家、墨家、荀家的思想，形成了中华主流价值观和伦理道德。中华文化从此发展壮大，并影响到东亚、东南亚国家，成为世界四大文明古国之一。因此，文化创新是文化发展的动力。特别是改革开放后，我国敞开国门，引进资金、引进技术，创新文化，西方文化也随之而来。党和政府在继承优良传统文化的同时，对国外先进的文化、技术，借鉴吸收，形成中国的现代文化，也助推了综合国力的发展。

5.要从自身责任上认识文化。老同志退休后，要从传承文化上看到自己的责任。在工作岗位上几十年，承担着国家和民族文化的发展责任，并且积累了很多传承文化的经验，应该把平时积累的优秀文化传承下去、发展下去。尤其是对历史的、民族的、当地的文化发扬光大，把文化血脉相传致久，让广大人民群众永远记住乡愁，为国家、民族提升正能量。我认为应从以下五个字来认识责任。要从"仁"上认识自己的责任。做仁者，要有大爱之心、友爱之意。对关爱的对象，要做到仁至义尽。人，不能不仁，要有仁德，要尽仁举。做给下一代看，用行动影响社会。要从"义"上认识自己的责任。人要有正义感，对社会、对人类、对父母、对孩子，要尽到义务。对该做的事情要义不容辞，行正义之举，立正义之言，做正义之事，以身教去传承义德。要从"礼"上认识自己的责任。国无礼不宁，人无礼不立。就是对社会道德观的要求，是对风俗习惯的约束。有了礼，人的素质就能提高；有了礼，就相互融通，去掉人与人之间的不和谐的东西。人到晚年，应将礼传承好、发扬好。要从"志"上认识自己的责任。人不怕穷，就怕无志。志向、志气，是人生的立身必备。中国共产党就是有了共产主义远大理想，有了为人类谋福祉的志向，才成为一个伟大的党，为人民的党。一个人只要有了志向，也定能做出一番事业。志，也是一种决心，有了志，就能做成事。所以，教育我们的后代一定要有志向，要传承好"人穷志不短"的优秀传统文化，"冻死迎风站，饿死不做贼"。要从"信"上认识自己的责任。人无信不立。信是一种诚实，又是一种美德。人在这个社会上需要确立诚信为本的理念，不失信，要守信，不走偏，要正派，不欺骗，要光明。心中要装着"信"字，做事要守信，做一名可信之人。因为我们中华民族历史上是守信的，当今社会仍需要守信，人与人之间建立起诚信关系，推进诚信向未来传承。传承需要年轻一代去做，更需要老同志做出表率。我认为尤其是退休的同志，有着文化积累，有责任去做好此事，把好的文化传承下去，留印在下一代的血脉里。这是我退休以后一直的想法，也是晚年生活的主要内容，这就是：当一名文化传承的使者。

发展文化

文化是随着时代的发展而发展的，它是一个民族生存之魂，也是社会发展的定数。一个民族有了文化力，就可推动国力的发展。文化是有时代特征的，当今时代，我们需要的文化是中华民族的优秀文化，是社会主义的文化，能推动时代、呼唤时代，朝着强国富民的方向发展，朝着文明、开放、绿色、和谐、共享的目标前进。那么，如何推进文化？这需要中华儿女共同奋斗，把文化与时代结合，文化与政治结合，文化与经济结合，文化与社会结合，文化与教育结合，把文化融入到人类生活的方方面面。我国的文化发展，从人类始祖女娲与伏羲创造了人类以后，文化成为人类追求的精神食粮和远大的志向。文化给人类的发展带来了启迪、智慧、勇敢、创造。人类又不断地发

与中日文化使者孔健合影

展文化。从农耕文化、工业文化、后工业文化，各类形态文化不断发展。特别是中华人民共和国成立后，新兴文化业态大量出现，打破了时空、国界、地域，互相交织，互动发展。文化已成为人类命运发展的定数，文化脉络已延伸到生活的各个领域，推动着新的时代向前发展。作为炎黄子孙、华夏儿女，有责任把中华民族的优秀文化发展好。我对文化的发展有四点认知。

1. 呼吁社会重视文化。文化既然是人类发展不可缺少的东西，那么，就应该高度重视。重视文化除了党和政府外，社会成员特别是老同志，更有责任去推动文化的发展。因为文化是属于大众的、民族的，传承文化既是美德又是义务，可以利用各种方式，采取不同形式，使用各种方法，在潜移默化中去传承文化。到目前，中国60岁以上老人数有很多，这是传承文化的重要力量。这些人有情感、有经验、有文化、有时间，也有能力去做这件事情。我认为，每位老同志应该成为传承文化的义务工作者，把传承文化当作老年生活的重要组成部分。如何去传承呢？我认为就是三个字：传、帮、带。传——就是把历史上已成形的优秀文化传承下去。如忠、孝、勤、俭、善。中华儿女要忠于国家，为国尽忠。国家是中华民族的家园，没有国家，哪有小家，有国才有家。从中国历史上就有不少的这样的典型。岳母刺字"精忠报国"，它是一位母亲教化儿子岳飞做出的传教，国家在这位母亲心中是至上的。当然，在当代也有不少。中国的抗日战争、抗美援朝战争，不少送儿子参军、送孙子上战场的典型，这就是中华文化的精髓。需要老年人担起对孩子报效国家的教育义务，把忠于国家、建设国家当作义不容辞的任务。帮——就是面对当今忽视文化的现象和看轻传统文化的人进行说教。当今时代，处于东西方文化交融，传统文化与现代文化交叉的时候。国门打开，改革开放，进来了一些优秀的西方文化。但是腐朽的、颓废的文化也随之而来。年轻一代有的分辨能力差，又有好奇心，不轻易地喜欢接受这样的文化。有的对优秀的中国传统文化看不惯，不学习，甚至抵触。中华民族有着万年文化史、五千多年的文明史，世界上许多国家学习、借鉴。特别是日本、韩国、东南亚国家，都在学习、传播中国文化。西方国家也掀起了学习中国文化热。我国开办的孔子学院遍布世界，到2016年已达160多个国家和地区，学习中国文化成为这些国家国民的追求。作为我们中国国民，如果不引起高度重视，几千年形成的优秀文化就会被抛弃，这是很可怕的事情。我讲这个问题，不是否认新文化、新技术的发展。我们学习先进的东西，国外的优秀文化，应该是吸取精华，剔除糟粕，选择利用。带——就是以身作则。

身教胜于言教。人岁数大了，应该为孩子们做出榜样，用实际行动去教育孩子，多做一些为国、为民、为家释放正能量的事情。讲给孩子听，做给孩子看，利用各种方式把优秀的传统文化发扬光大。孩子的成长，是受家庭影响的，一个家庭要为孩子的成长提供足够的正能量，因为孩子是模仿大人去做事的。比如孝的问题，一般情况，老的不孝，小的也会跟着学，叫作"上梁不正下梁歪"。孝道是儒家文化的重点。一个人没有孝心，也不会有善心。尊祖敬宗，这是家庭伦理道德的重要内容。我在小的时候，就是受父亲的影响，在一个敬祖重孝的家庭长大的。我的家风是正的，家训是严的。至今父亲经常教育的话仍在耳旁响起。如气节问题：冻死迎风站，饿死不做贼；行为问题：行要正，站要直，不贪不占，一身正气，两袖清风。这些家教，后来在我的工作生活中，起了重要作用。不管生活好与差，都能自律，从不贪财，认为钱是身外之物，多了会害人，凭自己的能力吃饭，心安理得。所以老人的身教比什么都重要。传承文化，弘扬美德，老人的带动是不可少的。家庭是社会的细胞，每个家庭都能把优秀的传统文化传承好，我们这个社会就会充满文明之风，高尚的精神就会到处可见。因此，需要全社会都重视文化，发展文化。

2. 解放思想融合文化。文化的发展要与时俱进，跟紧时代步伐。从我国文化发展史上看，哪一个朝代思想解放，与时俱进，创新社会文化，吸纳外部文化，这个朝代的文化就会大发展。如唐代，是一个歌舞升平的时代，不光国内文化得到创新发展，还通过丝绸之路吸引外国文化来丰富自己。到了清朝的康乾盛世，也是把文化看得很重，如编撰《康熙字典》《四库全书》等，对文化的发展起了积极的推动作用。尽管有闭关锁国的问题，但是这两个时代对中国的文化给予了重视，文化得到了发展。文化需要融合，融合需要吸纳，作为中华民族的文化，在历史上一直是外扩，内引外国的文化较少。由于借鉴不足，文化的发展在某些领域受到制约，特别是科技文化，直到新中国成立，尤其是改革开放以来，国外先进的科技文化才得到吸纳。融合文化是现代社会文化发展的重要特征。融合文化有中西文化的融合，各类文化自身的融合，不论哪种文化，都需要创新融合。没有融合就没有创新，也没有发展。如报纸的发展，是融合了书籍出版；电视的发展，是融合了部分舞台艺术；动漫，是融合了漫画、版画。这些新的业态文化与传统的文化是有联系的，因为根还扎在传统文化里。但是没有融合，我们今天也看不到新文化业态。这些新文化对传统文化是个传承，也是个创新。譬如说，我们的影视业走入美国的好莱坞，这对于传播中国文化，主动融合西方文化，有重要意义。这就是东西方文化的创新融合。那么，如何融合文化，我认为有三个方面需要把握。

第一，坚守中华民族文化的根基。中华文明五千年，创造了东方文化的辉煌，为世界做出了重要贡献，如"四大发明"。中华民族之所以生生不息，屹立在世界的东方，就是因为有了五千年的文明史润育着，中华儿女才有资本在世界上站立。当今时代，我们要实现中华民族伟大复兴的中国梦，仍需要坚守祖根文化，用五千年的文明去推动强国建设。文化既是有形资产，又是无形资产，任何时候都不能忽视，既要守好文化祖根，又要发扬光大。不能用一些片面的观点、个人私利去践踏文化，扭曲传统文化的精神。我们这代人有责任去保护传统文化，更有义务去传承。五千年文明成果，是中华儿女共同创造的，她经历了历史的风雨，是用血肉之躯反复实践、反复论证取得的。如我国的中医药学（黄帝内经，孙思邈千金要方等），就是一个伟大的思想宝库，采取天人合一、阴阳五行、辨证施治等方法，为人类的防病、治病，对健康强身起到了重要作用。中国共产党对继承发扬中国文化起到了航向的作用。中华民族的文化没有丢，在当代得到快速提升。不管什么时候，文化成为中国人的精神支柱。我们这一代，要好好地坚守。

第二，准确借鉴外来文化的精华。对外来文化要正确对待，在分析、判断、把握的前提下，有选择地加以利用。作为一个国家，不能闭关锁国，自封起来。这样会自息，不会得到快速发展。但是也不能什么都学，什么都用。糟粕的东西要坚决堵在国门之外，做到不传播、不利用，不为蝇头小利去诋毁我们的文化。文化的发展需要借鉴，更需要创新、吸纳、注入新元素，巩固提升传统文化。这样才能使中华民族的优秀文化发扬光大。我国是一个地域辽阔、人口众多、文化多元的统一多民族国家，必须正确把握外来文化的内容，防入侵，防同化，防干扰，不被外来文化左右，使我们的文化永远朝着符合国家利益、民族利益的方向发展。对外来文化，我的看法是：慎用意识形态方面的文化，多用科技文化。要大胆地借鉴经济发展、文化艺术等方面的经验，取长补短，为我所用。我们要清醒地看到，西方文化中的价值观与我们是不同的，资本主义唯利是图，它追求的价值导向是金钱、奢华、利己，以我自尊，没有什么仁贤、道德、公平正义。如果我们不去防备西方文化的糟粕，就会腐蚀人心，催生腐败，影响到人们的身心健康，甚至危害国家安全。因此，准确把握借鉴外来文化的精华，不是一件小事，应呼吁社会，唤起人们的高度重视。

第三，融合发展现代文化。随着科学技术的发展，网络成为人们生活的重要部分，也把我们这个地球变得既大又小。大是网络文化无处不在，浸润到生活的方方面面，如果管不好，不健康的文化会通过网络渗透损害中华民族的利益。小是由于互联网的发展，人的生活越来越便捷，可以点击办大事，因此，动脑动手的方面越来越少，这对于传统文化的发展十分不利。但是如果对传统文化不注入新的文化元素，传统文化会越来越萎缩，发展的空间会越来越小。因此，在互联网迅速发展的时代，应将传统文化主动融合新潮文化，推进现代文化的发展，让优秀的传统文化多占发展的空间。譬如，审美观问题。什么是美？当下有些人找不到美的标准，这是由于价值观、人生观的不同，出现了不同标准。有些人追求表面的美，不追求内在的美，只知用钱去装束自己的表面，没有用功去培养内在气质（文化内涵），所以出现了一些浮躁的美。生活好了，去追求美，也无可非议，但是不能丢掉内在的美。两千多年前，中国道家学派的代表人物老子，就首倡"朴素观"。"朴"是不用雕琢和装饰的物质，有着原生态的形态。"素"是没有染色的东西，保持原样，这是自然的美。老子从哲学的高度，提出"道法自然"的思想，认为自然是事物的极致，也是人精神所应追求的极致。自然的美，纯真的美，是本色的美。《诗经》描绘的朴素观，墨家、儒家又把它与节俭观结合起来，成为中华民族共同奉行的道德观。当今，我们应该把这些优秀的审美观加以弘扬，去融合现代的审美追求，形成一个既符合现代人追求，又符合大众朴素的"自然美"。融合现代文化，需要党和政府、社会、民众共同参与，打造融合文化的环境条件，深入推行社会主义核心价值观，用正确导向融合好内外文化、传统文化与现代文化，形成一个继承与发展的良好现代文化氛围。

3. 弄清概念推进文化。我讲的文化是指中华民族的、社会的、大众的文化。我做过三个区县的领导工作，对文化做了一些粗浅的研究。发展文化，首先要搞清文化的概念，把概念搞清了，发展文化的目标、措施就会强化，方向、重点也好明确。我认为文化的概念较为复杂，学术界有近百种定义，已成为众说纷纭的不好定论的学术现象。但是，文化服务政治、服务经济、服务社会、服务民众的基本概念没有变。单从文化自身定义看，文化是人化和化人的统一。人类创造了文化，文化对人类起到了优化作用。从广义上讲，人类创造的一切物质、事物、制度、精神等当归于文化。文化是人类在实践中所创造的精神财富的总和，文化是社会思想的存在。什么样的社会制度有什么样的文化标准。政治对文化的要求不一。我们的社会制度，是中国特色社会主义制度，所以我们的思想文化与西方国家有着本质不同。社会主义文化是服务人民大众的，我们确立的社会主义核心价值观是符合中华民族文化要求的，符合国家利益、人民利益的文化。因此，在我们推进文化发展方面，所选择的标准，是代表先进文化方面的标准，先进文化的方向，让中华文化永远为中华民族服务，为我国的社会制度服务。在推进文化发展上，应从以下三个方面加以推进。

第一，从人的思想上推进文化，要用先进的文化武装人的头脑。人是有思想的，正确的东西不去占领，坏的东西就会入侵。思想领域是文化的主阵地。作为一个真正的中国人，特别是曾为党和人民工作过的老同志，应把余热奉献在思想文化领域，成为传播社会主义先进文化的倡导者、守护者、传播者。在老年生活的方方面面，用社会主义核心价值观占领、丰富和巩固好思想文化阵地，把人的思想融合到当下改革、开放、绿色、和谐、共享上来。在人的思想深处释放出强国梦的正能量。我们这个时代需要文化给力，更需要向文化寻力，发挥文化软实力的重要作用，把广大人民群众的力量聚集起来，用之于国，服务于民，使中华文化发扬光大。

第二，从体系上推进文化。我国是多民族的国家，文化历史悠久，博大精深，有阳春白雪，也有下里巴人。有传统文化，也有现代文化；有主流文化，也有非主流文化；有精英文化，也有大众文化；有高雅文化，也有通俗文化；有东方文化，也有西方文化等。如何融合发展？我认为需要在体系上加以规范，建立起符合在保留各民族的文化特色的基础上，建立起中华民族大文化体系，把各类文化融合好、规范好。体系既是文化的纽带，也是互相连接的链条。有些传统文化，不加以提升、巩固，有可能失传。如行业文化、手工业文化，这些边缘文化，需要保留，不能因为科技的发展，把传统文化丢掉到一边。又如，"四大发明"对人类的发展起了重要作用。正因为造纸术之后宋代又发明了印刷技术，特别是活字印刷，把人类的文化发展推进到一个新的阶段。文化体系建设不光要按照自然种类划分，还需要政治的作用来推动文化体系建设。如以教育体系为基础，以文化体系为纽带，以社区文化为落点，以法制体系为保障，推动文化有规范、有序列、有目标地向前发展。

第三，在管理上推进文化。文化的发展需要建章立制，没有规矩不成方圆，建立制度就是建立规矩。让文化向着有利国家的长治久安、人民的幸福文明去提升发展。文化是为国家服务、为人民服务的精神食粮。发展不能走偏方向，必须用制度规范保障。中华文化的发展经历了五千年的磨炼、涤荡，成为世界优秀文化，形成了中国风格、中国韵味、中国元素、中国气派的文化。它的成长得到历朝历代国家制度的保障，所以才会有今天的成果。当然，文化的发展有一个顺其自然、遵循规律，先发展、后规范，边发展、边规范，保护优秀的、淘汰低劣的问题。然后用制度加以规范、弘扬、发展。我国是多民族的国家，民族文化也有着不同发展史，既有繁多种类，又有其自身的特点，还有相同之处。所有规范不能千篇一律，要因特点、种类而宜。如水墨画的规范，讲的是墨分五色，雅艺共举。对武技的要求是技艺合一，刚柔相济，讲究武德。对园林的要求是，天然雅趣，可居、可游、可赏。对民间文化的要求是，吉祥、灵动、热烈、圆满。对建筑文化的要求是，色调庄重，如"中国红"，中轴线相对称、协和美等。在规划文化方面，从建筑规划史上看，历代王朝政权都有严格的要求，并用制度加以保护，防止走偏。如宋代建筑，在高度上就有要求。比如，宋塔的高度、层数、什么地方可建、什么地方不准建等，都做了严格的规定。我举上述例子，就是想说明，文化的发展没有制度的规范是不行的，制度可保障文化、规范文化、引导文化，按照正确的轨道发展。在当下，我们更要按照国家需要、民族企盼、人民要求去发展文化。分类规范指导，把传统文化与现代文化相融合，协和推进，共同繁荣。

4.搭建载体提升文化。文化的发展需要载体，没有载体，就没有依托。我国的文化发展，从初始到现在，都是以载体为依托，搭建不同类型的平台去发展文化。历史已证明，有什么样的载体就有什么样的文化出现。追溯中国的文化，我了解到的是从商朝开始的，商朝是一个"神秘玄商"的朝代。从考古得知，商朝已完全脱离了原始社会部落的生活方式，由游牧改为定居，文化开始从国家层面到民间层面发展起来。特别是青铜器铸造文化得到大的提升，音乐、美术、艺术开始发展，文化载体不断出现。到了周朝，礼仪文化开始发展，并建立了一些礼仪制度，如官制、兵制、刑制、法制、地制、礼制等，并推动了天文、历法、医学等发展，搭建了观天象载体，周易开始形成。到了春秋战国时期，虽然战乱不断，但文化空前发展，诞生了孔子、老子等思想家。天文、历法、数学及医学取得了许多成就，成为世界上最早的有关于哈雷卫星记录的国家，历法已形成自己固定的模式。如"十九年七闰"的原则，比西方早160年，已出现了九九乘法表，民间也出现了许多文化载体。孟子、荀子、墨子、韩非子、庄子、孙子，等等，都为文化创造发展著书立传，搭建载体。文学、史学、医学也得到了发展。如天文著作《甘石星经》里的天象观测，《墨经》里小孔成像、光学八条，鲁班的木器制造，扁鹊的望、闻、问、切中医诊疗学，都为后来文化的发展提供了载体依托。到了秦朝，在地方推行郡县制，全国统一文字、度量、货币，文化有了规范系统的体系平台。汉朝又有新的发展，特别是西汉，由于经济社会稳步发展，思想文化和科学技术领域取得了辉煌成就，儒学获得了独尊的地位。中外文化开始交流，张骞出使西域，丝绸之路随之产生。中外文化建立交往平台，中国一度成了强盛富饶的大帝国。东汉时期，文化仍有大的发展。手工业在纺织、冶炼、煮盐、漆器、造纸等方面，都有较大进步。蔡伦的造纸，张衡的浑天仪、张仲景、华佗的医术等，为提升中华文化起到了重要作用。在这个时期，朝野注重文化的发展，王充的唯物主义得到传播，外来佛教开始传入中国，道教获得大发展，书法艺术开始兴起。三国时期，虽然战乱不断，社会动荡，但是文化发达。刘徽的《九章算术注》，成为当时文化的兴奋点。裴秀的"制图六体"，成为制图原则。诸葛亮的木牛流马，成为机械制造的神秘之物。到了晋朝，虽然战乱未停，文化仍在推进，尤其是西晋时期，陈寿的《三国志》，田园诗人陶渊明，书法泰斗王羲之的《兰亭序》被称为"天下第一行书"，顾恺之被称为山水画的始祖。这些起于民间的文豪，成为中华文化的代表。到南北朝时期，虽然分裂相争，但是文化发展却相当活跃。统治者把外来佛教作为国教，所以建立了许多庙宇，利用庙宇做载体，去发展佛教文化。同时，还建立各种洞窟，搭建文化平台。如敦煌千佛洞、云冈石窟、龙门石窟、麦积山石窟等。又如隋朝，虽然朝代不长，但是对文化发展很重视，开挖"广通渠"，引渭水达潼关，开"永济渠"，引沁水通黄河，长达 2000 余公里（京杭大运河），发展运河文化。后来运河成为中华民族文化发展的载体，孕育了中华儿女。唐朝是中华文化发展的盛期，文化成果璀璨夺目。李白、杜甫的诗歌达到高峰。刘知几的《史通》成为中国第一部史学专著。天文学家僧一行，在世界上第一次对子午线进行实测。"药王"孙思邈的《千金方》，成为我国最早的临床医学百科全书。到了宋朝，文化空前进步，"三教九流"理学产生。北宋司马光主持修编了《资治通鉴》，诞生了欧阳修、苏轼、柳永、陆游、辛弃疾、李清照等文学大家。由于文化的进步，开始对人文环境重视，张择端的《清明上河图》，生动记录了中国 12 世纪城乡的生活面貌。科技文化极为发达，"四大发明"中的指南针、印刷术、火药、造纸，有了划时代的意义。元朝尽管是少数民族统治的政权，但是对文化的发展仍然重视。以戏剧为代表的文化走向成熟，产生了关汉卿的《窦娥冤》、王实甫的《西厢记》等，文化上的元曲灿烂辉煌。

科技文化也得到发展，郭守敬的《授时历》，王祯的《农书》等。明朝是我国历史上朝代较长、文化制度较为规范的时期。郑和七次下西洋，传播了中外文化，心理学有重大发展。因此，封建文化极为盛行，明朝后期出现了一些思想家，小说成就辉煌，《水浒》《三国演义》《西游记》成为历史名著。科技文化有大的发展，徐光启的《农政全书》、宋应星的《天工开物》、李时珍的《本草纲目》及徐霞客的《徐霞客游记》等。中国历史上最大的类书《永乐大典》面世，都成为传承文化的重要载体。清朝对文化的发展又有新的提高，特别是前清时期，文化成就巨大，出现了一批以戴震为代表的杰出的思想家。曹雪芹的《红楼梦》、吴敬梓的《儒林外史》、孔尚任的《桃花扇》等，成为名垂青史的文学作品，史学硕果累累，出版了《四库全书》。晚清由于统治者腐败无能，使中华民族沦为半殖民地半封建社会，文化被侵略者践踏。到了中华民国，中国各阶级探索救亡图存的道路，中国艰难地从古老帝国向现代中国转型。特别是以孙中山先生为代表的中华民族的志士仁人，为结束中国两千多年的君主专制，做出了不可磨灭的贡献。但是中国仍然军阀混战，没有从封建帝制彻底走出来。1919 年五四运动，中国进入新民主主义时期，新文化不断发展壮大。特别是十月革命一声炮响，给中国送来了马克思列宁主义。中国共产党人，探索出井冈山革命道路，建设苏维埃共和国，推动革命斗争，赶走了日本帝国主义，打败了蒋介石，建立了中华人民共和国。从此，人民翻身得解放，站到了开辟未来的新起点。中华人民共和国成立后，党和政府对文化的发展高度重视。发展文化，创新文化，搭建文化平台，提供文化载体，扬长避短，推陈出新，继承传统，强根固本，使中华民族优秀文化提升到了一个崭新水平。尤其是改革开放后，国家的发展进入了新的时代，文化也随之活跃昌盛，各类文化层出不穷。党和政府既重视传统文化的保护，又注重现代文化的发展提升，使中华民族这一优秀文化得到了大的发展。同时，还把中国文化推向世界。中国元素、中国声音、中国制造等，在国际上有中国文化的符号。如孔子学院，在世界各地发展迅速，目前已达到 160 多所，中华民族的优秀文化影响到世界，传播了中国文化，增进了对外友谊。文化搭桥、经贸唱戏，成为中国文化发展的特征，文化自信成为中国人的力量源泉。

创新文化

　　文化是人类的精神产品，又是一种重大产业。从古到今，从国家层面，对文化极为重视，不断地提升创新。所以人类的发展进步，离不开文化的创新。从中外历史看，一个国家，一个民族，一个地方，一个家庭，不能没有文化。重视了则兴，忽视了则废。特别是当代，更应该把文化的创新放到事关兴衰的高度来对待。因为文化受社会形态的影响，不会静止不变，社会的进步需要文化跟上。有什么样的社会形态，就需要什么样的文化。因此，中华文化需要创新，也需要深耕中华文化沃土，挖掘和弘扬优秀文化，不断地创新发展。创新是人类进步的不竭动力，也是精神食粮，更是国家民族的未来希望。那么，如何创新，我认为既要遵循文化发展的自身特点和规律，又要遵守国家政治规则、民族道德规范，更要遵守法律法规、国家制度等。不能只顾创新，丢掉传统美德；不能只讲创新，不讲政治；不能只强调文化特点，丢掉文化的精髓。那么，如何看待文化的精髓呢？我的理解是，文化精髓就是服务国家大局，服务人民的根本利益，服务全社会文明。具体到人，把住仁、义、礼、智、信这五个要素，用传统文化精髓提高人民的素质。创新文化不能偏离正确方向，如果走偏了，那就是低俗的、无用的文化，甚至是败类文化。文化需要传承，更需要创新。我认为有以下三点。

　　1. 思想上解放。从中国的文化发展史上看，什么时候人们的思想解放、观念更新，文化产品、文化作品就会百花齐放，文化成果就会层出不穷。如我国的唐、宋时期，人的思想较为解放，文化也随之活跃，文化的创新成果也较多。新中国成立后，尤其是改革开放进入新时代，文化成果达到了新的高度。这些时期，是人们的思想活跃，创新意识强，政治生态好，文化人才才敢想、敢做，善于深度思考问题，用灵感和悟性去搞文化创作和技术革新，形成百舸争流、万帆进取的发展态势，文艺文化、科技文化不断创出新成果。尊重劳动、尊重知识、尊重人才、尊重创造，成为国家制度，实现了文艺繁荣、经济发展、科技创新、社会进步、人民幸福的可喜局面。我认为，形成这种局面，与我们党和政府提出的解放思想、实事求是的思想路线有关，更与从事这项工作的人们，不断地去释放能动性、激发进取心有关。当然，思想上的解放是有遵循原则的，不能不切合实际地去想，不按照规律地乱做，也是不行的。这样文化的发展就会走偏，甚至对国家、民族、社会造成危害。一个真正的文化工作者，首要的是遵守国家制度、政策规定，守住道义，坚守法律，履职尽责，规范行为，奉行公德，为国家的富强、社会的文明、人民的幸福释放正能量，多做有利民族大业、国家长治久安的事情。

2. 工作上引导。文化工作是一项神圣的工作（我讲的文化是大文化，不是只指文艺），科教文卫等都属于大文化范畴。这些大文化发展得如何，关系到国家和人民的切身利益。如何引导，我的认识和体会是：一要把中央的文化方针政策贯彻落实好。大的原则是：是非方面要分明，哪些需弘扬，哪些需限制，哪些需要创新，哪些需要固守，都要有清晰的思路，把推进大文化发展的路线图规划好，让基层有所遵循。二要创造性地开展文化活动。根据文化自身的特点和规律，针对性举办各类活动，把民众的注意力吸引到文化中来。寓教于乐，潜移默化地用文化的具体内容影响行为。中华人民共和国成立后，党和国家制定了很多政策、制度，运用了不少的方式方法，推动群众性文化活动，对于弘扬民族文化起到了积极的作用。在文化发展史上，我们的祖先也给我们做出了样子。如唐宋时期，无论是官府，还是民间，对文化看得都很重。全国各地的文人墨客，会用不同形式的方法，经常举办赛诗会、散文谈、对词讲等来发展文化。并且还采用文化产品推动文化的发展。如江西景德镇瓷文化，就是当时推进文化发展的一个典型例子，并把文化和科技融为一体，推动着文化与经济一起腾飞，把产品做成文化载体，产品到哪里，文化就到哪里。又如明朝推行了制度文化，将文化与法律融合，制定了《大明律》，并由官府到各地宣讲，引导百姓遵守《大明律》。文化的发展需要长期坚持对国民的教育，特别是青少年，其价值观、人生观、世界观要从小时候就培养，必须从学校、社会、家庭抓起。用高尚的精神塑造人，优秀的作品鼓舞人，正确的舆论引导人，形成一种向上的、健康的文化习惯和行为，打造中华民族之精神。我认为，党和政府要发挥政治作用，社会发挥团体作用，采用电视、电影、网络、学校、讲堂、报刊等场所和载体，有计划、有目标、有措施、有效果地开展教育。还要充分发挥家庭这个社会细胞的作用，运用各种手段抓文化教育，努力提高国民素质，进一步增强人的文化意识，做到知廉耻、爱脸面、讲人品、重道义，使国民一代更比一代强。文化教育要持久，不能割断文化脉络，确保文化长期润育民族，养育人类，达到文化孕育文明，又造福人类。作为炎黄子孙，应该有传承文化的责任，利用各种方式，不断推动文化的发展。在当今社会，人类已进入新的文明时代，从文化的现状看，文化在各个领域都得到了充分的展现，文化与政治，文化与经济，文化与科技，文化与生活，都有新的提高。那么，越是在这种情况下，传承文化、创新文化，仍是国民的一份责任和义务，特别是老年人更应该把这份责任履行好，力所能及地做好传、帮、带的工作，让年轻一代成为有文化、有素质、有理想、有责任的一代。让他们学会为国家奉献，为社会付出，人人为社会的文明进步献出一点爱，为国家的富强，人民的幸福尽一份责。

3. 制度上保障。文化的创新必须有制度保障，保障创新不走偏差，不能误导，保障文化创新为国为民服务。当下国家对创新发出号召，也制定出台了有利创新的制度。这些制度，各级政府及社会民众应好好遵守执行，使文化创新发展有序进行。文化工作者和人民群众，要用文化创新的思维，引导文化创新，把弘扬真、善、美作为重要内容。文化要有所为、有所不为，正义、正道、正品要为。低俗、粗放、颓废的、对国家民族复兴没有好处的就不能为。把感情、精力投入到万众创新的时代大潮中去。社会各界、人民大众要用好的制度保护创新，运用制度规范创新，更好地推动文化创新成为人们的自觉行动。通过创新，打造文化力，服务于伟大复兴中国梦。好的制度形成，要维护好、落实好、遵守好，特别是地方要制定落实上级文化制度的具体措施，使国家制度自信成为民众的基本遵循原则。我的认识是，无论文化创新发展，还是其他事业，都必须纳入到制度管理之中，用制度管人、管事，靠制度推进发展。所谓制度，就是对行为的一个规范，哪些可做，哪些不可做。尤其是文化创新，更应在制度的范围内去创新发展。不能为了私欲去创新，不能丢掉制度去生产制作有害国家和人民的低劣作品及产品。只有守住制度的底线，文化创新才有成果，才能出正品、出精品，保障文化在制度内得到有序发展，为伟大的中华民族服务。

乐于奉献

奉献是一种付出，也是一种品德。我年轻的时候就知道，人不能光为自己，要为他人。走向社会后，特别是承担领导责任后，对这个问题认识得更清楚。所以无论在什么岗位，我把奉献作为自己的一种责任，一种追求，一种乐趣。我在工作寄语中写道："人生的价值在于奉献，而不是索取。奉献应是人生的乐趣，也是追求的目标。人活着就要做点事，就是要奉献。要做有益人民、有益社会的事情，人生虽短，事业无限。只有珍惜人生的每一寸光阴，做好每一件事情，用心谋事，尽力干事，方能无愧于人生，无愧于时代。只有这样，才能真正体现人生的价值，体味人生的真谛。"这段人生寄语是我的体会，我也是一直这样做的。从领导工作岗位上退下来之后，对于奉献一事，曾一度不想这个问题。过了一段时间，又觉着人对社会奉献，不只有在工作岗位才能贡献，没有工作岗位就不能奉献了吗？这时我也想起雷锋同志说的，"人做点好事并不难，难的是一辈子做好事"。那么退下来，还不能说是一辈子。在工作岗位上拼命干事，无私奉献，退下来仍要为社会、为人类做点有益的事情，仍需要奉献余热。只要想做好事、奉献社会，什么时候都可以。所以退休后，我还坚持去做，不能无所作为，还要有所为。要认识到奉献有益健康，甲子年刚过，不能认为自己已老，还是桑榆未晚霞满天的时候，应该把晚年的人生奉献社会。如何去奉献，我认为应该从以下三点去做。

无私奉献

　　人活着不能只想自己，在保障健康生活的前提下，应该多想他人，多想这个社会。社会的文明进步需要社会每一位成员为之奋斗，奉献个人才智。那么，人世间的每位成员，不可能都具备一定水平的智力才华，达到同等的能力条件，人与人的智商是有差距的，个人的条件也不一样。奉献社会，应该是能者多劳。说到这里，我不是说我就是能者，我认为，凡是在党和人民的工作岗位上退下来的人，绝大多数是能者，有这个智商和能力去做有益社会的事情。相信在这个队伍中，绝大多数是愿意去奉献的，特别是在岗位上退下来的老同志，有文化、有素质，已为党和人民做了很多事情，退下来再为社会奉献点爱心，是能做到的。当然，这需爱心、真心、无私地去做。只要不存私心，就能奉献余热。因为共产党员应该有这个情怀，从入党的那天起，就把自己交给了组织，这就意味着为国家、为人类只有付出，没有索取。对此，生命不息，工作不止，要为国家民族的发展继续奋斗。因为老同志退下来以后，仍是一名共产党员，无论在岗位上处在什么样的位置，都应该为我们的国家和民族兴盛做出贡献，把人生的余热释放到社会文明进步上来。说到这里，我并不是标榜自己，也不是唱什么高调，只是想为人类社会进步做点力所能及的事情。我退休后，对这个问题，思考得比较多，对自己约定了一些事项。首先，围绕国家发展大局去做，当好党和政府的义务宣传员，做一些解惑释疑的事情。其次，根据自己的特长，去做一些有利经济社会发展的事情。但是不参与任何私人之约，不要任何报酬。再次，不评说任何人和事，别人的事情让别人说，甚至包括对自己有意见的人，做到清心、静心、养心，为社会释放正能量。例如，我自修过地质学，对地质状况、地下水位、流经方向有一定的了解。退下来后，知情人找到我，我会无私地去帮助他们，引导他们如何节水、用水、找水，合理开发地下水。这样做有利他人，也有利人与自然和谐。又如，我对经济发展走势的分析和预判，比较清晰。有一些企业找到我，让我帮助搞一些经济发展战略谋划和资本运作，等等，我也是无私去做。但是如找我谋取不利国家、他人的事情，我是不干的。因为我是无私奉献，不会去做有损人格的事情。这样做，自己觉着心里舒坦、高兴，能体现出人间的真、善、美，让社会充满大爱，充满阳光，充满正能量。

有情奉献

　　做什么事情必须带着感情去做，对事对人有了感情，就能把事做好。作为退休的人，应该把心沉下来，趁着精力尚好，抓紧时间为社会发展、人类进步奉献一点爱。75岁之前的老人是初级老人，这部分人身体素质好，文化积淀厚，思维能力强，仍是发挥作用的好时段。并且有人生的经验，对社会情况、事物运作规律、是非标准，分析得透、判断得准，将这些人生智慧积累用于引导年轻一代做人干事，走好人生路，当好年轻人的老师，是"善莫大焉"。我认为，自身条件好的老人，应该把一生情，奉献人类社会，投入到国家民族事业发展中去，带着对国家的爱、人民的爱去奉献余热。有情奉献，我体会到是发自内心情感再现，不是谁强迫自己去干。有了奉献情感，就会有自觉行动，会去做一些老有所为、老有可为的事情。凡事带着感情去做，无论去做什么，一定能找到所为之处，也一定能做好。同时，有了感情也能找到时间，精神也随之振奋，就可以跳出老年心理的状态圈，去做有利社会、有利他人的事情，使自己根据设定的目标去奋斗，有益有义过好晚年生活。我还认为，人老了，要多记人间好，忘掉一些烦恼，把情感奉献给别人，奉献给这个社会。用一种善心、真意对待一切人和事。当然，有情奉献不是不分是非曲直，而是要有原则、有遵循地去行大义之举，做利大局之事。所做的一切，要有利我们这个国家民族的进步，有利人与自然的和谐发展。老年人，不要动不动就讲老了，应多讲情感，多讲快乐，多讲奉献，多讲人间的美好，用余热的潜能，用情感的力量去奉献社会，引导年轻一代走正道、干正事，为国家富强、社会文明释放动能，促使我们奉行的理论、制度、道路、文化更自信。

主动奉献

　　人到老年，身体逐渐衰老是客观存在的问题，懒惰也是老年人普遍存在的现象。但是思想上不能懒，不能被客观老的因素制约自己。要主动去思考问题，见诸行动，去掉懒惰，积极主动地去寻找奉献的平台和机遇。在这方面，我的体会是应抓住以下问题，就是"调出老的思维，进入勤的圈子，抓住可做的机遇"，去主动奉献社会。那么怎样"调出老的思维"呢？说起来也是一件不容易的事。人老是客观，怎样去改变客观事实，确实需要自己去认识、去主动改变主观世界，从老的圈子里跳出来，进入新的选择。我退休后，开始一段也很不适应，曾认为人生是不是到头了，人老了就没有用了，无事可做了。说实话，刚退下来那段时间，我连报纸也不想看，不愿想事情，甚至连话也不愿说，不愿动，"懒"字占据了心中的空间，感到人生已到头，天天过着枯燥无味的生活，人生还有什么意义？一年过去，我觉着这样下去不行，身体健康已受到影响，再这样下去，人生确实要走到头了。正在这个人生转折阶段，我到广西巴马地区，静心玩了几天，拜访了九位过百岁的老人，与他（她）们一起待了三天，讨教养生之道。我与这些百岁老人交谈中，得到他（她）们健康长寿的原因，除环境、饮食外，很重要的是心态，心态调整不好，精气神就出不来。所以，人老了不能懒惰，要动脑、动手，主动去找事做。有一位老人专找助人的事做，他认为这样做自己快乐。每天早上，他围着村子转，哪里有需要做的事，对全村人有好处的事，他都去做，他讲人老不能闲着，人勤身体好。还有几位老人，长期打麻将，论天下大事，把不开心的事放到这里释放。有的还去学校讲革命历史，将学校的传统教育长期承担下来。他们认为这样人生才有意义。这一次外出游玩，确实是我退休后人生的一次大转变。我也不能这样生活，必须向广西巴马老人学习，重新规划退休后的人生，把晚年生活搞充实，主动为人类社会的进步、为国家的繁荣富强做点贡献。从此，我开始改变自己原来的一些想法，主动为自己的第二人生创环境，寻找奉献的机遇。按照自己的特长和知识，去做服务社会的事情。奉献并不是非去做惊天动地的大事，从身边的事着眼，从小事着手，尽心尽意就可以，不因善小而不为。只要对社会的文明进步有好处就可以去做。奉献需要精神，也需要境界，因为意味着无私，不图名图利，是甘愿奉献，这样你就能乐意去做，主动去做。只要身体状况允许，晚年还可以做很多事情。所以，莫道桑榆晚，为霞尚满天，晚年时光好，奉献乐人生。

善助他人

　　人来到这个世界上，实事求是地说，就是为生存而活着。但是活着不是生活，生活的内容是多方面的。创造美好的生活条件是为了更好地活着，那么怎么创造这些条件，我认为需要社会上的每位成员去担当责任，共同为美好生活奉献力量。不管是年轻人还是老年人，不能只为自己活着，要为他人活着，在善待自己的同时，乐于善待他人，善待这个社会。一切从善做起，心存善意，多行善举，把帮助他人、行走善道作为做人之本。要打开为他人的方便之门，提供力所能及的帮助。人走入社会，不论身份多高，权威多重，富者、穷者都有需人帮助的时候。当你处在高处，应该看到还有矮者。当你成为一名富有者，你也应该看到还有吃不上饭的穷者。权力不是你的，那属于人民。财富不是你的，应该反哺穷者。不管是有权、有钱，你的成功，也可能是你比别人聪明，甚至抓住了机遇，也有

调研农产品销售

付出，但是你的成功永远离不开他人的帮助和社会的支持。所以善助他人就是善助自己，在我的人生中，我不是什么成功者，但是我知道，没有中国共产党，没有人民，没有周围的同志们，什么事也干不成。我所有的一切，取得的成绩，应归功于党，归属于人民。因此，我的体会就是感恩，再用我的余热善助他人。对此，善助他人应从以下五个方面去认识。

善助他人是一种境界

人无论你有什么理想，做什么事情，都有一个境界问题。境界是对事物认识的基本标准。对任何事情，只要认识达到一定的境界，没有做不到、做不好的事情。从基本含义上讲境界，是指人的思想觉悟和精神修养。那么，从量的角度去讲，境界也可指质量、界限、高度等。在日常生活中，人们的思想觉悟和精神修养是不一样的，它是社会中的一种价值取向，而且一个人的经历和觉悟会对境界产生作用，有什么样的道德观就有什么样的价值取向。我认为一个人生存在社会上，就要树立高尚的道德观，去提升自己的精神境界。那么，有了一定的思想觉悟和精神境界，你就能找到善助他人的事情。其实，善助他人，也是善待自己，因为助人为乐，能从中得到大爱的幸福。人活着要学会为别人着想，把方便让给别人，多开方便之门，关闭世俗之门，用平常的心态去为人处世，用平常的心态看待名利，不占别人的利益，保持高风亮节，洁身自好，多做善助他人的事情。境界对人对事有不同的标准。人只要活在世界上，就要修炼自己，提升境界。因为境界能帮你找到理想。如你去写作，只要境界有了，就可下笔自如，有感而发。有了境界，文章即成，也可命题而作，给了你命题，随时写出好的文章，同时，写任何东西都有境界感觉，有境界者事竟成。境界又有层次之分，清末民初国学大师王国维在其著作《人间词话》中讲道："古之成大事业、大学问者，必须过三种境界。""昨夜西风凋碧树。独上高楼，望断天涯路"此为第一境界；"衣带渐宽终不悔，为伊消得人憔悴"此为第二境界；"众里寻他千百度，蓦然回首，那人却在灯火阑珊处"此为第三境界，也就是说，读书写作也要境界。人没有境界，书也读不好，文章也写不了。从我国历史上看，一些名人志士，都有很高的境界。如诗人杜甫在读书方面，留下"读书破万卷，下笔如有神"。白居易 16 岁写就"离离原上草，一岁一枯荣"之不朽诗篇。北宋欧阳修也说"余平日所作文章，多在三上：马上、枕上、厕上也"。这些历史名人，如果没有很高的读书境界，是不可能留下这些传世之作的。鲁迅的杂文之所以写得好，也绝非一日之功。他六岁起就攻读诗书经传，博览中外名著，所以运笔自如，文若流水。这些历史名人，自幼都志向高远，有一种非凡的境界，立的是境，守的是界，所以我讲的善助他人是一种境界。如果一个人没有修养，没有境界，怎么能善助他人呢？善助是对从善的基本要求，是自然境界、人生境界、道德境界。

善助他人是立身之本

人生活在世上，无论年龄大小，都有一个做人准则问题。哪些可做，哪些不可做，从小要立身，老了要守身。人这一生，要把善助作为规范自身的准则，多行善事，不做恶事，做仁义之人。我认为，人从出生开始，到离开这个世界，都需要人帮助，没有不需要人帮助的人。《周易》中讲到的"天行健，君子以自强不息；地势坤，君子以厚德载物"，说的就是这个道理。我在人生感悟中认识到，立身需要学会善助，助别人之所需，帮别人之所急，救别人之所难。别人需要帮助的时候，应该把所需送给别人，助人为乐，成人之美，是仁义之人之所为。在中华民族的思想理念和道德规范中，就有崇仁爱，树仁慈，讲仁义之说。扶贫济困，见义勇为，敬老爱幼，成为做人的遵循。善助需要真爱、包容、兼收、共享、互助，用善心去做有利他人的事情。善助需要从实践做起，从一点一滴做起，不要流于口，要动于手。"不因善小而不为，不因恶小而为之"，应从小善做起，小善可积成大善。要把心里的善助与行动结合起来。只要你有了善助之心，随时可看到需要帮助的人。一个善举可以看到一个人心里的良知。譬如说，见义勇为，是为还是不为，就能看到一个人的基本素质。遇到别人有难，自己不为是恶者，为了就是善者。所以行善者是无私者、有为者。历史证明，行善者走得更远，生活得更踏实。因此，我体会到，善助是施及别人，也能惠及自己，也是善待自己。人生在世，只要把大爱送给别人，你会从中感悟到人生的价值。同时，也会用平常的心态为人处世，用平淡的心态看待名利。你会在舍与得上处理得更加恰当，你得到的是一个顺心顺意、平安吉祥、健康永远。只要有了善义和善举的存在，这个世界就会和谐，人与人也会和睦相处，共享美好。

善助他人是为人之道

一个人在历史的长河中是短暂的，留下的善助是永远的。人来到世上，就是一个生物体，虽带有灵感，但仍需要去感化这个世界，做点好事会有人夸，做了坏事也会有人骂，那么，为什么不去做好事呢？所以善助是为人之道，一个人心怀"善"字，你一定会走正道。心怀"恶"字，你就会走歪道。那么心存善助，处处为他人着想，你走的道是正道。我这里讲善助他人，不是说全部丢掉自己，而是在自己力所能及的情况下去帮助别人，不是超越自己的承受能力去做一些自己做不了的事情。善助他人不是无畏地牺牲，如果全部丢掉了自己去善助他人，这样不光助不了别人，也毁掉了自己。人总是有是非标准的，哪些可助，哪些不可助，必须很好地把握。我的体会是，善助要助到恰当处，帮人帮到点子上。因为善助了好人能树立一个好风气，善助坏人等于自己没有是非标准，也践踏了善助的本意。善助是有标准的，就像国家公益事业一样，公益事业就是一种大善，在实施公益事业的过程中，需要制定公益事业的发展原则、实施办法。又如，慈善组织所实施的善款募集、善款发放等，都有可遵循的原则，不能乱施善举。从这里就说明，个人的善助也是有遵循原则的。因此，我在实施个人善助时，有自己掌握的标准，看事而行，看人而办。只要符合道义需求，不违背仁义道德，我就一定会办。所以，搞善助不能不讲是非标准，只有把握了善助的标准和基本内涵，就会找到善助的着眼点，把善助做得更好，把为人之道掌握在手中。

善助他人是修身之要

一个人的修养，除了用仁义道德的理念去武装自己外，很重要的是把善助作为修身的实践。我这里讲善助是修身之要，主要是想概述一下善助行为对一个人的作用。人出生时是天真无邪的。所以王应麟（南宋）曰"人之初，性本善"。那么如何修身成为一个有道义、仁慈的人呢？这就需要从中华民族的优秀文化中去吸取营养，用善助举动去强化素质，培养出一个品德高尚、行为规范、负有责任的人。特别要培养好为人的价值取向，使每一个人要学会为他人着想，为人民服务，做到"先天下之忧而忧，后天下之乐而乐"，把方便、温暖送给别人。善助既是修身的内在要求，又是修身的外界实践。在我国历史上，很多的名门望族就是有善助行为才使家族传承至今。如曾国藩在治国齐家方面就体现了他的善举，他的家训及家书中，无不体现对后人的修身的要求。因此，至今他们传承了十几代人，没有一个违法乱纪的，家族的每位成员都能自觉遵守族训、家规，在自我修身中把善助作为一种传承，塑造着真、善、美。这个例子说明，一个国家，一个民族，一个家庭，要奉行善良，除掉邪恶，用善心对待别人。多为善助之举，多做善助之事。这样，国家会太平，家族会兴旺，家庭会幸福。当前，党和政府倡导和培育社会主义核心价值观，提高广大人民群众的思想觉悟，把善助作为修身的内容之一，更好地塑造人的优良品德、高尚情操、价值取向。目的就是进一步提高国民素质，向善而行。这正是我们这个中华民族需要的，更是必需的。只有把人的思想觉悟培育好、提升好，中华民族伟大复兴中国梦才会实现。所以，一个人有善心，要把善助行为送给别人、送给社会，这样中华民族才能永久兴旺，人与人才能建立起互助、友爱、真诚、和谐的关系。人的生命虽然有限，对社会的行善关爱是无限的，让我们每一个人多行善助、多做善事，使人类社会充满阳光、充满爱心。

善助他人受益自己

人在世上，只有长存善心，多行善事，才能得到善的回报。从世界和中国历史上看，无论单位和个人，只要想把事业做得长久，个人长寿安康，多数是从善事着眼，助人着手。从国家层面看，一个国家，一个政党也是如此。中国共产党为什么得到老百姓的拥护支持，正是因为从成立那天起，它所做的一切，都是以善为本，以人民为根，把人民的利益放到最高位置，只要为了人民就可牺牲一切。所以从成立时十几个人的小党，到9800多万名党员的执政党，它领导中国人民从苦难中站起来，到富起来，强起来，让十几亿人民有衣穿、有饭吃，从吃不饱、穿不暖，到吃得好，穿得好，过上了幸福生活。正因为以善为本，为百姓助善，受到中国人民的拥护爱戴，同时也得到世界人民的赞颂。这样的党，心中装着人民，办事想着人民，把善心善意用在老百姓身上，与人民群众形成了血肉相连、鱼水同存的关系，所以人民群众拥护中国共产党。从个人层面看，作为社会一员，无论做官做人，还是从企经商，都把善助他人作为做人根本。春秋战国时期的政治家范蠡，帮助越王勾践复国雪耻，离开政坛经商，变名易姓为陶朱公，将经营所得的巨额钱财接济穷人，把所有的爱献给百姓，被后人称为"富好行其德"的大善人。东汉光武帝的外祖父樊重，曾借给贫困人家数百万金银，到了还款时，将借债文契销毁，使借贷人十分感动，所以百姓称为"行善大人"。北魏时的太守良吏，每天从家中取栗谷赈灾贫苦百姓，被称为百姓的好官。中国近代的慈善家李春平，通过继承遗产成为亿万富翁后，专心致力慈善事业，捐款累计多达近7亿银币，被誉为"百年慈善第一人"。枣庄地区也不乏其人，西汉时期的疏广、疏受任太子少傅。告老辞官后回归故里，将积攒的养老金救济百姓，被称"散金济贫"功遂身退的好典型，被唐代大诗人李白作诗赞扬，"达士遗天地，东门有二疏"。清朝道光年间，峄县人士王鼎铭，任湖南新田县令，因当地受灾连年，百姓缺吃缺穿，为了赈灾，变卖老家大部分家产用于新田县救灾，被百姓称为一代好官。新中国成立后，除了党和国家重视慈善事业外，改革开放以来，发家致富的民营企业家也不忘慈善事业。中宣部开展评选的"中国好人榜"，主要是从善开始，以善为本，在各行各业中出现了很多"中国好人"，如助人为乐的牛景胜、王智慧等。"中国好人"在新时代层出不穷，为我国精神文明建设做出了贡献。

善助他人受益自己，是自然界因果关系的显现，也是舍与得的平衡。只要做了善事，社会会记住，他人也会有人感谢，自己心安理得，带来的是和合与共、心身安宁、健康长寿。人在世上，只要有了一份善助他人之心，就为自己打开了方便之门，也获得了生存的环境和条件，得到的是长久的精神财富。人的一生不要只为自己，做人一定要把关爱送给别人，善心善意助别人，心身健康人快乐，自己受益更长久。

自我保健

健康是人一生中最重要的，重视健康就是保护生命。人有了健康就有了一切，没有了健康所有的事情都无从谈起。所以，健康是一，其他是零，有了健康，其他的事情都好办。那么，如何保住健康呢？在当今社会有很多答案。在报纸、电视、广播、网络等，都可以知道一些，看看健康书籍也能了解一些。听一些专家讲座，也能从中受益。但是，对这个问题，我的理解认识是把握好以下四点，就可以了。

顺其自然平心态

人生在世，老是自然现象，是不可逆转的规律。凡事都有头有尾，有开始就有结束。不要为老而伤脑筋，老是正常现象，要正确对待人老问题。在这个大自然的世界里，无论是植物还是动物，都有起点和终点问题。人不管是青年还是老年，都要从开始走到终点。这个过程的长短，不是哪个人能掌控的，大人物、小人物都有这个问题。世上不容回避的就是这个问题。但是人生的起点到终点，过程的长短，除了人不可抗拒的自然因素外，有些因素人是可以做到的。如人的寿命长短取决于三个问题。一是遗传基因，这是老祖宗给的，（基因已传显现三代）自己无法选择。二是生存环境，生活的自然条件，个人可改变。三是心态状况，个人心态好坏是影响健康的关键因素，自己可以调整。这三个问题，有两个问题是自己通过努力可以掌控的，掌控好了，可以延长人的寿命期。我国各地的一些长寿老人，尤其是百岁以上老人，都很好地处理了后两个问题。更重要的是心态好，一切顺其自然，与世、与人不争，平淡对待人生，这样就会长命百岁。2015 年底，世界卫生组织对各国人均寿命做了分析统计。只要生活环境好，医疗保障到位，个人重保健，人的寿命都会得到提高。如摩纳哥，全民医保，爱吃鱼、果蔬，全国平均年龄 89 岁。新加坡高度重视慢性病防治，科学安排生活，全国平均寿命 85 岁。圣马力诺，人均寿命 83.5 岁。冰岛国家，人爱运动，人与人和谐相处，人均年龄 83 岁。瑞士，国家富裕，人爱动脑，注重开发，人与人很少冲突，全国人均寿命达到 82.5 岁。意大利，尊老敬老，让老人开心，人爱保健，全国人均寿命达到 82.1 岁。希腊、日本，除了保健外，希腊人爱睡觉，日本人爱工作，对人的寿命起了重要作用，全国人均寿命达 80.4 岁。这些国家人的长寿秘诀，大多数是顺其了人类自然规律，用良好的心态去对待生活，对待所从事的工作，达到了天人合一的自然境界，所以寿命才能提高。从世界各地看，凡是长寿的地方，人的生活规律都有一个良好习惯，形成了起居有常、生活有序、饮食有节、心态平和、乐观向上的基本规律。我对自我保健的理解是，把心态平和看得很重，不管遇到多少困难和挫折，都要用良好的心态去面对。一个人的健康，其外部生活条件再好，没有好的心态去享受，健康仍然受损。有了好的心态，外部条件差一些，健康也能得到基本保障。心态是健康的内因，吃、喝、吸等是外因。内因出了问题，怎样改变外部条件也不起作用。一个人只要内心敞亮，心态平和，就不会生病或者少生病。所以人的心态状况在健康方面起到了重要作用。对此，为了健康，没有理由不去保持良好心态，心态平和是防病抗病的内在因素。那么如何去保持好的心态呢？我认为，要处理好以下几个字的关系：勤与懒、动与静、怒与乐、爱与恨、饱与饥、寒与暖、苦与甜、美与丑、轻与重、表与里、上与下、善与恶、近与远的关系。世界上任何事物的变化，都有一个外和内、量和质的变化，并由表及里、由里达表的变化过程。人的身体健康，要求各要素都得平衡。那么如何平衡，需要自己去处理好与身体健康有关的问题。如果处理不好，身体得不到平衡，某些健康因素发生倾斜，会导致身体出现不健康问题。那么，我讲到的这些字的关系处理不好，会对身体健康直接产生作用。同时，肌体的同化作用、异化作用会发生紊乱，身体的各项理化指标会发生改变，各种疾病也会随即而来。在这里不想把十三句的"三字经"说得太细，只要你能做到安分守己，对任何事把握好度，注重平衡，就会从中受益。再之，只要有点生活常识和人生感悟的人，都会领略到它的其中道理。因为这些字，它代表了人体内在因素，体现了人的健康来自于体内外的平衡。处理好它，能给人体带来健康因素，还会使人体获得自然界的阴阳平衡，达到天人合一的意境。所以，处理好这方面的关系，把握住内在的度，就会达到人的心态平和，健康会永远常在。

理性处事麻烦少

人出生后，就要融入这个世界，而这世界是广袤的，又是复杂的。如何生存、怎样生活、保障健康等，是每个人都要面对的问题。这些问题，有的人处理得很好，有的人就处理不好。处理不好的，就给自己带来麻烦。那么，怎样才能恰当地处理这些问题。我的体会是，首先是熟知这个世界，适应社会发展要求，提高自己辨别是非的能力。其次是对待事物的发展变化，要用一分为二的观点去认识，把握其规律性、特殊性及是非标准，始终不让别人牵着鼻子走，掌握主动权。再次是处理任何事情，不冲动，不盲动，谨慎对待复杂问题，理性对待突发问题，科学对待敏感问题。对待问题的最终处理，应采取观时之机，待时而动，时行时止，适时处置。这样会找到处置问题的最佳时间、最好办法、最想要的效果。以上叙述的这些，是我处置公共事件中悟到的。那么，个人矛盾的处置又如何把握呢？我在处理这些问题时，是这样把握的，也就是说，无论公共事件和个人矛盾，都不要硬碰硬，必须用情感的力量，说理的力量，法规的力量，去处理这些问题。特别是人与人之间的问题，多采用中庸之道的方法去解决。《中庸》中有句话"力行近乎仁"，意思是在双方发生矛盾时，不要以力量相对，要用仁义的方法可能更好。如果都是以力量相对，硬碰硬，那会两败俱伤。同时，矛盾会升级，甚至是一发不可收拾，还会走向极端。所以孔子讲"克己复礼"，在发生矛盾时，多克制自己，学会忍让，给自己留点回旋余地，不要把自己放到墙角，那样会窒息自己，退一步海阔天空的道理就在于此。那么，有人讲性格急躁的人遇事退一步是很难的。我是属于性格较强、直来直往的人。说实话，这是我的表面，深层隐忍的一面只留给自己。但是对任何事情的处理，我都有两套方案，进的方案，退的方案，都会同时想到。事前必须有周密分析，精准判断。凡事预则立，不预则废。古人云：无事则深忧，有事则不惧，夫有事深忧者，为有事之不惧也。就如诸葛亮《便宜十六策》中讲到的："欲思其利，必虑其害。欲思其成，必虑其败。"凡事要往坏处打算，往好处争取。这样会掌握处置任何问题的主动，也不会为自己多找麻烦。人生在世需要理性，有了理性，会淡定地面对一切，冲动魔鬼不会找向自己。人处事除了理性之外，还要有礼。礼是人素质的基本内涵，礼是社会文明的象征，礼是人与人合作共事的溶剂，礼是打开自己方便之门的钥匙。荀子讲："不学礼，无以立。人无礼，则不生。事无礼，则不成。国无礼，则不宁。"可见礼在人的生存中有多么重要。所以，古训有"礼多不伤人"的说法。当然，礼不是万能的，不可能用礼解决所有的问题，对于无礼者，应采用有理、有节、有据的办法。所以，人在社会上处理问题，要先有礼，再说理，用理性的方法去处理各类矛盾以及人和事的纷争。理性处事，还要用哲学的思维看事，用价值取向论事，用儒家学说解事，用情理方式对事。这样，理性处事就能找到最佳办法，不会给自己带来处事麻烦，还会得到好的处理事的结果。

广学深知益处多

人生在世，不管是青年还是老年，知识对人来说起着非常重要的作用。它为你的生活与健康、工作与事业，带来决定性影响。古训也讲"学高为师，德高为范"。没有知识，不会受到人的尊重。有了知识，就能够掌握自己，不为别人所扰，走自己想走的路，干自己愿干的事，这样也能为社会、为人类多做一些贡献。广学深知是学而知之，知识不会天上掉下来，也不会生来就有，需要自己一生不断地勤奋学习，巩固提高。知识的海洋无穷无尽，要扬起风帆，乘风破浪，去追逐知识的高峰。多知一些别人不知、他人不愿去追求的知识为我所用。知识的积累靠多学、善学、苦学，才能真正学到。人到了老年，应该成为知识的拥有者，成为年轻人的榜样。岁数大的人仍然要学，因为新知识不断涌现，不学就会慢慢变得无知。有了知识，自己的心里亮堂，活得明白，不会出现人云亦云之事。也有人讲，人老了不要明白。对这个说法，我是持不同意见的。人老不能装糊涂，除非疾病所致，那是没有办法。活到百岁，也得活得像人样，也得成为知识的拥有者。所谓"难得糊涂"，是在特定的环境下，一种处事方法而已。那么，如何广学而深知呢？我的体会是，不要限于所学的知识，要向知识的深度、广度去学。譬如说，学点社会科学，学点自然科学，学点保健科学，学点实用科学。对于这些学科，不一定深研，但是要知晓，一般情况下难不倒、问必答、能解释、会应用。特别是退休后的人员，更应该把广学知识作为终生的追求，把闲下来的时间用到学习上。这样，既学了知识，也找到了追求，得到了益处，收获了快乐，这是一种一举多得的事情。知识对一个人来讲，是生存质量高低的依靠，没有知识，只能说是本能地活着，是没有质量的生活。有了知识，可以变物质、变精神，改善生存环境条件，提高生活所要达到的质量目标。人有了知识就有了财富，靠知识的力量去创造收获，这是理所当然的事情。没有知识，思想空虚，心中无数，干起事来会走偏方向，最终给自己带来麻烦。我这个人是一位有着执着、认真、自信、担当的人。之所以这样，我认为靠的是知识力量去做我要做的事。我这一生，从青年开始，就不认金钱，只认知识。认为有了知识会有一切。有生以来，我对知识的渴求，胜过一切。从年轻时就要求自己不当物质金钱的富有者，要当知识的拥有者。不敢说自己拥有多少知识，但是我自信自己是知识的富有者。因为我是靠知识改变命运的人。无论在大学教书，还是从政，都是靠知识提升我的影响力。我走向社会靠的是知识，认为有了知识就有生存的基本条件。再加上自己的勤奋坚韧，坚守的是正道，干的是实事，用实力、实绩去影响别人证实自己。这样也会得到党和人民的认可。只要你德行好，有知识，有能力，会有用武之地。只要你广学深知，拥有知识，就能够改变自己的命运。因为从政需要知识，没有知识，你是干不好事业的，也不会得到你想得到的东西。人在仕途中，没有知识会缺少胆识，有了知识才有价值。退出仕途后，没有知识，会缺少追求，生活会失去快乐。知识的拥有，无论对事业、对生活，都起着重要作用。有多的知识，就有高的素质，所以我的体会是，广学深知益处多，树立活到老学到老的思想，强化终身学习意识，做到终身拥有知识。

注重保健身体好

人的健康长寿，从世界上的长寿国，到中国的长寿乡，凡是长寿老人主要显现了两个方面的问题。一个是先天性的（父母的遗传基因），另一个是后天性的（个人的生活方式）。这两个问题，前一个问题是无法改变的，后一个问题是自己可以掌控的。两个问题同在一个人身上得到，毕竟是少数。就算是有了好的基因，自己处理不好后天性的问题，也不可能健康长寿。这就说明个人的生活方式对于健康长寿有多么重要。综合两个问题看，健康长寿有六大因素起着作用。那就是：良好的自然环境，优秀的遗传基因，稳定的社会秩序，和谐的家庭风气，科学的生活方式，向上的精神状态。这六个因素缺一不可，特别是其中的五个因素，是个人可掌控的。因为这些因素，通过个人努力，可发生改变，实现有利个人健康生存的最佳条件。那么，如何改变呢？首先要抓住"四改"，然后掌控"五要"。下面就这两个问题做些粗浅的阐述。

关于"四改"问题。通过后天的个人努力去改变生存条件，达到实现健康长寿的目的。那么，什么是"四改"呢？我感悟的"四改"就是：改善生存条件，改善生活方式，改善心理状态，改善人际关系。因为这"四改"关系到人的健康长寿，关系到天人合一的理念。只有注重了后天性的"四改"，才能实现健康长寿的梦想。

（一）改善生存条件

人的生存从大的方面讲，那是自然生态、生存环境。从小的方面讲，就是衣、食、住、行。按照重要性去说，应该是吃、住、衣、行。人活着要吃、要住、要穿、要行，这是不能少的东西。从人的进化史来看，吃是第一位的，没有吃，人就不可能活着。人是活体，一天不进食，需要的能量会断掉，只有天天吃，才能不断地得到养分。但是，要吃出水平，吃出健康，现在生活条件好，在吃上一定要科学。穷的时候吃是为了活着，现在的吃要吃出健康，所以吃是生活的前提。那么，住也是非常重要的。因为人需要休息，大约三分之一的时间都在睡觉。没有符合人体要求的居住环境，健康就得不到保障。人类自从原始群居结束后，对居住的环境开始重视。从中华民族五千年的文明史去看，人们把居住作为生存的重要条件。人们开始重视居住的环境，如盖房子要找一个风凉水便的地方，要求后面有靠（避开北方的烈风），前面有照（得到充足的阳光），左边有水（有水就有了灵气，可调节温度，得到水的润泽），右边有路（交通顺畅），这种地方称为风水宝地，能充分享受大自然的保护和滋养。所以出现了风水学。其实风水学是科学，不是迷信，它是气象学、勘测学、规划学在人类生活中的应用而已。选择居住，一定要找一个能够藏风纳气、顺应天时、符合地利的地方，达到天人合一，人与自然和谐共生的最佳境地，这样的地方对健康长寿起着重要作用，所以，讲究居住环境是必要的。其实居住不在房子大小，在于自然合理，按照有关专家测定，人均有 30~40 平方米，就可以达到空气回旋的要求，房子太大，气场形不成，没有温馨感，也不利于健康。人的居住要舒心一点，生态一点，顺畅一点，就可以了，并不是豪宅就好，住居关键在于适中。人活着想到了吃，关注了住，还要把握穿。穿在人的生活中也占有很重的比重，穿衣除了护体外，还有求美的要求，随着人类社会的文明进步，穿衣成为生存的重要组成部分。人在原始时期，穿衣只是为护体，现代又有一个含义，追求美。所以，穿衣要穿出文化，穿出气质，穿出健康，形成整体的美，民族的美，健康的美，达到随势、顺眼、利己的自然风格。穿出文化是指中华民族传统的美，衣服朴素也是美，民族的特色也是美。穿衣讲究把内在的美与外表的美结合起来，体现出中华民族的文化美。穿出气质是指因人、因岗而定，衣要得体，人要有型，衣着洁净大方。如天然纤维（棉、丝、麻），是人体需要的最佳选择，当然，也不是否定人造纤维在特殊环境、特定条件的穿着使用。人的生存，除了吃、住、穿外，行也是生存的必要条件。在人类历史的初期，行是为寻找生存的食粮，躲避外界的伤害，所以把行作为生存的条件之一。在现代，行已是生存生活的重要方面，有了行的畅通，就能缩短地域距离，利用时间差、距离差，为生活创造条件。行畅通了，生存资源、生命价值就更广阔、更高点。上述这些，都是生存所必需的。那么个人又如何去改善它，我的体会是，生存条件需要靠自己的勤奋付出，世界上没有掉馅饼的事情，只有勤奋耕耘，才能得到收获。享受生活，首先要创造生活，人在世间，生存条件的改善，除社会供给的一部分外，主要靠自己合法、合规、合理的付出获得。对生存条件的改善，个人不要有太高的奢望，适宜生存条件，适当的物资基础，是长久之计，知道满足，才能感到幸福。人对物质的要求，无穷无尽，没完没了，所有的物质够用而宜，个人的私欲不要太旺，物质太多会给自己带来压力，不利于健康。有些东西生不带来死不带走，轻松人生，有利于生存，我认为，改善生存条件，在改善自己的同时，更要关注人类大局的改善，把个人生存条件的改善控制到一定的量度内，把多余的能量用于社会共同生存条件的改善上，为人类同生共存而付出，为提高社会幸福指数而奋斗，做一名对社会、对人类有担当、有理想、有贡献的人。

（二）改善生活方式

生活方式的好坏，是决定健康的关键。有什么样的生活方式，就有什么样的习惯。养成一个好的生活习惯，需要自己长期去培养，良好生活方式的形成更需要不断规范自己。人的生活方式习惯，大都是后天形成的，出生前因靠母体生存，不会接触外界，所以没有不良习惯。出生后，就有一个生活方式的问题，所以养成需要自律，习惯需要培养。因此，人的生活方式是从小到老都必须重视的问题。只有好的生活方式，才能养成好的生活习惯，有了好的习惯，就会有健康出现。那么，如何保持一生的好习惯？我认为只有靠生活方式的改善来解决。生活方式是公平的，是靠个人在日常生活中获得的，上天不会赋予，别人无法帮助，只有靠自己。因为它不分贫富，都需要有好的生活方式。据有关资料记载，95%健康长寿的人，都有一个好的生活方式，有了好的生活方式，粗茶淡饭，也能活过100岁。有少数人认为，讲究生活方式，需要经济条件，只有富人才可以，我的观点不是这样。贫穷不代表不讲究生活方式，讲究生活方式不是富人的专利，这里有怎样审视生活方式的标准问题。我也承认，经济条件好的比较好讲究，差一点的往往会产生一些轻视思想，讲究起来还会有人说"穷讲究"。其实，这里有对生活方式改善的全面认知和正确理解问题。生活方式说到底是一个人的素质问题。生活简朴的人，心理会更健康，有钱的人却往往会走偏生活方式，钱多了，会促使一些人染上恶习。譬如说，吃、喝、嫖、赌，多数是有钱人干的。当然，不是绝对都这样，我这个观点是相对而言。这里主要说明"逆境出人才，寒门出贵子，淡心出健康"的道理。所以改善生活方式，对人们的身心有着极为重要的作用。那么怎样去改善一生的生活方式呢？通过自我感悟，有以下三点浅薄的认识。

1. 修身养性。人要想健康，在注意其他方面的同时，最重要的是把情志养好，有一个好心态、好情绪、好品行，使心稳定下来，情志提起来。这样就能提高免疫功能，抗体细胞的活力就足。如果心情不好，喜怒无常，忧思过度，悲恐常在，身体的免疫力就会下降，各种疾病会乘虚而入。怎样才能养好心呢？《管子》将善心、定心、全心、大心作为最理想的心理状态，以此作为修身养性的标准。我的理解就是心要宽，性要稳，身要正，专心守住自己的养心规则，不受外界的各种干扰，定心、戒怒、知足，保持好的情志。我退休后，为了修身养性，使忙碌的心稳下来，对自己要求如下：降低对他人的期望，忘掉曾受你帮助的人，忘掉曾经对你不好的人，忘掉名利是非。不管别人怎样对你，都不要生气，一笑了之。要承认客观存在的东西，学会清心、养心、宽心、静心。过去的事情，多回忆有利健康的东西，一张纸翻过去，人一走茶就凉的事不去想。特别是退休的领导干部，要自我回避，深居简出，不要有官场上的存在感，专去找能刷新自己的事情，这样会自找麻烦，要以老百姓的心态对待社会上的问题。从官场上的心态走出来，寻找能为社会人类的进步做点力所能及的事情，专心致志，心无旁骛修身养性，做到不问政事，颐养天年，达到修身养性、提高情志的目的。就像汉代名医张仲景在其《伤寒杂病论》中讲到的：劝导世人要重生命，固根本，不要"不惜其命，只知竞逐荣势，企踵权豪，唯名利是务"。古人的话中，皆对人的情志保健提出了明确要求。由此可见，健康长寿要注重修身养性。

2. 生活有序。世界上的万事万物都有其自身的运行规律，违背了规律，打乱了秩序，就会出现问题。人的健康长寿更是如此。也就是说，天人合一的理念规则不能打破，人要遵循自然法则，按照自然规律、生活秩序去安排自己。不能无序、任性、随意践踏生活。只有生活有序，养成好的生活方式，健康才有希望。人生在世，人世间无奇不有，干扰生活规律的事情很多。所以我认为，不管处在什么环境，都不要乱了自己的生活规律，要像大自然中的天地日月运转一样，进行有序自转。生活有序是对生命的保护，也是延长寿命的最好办法。人们常说：起居有常、生活有序、胸怀宽广、动静有度是健康秘诀。《黄帝内经》也说：饮食有节，起居有常，不忘劳作，故能形与神俱。而尽终其天年，度百岁得乃去。古代养生家认为，人的寿命长短与能否合理安排起居有密切关系。清代名医张隐庵说：起居有常，养其神也。不忘劳作，养其精也。在日常的生活中，生活有序是对人的所有生活行为而言的，也就是说，行有规，吃有度，站有样，喝有相。如人的行动方面，平时注意规则，就可获得很多健康的东西。立、坐、卧、走、睡，都有规则。以立养骨（有站姿），以坐养神（有坐姿），以卧养气（有睡姿）。站如松、睡如弓，就是这个道理。以行养筋（有行姿），以看养血（有雅姿）。这里是指静下心来看看书，看看山水风景，能起到养血的作用。人的气血好坏，主要靠养、靠动、靠有序的生活习惯，才能达到健康之目的。

3. 做事有度。人在世上，必须靠做事来保障生存。如何做事，怎样做事，需要恰当适时地把握好"度"。做事的"度"把握不好，会对健康不利，甚至会发生对人生的破坏作用。特别是老年人，做任何事情都要把握"度"。因为"度"是平衡点、中间点，偏离了就会发生倾斜、失去重心，不光事做不好，健康也会发生问题。在养生中，"度"是非常重要的。做任何事情都不能过，养生也是如此，有的人过分地、刻意地去养生，忘掉了自身的能动性、修复力，把养生搞过了头，导致身体原有的功能发生改变，生理指标失去平衡。因此，养生要掌握适度，有度地静，适当地动，是把握做事"度"的最好分寸。"度"的把握，要根据个人身体状况而定，把做事的度定位在实事求是上。身体状况好就多做一些，身体状况差就少做一些。如中科院吴孟超院士，2016年已94岁高龄，但仍然每天主刀做高难度的肝胆手术，每周二，坐专家门诊，他平均每年做200多台手术。他除了心中有党、有民外，他找到了自己的追求和工作的"度"。

不像有些人未老先衰，身体好也不做事，失去了健康不忘劳作的机会，远离动的要求，造成了身体的生理不平衡。"度"从另外一层意义上讲，也是"中庸"的理念，就是做事不要搞极端。譬如，唐代医学家孙思邈提出养生有度的观点："十二少"的秘诀，即少思、少念、少事、少语、少笑、少愁、少乐、少喜、少好、少恶、少欲、少怒。他认为人的七情六欲，是人难以避免的，放纵和抑制对身体都不利，我的理解也是"度"的问题。所谓少，就是要节制，不能过。孙思邈又讲了"十二多"：多思则神殆，多念则志散，多事则形劳，多语则气亏，多欲则志昏，多笑则肝伤，多愁则心慑，多乐则意益，多喜则忘错昏乱，多怒则百脉不定，多好则专迷不理，多恶则憔悴无欢。把"十二多"视为"丧生之本"。由此看来，只有重视好的生活方式，掌握处理事务的"度"，健康长寿的目标才能达到。

（三）改善心理状态

人的心理状态是健康的"晴雨表"，好的心态就有好的健康身体，心态不好会导致经脉错乱，"精、气、神"无法聚集，不能就位，从而引发精神错乱，看事走偏。正常人的心态是，看事是辩证的，不偏不倚，有仁有义，公道正派。心态不好对事会产生错误判决，导致事物向反面转化，随之招来危害自己也危害别人事情的发展，对人的健康会产生直接作用。因此，人不要自寻烦恼，保持好的心态，少生气，不大怒，不要愤世嫉俗，否则会对人的心理有极大的伤害，也不利社会的安定。遇事要想得开、看得远。如果心理状态发生改变，免疫力就会下降。当下有资料刊物报道，心理不正常的人有几种表现："不愿与人交际，凡事往坏处想，有话在肚子里，顶着压力过日子，公道也感觉亏，别人老亏欠自己，总觉得有本事，小病认为有大病。"这些表现，都属于心理状态不好所致。长此下去，肌体免疫力会降低。特别是爱生大气、爱发大怒的人，免疫力会急剧下降。国际卫生专家和体育专家认定："人生气大怒一次，生态免疫系统会停止六小时活动，等于运动员一次3000米长跑所耗氧量。"所以，一个人不要自寻烦恼，不要大怒，做到无论干什么事都不要生气。如果生气，不要闷在心里，有气抓紧生，生气三分钟，生完了事。过去的事不要后悔，不要拿别人的错误来惩罚自己，一切事情顺其自然，才能得其安然，清心才能养心。特别是退休的人，更应该调整心态，清心轻身，该放下的一定要放下，天天有个好心情，一生有个好身体。人如果焦躁，心里不静，气血就不会顺达，身体随之发生疾病。尤其是退休的人，要学会安闲。安闲是人生至境。国学大师南怀瑾先生有一段话，他对人生为人处世之道的体会是："一要静（少说多听），二要缓（顺延做事），三要忍（面对不公别气愤，别宣泄，忍让是智慧），四要让（退一步海阔天空），五要淡（一切都看淡些，很多事情随着时间会变云烟），六要平（平凡，平淡，平衡）。"对南怀瑾大师的这些话，我做过一些研究和体悟，确实是为人处世的良方。通过体悟，除了要做到上述外，我也有自己的认识，即"六要"：一要实（做人做事要实事求是），二要度（做任何事情要把握好尺度），三要容（对人对事要宽容大度），四要慎（慎重从事，不盲目做事），五要识（善于识别事物的本质），六要善（善待自己，善良为本）。把握好这"六要"，就会少找麻烦，不会产生生气的源头。心安了，人会顺，气会通，血会畅，健康就会在。

（四）改善人际关系

人在社会上生活，不可能独往独来。如果把自己搞成了孤家寡人，也就失去了生存的基本条件。人到老年仍需要有良好的人际关系，主要是有利健康长寿的人际关系。这方面的关系，我认为主要有两个：一定范围的社会关系，直接生活的家庭关系。这个社会关系，主要是纯洁的朋友关系，这些关系能化解老人孤独，提供情感溶剂，对老人健康有利。因为不需要为工作去创造社会环境，老年人的社会关系，就是自我找乐的关系。当然，对待人际关系的处理，也不是不顾一切、乱搞人际关系，还是要有选择。寻找志同道合、仁义正派、文智皆有的人，作为一生的朋友。这样，有话可说，有情可通，把人情和仁义放到首位。交友是有讲究的，我的交友原则是，与大爱之人、仁义之人、担当之人交朋友，没有爱心、善心、真心的人，我是不与他们交朋友的。交友还要长远，有始有终，莫以升沉中途分。朋友之交，只取其长，不计其短。《逸周书武顺》谈到友情之交人情和仁义是有规则的，"天道尚左，日月西移；地道尚右，水道东流；人道尚中，耳目役心"。就是说社会交际不能只看现象，要把握本质。看人要看全面，对事对人道尚中而行，也就是说，掌握好平衡和中间点，处理好人际关系。处理好人际关系，首先是改善人际关系，培养一个有利自己生活愉快、心情舒畅的良好环境。好的人际关系，会给你带来健康福音。如果把人际关系搞坏，那就失去了外围的生存条件。特别是退休后，没有了工作，再没有朋友，更会感到失落、孤独、悲观、猜疑，对谁都不满意，产生心理障碍，随之发生遇事易怒，睡眠不佳，不思茶饭，免疫力下降，生活规律紊乱，找不到自己的兴奋点、快乐点。如果有了好的朋友，把闷在心里的话向朋友讲讲，把不愉快的事情向周围说说，会对心理产生积极的影响，找到情感归宿和精神支撑。因此，良好的人际关系是健康长寿的必要。我在一本书上看到一些100岁老人交友找乐的经验，是一首四字诀："人之一生，有喜有悲，做人行事，有是有非；求真求实，科学可贵，待人接物，不卑不亢；不图名利，能进能退，有劳有逸，能吃能睡；一日三省，于心无愧，身体健康，长命百岁。"这些经验之谈，无论是对老年人际关系的改善，还是对生命健康的延续都是有益的。我认为老年人更应该注重交朋友，保持老朋友，也要结识新朋友，保持朋友的良性互动，自己主动亲和一点，豁达开朗一点，潇洒度人生，快乐过百年。我还认为，在营造好良好朋友关系的同时，更要注重家庭亲情关系的处理。家庭亲情关系是自己长期直接生存的条件，人到老年，没有一个好的家庭亲情环境，是不利于健康长寿的。处理家庭关系，我的体会是正道、协调、理智、亲和、榜样，用好这十个字，家庭亲情关系就会得到好的处理。正道——是一个家庭发展的必走之路。一个国家走正道，会产生道路自信，国家繁荣昌盛，人民幸福安康。一个家庭要走正道，会产生忠厚传家远、家和万事兴的局面，老人会长寿，后代会健康，家庭会幸福。从中国历史上看，家庭发展状况，凡是名门望族，都有一个好的家风族训，走的是正道，干的是正事。凡是投机取巧、行恶多端的人，都没有形成好的家风，最终受到历史的惩罚。所以，正道对一个家庭、一个人是必走之路，也是安康幸福之路，偏离就会受到最终惩罚。协调——家庭的幸福美满，需要有一个良好家庭成员关系来维系，家庭关系的维系需要家庭长者来协调，长者协调关系，也要靠自己的人格魅力去平衡。首要的是，对每一位家庭成员，尽力做到一碗水端平，得有是非标准，对生活情况要搞清楚，支持什么，反对什么，要有原则。长者在家不要搅稀泥，凡事要通过说理的办法去协调老少之间的关系，形成一个亲情和谐的家庭关系。有了一个好的和睦的家庭，对自己的健康长寿能起到重要作用。理智——作为一个长者，在处理家庭关系方面，一定要理智。理智是处理家庭关系的科学方法，什么是理智，我认为就是理性一点、智慧一点。中国有句古话叫作"清官难断家务事"，在处理家庭中的生活琐事时，采用理智或不理智的方法，其效果是不一样的。作为长者不要以长辈自以为是，对待子女的影响，要用文化的、理性的方法，去启迪教育，不能采用家长作风压制解决家庭中发生的矛盾，搞不好会把矛盾激化，成为家庭成员关系的裂痕。在中外家庭史上，因方法不当造成家庭破裂的有很多很多，特别是一些富裕家庭，涉及财产纠纷等，由于处理家庭矛盾时的不理智，给家庭带来不可挽回的损失。亲和——在家庭中，亲和是维系家庭关系的纽带。

长者没有亲和力，会失去在家中的号召力，亲和对一个家庭的长者来讲是非常重要的。如何亲和，我的体会是：定力，严慈，体贴，宽容，理解。作为长者，一定要有定力，严肃慈祥，体贴入微，凡事宽容，理解晚辈的工作生活，使家人有话向你说，有苦向你诉，有不明的事向你讲，使家庭成员的关系融洽亲切，家庭美德永远传承，形成敬老爱幼、家人团结、如意吉祥的亲情氛围。所以，处理好人际关系，维护好家庭关系，对老人的身心健康，是一个不可忽视的问题。榜样——作为老人，既是长者，又是智者，凡事如何做，人际关系如何处理，应讲给晚辈听，做给晚辈看，时时处处做榜样。社会上有俗语云"上梁不正下梁歪""长辈不正晚辈斜"，就是讲长辈要作榜样。

关于"五要"问题。人的健康主要有两个方面：先天性，后天性，先天性是基因，后天性靠自己。后天性通过自己的努力掌控是可以改变的。生存条件的改善，主要对健康外因起作用，健康内因主要靠自己去掌控。在这里讲的"五要"，是对健康内因起作用，必须做到且又需要掌控好。

一要注重动。人到老年，不愿动是个普遍问题。动是防止身体老化的基本保障。适当地动，有度地静，是老年人的必需。所谓动——就是动手、动脚、动脑、动心、动筋。健康专家将动作为保健的一个常识。讲道：多动脑，勤思考，大脑不会老；多动手，勤劳动，身体就会好。那么动，我的理解是在动的基础上，把练也放到动的范围。因为人的生命在于运动，衰老是一种自然现象，为了减缓衰老，采取科学的方式去运动，就会找到防止和减缓衰老的办法。因为运动可防止血管硬化，有位病理专家解剖过1000多具尸体，发现脑力劳动者的各种动脉硬化发生率是14.5%，而体力劳动者只有1.3%。经常运动可防止胆固醇在血管中沉淀，减少血液在血管中凝集。运动还能提高大脑动能，促使大脑支配肢体，反过来肢体的活动可兴奋大脑。勤动的人，肌肉强壮，关节灵活，代谢旺盛，肺活量好。因此，老年人要动起来，适度地忙起来，为健康长寿提高必要条件。下面，根据我的体会，对"五动"做粗浅的阐述。动手——人是从猿类动物进化而来。从原始本能讲，要靠双手生存，并且双手除了获取生命所需要的物资外，还可通过双手的运动，加强体能的锻炼，调节心脑功能。人们常说"十指连心"的道理，其实双手与心脑有着密切的联系。尤其是老年人，随着年龄的增长，阳气日衰，心力渐退，忘前失后，视听不稳，万事冷落，心智衰减。养气、练心成为保健的主题，因为心主血，血运气，身体要想健康，就要把爱护心脏、锻炼心脏，提到自己保健的日程。那么，如何去护心、健脑呢？

我认为，首先要把手动起来，心脏才能得到锻炼。动手有两个方面，一是通过勤劳动，将双手动起来，活到老，动手到老，不要倚老赖老。很多健康专家讲，人要健康就靠两条，"一靠养心（调养，勤动），二靠强身（适度锻炼）"。养心有很多办法，调养心脏、运动心脏等。我进入50岁后，把动手养心作为保健之法，因为年轻时爱劳动、爱运动，养成了靠双手寻找人生快乐的习惯。特别是退休后，把勤动手作为健身之宝，把种花养草、写写画画、洗洗刷刷作为动手必要。在此基础上，我还把年轻时习武的知识编了一套脑心运动"五法"。这"五法"全都在手上完成，每次10分钟左右，早晚各一次，对心脏的运动起到了很好的作用，达到了调节心脏、运动心脏、疏通经络、打通血脉的目的。这"五法"的做法是：一是十指对指运81次；二是握手对搓十指，每次转搓81次；三是两手交叉对交81次；四是两手合起对搓81次；五是两手相扣反手外伸81次。然后腹式深呼吸6次，这样，就达到运动心脏的目的（生理作用不再多讲），长期坚持必有好处。动脚——人的脚，除生理上赋予人站立、走路外，动好脚对人的健康更有益处，《内经》曰："阴阳集于脚下而聚于足心。"如涌泉穴就在足心偏上位置，中医称为人的生命之穴。中医认为，经络有三条阳经是从人的头部开始，直到脚部，所以脚是阳经的尽头。一般对人的上下认定为：上为阳，下为阴。也就是脚远离心脏，是血液到达最远的地方，需对脚加强活动，提升阳气，促使阴阳平衡，实现健康长寿的目的。对动脚，我有三点做法（走、泡、按）：一是走。走是最好的锻炼方式，有百练不如一走之说。因为走能使脚常接地气，更好地融入自然。如何动脚呢？我采取的方法是每天6000~10000步，最少要保持6000步，伴随各种活动，也包括家务劳动。每晚集中一个小时，适度快走，每周至少得4~5天，基本达到健康需要。放开脚，迈开腿，足底的阳气会大大提升，也会促进身体中柱线的几个穴位的运动。如走时，通过提肛、收丹、挺胸、昂头，就能调动全体的健康因子，贯通从脚的涌泉穴—会阴穴—丹田穴—膻中穴—头顶百会穴等各大穴位的功能，实现调理气血、汇集能量的作用。所以，动脚是减缓衰老的最好办法。二是泡。泡就是泡脚，用适度的热水，放入木盆，泡脚20~30分钟，必要时加入适量的中药材更好（活血化瘀、增加渗透压的中药材），常年坚持必有好处。我到广西巴马长寿村走访百岁老人时，有6位老人都讲到热水泡脚一事。他（她）们说："有钱人吃药，没钱人泡脚"，泡脚一样能达到健康的目的。因为人从脚上老，冷气从脚底出，特别是冬天，脚的温度是全身上最低的部位，所以用热水泡脚百利无害。三是按。利用每天晚上洗完脚后的八九点钟的时间，看着电视时，与家人聊天时，都可以完成这个保健的任务。怎样去按呢？我的方法是，两手抱脚，先对脚的全部进行按揉，后集中在脚的涌泉穴，用20分钟的时间用力按，略有痛感最好，整个过程半小时左右，基本达到目的。对脚的活动，我称为动脚"三法"。动脑——动脑是老年人必须强化的一个健康动作，有一句话叫"勤动脑不会老"，人的大脑是人智慧的司令部。人身所有的行为都是受大脑支配的，思维敏捷的人，尤其是老人，多数健康指标是好的。如果思维迟钝，反应迟缓，这样的人不会有很长的寿命。那么，怎样动脑实现健康，我的体会有"三个坚持"，即坚持活到老学到老，坚持逻辑思维不放，坚持爱好追求。人的大脑就不会走，因人的大脑空间是大的，所有脑细胞够活到200多岁也用不完。现在人的寿命年龄，有一半大脑细胞未得到利用。所以，开发大脑，利用好大脑，必须通过坚持学习，开动脑筋，活化细胞，提升大脑活力，长期为健康长寿服务。生理学家验证，勤动脑的人，衰老的速度会减缓。那么，动脑，我的体会是，不断地学习思考，强化大脑记忆，激活脑细胞，为健康服务。另外，外力作用促使大脑活动起来，这个外力，就是采用"耳穴运动法"来解决。先用右手握住左耳朵，拇指在里，其他几指在外，向下运动99次，然后用手心按三次，后用左手握住右耳朵，也是上下运动99次，用手心按三次，这样就达到外力促动脑动的作用，每天坚持早晚一次，长期坚持必有好处。动心——动心是指调养心脏。心是五脏六腑的主官。调养好心脏，是全身健康的保障。如何调理心脏？我的做法有以下两点：第一，调理内心。凡病生于气，气从心里出，人的内心和情绪好与坏，是心病的主要来源。有句话叫"心病难治"，人怎样才能不生气或者少生气，为心脏减轻负担？这就需要调理内心。调理内心，要做到这样几句话："心胸开阔，淡泊名利，善于放下，平静心态，控制情绪，心平气和，乐观生活，不急不躁。不计较，不大怒，不过喜，不深忧，不悲伤"，如此，百岁可期。第二，调理外表。事物的变化多数由表及里。在保障内心世界平衡的同时，应把心的外界调理好，如何调理心的外界，我认为也有以下几句话，叫作："适度运动，节制饮食，蓄精养津，乐观豁达，勤于劳作"，正正道道过人生，轻轻松松度百年。对心脏的呵护，除了以上两个方面外，还有两点非常重要，即音乐作用、气功作用。音乐作用，主要通过调理情绪，使心脏处于一个平静、放松、有序的工作状态。常听音乐的人，心脏的健康程度能比不听音乐的提高15~20岁，可见，音乐对人的健康多么重要。有专家统计，搞音乐的人，排除基因遗传因素作用外，比不搞音乐的人长寿 5~10 岁。有人讲，人心情不好的时候，要去听一场音乐会，或者睡前听半小时音乐，对调理情绪、运动心脏都有好处。我讲的音乐，主要选择一些轻音乐，如安眠曲、浪漫曲、解闷曲、解烦曲、兴奋曲，都可根据自己的身体状态去选择，只要坚持就可起到呵护心脏的作用。气功作用，主要通过一种柔和的练功方式，达到调和血气的目的。气功对老年人来讲是一种最好的练气方式，在我国民间，流传着很多种气功方法。我认为最好的有两种功法适合老年人锻炼，即太极、八段锦。太极气功，是以柔和方式，运及全身，汇集丹田的调气方法，它有助于对精、气、神的综合利用，达到强身健体的目的。八段锦，是我国古代流传下来的一种气功方法，由八节组成，动作古朴高雅，八段锦又分为"武八段""文八段"。北派岳飞流传的是"武八段"，南派为梁世昌所传的以柔为主称为"文八段"，"文八段"动作小，相对柔和，适合老年人锻炼，运动起来能起到调脾胃、理三焦、祛心火、固肾腰的作用，还能达到深度腹式呼吸锻炼心肺功能的目的。当然，呵护心脏的方法还有很多，我认为不管哪种方式，只要坚持就有好处。

动筋——人老筋短，这是老的现象。为什么老人会出现低头、弯腰、翘腿、肢体变形，皆是筋老化变短造成的。由于筋老化缩短，给人体的各个关节、胸腔都带来不利，有的发生病变，有的间接给身体的其他部位造成健康影响。所以，动动筋，对健康长寿非常有益。我国民间就有流传的"易筋经"运动方式，"易筋经"的基本内涵是："易"是变、改变、蜕变之意，"筋"是指筋骨，"经"是指指向。通过运动，修炼丹田真气，打通全身经络的内功方法。除了锻炼"易筋经"外，我国健康运动内容不少，如一些伸展运动，只要对锻炼筋骨有好处，就坚持下去，防止人老筋腱越来越短。因此，人的健康要靠动来换取，只有动，才能收获健康。因为运动，才能达到活化人体健康因子、消除不利健康病因的作用，尤其是老年人，血气减缓，功能减退，不靠运动是得不到健康的。人的生命在于运动，没有运动就没有生命，运动是健康的需要，也是长寿的必要。那么，老年人如何运动，选择什么方式运动，这需要根据自己的身体情况而定。我退休后，有一年的时间，选定不了合适的方式运动，感到很困惑，不知哪种方式好。经过一番思考，才理性地确定了自己的运动方式。我的体会是：要有明确的方向定位，具体的运动方式，不跟风，不随流，找准自己的锻炼方式。如果人家搞什么运动，自己也去搞，我认为不科学，因为人与人身体状况不一样，有的需要大运动量，有的需要小点运动量，运动对路最重要。所以，运动不对路，不得要领，运动起来会适得其反。不管哪种运动，必须树立科学的运动意识，把意念、方法、走向、时间等，统一起来。一是把握好内心境界。运动先从内心意念开始，达到思与意合，意与心合，心与气合，气与力合，力与志合，志与向合，打造一个好的内在气场。二是把握好体外境界。把肢体与自然结合，去感悟外界对身体的作用，做到视与行合，行与悟合，悟与闻合，闻与觉合，形成内外结合，上下贯通，调运气血，纳其精华，排除糟粕，练其筋骨的外在力源，把内心的意念与体外的力源有机地结合，培养血、津、液，打造精、气、神，实现健康长寿的目的。

二要科学吃。吃在人的健康中非常重要，一日三餐，必不可少，怎样吃出水平，吃出健康，是人在生活中必须高度重视的一个问题。吃除了注意食物的营养成分外，关键要了解五脏与五味（辛、酸、咸、苦、甘）对五色（白、青、黑、赤、黄）的影响作用。如五味，辛入肺，酸入肝，咸入肾，苦入心，甘入脾。再如，五色，白主肺，青主肝，黑主肾，赤主心，黄主脾。在了解食物的色泽和味道对五脏的作用外，还要了解四季对五脏食物的选择。所以，"吃好""吃孬"不重要，关键是吃得科学。在中国，吃的学问很大，一种食物有多种做法，多种吃法。不同的做法，其食物的养分也不一样。我对吃的理解是，不能不讲究，也不能过分讲究。按照健康知识的基本规则，适度把握吃的方法、吃的质量就可。我的认识，须抓住"五要"，即吃粗，吃杂，吃素，吃淡，吃鲜。

（1）要吃粗。民间有一句话叫"粗茶淡饭，有利心宽"。从这简朴的话语中，可领略到它的内涵。人类的发展历史，是一个从原始社会的粗放生活到现代社会的精细生活不断演变的过程。我的理解是，不管人类社会如何发展，但是人体的进化，不会在一定的时限内发生大的改变。人的五脏六腑，仍保持人类进化后的情况。尽管在漫长的生活中，生活习惯发生了很大的改变，但是人的生理对物质的需要，还是初始的基本要求，所以，吃粗已成为当今人类必须注意的问题。因为吃粗适应生理要求，也是健康之需要。如人的肠胃，长期吃得细腻，对肠胃有害。吃粗有利于胃的蠕动，增强胃动力。吃粗有利于粗纤维的增加，促进胃功能提升，有利营养吸收。吃粗有利于大便通畅，减少胃肠疾病的发生。吃粗有利于各类养分的吸收平衡，不会造成某种微量元素的缺失。吃粗有利于胃肠中的有益菌繁殖，为健康提供必备的免疫球蛋白。吃粗有利于血糖平衡，减少心血管疾病的发生。既然吃粗对身体健康有这么多好处，为什么人不愿吃粗而愿意吃细，这要从生活变化及人的味觉说起，一般来讲，食物细腻的味觉就好，细腻的食品也比较柔和，好咀嚼，好吞咽，感觉比较舒适。特别是现在的一些食客，只要可口，不管对健康是否有利，先吃了再说，久而久之，把身体吃出了问题，吃得不科学，身体必遭其害。粗的食物，往往口感不好，但是其营养成分是好的，对人的健康是有益的。因此，为了科学吃，就不能任性吃，要把粗的食物作为健康必备去搭配食品。

（2）要吃杂。吃杂就是食物不要单一，什么都吃，摄取食物广泛，我们常讲"食有五谷杂粮，菜有五颜六色"。在当今社会，物质极大的丰富，想吃什么有什么，食物的选择性很大，对吃杂有很好的条件。只要科学地选，合理地吃，从吃杂中吸取健康是可以做到的，因为五脏六腑随着季节的变化，对食物的要求也不一样，那么吃杂就可获取各脏器所需要的物资。中国中医学认为，人吃饭菜，要随季节而定，从颜色、种类、养分，要有基本的选择遵循。如白色的食物主肺，青色的食物主肝，黑色的食物主肾，赤色的食物主心，黄色的食物主脾。为了脏器的所需，选择食物的颜色也很重要，所以吃杂，是健康饮食的必需。我们从吃杂上，还可以找到一些论点，如主食的小麦、玉米、番薯，从养分上就可以看出吃杂的重要性。小麦——营养价值很高，是长江以北人的主粮，所含碳水化合物约占75%，蛋白质占10%，是热量、植物蛋白的主要来源。小麦中微量元素最高的为磷、钾、镁，其次为钙、铁、锌、锰。小麦味甘性凉，具有养心益肾、活血健脾、除烦止渴、利尿生津之功效。玉米——味甘性平，入胃、肾经，有调中开胃，益肺宁心，消肿利尿之功效。玉米所含的蛋白质、脂肪、磷、铁和各类维生素都高于大米。玉米还含有不饱和脂肪酸，有助人体内脂肪和胆固醇的正常代谢。对高血压、动脉硬化、冠心病、细胞衰老等有防治作用。番薯——也叫红薯、地瓜，它性平、味甘、入脾、入胃，有健脾益胃、补虚和血、益气生津、通便治秘作用。红薯营养丰富，含有糖类、矿物质、食物纤维，是人体不可缺少的必要成分。又如菜类，也是人体健康不能缺少的，吃菜也要多种类，以杂为需，以应季菜为主。特别是生活中的普通菜，如白菜、萝卜、山药，价格廉，营养高，常吃身体好。这三种蔬菜，都是从土壤中直接生长出的，最接地气，所含的养分多。比如白菜，它有生津、平喘、调肺之功效，冬季多食白菜，有利肺功能提升。它含有蛋白质、脂肪、膳食纤维，有利于养分的增强和吸收，还含有钾、钠、钙、镁、铁、锌、铜、磷、硒以及胡萝卜素，有利身体微量元素的补给和维生素的合成。它含有人体需要的各种营养成分，是"菜中之王"，对老年人来说，有抗皮肤衰老，治疗感冒、支气管炎、小便不畅、胃肠出血等疾病。再说萝卜，萝卜也是菜中的主菜，一年四季皆可，特别是冬季，是餐桌上的主菜。

民间有"冬吃萝卜夏吃姜，免去医生开药方"之说。萝卜含有糖化酶，有利人体吸收，并且维生素的含量是梨的 8 倍以上，有补血、除燥、解热、抗癌之功效，还可提高人体细胞活力，特别对吞噬性细胞培植有大的作用。经常食用萝卜，还能减少胃肠疾病。再说说山药，山药既可食用，又可药用，中医把山药作为健脾益气之效，用于脾虚的人。在中国的历史上，民间把山药作为喜宴上的上等菜使用，所有的宴席少不了酥山药。在国外如巴西，把山药作为运动员的常用食品。所以，山药老少皆宜，常吃必有好处，尤其是秋天，应多吃山药，起到养阴益气、防止肺燥之作用。我在说到吃杂时，重点讲了主粮、主菜类，其目的是在吃杂的时候，应顺应季节，多吃人们经常吃的普通菜。那么，吃杂又如何把握呢？从搭配上讲，就是多种类、不单一、顺时节，按需要、科学吃杂。从选择上讲，每天主食（谷物类）不少于 5~6 种，菜类不少于 6~8 种，综合起来不少于 12 种，水果不少于 2~3 种。这样基本达到健康要求。当然还要根据食类、菜类所含的养分，合理搭配。

（3）要吃素。民间有句口头语，称为"餐中吃素，饭后散步，不进医房，不上药铺"，可见吃素对人体健康的重要意义。人为什么要吃素？这要从人的生理构成说起。人的初始，是从打猎获取食物。随着不断进化、文明，知道了如何种粮食，逐渐把菜作为食品，开始从肉到粮兼用，后把粮作为主食。到了现在的社会，又把菜作为食类结构的重要部分。食物的多种类，食品的多样化，成为健康进食的基本遵循。随着人类的进化和发展，人体已不适应多吃肉类，必须荤素搭配，多吃素菜，素菜和荤菜比例应 8∶2 为宜。中国人有吃素的基础和经验，5000 多年的文明史，记录了良好的生活习惯。从我国的中医学中，可以看到合理饮食、注重养生的记载。如《黄帝内经》、隋唐时期医学家孙思邈的《千金要方》，都将合理膳食作为养生之要。孙思邈活到 101 岁，他的长寿经验就是饮食清淡，适当运动，称为早饭一碗粥，晚饭莫多吃，先饮而食，先渴而饮，同时把素食纳入主食的位置。

（4）要吃淡。吃淡的内涵就是少盐。人体的健康离不开盐，盐的成分——氯化钠。氯化钠在人体中起到维持肌体细胞水分的平衡，作用于渗透压促进人的代谢功能。一个氯离子携带两个水分子，吃盐多了，需水分的供给，长期摄取盐量过大，会对心血管造成损害，久而久之产生心血管疾病，所以吃淡已成为保护血管的重要措施。根据心脑血管专家认定，长时间食盐过量，心脑血管发病率极高。多数心脑血管发生阻塞、破裂，造成脑溢血等病症，给人的健康带来危害，有的夺去年轻的生命。吃盐过量，危及健康，何谈长寿。尤其是鲁南、苏北地区，习惯吃腌渍的咸菜，有的一日三餐，都有腌渍的咸菜，摄盐极高。由于长期吃咸菜，产生了味觉失灵，盐少了，菜淡了，感觉没有味道。民间传递着"要解馋，辣和咸"不科学的吃法。因此，这个地区的心脑血管疾病比其他地区高很多。那么，吃淡如何去把握尺度呢？我认为有以下三点：一是严格限定盐量，一人每天不能超过5~6克。因为食物中自有的盐分能供给肌体所需要的一部分。加上添加的部分已满足肌体需要，不要再加量，如果超量，就会对身体造成危害。二是严控腌渍菜的摄取，凡是腌渍菜含盐都高，食用后会增加盐量。三是严格掌握口味重的菜肴，做好的熟食一般含盐量都高，口味好，吃的时候一定不要多食，吃多了也会增加盐量。要牢记每顿饭立足清淡，荤素搭配，慎盐、防咸、防味浓，不多食，不偏食，形成良好的饮食习惯。对大盐、大肉要有敬畏之心。心中有戒，就能管住嘴，限住盐，进一步提高饮食质量，为健康长寿提供可靠的、科学的养分保障。

5. 要吃鲜。吃鲜就是保证食物的新鲜，不吃过期食品，不吃变质的蔬菜。只有吃鲜，才能保障肌体获取有价值的营养物。怎样吃鲜呢？一方面，要熟知菜类养分及功能。什么菜含什么养分，吃后有什么作用，对身体有什么好处，要掌握。如"菜疗歌"：大蒜抑制肠胃炎，番茄生津开胃胸；韭菜补肾暖腰膝，萝卜解毒助酒醒；健脾通乳黄花菜，莴笋洁齿小便通；甘蓝利气补骨髓，冬瓜减肥消小肿；芹菜降压治癫痫，丝瓜清热解毒疗；香菜开窍可医疹，黄瓜降压能美容；通便利肠食苋菜，辣椒开胃食欲增；茄子健脑通脉络，生姜辛辣治胃病；大葱发汗疗失眠，鲜藕解烦把酒醒；白菜养胃利小便，菠菜止酸治胃病；菜花防癌助消化，苦瓜降糖显效用；土豆消炎健脾胃，海带解瘀治瘤癌；健脾润燥黄豆芽，甘薯益气可温补；香椿散寒疗痔疝，防癌解毒食香菱；消暑解毒绿豆芽，薇菜治疗糖尿病；饮食积滞吃茼蒿，苋菜降压消头涨；茭白治疗酒糟鼻，荸荠消食能化痰。另一方面，要掌握吃鲜的时间。各类菜都有它的自身特点，季节、气温、养分，不同的种类，不同的时间，皆有不同的保存方法，有最佳保鲜期和一般保鲜期。菜过了一般保鲜期就不可食用，吃菜最好是在最佳保鲜时间内吃，无论它的口味、养分，都在最佳保鲜期内。中医学认为，食有五味，即酸、苦、甘、辛、咸，但必须注意季节，随季而吃，按点而食。春、夏、秋、冬，对五味有要求。如春要减酸增甘，夏要减苦增辛，秋要减辛增酸，冬要减咸增苦等。根据季节和菜味，科学安排食谱，使科学吃走进健康生活。

三要谨慎喝。在这里讲谨慎喝，是指喝茶、喝酒、喝汤、喝水、喝药（药膳），对"五喝"把握好"度"，就能从中得到健康。喝在人的餐饮中占有重要位置。从生活费用看，在喝上用的钱，占到生活费用的三分之二。特别是茶、酒，占据了生活费用不小的比例，药膳等，也在生活费中占很大比例。中国人讲究喝，无论喝茶、喝酒，已成为成年人的普遍习惯，或者是生活必需。从我国历史上看，北方人喜喝粥，粥的种类也比较多，料的配备由各种粮食混合而成，制的工艺也不一样。如我们常喝的粥，就用小米、大豆做原料，把大豆制成浆，用小米面混搅，微火慢熬，粥的香气会出来。北方的粥对人的胃有好处，可以生津养胃，有利消化，常喝能减少胃肠疾病。南方人喜喝汤，用各种食材混装陶瓷罐中，也是微火慢熬。南方的汤主要是以药膳为料，采用各种高档药材与鸡或者鱼类混合。南方的汤，有除湿、滋补、养胃、壮阳之功，对保健很有好处。北方人喜喝绿茶、花茶，南方人喜喝普洱、红茶，不管北方还是南方，喝茶是个普遍的爱好。又如，北方人喜欢喝白酒，南方人喜欢喝米酒，这些生活习惯，把喝提到了重要位置。我从 20 世纪 80 年代开始，注意和研究关于人生活中的喝，人为什么要喝，几千年坚持到现在，肯定有它的道理。对喝，归纳起来，中国人有"五喝"。

（1）喝茶。中国人喝茶的历史应追溯到 2000 多年前，中国人不光喝茶，还把茶作为主要商品，出口到欧美。如张骞出使西域，把茶带到了欧洲部分国家以及中东地区，唐玄奘也把茶文化传播到印度等国家。海上的丝绸之路，陆地上的茶马古道，都成为茶叶外销的主渠道，喝茶遍及国内外，形成了中国茶文化。中国人有句对茶的认可名句："宁可一日无餐，不可一日无茶"，把茶提到了比饭还高的位置，可见茶在人的心目中多么重要。茶，除了有近 40 种人体需要的养分外，还富有深厚的文化。因此，茶代表了人的高雅、清廉；用茶待客，有亲切、和善、友情之感。朋友坐在一起交谈，有"茶无尽，话无尽"之说。中国人会喝茶，也会做茶。茶分多种，红、白、绿、青、黑、黄，都有，颜色的不同，制作的工艺也不同。总的工艺称：炒青（绿茶）、半发酵乌龙茶（铁观音等）、全发酵茶（普洱、红茶等），白茶的工艺属炒青类。面对门类繁多的茶，怎样喝？我的习惯和认知是，春夏喝绿茶，冲杯绿茶，通过散发茶的清香，沁人心脾，醒目养神，调胃养津，为身体提供大量的氨基酸、抗氧化物、维生素等，是健康不可缺少的饮品。秋季应多喝一些半发酵茶清茶，如铁观音等，半发酵茶（青茶）不凉不热，属于中性，在秋季饮用，大有好处。茶中的氨基酸，有利于提高肌体免疫力，对清脑醒目、养神增精都有好处。冬季喝茶，应多喝一些全发酵的茶，如普洱等，全发酵茶，偏于温性，有养胃、安眠、滋阴、壮阳之功效。冬天喝全发酵茶，对顺应冬季养生很有好处。当然，凡是茶都有提神的作用，因为氨茶碱是茶叶的重要成分。喝茶除了注意选择种类和时节外，还要注意沏茶的方法，无论什么茶，我认为都需热洗。用杯标准沏茶法叫作：三分热水洗茶，七分热水沏茶，摇一摇，闻一闻，品一品，等一等，待茶叶下沉，温度下降至40°左右，再喝，这样喝，能感到茶的香气，并且对食道、胃肠、口腔，都有益处。用壶沏茶又是另一种方法，那需要按茶艺方法去沏。喝茶要喝功夫茶、卫生茶、健康茶，这样才能喝出茶的味道，喝出茶的作用。喝茶还要注意喝茶的时间和事项，一般情况下，上午约8点到下午5点，皆是喝茶的时间。一般掌握上午喝绿茶，下午喝半发酵茶（青茶）。还有"三喝三不喝"，即三喝：上午喝，下午喝，饭后一小时后喝；三不喝：喝酒时不喝，感冒时不喝，进餐时不喝。喝茶，茶叶多少也有讲究，好茶适度多一点，一般的茶叶尽量控制少量。慎喝浓茶，尤其是心脏不好的人，要控制茶量。喝茶要因人而异，喝出健康。茶在人的生活中已成为至爱，茶对人类的生活、文化、友情，起到了很好的作用。苦闷时，可解烦恼，密切关系时可增友谊，健康需要时可增营养，清静时可找快乐。所以，茶对人的生活影响一生，作用一世。从我国茶史上看，无论是帝王将相，还是才子佳人，上至高层，下至百姓，喝茶已成为一种爱好，很多人从喝茶得益。清朝乾隆帝是喝茶非常讲究的帝王，杭州龙井绿茶是他的专爱，一生喝茶活到87岁。历史上的诗人杜甫、李商隐、李白等，都是靠茶寻找诗情。广西巴马的长寿百岁老人，我去拜见他（她）们时，一天大部分时间坐着喝茶。有的用发酵熟茶水泡饭，甚至每天吃肥肉。他（她）们的身体各项生化指标都合格。按理说不太科学，但是身体很好。很多的前往拜访者认为，可能是天天喝茶的原因。因为氨茶碱把脂肪溶解了。从上述一些论点来看，喝茶是被历史验证了的好的生存之道。当然，未成年人除外，老年、青壮年都可长期使用，作为每天不可缺少的餐饮内容。

（2）喝酒。酒的历史也可追溯到2000多年前。滕州市官桥前掌大遗址发掘时，我曾到现场观看。从第一号遗址发掘的提梁卣，装着含酒成分的液体，经北京有关机构的专家认定是酒。从此可以看出，中国白酒的历史可追溯到春秋时期，中国饮酒已有2560多年。我对酒的认识是这样的：酒是人类文明的记忆，2000多年前酒的出现，标志着我国发酵工业开始起步。酒的生产，推动了微生物发酵用于各种食品工业，带动了酿造业迅速发展。酒的工艺，随着历史进程也不断提高，由历史上的单一发酵、单一品种，到现代已形成多种发酵工艺酿造技术。特别是酱香型、浓香型、清香型等酒种，成为人们喜爱的酒类。除了多种粮食混合发酵外，也有特殊地域、气候、池子、水质等，才出现这个味道。浓香型工艺，以浓香甘爽为特点，发酵过程也是多种原料，以高粱为主，采取混蒸续渣发酵，用陈年老窖，多次提取、勾兑、陈窖封藏，三年后装瓶上市。清香型采取清蒸煮渣，单缸发酵，这类酒，通过发酵、调兑、陈储2~3年后，再装瓶上市。当然，还有混合型酒，兼有浓、清、酱三种香型。目前在我国酒类中，白酒有11种香型，混合型是最年轻的一个成员。除了白酒外，还有其他酒类，如果酒、米酒、蒸馏酒、药酒、葡萄酒、黄酒等。酒除了种类多，用途也多。酒可以医用、做调料、饮用，还可以用于其他工业。酒对人类文明发挥了重要作用，以酒会友成为交友中不可缺少的内容，酒拉近了人与人之间的关系，增进了感情。酒的作用力使人能超出自身能量。酒在人的交往中，既有历史基础，又有现代之需，成为永不衰退的媒介，以酒说文成为中国文化的一个特征。中国的酒文化，广泛而深厚，诗人李白就是一个典型的例子，李白"斗酒诗百篇"。李白去过许多的酒厂，特别是去过历史上的八大名酒之一——兰陵美酒厂。酒后赋诗一首：兰陵美酒郁金香，玉碗盛来琥珀光。但使主人能醉客，不知何处是他乡。在历史上以酒当歌、以酒会友、以酒对诗的文人墨客，对中国的文化是个贡献，酒场成为文化平台，酒成为文化的溶剂，酒对中国文化有着不可磨灭的贡献。同时，对人类的健康，医学的发展，也起到了很好的作用。我是了解酒的，我常说，酒品似人品，通过喝酒，能看出一个人的文化程度、德行品位。一个人如果对酒文化不了解，掌握不好度，喝酒就会走偏方向。一到酒场看不透人情，只知喝酒，好的酒场也会被破坏。凡是酒场，都有它的内涵。有的只喝不明说，通过一种暗示，达到设酒场办事情的目的。有的明说对讲，以理去达到既喝酒又办事的目的。喝酒讲究自喝，不是伙同喝。自喝是为健康而喝，同喝是为互动效果，达到提情壮神的作用，使自己的目的在互动中实现。中国人喝酒非常讲究，如端酒，在鲁南、苏北地区有着"三端"的礼节，即晚辈给长辈端酒，下级给上级端酒，给自己最尊重的人端酒。在改革开放前，端酒的人是不能陪喝的，否则那叫失礼。改革开放后，进入新的时代，一般端酒的人要陪喝，这是随着历史的进程发生改变。喝酒还有主持人不讲话不能喝酒，主客不说结束，酒场就不能收。喝酒还有喝多少为宜的问题，这要看酒场、个人酒量，无论什么酒场，都不能喝多，更不能醉，要掌握好度。一个人在酒场上要有智慧，把酒量与感情、酒场与事因要结合起来，不能只顾自己喝，忘掉了赴宴的目的。在酒场上喝多了，容易失态，出现了失态，别人会认为你无能。所以喝酒时，要掌控大局，又要注意小节，恰到好处为准。在喝酒的问题上，喝多喝少我是这样认识的，喝酒的人要把握好"度"的问题。一个男人，一生没喝醉过，这种人不可交朋友，因为这人阴深，对人对事不能直面。一个人要经常喝醉，每逢酒场必醉，这种人也不可交朋友，因为无智，缺少控制力，做不成事。所以，酒品如人品，掌握好在酒场的表现是有学问的。喝酒除了把握好度外，还有喝出健康的问题。喝什么酒最好。中国地域辽阔，南、北、东、西气候不同，生活习惯不一。在前面讲的北方人喜欢喝白酒，南方人喜欢喝米酒，有着长期形成的生活习惯和爱好。山东人尤其是枣庄人，最爱的是白酒。白酒种类较多，一般情况下，还是喜欢喝浓香型白酒。葡萄酒，分红、白两种，红葡萄酒是一次发酵提取后，二次进入橡木桶发酵，通过氧化沉淀投放市场。白葡萄酒，只是一次发酵提取，多数是葡萄汁发酵，没有进入橡木桶二次发酵。高档的葡萄酒，应是在一定的温度、好的酒器中保存。适度喝点红葡萄酒，对于活血养颜有好处。所以，酒有多种，因地、因人、因量而宜，多喝有害，少喝有益。我对喝酒的看法是，喝酒适度多喝时，应有三个前提条件，一是神经类型，酒对神经产生敏感，神经类型一般分 A、B 型，也就是说，神经的耐酒性如何。A 型的神经耐酒性强，酒量大一些。有的能喝，有的不能喝，但不是绝对的。二是要看精神状态。精神状态好，神经的兴奋程度高、耐酒性强，原有一两的量，可以喝二两也无妨，不会影响健康。精神状态的产生，要看第三个条件，那就是地理环境，在什么地方喝酒，与哪些人喝酒，对精神状态产生什么作用。如果好的场合，心情愉快，那会多喝一点。如果精神状态不好，酒要少喝，搞不好，原有二两的量，喝一两就可能醉。所以，喝酒的前提条件很重要。赴宴要做好思想准备，对任何酒场做出预判。有的酒场，由于各种因素，可能多喝了酒，或者赴宴的这场酒肯定得多喝，那怎么办？首先自己要有预感，判断这场酒宴可能产生的情感问题。在这种情况下，要严守酒量的底线，绝不突破。假如出现了特殊情况，喝多了，要采取保护措施。最好的办法有两种：一种叫作先吃点东西，保护胃；第二种要喝葛根茶（中药茶），因为葛根茶中含有抗乙醛的化合物，喝后对酒中的乙醇及乙醛起到化解的作用。据有关机构专业人员测试，喝酒前先喝一杯葛根茶，喝完酒后再喝一杯葛根茶，一般的酒场都可以应对，并有"千杯不倒"之说。这种方法只是解酒的办法，最好的办法还是适度地喝，不多喝，这样才会喝出健康。酒是好东西，但是不能多喝，多喝有害。

（3）喝粥。中国人对粥并不陌生，一日三餐，多数地方有两餐喝粥的习俗。因为粥，对人体来说，非常重要，起到滋补、泽润、利吸收排泄的作用。有"世间第一补"之说。特别是幼年、老年人对粥的依赖更大，它占据了餐饮的重要部分。中国的粥很有讲究，各种各样的粥名目繁多。据统计，从有粥的历史算起，到目前已有两千多年。清代《粥谱》中，列出民间 200 多种粥，用于民间的有近 100 种。大体分为上品粥 36 种，中品粥 27 种，下品粥 34 种。粥类的不同，含的养分也不一样，制作的方法也不同。那么，什么叫上品粥？所谓上品粥，主要是与粥料配备有关，选择上等米，配上中药材，熬制而成。中品粥，是指配料上等米加各类果实配料。下品粥的配料，选择上等米加动物肉类，精心熬制而成。上、中、下三种粥，各有特长，主粮为主，根据身体状况选用不同的粥类，对健康长寿有好处。民间常喝的粥，主要是粮食为主，如大米粥、小米粥、绿豆粥、豆米粥（用小麦、大豆配料）、萝卜粥、米面粥、腊八粥、黑米粥、杂粮粥等，可见，粥在饮食中的地位多么重要。人进入老年期，由于消化功能的减退，粥已成为主食。特别是晚上，不吃多硬的干食，喝碗粥，不饱不饿，有利于休息。在我国历史上，长寿老人多数喜欢喝粥。如明代著名的医学家李时珍，非常推崇以粥养生。他著的《本草纲目》，其中介绍了 62 种药粥，把粥与养生看作不可缺少的饮食，如胡萝卜粥，可预防高血压。在《食物疗法》中，还介绍了玉米粥可防心血管疾病，绿豆粥可防中暑等。我对粥很有感情，我的家一日三餐有两顿饭有粥（早、晚），有时中午也有粥。我家常喝的粥有大米粥、小米粥、杂粮粥、绿豆粥、地瓜玉米粥、山药大米粥，还有用菜叶、萝卜熬成的咸粥。喝惯了粥，每天是不可缺少的，我最喜欢的粥，是小米面与豆汁熬成的粥，还有用玉米面、豆扁子、花生、菜叶熬成的咸粥，这两种粥，对胃、脾、肝等，起营养作用，常喝对健康长寿有好处。但是，粥不可喝得太饱，太饱了会伤胃，尤其是晚餐，高龄老年人喝碗粥即可，再吃其他的饭，会引起食滞。其实，喝碗好粥，睡前再喝一杯牛奶，完全满足身体所需要的养分。喝粥最好是热粥，不烫嘴为宜，粥喝凉了对身体不好。温热的粥可以发汗，有利血脉打通，生津健胃，推陈出新，健胃补脾，有益长寿。

（4）喝水。喝水对人来讲，是生活最普遍、最需要、每天不可缺少的生命之源。水分子在肌体中，起着对生命细胞浸润、保护、促进各种代谢的作用。人体缺水，生命会停止。那么，怎样喝水，喝多少水，是需要弄明白的一件事。可能我在讲到喝水这个问题时，有人认为这是多余的。谁不知道喝水，生下来就会喝水，渴了都知道喝水。如果有这种认识，我认为是一种缺知，这就需要加深对水的了解，提升对水的认识，去把握怎样喝水、喝什么水、喝多少水的问题。首先讲一讲怎样喝水。喝水一讲方式，二讲水质。方式问题，是怎样把水喝到肚子里。按照粗放的方式，喝水很简单，什么时候渴了，就把水一次喝下去。其实，不是这么简单，对生活讲究的人，喝水是有方式方法的。因为喝水方式有晨喝、晚喝，根据肌体水分流失情况适时喝，也称"三喝"。晨喝是指起床后，洗漱完，喝一杯白开水，对沉睡一夜的身体是个唤醒，起着对血液稀释、防止凝聚的作用，特别对血液黏稠者非常有好处。晚上睡前一杯水，对有心血管疾病的老年人有着保健作用，有的老年人怕夜起不敢喝水，这是不对的。只要你一天喝的总量控制好，晚上一杯水是利大于弊。我认为，晚上要有一杯水去保障身体需要，预防血液黏稠。还有，适时喝水问题，不是感觉渴了再喝，这为时已晚，应该根据肌体水分的失散，及时补充水，这样能够保持身体中的水分的持续、均衡，不因缺水损伤了肌体细胞。喝水的方式还有慢喝、细饮问题。如渴了急喝会伤身体。不管什么时候喝水，要稳住神、定住心，细喝慢饮，这样才不会对身体产生损害。以上讲的是直接喝水。那么，肌体的水分补充，还有其他方式获取水分。如喝茶、喝粥等，都可以得到水分。喝水讲究方式方法，这只是怎样喝水而已，最重要的是喝什么水。人对喝水的认识，可追溯到开始酿酒的时候，也就是 2000 多年前。那时候人已知道用泉水酿酒，用井水做饭，用溪水烧水泡茶，可见人们对饮水有了讲究。知道直接喝的水必须挖井取水，这样的水水质好、卫生、安全。一直到现在，人们还是挖井取水，不过现在有机械打深井的能力，多数地方通过打深水井（地下 200 多米）取水。这样的深井水，一般不受地表污染影响。当然也必须保护水源地卫生环境，防止裂隙渗漏，造成人为污染。地下水一旦污染，很难治理，需 100~200 年的时间才能修复，所以，地下水源要作为人的生命依靠去保护。因此，喝什么水，我主张要喝井水，再好的山泉水一般不能直接喝，因为它暴露在野外，会受到一些污染。《老老恒言》中讲：春天的水好，为乃春阳生发之气，对人有益。夏秋的水不好，因梅雨湿热，其气则霉，地表水不可用也，山泉随地异性易污也。湖水也有毒，有害菌多。只有井水可用，因井水清澈，天地真气，浮于水面，为地华之水，可煮粥，可泡茶，可直喝。喝井水也有讲究，早晨从井里最先打上来的水，是最好的水，因为一夜地气上升，井里的表层水含氧量高，有真气。在农村，有讲究的人都起早去打第一桶水。人对水的要求极严，有的人不饮三种水，即冰水、雨水、池水。同样的山泉水也不同，阳面的山泉水好，阴面的山泉水不好，因为阴面氧气不足，选择矿泉水应选择阳面的山泉。对喝水除上述讲的，还有应注意的"四个不能喝"问题，即不能直接喝自来水，因那是生活用水，不是饮用水，必须烧开再喝；不能喝重煮开的水，因为水烧了又烧，亚硝酸盐含量会升高，对人体有害；不能喝过夜的水，因为过夜的水是处于停止状态，会有污染；不能喝蒸锅水、老化水、死水，这些水对人体都会产生毒害。当下，各种水的处理很多，各种瓶装水也不少。我的建议是，要喝硬水，少喝软水。硬水——指的是天然泉水、井水，也包括处理的矿泉水。因这种水含有稀有的矿物质，略呈碱性，对健康有好处。软水——指的是纯净水，因经过多次过滤，除去了各种微生物和有益的矿物质，所以称为软水，好处是干净，缺点是不够营养。人不能缺水，一个星期不吃饭，有活的希望，一个星期不喝水，就没有活的希望。既然水是人体不可缺少的东西，那就应该知道一天喝多少水，才能满足肌体要求。据我了解，根据人的体重情况，人与人喝水量是不一样的。一般情况，每天 6~8 杯为宜。特殊情况需要另计算。如夏天出汗多，劳动者、运动员都需要补充大量水分。喝水量要根据自己的情况，科学把握喝水量，做到感觉不渴时也要适度喝，渴了适度多喝一些，确保肌体有足够的水分去促进身体的新陈代谢，达到以水养身的目的。那么，以水养生，除了科学把握喝水的方法外，还要知道喝水的功效。因为喝水不仅是人体必需，在特定情况下，还有治病的效果。如早晨一杯开水，可排毒润肠，加快新陈代谢。感冒时，多喝白开水，可增强抵抗力，发烧时，呼吸急促，需大量水分，多喝水有利调节体温。便秘时也需大量水分，多喝可促进排便，有利增强肠蠕动。烦躁时多喝水，可缓解情绪，因烦躁时人体津液下降，多喝水有利缓解。腹泻后应多喝水，补充体力，因腹泻体内水分流失，容易脱水，这时多喝水有利于防止虚脱。老年人睡前应喝点水，稀释血液，防止脑血栓。运动时也要注意补充水，小口喝水，适度补水，有利防止脱水。运动时不要大口喝水，防止增加心脏负担。所以，注意喝水，不管是保健康，还是协助治病，都是有好处的。喝水对身体来讲不是小事，应该给予重视，确保水对人体的应有作用。

（5）喝药（药茶）。这里我讲的喝药，是指"药茶""药饮"之类。特别是老年人，中药茶饮是不可缺少的。中医博大精深，内涵丰富，通过望、闻、问、切，辨证施治，根据人体情况，对症下药。中医功在于防，力在于治，疗效较慢。人如遇不适，应早用中医调理，达到防病、治病的目的。使用中药防病，应做到"四抓"：抓早，抓巧，抓调，抓好。抓早就是有病早知道，防治早行动。特别是老年性疾病，一定要从早抓起，有感觉就找医，没感觉也要早预防。如脑心血管疾病，要把预防放到健康时去抓，到了疾病出现后，已有些太晚。因为中药治疗比较慢，治疗需要一个过程。在这里我讲喝药，其中也有这个含义，就是把一些用于调和补的药，提前用和适度长期用。在我国历史上，把防病与治病纳入到长期和早期预防中。如民间常用的食疗与药疗，就把防与治提前进行。因为中国的中药有"药食同源"之说，有些中药材，人的一日三餐都离不了。像做菜用的佐料，葱、姜、蒜、大茴、丁香、花椒、红枣等，不仅是食品料，更是中药材。还有一些省份，地域比较潮湿，民间选用药材泡酒除湿。还有的熬制凉茶，如岭南地区，用中药材熬制的二十四味凉茶，对清热解毒、降火消暑很有好处。在我们本地，用竹叶、石膏熬茶，起到败火、解毒之功效。还有用桑叶、菊花熬制凉茶，在夏季作为凉饮使用。从上述的情况可以说，"喝药"已在人们的生活中形成习惯，当然，"喝药"不管是药膳，还是药茶，都不要乱喝。中药材的使用，有配伍要求，又有"寒、热、温、凉"特性，是药三分毒，要懂得性味归经，晓知身体症状，针对性地用药膳、用药饮，方可起到促进健康长寿的目的。我对中医、中药是有感情的，自学过中医的辨证施治，对中草药也有所了解，使用中药保健成为我的习惯。对此，我从 2003 年开始，配伍了自己使用的药茶，这个药茶对于补气、调血、生津、益精有很多好处。具体是采用 4~5 味中草药，泡水，坚持每天喝、常年喝，通过长期坚持喝药茶，从我身体健康状况看到了好处。未喝药茶前，血压、血脂都高，中气也感到不足，自从喝了半年后，身体状况明显好转，尤其是精、气、神，大有提高。在喝出好处后，我将药茶方介绍给不少朋友。目前我知道的有近 200 人喝此方。这个药茶方有这样几味药组成：黄芪 6~8 克，黄精 5~7 克，枸杞子 7~9 克，西洋参 5~8 克，有条件的还可加入虫草、石斛、西藏红花、三七等，但是只需加其中一味，应按身体需要选配，如遇到感冒咳嗽就不要加虫草。炮制的方法，采用保温杯炮制，用开水先倒半杯摇摇洗净，将水倒出，再加烧开的水，每天晚饭后炮制，晚上喝一次，再加入大半杯开水，第二天早晨起床后，烧开水加入，喝干倒掉，洗净水杯备用。我的体会，坚持数年，必有好处，并且此药方茶没有坏处。从黄芪这味药来看，是中医大夫补气、调血的首选药，而且黄芪药中含有抗氧化成分，对肌体的免疫功能有帮助。2012 年，美国、俄罗斯医科大学，都从黄芪中提取出抗氧化返童剂，用于人的免疫功能，提高人的寿命，可见，黄芪这味中草药对人健康长寿有帮助作用。黄精也是一味滋补、调理的中草药，对养精补中气有很大的作用，与黄芪相配更好。特别是老年人中的气短、体弱者，更有必要坚持常喝。西洋参也是补气的，从性味归经看，不凉、不温，属于中性，常喝也没坏处。枸杞子是味补药，也是药膳常用之品，坚持常用，适度把量，也没有坏处。所以，这个药茶方是经过实践证明，对人体只有益、没有害的好药茶方子，可以放心使用。当然，还有好多经过历史验证的好药茶方子，对人的健康起到很好的保健作用，在这里不再述说。所以对喝药（药茶），要把它放在养生"五喝"之中。我认为不要忌讳"喝药"二字，因为食药同源，天人合一。关心健康的人，不应该忌讳"喝药"二字，喝健康药的人，不一定不健康，要用科学的认知去对待喝药茶的问题，并把"喝药茶"作为老年人保健的重要内容，落实到生活的实践中。

四要珍惜气。气与人体密切相连，民间有一句话叫"一口气上不来，命就呜呼了"。人活着要靠一口气，保健康要珍惜一口气，做什么要争一口气。气对人是十分的重要。那么，怎样才能把气更好地用于人的健康呢？我通过武术学、经络学、调理学，找到了一些浅薄的认识，称为"五气"，即吸气、呼气、调气、运气、聚气，就能把气搞好。因气对人比任何物质都重要，古人都知道"元气不能伤，真气不能损，大气不能破"之理。元气是指随生命而有的气，真气是指后天形成的气，大气是指生命外在的气。那么，在人的生命、生活中，如何去守元气、保真气、护大气。这就需要从"五气"中去找答案。

（1）吸气。吸气是人体从体外获取新鲜空气，进入肺部，通过肺的功能，将气中的氧随血液输送全身各部，保障肌体所需氧量。人怎样才能保持正常吸气，始终能够吸到新鲜空气，保障肌体与外界吸气的结合。我的体会是，必须保障有足够的新鲜空气吸入。老年人往往待在屋里的时间长，尤其是冬天，到户外活动少，这样往往呼吸不到新鲜的空气，所吸入的是已被污染的空气。长期吸入这样的空气，对身体是极其有害的，因空气中的浮尘会带着一些有害物质以及有毒的气味，特别是在门、窗紧闭，房屋通风不好的情况下，这就保障不了呼吸到新鲜空气。那么，怎样去呼吸到新鲜的空气呢？我的做法是：一通、二净、三出。所谓一通，主要是确保住所有良好的通风，只有通风好，空气才能好，没有空气的对流交换，室内不会有好的空气。所以自己的屋子一定要有新鲜空气走进来。这就要求自己，要为自己的房子创造通风条件，外部防止堵风，保持对流畅通，如果是结构问题，可安装空气交换机来保障良好通风。另外，就每天窗户打开问题，要科学掌握。到了冬天，白天时间短，夜间时间长，开窗通风的时间更要注意。一般情况下，上午八九点钟是通风最好的时间，要抓住这个时间，通风半小时左右，再关好门窗。这样就能使新鲜空气走进自己的屋子。所谓净，就是要注意净化室内的空气。房子除了通风外，还有怎样保持空气的净化问题。也有一些办法帮你解决，这就是经常打扫，保持室内卫生，减少室内灰尘。另外，配一台负离子发生器，保持室内负氧离子有足量的存在，达到空气新鲜的正常值。再之，就是科学放植一些净化空气的花草，这样基本能解决室内空气净化问题。所谓出，就是走出去，到户外去吸收新鲜空气。身体好的，可以到山区、森林、田野去吸纳新鲜空气，做一些深呼吸的动作，保持新鲜空气能进入你的肺部。身体差的或者年龄大的，要适当寻找呼吸新鲜空气的地方，要确保这个地方有丰富的负氧离子。所以，要到田野、森林中去吸氧，找一个氧气充足、离家不远、没有污染的地方，吸氧一小时，就可以满足一天的有氧运动。我退休后，对于吸纳新鲜空气特别注意，把我的吸气"三法"纳入生活必要内容去安排，放在心上，落实在行动上。特别是把"一通""二净"当作自己的责任包揽下来，保持室内的空气新鲜，家中卫生良好。在做好上述两项的前提下，按照自己确定的时间出去做有氧运动。我认为这是老年人必须做到的，因为从中能得到健康，受到锻炼，获取快乐，找到幸福。还能达到顺应时节、效法自然、追求健康的目的。所以，吸气是健康的大事，应作为保障健康的一项任务去完成。也可能有人会说，谁不知道吸气，人的本能都知道吸气，因为呼吸是生命体的基本功能。但是，我对这个问题的认识不是这样的。我讲的这个方法，主要是从健康的角度而言的，因为身体出现不健康的问题，多数是在日常生活中，一些不良习惯造成的，不注意就会给身体造成伤害，特别是吸纳什么样的空气，时时刻刻都在影响你的健康。所以吸气不是小事，应该引起每一个人的高度重视。

（2）呼气。呼气是身体自身功能的表现。我在这里把呼吸分开去说，就是想告诉人们，呼吸功能，既是一体动作，又有不同的作用。吸是保障新鲜空气进入肌体。呼是将肌体内产生的废气——二氧化碳排出体外。但是对肌体呼气也是有讲究的。如我国古代流传下来的养生方法"六字诀"，就是通过呼吸运动，调动肺腑潜在功能，防止过早衰老。这"六字诀"是：嘘、呵、呼、咽、吹、嘻，并且把"六字诀"融入到气功中去，根据祖国医学，天人合一的理念，生克制化的理论，按照春、夏、秋、冬四时节序，配合五脏属性，辅以呼吸意念之体，吸天阳下降，呼脏腑浊气，达到通瘀导滞、散毒解结、调整虚实、修残补缺、养心提精、延年益寿的目的，可见古人对呼气已经看得很重。呼气念嘘，有利平肝气；呼气念呵，有利补心气；呼气念呼，有利补脾气；呼气念咽，有利补肺气；呼气念吹，有利补肾气，呼气念嘻，有利理三焦气。这些方法，对人体健康，尤其是老年人，正确地去呼吸有着指导作用。对呼气，除了要掌握传统的有效方法外，我认为要坚持以下三种方法：第一，时序与规则要坚持遵守；第二，意念与形体要坚持统一；第三，地利与人和要坚持顺应。因为有了时序和规则，人就会知时节，遵规则，有规律地呼气养生。因为把意念与形体的活动统一起来，任何形体的锻炼都会达到应有的效果。因为把地利和人和统一起来，就可发挥人与自然的互利作用，借助地利，用好人和，吸纳精气，用之于呼，把人的呼气用到极致，服务于健康长寿之需要。我对呼气，还有三个时间节点，即早晨醒来，在床上做深呼吸；中午 12 点左右做一次深呼吸；晚上 9 点左右做一次深呼吸。通过三次的深呼吸，将体内的气浊物全部排出体外，保障身体有足够的活氧量，达到养心、护肺、润津之目的。

（3）调气。调气是体内肺活量不足，氧气缺乏，上、中、下三焦气不通、不达、不顺，造成某一脏器出现功能失调，气血瘀滞，这就需要通过调气来解决。调气有两种方法：一种是外作用力，通过中医疗法（中药、针灸、推拿等）解决身体气血瘀滞问题。另一种是内作用力，通过气功的作用，调理身体内气血不畅问题。中医的观点是，人得病一切源于气，关键在于血，身体内气达血畅，百病皆无。可见气对身体健康多么重要。特别是老年人，随着年龄的增长，肺活量逐渐衰弱，这就更需要通过外力、内力来助力提气活血。有的老年人就很有经验，为调气，自己坚守"三不"，即不气着，不闲着，不累着。不气着——因病源于气；不闲着——因有利活血提气；不累着——不因过度劳累造成气血不畅。坚持"三不"，对调气很有好处。这些最简单、最易行的方法，每位老人都要坚持去做。这样就会保障你的身体气血通畅，百病皆无。上面讲的用外力（中药疗法）调气，是对健康的人和身体气血不畅的人都可以采用的一种方法。因为有的中药，既是药，又是食。在古代多数采用食疗去预防疾病。因此有"食药同源"之说。如山药、大红枣、当归、西洋参、黄芪、黄精等，都可长期食用。有的老中医为了自己补气，常吃大红枣，还讲道：要想身体好，每天都吃枣。因大红枣有补气、补血之功效。对身体气血不畅的人，就要找中医，根据自己的身体状况，有针对性地问诊施治，找到什么原因造成气血瘀滞的问题，采取综合疗法，尽快调气补血，解决因气血不畅带来的疾病。所以，调气在健康方面有着固本、强基、先防的作用。另外关于内力作用（气功疗法），是体内自行调气，在我国有不少的气功疗法，通过气功，打通经络，保持气血旺盛。还可通过身体的自身功能调整余缺，把气调到身体需要的部分。如气功学中的"运及全身，补及一点"的做法，就是调气运氧的道理，使全身的每一个部位都贯通起来，通过血脉经络将内气运及全身。这就是内力作用，使身体不缺气，不滞气，有活力。

（4）活气。活气是指体内的气充满活力，没有窝气，流动自如，保障肌体所需要的氧气。所谓窝气，是体内浊气积聚，使肌体出现病理变化。比如，天气和人体气流也有相似的道理，天气气流不畅，出现窝云，天气会发生变化，坏天气就出现，人体内也是如此。如若气不活，气停滞，肌体就会出现病变。民间人们对窝气就有说法，讲"这个窝囊气不能吃，吃了就会被气死"。这样简单的说法，道出了一个身体不能受窝气的道理。如有的人到医院找大夫看病，开口就说："我这段时间气短，没力气，感到胸闷，胃也不适"等。大夫首先会考虑你心脏、胃方面的问题。大夫会问你血压高不高，有没有心血管方面的疾病史，胃怎么样，生没生气等。正问与反问，要讲的可能什么是病因，大夫问到的其实是两个问题：一个是心血管方面的问题，一个是胃、脾方面的问题。这两个问题都涉及血气、胃气的问题。血气不活，血瘀停滞，血管受阻，运氧不足，心病出现。胃气不逸，胃脾不和，活力不足，胃肠受阻，胃病出现。这些并不难懂的知识，都反映出一个问题，就是气不活造成的，病从气上得。所以，注意活气，是保障身体健康的一个重要方面。我对活气是特别注意的。人一生会发生很多事情，生活在矛盾之中，不可能不生气。那么，生气怎么办？我的方法是：有气快点生，生气三分钟。过了三分钟，要想法去解脱，坚决不生真气、长气、窝气。人一生没有多少累死的，多数因气而死。因此，不能生气，要活气，使身体的气活起来、动起来。如果气不活，会气滞瘀结，疾病来临。一旦有气，抓紧打开心结，敞开胸怀，去拥抱自然，到氧气充足的地方，叫出来、喊出来，释放自己。再之，去找你的朋友，述说窝气，把生气的事讲出来、道出来。这样体内的窝气就会消散，气活了，你的心情会好起来，不会因窝气带来疾病。因此，活气对身体健康是有直接关系的，我之所以讲活气，从我的生活中已感悟到活气对健康的重要。当然，活气是对生气而言，生气后，不活气，就会窝气，只有活气才是最好的办法。人最好是不生气，不生气也不会产生窝气。如真的生了气，学会尽快活气，这样会使身体气血平和，脉络畅通，给健康提供保障。

（5）补气。补气是对体质虚弱者尤其是老年人讲的，健康的身体是不需要补气的，但是对需要补气者是必不可少的。按照中医观点，中气不足，邪气上身。体弱者上气不接下气，说话都没底气，这就需补气。补气既是一种亚健康调理，也是健康性的预防。人处在亚健康状态时，表现的第一症状，就是肤色不好，中气不足，脾运失调，大便溏薄，有气无力，这需要补气、健脾，因为补气，必须补脾，脾为后天之本，气血生化之源。脾脏虚弱，食欲不振。脾脏在五行中为土，土出了问题，金、木、水、火都会出问题，因五行对应五脏。所以，保脾补气，这样就需要找中医调理。一般情况，自己如感到气不足，就搞一些党参、黄芪、白术、扁豆、大枣、饴糖各 6~8 钱，每天早、晚喝一次，一个星期基本解决问题。也可采用山药、萝卜、莲子、藕、薏米、粳米熬粥喝，进行食疗。不管什么方法，只要出现了气不足，就需要抓紧补气。对此，补气是解决亚健康中气不足的必要。补气的方法，除了找中医调理外，还有健康时对气的呵护。一要健脾，防止运湿功能降低；二要保心，防止血液带氧不足；三要润肺，防止体内气体交换不好。所以，健脾、保心、润肺，才能提高肌体产气、运气功能，满足健康之需要。我的体会，除了以上三点要保持做好外，还要加强有氧运动，为补气提供外部条件。平时要保持好的心态，不伤元气，不损真气，不破大气，顺应时节，效法自然。像庄子讲的"水静犹明"，有一个淡定的境界。因为只有淡定，才能保障身体内脏器平衡。假如多愁善感，心神不宁，这样会出现短气、少气问题。就像诗人苏东坡讲的"心安是药更无方"，意思是心安会远离药方，神宁会自然健康。古人都知道安心、补气的道理，现代人更应该注意补气。

五要讲究穿。穿是人生活方式的重要部分，有着保暖、遮体、饰美的作用。人自从脱离群居的生活后，开始注意衣服的作用，把穿衣作为生活的必备。就穿衣讲究而言，中国人穿衣的历史，应追溯到夏商时代。到了周代渐趋完善，并被纳入"礼制"范围，服饰开始按身份、地位区分。衣的色泽也有讲究，衣用正色青、赤、黄、白、黑等。到了清朝时代，由于满族服饰的影响，满、汉衣饰做了大的改变。如脱胎于满族妇女服饰的女式旗袍，从 20 世纪 20 年代到40 年代，风行了几十年。其中青布旗袍，最受当时学生的喜爱，一时间盛行全国，旗袍成为当时中国妇女的标准服饰，民间妇女、学生、工人、达官显贵的太太等，无不穿着。旗袍成为交际场合和外交活动的礼服，甚至传到国外，被西洋女子效仿穿着。发展至今，旗袍的款式、花色、品种繁多，仍演绎着昔日的精彩。但是服饰也随着社会的进步，文化的发展，审美观的变化，也在变化。现代人根据职业的不同，对穿着也有要求。如正装、休闲装、职业服等，强调的是高尚、自然、淡雅、简洁的风格，追求自然美成为时尚。我对穿衣自然美的认可有两点：一是根据自己的职业、生活的实际，讲究大方自然美。二是根据自己的爱好、保护身体的实际，讲究舒适健康美。穿衣不在价位高低，关键是对衣服的审美。价位高的不一定适应，价位低的不一定不合适。穿衣的前提是个人修养、文化素质，追潮赶形势不一定就好。服装很多带有流行性、通俗性、商业性、趣味性、即时性、片刻性、赶潮性。把人的穿衣与经济利益挂钩，实际已扭曲了穿衣应有的内涵。对此，我对穿衣是这样认识的，衣不在华，适体就好，特别是老年人要把握"五穿"。这"五穿"是穿柔、穿宽、穿暖、穿美、穿轻。

（1）穿柔。无论是年轻人还是老年人对衣服的要求，首要的是柔和。柔和的布料制成衣服，对人的身体起着一种保护作用，行动起来减少衣服对皮肤的摩擦。如武术之人，运动时多数选择的是柔和布料，目的是活动时能与肌体的运动相协调，不至于因衣服影响运动，也不因运动顾忌衣服，还能因衣服柔和扶助武术的美。柔和的衣服，首选的应是棉、丝、麻类的布料，这些布料属于植物纤维，絮丝中有空隙，接触人的皮肤后，可释放植物絮中所含的蛋白质，对皮肤有营养作用。同时吸除皮肤（汗）排出的有害物质，保护皮肤健康。20世纪70年代，中国还处在贫穷时期，那时人们对布料的认识还有不清晰，认为化纤布是最好的，在全国兴起化纤布热潮，无论城市和农村，穿化纤布是时尚。特别是农村，找对象要买一种"凡尔丁""的确良"的布料送给未婚妻。第一次送布料叫"传起"，也叫"过红"，也是正式证约。如果买了棉布作为订婚约之用，那有可能要解除婚约。那时信息不灵，没有电视，了解信息少，只是从《参考消息》报纸上看到，日本人不穿化纤布，只穿棉、丝、麻。当时我还不明白，日本人为什么不穿化纤布呢？直到改革开放以后，随着人们的生活改善，对生活保健知识的增多，化纤也淡出了人们的视野。特别是进入21世纪，生活水平得到提高，穿化纤布的历史已过去。不管是城里人，还是农村人，对穿开始讲究起来，把棉、丝、麻作为穿衣首选的布料。当然，化纤纤维随着纺织技术的提升，也不是那个时候的品质了，也有的把化纤布做成特殊服装，或当作里衬，或特殊服装布的经线等。我讲穿衣要穿柔，而在化纤布中是找不到的，只有从棉、丝、麻、棉混纺布中去找。那么，为什么老年人要穿柔呢？除了布料对人体有好处外，还有老年人爱坐，身体好弯曲，衣服必须柔和对身体才有好处。据有关资料记载，从2000多年前人们对柔和的布料已看作尚品，柔布中绫、罗、绸、缎，并且工艺特别精细，达官贵人都爱不释手，所谓穿柔从那时就开始重视起来。那么，我对柔又是怎样认识的呢。说实话，青少年时期，那时很穷，全国吃粮、穿衣都有计划。城市居民吃粮要粮票，全国人民穿衣都要布票，根本没有条件去谈穿柔的问题。直到我国改革开放后，注重解放生产力，加快经济发展步伐，人民的生活开始逐渐好转并富裕起来，人们开始对吃穿讲究起来，尤其是对穿有了深层的认识。我们这代人赶上了好时代，解决了可以讲究穿什么衣的问题。所以，我对穿衣在注意节俭、整洁的情况下，对穿柔有了点了解。一是穿柔要以棉为主，因为棉絮纤维是有空隙的，既能吸潮，也能防风，价格低廉，特别适合老年人。二是穿柔以丝为辅，因为丝是生物体内产生的（蚕吐的丝），丝中含有蛋白质，用丝织成的布，穿起来有营养皮肤的作用，这种布料，老少皆宜。三是穿柔要以棉、丝、麻混纺布料为配，因为这三种纤维混纺或两种混纺，布料有柔有型，穿起来既能享受到柔的舒适，又有了美的挺拔。

（2）穿宽。所谓穿宽，我指的是衣服的松紧度，衣服既要可体，又要宽松。特别是老年人，穿衣穿宽是应该注意的问题。人到老年，身板变硬，如果穿衣穿得很紧，会对身体产生不良影响。穿得宽松一些，有利于身体的活动，这些浅显的道理，应该是谁都知道的，但是也有人不注意，把衣服搞得紧紧的，因衣服过紧，对身体产生了危害。从我国历史上，穿衣穿宽已有很多的例证。如唐宋时代，把穿宽衣作为美的追求、生活的遵循，不管是达官贵人，还是平民百姓，一般上衣、下衣都是肥大的，由于衣的宽松，给当时的礼仪、生活都带来了方便。譬如，撩衣襟行弓腰礼，跪下行大礼，会客盘腿坐，衣襟笼物品，这些动作，没有宽松的衣服是做不成的。在那个时代，人们对穿宽衣服的认识有着很深的文化内涵，因为以胖为美，所以，对衣服的要求，宽是必需的。当然，还有一些生活习惯，把衣服做宽松也是行动方便。后来，随着人类的进步，文化的发展，生活方式的改变，穿宽的习惯有了变化。但是在一些少数民族地区，穿宽松衣服仍是民族的特征。因为宽松的衣服对人体是有益的，特别是老年人，穿宽松衣服更有必要。我对穿宽是这样认识的：一是适度穿宽，穿宽不是没有标准，而且有着规范的要求，这个标准就是身体感觉舒服。无论冬、夏，都不要把衣服穿得太紧，穿紧是有害的，不利于活动，影响血液循环，长期穿紧会带来疾病。二是科学买衣，衣服选什么料是有讲究的。一般内衣要选有一定弹性、外衣选挺拔一些的，内衣要以棉料为主，外衣可选混合纺织，毛、棉、麻、丝都可以作为当选的布料。老年人购衣更要讲究，首选棉料，适度宽松，富有弹性，简洁大方，方便穿脱。三是添新守旧，人到老年，自己认为年龄已大，不想添置衣服，有点穿就可以了。其实这个观点是不对的，老年人也有夕阳美，更需要健康穿衣，适当添置宽松适度的衣服，对老年人的心态是有好处的。特别是节日，更应该添置新衣。但是添新不是舍旧，有些衣服尤其是棉制品，经过多次的洗、整，穿起来可能更可体、更舒服。从款式上讲，衣服没有多少变化，有的旧衣，放几年再拿出来穿，又有新的感觉。所以穿宽松衣服，添新守旧是有道理的。

（3）穿暖。所谓穿暖是防止受凉的一种措施，也是人身体对外界温度变化的基本要求。从穿暖字义上讲，就是保护好身体应有的温度，不论体外气温条件如何，身体的温度能得到基本保护，防止因受凉产生疾病。自然界有四季，四季的温度是变化的，人体如何适应变化，首要的措施就是保暖。这就需要顺应时节，晓知冷暖，加强对身体的保护。解决保护的办法，就是穿暖。从这个道理上讲，对穿暖要有足够的认识，特别是理性认识。因为如何穿暖还有一些科学的知识需要自己掌握。说到这里，也许有人会讲，谁不知道穿暖，不知道的只有傻子。其实，不注意研究，还真的不知道怎样去穿暖。古往今来，人们对身体的保暖都非常重视。保暖除了改善住居，加强保暖措施外，最主要的是人的穿暖问题。在2000多年前，人们为穿暖开始对服装做了研究。如对孩子的穿暖，采用挂肚兜的办法保障胸腹的温度，老年采用缝制的棉垫用来保障腹部的温度。还有，身体保暖要适应四季变化，四季的室外温度不同，采取穿暖保温的措施也不一样。对身体保暖，随着季节的温度，也有不同的保护措施。我从了解到的有关穿暖的知识和我粗浅的体会讲述如下。总的来讲，根据季节、体位的不同，对穿暖我归纳了"四护、两保"。"四护"就是护腹、护背、护头、护脚。第一护腹，人腹部由于有肚脐的存在，如有凉气袭来时，就会受到侵害，造成胃肠不适，无论老人和小孩，冬天和夏天，护腹防受凉是必须做的。特别是胃寒的人，更应该做好护腹防凉的衣物，以适时备用。从人的生理上看，腹为前位，五脏六腑大多靠前面，也是人体易受凉的部位。护理不好，会影响健康。第二护背，人的背部也是易受凉的部位，因为背部有通往大脑的主干神经（通脉），都分布在脊骨的两侧，尤其是肺腧穴等在背的两侧，一旦凉风袭来，最容易造成肌肉酸痛，导致脑心血管痉挛。特别是老年护背更是必要的。男人为什么要围脖巾，除了护好颈部外，还有护背的作用。如人在户外活动静下来时，要迎风停，不要背风停。背着风，背会受凉，寒邪侵入肌体，会产生疾病。所以，护背也是穿暖防寒的重要一条。第三护头，一般讲头部耐寒性是比较好的，但是到了深冬，特别是寒风刮起，老年人护头是应该引起重视的。如有高血压、心脏病等，更应该把护头当作穿暖的重要措施来对待，因为头部血管密布，神经传导功能强，一旦受到寒冷的刺激，会导致心脑血管疾病以及面部神经麻痹等。到了冬天，老年人到户外活动，一定要及时穿戴好护头的帽巾，把保暖的防护措施做好。第四护脚，人到老年，各种器官功能减退，四肢老的特点明显，尤其是脚部，远离心脏，随着功能减退，血流量减少，体温明显下降，从脚底往上凉，肌体感觉寒冷。因为脚底有"涌泉穴"，称为生命之穴，最易受凉，老年人保护不好脚，各种疾病会找上身来。给脚穿暖，护好脚，是保障健康的必要。民间有一句话：护头不如先护脚，可见人们对脚的爱护已引起重视，并成为自我保健的好习惯。我讲穿暖，除了"四护"外，还有"两保"：第一保障有适时的保暖衣服，一年四季，尤其是秋、冬季，是防寒保暖的重要季节，根据天气温度调增衣是很重要的，必须有足够的衣服减增，不因衣服准备不足一时受寒，引起疾病。老年人的保暖衣服，既要保暖，又要轻便，做到里棉外毛，里柔外挺，底紧上松，适度为好。第二保障有适当的保暖措施，穿暖的措施无非这样几条，及时地买，适时地穿，重点地保。及时地买，就是不能等到不能穿时再买；适时地穿，就是不能等到感觉凉了再穿；重点地保，就是着眼全身，重点保护（腹、背、头、脚），这样穿暖的问题就基本解决。

（4）穿美。穿美是老年人内心美的外在展现。我讲的穿美是指文雅的美，庄重的美，整洁的美，健康的美，自然的美，人到老年，不要不修边幅，一定要有夕阳人更美，把内心的高雅通过穿衣体现出来，做一位整洁、健美、卫生、文雅的老年人。因为穿美是一种文化、一种气质。只有重视穿美，才能强化内心的美，通过穿美促进健康。那么，为了穿美，我浅析以下"四美"问题。第一，文雅的美。老年人穿衣要文雅，不能随便抓起一件衣服就穿，上下不整齐，里外好几层，看上去衣服不少，这样既不保暖，也不整洁。如何雅呢？我是这样认识的，搞好"四个搭配"：一是衣服颜色的搭配。有人认为老人要穿艳装，如大红、绿黄、紫黑，我是不同意这种认识的，老年的衣服颜色要选综合色、中性色，搞好同色搭配或异色搭配。夏装自然底重上轻（下衣选重色，上衣选轻色），冬装就要选中性色，如套装要同色。二是里外衣色的搭配，夏天一般很少里外搭配，主要是秋、冬、春季，里外搭配就要注意了，一般情况下，里艳外雅，里面的服装与外套要形成鲜明对比，起到外雅内亮的效果。三是衣料的搭配，一般情况下，把柔料、棉料、丝料作为内衣装配，外衣可选一些棉麻混织品、毛织品，也可选高档位的其他纤维来作为外衣。这样能起到既保养皮肤，又体现外在美的效果。四是鞋帽的搭配，鞋帽在穿衣中起到点缀的作用。如果鞋帽与衣服不协调，再好的衣服也会失去光彩。尤其是鞋的配套更要讲究，什么衣服配什么鞋，如休闲装要配休闲鞋，穿正装要配皮鞋，做到鞋与衣服相一致，这样穿起来，就显得整洁，还可提高人的气质。因为衣服穿着是给别人看的，人活百岁，也要保持清洁卫生，干净利落，体现出老人的精、气、神。做一位时尚、文雅、自然美的老人，保持高尚的、良好的精神状态，做到人老心不要老，持有年轻人的心态，把衣服穿得更"养眼"一些，永葆青春、健康永存。

（5）穿轻。所谓穿轻，就是简洁轻便，衣服可体。人到老年，往往对穿衣不太在意，多数因怕受寒，刚到冬天，就把棉衣棉裤全穿在身上，甚至到了气温上升时，仍穿着厚厚的棉衣。这样穿衣，既不保温，也不方便，还可能受寒。我讲老人穿轻，是在保护身体不受寒冷的情况下，想法穿得既轻便，又保暖。老人穿衣一定要分里外间，不能一厅式一眼看到里，一定要有里外套，这样好适应室内、户外的气温变化，保持身体能有一个恒温环境，达到无论外环境如何变化，身体都不会受影响。那么如何穿轻呢？我的体会有三点：一是坚持里穿精棉布，贴身的衣服冬要穿棉，夏要穿丝。为什么冬要穿棉，在前面已讲到，棉絮是有空隙的，既能吸潮，又能隔风。民间有"里穿一层棉，舒服一整年"之说。也就是说，贴身的衣服一定要选棉料，做到衣服可体，不紧不松，轻便流畅，有利外装。特别是内衣，一定要选针织棉料，便于与外衣的融合。夏天穿丝，因为丝织品含有丰富的蛋白质，夏天穿在身上，通过汗水、温度，可释放蛋白养分，对身体起着保健作用。为什么强调里穿棉呢？因为棉对人体的保护胜过任何纺织品。特别是老年人肌肉越来越少，血管神经暴露明显，热能降低，如果穿其他的衣料，就会损害身体，也不利于保温、吸汗。所以老年人里穿棉是首选，要选一些具有轻量、柔和、弹性的里衣。二是坚持中穿毛，一年四季，除夏天外，其他三个季节都需要中间套。中间套是指内衣外面的衣服，这件衣服很关键，起着保温、防寒、衬托内在美的作用。因此，选择搭配这件衣服，首选应是绒毛织品，手感好，柔性大，有张力，既保温又美观。当然，中间套也有各类款式，作为老年人还是多选绒毛类的为好，因为绒毛类不产生静电，也不会损害皮肤，好与其他衣服搭配。三是坚持外穿混纺，外衣除了保暖外，还要美观。美观的特点应该是大气、流畅、挺拔、宽松。那么，达到这个标准，只有毛织品或者毛麻等混纺织品（正装还是纯毛的好），这种衣料穿在身上，还能显出人的气质，形成里棉、中毛、外混纺的特点。老年人不要认为年龄大了，有点衣服穿就可以了，这种心态是不行的。只有心态不老的人，才能长寿。所以，穿衣与心态又密切相关，一定要有"百岁不老心，茶寿可期待"的穿衣理念，做到：穿衣要讲究，里外相配套，舒适又美观，活到九十九，穿衣不放手，把穿衣作为老年人生活的重要组成部分，切不要对穿衣不在乎，散了求美的心。否则，身体中的积极的、向上的健康因子就会降低，人的寿命也会减少。因此，讲究穿不是小事，是健康大事。以上讲的穿，是从健康的角度说的，不是虚伪奢侈的穿，更不是无聊的穿。因此，老人把穿要作为健康长寿之道来对待。

创新生活

人到老年要学会生活，珍惜生活，品味生活。不要用一切都无所谓了的思想去生活。因为人一生，年轻时候是为以后生活而奔波，走向岗位是全力为事业而工作。退休后的时间应是对自己的健康负责，因此，一定要抓住这个时期去创新生活方式，寻找生活幸福，感知生活之美，收获人生之快。尤其是退休人员，要把退休后的生活安排好，把退休作为人生的第二次青春去展示自己、充实自己，开启新的生活，做到老有所为，老有所爱，老有所乐，让生活充满阳光。那么，如何去创新生活呢？我的认识是这样的，在思想上不放松，要热爱生活；在内容上不单调，要丰富生活；在形式上不浮躁，要创新生活。具体讲，要做到"四要"。

要珍惜生活

人生在世不容易，从出生到结束人生，无非 3 万多天。每天要与自然界打交道，与社会打交道，与自己的家人打交道。每天的生活，既有七彩阳光，也有阴湿潮冷；既有人间给你的快乐，也有社会给你的烦恼；既有人家给你的关心，也有因不够完美给你的不快。总之，你要多看好的一面，不要去看阴冷、残缺的一面，多记好处，忘掉烦恼，让你的生活充满阳光。那么，珍惜生活，要从何处去做呢？我是这样想，也是这样做的。学会知足。人对生活的标准，不要定位太高，饿不着，冻不着，医有保，病有治，有房住，就可以，自我满足，心理安然，珍惜生活，才有幸福。对生活的要求，不只是物质的，还有精神的。你的财富多，也不一定幸福，只有珍惜生活的人，才能找到生活的快乐。如诗人白居易就把交友看作生活的一部分，认为会会友、喝杯酒，也是生活。因此他写下了一段生活诗《问刘十九》："绿蚁新醅酒，红泥小火炉。晚来天欲雪，能饮一杯无？"古人把生活看得并不复杂，没有从金钱、物质的角度去看生活，认为有朋友，围着火炉，喝杯小酒，也是生活。而且这种生活非常淳朴、简单、自然，从这里享受到了人间友谊、自然界的美，并且轻松、真诚，心里没有压力，把生活提到了一定的境界。其实，我也是这样认为，不要把生活搞复杂了，只要你懂得人生，珍惜生活，你就会理解生活，也就找到了生活的真谛。人生是一条河，河的深浅要在淌河的过程中去体验。水的温度，河底平洼，只有走进去才能知道。这就要求做好蹚河的预测，掌握蹚河的要领，不要被奔腾急流的河水冲走，也不要因一时的好玩失去感觉，要在蹚河的过程中，时刻提高警惕，顺利蹚过人生的河。人生是一首歌，唱过才知道是悲是喜。要唱好人生这首歌，真的不易，要学会识谱，掌握音符，把握声调，投入情感，这样才能唱好这首歌。我的这首人生歌，虽然不很完美，但我知足了。因为我尽心了，在唱歌的过程中，注意把正音，不走调，用感情去唱歌；在唱到悲伤时，注意控制自己，从中转化为力量，让悲伤避开人生。人生是一杯酒，饮过了才知道是辣是甜。辣中带甜，甜中有辣，酒随量饮，适度为宜，才能品出酒的香味，所以有"酒饮微醉处，花看半开时"之说。人生这杯酒，如何喝，关键是把握度，把握好了，就能喝出滋味。把握不好，除了辣味，也喝不到甜味，更品不到香味。人生是一个旅程，走过了才知道有顺有曲，因为在整个旅程中，既有好看的景点，也有曲折的小路，景点要看，曲折的小路也要走，旅途不可能都是顺道，只有走出曲折的小路，才能看到好的景点。人生就是这样，当你不顺时，一定要坚持，树立信心，克服困难，最终好的景点会映入你的眼帘。人生就是一场戏，看完了才知道有乐有悲。看戏时，台前人穿梭，台后把戏说，剧情再好看，也得把幕落，戏散人离后，内容任评说。所以人生这场戏，快乐与烦恼、喜庆与悲伤都存在，不必太较真。对事对人要简单一些，对自己要开心快乐一些，让烦恼与挫折走开，该放下的放下，该远离的远离。在人生的过程中，即使受到一些委屈、冤枉也不要紧，要勇敢地面对，不怕歪风邪气，挺起胸膛向前走。把住方向，稳住心神，鼓足生活的勇气，去迎战未来可能遇到的一切，用精神、智慧、骨气去把人生路走好，让自己的生活充满阳光。

要感知生活

我讲的感知生活，是指对生活的一种预测和感悟。人虽不能全知今后生活的情况，但是对自己今后生活是个什么样子，要有基本预判。要想预判得更准，首先要有清醒的认识，能力如何，智慧如何，要有一个客观评价。其次对社会状况和生存环境进行分析和研判，去定位自己的生活。如果对自己都不能做出客观的评价，几斤几两都不知道，对自己没有定位，只是空想生活标准，追求与自己不属实的东西，那是做不到的。只有认识自己，看清外界社会，才能找到你需要的生活。感知生活，我的体会：一靠自己的预测判断，二靠个人悟性知觉，预测未来，把握方向，感悟人生，追求梦想，用自己的感知去体验社会，凭着感觉往前走，避免走错路，向着人生梦想去争取生活。感知生活要把握以下四点。

1. 用变化的眼光看生活。生活不是一成不变的，它随着个人的努力与社会的发展而发生变化。《易经》中讲道"易者变也"。万事万物在变，对生活的追求要用"一切会变的"道理去看待。民间有一句话："不笑别人没饭吃，十年河东转河西；运气风水轮流转，只见喜事不见难。"从民间的谚语中，反映出一个道理，就是事物会变，生活会变。因此，不论遇到什么样的困难生活，只要人争气，肯努力，再难的生活也会发生改变。不要静止地去看待问题，要想变化，就去感知生活。

2. 用自己的想法去适应生活。人从承担社会责任、家庭责任的那天起，就要面对生活。特别是退休的老人，更要有自己的担当。要适应退休后的新形势，把握时代脉搏，融入当下社会，找到做事的立点，开发做事的起点，创造生活的光点。不虚度光阴，不能以其昏昏、使人昭昭，活得要有价值，做一些有利健康、有利社会、有利家庭的事情。

3. 用心灵去感悟生活。在人的生活中，过去的事要总结，为今后的生活找到经验；对未来的生活，要用心去谋划，做出符合自己的生活。感悟生活，就是从生活的现实中悟出道理，悟出方向，悟出机遇。同时，要去学习生活，探讨生活，向生活致敬。因为生活内容宽泛，又非常复杂，生活得舒心一点，就要为之努力，不求生活得尽善尽美，要求能快乐地活着就好。

4.用省悟去感知生活。人要学会自我省悟预知未来生活，就要知道怎样生活，知道生活有哪些内容，在生活内容上已拥有了哪些，还有哪些不足，是物质的不足，还是精神的不足，将生活的缺陷补上，这就需要知道自己的生活最缺什么。我的体会，人的生活中缺吃、缺喝不行，但是最重要的是一种对生活的态度以及理性的把握，还有人的意志和德行。退休后，我读了一篇古文《冯谖客孟尝君》，讲的是孟尝君拿出账本问门客：谁熟悉会计的事，帮我到薛地去收债，冯谖自告奋勇领受了任务。辞行时冯谖问：债收完了买什么回来？孟尝君曰：视我家所寡有者。冯谖到了薛地，把欠债的人找来，验证后，假托孟尝君的旨意，把所有债款账当场烧掉。回去后，孟尝君问道：债收得如何，买回了什么东西？冯谖答道：您曾说视所寡有者，我私下考虑，您宫中积满珍珠宝贝，骏马、美女都不缺，缺的是"仁义"罢了，所以，我用债款给您买了"仁义"。对此，孟尝君很不愉快。直到孟尝君遭到齐王的排斥，只好到自己管辖的薛地去住，在前往的路上，薛地百姓扶老携幼，夹道百里迎接。孟尝君见此情景，非常感慨地对冯谖说：先生所为，文市义者，乃今日见之。从古人的生活中可以看出，要想生活得愉快和长久，就要寻找生活的不足，要常问自己缺什么，特别是在精神方面，仁德、义举缺什么，是否缺正义、大爱等，对应生活感知生活中所缺的东西，根据需要想法补缺。尤其是精神层面的东西，更是不可缺少的。

要丰富生活

人的生活需要多内容，多形式，不单调，不乏味，物质的、精神的适度就好。丰富生活，主要是营造生活。人到老年，随着奢望、好奇心的减退，从热烈、竞争、积极进取的心态走出后，应把丰富晚年生活作为养老的首要内容。那么，怎样丰富生活呢？我是这样安排生活的，做到"四个立足"。

1.立足健康。退下来后，我把健康放到了首位。因为身体是一，其他都是零。做所有事，对健康有利的就做，没有利的就不做。那么，如何安排自己的健康生活呢？在前面，我已讲了五个方面，那都是我的健康生活内容。注重动，科学吃，慎重喝，珍惜气，讲究穿，做到生活长计划，月安排、周想清、日做到。凡是属于健康生活内容并已列入生活圈的，一定要坚持做好，不要忘事而不为。

2.立足学习。人到老年，一定要把学习抓在手上，学习有助健康、利脑、养心。因为社会在发展，知识也在更新，不知道的东西还太多，要为健康而学。孔子曰：

"生而知之，学而知之，困而知之。"不管是什么情况，学习没有坏处。通过学习，增强预见性，解决好不学无知和避免陷入少知而迷、不知而盲、无知而乱的问题。我对学习的态度是认真的，时间要保证，每天不少于两个小时，中午集中读报、刊物类，下午一个小时的时间读系列历史书籍。一天下来感到很充实，也很踏实，觉着自己又学到了一些知识。年轻时看过的重温，没有看过的细读，总之，书已成为我的生活陪伴，也是老人的动能、力量的源泉。

3. 立足奉献。在前面已讲过，这里只是重复一点。我认为人活着不能只为自己，我们共产党人是为全人类的，自己是党的一员，无论在位，还是休息，心永远是属于党和人民的。只要对人民有益、对国家有利，我都会积极地去做。老年人要心存善意，把善作为奉献的遵循，积极服务人民，回报社会，做一名永不退休的社会贡献者。

4. 立足梦想。国家有中华民族伟大复兴之梦，一个人也要有服务于国家、社会的梦，用积极的心态来拥抱退休生活。老年人退休不是人生的结束，而是一种新生活的开始，用新观念、新思维去创新老年生活，寻找第二人生的梦想。人活着就要有梦想，不要停留在皱纹爬满脸、白发上满头老的境地中，要走出老了没有梦想的错误观念，找到自己可以圆梦的地方，去做圆梦的事。当然，梦想不是空想，要切合自己实际的想，能够看得见、摸得着，轻而易举能做成的梦想。因为人的生活有了丰富而才有意义，那就要放飞梦想，让梦想变真。

要享受生活

人生在世，最重要的是生活。建设国家是为了人民的生活，自己的奋斗除了为国家尽义务外，也是为了自己的生活。那么，人如何去享受生活呢？我认为，丢掉"四个不要"会享受到生活的轻松愉快。

1. 不要身在福中不知福。有句话叫知足者常乐，人的生活标准要往前比，往下看，不要把眼睛盯在富人身上，甚至比自己过得好的人身上。要自己与自己比，特别是新中国成立初期出生的人，虽然没有新中国成立前那样苦，但是也经历了国民经济暂时困难时期，没有饭吃，没有衣穿。那个时候人们仍然不觉苦，因为新中国成立前更苦，不光没有吃，没有穿，还要受压迫。当时，在人的心里，已经从黑暗的社会中走出来了，所以感到生活幸福。这代人又经过了改革开放，国家开始富强，人民群众已过上有饭吃、有衣穿、有医保的生活，并全面进入小康社会。即使有些困难的人家，国家采取扶贫、脱贫政策，也会享受到社会主义大家庭的温暖。可以说，我们是处在生活美好的时代，想吃什么有什么，想穿什么就穿什么。处在这样一个好时代，为什么不满足呢？说句良心话，我们应该满足。不满足就是不知足，那是身在福中不知福。其实不知足者，是心理出现了毛病，再好也感觉不好。有了这种心理，就失去了幸福感，更享受不到生活中的快乐。

2. 不要认为别人都与自己过不去。人在生活中，不可能一帆风顺，曲曲折折、碰碰磕磕不可避免。只要你胸怀宽广，容下别人，就会感到生活美好，也能享受到生活中的快乐。做人要阳光一些，多看别人的好，把方便让给别人，记住别人的优点，记住别人给自己的帮助，你会感到世上还是好人多。心存善良，不存怨气，认为别人对不起自己时，要加以分析，是有心欺人，还是无意而为，搞清性质，根据性质不同妥善处理，采取哪把钥匙开哪把锁的方法，一切怨气之事都会得到解决。我记起了一本书《宋教仁集：我之历史第三卷》中的一句话，"有善有恶是知，审善辨恶是格，为善去恶是致"，对处理这样的事情有帮助。凡是不利自己的东西，妥善处理，不要积存在心，这样时间长了，会影响心情，也就享受不到生活中美好的东西。

3. 不要与不顺心的事斗气。人活在世上，天天与自然界接触，处处与社会他人打交道，不可能所有的事都顺心。遇到不顺心的事，要想开一些，不拿别人的错误惩罚自己，特别是老年人更不要遇到烦心事斗气，这样会对身体不好，也会对生活产生无趣。人到甲子之年，没有什么不可放下，较真斗气的事就更不应该存在。与人斗气，我认为是把事情搞复杂了，事情不顺心时，要想想原因，弄明白，也就完事。有些事情是搞不明白的，不要非搞个一清二楚。郑板桥对这种事情有办法：难得糊涂。郑板桥的意思是，不要较真斗气，这样会越来越复杂，糊涂一点，气会自然消，心情也会好起来，这样才能找到生活乐趣。

4. 不要自我封闭。人到老年，不要把自己圈起来，与世隔绝，一定要走出家门，自我找乐。老人封闭在家里，时间长了，身体会遭病，民间有句俗话：人怕孤独鸟怕单，老了失伴把病缠。从自然科学观点看，人有相伴性，植物有共生性，人没有伙伴，植物没有群株，对生长不利。那么，怎样才能解决好自我封闭问题呢？我有四点建议供参考。

（1）走出家门看世界。广袤的世界，有着深邃、莫测、辽阔的情景，外面的世界精彩纷呈，只要跳出自我封闭的圈子，就会融入人类社会，观察世界对人生的意义。可以规划一条旅游路线，与好友一起走向世界各地，去享受国内外的人间生活。可以与世界建立朋友往来信息点，分享国内外的快乐，交流国内外情况，传播中国文化，释放中国正能量。

（2）到社会上看人生。中国是一个有着五千年文明史的国家，文化可在社会的各个层面反映出来。人在社会上会由于文化程度不同，表现的个体素质也不一样。走向社会，会从各类人群中，感受生活，吸收社会营养。如果自我封闭，了解不到社会情况，自己的生活会单调，思路也不开阔。时间长了，大脑功能衰弱，孤僻现象会出现，不愿与别人交流，抑郁症就会发生。这样的生活质量会越来越差，根本享受不到生活中美好的东西。也可能有人讲，我喜欢静，也能耐得住寂寞，这与我讲的不是一回事。凡是喜静的人，也是有所追求的，那是在静中有动。为了达到生活中的理想，需要在静的环境中完成。这与自我封闭是两个概念。走向社会看人生，能收获在家中收获不到的东西，甚至找到生活中的快感。

（3）放下"架子"找回自我。人到老年，无论以前做什么工作，退休后都应该放下，不要停留在工作时的心情。不然，会影响健康，更会影响生活质量。只有放下"架子"，才能与别人同乐，放不下"架子"，会走向孤立，朋友会远离，也会自我封闭。特别是从政之人，退休后，要早调整，从官场走向民场，在新生活中去培养自己的心境，找到新的快乐。诗人陶渊明在《拟古·其五》里写了一位隐士，生活十分落魄。"东方有一士，被服常不完；三旬九遇食，十年著一冠。辛勤无此比，常有好容颜"，这个人不但吃不饱肚子，连衣服都穿不周全，十年来始终戴着那顶破帽子，即使生活如此辛苦，都常面带笑容，心地坦然。他住在青松白云处，朋友来便抚抚琴，"上弦惊别鹤，下弦操孤鸾"，好不快乐自在。这段故事，给了人生一个道理，荣华富贵不一定乐，淡饭破衣道有情。快乐的人，并非常有快乐事，而是拥有快乐的思想。所以，让我们每位老人，放下"架子"，找回自我，寻求快乐吧！

（4）注入人生新动力。历史上，人过 60 岁，称为甲子之年。按照现代人对年龄的认定，应为老青年，还有更远的人生路要走。退休后，是第二人生的开始，应该在这个阶段注入人生新的动力。新的时代给人新的力量，我们国家进入了一个新的时代，在这样一个美好的时代，每一位退下来的老人，都应该响应国家号召，给自己注入新动力，给社会奉献新能量，做点有利国家、有利社会、有利自己身心健康的事。如何注入新动力，我认为有以下四点需把握。

一是要从学习新生事物中找动力。社会在发展，知识在更新，要想在第二人生中有所作为，就要紧跟时代，不断学习新生事物，使自己在做事的过程中不落后、不偏颇、不激进、不失利，成为一名文明老人、智慧老人、有追求的老人。因为这个社会已走进科技创新的时代，没有渊博的知识、独特的视角去看问题，是做不好事的。老年人善于守旧，多凭经验做事，如果不学习，与新时代的距离越拉越长，做起事来跟不上时代脚步，这就很难做好什么事情。对此，只有向时代学习，向新生事物学习，从中找到第二人生的新动力。譬如，做成事有这样几句话：跟进形势，把握时局，抢占先机，赢得主动。如果不学习，思想落后，怎么跟形势、把时局，又怎么能占先机、得主动呢？从这里看，老年人做事必须继续学习，从新生事物那里找到动力，用新动能对接原动力，搞好新旧动能转换，培植做事的动力源。

二是要从提高自信中添动力。人到老年，缺乏自信，这是一种常态。在人生中不能没有自信，又不能盲目自信。我这个人是自信的，但是不会盲目自信，是在有充分把握、充足理由下自信。自信是靠能力，能力又靠不断地注入新的能量才能产生自信。因此，老人更需有自信，要不断添加新的动力，去创新生活。假如一个人没有了自信，怎么能去做事呢？今天的社会日新月异，需要跟紧时代，了解新信息，更好的坚持"道路自信、理论自信、制度自信、文化自信"，把我们的国家建设好。如果你不去添加自信的动力，一旦没有了自信，什么事情都做不成。

三是要从社会能量中吸取动力。一个人在社会上是渺小的，力量也是有限的。如果想做成事情，首先，要学会向社会学习，从社会上吸取能力，换句话讲，也叫"借力前进"。一个人能力小没有关系，只要你善于吸取别人的智慧、经验，你就有用不完的动力。历史上有很多人物，能力一般，但有借力的本事，一样有辉煌的人生。如刘备打下江山，就是吸取诸葛亮等人的智慧能量。又如韩信，没有缚鸡之力，但有移山之志，会用其他力量打倒对方，获取胜利。一个人要干成事，就要把社会这门功课上好，从中学到各类知识。因为社会知识无穷无尽，五花八门，取之不尽，用之不竭，只要你善于吸收，你做事的动力就会有。一个人如果不走向社会，与社会隔绝，就等于关上了动力来源之门，闭塞了信息渠道。一旦没有了动力，做什么都不行，只有哀叹不如了，随之而来的是生活枯燥无味，人生缺少快乐。

四是要从谋划人生新目标上增加动力。一个人不管年龄多大，都要有自己的人生目标，树立远大的志向，做到生命不止，做事不停，生活永远在路上。通过自己的人生目标、生活计划来为自己加油助力，增强做事的本领、信心、动力。从人生的实践中看出，凡是心中装着远大目标的人，都是天天有事干，时刻闲不着，不断追求人生最高境界，把自身积极因素调动起来，得到的是事业、健康、快乐。如四川省原水利厅副厅长范敬超，60岁退休回到家乡，开始种柑橘，八年后喜获丰收，现已达10100亩，使自己收获了快乐，也得到了社会的广泛赞誉。所以，人的生活需要目标，还要有计划。退休不是终点，是第二人生的开始，要为人生找到符合自己的生活目标，用心谋划，谨慎实施，做到不冒险、不走偏、可靠可行、可退可进，并能从中得到对人生有价值的东西，不为名利而去为，要为健康去度人生。增加新动力，需要有新追求，追求人生正向价值，建立起自我高地，追求目标梦想，活出真正人生。

留住岁月

　　光阴似箭，日月如梭。岁月不饶人，人总是会老的，这是自然规律，谁都抗拒不了。人的寿命长短取决于基因遗传、心态平和、生活规律等，留住岁月是每个人的愿望。一个人来到世上，都想活得长寿一些、生活得好一些，这也是人本能的反应。但是谁又能留住岁月，确保长生不老呢？这是办不到的。小人物如此，帝王将相也如此。我在这里讲留住岁月，是对人世间美好的留恋和希望。因为人的一生很短暂，在这个岁月中，如何走好人生路，把好向，定好位，走好道，这是最重要的。同时我还想从人生价值的角度，情感的角度，心灵的角度，谈谈自己的观点，供读者参考。主要从四个方面论述。

留住脚印

　　脚印是人生的印迹，也是人生岁月的数据。脚印走多远，人的寿命就有多长，脚印消失的地方，就是人的寿命停止的地方。从脚印里可以看出人的生命轨迹以及生活印迹，能寻找到人生中的酸、甜、苦、辣，也能从印迹中领略生活的幸福快乐，更能悟出一个人社会能量、业绩、智慧。所以在人生的征途中要留好脚印，并且留得要正，扎得要深，走得要远。正——正道也。立身要正，走道要正，这是人生必须留好的脚印。身子不正，走路会偏，脚印随之倾斜。留住正的脚印，需要把握好人生之路，在正确的道路上，去规范自己的脚印。在我的人生脚印中，现在回忆起来，自幼得到了好的规范。因为有父母的教育以及老师的引导，自己的脚印得到了别人的关心和不断纠正，使我的人生脚印时刻走在正确的人生轨道上。记得幼年的时候，父母经常对我讲：人一生要走正道，把自己的脚印留正，不能给爹娘添心事，也不给自己找麻烦，只要把脚印留正，一生会坦然。父母的这些话，小时候还不太理解，直到上了大学，参加了工作，走向了社会，才悟出里面的道理。父母的话，对我人生留好脚印，留正脚印，起到了重要作用。所以，我把人生的脚印走得端正看得很重，一直留意自己的脚印是否走正，并且在工作生活中，不断检验自己的脚印，时刻提醒自己，留好自己的脚印，走正自己的脚印。有一句俗语叫"人过留名，雁过留声"，不要坏掉自己的声誉，让自己的脚印经得起历史的检验，让自己的人生站得直、走得正。人的脚印在生命的旅途中，扎的深浅是不一样的。从生理意义来说由于性别不同，身体轻重不同，走路方式不同，留下的脚印也不一样。我讲的人生脚印，是从价值观的这个角度，讲人生的价值。因价值观不同，脚印留得就会不一样，如中国共产党人的价值观，是为了中华民族利益的，为全人类的社会进步确立的，处处为了国家民族去想去做，所以共产党人的脚印，永远踏在奔向共产主义大道上，脚印是属于人民的。共产党人为了自己的信仰，用脚走出了二万五千里长征，每一位长征的人，留下的脚印最深，脚踏雪山、身卧草地，走得那么坚强，脚印留得那么深。又如父母的脚印，由于他（她）们对家庭承担的责任不同，还有性别的不同，留在大地上的脚印深浅不一样。但是脚印里面的情感、责任是一样的。从直观上看，母亲的脚印是轻浅的、温和的，但是里面有对儿女的爱、理家的爱。父亲的脚印是坚定的、有力的，脚印里面有对家庭的责任，有对社会事业的担当。他（她）们的脚印，分工不同，同样都留下持久美好的印迹。所以，脚印记录着人生，把自己一生中遇到的生活艰辛，仕途曲折，喜怒哀乐，都记录在里面。脚印的深浅有相同点，又有不同点，不一样的生活，不一样的担当，不一样的条件，有不同的内涵。从人生自身角度看，走在人生路上，还是把脚印扎深一点好，这样活得更踏实，更有尊严，更有价值。人生的脚印走远、走近有客观的和主观的东西。从客观上看人的脚印走远、走近与人的寿命有关，生命有多长，你的脚印就可走多远。从主观上看人的脚印走远、走近与自己把握是有关的。所以有人讲，命运是掌握在自己手里的，把握好自己的人生脚印，可以走得更远。那么，如何把握呢？我是这样认为的。

一是坚定信念。人生的道路不可能一帆风顺，只要你认定的路，就要一定坚持走下去，不管风吹浪打，胜似闲庭信步，脚印会走得更远。人不可动摇信念，动摇了信念，你什么都干不成，脚印也不会走远。只有信念坚定、专心致志、拼搏奋斗、努力争取的人，才能把自己的脚印走得更远。二是严于律己。人生的路是走出来的，要想走远，一定要严格要求自己，培养好自己的道德情操，时时处处走正道。《中庸》有云："君子戒慎乎其所不睹，恐惧乎其所不闻"，有志者，必须慎独，大节要保，小节也要保，即便在隐微之处，也要注意。自己的人生路能不能走好，脚印能不能走远，就是要从小处着眼，大处着手，不因对自己不严而失脚，断送了走远的脚印。三是厚德载物。人生的脚印能否走远，要从厚德仁义说起，这里讲的厚德，是说谦恭礼让。"谦"是中庸之德。《中庸》中讲道，一个人无论功劳多大，能力多强，至诚善意，谦而又谦，才能令人信服。我的理解为，人要德行良好，做事真诚守信，才能在人生的道路上留好脚印，走得更远。否则，只能半途而废，甚至走入歧途。君子以厚德载物，才能成功。四是和谐包容。人生在世要有包容之心，对待人世间的是是非非，在搞清情况、明确是非的前提下，可包容的一定要包容，不能针尖对麦芒，只有宽容他人，自己才能宽松，为自己的人生路创造条件，提高和谐环境。所以，孔子曰："有国有家者，不患寡而患不均，不患贫而患不安。"他倡导全民和乐，互敬互爱，去私为公的大同社会，从这里可看出，人的心里要容下别人，与别人共事，要容下社会，与社会融和，这样自己才能持续走好人生路，自己的脚印才能走得更远。

留住真情

有些人不相信真情，其实世上自有真情在。我讲的留住真情，是自然的情、社会的情、家庭的情、朋友的情。特别是老年人，更应该把真情留住，古人讲："人皆有情，天下太平""人非草木，孰能无情"。无情者，是无智者。人生在世，情是生活中最基本的要素。《吕氏春秋》中讲："爱人者众，知爱人者寡。"没有爱人之情，只能成为孤家寡人，什么事也做不成，人生的路也走不好。那么，在人生中怎样留住真情呢。在我的生活中悟到了"四近"道理：就是近乎自然，近乎社会，近乎家庭，近乎朋友。

一说近乎自然。人的一生离不开自然，大自然与人的生活密切相关。只有亲近自然，心爱自然，生活才能得其然。自然界给了人类生存的条件，每一个人都得到大自然的恩惠，来自于自然，百年后还要回归自然。所以，在人的一生中，你要走进自然，亲近自然，喜欢自然，从大自然中吸取营养，获得能量。大自然是公平的，也是有情的。它对人类付给无限的资源、生存的条件。但是大自然也是爱憎分明的，人类对大自然不友好，破坏它，践踏它，到头来还会受到大自然的惩罚。大自然已经过几十亿年的运动、演变、发展，承载了人类的发展全过程。人类有亲近，也有破坏。到今天，我们已看到人类破坏自然的情况，也看到了大自然惩罚人类的事情。譬如说，天气变化无常，极端天气增多，空气质量不高，水资源减少，水质量下降等，都给人类带来生命危害。假如，人类不破坏大自然，注重呵护生态平衡，人类就不会受到处罚。留住真情，首要的是对大自然要有感情，要有敬畏，在人生的过程中，时刻要善待自然，心中感恩自然。特别是老年人，在有限的时光里，把爱献给自然，多做有益于自然、修复自然生态平衡的事。哪怕是多栽一棵树，多种一片草，也要尽力而为，把自己的情感用于自然，亲近自然，为自然而生，与自然同行。

二说近乎社会。人的生存离不开社会，人的情感也需要社会。只有把自己的情感投向社会，才能在社会上留下真情。我讲的真情，第一个层面是指一个人在社会上应有的情操，或者说应具备的思想品行。人活着，不能只为自己，要为社会的发展进步着想；陶行知有句名言："最高尚的精神是人的无价之宝，非金钱所能买得来。"陶铸也有句话："一个人有了伟大理想，还一定要有高尚的情操。没有高尚的情操，再崇高、再伟大的理想也是不能达到的"；《孔子家语》讲："芝兰生于幽林，不以无人而不芳；君子修道立德，不为穷困而改节"；陈毅在诗中也讲道："幽兰在山谷，本自无人识。只为馨香重，求着遍地隅。"在这些伟人的诗句中都能看出，情操在人生中有多么重要。人的情操又与社会密切相关，人是社会关系的起点和落点，社会是通过人的作用实现发展的，所以近乎社会，才能情有所投，留住真情才能实现。第二层面是指人在社会上应该留住自己的东西。诗人臧克家有诗曰："有的人活着他已经死了；有的人死了他还活着"，这里面的含义很明显，是指人生存在社会上，要留下自己的东西，文化的、思想的、情操的都可以留下。留下自己的东西，没有年龄之要求，也没有职位之标准。伟人可以留下，平民也可留下。如三国时期的王弼，只活了 23 岁，但是他给后人留下了很宝贵的东西，这就是四本书，两本是《周易注》《周易略例》，两本是《老子注》《老子指略》。没有这四本书，后人对周易的理解和道德经的应用，就不会是今天的样子，也可能对周易和道德经造成曲解或者出现遗漏等问题。科学家钱学森，从小立志报效祖国。他把一生的心血精力全部用于航天火箭的研发上。无论人生的道路多么曲折，他那种爱国之心永远真诚，给世人留下的是科学智慧、爱国业绩，他的真情也永远留在人民的心间。

三说近乎家庭。家庭是社会的细胞，在爱家的同时，首要的是爱国，没有国哪有家。其次是爱家，没有家也没有自己，对家庭要有责任担当。传统古训讲，修身、齐家、治国、平天下，讲的是国与家的道理。国需要爱好，家需要管好，提升家庭在社会中的作用。习近平总书记在第一届全国文明家庭表彰会上讲道："家庭文明建设，推动形成爱国、爱家、相亲相爱、向上向善、共建共享的社会主义文明新风尚。"特别提出："更加注重家庭、家教、家风，作为一项长期的任务去抓。"因此，家庭的管理，对下一代的教育，是每一个家庭长者以及父母的责任。作为退休的老人或者说凡是老人都有义务责任，去教好孩子，管好家庭，当好下一代的首任老师，给下一代传播爱国正能量，给家庭传承好家风。家风的形成要有好的家训，把家训作为家庭长者引导家庭成员遵守的基本规矩，形成和善、严管、真爱的家风氛围，将大爱真情在家中永驻。要在孩子面前倡导自己家庭的价值观，说事叙理，言传身教。如天道酬勤，自强不息，崇德向善，见贤思齐，积善成德，明德惟馨，爱国守法，遵德守礼，平等和谐，敬业诚信，孝老爱亲，相敬如宾，兄友弟恭，克勤克俭，自力更生，忠厚传家等。爱家不光是物质，还有精神。家庭贫穷不可怕，可怕的是精神贫穷。一旦精神空虚，一个人就失去所有。所以，我认为给家庭留住真情，主要是精神层面的，物质不能永久，只有精神才会长久。就像人们常讲的"忠厚传家远，诗书继世长"。

四说近乎朋友。人生在世，离不开人群。人群中，由于品行、性格、文化、价值观、人生观的不同，自己的身边也会出现好友与平常人的问题。如何去处理好友与平常人的这两个问题，确实需要认真对待。我讲的好友，是指心相通、情相印，困难逆境相陪伴，同甘苦共患难的挚友。不是"有权是爹，有奶是娘，有钱是爷"的人。汉朝刘向讲述论良友的名言：贤师良友在其侧，诗书礼乐陈于前，弃而为不善者，鲜矣。可见古人都特别重视不弃好友，鄙视小人，对好友要保持长期的情感，并且不能忘记好友的情义。如诗人白居易在诗中写到的："物以稀为贵，情因老更慈。"我在交友中验证了古人的话，对好友我是这样做的："保持友心永长存，愿把挚友当知己。"那么，对待平常人，虽然不能当挚友，我仍然用善心对待。处理的原则是："远小人，近君子，不与小人争斗，不与朋友争利。"掌握一个心态：用心，用情，不用物。人生贵相知，何必金钱交。酒肉朋友，没有几个长久的，真正的朋友，患难见真情。近乎好友，还要不用掩饰的方式去对待好友，与好友要交心，把好友当知己。说实话，我有不少好友，国内外都有，有的是幼年时期认识的，有的是到大学时期认识的，也有的是工作时期认识的。退休后，用心过目一下好友，我自己很满足，也很享受，好友的支持与关心都历历在目，永存心中。退下来以后，也保持了好友的来往，互相关心着好友的事业、家庭、身体状况，祝愿好友永远健康幸福，使好友之间的这份真情永存。

留住业绩

岁月时光谁都留不住，能够留住岁月的，只有脚印、真情、业绩和记忆。业绩是有形的岁月，也是物质世界中的标记。因此，我在从政时期，尽力做一些有利人民的事情，留下一些做人或做官问心无愧的东西。在这个世上，不只是做官才能留下业绩，不做官的人为这个社会、国家，也做出了许许多多的业绩，有的人从国内做到了国外，有的可流传千古。这些人的业绩，开始是为自己，后来是证实自己，把自己的能量释放到做大做强业绩。怎样才能留住自己的业绩呢。我的认识是这样的，最基本的是"四要有"，才会实现留住业绩的可能。

一要有梦想。人活着要有梦想，国家有国家的梦想，个人有个人的梦想。把梦想变成现实，这需要用自己的拼搏、勤奋、智慧去实现，还要有计划、目标、办法去落实。梦想不能空想，要根据自己的实际情况，去做适合自己做的事业。老年人只要身体状况允许，把可以实现的梦想变真，也是能做到的。这样做有利心态调整，有利健康长寿。退休后，不能老盯着夕阳西下，什么事都不做，或者过一天了一天。年龄大也要有梦想。美国有一位老人，90岁了，还要完成跳伞梦；广东的一位老人，92岁，还要上老年大学，要完成一生中没有完成的学科。凡是有梦想的人，就会有业绩。没有梦想，你不会做成事业。只有善于谋划梦想，脚踏实地去完成梦想，人生中的业绩才能永存于世。特别是老年人，更应该珍惜时间，在人生中谋划梦想，做出业绩。人的梦想，没有早晚，只要有梦想，就能做出业绩。人的一生中，有的年轻早成，有的大器晚成，相当多的人到了晚年才有业绩收获。在国内外都有这样的例证，如诺贝尔奖获得者，大多数人到70~80岁才能获得，有的到90岁才有收获。在国内很多的实业家，都是一路风雨，到了晚年才有收获。梦想对一个做事的人，或者心中装着国家、人民的人，都没有年龄的界定，活到老做到老。只要有梦想，什么时候都可做，按照现代人的健康年龄，60岁退休后还有几十年的时间，完全可以去谋划自己的梦想，在人生中留下属于自己的业绩。

二要有信仰。在人类社会，自从人有了意识形态后，人开始有信仰，无论旧时期的封建社会、半殖民地半封建社会，或者是现代社会，不同的社会时期，都有不同的信仰。信仰是人的灵魂，如果一个人没有信仰，思想会空虚，做事会无形，生存也找不到方向。一个国家、一个团队、一个家庭都是如此，需要信仰，有了信仰，意识形态会有明确的导向。就像我们共产党人一样，共产党人的信仰是坚信马克思主义、毛泽东思想以及当前的中国化的马克思主义、为共产主义而奋斗终身的信仰。信仰是一个人的骨气、正义、道德的体现。没有信仰的人或者是信仰不坚定的人，会伤害自己，也会伤害别人。我是一个信仰坚定的人，自从加入中国共产党那天起，就把信仰当作自己的生命，时刻守护着，在工作和生活中，一直奉行国家至上，人民为先，组织至上，党利为先，社会至上，奉献为先，立身至上，道德为先的原则，把听党话、跟党走作为最高使命，把要干事、干成事、不出事作为基本遵循，把入党为什么、入党干什么、身后留什么作为对自己的基本要求。对信仰守住初心，坚如磐石，永远不变。正是有了这份信仰，使我在人生中有了干一番事业的决心，无论在什么岗位，身后都留下一块业绩。通过我的人生体会到，事业的成功与信仰密切相连，有了信仰才能走正道、干正事、干成事，做出问心无愧的业绩。

三要有定力。定力是稳心石，没有定力就没有事业。把事做好，留下业绩，必须有定力。那么，怎样去认识定力呢？我是这样看的。定力源于心理，得于神智，心神不稳的人，是不会有定力的。只有稳心定神，才会产生定力，有了定力就有了底气，才能释放自己的能量。定力是靠自有的文化知识，对微观的分析、宏观的把握。具体地讲就是做事要有方向、谋略、心智、办法。有了这些，做事的定力就会有。有了定力，做事不会失去方向，能在错综复杂的环境中理出头绪，跳出困境，也能在推进事业中有自己的独特招数，更能在取胜时少走弯路。有了定力，还会斗志不衰，事业顺成。对定力，我还做了一些粗浅的研究，多年来注意观察了因定力不足遭到失败的人。因为定力要靠人的意志、能力、素质来保障，尤其是一些做企业的人，因定力不足，说到底是意志不强、能力不足、素质不高造成的。一些人做事没有底气，缺少方向，人云亦云，随大流，跟感觉，没有自己做事的判断能力，不研究外部环境，不问自身条件，做一些不切实际的空想、乱想，一心想好，投机取巧，最终失败。也有的缺乏谋略，协同不好，计划不周，预测性差，思维乱杂，也遭到失败。还有的心智不足，想的和做的不能对应，说一套，做一套，心没用在做事上，同样失败。实践证明，凡是心气不足，心智就缺乏，也就失去了专心致志，到头来所以也遭到失败。也有的因为没有定力，也没有做事的办法，缺少做事的应对措施，遇到困境，走不出来，也失败了。从我观察的这些人，因为没有定力而失败，为他们感到难过。因此，我想人要想做事，一定要有定力，定力是意志，是基石，是做成事的定海神针，是持续发展的力量源泉。只有定力坚强的人，做事才能稳妥、持久，在风雨中不会摇摆，业绩也能永存。

四要有道义。业绩能否留下，很重要的是看人是否有道义。《中庸》中有句话："君子秉承天道而行。"天道与人性合而为一，才能长久。按照现在的说法，即"沿正道而行，按规则办事"，才能成功。人在自然界要遵守法规和道义，不能违背自然规律和客观规律。你不按规则办事，不按道义而行，一定会受到惩罚。因为自然法则与人的生存密切相关，道义是符合天地人和的自然法则，谁也不能触碰它。在自然法则中，它的运动、协和、发展，既对立又统一，平衡是它的基点，失去平衡就会发生倾斜。如在自然界，水的流向是自然法则，人为地破坏流向，会破坏自然法则。现在的交通规则是客观存在的规则，不分上下道，再搞点弯道超车，就破坏了客观存在的法规，就会遭来麻烦。从"道义"二字讲，一要识道、遵道、爱道，二要义责、义取、义仁。从道义的广义去讲，一个国家、一个民族、一个团体、一个家庭，都要遵道、守道、爱道。如当下国家正在走的是中国特色社会主义道路，就是国家之道，这是中华民族历史和现实的选择，没有别的道可走，从中国的历史和现实看，中国特色社会主义道路是历史的选择，也是我国国情和今后发展必走之道。如果违背这个大的道义，国家民族就会遭殃。所以，道路自信的理由就在于此。又如，一个人你偏离了历史和现实选择的道路，反其道而行，甚至破坏道路，你也会受到道和义的责罚。人在世上，不能违背道义，凡是违背道义者，先开始毁坏别人，后危及自己，最终被道义而罚。孟子讲："义，人之正道也""行一不义，杀一不辜，而得天下，皆不为也"。从古人那里可以看出，不义者不会走得远，也立不住，更不可能为后人留下什么东西。从当下社会看，遵道者永顺，守道者永兴，爱道者永在。所以"道义"是不能违背的，这也是留住业绩要有道义的基本规律。基于这种认识，留住业绩应与道义统一起来，让道义守护业绩。

留住记忆

在人生岁月中，记忆是一种怀念，也是美好的回味。我讲留住记忆，是指在人生工作生活中经历和遇到的事情，它对人类社会起着重要作用，回忆起来有它的应用价值和现实意义，能够对自己和他人起到启迪、鼓励、敦促的作用，还能给生活带来美好的享受，这就需要记忆。作为自己去记忆什么，又如何记忆，我是这样理解的：记忆自己，也要记忆别人，还有记忆大事，更要传承记忆，把记忆作为流传人生精神的印迹来对待。譬如，在记忆中如何记忆人生，人又怎样对待人生。因为人是有思想的，每一个人都有对事物认识的标准，生活方式、生活目的各有不同，有的只为自己，有的处处为别人。这是价值观的不同。那么，你需要记忆的是什么呢？我的观点是，要记住能对人类文明起推进作用的人和事。古人讲："佛争一炷香，人争一口气。"人生在世，要多为自己争气，为别人留下念想。这里不是说让每一个人都留名传世，我想的是人生价值。在这个世上做了好事的人，没有留下姓名，也没有人知道的，大有人在。就像一首歌词中写的"不知道你是谁，我知道你为了谁，为的是兄弟姐妹不流泪，为的是秋的收获，为的是春回大雁归"。这首歌，是为抗洪而牺牲的战友写的。在我们这个国度里，为国家、为人民而死的无名英雄，他们的人生价值高于一切。人类社会需要记忆，因为记忆中有文化、有精神、有价值。人类社会进步需要传承历史记忆，从记忆中得到动力。每个时代又需要记住那些为社会进步而奉献的人，为时代释放正能量。记忆能带来反思过去，又能激励未来。对此，我们应该珍惜记忆，把该记忆的记住。下面，谈谈我对记忆的一些感悟。

1. 自我记忆。一个人一生能记住的东西不多，特别是有价值的东西，往往被忽视、被遗忘。我的记忆原则是：记住恩德，忘掉烦恼；记住大事，忽略小事；记住过去，常思未来。我是一个愿意回想过去的人，对过去已走过的路，回过头再看一看，哪些是顺的，哪些是曲折的，是什么原因造成的，问题出在哪里，自己应吸取什么。这样反思一下，能得出"前车之鉴，后事之师"的经验与教训，不至于在今后的路程中受到曲折。这是从回放记忆中，对自己的一切进行修复，温故而知新，达到修炼自己性情的目的。清朝陆世仪的《思辨录》中讲道："悟处皆出于思，不思无由得悟；思处皆源于学，不学则无思。学者所以求悟也，悟者思而得道也。"也就是说，一个人要经常反思过去，对于以后走好自己的路大有好处。那么，我在回放记忆中，都记忆了什么？第一，在政治上要当明白人。因为政治高于一切，我记忆的是永远跟党走，永远同中共中央保持高度一致，树立核心意识、看齐意识，把为国、为民作为自己的职责义务，政治原则不能忘记。第二，在法规上当守护人。任何时候要遵法守规，不碰法律的底线，不碰党规党纪的底线，按规则做事，守正义做人。这个要坚持，不能忘。第三，在钱物上当清白人。君子爱财，取之有道。不义之财不捞，不该拿的钱物坚决不要，清清白白度人生。第四，做一名永远记忆国家的人。在我一生中，中华人民共和国的成立，中国人民从此站起来了，共产党推翻了压在中国人民头上的"三座大山"（资本主义、官僚主义、帝国主义），劳苦大众得到了解放，只有共产党才能救中国。还有1978年以后的几十年改革开放，解决了14亿人的吃饭穿衣问题，人民开始富起来了，只有共产党才能办到。党的十八大之后，我国又进入了一个伟大复兴的新时代，和谐发展、绿色发展、高质量发展成为奋斗目标，随之而来的，综合国力大增，使国家有了尊严，人民有了尊严，这些也只有共产党能办得到，所以，我会牢牢记忆。除此之外，我会永远记忆关心我的家人和朋友。一是父母的养育之恩不能忘。我的幼年赶上了国家刚刚建设，又遇到罕见的国民经济暂时困难，没有衣穿，没有饭吃，靠每天每人二两粗粮和挖野菜吃为生。父母节衣缩食，省吃俭用，养活了兄弟姐妹九人，我还有学上，并当上了国家干部，这份父母养育之恩，我会永远记住。二是妻子的一份厚爱我不能忘。我1978年结婚，组建了自己相对独立的家庭，她为我这个小家付出很大，没有她的朴实、真诚、勤劳、守规、重情来维护、操心这个家，养儿育女，勤俭持家，使我放心地腾出精力去为党为人民工作，没有妻子的陪伴，我也不会有今天。三是兄弟手足之情不能忘。我在兄弟中，排行老大，由于我用心负责协调兄弟之间的关系，使兄弟之间有着一份深爱，对老人孝敬有加，兄弟姊妹都靠自己的智慧，立家、创业，走入正道。父母优良的品行也继续在这个家中传承，好的家风使我们的下一代也都立业成人，为国家、为社会奉献着智慧。四是在从政道路上给予我关心的领导、朋友也不会忘记。如我从大学的一位教师转向从政，那是从峄城区开始的，引领我走向从政之路的是当年峄城区委书记李仲孚，说实话，开始我不愿从政，有一个安逸的工作岗位就可以了。因为从农村走出来的孩子很容易知足，没有当官的心，但是，李仲孚书记还是找到我，让我到乡镇当了党委书记，他用心培养了我，我永远不会忘。又如，我到了滕州任职期间，走向市长的岗位，除了省市组织、领导的关心外，我不会忘记时任市委书记的高惠民同志，他是一位正派、正道、正义的领导干部，对我走向市长岗位起了重要作用，直到我从政结束，他一直给予关心，我永远不会忘记。任职枣庄市级领导，除了省委的关心外，我也会记住张传林、马金忠、刘玉祥同志。他们对我的从政，都给予关心支持，特别是刘玉祥同志，在枣庄市2007年的换届时，我从市政府党组成员、市长助理、高新区党委书记、主任走向市级领导岗位。那一次换届，"四大班子"成员就提拔了我一个人，竞争面可想而知，如果没有市委主要领导的关心是不可能的，这个我会永远记住。

2. 有益记忆。一个人在一生中的记忆，大脑可记忆上百亿条信息。但是有些信息对自己对他人是有益的，也有一些信息对自己和他人是不利的。我对信息记忆的原则是，有益的记住，没有益处的尽早排除。我对有益记忆是这样处理的。一方面，辩证思维，正确看事。无论过去的事，还是现在的事，都用辩证法、唯物论去对待所有的事情。有的事情在人生的历史长河中，可能在当时对自己产生过不好的影响，从长远看可能对自己是有益的，所以在记住往事的时候，对待历史的事情，一定用一分为二的观点去分析事物的内因和外因，产生的原因是什么，发展又是如何变化的。因为世界永远是运动的、反复的、曲折的，对立而又统一。要推动历史的前进，就必须在曲折中前进发展。社会的发展有着周期性。新中国刚成立时，黄炎培向毛泽东主席讲过周期律的问题，认为"其兴也勃焉，其亡也忽焉"。一个家庭，一个团体，乃至一个国家，都受周期律的支配。所以，人要推动事物的发展，就要掌握社会自然发展的周期性，了解自身的规律，在运动中去托底控高，按规律行事，就不至于受到周期律的惩罚。在人生的记忆中，也要记住凡事没有一帆风顺之事，只有掌控了事物的特殊性、规律性，你的人生目标才能达到。还要记住事物的长期性、短期性，是事物自身决定的，不是靠人的意志去完成的。不属于自己的东西你一定不要强拿，强拿了会遭殃。还要记住事物的运动有外在的条件，还有内在的因素。事物的发展，不能只强调客观，应从主观上去找原因，找动力。只有这样，有益的事才会属于你。所以我讲：有益记忆要辩证思维，正确看事，道理就在于此。另一方面，感恩他人，弘扬正气，在人的记忆中，要多记一生中他人对你的帮助，学会感恩他人，知道感恩的人，心里才能装着别人，才能容下这个世界，心里有了世界，就能收获世界中有益的东西，做什么事情都能找到办法，行进受到的阻力会小，收益率会比别人高。正如墨子讲的："兼相爱则治，交相恶则乱。"人处事为人，不能只看到自己，不顾及别人，这样路会越走越窄，处事圈越来越小。只有想着别人，别人才会想着你。因此，在处理记忆时，应把别人好记忆下来，并用正确的心态去弘扬记住的正义正事，把历史的、优秀的人和事留在世界、人间，这样这个世界会更阳光、更美好。再一方面，丢掉怨恨，拥抱友谊。人在记忆时，要把一些恩怨尤其是憎恨丢掉，用宽阔的胸怀拥抱未来。人的一生，恩恩怨怨何时了，要学会了结怨恨，不要发展新的怨恨。人生就这么几万多天，记忆怨恨，心里就变得暗淡，就没有阳光。一个人心里没有阳光，苦恼的事随之而来，旧怨未去，新怨又来。在我的人生中，我从来不记怨恨，也不去结怨恨，随来随去，自行化解。这个世界没有化解不了的怨恨，只要用心去修复已经出现的人与人之间的裂痕，你得到的是友谊、快乐。我常讲：你可以对不起我，我不会对不起你，因为我信守的是仁德道义，我永远不会做小人，只为人间友谊添砖加瓦，为社会进步增加正能量。人在记忆时，不能走偏了道，认错了事，要学会从宽容中找道，从仁义中找法，从对方的角度找情。如果不这样做，就搞不清是非，也不利自己，更会伤害别人。该忘掉的忘掉，该记住的记住，以和为贵，留住友谊在人间，留得春光永常在。

3. 留下记忆。在这里讲留下记忆，是指自己的有生之年，为这个人类社会再做点贡献，把自己能留给这个社会的全部留下。我自退休后，一直在想如何留下这份记忆。通过一段时间的思考，还要老有所为、老有所乐、老有所爱。"莫道桑榆晚，为霞尚满天。"在有生之年当好"四者"。

一是当祖国的爱者。一个人必须爱国，没有国哪有家。岳飞母亲为了让岳飞永记爱国，在岳飞的背上刺上了"精忠报国"四个大字。可见这位母亲的爱国情怀。还有我们的伟大领袖毛泽东主席，为了保家卫国，送儿子到朝鲜战场，牺牲后永留于朝鲜。这样的精神品德，值得我们每一位做父母的学习。特别是国家公职人员、退下来的老同志，要以他（她）们为榜样，永怀爱国之心、报国之志，把爱国家作为自己人生的最基本追求。我们虽然做不了大的爱国举动，但是做点爱国小事还是可以的。因为爱国有各种方式，哪怕是一件小的事情，也能体现出爱国之心。如何留下份爱国的记忆呢？我是这样做的。首先是思想深处要有爱国之心，时时处处在你的言行中能体现出来。要奉行爱国至上原则，把自己与国家联系起来，认可自己是国家的一分子。其次在行动上做一些力所能及的事情。如我在工作岗位时，除了承担爱国任务外，还有意做了一些爱国的宣传阵地，像高新区的文化石书，我牵头起草了文化石书内容，从有国家形态写起，一直到新的时代，充满了国家历史文化的内容，对于爱国主义教育是一部好的教材。退下来后，我还在做义务爱国的传导者，利用各种阵地搞爱国教育，还参加了一些爱国主义教育座谈会，弘扬爱国精神，培养年轻人的爱国之志。再次当好爱国义务讲解员，用国家历史、个人体会，现身说法，把爱国主义引向深入，在人生的后半段留下自己爱国的记忆。

二是当社会的义者。我们这一代人，经历了社会主义初期建设，还经历了改革开放新阶段，又走进了中国特色社会主义新时代。社会的发展进步，我们感受最多，历历在目。从一首歌中，验证了社会主义好。"社会主义好，社会主义好，社会主义国家人民地位高。"我们从这个社会中得到了尊严，得到了福祉。作为已退休的人，心存感激这个社会，我们赶上了一个好时代、好社会。从感恩的角度讲，有责任、有义务来维护国家的发展，推进我们这个社会的进步，让社会主义康庄大道越走越宽，越走越远，让广大人民群众得到的福祉更多。怎样做好义者，我认为：一要关心国家大事，把思想认识统一到国家发展、国家稳定、国家富强上来，为共筑伟大复兴中国梦而奋斗。尤其是党员领导干部退下来，仍是一名党员，要忠于国家、忠于人民，自觉维护国家大局，保护人民的利益，任何时候都要守住自己的精神家园，把改造客观世界和主观世界结合起来，把晚年的热能用到服务国家大局上来，多为多办有利于国家发展之事。二要多做有益社会的事。社会的发展进步，需要这个社会的每位成员都有所付出，每人奉献一份爱，让这个社会更美好。为此，老人也不要当局外人，因为你仍然生活在这个社会，要主动当好推进社会进步的义者，不做不利于社会发展的任何事。义者是比较好当的，只要你有心关爱这个社会，处处都能见到义者的精神与举动。义者就是无私奉献，自愿去为别人做事，愿做一棵无名小草。一棵小草，没有花香，没有树高，从不寂寞，从不烦恼，自己的伙伴遍及天涯海角，我们要有小草的胸怀去伴随这个社会，你也会从义者的责任获取快乐。三要用自己的特长去做义者。义务做事需要精神，也需要发挥自己的特长，因为社会上的事很宽泛，各行各业，各个层面，需要各类有特长的义者去做事。譬如，带头践行社会主义核心价值观问题，把"富强、民主、文明、和谐，自由、平等、公正、法治，爱国、敬业、诚信、友善"这些内容具体化，让每位公民都认真践行，做好倡导、呼吁，有大量的工作可做。作为义者可从不同角度讲解、宣传、实践。从一件小事做起，积少成多，践行社会主义核心价值观就会形成良好氛围。所以，人的一生中，做点好事并不难，当好义者也是可以做到的。

三是当经济的推者。国家富强，人民幸福，离不开经济发展。经济工作是党的中心工作，也是第一要务，必须牢牢抓在手上。作为已退下来的老同志，我认为仍要去关心经济发展，经济不发展，一切无从谈起。中国已进入老龄化社会，到 2020 年老年人数达到近 3 亿。这样一个大的社会群体，必须有经济发展做后盾。经济不发展，退休金、医保等都没有保障。同时，在这个近 3 亿人的老年队伍中，还有 2000 多万离退休干部，也是经济发展不可忽视的一部分力量。在这个人群中，有 1 亿人是身体好，年龄适当，也有发展经济的经验，发挥好这部分人的潜力，对于推动经济发展是有利的。同时，也能充分挖掘人力资源，变闲置资源为可用资源，降低老龄化社会带来的"劳力荒"问题。怎样去发挥这部分人的作用，为经济建设服务呢？当下需要解决两个问题。一个是解决好支持老年人投入经济发展的政策问题，党和政府对这部分人要制定鼓励政策，只要在不违背国家法规的前提下，放手让这部分人去投入经济建设，能干什么，适合干什么，就干什么，促使这部分人响应和参与国家战略的实施，推进经济社会持续发展。另一个是，老年人要有活到老干到老的心态，不能等吃坐穿，要把自己与国家的经济发展联系起来，用自己的余热和智慧去参与经济建设。同时，老年人再创业也要把握住以下三个问题。一是要紧跟国家经济发展大局，所做的一切要与国家要求相一致，不违背法规政策，所参与的经济，要利国、利民、利自己。不要为一丝的利益、一时的快乐，去做违背他人利益和影响国家大局的事。二是要把握经济规律，按照规则做事，尤其是在资本、资源、资金、资产的投入、盘活、利用上，要科学决策，不盲目下手，慎重处理经济发展过程中的问题。在新形势下，要关注资本的走势和运作，经济的持续发展，要靠长效投入，只为短期谋利，是一种投机行为。人要有了投机心理，做什么事都不会长久。特别是老年人，在参与经济活动中，更不要有投机心理。要坚持以德为先，仁义做事，按照法规政策及经济规律办事。三是要诚信为本。做任何事情，要把诚信放到首位，宁可此事不做，不要坏了良心。诚信长久，失信短命。我对世界上的 500 强企业以及中国 100 年老店历史性品牌，做过研究，大多数企业之所以长盛不衰，靠的是"诚信"二字扬名天下，事业辉煌永久。没有坚守诚信的企业，有的出生就接近死亡，有的也只几年、十几年了事。那么，老年人创业，更要秉承诚信理念，发扬已有的好思想、好作风，去参与经济活动。除了诚信外，还要懂创业规则，通行业内情，晓专业知识，用"智、信、仁、和、道"去打理经济，参与创业，方能取胜。人在自然界要遵守天道，生存在这个社会就要守规矩，与人打交道就要讲仁义。只有把天道、法规、仁义统一起来，所做的事业，才能顺畅。凡事成于信、败于假。只有坚守"内成于心，外成于真"的道理，做事才一定会成功。有句话说得好：得道者多助，失道者寡助。只要道义、行为好，你做事别人才会帮你。这些道理，我们老年人都是知晓的，关键是长期坚守。因为助推经济发展，参与经济活动，需要借助优秀文化力去推动。所以，在留住记忆中，我做了短浅的叙述，目的是提醒老年同志在参与经济活动时，要当心，在推动经济发展中不损伤自己已有的东西，坚守道德底线、法规底线去参与经济活动，并在参与经济活动中释放正能量。

4.传承记忆。从人类社会的发展历史去看传承记忆，可以得出这样一个道理：传承是一种时代的延续，记忆是社会的一种标注。人类社会如果没有传承记忆，社会就不会进步，发展也会停止。作为人类社会的一员，尤其是老年人，有责任、有义务承担起传承记忆的任务，将人类社会创造的文明、智慧源源不断地传承下去，在新的时代中发扬光大。那么，又如何传承记忆，我是这样想的，也是这样做的。主要是从以下四个方面去着眼：

（1）传承高尚精神。人类社会需要一种向上的精神。我国的发展史就证明了这一点。什么时候意志统一，精神高尚，国家发展就快。我们的党之所以由小到大，由弱到强，靠的是我们党有统一的意志和战无不胜的建党精神，把一个一穷二白的国家建设成世界经济大国，靠的就是共产党人的智慧、精神。一个人也如此，也需要有高尚的精神，一个人生活在社会上，不可能所有的事情都一帆风顺，在前进的征途中，曲折、险滩、障碍是难免的，要想达到目的，就必须有精、气、神，有一种不怕困难、不服输的向上精神去坚持，去努力，去攀登。只要这样做了，胜利就属于你。在我们党的历史上，之所以消灭了帝国主义，赶走了国民党反动派，也是靠的大无畏的革命精神。毛泽东主席在这方面已给我们留下了好多向上的精神，如红军长征时期，生存环境又苦、又险、又难，但是没有因为艰难困苦阻断红军革命到底决心和意志。他为鼓励红军，写下这样的诗句："红军不怕远征难，万水千山只等闲。"到了解放战争时期的"三大战役"，为了打过长江去，打到南京去，解放全中国，又写下"宜将剩勇追穷寇，不可沽名学霸王"的诗句。这些诗句，对当时党和军队、人民群众，是一种向上的精神支持。我认为，如果没有这种精神，取得胜利是很难的。高尚精神需要记忆，也需要传承。什么是高尚精神，就是："坚韧不拔的意志，不甘落后的争先勇气，敢于担当的优良品格。"一个人的高尚精神，是从小到大由父母、老师、社会他人给的，也是历史文化和现代文化塑造出来的。所以，这种精神需要一代一代去记忆传承，发扬光大。

（2）传承历史文化。文化是随着历史的发展而发展的，既要继承历史文化，又要创新发展现代文化。从这个角度讲，传承历史文化，对于每一位中国人尤其是老年人有着不可推卸的责任。因为老年人有着深厚的文化积累，也承接了历史文化，传承好历史文化是顺理成章的事。完成好传承历史文化的任务，就会成为一个高尚的人。因为你的所为是对国家负责，对民族负责，也对家庭和自己负责。对于传承历史文化，国内外以及我们的先人，都做出了榜样。从国外看，日本、韩国、泰国、马来西亚以及欧洲的一些国家，对历史文化的传承极为重视，从他们的历史博物馆、教科书可以感受到。他们的传承载体、个人家庭都能看到历史文化的传承迹象。我到日本山口县美祢市一个叫广忠的家里做客，看到了家庭陈设博物馆，并且我问像你这样在家里搞博物馆的家庭有多少？他讲，多数家庭都有，大小不等，而且都是从古到今，按国家历史进程而陈列，让后代记住并传承下去。西方国家的一些企业公司，他们也按照国家历史、企业历史建设自己的博物馆，都在传送着历史文化，他们认为，记住历史文化，就是发展现代的文化。我们这样一个文明古国、文化大国，有着很多可传承记忆的东西。为什么不去传承发扬呢？对于老年人特别是有文化的老人，应该担当此任，对我们的国家、民族、家庭负责。从国内看，传承文化的典型也有很多，从民族、地区、乡镇、家庭都能看到。如一些少数民族，对本民族的文化看得很重。每位族人都要晓知本族文化历史，记住本族风俗通规等。又如，国内一些地区性文化，在遵循中华民族文化的同时，也传承着具有区域特点的文化。特别是一些古镇，更说明了传承历史文化的好处。中央电视台拍播的第三部记住"乡愁"中，具体介绍了浙江的乌镇、安徽合肥的三河镇、江苏昆山的千灯镇、陕西省山阳县漫川关镇、浙江湖州市南浔镇、福建省晋江市安海镇、江苏省苏州市吴江区的同里镇等，这些古镇的一个共同特点，就是传承了文化，把历史文化一代一代地传承下来，并发扬光大，体现在人的素质、文物的保护、精神的继承等各个方面，使这些古镇经过千余年的历史，仍然成为经济文化发展的典型。从这些古镇的发展史说明，国家要长治久安，需要传承历史文化。一个地区，一个乡镇，一个家庭，都是如此。文化传承延续受到阻断，历史就会隔断，特别在一个家庭，如果没有文化的传承，这个家庭的发展不会兴旺、长久。从我国历史上看，一些家族的长久发展，根本的一条是文化的传承。最典型的世家——

孔家，已延续传承了78代，而且文化传承在家庭中一直未断。曾国藩家庭已到14代，也传承着家庭文化。当然还有很多的家庭都是如此，可见，传承历史文化对国、对家多么重要。

（3）传承择业技能。在我们这样一个人口众多的国家，一项技艺，一种特长，对于延续人类的历史起着重要的作用。同时，也会给国家、个人带来福祉。近年来，国家对历史性的择业技能特别重视，对非物质文化进行保护管理，并命名非物质文化传承人。对制造业的能工巧匠给予奖励。对传承技能起到了积极的作用，对于保护5000年文明历史是个好的办法，也促进了一些择业技能的永远相传。尤其使一些手工技能不至于失传。像广西的手工制伞，河北省石家庄的手工灯笼，还有传统民乐传承等，都得到了保护及发扬。从国家层面看，已引起了高度重视。作为老人，也应该义不容辞担当起传承历史技能的任务。因为这些择业技能，有的经过了上千年、几百年，有着浓厚的历史文化底蕴，只有文明古老的国家才有，我们应感到骄傲、自豪，应认真负责地传承下去，这是老一代人的责任，所以一些技艺不能在我们这代失传。我对这个问题看得很重，我认为手工技能，艺术特长，是维护生命，彰显能力，抗争困难，挑战自我的一项利国、利民、利自己的事情。有了一项专业特长，或者别人没有，你可以吃满天下，敢为人先。因为这项技能，无论在什么年代，国家技术发展到什么程度，这些东西在工业化时代、现代化时代，是不能完全代替的。我之所以重视这个技能，是因为我受益于这些技能。在前面我已讲过，我的手是比较巧的，因为受父亲的传承，铁、木、石匠和编织等，我都会做。在老家时，同一代人中，或同龄人中，都认为我是个百巧百能的人，自己也感到对人生的自信，就是不做国家公职人员，我也会生活得很好。所以，有一技之长，你对人生会更加自信。民间讲的七十二行，行行有道，道道有门，行当、门路都能出状元。只要老人愿传，年轻人愿学，各项技能都能延传下去。在我们面临工业化、现代化的今天，传统技能仍在起作用，在人类历史发展中需要保护和发展。我们老年人应该学习自己的上一代，担当好老师教学生的责、行好师傅带徒弟传艺之道，把好的技能传授给下一代，让后代有更多的能工巧匠出现，为国家、为人民服务。我在书中之所以呼吁此事，是想让我们的后代多学技能，达到一专多能，成为社会发展的有用人才。国家的发展进步需要各类人才，既要有国家的高尖端人才，世界一流的科技队伍，大师级的人才，又要有千千万万能够传承人类事业的专业人才、基础性人才。少了哪个层面的人才，事业的发展都会受到影响。所以，传承一项专业技能与推进人类社会的发展有着密切关系，人们也渴望着有一技之长的老年人当好传承者，为未来社会当好奠基人。

（4）传承家训家风。一个家庭是国家的基石，社会的细胞。有什么样的家风，就会有什么样的社会风气。民之风系于国，只有千千万万个家庭把家风搞好，我们的社会风气才会好，国家才会兴旺。中国的历史，历来重视家庭教育，从有族系开始，人们开始重视家训的制定和家风的培育。经历了多朝多代，特别是春秋战国之后，中国人更加重视家庭文化的传承。到今天的家庭教育，还是老祖宗提出的"修身，齐家，治国，平天下"。每个家庭在这个大原则下，根据自己的民族、家庭情况，制定自己家的家训、培养自己的家风，教育家人识别什么是真、善、美，什么是假、丑、恶，为后代提出规矩、形成做人的标准，维持家庭良好风气的长久。在传承家训、家风方面，在现代史上，曾有一个时期受到影响，认为旧的文化没用了，西方的文化可以代替，有些好的家训、家风被遗忘。中共十八大之后，恢复了传统文化应有的地位，把家训、家风上升到国家意志。今天我们应为传承好家训、家风做点贡献，把这个悠久的家庭文化传承下去。下面，就我对家训、家风的认识及做法叙述如下。

①把传承家训、家风放到兴国的大局中去考量。国之兴则家庭兴，家庭兴则国之运。我们盼望国家永远兴旺富强，家庭永远幸福安康。达到这个要求，需要全国千千万万个家庭文化来支撑，十几亿人的文化素质来保障。从这个角度讲，传承好家训、家风是必不可少的。中国几千年的文明历史，家训、家风文化亦在其中，并在中华民族文化中起着重要作用。在旧中国时期，由于国家教育较弱，人的教育主要靠家庭文化教育，所以家训、家风自然在人的养成教育中占据了重要位置。新中国成立后，党和国家高度重视教育，新中国成立初期全国性扫除文盲，把义务教育普及到所有适龄儿童。学校教育已变成主导教育，家庭教育出现弱化，家训、家风提及得很少，有的被遗忘，产生了家庭教育缺失，好的家训、家风没有很好传承。还有的把中国优秀的文化全部丢掉，崇尚西方教育，用西方的教育方式教育孩子，搞得孩子中不中、洋不洋，甚至想方设法搞点钱，从初中就把孩子送到国外，这样一个成长期的孩子，中文还未学好就送出去，对孩子的成长是极为不利的。学习外国先进的东西无可非议，我们也需要走向世界。但是，必须是在学好中国文化的基础上，再学习国外的东西也不迟。可以借鉴世界的先进文化为我所用，又必须守住学好中国文化。在这其中，家训、家风的教育，是基础性的。人的成长、养成关键在初高中阶段。定型后

再到国外学习，起码价值观不至于倾斜。更重要的是把爱国、爱家的根扎到心里。如科学家钱学森，之所以在美国留学归来，是未成年时期接受了国内教育，亲历目睹了中国的一穷二白、残酷战乱，从幼年时就接受了爱国之心、报国之志，国外再好也留不下来，他要回到自己的国家。钱学森就是一个集家训、家风的教育及国教于一身的典型，因此，我认为必须把家训、家风的教育放到兴国的大局去认识、去考量，把这一关系家庭、关系社会、关系国家的传统文化重视起来，成为修身、养性、齐家、治国的一项措施落实好，使中华文明生生不息、相传久远。

②根据传统文化特点科学制定家训、家风内容。家训、家风属于中华民族大文化范畴，根植民间，来源社会。家训、家风内容的制定各不相同，而又大同小异，总的原则是对家庭成员的规矩及要求，明确如何做人，又如何做事。但是对家训、家风内容的制定，还是有讲究的。据我考证，有三个特点：第一，长者意志。多数家庭有家中最长者提出，其他家庭成员遵照执行。民间有一个不成文的规矩，即家有千口，主事一人，长者最大。第二，内容长短不同。有的是两字句，有的是三字句，也有的是四字句。这类的多数用于家训。家风的内容要求与家训不一样，其特点是多字句，相应对称，有长有短。第三，不断完善提升。总的原则离不开国家、社会、家庭的发展，还必须与时代结合，相互一致。我家的家训，是从我父亲开始提出的。记得我小的时候，父亲灌输最多的就是家训。因为字句少，很好记。家训内容是"仁义，勤奋，守规"。家风内容到了我这辈，对家训、家风进一步提升完善。家训的内容是父亲制定的基础上完善的，内容是："仁义，勤奋，担当，守规，正道"，其形式还是两字句，但是变成了五句话、十个字，其句属五行，其字面有十全十美。在家风内容上，采用了六字句、四句话、二十四个字，其意是人要知时节，顺天地。与二十四节气相合，达到天地人合的目的，其意是说在家中要形成知天时，顺地利，靠学习，靠智慧，靠勤奋，靠能力生存，形成一个好的家风。其内容是："学习增长才干，知识改变命运，勤奋走向成功，能力成就事业。"我这个家风内容的确立，是我长期经过社会实践，自己感悟的东西。只有在家中建立好的精神家园，形成一种好的风气，使后代在潜移默化中得到教育。人在少年时期，神情未定，言行举止需要规范，在家中应创造一个良好的教育氛围，使后代在思想、性格的养成方面受到好的影响。如《颜氏家训慕贤》中讲，慕贤少年时期就是靠家训环境，通过耳濡目染才成才的。实践证明，有什么样的家风，就

会出什么样的人才。家风的制定与家风的形成有着密切关系，制定什么样的家风内容，对于下一代影响很大。根据我观察社会其他家庭家风内容的制定，以及从我家风制定的感受认为，家风内容的制定要严谨、科学、管用，其内容既要有对文化的传承，又要有对人教育的启迪，还要有对道义品行的要求。因此，科学制定家风内容，对传承好家风有着历史意义和现实意义。

③根据传统文化的特点将家训家风纳入大教育内容。家训、家风的内容与形成，实际是教育范畴，但又有文化的特点，其内容蕴藏着深厚的做人做事的道理及做人做事的标准。从我国历史上家训、家风的形成看，凡是制定得严谨、科学、有针对性的，家训、家风就会很好传承，并且这个家庭的人走的都是正道，人的素质会好于他家。家训、家风的制定，不能离开中华民族的大文化，不能违背国家意志、人的道义、社会文明，还要与社会发展和人类进步相一致。将家训、家风纳入大教育之中，配合国家教育当好家庭教育的推进者。家训、家风是为家庭教育提供内容、创造环境，使家庭成员特别是下一代，在一个有良好教育氛围中，得到潜移默化的进步，通过儿童时期的启迪教育，为长大成人接受国家的大教育奠定基础。从高端人才的成长看，如从小没有良好的家庭教育，想成为栋梁之材、高端人才，几乎是不可能的。所以，国家大教育，也离不开小的家庭教育，养成教育是基础，成长教育是关键。家训、家风教育融入到大教育之中，才会取得好的效果。

④把传承家训、家风作为老人义不容辞的责任。老年人的晚年生活，应是丰富多彩的，除了养好身体外，还要承担起传承家庭文化的重任。传承家庭文化，实际是家庭教育，这个任务，老年人是不可推卸的。每位老人，都应根据自己的身体状况，着眼于下一代的养成教育，为培植一个好家风，去自觉承担。怎样去承担家庭教育的责任？我是这样去认识把握的。首先把传承家训、家风当作晚年生活的重要任务。人到晚年，从工作岗位上退下来，首先想到的应该是报答家庭，承担家庭文化的传承，把修身、齐家、治国、平天下的理念灌输到家庭成员中，尤其是下一代。孔子曰"子不教，父之过"，讲的是一辈对一辈教育的责任。你对下一代不赋予教育，你又想让下一代孝顺，这是不可能的。在这个世界上的一切是是非非，都有因果关系，如进与退、取与舍，等等，长辈的付出，是下一代的收获。何况家庭教育不是一日之功，它需要长期的源头活水滋润才能有收获。老年人对家风的形成，一定不要忽视，对下一代不要放任自流。要用心去制定你的家训、家风，传承好这一教育使命，背着责任去传

承家训、家风，带着使命承担家庭教育，使良好家训、家风永存。其次，在传承家训、家风中"严"字当先。家训要从严，家风要从良，没有严肃的家训，不可能有良好的家风。良好家风的形成，需要长期的培养。记得我小的时候，受家教最严的是家训中的"守规"，常在耳边响的也是这两个字。所谓"守规"，就是不能违法违规，20世纪60年代挨饿的时候，一天多未吃东西，生产队里的地瓜就放在路上，我也不会偷拿一块吃，因为有"守规"的家训。我记得还有一句话叫"明取舍，知进退"，哪些是取，哪些是舍，这是道德、道义问题。有些东西你不能动的，你就不要动，动了就是违规，违背道义，会得到惩罚。从我的成长中，是受到严肃家训的影响，才有了坚守走正道的实践。再次，传承家训、家风要保持延续。好的家训、家风的形成，不是一朝一夕的事情，需要家庭一代一代地延续传承。如四川省川西的孝泉镇，这个镇家训、家风中的主体内容是孝顺，以百善孝为先为主导，这种家训、家风已传承1000余年，一直到今天仍在家庭中成为家教的主要内容。古书《二十孝》中的儿妻孝敬婆婆，为了治好婆婆的眼病，儿妻到很远的地方担水，并且节俭度日为婆婆买鱼吃。但是由于小姑的挑拨，婆婆曾一度将儿妻赶出家门。儿妻离开家门，也没有忘记孝敬婆婆，用纺线换来的钱给婆婆买鱼，通过别人的手送给婆婆。后来婆婆知道了此事，又叫儿子把儿媳接过来。传说感动上天显灵，在接回儿媳的那天，家中突然冒出一个泉，还有鱼。后来这个地方称为"孝泉镇"。据我了解，这个镇直到今天，仍是全国孝道传承最好的地方，并且将"孝顺"的内容编成戏剧，在家中、学校传播，让儿童从小就播下"孝顺"的种子，成人后开花结果。这个古镇的情况说明，家训、家风只要保持延续，一代代薪火相传，就会收到好的效果。家训、家风传承延续，需要家庭长者重视，因为这是责任，也是义务。怎样才能保持延续，我是这样认识的：不要把传承家训、家风作为额外负担，应作为退休后夕阳人的主体内容；不要把家训、家风作为一般性的家教，应作为对家、对国负责的一种大教；不要把家训、家风作为文化形式，应作为真传、真教的重要措施来对待。树立永远传承延续家训、家风的意识，保持良好家风形成的氛围，要认识到金钱传家不会远，文化传家才长久的道理。做到长者带头，家庭成员响应，下一代严格遵守，形成传承延续自觉行动，使每一个家庭成为传承传统文化的载体，社会文明的细胞，助推中华民族伟大复兴中国梦的智者、义者，保持传统文化代代相传，生生不息，为修身、齐家、治国、平（安）天下提供正能量。

尾 声

　　《正道人生》这本书是我人生的基本总结，也是美好的回忆。此书从我正式退休"甲子之年"开始动笔，历时两年多手写完成初稿。我是带着情感，用心去撰写的。在撰写的过程中，有美好回忆的享受，也有给自己带来不悦之处，总的来讲，自己又重走了一次已走过的人生。通过这本书，再检验一下自己，找到重启第二人生的新生活。这本书写成的背景很好，正值迎接中国共产党十九大召开之前，也处在奋战"两个一百年目标，共筑中华民族伟大复兴的中国梦"的时候。作为退休的一名市级领导干部，有责任将自己的晚年生活去拥抱国家建设，共推社会进步。在共筑国家梦的时候，每一位国民都要有梦。我的梦想是："国家富强，社会安详，家庭幸福，健康长寿"，在这个梦想的前提下，去寻找快乐人生。这本书给我带来了很多幸福，在写书的开始，刚刚退下来，很不习惯，可以说找不到自己的立足之地。过了一段时间，我在看书时，看到了几句话，讲人"有了心智，才有专至；有了谦虚，才会进步"，好像找到了静心的办法，这才把心思用在写书上。说实话，这本书虽然写了两年多，我是在没有压力的情况下进行的。一杯茶，一张纸，一支笔，伴随两年，从那种繁忙复杂的工作环境走出来，对外界采用"不说，不评，不问"的心态，一心只写自己的书，找到属于自己的位置。也从写书的过程中，享受到了茶香里氤氲的飘逸，给自己带来几分静谧与安详，在静思中又想到了"天下兴亡，匹夫有责"的豪言。书已写完，不等于人生的责任结束。我要伴随书的传世，在晚年生活中再去感悟人生，再做有利国家、有利人民的事情，让岁月永远留情，让正道人生永放光彩。

初稿完成时间：2016 年 12 月 26 日

补　记

　　《正道人生》传记于 2016 年 12 月下旬完成初稿，由许西奎同志打印整理后，已放置五年，总觉得还有未尽事宜需要补充，在这五年里，确实发生了一些变化，续写"补记"是必然之举。人的一生，凡事不可能以个人意志为转移，但是有些事情经过时间过程也会发生变化。当然，也有些事情客观发生了变化，再通过主观努力也可实现。我对事物的认识是，不管遇到什么事情，一切会放平心态，顺其自然。《正道人生》成稿时，一是从家庭层面讲还不够完美，因是个人历史专辑，孙子还未出生，我认为对家史还需再完善，所以没有印刷。二是从个人事业层面上讲，还不够完整。书中《岁月留情》这部分还有事情要说，老有所为的事项还需要写入。进入 2022 年，感到此书时机已到，我又将原稿从头到尾修改了一次。由于该书的结构已确定"我的人生三部曲"，未尽事项只好用"补记"形式来表述。在书稿暂停五年的时间里，无论从国家到家庭都发生了很多变化。国家大事多、喜事多，迎来了中国共产党第十九届、二十届党代表大会的召开，适逢中国共产党成立 100 周年，全国完成了脱贫攻坚，老百姓进入小康社会。同时，也迎来枣庄市建市 60 周年。中国社会进入一个新的时代，可以说广大人民群众的幸福感、自豪感比任何时候都高涨。共产党人的初心使命得到守护提升，更加坚定了道路自信、理论自信、制度自信、文化自信。就是这个时期，我的家庭也发生了很大变化，儿子、女儿各自又添了一个孩子，成为比较完美的家庭。先从女儿说起，她有一个男孩、一个女孩。外孙刘亿恒已 15 岁，并考入枣庄市第八中学（高中），我给他取这个名字，意在人生做事有恒心，广学知识，胸怀天下，攀登学业，持之以恒，成为国家有用人才。外孙女刘亿阳已 3 岁多，我给取这个名字，意在多学广识，求智深知，迎着朝阳，茁壮成长，一生平安吉祥。再说儿子，儿子已是儿女双全之家。孙女，我取名叫刘紫阳，意在一生紫气东来，阳光普照，幸福健康，一生顺利。孙子，我取乳名叫牛牛，因为这年是在中国共产党成立 100 周年，枣庄建市 60 周年（2021 年，农历辛丑年，为牛年），顺时顺势叫牛牛，是自带的乳名。牛象征着勤奋、厚重、吉祥、坚毅；大名叫刘瑞辰，"瑞"是家族的辈分，字"辰"为日、月、星、辰。辰字还是十二生肖龙的符号，天空无限，星光璀璨，任意飞翔，盼望成为国家栋梁。我这个家庭在亲朋好友眼里叫"事业完整、家庭完美"，是一个幸福美满之家，也有人称为名门望族。这在我的老家农村可以这样认为，因为我自身兄弟姊妹九个，家庭人口多，确实是一个旺族。一个家庭获得这样的结果，既是舍与得的统一，更是党给了我这一切，没有党的关怀，没有同志们的支持，没有自己的辛勤付出，那是不可能的。所以，我为我的家庭高兴。那么，在说家的同时，还是回到"岁月留情"这个话题上来。我作为省管干部，按照退休年龄，理所当然到时退休。但是我的退休年龄与地市领导班子换届时间有短差，我 58 岁赶上了换届，按照省委要求，58 岁不再提名进"四大班子"，省里的意见是，还有近两年的时间可到市政府做咨询。但是由于那时枣庄的政治生态不好，不正常的事时有发生，所以我的事就不了了之，到 60 岁正式退休。当时没有了工作很不适应，觉得人生有到头之感。在那段时间里，是我人生最苦恼的时候，我也劝慰自己要解放自己，跳出人生"周期圈"，为自己找到夕阳人生的价值归宿，在人生道路上画好完整句号。用心用情报党恩、关民情，多做有利国家、有利民族、有利人民之事。对此，也曾应北大邀请，去做了一段国家战略课题研究。到了 2019 年下半年，市委主要负责同志、市委组织部主要负责人找到我，让我走出家庭再做点事情。按照省革命老区建设促进会建议，省委组织部决定，由我作为枣庄市革命老区建设促进会筹备小组主要负责人，组建枣庄市革命老区建设促进会。这件事情对我来说，已休息刚刚平静下来，就像一池清水，又扔了一块石头，在心里泛起了浪花。未退休之前的我，曾被时任市委书记的刘玉祥同志称作"拼命三郎"。回想一路走来，风云变幻、路径崎岖、艰难困苦，我都经历过，而今已经退休在家逐渐适应了沉寂的生活，不愿再出来做事。但组织上反复做我的工作，退休后的我，又走到了人生的"十"字路口。这时候我非常纠结，感到不好定夺，对此，向周边的亲朋好友征求意见。多数同志讲："你还得接招，退休了还是一名党员，无论从哪个方面都得接受。"对此，我很慎重，做了深思斟酌，分析利弊，最后决定，取舍不可兼得，心想党组织找到自己，无论什么时候都得听党的话，跟党走。在我对此事有了正确的抉择后，并向市委说明了我的想法。过了一个星期后，时任市委组织部副部长兼老干部局长丁新胜同志，再次到家找我，说明市委的意见。

退休后的我再出山，非常感谢省委组织部、枣庄市委，特别是李峰书记、李兴伟部长对我的信任。枣庄市革命老区建设促进会的组建，丁新胜同志操了不少心，前后沟通协调，使枣庄市革命老区建设促进会得以顺利组建。说到这里，我还想说几句心里话，当时心里确实很不平静，不想接受这个任务，需要清心静养，健健康康度人生。经过组织的反复动员，使自己认识到："有退休的干部，没有退休的党员"，自己的一生，就是一部"正道人生"史，我在撰书中还专门讲了"岁月留情"，建议老同志还要多为国家、社会、人民群众多做好事，无私奉献，活到老、学到老、干到老。那么，自己更应该在这段岁月里，做到老有所为，多做有益于人民、有益于社会的人。因此，退休的我，又开始了人生的第二次拼搏，从事了枣庄革命老区建设发展工作。所谓"革命老区"是指在土地革命时期、抗日战争时期，党领导人民军队建立的革命根据地。枣庄是典型的革命老区，属沂蒙革命老区范围，中国共产党1921年成立，1926年的峄滕地区就有共产党火种被点燃，1930年滕县国民书店组建了共产党特支，1933年峄县县委成立，相继苏鲁豫皖特委等在峄枣地区建立。在这块有温度、有情愿、有血性的土地上，组建起5支革命武装力量，发生了"五大战役"，为了人民的解放、新中国的建立，做出了重大贡献。特别是八路军——五师进驻枣

在《枣庄红色记忆》等书出版发行会议上

庄，为建立抗日民主政府，阻断国民党军队北上，建立山东解放区奠定了基础。所以枣庄也属沂蒙山革命老区的组成部分，做好枣庄革命老区的工作意义重大。在接受这项任务后，如何去做，怎么做好，我用心做了深入思考，开始了两个多月的调查研究，对枣庄革命老区的红色文化现状、经济社会发展情况，形成了基本认识。在此基础上提出了枣庄革命老区建设发展计划目标。归纳为"弘扬红色文化，传承红色基因；发展绿色经济，建设生态老区"。围绕这些方面展开了六项具体工作。

1. 把弘扬红色文化作为一份责任

枣庄革命老区有厚重的革命历史，红色故事多、红色印迹深。因此，对红色文化厚重的乡镇、村，确定创建十个红色乡镇、一百个红色村。用红色文化、红色故事赓续红色基因。为了弘扬红色文化，达到有声有色有成效，并建议市委、市政府用两办文件给予确定。我还利用两年多的时间牵头主编了《枣庄红色记忆》《枣庄老区经济》《枣庄革命老区发展史》等九部红史。指导创作《国民书店》《初心本色》《鲁南硝烟》《沙沟受降》《运河儿女》五部红色纪实小说。为了确保创作任务完成，组织创作人员赴大别山革命老区考察学习，激活创作灵感，寻找创作路径，提升创作水平。这些作品有效落实了习近平总书记"要把红色文化弘扬好，把红色资源利用好，把红色基因传承好"的指示。使枣庄这块有底色、有内涵、有情感的土地，荡漾起红色文化春风。

2. 把发展老区经济作为中心任务

枣庄市革命老区建设促进会于 2019 年 10 月 16 日成立以后，就把发展老区经济作为中心任务抓在手上。我提出"盘活红色资源，用好无形资产"，以红色文化推动枣庄老区经济发展。为此，建立了十大红色经济服务基地，活化了 100 个经济综合体，形成"服务基地 + 经济综合体"双驱推进机制，带动了枣庄革命老区的脱贫攻坚，助推了枣庄革命老区步入小康社会的进程。同时加大招商引资力度，引导市会的同志利用社会人脉资源，宣传老区，引资进枣。一批环保型、科技型项目落地枣庄老区，这些项目在革命老区经济社会事业发展中起到了积极作用。也为防止脱贫再返贫，提升小康水平注入了源头活水。更为革命老区现代化建设释放了新动能，催化了活力因子。

3. 把保护留存红色文化遗址作为初心使命

为了向中国共产党建党百年献礼，指导各区（市）老促会,清点红色文化情况,建议区（市）加强保护好和留存好这些用鲜血浇灌的红色遗址，更好传承红色

枣庄市革命老区建设促进会帮扶红色镇（街）村（居）发展对接会

血脉。枣庄市向省申报了 33 处红色遗址，一处被列入省级遗址，19 处被列为市级遗址。还有一些纪念地也加强保护，如"国民书店"诞生地、鲁南战役纪念地、沙沟受降地、运河支队诞生地、苏鲁豫皖特委旧址、一一五师驻地等一大批红色文化遗址得到保护留存。

4. 把争取全域性革命老区作为奋斗目标

枣庄还不是全域性革命老区，只是部区（市）的乡镇定位为老区。2015 年全国对革命老区复核认定时，由于枣庄没成立"枣庄市革命老区建设促进会"，所以也没有赶上那班车。枣庄市革命老区建设促进会成立后，我就把争取全域性革命老区作为老促会工作的一项重要任务，亲自起草文件，向省老促会争取支持。因为革命老区的认定是由省政府申报中央政府确定，所以建议市委、市政府重视这项工作，时任市委书记陈平同志做出批示："这是件大事，要积极争取。"市会也为争取创造了申报条件，如我主编的红色文化史，建设的红色服务基地，创建的红色乡镇、村，都为争取全域性革命老区奠定了基础。由于现任市书记张宏伟同志的重视，已得国家发改委回复，同意在"十五计划"时将枣庄市纳入沂蒙革命老区范围，享受全国革命老区政策。

5. 把提升老区人民的福祉作为工作重点

一是注入动力，增加福祉。我在工作计划中提到"着眼老区人民小康水平的提升，在增收上做文章，在培植造血功能上下功夫，在提升幸福指数上求成效"。特别是划定的100个红色村，采用与市会理事"结对子"，实行"四帮扶、四带动"（"四帮扶"：会员帮扶、企业帮扶、电商帮扶、科技帮扶；"四带动"：注入资金带动、注入项目带动、注入文化带动、注入创新带动）。这些帮扶举措有力提升了红色村、红色户的经济收入，各项幸福指数明显增加。二是争取政策，促进发展。为了给老区发展创造条件，我带领市老促会的同志，对全市革命老区发展现状进行了八个月的调研，结束后，我向市委起草了2万多字的报告。分析了枣庄老区的现状，找出了存在的问题，对保护枣庄革命老区红色文化，促进老区经济发展等方面提出了建议。得到时任市委书记陈平同志、副书记孙起生同志的认可，并签署意见，安排有关部门抓落实。随后市老促会召开了"推进枣庄革命老区乡村振兴战略实施座谈会"，为实施好乡村振兴，助推枣庄革命老区现代化建设起到了积极作用。

6. 把老区组织网络建设作为根本保障

按省、市的要求，我牵头组建了市革命老区建设促进会。同时，对区（市）老促会的组建进行具体指导，利用一年的时间，枣庄市"五区一市"、一个国家高新区全部建立了革命老区建设促进会，形成了完整的组织架构。并按官方社团要求，建立健全了规章制度，实行岗位职责上墙、目标任务上墙、本会规定上墙，并提出严格按照中央八项规定做事。设立了"三项制度、四个不准"。确立了市会精神"我们是志愿者！我们是奉献者！真诚热爱老区、投身建设老区、用心发展老区、无私奉献老区"。自市老促会建立以来，起草各类文件近1000份，《文件汇编》30多期。所有会员、理事都能遵守各项规定，用无私的心、纯真的情，全身心地投入到革命老区建设中来。实现了我在首届一次会议上讲的枣庄市革命老区建设促进会对工作的总体要求："遵照党的十八大以来党的路线方针政策，着眼革命老区实际，在全国找坐标、在全省找榜样、在枣庄找位置。"理清工作思路，明确工作任务，实事求是干事，干干净净做人，走好正道人生路。说到这里，我在枣庄革命老区发展建设中，又奋斗了人生的一个重要阶段，完成了建会时我向大会报告的所有事项，有的超出预期，有的感到欣慰。对党的重托、人民的期盼和理事们的希望，有了一个好的完整交代。等老促会工作结束后，还有一段人生路，计划想做一些专题研究，如廉洁文化问题，计划编著"廉洁文化系列丛书"，继续为我的《正道人生》丰富内涵。在今后的时光中，我会更加珍惜人生，做到活到老、学到老、干到老。多做利党、利国、利民之事，为社会做奉献，为子孙做榜样。在弘扬红色文化、传承红色基因方面，挥笔不辍、勤奋耕耘，生命不息，奋斗不止，成为一个有益于人民的人。

在回顾这段历史时，因自己从政多年，总觉得还有些感悟的话要讲出来，为现在的公务人员提供点思考。人要想家庭完美、事业完整，首先就要多学深悟，用传统文化传承家风，固本培元，厚植家国情怀，成为一个爱国爱家之人。同时用社会主义核心价值观提升自己，培根铸魂，传承优秀文化，做一个守法遵规、有道德底线的人。特别是领导干部要牢记：

第一，做到一生清廉。明代官箴讲："吏不畏吾严，而畏吾廉；民不服吾能，而服吾公；公则民不敢慢，廉则吏不敢欺，公生明，廉生威。"大小"官吏"一定要用无私的心对待百姓，因为权力是人民赋予的，不践踏老百姓赋予的权力，老百姓才能认可，人民的利益高于一切，任何时候都不能忘记。

第二，做到慎用权力。掌权者在决策问题时，要用唯物主义观点去看事情，善用辩证法去解难题，多角度识真相，更深度晓本质，关键是抓落实，问题才能得到解决。特别是重大事项，要用心思考，精准决策，直对问题，走深走实，注重效果，才能事半功倍。

第三，做到心中有民。做官要知百姓心，牢记康熙年间有位知县的名言："得一官不荣，失一官不辱，勿说一官无用，地方全靠一官；吃百姓之饭，穿百姓之衣，莫道百姓可欺，自己也是百姓。"要牢记无论做官还是做人，要时刻把老百姓放在心上。在处理人民群众利益问题时，要求最大公约数，全力保护广大人民群众的利益。要树立老百姓的事无小事，老百姓的小事是大事的观念，体贴百姓，晓知百姓，真懂百姓，解百姓之难，办百姓之事。

第四，做到情系国家。有国才有家，没有国哪有家。作为中华民族的一员，生长在这个国家，思想灵魂深处要确立爱国之心，胸怀爱国之情，树立报国之志。永远坚守国家至上、人民为根的理念，心中要有这个情怀，更要有这个格局。把爱国之心转化为爱国之志，终身服务国家，奉献国家。

第五，做到正道直行。把弘扬传统文化，传承家训家风，作为做人之道。教育子女要行善积德、立言、立行、立业，让子孙知道，善是立身之本，业是生存之道。人一生要勤奋，爱拼才会赢。人的一生"三分天注定，七分靠打拼"，外因是变化的条件，内因是变化的根据，人生必须靠自己，才能创出一片天地。只有拼搏奋进、勤奋攀登的人，才能获取人生应有的幸福。

第六，做到善待自己。人生长寿要找乐，"知足常乐、自得其乐、助人为乐、忙中求乐"。人在名利方面，不要攀比，因为人的智慧有差异，外部条件也不一样，要清晰认识客观，正确对待自己。要学会向下看，不往上比，老百姓有句话，不要看别人"吃豆腐牙快"，有些事情别人可以做，但自己不要去做，要守得住法规底线，耐得住清廉寡欲。要敬畏党纪国法，将法规内化于心、外化于行，留住一生清白。把心思全部用在人民事业上，这样才能获取平安健康，一生快乐。

我的"正道人生"路是自己走出来的，也是靠党的培养、朋友的支持、老百姓拥护、家人的关爱取得的。在该书结束时，躬身向关心支持我工作和生活的亲朋好友及同志们说一声，谢谢！

全书定稿：2023 年 6 月 1 日